Heilende Demokratie

Veröffentlichungen
des Instituts für Sozialgeschichte e.V.
Braunschweig · Bonn

Herausgegeben von Dieter Dowe

Dagmar Ellerbrock

# »Healing Democracy« – Demokratie als Heilmittel

Gesundheit, Krankheit und Politik in der amerikanischen Besatzungszone 1945-1949

*Für Antonia*

Bibliografische Information der Deutschen Bibliothek

Die Deutsche Bibliothek verzeichnet diese Publikation in der Deutschen Nationalbibliografie; detaillierte bibliografische Daten sind im Internet über *http://dnb.ddb.de* abrufbar.

ISBN 3-8012-4139-4

Copyright © 2004 by
Verlag J.H.W. Dietz Nachf. GmbH
Dreizehnmorgenweg 24, 53175 Bonn
Lektorat: Prof. Dr. Dieter Dowe
Umschlagkonzept: Petra Strauch, Bonn
Umschlaggestaltung: Daniela Müller, Bonn
Umschlagfoto: National Archives and Record Administration (NARA) Washington, D.C.
Satz: Petra Strauch, Bonn
Druck und Verarbeitung: AZ Druck und Datentechnik, Kempten
Alle Rechte vorbehalten
Printed in Germany 2004

# Inhalt

Einleitung .................................................................................................. 12

Fragestellung ............................................................................................ 13
Forschungsstand ...................................................................................... 18
Methodische Vorüberlegungen ............................................................... 29
1. Politikbegriff und Politikfeldanalyse ............................................ 29
2. Besatzungspolitik als Interaktionspolitik ..................................... 35
3. Körperkonzept, Krankheitsdiskurs und Geschlecht .................... 38
4. Untersuchungsfeld Gesundheitspolitik ........................................ 42
5. Eingrenzung des Untersuchungsrahmens .................................... 44
Quellen ..................................................................................................... 49
Aufbau der Darstellung ........................................................................... 50

## Kapitel 1
## Konzeptionelle und institutionelle Voraussetzungen amerikanischer Besatzungspolitik 1943-1945 ........................... 55

Institutionen, Planung und Direktiven ................................................... 55
1. Politische Deutungsmuster ........................................................... 56
2. Besatzungsdirektiven ..................................................................... 58
2.1 CCS 551 .......................................................................................... 58
2.2 Handbuch der German Country Unit .......................................... 59
2.3 JCS 1067 ......................................................................................... 60
3. Gesundheitspolitische Planungen ................................................ 61
3.1 Bewertung des deutschen Gesundheitswesens durch die German Country Unit ................................................................... 62
3.2 Gesundheitspolitische Planungen für die Pre- und Post-surrender-Phase ...... 68
3.4 Planungen im Schatten des Kriegsendes ...................................... 74
3.5 Medical intelligence ....................................................................... 76

4. Institutionen und Personal der Militärregierung ........................................... 80
4.1 Die Männer der ersten Stunde: G5-Stäbe ..................................................... 80
4.2 Statische Phase der Militärregierung und institutionelle Verankerung
  von Public Health innerhalb der OMGUS-Bürokratie .................................. 81
4.3 Ausbildung und Sozialprofil der Besatzungsoffiziere .................................... 84
4.4 Die Public Health Teams der Militärregierung ............................................. 87

**Voraussetzungen amerikanischer Gesundheitspolitik in Deutschland** ............ 87
1. Gesundheit der US-Army .............................................................................. 87
2. Medizinische Versorgung der Deutschen während des Krieges ..................... 90

**Eroberungsphase: »Verhinderung von Seuchen und Unruhen«** .................... 94
1. Einmarsch der US-Truppen: Erwartungen und Realitäten ............................ 94
2. Mobile Besatzungsphase ............................................................................... 96
2.1 Kriegsende .................................................................................................... 97
2.2 Erste Maßnahmen der G5-Stäbe ................................................................... 98

# Kapitel 2
# Gesundheitspolitik als funktionale Mangelverwaltung oder visionärer Politikentwurf? .................................................................. 102

**1945-1947: Wiederaufbau und Entnazifizierung** ........................................ 102
1. USGCC- und OMGUS-Planungen ............................................................ 102
2. Seuchenbekämpfung 1945 .......................................................................... 106
2.1 Erste Besatzungsmonate .............................................................................. 107
2.2 Akute Seuchenbekämpfung: »it should be on wheels now [...]« ................. 108
2.3 Bilanz des Beginns ...................................................................................... 116
3. Wiederaufbau der Gesundheitsverwaltung ................................................. 118
3.1 Gesundheitsämter 1945 .............................................................................. 118
3.2 Wiederaufbau der deutschen Gesundheitsverwaltung von Regierungs-
  bezirken und Ländern 1945/46 .................................................................. 123
3.3 Umstrukturierung der Militärregierung und Eigenverantwortlichkeit
  der deutschen Gesundheitsverwaltung 1946 ............................................... 125
3.4 Konsolidierung der deutschen Verwaltung 1946/47 ................................... 130
4. Entnazifizierung des öffentlichen Gesundheitswesens ................................. 134
4.1 Konzeption und Zielsetzung amerikanischer Entnazifizierung ................... 137
4.2 Praktische Umsetzung zwischen Seuchenabwehr und Entnazifizierung:
  Debatten über den Personalaustausch ......................................................... 143
4.3 Institutionelle Entnazifizierung ................................................................... 158
4.4 Negative Eugenik, Rassenpolitik und die »Pflicht zur Gesundheit« ............ 162
4.5 Bilanz der Entnazifizierung ......................................................................... 168

**1947-1949: Modernisierungsversuche im öffentlichen Gesundheitswesen** ...... 171
1. »Very little progress [...]« –
Kritik an der deutschen Gesundheitsverwaltung.......................................... 171
1.1 Institutionelle Mängel ................................................................................ 173
1.2 Kritik und Veränderung: Public Health als Reformmodell für die
öffentliche Gesundheitspflege .................................................................... 179
2. Maßnahmen: visiting experts – Public Health schools – cultural exchange .. 184
2.1 Visiting experts........................................................................................... 184
2.2 Public Health schools ................................................................................ 186
2.3 Cultural exchange...................................................................................... 188
3. Reformergebnisse im öffentlichen Gesundheitswesen Deutschlands ........... 191
3.1 Historische Kontexte in Deutschland und den USA –
Historischer Kontext der deutschen Sozialhygiene.................................... 192
3.2 Chancen und Grenzen des Public Health-Modells in Deutschland
nach 1945 .................................................................................................. 196

**Modell Amerika: medical leadership statt »ärztlicher Gesundheitsführer«?**........ 200

# Kapitel 3
# Krankenkassen und Ärzteverbände:
# Neue Sinnwelten im alten Gewand? ........................................................... 204

**Historische Traditionslinien** ................................................................................ 204
1. Entwicklungslinien in der Gesetzlichen Krankenversicherung
in Deutschland bis 1945 ............................................................................ 204
1.1 Krankenkassen im deutschen Kaiserreich: Zwischen sozialer Befriedung
und sozialer Reform .................................................................................. 208
1.2 Weimarer Republik: Stagnation oder Bewährung? ..................................... 209
1.3 Krankenkassen im Nationalsozialismus: Gleichschaltung und Arisierung .... 211
2. Krankenversicherung in den USA .............................................................. 212
3. Deutsche Ärzteverbände bis 1945............................................................... 213
3.1 Professionalisierung und standespolitische Organisation im Kaiserreich ...... 215
3.2 Weimarer Republik: Streik, Agitation und Opposition ............................. 217
3.3 Ärzte im Nationalsozialismus: Mitläufer und Überzeugungstäter im
Windschatten standespolitischer Gewinne ................................................ 220
4. American Medical Association: Entstehung und Profilierung eines
machtvollen Verbandes............................................................................... 223

**Reformprojekt: Ärzteverbände und Krankenkassen** .......... 226
1. Wiederaufbau von Krankenversicherung, Ärztekammern und Kassenärztlichen Vereinigungen 1945 .......... 226
2. Konzepte der Neuordnung: »Free trade and competition« als amerikanische Reformvorgabe an die deutschen Ärzteverbände 1947-1949 .......... 228
3. Argumentationen zwischen Orientierung und Überzeugung 1947-1949 .... 231
3.1 Debatte über die Struktur der deutschen Ärzteverbände .......... 231
3.2 Reorientierung der Besatzungsmacht .......... 236
3.3 The »German health insurance experience«: Gespräche über die deutsche Krankenversicherung .......... 240
4. Veränderte Perzeptionen: Ergebnisse, Erfolge und Fehlschläge amerikanischer Reformanstrengungen .......... 246

**Reform und Restauration des institutionellen deutschen Gesundheitswesens im Licht der neueren Institutionentheorie** .......... 251

# Kapitel 4 »The Public Health miracle« .......... 255

**Vom Krieg zum Frieden** .......... 257
1. DDT-Passagen .......... 257
1.1 Lausige Zeiten – zur Transformation der Soldatenkörper .......... 257
1.2 Fremde .......... 259
2. Kranke Freunde – fremde Freunde .......... 266
2.1 Amerikanisch-russische Differenzen: »The best of American methods« or »Russian-type food«? .......... 268

**Krankheit und Angst** .......... 270
1. Bearbeitungsformen: Statistische Kurven als Fortschrittslinien im politischen »Feldversuch Demokratisierung« .......... 271
2. Ansteckung und Abgrenzung .......... 273
2.1 Grenzen und Orte in ihrer Bedeutung für die Krankheitsbekämpfung .......... 275
3. Angstkrankheiten .......... 277
3.1 Grippe .......... 278
3.2 Zukunftsangst – Zukunftshoffnung: Säuglingssterblichkeit .......... 282
3.3 Alter und Leid .......... 290
3.4 Geschlechtskrankheiten: »Being the peacetime armed forces of a democracy, we are no longer in the saddle« .......... 291
4. Das große Sterben: Ängste und Realitäten .......... 301

Symbole und Praktiken ........................................................................... 306
1. Symbolkörper.................................................................................... 306
1.1 Amerikanische Soldaten: tolle, gesunde Kerle.................................. 306
1.2 Gewichtige Körper............................................................................ 307
2. Gesundheitspraktiken ...................................................................... 311
2.1 Wiegungen........................................................................................ 311
2.2 Präsenz.............................................................................................. 313
2.3 Technisierung ................................................................................... 316
2.4 Wunderdrogen – »made in America«............................................... 318
3. Konsolidierung und Mystifizierung: »The Public Health miracle«... 319

# Kapitel 5
# Tuberkulose: »Vom Schwinden der Kräfte in schweren Zeiten«.......... 324

Traditionen der Tuberkulosebekämpfung ............................................... 325
1. Deutsche Tuberkulosedeutungen im 19. und frühen 20. Jahrhundert ........ 325
1.1 Arbeiterkrankheit des Kaiserreichs................................................... 325
1.2 Politisierung der Tuberkulosedeutung nach dem Ersten Weltkrieg.... 331
1.3 Sozialhygienische Fürsorge: Tuberkulosebekämpfung der
    Weimarer Republik .......................................................................... 332
1.4 Nationalsozialistische Tuberkulosebekämpfung .............................. 336
2. Amerikanische Tuberkuloseperzeptionen des 20. Jahrhunderts .... 342
2.1 »The Anti-Toxin of Self-Respect«..................................................... 347

Voraussetzungen amerikanischer Tuberkulosepolitik 1944/45........................ 357
1. 1944: Informationen der German Country Unit ............................ 357
2. US-Army und Tuberkulose: Dezember 1944 – Juli 1945................ 359
3. Herbst 1945: Erste Orientierung der Militärregierung über das
   »Tuberkuloseproblem« ..................................................................... 360
3.1 Medical intelligence: Befragung deutscher Ärzte............................. 360
3.2. Long-Report, Oktober 1945: »Tuberculosis is a grave Public-health
    problem in Germany« ...................................................................... 362

Politisierung der Tuberkulose im Koordinatensystem
der Besatzungsjahre: 1945-1947............................................................... 368
1. Traditionelle Tuberkulosewahrnehmungen ..................................... 368
1.1 Stadtkrankheit Tuberkulose ............................................................. 369
1.2 Schmutzkrankheit Tuberkulose ....................................................... 370
2. Umakzentuierung tradierter Tuberkulosedeutungen ...................... 372
2.1 Volk ohne Zukunft: Zur Periodisierung mittels der Tuberkulose ....... 372

2.2 Mangelkrankheit Tuberkulose als Kritikforum ............ 374
2.3 Tuberkulose und Demokratie ............ 377
2.4 Geschlechterkrankheit Tuberkulose: »hier wirken sich die schicksalhaften Umwälzungen unserer Zeit aus, die in manchem deutschen Mann eine Welt zusammenbrechen ließen« ............ 381
2.5 Verantwortung und Schuld ............ 395
3. Konfliktkrankheit Tuberkulose ............ 400
3.1 Kompetenzen und Divergenzen ............ 401
3.2 Blick hinter die Kulissen: Innenansichten amerikanischer Besatzungspolitik ............ 411
4. Skandalkrankheit Tuberkulose: Deutsch-amerikanischer Rollentausch ............ 415

**Modernisierung der deutschen Tuberkulosebekämpfung 1947-1949: Schlagwort oder Reformkonzept?** ............ 417

1. Traditionelle Praxis der Krankheitsbekämpfung: »Tatkräftige Hilfe der Militärregierung« ............ 419
2. Modernisierungsfeld Tuberkulose – Etablierung der neuen Führungsmacht USA ............ 421
2.1 Impfungen: Überwindung rückständiger Positionen ............ 422
2.2 Tuberkuloseaufklärung ............ 433

**Paradigma Tuberkulose: Die Bedeutung der deutschen Signalkrankheit im Kontext amerikanischer Besatzungspolitik** ............ 436

1. Tuberkulose und Amerikanisierung ............ 437
2. Kooperation und Integration ............ 439
3. Umwertung ............ 441

# Ergebnisse und Ausblick: Amerikanisierung als Legitimitätsverschiebung ............ 445

Zum Modell der persuativen Handlungsorientierung ............ 451

Die neue Referenz: Amerikanisierung als Neukontextualisierung ............ 453

Ausblick ............ 456

# Danksagung ............ 460

# Anhang ............ 461

Abkürzungsverzeichnis ............ 461

**Quellenverzeichnis** ........................................................................................ 462
**Literaturverzeichnis** ...................................................................................... 466
A. Verwendete Zeitschriften ........................................................................ 466
B. Zeitgenössisches Schrifttum (bis 1958) ................................................... 469
C. Literatur (ab 1958) .................................................................................. 479
**Bildnachweis** ................................................................................................. 503

# Einleitung

»*Military Government Public Health began its program
in Germany even before the close of the war, moving into cities
and towns before the smoke and fire of combat had ceased*«.¹

In der Tat hatte die amerikanische Militärregierung ein ambitioniertes Projekt vor Augen, als sie 1944 die Besatzung Deutschlands in Angriff nahm: Die deutsche Gesellschaft sollte so umgestaltet werden, dass von diesem Land nie wieder ein Krieg ausgehe.² Dieses Programm musste unter äußerst ungünstigen Bedingungen umgesetzt werden: Die deutschen Städte waren durch den Bombenkrieg zerstört, Hunderttausende von Menschen waren auf der Flucht; Verkehr, Nachrichtenwesen, Lebensmittel-, Wasser- und Stromversorgung funktionierten nur noch eingeschränkt. Angesichts dieser Verhältnisse werden die Nachkriegsjahre als »*Notzeit*« und »*Zusammenbruchsgesellschaft*« erinnert.³ Dabei spielte die Bedrohung durch Krankheit in der Krisenwahrnehmung der Zeitgenossen eine herausragende Rolle.⁴

---

1   RG 260, 12/75-2/5, 390/49-50/35-1/6-1, Box 231, Annual History of Public Health in Land Württemberg-Baden from Beginning of Occupation to 1 June 1946, S. 1.
2   So die offizielle Begründung für die Besatzung in der »Amtlichen Verlautbarung über die Berliner Konferenz der drei Mächte (Potsdamer Konferenz) vom 2. August 1945«, Absatz III. Zitiert nach: Steininger, Rolf, *Deutsche Geschichte 1945-1961. Darstellung und Dokumente in zwei Bänden*, Frankfurt/M. 1983, S. 74. Siehe zu alliierten Sicherheitsbedürfnissen als Grundmotiv der besatzungspolitischen Planungen: Benz, Wolfgang (Hg.), *Deutschland unter alliierter Besatzung 1945-1949/55. Ein Handbuch*, Berlin 1999, S. 21ff.
3   Siehe z.B. Jütte, Robert, Gesundheitswesen, in: Lersch, Edgar u.a. (Hg.), *Stuttgart in den ersten Nachkriegsjahren*, Stuttgart 1995, S. 398-421; Eckart, Wolfgang, Öffentliche Gesundheitspflege in der Weimarer Republik und in der Frühgeschichte der BRD, in: *Das öffentliche Gesundheitswesen* 51 (1989), S. 213-221; Sons, Hans-Ulrich, *Gesundheitspolitik während der Besatzungszeit – das öffentliche Gesundheitswesen in NRW 1945-49*, Wuppertal 1983, S. 10; Dinter, Andreas, *Seuchenalarm in Berlin. Seuchengeschehen und Seuchenbekämpfung in Berlin nach dem II. Weltkrieg*, Berlin 1999.
    Zum Konzept der Nachkriegsgesellschaft siehe ausführlich: Naumann, Klaus, Nachkrieg, Vernichtungskrieg, Wehrmacht und Militär in der deutschen Wahrnehmung nach 1945, in: *Mittelweg* 36 (1997) 3, S. 11-25.
4   So spricht der Berliner Arzt Albert Tietze beispielsweise von einem »*explosionsartigen Seuchenausbruch*« nach Kriegsende. Tietze, Albrecht, Klinische Erfahrungen und grundsätzliche Seuchenbetrachtung bei den Epidemien des Jahres 1945, in: *Ärztliche Wochenschrift* 1 (1946), S. 344-347, hier S. 344.

## Fragestellung

Diese Untersuchung lenkt ihren Blick darum auf den Zusammenhang zwischen Gesundheit, Krankheit und Politik.[5] Sie fragt, ob angesichts überall vermuteter Gesundheitsgefahren das angestrebte politische Umgestaltungsprojekt überhaupt gelingen konnte und sie belegt, dass Gesundheitspolitik mehr war als bloße Subsistenzsicherung oder reine Mangelverwaltung. Sie widerspricht damit der impliziten These deutscher Zeitgeschichtsforschung, dass Gesundheitssicherung ein politikfreies Handlungsfeld gewesen sei.

Die amerikanischen Besatzungsoffiziere ließen bereits 1944 zu Beginn der Besatzung keinen Zweifel an ihren politischen Ambitionen hinsichtlich des Gesundheitssektors: »*Modernisieren wollten sie, reorientieren und indoktrinieren im Dienste von Demokratie und progressiver Wissenschaft*«.[6] Vor dem Hintergrund dieser dezidert politischen Absicht wird im Folgenden der Frage nachgegangen, welche konkreten Ziele die amerikanische Besatzungsmacht mit ihrer *medical mission* verfolgte und in welcher Form Gesundheitssicherung durch die politischen Ambitionen der Militärregierung geprägt war. In diesem Kontext wird weiter diskutiert, wie die politischen Intentionen der Besatzer sich zu Kontinuitäten und Beharrungskräften im deutschen Gesundheitswesen verhielten.

Damit steht die Problematik der Verwestlichung bzw. Amerikanisierung der deutschen Gesellschaft nach 1945 im Zentrum dieser Untersuchung. Amerikanisierungskonzepte waren in den letzten Jahren zunehmend bedeutsam für die Erforschung interkultureller Transferprozesse.[7] Trotzdem kommt das Wissen über die politische Amerikanisierung der Bundesrepublik – wie Bernd Greiner es formuliert – noch immer über Allgemeinplätze nicht hinaus.[8]

---

5   Dazu auch: Ellerbrock, Dagmar, »Gesundheit« und »Krankheit« im Spannungsfeld zwischen Tradition, Politik und Kultur, in: Vögele, Jörg/Woelk, Wolfgang (Hg.), *Geschichte der Gesundheitspolitik in Deutschland von der Weimarer Republik bis in die Frühgeschichte der »doppelten Staatsgründung«,* Berlin 2001, S. 313-345.

6   RG 260, 5/332-1/14. Bezugnehmend auf diese amerikanische Zielsetzung werden die Begriffe »modern« bzw. »Modernisierung« nachfolgend nicht als analytische, sondern als zeitgenössisch-deskriptive Kategorie verwendet.

7   Siehe dazu den Forschungsüberblick zur Amerikanisierungsdebatte: Gassert, Philipp, Amerikanismus, Antiamerikanismus, Amerikanisierung. Neue Literatur zur Sozial-, Wirtschafts- und Kulturgeschichte des amerikanischen Einflusses in Deutschland und Europa, in: *Archiv für Sozialgeschichte Band* XXXIX (1999), S. 531-561. Auch Ulrich Herbert bezeichnet den Wandlungsprozess Westdeutschlands als atemberaubend und in seinen Voraussetzungen und Auswirkungen noch unerforscht. Herbert, Ulrich, Liberalisierung als Lernprozeß. Die Bundesrepublik in der deutschen Geschichte – eine Skizze, in: Ders. (Hg.), *Wandlungsprozesse in Westdeutschland. Belastung, Integration, Liberalisierung 1945-1980,* Göttingen 2002, S. 7-52, hier S. 7-9.

8   Greiner, Bernd, Test the West. Über die Amerikanisierung der Bundesrepublik Deutschland, in: Bude, Heinz/Greiner, Bernd (Hg.), *Westbindungen: Amerika in der Bundesrepublik,* Hamburg 1999, S. 16-54, hier S. 46.

An die Diskussion, ob diese Entwicklung einen Verlust deutscher Kultur bedeutete oder Garant der demokratischen Stabilität des neuen deutschen Staates war, soll hier nicht angeknüpft werden.[9] Vielmehr geht es darum, die These, nach 1945 habe eine grundlegende Orientierung an den USA stattgefunden, auf den Gesundheitssektor zu beziehen und zu verfolgen, wie diese Orientierung initiiert und auf welche Weise sie umgesetzt wurde bzw. wie weitreichend sie fortgeführt werden konnte. Davon ausgehend, können bisherige Vorstellungen zur Amerikanisierung präzisiert werden und für ein weiterreichendes Verständnis der Wandlung der deutschen Gesellschaft nach 1945 nutzbar gemacht werden.

Da Kampagnen, die auf eine kollektive Verhaltensänderung zielen, im medizinischen Bereich nicht ungewöhnlich sind[10], ist die Fragestellung, ob die Amerikaner den Gesundheitssektor zur Verhaltensänderung im politischen Bereich *(reeducation)* benutzten, äußerst reizvoll.

Gelang es amerikanischen Ärzten, den Graben, der zwischen der Besatzungsmacht und der deutschen Bevölkerung bestand, zu überwinden? Konnten sie die deutsche Abwehrhaltung gegen *reeducation* umgehen, indem sie auf medizinisches Spezialistentum verwiesen, um auf diese Weise von der hohen Akzeptanz professioneller ärztlicher Ratschläge zu profitieren? Waren andererseits amerikanische und auch deutsche Mediziner besonders empfänglich für Reedukationsaufgaben, da die Propagierung von Verhaltensänderungen zu ihren täglichen ärztlichen Aufgaben gehörte? Besaß sie sachliche Vorgaben, die sich grundsätzlich von deutschen Konzepten unterschieden? Konnte es überhaupt gelingen, nicht-medizinische Ziele wie Demokratisierung in ärztliche Handlungsanweisungen zu übersetzen? Staatliche gesundheitspolitische Problemlösungen sind an übergeordnete Impulse und Politikentwürfe gekoppelt und stehen damit in direkter Beziehung zu kulturellen, militärischen und nationalen Macht- und Konkurrenzverhältnissen.[11] Innovative Phasen des staatlichen Gesundheitswesens gingen häufig mit der Ausweitung und Legitimation staatlicher Herrschaft bzw. mit der Veränderung ideologischer Leitbilder einher.[12] Diese Entwicklung vor Augen, muss man umgekehrt fragen, welchen Einfluss die Umstrukturierung des deutschen Staates und die Demokratisierung der Gesellschaft auf die Gesundheitspolitik hatten. Verän-

---

9   Siehe dazu den Sammelband von Lüdtke, Alf u.a. (Hg.), *Amerikanisierung. Traum und Alptraum im Deutschland des 20. Jahrhunderts*, Stuttgart 1996; sowie insbesondere Saldern, Adelheid von, Überfremdungsängste. Gegen die Amerikanisierung der deutschen Kultur in den zwanziger Jahren, in: Lüdtke, 1996, S. 213-244.
10  Vgl. hierzu die Kampagnen zur Veränderung des Sauberkeitsverhaltens, Vermeidung des Spuckens bei TBC, Propagierung von Impfungen etc.
11  Labisch, Alfons/Tennstedt, Florian, *Der Weg zum Gesetz über die Vereinheitlichung des Gesundheitswesens vom 3. Juli 1934. Entwicklungslinien und -momente des staatlichen und kommunalen Gesundheitswesens in Deutschland*, Düsseldorf 1985, S. 193.
12  Ibid.

derte sie sich grundlegend, gewann sie neue Aufgabenbereiche, neue Aktionsformen und neue Legitimationsgrundlagen hinzu?

In diesem Kontext muss eine zentrale These der Zeitgeschichtsforschung, die von einer zunehmenden Ideologisierung der Besatzungspolitik durch den Kalten Krieg ausgeht, differenziert werden. Ursprüngliche Besatzungsziele, wie z.B. Entnazifizierung und Entmilitarisierung, seien, so eine verbreitete Auffassung, aufgegeben oder stark modifiziert worden, um die Deutschen als Bündnispartner gegen den neuen Feind im Osten zu gewinnen. Zu klären bleibt, bis zu welchem Grad Gesundheitspolitik von der Ideologie des Ost-West-Konflikts gesteuert war bzw. welche alternativen politischen Ziele Gesundheitspolitik zwischen 1945 und 1949 antrieben?

Krankheit betraf als potenzielle, aber auch als tatsächliche Gefährdung immer beide Akteursgruppen – Besatzungsmacht und Besetzte. Eine hierarchische oder sachliche Trennung, wie sie hinsichtlich vieler anderer Probleme existierte, war in Gesundheitsfragen nicht anzutreffen. Die unmittelbare Betroffenheit führte dazu, dass Krankheit nicht nur von medizinischen Experten diskutiert wurde, sondern tägliches Thema der Militärregierung, der deutschen Administration, der Presse und auch des Mannes und der Frau auf der Straße waren. Die Bekanntmachungen der Besatzungsmacht über Seuchengefahr und Wasserqualität, Infektionsrisiken und Tuberkulosegefahr gingen jeden an: Frauen und Männer, Kinder und Alte, Deutsche und Amerikaner. So war die mentale Struktur der Nachkriegsjahre ebenso von Krankheitsängsten bestimmt wie vom täglichen Blick auf die Lebensmittelrationen.[13] Diese weitreichende Durchdringung der Alltagserfahrung und des kollektiven Bewusstseins sind richtungsweisend für das Hauptanliegen dieser Arbeit, nach den gesellschaftlichen, politischen, kulturellen, geschlechtlichen und nationalen Implikationen von Gesundheitssicherung zu fragen.

Der Gegenstand Krankheit verspricht also eine größtmögliche Annäherung an zentrale Wahrnehmungsmuster, die in dieser Untersuchung an die politischen Absichten rückgebunden werden.[14] Damit wird nicht nur der Stellenwert von Gesundheit und Krankheit in der Alltagskultur und im gesellschaftlichen Haushalt der Notjahre nachgezeichnet, sondern auch das zugrunde liegende Politikmodell rekonstruiert. In Anlehnung an Mary Douglas, die ausführt, dass »*der Körper als soziales Gebilde [...] die Art und Weise [steuert], wie der Körper als physisches Gebilde wahrgenommen wird; und andererseits [...] in der physischen Wahrnehmung des Körpers eine bestimmte Gesell-*

---

13 Zur Dominanz des Letzteren für die Alltagserfahrung vgl. Gries, Rainer, *Die Rationen-Gesellschaft. Versorgungskampf und Vergleichsmentalität – Leipzig, München und Köln nach dem Kriege*, Münster 1991.
14 Siehe konzeptionell zu einem derart weitreichenden Krankheitsbegriff: Caplan, Arthur L., The Concepts of Health, Illness, and Disease, in: Bynum, W. F.; Porter, R. (Hg.), *Companion Encyclopedia of the History of Medicine*, Bd. 1, London/New York 1993, S. 233-248. Sontag, Susan, *Krankheit als Metapher*, Frankfurt/M. 1978.

*schaftsauffassung manifest [wird]*«[15], kommen sowohl Gesellschaftskonzeptionen als auch Zukunftserwartungen, die über die aktuelle Notsituation hinausreichten, zur Sprache.

Ausgehend von der Überlegung, dass kulturelle Vorstellungen und Ziele über Gesundheitsnormen in die Leiber eingeschrieben werden, interessieren in diesem Zusammenhang vor allem zwei Aspekte: erstens die Rolle von Krankheit, Gesundheit und Körperlichkeit als gesellschaftliche Stützkonzeptionen, mit deren Hilfe Werte und Deutungsmuster vermittelt wurden[16], sowie zweitens die »*Hypothese, [...] daß es sich bei der Körperkontrolle um einen Ausdruck der sozialen Kontrolle handelt, die [...] in gewissen Ritualen den Erfordernissen der ... sozialen Erfahrung entspricht*«.[17]

Zu prüfen ist erstens, ob der Körper angesichts allgegenwärtiger Veränderung ein Kontinuum darstellte bzw. ob er sich im Hinblick auf die moralische Legitimationskrise vielleicht sogar als letzter Identitätsanker anbot, und zweitens, in welchem Verhältnis individueller Körper und Volkskörper standen.[18]

So kann entschlüsselt werden, welchen sozialen Sinn Gesundheit angesichts der weitreichenden politischen und moralischen Sinnkrisen nach dem Ende des Nationalsozialismus gewann.[19]

---

15  Douglas, Mary, *Ritual, Tabu und Körpersymbolik. Sozialanthropologische Studien in Industriegesellschaft und Stammeskultur*, Frankfurt/M. 1986, S. 99. Zum Bezug zwischen gesellschaftlichen Deutungsmustern und Körperlichkeit auch: Jeggle, Utz, Im Schatten des Körpers: Vorüberlegungen zu einer Volkskunde der Körperlichkeit, in: *Zeitschrift für Volkskunde* 76, 2 (1980), S. 169-188.

16  Siehe zum Konzept der Stützkonstruktion: Berger, Peter/Luckmann, Thomas, *Die gesellschaftliche Konstruktion der Wirklichkeit. Eine Theorie der Wissenssoziologie*, Frankfurt/M. 1980 (1969), S. 115-120, hier 124. Zur Interdependenz zwischen gesellschaftlicher Erfahrung und Körperwahrnehmung: Douglas, 1986, S. 103f.

17  Douglas, 1986, S. 106. In diesem Sinne auch Labisch, der davon spricht, dass die Normalität des Körpers unmerklich in eine Normativität, eine Wertbezogenheit des Körpers übergehe, wodurch Gesundheit zum »kategorialen Begriff« werde. Labisch, 1999, S. 7. Die unmittelbare Verflochtenheit von Gesundheit, sozialen und politischen Normen beschreibt auch: Bauch, J., *Gesundheit als sozialer Code. Von der Vergesellschaftung des Gesundheitswesens zur Medikalisierung der Gesellschaft*, Weinheim/München 1996.

18  Siehe zur theoretischen Konzeption des Körpers als Ort z.B. Angerer, Marie-Luise, Zwischen Ekstase und Melancholie: Der Körper in der neueren feministischen Diskussion, in: *L'Homme Z.F.G.*, 5. Jg. (1994), H. 1, S. 28. Zur Relevanz von Körperforschung in der Politikwissenschaft siehe: Kontos, Silvia, Körperpolitik – eine feministische Perspektive, in: Kulawik, Teresa/Sauer, Birgit (Hg.), *Der halbierte Staat. Grundlagen feministischer Politikwissenschaft*, Frankfurt/M. 1996, S. 137-157.

19  Grundlegend zur Historisierung des Gesundheitsbegriffs als Leitbegriff der Moderne, in dem sich individuelle, soziale und politische Ordnungskonzepte widerspiegelten: Labisch, Alfons, »Gesundheit« im Wandel der Zeiten. Zur Geschichte und Theorie des Problems »Medizin in der Gesellschaft«, in: Bundesvereinigung für Gesundheit e.V. (Hg.), *Gesundheit: Strukturen und Handlungsfelder*, Neuwied 2000, S. 11, 1-49, sowie auch Ders., Gesundheit: Die Überwindung von Krankheit, Alter und Tod in der Neuzeit, in: van Dülmen, Richard (Hg.), *Erfindung des Menschen. Schöpfungsträume und Körperbilder 1500–2000*, Wien u.a. 1998, S. 507-537; Ders., *Homo Hygienicus. Gesundheit und Medizin in der Neuzeit*, Frankfurt/M. u.a. 1992.

Dabei gilt es hinsichtlich des Verhältnisses von Gesundheitssicherung und Politik zwei Ebenen zu unterscheiden: zum einen Gesundheit[20] als unabdingbare Voraussetzung von Politik, zum anderen Gesundheit als Mittel und Gegenstand politischen Handelns.[21]

Die spezifische Situation der Besatzung brachte es mit sich, dass es mindestens zwei unterschiedliche Kollektive gab, die ihre je eigene Sicht auf Gesundheit und Krankheit hatten, nämlich die amerikanische Besatzungsmacht und die deutschen Politiker und Ärzte, die mit Gesundheitspolitik befasst waren.

Der politische Kontext, in den die Amerikaner[22] ihre Form der Gesundheitspolitik einzubinden gedachten, war mit den Schlagworten Entnazifizierung und Demokratisierung definiert. Welche Bezüge aber setzten deutsche Politiker und Amtsärzte diesem Politikmodell entgegen? Wie kooperierten sie, wo opponierten sie gegen diese Einbindung? Nach Labisch und Tennstedt ist ein weltanschaulicher Minimalkonsens Voraussetzung, um zu effektiven Problemlösungen und zustimmungsfähigen Handlungsstrategien zu kommen.[23] Einen solchen minimalen Grundkonsens hat es am Ende des Krieges zwischen den ideologisch weit entfernten Gegnern nicht gegeben. Auf welcher Form des Konsenses baute Gesundheitspolitik nach 1945 dann aber auf? War sie Ergebnis eines durch den Kriegsausgang klar definierten und akzeptierten Herrschafts- und Befehlsverhältnisses? Gab es Wege, die ideologischen Differenzen zwischen Demokratisierung und Nazismus gewissermaßen gesundheitspolitisch zu umschiffen, um Einvernehmen herzustellen?

Konsens war darüber hinaus nicht nur zwischen den beiden Hauptakteursgruppen herzustellen, sondern musste zunehmend auch beteiligte Subgruppen – gesundheitspolitische Spezialisten, Ärztevertreter, Verwaltungsbeamte, Repräsentanten der Kirchen und des Amerikanischen Kongresses – einbeziehen. Da diese Vertreter häufig von der

---

20  Gesundheit wird im Folgenden sowohl als positiv konnotierte Wertaussage als auch als Abgrenzungskonzept zu Krankheit und im Sinne einer Funktionalaussage über den Körper verstanden. Eine derart breite Definition wurde zugrunde gelegt, da Gesundheit nicht als analytische Kategorie benutzt wurde und sich die Definition daher an den zeitgenössischen Deutungen orientiert, in denen alle drei Momente präsent waren. Zur Systematisierung der drei Definitionsebenen vgl. Göckenjan, Gerd, Stichwort: Gesundheit, in: Deppe, Hans-Ulrich u.a. (Hg.), *Öffentliche Gesundheit – Public Health, Konzepte und Diskussionen in der deutschen Geschichte*, Frankfurt/M. 1991, S. 15-24.
21  Labisch und Tennstedt haben dargelegt, dass öffentliche Gesundheitsleistungen immer eine Reaktion auf die kollektive Wahrnehmung gesundheitlicher Probleme sind. Gesundheit werde in diesem Sinne als öffentliches Gut konzipiert, das zu anderen sozialen Feldern in Beziehung stehe. Öffentliche Gesundheitssicherung sei damit auch Bestandteil der allgemeinen politischen Wahrnehmung, ihr Handlungsbedarf stets definitionsabhängig. Labisch/Tennstedt, 1985, S. 192. Zum Konzept der Öffentlichen Gesundheit siehe: Deppe, Hans-Ulrich (Hg.), *Öffentliche Gesundheit*, Frankfurt/M. 1991.
22  Nachfolgend wird amerikanisch im Sinne von US-amerikanisch gebraucht.
23  Labisch/Tennstedt, 1985, S. 192.

jeweiligen nationalen Mehrheitsmeinung[24] abwichen, ist zu untersuchen, ob durch die Beteiligung unterschiedlicher Akteursgruppen eine Dynamik in Gang gesetzt wurde, die die ursprünglichen gesundheitspolitischen Absichten änderte. Eine solcherart zugespitze Fragestellung ergibt sich auch aus der Forschungslage.

## Forschungsstand

Dass sozialstaatliche Maßnahmen immer politisch grundiert sind und häufig weitergehenden Intentionen dienen, ist der historischen Forschung nicht neu. Detaillierte Studien belegen, dass der Sozialstaat eine bedeutende Funktion bei der Integration und Legitimation einer Gesellschaft hat[25] und die Konzeption der sozialen Sicherungssysteme eine Rolle bei der nationalen Selbstbehauptung der Staaten ebenso wie bei der Konkurrenz um prestigereiche Rangplätze auf Kongressen und Weltausstellungen spielt.[26] Sozialpolitische Initiativen werden von der historischen Forschung als »*symbolisches Kapital*«[27] einzelner Staaten gewichtet. Die politische Funktion des Sozialstaats wird jedoch im Bereich der Gesundheitspolitik nur bis 1945 verfolgt.[28]

Die amerikanische Besatzungszone ist von allen vier Zonen am besten erforscht[29], was einerseits durch die frühe Aktenfreigabe bedingt ist und sich andererseits mit dem

---

24  Diese wurde durch OMGUS *(Office of Military Government U.S.)* bzw. die deutschen Länderregierungen vertreten.
25  Ritter, Gerhard A., Probleme und Tendenzen des Sozialstaates in den 1990er-Jahren, in: *GG* 22 (1996), S. 393-408, hier S. 393.
26  Conrad, Christoph, Wohlfahrtsstaaten im Vergleich, in: Haupt, Heinz-Gerhard/Kocka, Jürgen (Hg.), *Geschichte und Vergleich. Ansätze und Ergebnisse international vergleichender Geschichtsschreibung*, Frankfurt/M. 1996, S. 156f.; Eckart, Wolfgang U./Jütte, Robert (Hg.), *Das europäische Gesundheitssystem. Gemeinsamkeiten und Unterschiede in historischer Perspektive*, Stuttgart 1992.
27  Haupt, Heinz-Gerhard, Bemerkungen zum Vergleich staatlicher Sozialpolitik in Deutschland und Frankreich (1880-1920), in: *GG* 22 (1996), S. 299.
28  Zur politischen Funktion bis ins Kaiserreich siehe z.B.: Frevert, Ute, *Krankheit als politisches Problem 1770-1880. Soziale Unterschichten in Preußen zwischen medizinischer Polizei und staatlicher Sozialversicherung*, Göttingen 1984; Tennstedt, Florian, *Sozialgeschichte der Sozialpolitik vom 18. Jahrhundert bis zum Ersten Weltkrieg*, Göttingen 1981. Außerdem: Hentschel, Volker, *Geschichte der deutschen Sozialpolitik 1880-1980*, Frankfurt/M. 1983; Schmuhl, Hans-Walter, *Rassenhygiene, Nationalsozialismus, Euthanasie. Von der Verhütung zur Vernichtung lebensunwerten Lebens 1890-1945*, Göttingen 1987; Süß, Winfried, *Der »Volkskörper« im Krieg. Gesundheitspolitik, medizinische Versorgung und Krankenmord im nationalsozialistischen Deutschland 1939-1945* (Studien zur Zeitgeschichte, Bd. 65), München 2003. Typologisierend zum Systemvergleich: Hockerts, Hans Günter (Hg.), *Drei Wege deutscher Sozialstaatlichkeit: NS-Diktatur, Bundesrepublik und DDR im Vergleich* (Schriftenreihe der Vierteljahreshefte für Zeitgeschichte, Bd. 76), München 1998. Zum defizitären Forschungsstand für die Besatzungsjahre: siehe Wasem, 2001, S. 466ff.
29  An dieser Stelle können aus der Vielzahl von Publikationen nur einzelne Titel beispielhaft genannt werden. Siehe für einen aktuellen Überblick zur Forschungslage z.B. das *Jahrbuch der*

dominanten Einfluss der USA auf die spätere westdeutsche Entwicklung erklären lässt. Die frühen Studien der *Historical Division,* insbesondere von Ziemke, Friedrich, Zink und Holborn, können noch immer als Standardwerke gelten und werden zur Skizzierung der amerikanischen Militärregierung herangezogen.[30] Mit der Studie von Rebecca Boehling liegt eine detaillierte Untersuchung für die Etablierung und Entwicklung der Besatzungsherrschaft auf städtischer Ebene vor.[31] Trotz der Studien von Gimbel und Woller bestanden hier aufgrund komplizierter Zuständigkeiten und schwieriger Quellenlage noch immer Forschungslücken[32], die erst das 1995 erschienene, von Christoph Weisz herausgegebene OMGUS-Handbuch schließt, und zwar sowohl hinsichtlich des organisatorischen und administrativen Aufbaus der Militärregierung als auch hinsichtlich des komplizierten Quellenkorpus.[33] Unentbehrlich für die Untersuchung amerikanischer Besatzungspolitik ist außerdem Klaus-Dietmar Henkes Beschreibung des ersten Besatzungsjahres.[34] Henkes einmalige Mischung aus wissenschaftlicher Darstellung und anschaulicher Narration vermittelt einen grundlegenden Eindruck des Charakters und administrativen Aufbaus amerikanischer Besatzungspolitik. Entnazifizierung, Reorientierung und Demokratisierung waren grundlegende Besatzungsziele aller vier alliierten Kriegsmächte. Dass vor allem die amerikanische Besatzungsmacht diese Ziele mit besonderem Nachdruck verfolgte, ist ausführlich dokumentiert.[35] Wie diese Intentionen amerikanische Besatzungspolitik lenkten und mit welchen Mitteln sie umgesetzt wurden, ist von der Forschung aus historischer und politikwissenschaft-

---

*Historischen Forschung*, das *Mitteilungsblatt der Deutschen Gesellschaft für Amerikastudien* oder die laufende *Jahresbibliographie* der Bibliothek für Zeitgeschichte, Stuttgart.

30 Ziemke, Earl F., *The U.S. Army in the Occupation of Germany 1944-1946*, Washington 1975; Friedrich, Carl J., *American Experiences in Military Government in World War II*, New York 1948; Holborn, Hajo, *American Military Government. Its Organisation and Policies*, Washington 1947; Zink, Harold, *American Military Government in Germany*, New York 1947; Ders., *The United States in Germany 1944-1955*, Princeton 1957.

31 Boehling, Rebecca, *A question of priorities. Democratic reform and economic recovery in postwar Germany*, Providence 1996.

32 Gimbels Studie aus den 60er-Jahren konnte nicht die Quellenbestände berücksichtigen, die Boehling zur Verfügung standen, wohingegen Woller sich auf eine ländliche Region bezieht, die vorliegende gesundheitspolitische Fragestellung aber städtisch orientiert ist. Gimbel, John, *A German Community under American Occupation: Marburg, 1945-1952*, Stanford 1961; Woller, Hans, *Gesellschaft und Politik in der amerikanischen Besatzungszone. Die Region Ansbach und Fürth*, München 1986.

33 Weisz, Christoph (Hg.), *OMGUS-Handbuch. Die amerikanische Militärregierung in Deutschland 1945-1949*, Oldenburg 1995.

34 Henke, Klaus-Dietmar, *Die amerikanische Besetzung Deutschlands*, Oldenburg 1996.

35 Vgl. z.B. Rauh-Kühne, Cornelia, Die Entnazifizierung und die deutsche Gesellschaft, in: *Archiv für Sozialgeschichte* 35 (1995), S. 35-70; oder auch Rupieper, Hermann-Josef, *Die Wurzeln der westdeutschen Nachkriegsdemokratie. Der amerikanische Beitrag 1945-1952*, Opladen 1993, besonders S. 8-28.

licher Perspektive ausführlich beschrieben worden.[36] Im Zentrum der Analysen standen dabei anfänglich vor allem die politischen Institutionen, rechtliche und ökonomische Verfassung sowie personelle Entwicklungen der unmittelbaren Nachkriegszeit.[37] Dabei konzentrierte sich die Forschung bisher zum einen auf die programmatische Ebene der Zielformulierung auf Seiten der Besatzungsmacht und verfolgte zum anderen die Auswirkungen der angestrebten Umerziehungspolitik auf struktureller Ebene, z.B. anhand der Verfassungsentwicklung, der Schulpolitik, der Parteienentwicklung usw.[38] Während in den 1970er-Jahren die Frage »Restauration« oder »Neuordnung« kontrovers diskutiert wurde[39], wandte sich die Forschung seit den 1980er-Jahren vermehrt Alltagserfahrungen, Lokal- und Mikrostudien zur Nachkriegsgesellschaft[40] zu. Die detaillierte Forschungslage zu den einzelnen Besatzungszonen wurde jüngst von

---

36 Latour, Conrad F./Vogelsang, Thilo, *Okkupation und Wiederaufbau. Die Tätigkeit der Militärregierung in der amerikanischen Besatzungszone Deutschland 1944-1947*, München 1973; Schwarz, Hans-Peter, *Vom Reich zur Bundesrepublik. Deutschland im Widerstreit der außenpolitischen Konzeptionen in den Jahren der Besatzungsherrschaft 1945-1949*, Stuttgart 1980; Doering-Manteuffel, Anselm, Deutsche Zeitgeschichte nach 1945. Entwicklungen und Problemlagen der historischen Forschung zur Nachkriegszeit, in: *VfZG* 41 (1993), S. 1-30.

37 Niethammer, Lutz, *Entnazifizierung in Bayern. Säuberung und Rehabilitierung unter amerikanischer Besatzung*, Frankfurt/M. 1972; Vollnhals, Clemens (Hrg.), *Entnazifizierung, politische Säuberung und Rehabilitierung in den vier Besatzungszonen 1945-1949*, München 1991; Aumüller, Gerhard u.a. (Hg.), *Kontinuität und Neuanfang in der Hochschulmedizin nach 1945*, Marburg 1997.

38 Kleinschmidt, Johannes, Die amerikanische Besatzungspolitik in Deutschland 1945-1949, in: Bibliothek für Zeitgeschichte (Hg.), *Jahresbibliographie Nr. 65* (1993), S. 534-557; Klotzbach, Kurt, Die Zeit nach 1945: Politik – Gesellschaft – Internationales System. Forschungsbericht (I-III), in: *Archiv für Sozialgeschichte*, Bd. XXIV (1984), S. 667-690; Bd. XXVIII (1988), S. 634-646.

39 Huster, Ernst-Ulrich u.a. (Hg.), *Determinanten der westdeutschen Restauration 1945-1949*, Frankfurt/M. 1972; Lange-Quassowski, Jutta, *Neuordnung oder Restauration?*, Opladen 1979; Winkler, Dörte, Die amerikanische Sozialisierungspolitik in Deutschland 1945-1948, in: Winkler, Heinrich August (Hg.), *Politische Weichenstellung im Nachkriegsdeutschland 1945-1953*, Göttingen 1979; Altrichter, Helmut, Die verhinderte Neuordnung?, in: *Geschichte in Wissenschaft und Unterricht* 35 (1984), S. 351-364; Heiden, Detlev, *Sozialisierungspolitik in Hessen 1946-1967. Vom doppelten Scheitern deutscher Traditionssozialisten und amerikanischer Industriereformer*. 2 Teilbände, Münster u.a. 1997. Ausführlich zum Scheitern einer Reform des öffentlichen Dienstes nach 1945: Rupieper, 1993.

40 Gries, 1991; Prinz, Friedrich (Hg.), *Trümmerzeit in München. Kultur und Gesellschaft einer deutschen Großstadt im Aufbruch 1945-1949*, München 1984; Lersch, 1995; Landeszentrale für politische Bildung Baden-Württemberg, Haus der Geschichte Baden-Württemberg (Hg.), *Besatzer – Helfer – Vorbilder. Amerikanische Politik und deutscher Alltag in Württemberg-Baden 1945 bis 1949. Dokumentation des Symposiums vom 11. Oktober 1996 im Stuttgarter Rathaus*, Stuttgart 1997; Werner, Josef, *Karlsruhe 1945. Unter Hakenkreuz, Trikolore und Sternenbanner*, Karlsruhe 1985; Bausch, Ulrich M., *Die Kulturpolitik der US-amerikanischen Information Control Division in Württemberg-Baden von 1945-1949. Zwischen militärischem Funktionalismus und schwäbischem Obrigkeitsdenken*, Stuttgart 1992; Schwarzmaier, Hansmartin, *Der deutsche Südwesten zur Stunde Null. Zusammenbruch und Neuanfang im Jahr 1945 in Dokumenten und*

Wolfgang Benz in einem vergleichenden Handbuch zusammengeführt, in dem es gelingt, die Grundzüge der Politik aller vier Besatzungsmächte, die zentralen Institutionen und zentrale Entwicklungslinien komparativ zu analysieren.[41] Obwohl es Benz ausdrücklich darum geht, der »*Legendenbildung, die die Nachkriegszeit als Leidenszeit negativ heroisiert*«, entgegenzutreten, sucht man vergeblich nach einer Korrektur der Mythen, die sich um Krankheit und Gesundheit der Besatzungsjahre ranken.[42] So trifft die Bestandsaufnahme Sylvelyn Hähner-Rombachs, dass die Forschung zur unmittelbaren Nachkriegsgeschichte im Bereich des Gesundheitswesens immer noch große Lücken aufweise und es an intensiven Forschungen über den Gesundheitszustand und den Wiederaufbau des Gesundheitswesen fehle, noch immer zu.[43]

Auch Wolfgang Eckart und Alfons Labisch haben ausdrücklich auf die dringend notwendige Erforschung und besondere Relevanz des »*Stellenwertes von Gesundheitspolitik und Gesundheitsvorsorge im Kontext alliierter Besatzung*« hingewiesen.[44] Grundlegende Studien zur amerikanischen Besatzungspolitik kommen ohne Berücksichtigung der Themen Gesundheit und Krankheit aus.[45] Ziemke widmet diesem Komplex unter dem Stichwort Geschlechtskrankheiten einige wenige Zeilen[46] und Richard Leiby beschäftigt sich in seiner Dissertation mit »*Public Health in Occupied Germany, 1945-1949*«.[47] Zwar werden von Leiby die wesentlichen Probleme, mit denen sich amerikanische Gesundheitspolitik in Deutschland konfrontiert sah, rekonstruiert, allerdings weist seine Betrachtung zwei wesentliche methodische Mängel auf: Zum einen versucht er, die Besatzungswirklichkeit anhand amerikanischer Direktiven zu rekonstruieren, ein Zugang, der aufgrund der Spezifik amerikanischer Besatzungspla-

---

*Bildern*, Karlsruhe 1975; Materialreich zu Lebensbedingungen der Familie in der Nachkriegszeit und frühen BRD: Niehuss, Merith, *Familie, Frau und Gesellschaft. Studien zur Strukturgeschichte der Familie in Westdeutschland 1945-1960* (Schriftenreihe der Historischen Kommission bei der Bayerischen Akademie der Wissenschaft, Bd. 65), Göttingen 2001.

41 Benz, 1999.
42 Ibid., S. 19.
43 Hähner-Rombach, Sylvelyn/Ziegler, Ernst, Tagebuch Hans Richard von Fels. Ärzte-Mission nach Süd-Deutschland, 25. September bis 5. Oktober 1946, in: *MedGG* 20 (2001), S. 137-177, hier S. 137.
44 Labisch, Alfons/Woelk, Wolfgang, Öffentliche Gesundheit in der Nachkriegsgeschichte der BRD. Ein Bund-Länder-Vergleich von 1945-1965, in: *Forum Public Health* Nr. 12 (April 1996), S. 4; Eckart, 1989, S. 219.
45 Um nur einige Beispiele zu nennen: Friedrich, Wolfgang-Uwe (Hg.), *Die USA und die deutsche Frage 1945-1990*, Frankfurt/M./New York 1991; Rupieper, Hermann-Josef, *Der besetzte Verbündete. Die amerikanische Deutschlandpolitik von 1945-1955*, Opladen 1991; Woller, 1986; Niethammer, 1972; Gimbel, John, *The American Occupation of Germany. Politics and the Military, 1945-1949*, Stanford 1968; Moltmann, Günter, *Amerikas Deutschlandpolitik im Zweiten Weltkrieg: Kriegs- und Friedensziele 1941-45*, Heidelberg 1958.
46 Ziemke, 1975.
47 Leiby, Richard A., *Public Health in occupied Germany 1945-49*, PhD. Univ. Delaware, Dover 1985.

nung nicht angemessen ist.[48] Zum anderen beschränkt sich Leibys Darstellung auf die Auswertung amerikanischer Quellen. Die Darstellungen der *Military Government reports* waren jedoch häufig durch interne Interessen geprägt – wie z.B. durch dramatisierende Beschreibungen der gesundheitlichen Situation, um Personalstreichungen zu vermeiden, durch beschönigende Darstellungen der Entnazifizierungszahlen, um das statistische Soll zu erreichen – oder schlichtweg durch Missverständnisse zwischen Amerikanern und Deutschen. Das deutsche Gesundheitssystem war nicht so zerstört, wie die Erfolgsberichte amerikanischer Dienststellen gegenüber ihren vorgesetzten Instanzen in Berlin und Washington glauben machen wollten, und auch die Krankheitsziffern erreichten nicht die prognostizierte bedrohliche Höhe. Diese Einschätzungen drangen jedoch aus taktischen Überlegungen selten nach außen, sondern wurden intern zwischen deutschen Amtsärzten und amerikanischen *medical officers* diskutiert. Die Dynamik des Besatzungsalltags lässt sich, das zeigt sich nicht nur im Bereich Gesundheitspolitik[49], nur als Interaktionsgeschichte zwischen Deutschen und Amerikanern nachzeichnen, da nur auf diese Weise eine kritische Gewichtung des jeweiligen Quellenbestandes möglich ist.[50] Die quellenkritische Auswertung der amerikanischen Berichte durch Gegenüberstellung der deutschen Überlieferung bewahrt des weiteren vor der Wiederholung von nicht zu verifizierenden Vorannahmen und Allgemeinplätzen.[51]

Gesundheitspolitik ist längst in zahlreichen sozialgeschichtlichen Untersuchungen als Indikator und Motor gesellschaftlicher Entwicklungen entdeckt und für das 18., 19. und frühe 20. Jahrhundert beschrieben worden.[52] Gerd Göckenjan hat die soziale

---

48 Henke warnt ausdrücklich davor, Deklamation mit Implementation gleichzusetzen. Henke, 1996, S. 32.
49 So auch Henke, 1996, S. 30f.; Gries, 1991, S. 169.
50 Zur Relevanz von Interaktionsprozessen für eine Geschichte der internationalen Beziehungen siehe Lehmkuhl, Ursula, *Pax Anglo-Americana. Machtstrukturelle Grundlagen anglo-amerikanischer Asien- und Fernostpolitik in den 1950er Jahren*, München 1999, S. 240f.
51 So schreibt Leiby z.B.: »*What was once the most advanced and respected Public Health system in the world lay in utter ruin by May 1945. [...] Public Health services practically disintegrated. Thus, an entirely new infrastructure had to be built upon the foundations of the defunct National Socialist Public Health network.*« Leiby, 1985, S. 94. Das stimmt so nicht. Ganz im Gegenteil waren die amerikanischen Besatzungsoffiziere erstaunt darüber, wie gut das deutsche Gesundheitssystem noch funktionierte und wie schnell es entlang alter Strukturen wieder aufgebaut werden konnte. Die von Leiby beschriebene Situation ähnelt bis in die Wortwahl den ersten Beschreibungen amerikanischer *Public Health Officers*, die ihre Einschätzung im Gegensatz zum Autor jedoch mit fortschreitender Besatzung hinterfragten und korrigierten.
52 Aus der Fülle von Publikationen zu diesem Thema siehe z.B. Reulecke, Jürgen/Castell Rüdenhausen, Adelheit Gräfin zu (Hg.), *Stadt und Gesundheit. Zum Wandel von Volksgesundheit und kommunaler Gesundheitspolitik im 19. und frühen 20. Jahrhundert*, Stuttgart 1991; Behnken, Imbke (Hg.), *Stadtgesellschaft und Kindheit im Prozeß der Zivilisation*, Opladen 1990, Teil I: »Sauberkeit und Gesundheit«; Evans, Richard J., *Tod in Hamburg. Stadt, Gesellschaft und Politik in den Cholera-Jahren 1830-1910*, Reinbek bei Hamburg 1990; Jütte, Robert, Sozialgeschichte

Gestalt von Krankheiten, ihre Manifestation in zeitgenössischen Diskursen, Wandlungsprozessen, politischen Interessenbezügen und ihre gesellschaftlichen Auswirkungen am Beispiel von Tuberkulose und Geschlechtskrankheiten dargestellt, Flurin Condrau, Lutz Sauerteig und Sylvelyn Hähner-Rombach haben detaillierte Studien zu einzelnen Krankheiten vorgelegt, an die diese Arbeit anknüpfen kann.[53] Zentral ist es dabei, die dort präsentierten Ergebnisse für die Nachkriegszeit zu prüfen und auf Veränderung in einem sich wandelnden politischen Kontext zu untersuchen.[54] Eine Analyse, die gesundheitspolitische Entwicklungen in den USA und Deutschland systematisch vergleichend nebeneinander stellt, existiert bisher nicht.

---

    der Medizin: Inhalte – Methoden – Ziele, in: *MedGG* 9 (1990), S. 149ff.; Otto, R./Spree, R./Vögele, J., Seuchen und Seuchenbekämpfung in deutschen Städten während des 19. und frühen 20. Jahrhunderts, Stand und Desiderate der Forschung, in: *Medizinhistorisches Journal* 25 (1990), S. 286 ff.; Labisch, Alfons/Spree, Reinhard, Gesundheitspolitik im 19. und frühen 20. Jahrhundert – Deutschland und England als Beispiele, in: *Berichte zur Wissenschaftsgeschichte* 11 (1988): Dokumentation und Information, S. 45-52; Eckart, Wolfgang U./Gradmann, Christoph (Hg.), *Die Medizin und der Erste Weltkrieg*, Pfaffenweiler 1996; Duffy, John, *The Healers. A History of American Medicine*, Urbana u.a. 1979; Duffy, John, *The Sanitarians. A History of American Public Health*, Urbana 1992 (1990). Fox, Daniel M., *Health policies, Health politics: The Experience of Britain and America, 1911-1965*, Princeton 1986. Zur Politisierung von Gesundheitssicherung siehe Berridge, Virginia, Health and Medicine in the Twentieth Century: Contemporary History and Health Policy, in: *Social History of Medicine* 5 (1992), S. 307-316.

    Siehe für eine erste Orientierung auch: Labisch, Alfons/Reinhard Spree, Neuere Entwicklungen und aktuelle Trends in der Sozialgeschichte der Medizin in Deutschland – Rückschau und Ausblick, in: *Vierteljahresschrift für Sozial- und Wirtschaftsgeschichte* 37 (1997), S. 181-209.

53  Göckenjan, Gerd, *Kurieren und Staat machen. Gesundheit und Medizin in der bürgerlichen Welt*, Frankfurt, 1985; Ders., *Tuberkulose-Prävention und Spuckverhalten. Bedingungen, Ziele und Maßnahmen einer historischen Kampagne zu Einstellungs- und Verhaltensänderung*, Berlin, 1988; Ders., Syphilisangst und Politik mit Krankheit. Diskurs zur Geschichte der Geschlechtskrankheiten, in: Gindorf, R./Haeberle, E. J. (Hg.), *Sexualitäten in unserer Gesellschaft*, Berlin/New York 1989; Ders., Über den Schmutz – Überlegungen zur Konzeption von Gesundheitsgefahren, in: Reulecke/Castell Rüdenhausen, Gräfin zu, Verhaltensänderung, 1991, S. 115-128. Sauerteig, Lutz, *Krankheit, Sexualität, Gesellschaft. Geschlechtskrankheiten und Gesundheitspolitik in Deutschland im 19. und frühen 20. Jahrhundert* (zugl. Diss. Phil. Univ. Berlin 1996), Stuttgart 1999; Condrau, Flurin, *Lungenheilanstalt und Patientenschicksal. Sozialgeschichte der Tuberkulose in Deutschland und England im späten 19. und frühen 20. Jahrhundert*, Göttingen 2000; Hähner-Rombach, Sylvelyn, *Sozialgeschichte der Tuberkulose vom Kaiserreich bis zum Ende des Zweiten Weltkriegs: Unter besonderer Berücksichtigung Württembergs* (Medizin, Gesellschaft und Geschichte: Beiheft 14), Stuttgart 2000.

54  Siehe zum Gesundheitswesen der DDR: Schagen, Udo, Gesundheitspolitik im Nachkriegsdeutschland, in: Rausch, Anita/Rohland, Lothar/Spaar, Horst (Hg.), *Das Gesundheitswesen der DDR: Eine historische Bilanz für zukünftige Gesundheitspolitik*, Berlin 1999, S. 163-169; aus institutionengeschichtlicher Perspektive jetzt im Zonenvergleich: Wasem, Jürgen (u.a.), Gesundheitswesen und Sicherung bei Krankheit und im Pflegefall, in: Wengst, Udo (Hg.), *Geschichte der Sozialpolitik in Deutschland seit 1945*, Bd. 2/1, *1945-1949. Die Zeit der Besatzungszonen. Sozialpolitik zwischen Kriegsende und der Gründung zweier deutscher Staaten*, Baden-Baden 2001, S. 461-528.

Auch für den amerikanischen Bezugsrahmen liegen indes Langzeitstudien über die Entwicklungsgeschichte einzelner Krankheiten vor.[55] Barbara G. Rosenkrantz stellt in ihrer Untersuchung der Geschichte der Tuberkulose die komplexen Beziehungen zwischen Krankheit, Medizin und Gesellschaft dar. Sinkende Krankheitsraten, so ihre Argumentation, seien dabei keinesfalls direktes Ergebnis der medizinischen Interventionen gewesen, sondern Folge sich verändernder Lebensbedingungen. Darüber hinaus stellt sie den Wandel der Krankheitskonzepte von der erblichen über die konstitutionelle hin zur infektiösen Erkrankung dar. Diese Faktoren sollen hier auf ihre fortgesetzte Wirkungsmächtigkeit zwischen 1945 und 1949 untersucht werden. Da die amerikanischen Studien zur Medizingeschichte[56] allgemein nicht die Jahre zwischen 1945 und 1949 umfassen, sollen ihre breit angelegten Fragestellungen hier einbezogen und komparativ für die Besatzungsjahre nutzbar gemacht werden. Auch die deutsche Seuchengeschichte hat in den 1990 Jahren mit einigen bemerkenswerten Arbeiten an den internationalen Forschungsstand angeschlossen, umfasst indes noch immer nicht die Besatzungsjahre.[57]

Sind also Studien zur Sozialpolitik, zur Sozialgeschichte der Medizin, zur Gesundheitspolitik und auch zur amerikanischen Besatzungspolitik in großer Zahl vorhanden, so ist die Schnittmenge dieser Forschungsarenen noch immer seltsam unterbelichtet.

---

55  Rosenkrantz, Barbara G. (Ed.), *From Consumption to Tuberculosis. A Documentary History*, Garland 1994; Bates, Barbara, *Bargaining for Life: A Social History of Tuberculosis, 1876-1938*, Philadelphia 1992; Cassel, Jay, *The Secret Plague: Venereal Disease in Canada 1838-1939*, Toronto 1987; Brandt, Allan M., *No Magic Bullet – A Social History of Venereal Disease in the United States Since 1880*, New York, 1985; Hammons, Evelynn Maxine, *The search for Perfect Control: A Social History of Diphtheria 1880-1930*, PhD Harvard Univ. 1993. Für den deutschen Kontext inzwischen: Sauerteig, 1999. Übergreifend zum Konnex zwischen Krankheitskonzept und Gesellschaftsordnung: Rosenberg, Charles E., Disease and Social Order in America: Perception and Expectations, in: Fee, Elizabeth/Fox, Daniel (Ed.), *Aids – The burdens of history*, Berkeley/Los Angeles 1988, S. 12-32.
56  Vgl. dazu z.B. die beiden einschlägigen Zeitschriften *Bulletin of the History of Medicine* und *Journal of the History of Medicin;* sowie Cassedy, James H., *Medicine in America*, Baltimore/London 1991; Reverby, Susan/Rosner, David, *Health Care in America: Essays in Social History*, Philadelphia 1979; Leavitt, Judith/Numbers, Ronald, *Sickness and Health in America – Reading in the History of Medicine and Public Health*, Wisconsin 1978.
57  In einem weiten diachronen Überblick: Winkle, Stefan, *Kulturgeschichte der Seuchen*, Düsseldorf/Zürich 1997; Wilderotter, Hans/Dorrmann, Michael, *Das große Sterben. Seuchen machen Geschichte*, Berlin 1995; Vasold, Manfred, *Pest, Not und schwere Plagen*, München 1991. Außerdem die bereits genannten Studien von Sauerteig, 1999; Condrau, 2000; Hähner-Rombach, 2000; Süß, 2003.
Aus konzeptioneller Perspektive: Dinges, Martin/Thomas Schlich (Hg.), *Neue Wege in der Seuchengeschichte*, Stuttgart 1995 und auch Otto, Roland/Spree, Reinhard/Vögele, Jörg (Hg.), Seuchen und Seuchenbekämpfung in deutschen Städten während des 19. und 20. Jahrhunderts, Stand und Desiderate der Forschung, in: *Medizinhistorisches Journal 25* (1990), S. 286-304.

Diese zu erhellen und in ihrer vielseitigen politischen Bezüglichkeit darzustellen, ist Ziel dieser Studie.[58]

Viele der gesundheitspolitischen Probleme der Nachkriegszeit ergaben sich aus den sozialen und politischen Umwälzungen und zogen somit nicht das Augenmerk der Medizingeschichte[59] auf sich. Sozialhistoriker konzentrierten sich dagegen – nachdem das außen- und verwaltungsgeschichtliche Paradigma, unter dem die Besatzungszeit in den 1960er-Jahren gestanden hatte[60], gelockert werden konnte – auf klassische Fragestellungen wie Wirtschaftsentwicklung, Flüchtlingsintegration, Konsumverhalten[61] etc. Auch die in den 1980er-Jahren stärker hervortretende Alltags- und Mentalitätsgeschichte wählte andere Themen.[62] Abgesehen von einigen regionalgeschichtlichen Darstellungen[63] blieb Gesundheitspolitik damit ein Bereich, der abseits von Institutionengeschichte[64] und ordnungspolitischen Diskussionen nicht wahrgenommen wurde. Dabei ist der Zusammenhang zwischen Ideologie, Medizin und Epidemiekontrolle im Kontext des Nationalsozialismus überzeugend und Gewinn bringend thematisiert

---

58 In einem kursorischen Ausblick für Bayern: Lindner, Ulrike, »Wir unterhalten uns ständig über den Milchpfennig, aber auf die Gesundheit wird sehr wenig geachtet.« Gesundheitspolitik und medizinische Versorgung 1945-1972, in: Schlemmer, Thomas/Woller, Hans (Hg.), *Bayern im Bund, Bd. 1. Die Erschließung des Landes 1949-1973*, München 2001, S. 205-271.

59 Vgl. dazu Benzenhöfer, Udo, *Verzeichnis der medizinhistorischen Dissertationen aus den westlichen Besatzungszonen bzw. der Bundesrepublik 1945-1959*, Aachen 1993.

60 Z.B. Schwarz, 1966.

61 Vgl. z.B. Grosser, Christiane u.a., *Flüchtlingsfragen, das Zeitproblem. Amerikanische Besatzungspolitik, deutsche Verwaltung und die Flüchtlingsfrage in Württemberg-Baden 1945-1949*, Mannheim 1993; Schildt, Axel/Sywottek, Arnold (Hg.), *Modernisierung im Wiederaufbau – die westdeutsche Gesellschaft der 50er Jahre*, Bonn 1993;

62 Gries, 1993; Niethammer, Lutz (Hg.), »*Hinterher merkt man, daß es richtig war, daß es schiefgegangen ist.« Nachkriegs-Erfahrungen im Ruhrgebiet*, Berlin/Bonn 1983.

63 Dinter, 1999; Lersch, 1989; Strackerjahn, Henrich, Uns blieb nichts erspart. Frauen im Kampf gegen Krankheiten, in: VHS Bielefeld (Hg.), »*Wir haben uns so durchgeschlagen ...«. Frauen im Bielefelder Nachkriegsalltag 1945-1950*, Bielefeld 1992; »Wenn wir so ein Mädchen freilassen, dann pfeift es aus allen Ecken. Frauen – Ansteckungsherd für Geschlechtskrankheiten?« in: Jung, Martina/Scheitenberger, Martina, »*... den Kopf noch fest auf dem Hals«. Frauen in Hannover, 1945-48*, Hannover 1991; Klatt, Gunnar, *Entwicklungen und Probleme des öffentlichen Gesundheitswesens in Niedersachsen während der Besatzungszeit 1945-49 am Beispiel der Stadt Hannover*, Hannover 1991; Sons, 1983.

64 Zur Institutionengeschichte siehe z.B. Rausch, Anita/Rohland, Lothar/Spaar, Horst (Hg.), *Das Gesundheitswesen der DDR: Eine historische Bilanz für zukünftige Gesundheitspolitik*, Berlin 1999; Hockerts, Hans Günter, Vorsorge und Fürsorge: Kontinuität und Wandel der sozialen Sicherung, in: Schildt, Axel/Sywottek, Arnold (Hg.), *Modernisierung im Wiederaufbau – die westdeutsche Gesellschaft der 50er Jahre*, Bonn 1993, S. 223ff.; Hockerts, Hans Günter, *Sozialpolitische Entscheidungen im Nachkriegsdeutschland*, Stuttgart 1980; Langner, Albrecht (Hg.), *Katholizismus, Wirtschaftsordnung und Sozialpolitik 1945-1963*, Paderborn u.a. 1980; Bartholomäi, Reinhard u.a., *Sozialpolitik nach 1945. Geschichte und Analysen*, Bonn/Bad Godesberg 1977; Tennstedt, Florian, *Soziale Selbstverwaltung. Geschichte der Selbstverwaltung in der Krankenversicherung*, Bd. 2, Bonn 1977.

worden.[65] Die vergleichbaren Beziehungen zwischen Medizin, Seuchenkontrolle und Demokratisierung für die Jahre nach 1945 wurden bislang nicht analysiert.

Die Forschung offeriert als Erklärung für die Kontinuität im Gesundheitssektor nach 1945 die These, dass der Reformwiderstand der USA strukturelle Veränderungen vereitelt[66] habe. Da diese institutionelle Kontinuität[67] über alle ideologischen Regimewechsel und politischen Krisensituationen hinweg bestand, wird diese so genannte Strukturstabilität des deutschen Gesundheitssektors von der historischen Forschung weitgehend als selbstevident genommen. Die Kontinuität bedarf offensichtlich, anders als die Zäsur, keiner weiteren Problematisierung. Somit bleiben Vorbedingungen unbeachtet, Alternativen geraten kaum ins Blickfeld[68], und die Rekonstruktion wird nicht als Ergebnis eines offenen historischen Entwicklungsprozesses gewichtet.

Die häufig genannten Modernisierungseffekte zwischen »*Stalingrad und Währungsreform*«[69] werden ebensowenig auf ihre Rückwirkungen auf den Gesundheitssektor befragt, wie die angeblich revolutionären Umbrüche der nivellierenden Notgesellschaft in den Bereich von Gesundheit und Krankheit hinein verfolgt werden. So bleiben die »*Sozialgeschichte des Umbruchs*«[70] und die »*Strukturstabilität*«[71] des deutschen Gesundheitswesens unverbunden nebeneinander stehen. An keiner Stelle erfährt Gesundheitspolitik eine sozial- und kulturgeschichtliche Analyse, die Einblicke in die Sprache, Symbole, Ziele und das Selbstverständnis der deutschen Nachkriegsgesellschaft und der amerikanischen Besatzungsmacht verspricht.

---

65   Weindling, Paul, Die weltanschaulichen Hintergründe der Fleckfieberbekämpfung im Zweiten Weltkrieg, in: Meinel, Christoph/Voswinckel, Peter (Hg.), *Medizin, Naturwissenschaft, Technik und Nationalsozialismus. Kontinuitäten und Diskontinuitäten*, Stuttgart 1994, S. 130-135. Weindling thematisiert auch die Rückwirkungen der Kriegsmentalität auf das Gesundheitswesen, speziell den Einfluss der Unterwerfungsrhetorik auf die Krankheitsbekämpfung; Süß, 2003; Vossen 2001, Frei 1991, Bock, 1986.

66   Explizit in dieser Formulierung Douglas Webber: »*Das Scheitern des Projektes einer Einheitsversicherung darf man somit wohl auf zwei Hauptfaktoren zurückführen: zum einem auf den Widerstand gegen die Reform, getragen von zwei der alliierten Parteien (der amerikanischen und der britischen)*«. Webber, Douglas, Krankheit, Geld und Politik: Zur Geschichte der Gesundheitsreformen in Deutschland, in: *Leviathan* 16 (1988), S. 156-203, hier S. 184.

67   Z.B. Hockerts, 1980; Alber, Jens, *Das Gesundheitswesen der Bundesrepublik Deutschland. Entwicklung, Struktur, Funktionsweise*, Frankfurt/M. 1992; Webber, 1988. Auch der Sammelband von Bartholomäi u.a., 1977, beschäftigt sich nur mit der institutionellen Dimension von Gesundheitspolitik. Vgl. darin besonders: Baker, Herbert W., Beginn der deutschen Sozial- und Arbeitspolitik unter der Militärregierung, in: Bartholomäi, Reinhard/Bodenbender, Wolfgang/Henkel, Hardo/Hüttel, Renate (Hg.), *Sozialpolitik nach 1945. Geschichte und Analyse. Festschrift für Ernst Schellenberg*, Bonn 1977, S. 23-32.

68   Als Ausnahme für die Zeit der Weimarer Republik mit Schwerpunkt auf der Ambulatorienbewegung: Hansen, Eckhard u.a., *Seit über einem Jahrhundert [...] Verschüttete Alternativen in der Sozialpolitik*, Köln 1981.

69   Broszat, Martin u.a. (Hg.), *Von Stalingrad zur Währungsreform. Zur Sozialgeschichte des Umbruchs in Deutschland*, München 1989.

70   Ibid.

71   Alber, 1992, S. 19.

Erfahrungen, Werte und Normen, die für die Verarbeitung der Zusammenbruchssituation maßgeblich waren und auf denen neue und alte Strukturen installiert wurden, waren bislang nur selten Gegenstand historischer Analysen.[72] Eine solche Erweiterung der Sozial- und Politikgeschichte um einen *cultural approach* hat für die Besatzungsjahre Hermann-Josef Rupieper versucht.[73]

Auch Diether Döring und Richard Hauser haben eine gelungene Verknüpfung kultureller Faktoren und sozialstaatlicher Fragestellungen vorgelegt.[74] Sie untersuchen sozialstaatliche Programme unter Rekurs auf die »*politische Kultur*«, unter der sie »*den Dispositionsrahmen für politisches Handeln*« verstehen, der »*Wahrscheinlichkeiten schafft [...] [durch] einen Komplex von breit akzeptierten Glaubenssätzen, Werten und Normen betreffend die Beziehungen der Bürger zu ihrem politischen System und zueinander*«.[75] Wenn auch damit die Relevanz von politischer Kultur für Sozialpolitik im allgemeinen und für das Armutsproblem im besonderen nachgewiesen ist, so bleibt die Frage offen, ob eine vergleichbare Verknüpfung von »politischer Kultur« und Gesundheitssicherung besteht.

---

72 Als Ausnahmen z.B. Henke, 1996; Gries, 1991, oder mit Einschränkungen auch Rupieper, 1993.
73 Rupieper versucht, die Besatzungspolitik als »*cultural policy*« zu analysieren, um das bisher in besatzungspolitischen Studien zugrunde gelegte Modell eines rationalen Politikprozesses zu erweitern. Rupieper bemüht sich darum, Emotionen, Erfahrungen sowie durch Sozialisation vermittelte Werte und Präferenzen, die nicht-intentional oder über-individuell sind, einzubeziehen. Das von ihm angewandte Modell der politischen Kultur orientiert sich dabei am weiten Kulturbegriff der »*Planer in Washington und der Besatzungsbehörden in Deutschland*«, der neben traditionellen politischen Strukturen auch gesellschaftliche Werte umfasste. Rupieper thematisiert somit sowohl mit Blick auf die Formulierung alliierter Zielvorstellungen als auch hinsichtlich ihrer Vermittlung die Rolle von Klischees und Stereotypen in der Fremd- und Eigenwahrnehmung. Sein Untersuchungsgegenstand befindet sich mit den Beispielen Gewerkschaften, Kirchen, Schulen, Universitäten und öffentlichem Dienst auf der Ebene des institutionellen bzw. bürokratischen Politikprozesses. Der analytische Rahmen seiner Untersuchung wird zwischen den Polen Reformeifer und Reformbereitschaft gespannt. Damit reduziert Rupieper seinen eingangs skizzierten konzeptionellen Zugang der politischen Kultur wieder auf funktional-rationale Politikplanung mit den Positionen Problemanforderung, Zielformulierung und schließlich Zielerreichung. Des weiteren bietet sein Modell, in dem die amerikanische Besatzungsmacht als Vertreter einer von »Reformeifer« getragenen Haltung charakterisiert wird, während die deutsche Verwaltung und Bevölkerung unter dem Schlagwort »*Reformbereitschaft*« als Rezipienten von Reformvorgaben agieren, keine Möglichkeit, die starre binäre Gegenüberstellung vieler Vorläuferstudien aufzulösen und nach Berührungspunkten und Gemeinsamkeiten, die auch über Wahrnehmungsmuster und nicht nur über aktuelle politische Interessen herzustellen waren, zu suchen. Rupieper, 1993, S. 23-26.
74 Döring, Diether/Hauser, Richard (Hg.), *Politische Kultur und Sozialpolitik. Ein Vergleich der Vereinigten Staaten und der BRD unter besonderer Berücksichtigung des Armutsproblems*, Frankfurt/M. 1989.
75 Ibid., S. 11. Ausgehend davon, dass die Funktion jedes »*Gesellschaftssystems durch einen einigermaßen konsensuell akzeptierten Wertkodex garantiert wird*«, konstatieren sie für die USA eine »*weithin akzeptierte politische Kultur, [...] eine dominant culture [...] die sich seit dem Bürgerkrieg*

Die Forschung beschreibt die Zeit nach dem Zweiten Weltkrieg als Phase der gelungenen Amerikanisierung.[76] Dabei variiert, was konkret unter Amerikanisierung verstanden wird. Partiell wird von einem Transfer- und Adaptionsprozess gesprochen, partiell wird Amerikanisierung mit Modernisierung gleichgesetzt oder steht als Metapher einer tief greifenden Veränderung.[77] An diese Untersuchungen kann diese Studie anknüpfen. Sie beschäftigt sich dabei allerdings weniger mit Amerikanisierung als Ergebnis eines langfristigen politischen Prozesses[78], sondern fokussiert Transferprozesse, die sich aus der Interaktion zwischen Deutschen und Amerikanern ergaben.[79] Studien, die unter Amerikanisierung eine Entwicklung fassen, die beide Teilnehmer verändert und durch komplizierte Aneignungs- und Abgrenzungsmechanismen geprägt

formiert« habe, und als grundlegendes Wertsystem imstande gewesen sei, »*die sukzessiven Wellen von Einwanderern zu integrieren, zu Amerikanern zu machen. Denn die amerikanische nationale Identität ist [...] geformt durch einen konstruktiven Willensakt, eine Deklaration der Abgrenzung gegen das Alte, durch einen Glaubenssatz, [...] die American Creed. Und Amerikaner wird man [somit] nicht durch den formalen Akt der Naturalisation, sondern durch die freiwillige Zustimmung zu dieser Creed, [...] so daß Amerikanismus für den Amerikaner nicht eine Tradition oder ein Territorium darstellt, sondern eine Doktrin.*« Ibid., S. 12. Ausgehend von diesem Verständnis von »politischer Kultur«, untersuchen Döring und Hauser deren unterschiedliche Auswirkungen auf die Sozialpolitik der BRD und der USA.

76 Vgl. z.B. Bude, Heinz/Greiner, Bernd (Hg.), *Westbindungen: Amerika in der Bundesrepublik*, Hamburg 1999; Gerhardt Uta, Re-Education als Demokratisierung der Gesellschaft Deutschlands durch das amerikanische Besatzungsregime, in: *Leviathan 27* (1999) 3, S. 355-385; Doering-Manteuffel, Anselm, *Wie westlich sind die Deutschen? – Amerikanisierung und Westernisierung im 20. Jahrhundert*, Göttingen 1999; Jarausch, Konrad/Siegrist, Hannes (Hg.), *Amerikanisierung und Sowjetisierung in Deutschland 1945-1970*, Frankfurt/M. u.a. 1997; Ermarth, Michael (Ed.), *America and the shaping of German society, 1945-1955*, Providence 1993; Maase, Kaspar, *BRAVO Amerika: Erkundungen zur Jugendkultur der BRD in den fünfziger Jahren*, Hamburg 1992.

77 Schildt, Axel, Moderne Zeiten – Freizeit, Massenmedien und »Zeitgeist« in der Bundesrepublik der 50er-Jahre, Hamburg 1995; Rosenberg, Emily S., *Spreading the American Dream: American Economic and Cultural Expansion*, 1890-1945, New York 1982; Schmidt, Alexander, *Reisen in die Moderne. Der Amerika Diskurs des deutschen Bürgertums vor dem Ersten Weltkrieg im europäischen Vergleich*, Berlin 1997.

78 Die Amerikanisierungsdiskussion, die Amerikanisierung als einen grundlegenden gesellschaftlichen und kulturellen Wandlungsprozess, der sich nur über einen längeren Zeitraum betrachten ließe, soll hier nicht fortgeführt werden, da sie zum einen vielfältige Vorläufertraditionen zwischen 1918 und 1933 rekonstruieren müsste, um diese dann vor allem auch personell-biographisch in der Nachkriegszeit zu verfolgen; eine Fragestellung, die den Rahmen dieser Arbeit sprengen würde. Vgl. dazu Doering-Manteuffel, Anselm, Dimensionen von Amerikanisierung in der deutschen Gesellschaft, in: *Archiv für Sozialgeschichte* 35 (1995), S. 1-34. Meine Untersuchungsperspektive lässt sich aber aufgrund des von mir gewählten Interaktionsansatzes nicht über das Jahr 1949 hinaus ausdehnen. Siehe zu dem für die Analyse gesellschaftlichen Wandels zu wählenden Untersuchungszeitraum: Sabatier, Paul, Advocacy-Koalitionen, Policy-Wandel und Policy-Lernen: Eine Alternative zur Phasenheuristik, in: Héritier, Adrienne (Hg.), *Policy-Analyse. Kritik und Neuorientierung*, PVS Sonderheft 24, Opladen 1993, S. 116-148, hier S. 127.

79 Mit Transferprozessen am Beispiel der Presselandschaft beschäftigte sich jüngst Jessica Gienow-Hecht, die ebenfalls einen weiten Kulturbegriff zugrunde legt und in unmittelbarem Kontext zu

war, liegen vor allem für den Bereich der Populärkultur vor.[80] Die dort entwickelten Überlegungen werden in dieser Analyse aufgenommen und mit Blick auf den Bereich der Gesundheitspolitik vertieft.

Aufgrund der dargelegten Fragestellung und des ermittelten Forschungsstands ist es evident, dass Gesundheitspolitik hier nicht auf Institutionenpolitik reduziert, sondern in ihrer sozialen Gestalt und in ihrem symbolischen Gehalt beschrieben werden soll.[81] Methodisch liegt dieser Studie daher eine erweiterte Sozial- und Politikgeschichte zugrunde, die sich am Modell der *policy analysis* orientiert und dieses um einen *cultural approach* ergänzt.

## Methodische Vorüberlegungen

### 1. Politikbegriff und Politikfeldanalyse

Die klassische angelsächsische *policy analysis* – ebenso wie ihr deutsches Pendant, die Politikfeldanalyse – beschäftigt sich im Wesentlichen mit der administrativen Problembewältigung unter Zugrundelegung eines funktionalen Politikbegriffs.[82] Politik hat in diesem Modell drei Ebenen, die des institutionellen Systems *(polity)*, des öffentlich-politischen Handelns *(policy)* und des politischen Prozesses *(politics)*. Die institutionelle Dimension wird verkörpert durch Rechtsordnung, Behörden, Institutionen etc. Der normative Gehalt der Politik erschließt sich über ihre Inhalte, Aufgaben, Gegenstände und Ziele. Die prozessuale Dimension meint den Verlauf politischen Handelns, das Herstellen eines Interessenausgleichs, die Vermittlung von Konflikten im politischen Prozess.[83]

---

amerikanischen Demokratisierungsabsichten stellt. Gienow-Hecht, Jessica C. E., *Transmission Impossible* (Eisenhower Center Studies on War and Peace), Baton Rouge 1999.

80 Pells, Richard, *Not Like Us. How Europeans Have Loved, Hated, and Transformed American Culture Since World War II*, New York 1997; Kroes, Rob, *If You've Seen one You've Seen the Mall. Europeans and American Mass Culture*, Urbana 1996; Poiger, Uta G., *Jazz, Rock, and Rebels: Cold War politics and American culture in a divided Germany* (Studies on the history of society and culture, 35), Berkeley u.a. 2000; Fehrenbach, Heide, *Cinema in Democratizing Germany. Reconstructing National Identity after Hitler*, Chapel Hill u.a. 1995.

81 Siehe zu diesem akteursgebundenen Institutionsbegriff z.B. Jacobs, Lawrence R., Institutions and Culture: Health Policy and Public Opinion in the U.S. and Britain, in: *World Politics*, Vol. 44, No 2 (1992), S. 179-209.

82 Dye, Thomas R., *Policy Analysis. What Governments Do, Why They Do It, and What Difference It Makes*, Alabama 1978.

83 Vgl. dazu Sternberger, Dolf, *Drei Wurzeln der Politik*, Frankfurt/M. 1978 und auch Rohe, Karl, *Politik. Begriffe und Wirklichkeiten*, Stuttgart 1994. Dieses Modell hat sprachlichen Niederschlag in den Akten der amerikanischen Besatzungsbehörden gefunden. Wie bereits durch den Zusatz der englischen Begrifflichkeit angedeutet, soll mit Hilfe der obigen Definitionen sprachliche Klarheit über die in den Quellentexten wiederkehrenden englischen Bezeichnungen vermittelt werden.

Der im Folgenden verwendete Politikbegriff knüpft an diese Konzeption an, erweitert sie jedoch in zwei Punkten: Erstens soll gefragt werden, wie politische Ziele und Inhalte sowie ihre Umsetzung wahrgenommen und begründet werden. Dabei müssen auch zugrunde liegende Traditionen und der Grad ihrer Internalisierung berücksichtigt werden. Die Analyse umschließt damit neben Institutionen und Bürokratien auch Individuen und gesellschaftliche Gruppierungen. In ihren Interaktionen wird den kulturellen Deutungen und Praktiken, über-individuellen Normen und Werten nachgespürt, die den Politikprozess grundieren und damit die Basis jeder rationalen Politikformulierung sind.[84]

Zweitens wird davon ausgegangen, dass »*örtliche Lebenswelten über vorpolitische Beziehungsstränge und Kommunikationsnetze*«[85] auf die politische Zielplanung und Problemwahrnehmung einwirken. Dieses Verständnis deckt sich mit der zeitgenössischen Einschätzung des US-Geheimdienstes, der davon ausging, dass »*sich die meisten Personen in der Hauptsache von den örtlichen Verhältnissen leiten lassen*«.[86] Dieses Konzept hat sich inzwischen auch in einer theoretisch erweiterten *policy analysis* durchgesetzt.[87] Der »*kalkulierbare, ökonomisch-rational handelnde Mensch*«[88] der bisherigen policy analysis wurde durch einen Akteur, der auch von Ideen und Orientierungen – dem so genannten *belief-system* – gesteuert wird, ersetzt.[89]

Damit war die Definition von politischen Problemen von zugrunde liegenden Wertvorstellungen abhängig.[90] Die implizierte Erkenntnis: »*policy analysis is value-*

---

84 Siehe in diesem Sinne auch Sabatier, der den *policy*-Prozess nicht mehr hierarchisch von oben nach unten konzeptioniert, sondern als geprägt von multiplen, interagierenden *policy*-Zyklen versteht. Sabatier, 1993, S. 143. Zur Kritik an den *rational choice*-Ansätzen zur Erklärung der Internationalen Beziehungen siehe auch: Müller, Harald, Internationale Beziehungen als kommunikatives Handeln, in: *Zeitschrift für internationale Beziehungen*, 1. Jg. (1994), Nr. 1, S. 15-44, hier bes. S. 16f. Auch Müller stellt Sprache als Ausdruck kommunikativen Handelns in den Mittelpunkt der Analyse, vgl. ibid., S. 36f.
85 Holtmann, Everhard, *Politik und Nichtpolitik. Lokale Erscheinungsformen politischer Kultur im frühen Nachkriegsdeutschland. Das Beispiel Unna und Kamen*, Opladen 1989, S. 26, wie auch Gries, 1991, S. 12.
86 RG 260, 10/65-1/11, ICD Augsburg, German Attitude Towards Occupation Forces, 21 July 1947, zitiert nach Gries, 1991, S. 12.
87 Die bisherige *policy analysis*, so lautet der Hauptkritikpunkt, habe keine Analysekriterien für das, was die eigentliche Essenz politischen Handelns ausmache: das Ringen um Überzeugungen. So formuliert Deborah Stone: »*The [...] model fails to capture what I see as the essence of policy making in political communities: the struggle over ideas. Ideas are a medium of exchange and a mode of influence even more powerful than money and votes and guns.*« Stone, Deborah A., *Policy Paradox and Political Reason*, Glenview 1988, S. 7.
88 Héritier, Adrienne, Policy-Analyse. Elemente der Kritik und Perspektiven der Neuorientierung, in: Dies., 1993, S. 9-38, hier S. 15.
89 *Belief-system* verstanden sowohl als »*Set von Wertprioritäten*« als auch von übereinstimmenden Annahmen. Vgl. zu dieser Def.: Sabatier, 1993, S. 120; Héritier, 1993, S. 17.
90 Héritier, 1993, S. 22. Siehe auch den Überblick über neue politikgeschichtliche Fragestellungen, die einen weiten Kulturbegriff integrieren und eine soziale Geschichte des Politischen zu schrei-

*dependend*«[91] führte zu der methodischen Forderung, handlungsleitende Vorstellungen der subpolitischen Ebene nicht aus der Analyse zu eliminieren, sondern sie zu integrieren und zu explizieren[92], da gerade diesen Denk- und Weltbildern, Wahrnehmungs- und Deutungsmustern eine grundlegende entscheidungsbestimmende Bedeutung zukomme. Diese Deutungsmuster werden dabei durch die Untersuchung von Kommunikationssituationen, besonders in *policy*-Subsystemen, konzeptionalisiert.[93] Dadurch wird eine Öffnung der Untersuchungsperspektive über die ausschließlich administrative Ebene hinaus auf lokale und vorpolitische[94] Felder notwendig. Das zugrunde liegende Kommunikationsmodell geht mithin von einer »*persuativen Handlungsorientierung*« aus, die ein potenzielles Publikum bzw. politisches Gegenüber von eigenen Ideen und Wertvorstellungen bzw. daraus folgenden politischen Handlungspräferenzen zu überzeugen sucht.[95] Die Akteure agieren nicht mehr ausschließlich rational-kalkulierend, sondern sind in Pläne, Strategien und Interessen und in ein Netz von Metaphern, Symbolen und Normen eingebunden, das so komplex ist, dass eine Reduktion politischer Entscheidungen auf reine Nutzenmaximierung nicht länger adäquat ist.[96]

Das hier umrissene erweiterte Verständnis sowohl der Akteure als auch des Politikprozesses bedingt außerdem eine Ergänzung des Institutionskonzepts: Das bisherige mechanistische Institutionenmodell der Politik- und Sozialstaatsforschung wird dabei abgelöst durch die Frage nach der »*Institutions-Identität*«.[97] Darunter wird eine um die Institution zentrierte »*systematische Interpretation des Selbstverständnisses der Institution*«

---

ben versuchen: Lehmkuhl, 1999, bes. S. 33ff., 239ff., Dies., Diplomatiegeschichte als internationale Kulturgeschichte: Theoretische Ansätze und empirische Forschung zwischen historischer Kulturwissenschaft und soziologischem Institutionalismus, in: *Geschichte und Gesellschaft 27* (2001) 3, S. 394-423. Das Konzept einer kulturgeschichtlich orientierten Politikwissenschaft vertritt besonders prägnant: Iriye, Akira, Culture and International History, in: Hogan, Michael J./Paterson, Thomas G. (Ed.), *Explaining the History of American Foreign Relations*, Cambridge 1991, S. 214-225.

91 Dunn, William, *Public Policy Analysis. An Introduction*, New York 1981, S. 89.
92 Héritier, 1993, S. 22.
93 Sabatier definiert als *policy*-Subsystem ein Untersuchungsfeld, das durch ein Sachgebiet bzw. eine Sachfrage konstituiert wird, an der Akteure verschiedener Institutionen, Interessenverbände, Journalisten, Forscher usw. beteiligt sind; Sabatier, 1993, S. 120. In diesem Sinne wird Gesundheitspolitik nachfolgend als Politikfeld und die Erörterung einzelner gesundheitspolitischer Maßnahmen als Subsystem verstanden.
94 Siehe zum Verständnis vorpolitischer Handlungsstränge im lokalen Kontext: Holtmann, 1989, S. 25-30 sowie S. 52ff. und S. 121-138.
95 Nullmeier, Frank, Wissen und Policy-Forschung. Wissenspolitologie und rhetorisch-dialektisches Handlungsmodell, in: Héritier, 1993, S. 175-198, S. 191.
96 Ibid., S. 191. Siehe in diesem Sinne auch Heinelt, der ausführt, dass Problemthematisierung und Realitätskonstruktion im Politikprozess über Akteure vermittelt werden; Heinelt, Hubert, Policy und Politics. Überlegungen zum Verhältnis von Politikinhalten und Politikprozessen, in: Héritier, 1993, S. 307-327; hier S. 312.
97 Nullmeier, 1993, S. 185.

verstanden, die sowohl bedeutsam für die »*Durchsetzung von Institutionsidentitäten [...] [als auch] von Loyalitäten*« gegenüber der Institution ist.⁹⁸ Institutionen gewinnen dabei als Verkörperung einer symbolischen Ordnung und als kulturelle Vermittlungs- und Deutungsinstanz entscheidende Bedeutung.⁹⁹ Zentral für die neue Institutionengeschichte ist die Frage nach dem »*Prozeß der Vermittlung zwischen Idee und Verhaltensstruktur*« bzw. nach den »*Bedingungen, unter denen Wertvorstellungen die Chance haben, zur Handlungsmaxime für eine Vielzahl von Akteuren zu werden*«.¹⁰⁰ Institutionen sind demnach gleichbedeutend mit der »*Internalisierung verfestigter Verhaltensmuster und Sinnorientierungen mit regulierender sozialer Funktion*«.¹⁰¹ Für diese Arbeit, der es um die Analyse, von Interaktionsformen und Deutungsmustern geht, die die Erkenntnis der neueren Institutionentheorie, das Institutionen als »*Interaktionsform, in der die Sichtbarkeit der Ordnung in den Mittelpunkt gerückt ist*«¹⁰² weiterführend.

Somit werden Institutionen als soziale Praktiken verstanden, deren determinierende Funktion durch ihre akteursabhängige *social construction* deutlich geringer ist, als dies die rationalistische Institutionstheorie bisher annahm. Auf diese Weise lässt sich das Spannungsverhältnis zwischen normativer Ebene und praktisch-politischem Handeln auch mit Blick auf die Wirkmächtigkeit von Institutionen untersuchen. Vor dem Hintergrund dieses Institutionskonzeptes wird deutlich, warum auch die »*institutionalisierte Welt der Legitimation bedarf*«¹⁰³, d.h. Erklärungen benötigt, die den Sinn der institutionellen Ordnung immer wieder neu verstehbar und akzeptierbar machen, und dies, obwohl mit fortschreitender Institutionalisierung die »*Wirklichkeitsdichte*« wächst.¹⁰⁴ Damit sind also nicht der Sachzwang oder die *path-dependency* Grund für institutionelle Kontinuität¹⁰⁵, sondern allein die erfolgreiche Vermittlung von insti-

---

98 Ibid., S. 185.
99 Ausführlicher: Rehberg, Karl-Siegbert, Institutionenwandel und die Funktionsveränderung des Symbolischen, in: Göhler, Gerhard (Hg.), *Institutionenwandel*, Opladen 1997, S. 94-120; Göhler, Gerhard, Politische Institutionen und ihr Kontext. Begriffliche und konzeptionelle Überlegungen zur Theorie politischer Institutionen, in: Ders. (Hg.), *Die Eigenart der Institutionen. Zum Profil politischer Institutionentheorie*, Baden-Baden 1994, S. 19-46; Edelman, Murray, *Politik als Ritual. Die symbolische Funktion staatlicher Institutionen und politischen Handelns*, Frankfurt/M. 1976. Siehe auch S. 236 dieser Darstellung.
100 In dieser Formulierung: Lepsius, M. Rainer, Institutionalisierung und Deinstitutionalisierung von Rationalitätskriterien, in: Göhler, 1997, S. 57-69, hier S. 57f.
101 Göhler, Gerhard, Soziale Institution – politische Institution, in: Luthardt, Wolfgang/Waschkuhn, Arno (Hg.), *Politik und Repräsentation: Beiträge zur Theorie und zum Wandel politischer und sozialer Institutionen*, Marburg 1988, S. 12-28. hier S. 16.
102 Rehberg, 1997, S. 102.
103 Berger/Luckmann, 1980, S. 66.
104 Ibid.
105 Zum Institutionalismus bzw. zur Pfadabhängigkeit siehe: Rieger, E., *Die Institutionalisierung des Wohlfahrtsstaates*, Opladen 1992; Orloff, Ann Shola/Skocpol, Theda, Why not equal protection. Explaining the Politics of Public Social Spending in Britain, 1900-1911, and the United States, 1880s-1920s, in: *American Sociological Review* 49 (1984), S. 726-750; Abelshauser, Werner, Erhard oder Bismarck? Die Richtungsentscheidung der deutschen Sozialpolitik am Beispiel der

tutionellen Sinn- und Legitimitätsstrukturen, die ein Fortbestehen über politische Zäsuren, wirtschaftliche Krisen und Generationswechsel hinweg sichert.[106]

*Policy*-Wandel ist in dem hier skizzierten Analysemodell vor allem bedingt durch *fluctuations in the dominant belief system*.[107] Dieser Zugang ermöglicht es, die institutionellen Bereiche des Gesundheitswesens wie auch die diskursive Konstruktion von öffentlicher Gesundheit und den symbolischen Gehalt bedeutsamer Krankheiten mit den politischen Legitimationsstrategien gesundheitspolitischer Maßnahmen analytisch zu verbinden.[108]

Angewandt auf die Gesundheitspolitik in der amerikanischen Besatzungszone, ergibt sich die Frage, durch welche Faktoren die Wahrnehmung von Krankheiten beeinflusst wurde und mit welchen Symbolen, Metaphern und Deutungen Gesundheit und Krankheit verknüpft wurden?

Da die *new policy analysis* immer wieder auf Deutungsmuster als grundlegende Analysekategorien rekurriert, muss an dieser Stelle eine Arbeitsdefinition dieses Grundbegriffs gewagt werden.[109] Deutungsmuster schließen als kollektive Sinnstrukturen sowohl bewusste als auch unbewusste, traditionelle, nationale, sozialisationsgeprägte, professionelle und laienhafte u.a. Interpretationen ein. Da sich in ihnen verschiedene chronologische Verständnisschichten abgelagert haben, die zueinander durchaus im Widerspruch stehen können, handelt es sich bei Deutungsmustern nicht zwingend um konsistente, sondern meistens um plurale Gebilde. Auch die Verschmelzung unterschiedlichster gesellschaftlicher und sozialer Interpretationen trägt zu diesem vielgestaltigen Charakter bei. Deutungsmuster werden öffentlich kommuniziert, da sie als kollektiv »*vorgefertigte Relevanzstrukturen*« individuelle Sinnbildung anleiten.[110]

---

Reform der Sozialversicherung in den Fünfziger Jahren, in: *GG* 22 (1996), S. 370-392, hier S. 391; Ritter, 1996, S. 405.

106 Steinbach, Peter, Vom Kaiserreich zur Bundesrepublik: Kontinuität und Wandel der politischen Institution in Deutschland, in: Göhler, Gerhard (Hg.), *Institutionenwandel*, Opladen 1997, S. 227-252.

107 Nullmeier, 1993, S. 179, sowie Sabatier, Paul A., An Advocacy Coalition Framework of Policy Change and the Role of Policy-orientated Learning therein, in: *Policy Science* 21 (1988), S. 129-168, hier S. 158. Ausführlich dazu sowie zu dem damit verbundenen Akteurskonzept: Ellerbrock, Spannungsfeld 2001, S. 319.

108 Zur wünschenswerten Verknüpfung kulturgeschichtlicher Fragestellungen mit medizingeschichtlichen Interessen siehe: Paul, Norbert, Das Programm einer »Sozialgeschichte der Medizin« in der jüngeren Medizinhistoriographie, in: *Ralf Bröer (Hg.), Eine Wissenschaft emanzipiert sich. Die Medizinhistoriographie von der Aufklärung bis zur Postmoderne*, Pfaffenweiler 1999, S. 61-71.

109 Obwohl einschlägige kulturanthropologische Untersuchungen ohne explizite Begriffsbestimmung auskommen und statt dessen mit vagen Beschreibungen, dass Kultur ein »*Bedeutungsgewebe*« sei, arbeiten. In dieser Formulierung: Geertz, Clifford, *Dichte Beschreibung. Beiträge zum Verstehen kultureller Systeme*, Frankfurt/M. 1987, S. 9.

110 In dieser Definition: Bollenbeck, Georg, *Bildung und Kultur. Glanz und Elend eines deutschen Deutungsmusters*, Frankfurt/M. 1996, S. 16-19.

Zentral für die Untersuchung von Deutungsmustern ist somit nicht die Erforschung ihres Wahrheits- und Wirklichkeitsgehalts, sondern die Darlegung ihrer Funktionsweisen und ihrer historischen Vorbedingungen.[111] Gesundheitspolitisch relevante Deutungsmuster sollen nachfolgend in ihren diskursiven Zusammenhängen untersucht werden, wobei unter Diskurs ein Ensemble kommunikativer Praktiken verstanden wird.[112] Diese sind nicht zwingend mit verbalen Praktiken identisch, sondern umfassen auch symbolische Konstruktionen, performative Verfahren, definitorische Konstruktionen der sozialen Situation, politische Machtverhältnisse, Traditionen und nonverbale Interaktionen und Objekte. Ein solcherart über Sprachlichkeit hinausgehender Diskursbegriff eröffnet ein breiteres Analysespektrum[113], zum anderen berücksichtigt er die generative Kraft des Diskurses und geht nicht von der Vorannahme aus, dass Sprache Wirklichkeit lediglich reflektiere. In diesem Sinne werden Sprache und Handlung, Tradition und Sinn als verbunden begriffen und Deutungsmuster als prägend, aber nicht als determinierend verstanden. Als kollektive Sinnstrukturen sind sie damit gleichzeitig erfahrungsgenerierend und erfahrungsoffen.

Damit ist es möglich, auch die amerikanische Besatzungsmacht als einen Akteur mit Traditionen und Erfahrungen in die Untersuchung einzubeziehen. Die alliierten Besatzungsmächte wurden bisher von der deutschen Zeitgeschichtsforschung vor allem als geschichtslose Akteure wahrgenommen. Zwar werden ihre dringlichsten Interessen von der bisherigen Forschung benannt, eine Ableitung dieser Ziele und Handlungsstrategien aus der Geschichte der Besatzungsländer steht aber noch immer aus. Dabei gewinnen viele Probleme an Tiefenschärfe, wenn sie sowohl mit deutschen als auch mit alliierten Traditionslinien verknüpft werden.

In diesem Sinne soll die Besatzungszeit als Aufeinandertreffen deutscher und alliierter Traditionen und *belief-systems* verstanden werden. Ausgehandelt oder verfügt wurden demzufolge nicht nur einzelne Maßnahmen; zur Disposition standen historisch gewachsene Wertvorstellungen.[114] Die Vergleichsstudie soll daher anhand ex-

---

111 Mit Blick auf historische Stereotypen Jaworski, Rudolf, Osteuropa als Gegenstand historischer Stereotypenforschung, in: *GG* 13 (1987), S. 63-76. Da Stereotypen als eine Sonderform des Deutungsmusters begriffen werden können, lassen sich Jaworskis Ausführungen zum Wahrheitsgehalt auch allgemein auf Deutungsmuster beziehen. Vgl. dazu insbesondere S. 63-66.

112 Siehe zu dieser Definition in Abgrenzung zur historischen Begriffsgeschichte Bollenbeck, 1996, S. 18. Noch spezifischer könnte man im Sinne Links von »Interdiskurs« als der Schnittmenge verschiedener Fachdiskurse, die gemeinsame Symbolworte und Praktiken teilen, sprechen. Vgl. dazu ausführlicher: Link, Jürgen, *Elementare Literatur und generative Diskursanalyse*, München 1983, S. 16f.

113 Diese Definition in Anlehnung an Schöttler, Peter, Mentalitäten, Ideologien, Diskurse. Zur sozialgeschichtlichen Thematisierung der 3. Ebene, in: Lüdtke, Alf (Hg.), *Alltagsgeschichte. Zur Rekonstruktion historischer Erfahrungen und Lebensweisen*, Frankfurt/M. 1989, S. 115ff.

114 In diesem Sinne z.B. auch Iriye, Akira, Culture and Power: International Relations as Intercultural Relation, in: *Diplomatic History*, Jg. 3 (1979), Nr. 1, S. 115-128. Iriye definiert »nation as a cultural system«.

emplarischer Konflikte die deutschen und amerikanischen Konzeptionen darstellen und in ihrer Genese beschreiben, Parallelen und Unterschiede der jeweiligen Pläne herausarbeiten und außerdem verfolgen, welche Option sich durchsetzte.

Nun treffen Traditionen und Werte nicht substanz- und körperlos aufeinander, sondern sie finden in ihren jeweiligen historischen Repräsentanten einen Akteur, ein Gesicht. Besatzungsgeschichte soll somit als Interaktionsgeschichte zwischen Deutschen und Amerikanern gelesen werden.[115]

## 2. Besatzungspolitik als Interaktionspolitik

Nach dem wissenssoziologischen Modell von Berger und Luckmann stellt »*das Auftauchen einer alternativen symbolischen Sinnwelt*« eine »*Gefahr [dar], weil ihr bloßes Vorhandensein empirisch demonstriert, daß die eigene Sinnwelt nicht wirklich zwingend ist*«.[116]

Genau diese Situation war im besetzten Deutschland seit Mai 1945 vorzufinden. Nicht nur war ein Krieg mit allen daran geknüpften Erwartungen und Wirklichkeitsdeutungen verloren worden, darüber hinaus hatten alle vier Alliierten die Besatzung mit dem erklärten Ziel angetreten, die deutsche Gesellschaft durch Beseitigung der dominanten Ideologie verändern zu wollen. Nachfolgend soll jedoch nicht der Entnazifizierungsprozess im engeren Sinne betrachtet werden, sondern das viel weitreichendere Aufeinandertreffen zweier unterschiedlicher »*Sinnwelten*«, d.h. Wahrnehmungs-, Interpretations- und Legitimationsmuster, die die gesamte gesellschaftliche Wirklichkeit umfassten, sie symbolisch codierten und auf diese Weise Erfahrung, Handlung, Kommunikation und Wissen im Alltag des Einzelnen strukturierten und sinnhaft gestalteten.

Dieser Ansatz ermöglicht es, den häufig beschriebenen missionarischen Eifer[117] amerikanischer Besatzungspolitik zu erklären, der in einem ausschließlich rationalen Politikmodell nicht fassbar wird. Erst die Verknüpfung und Begründung besatzungspolitischer Zielsetzungen mit elementaren Wertgrundsätzen machen die als missionarisch empfundene Motivation der amerikanischen Besatzungsmacht verständlich.

In der spezifischen Situation der Besatzung erlangten Interpretations- und Deutungsmuster eine besondere Relevanz, da die täglich unmittelbar erfahrbare Konfrontation mit abweichenden Sinnwelten die Auseinandersetzung mit dieser Pluralität unausweichlich machte und auf diese Weise jeden und jede zu einer Interpretationsentscheidung, zu einer mentalen Verortung zwang. Berger und Luckmann führen aus,

---

115 Boehling und Gries konzentrieren sich ebenfalls auf deutsch-alliierte Interaktionsprozesse und kommen dabei zu produktiven, die bisherige Forschung differenzierenden Ergebnissen. Zur theoretischen Herleitung ihres Interaktionsansatzes siehe Boehling, 1996, S. 7; keine methodische Herleitung bei Gries, 1991.
116 Berger/Luckmann, 1980, S. 116.
117 So neben vielen anderen z.B. Rupieper, 1993, S. 27.

dass mit dem Auftauchen alternativer Deutungsmuster der Einfluss anderer, »*vorgängiger Strukturierungen wie Klassenlage, Institutionszugehörigkeit etc.*« abnimmt. Die Einwirkung der »*ökonomischen Situation, der Sozialstruktur, der Gruppenzugehörigkeit und auch der Institutionen*« wird nur gebrochen durch Deutungsmuster wirksam. Die Prägekraft dieser Deutungsmuster wird umso kleiner, je größer die Anzahl der unterschiedlichen verfügbaren Deutungsoptionen ist: »*Je mehr die Selbst- und Weltdeutung zu einem Entscheidungsproblem wird, desto eher wird sie politischen Aushandlungs- und Steuerungsprozessen zugänglich.*«[118]

Um diese Aushandlungsprozesse und die aus ihnen folgenden Steuerungen geht es in dieser Arbeit. »*Der Zusammenstoß alternativer symbolischer Sinnwelten wirft automatisch die Machtfrage auf, an welcher der konkurrierenden Wirklichkeitsbestimmungen die Gesellschaft hängenbleiben wird.*«[119] Diese Machtfrage war zu Beginn der Besatzung klar entschieden. Die Amerikaner kamen als siegreiche Besatzungsmacht, die Deutschen hatten dagegen einen Krieg verloren, und zwar gemäß alliierter Kriegszielpolitik bedingungslos und total. Nun ging es darum, wie Präsident Roosevelt es formuliert hatte, »*nach dem Krieg auch den Frieden zu gewinnen*«.[120] Diese historische Sondersituation stellt dem Berger/Luckmann'schen Theorem eine realpolitische Umkehrung voran. Die Machtfrage war mit Hilfe von Krieg und physischer Dominanz entschieden worden, seit Mai 1945 ging es zunehmend darum, die Legitimitätsfrage und damit tiefergehende Macht- und Dominanzkonflikte zu klären. Berger/Luckmann führen aus, dass die akzeptierte Sinnwelt Legitimitätsmuster bereitstelle, die dann wiederum im demokratischen Prozess konstitutiv für politische Entscheidungsprozesse seien.

Durch die Rekonstruktion von Konflikten, Koalitionen und Handlungsspielräumen der täglichen Interaktion kann das Feingefüge politischer Entscheidungsprozesse rekonstruiert werden. Dabei sind sowohl die deutsche Erfahrung und Wahrnehmung der amerikanischen Besatzungsmacht als auch die alliierte Interpretation der vielfältigen Eindrücke vom besetzten und besiegten Land, das sie bisher nur als abstrakten Kriegsgegner kannten, zu verfolgen. Darauf aufbauend sind die sich langsam anbahnenden Wechselwirkungen und gegenseitigen Beeinflussungen nachzuzeichnen. Gesucht werden somit nicht institutionelle oder personelle Zäsuren, sondern Veränderungen und Herausforderungen, die sich aus dem Kontakt zwischen Besatzern und Besetzten ergaben. In diesen Berührungen wurden bisherige politische, gesellschaftliche und kulturelle Interpretationen verurteilt, ad absurdum geführt, sinnlos genannt, nicht als relevant wahrgenommen – oder aber bestätigt. Für den symbolischen Gehalt

---

118 Nullmeier, 1993, S. 187.
119 Ibid., S. 117.
120 Roosevelt, 1945, S. 222. Zum Kontext siehe: Martin, Bernd, Amerikas Durchbruch zur politischen Weltmacht – Die interventionistische Globalstrategie der Regierung Roosevelt 1933-1941, in: *Militärgeschichtliche Mitteilungen* 30 (1981), S. 57-98; Junker, Detlef, F.D. Roosevelt und die nationalsozialistische Bedrohung der USA, in: Trommler, Frank (Hg.), *Amerika und die Deutschen – Bestandsaufnahme einer 300jährigen Geschichte*, Opladen 1986, S. 393-405.

der Interaktion war häufig weniger entscheidend, welche Maßnahme vorgeschlagen wurde, als vielmehr die Art und Weise, wie Einschätzungen begründet und Maßnahmen legitimiert wurden. Um die Bedeutungsebene, die sich in Wortwahl, Sprachbildern, pathetischem oder technisiertem Sprachduktus manifestierte, nachzeichnen zu können, ist diese Studie um eine detaillierte Analyse zeitgenössischer Zitate bemüht.

Mit zunehmender Reduzierung der rein militärischen Präsenz nahm auch die Machtfrage einen prominenteren Platz ein, und zwar nicht im Sinne drohender handgreiflicher Auseinandersetzungen, sondern im Sinne von Deutungskämpfen. Die offenbar so eindeutig geklärte Hierarchiefrage täuschte eine Klarheit vor, die eigentlich recht brüchig war und mit fortschreitender Repatriierung und wachsender deutscher Selbständigkeit immer mehr verschwamm.

Doch nicht nur zwischen Deutschen und Amerikanern gab es Differenzen und Konflikte. Mit der schrittweisen Rekonstituierung des Gesundheitssektors traten alte Interessengegensätze zwischen Ärzten und Krankenkassen, Kommunen und Landesregierungen, wissenschaftlichen Experten, privaten Versicherungen und Verbänden, Polizei und Gesundheitsverwaltung wieder zutage. Zu fragen ist, ob die spezifische Situation eines verlorenen Krieges und der nachfolgenden Besatzung neben alten Konflikten auch neue Probleme aufwarf und damit bisher unbekannte Allianzen produzierte. Zu verfolgen ist weiter, welche Probleme sich in der Melange aus Niederlage und Wiederaufbau, aus Entnazifizierung und Restauration stellten, wer sich mit welchen Vorschlägen an ihrer Diskussion beteiligte und zu welcher politischen und praktischen Lösung oder Veränderung dies schließlich führte.

Die inhaltliche Konzentration auf gesundheitspolitische Themenfelder ermöglicht eine präzise sachliche Eingrenzung. Innerhalb dieses Interaktionsrahmens wird ein breites Spektrum aller gesundheitspolitisch relevanten Fragen vom Wiederaufbau der hygienischen Infrastruktur über den institutionellen Wiederaufbau, die Entnazifizierung des Gesundheitswesens, über Seuchenprophylaxe und Krankheitsbekämpfung bis zu Fragen der medizinischen Ausbildung und der Reorganisation des öffentlichen Gesundheitswesens und der Ärzteverbände bearbeitet.[121]

Ausgehend von dem Verständnis, dass gesellschaftlich konstruierter Sinn durch Sozialisation konstruiert und in unzähligen Interaktionen ständig reproduziert wird, ist für die Offenlegung der zugrundeliegenden Werte und Bedeutungen eine Untersuchung der Interaktionen zentral. Soziale Wirklichkeit wird dabei durch ständiges Verhandeln und die stetige Interpretation von Wahrnehmungen und Definitionen hergestellt.[122] Kultur wird damit als die Erzeugung, Interpretation und Infragestel-

---

[121] Darüber hinausgehende innerdeutsche bzw. inneramerikanische Diskurse, wie sie z.B. in den Kirchen, in den Parteien und anderen gesellschaftlichen Gruppierungen geführt wurden, werden nur dann in den Blick genommen, wenn in der deutsch-amerikanischen Interaktion auf sie Bezug genommen wurde.

[122] Zur theoretischen Exposition dieser Vorannahme siehe Berger/Luckmann, 1980.

lung von Bedeutung verstanden und ist in diesem Sinne gleichzeitig Ergebnis und Medium von Macht und Herrschaft und somit eine Kategorie, die einseitige Kausalbeziehungen aufsprengt.[123]

Davon ausgehend wird der gesundheitspolitische Argumentationsprozess der Besatzungsjahre erstens daraufhin untersucht, welche Themen ins Blickfeld gerieten, d.h. welche Krankheiten als Bedrohung wahrgenommen wurden und wie die gesundheitspolitische Gefahr konkret vorgestellt wurde. Zweitens wird analysiert, in welcher Form und zu welchem Zeitpunkt die einzelnen Themen in den Argumentationsprozess eingebracht wurden, und drittens werden die nationalen Unterschiede betrachtet.

Ergänzend werden die am gesundheitspolitischen Diskurs beteiligten Interessengruppen identifiziert und die Argumentation damit sozialhistorisch präzisiert. Auf amerikanischer Seite waren dies Ärzte, Sachverständige, Verwaltungswissenschaftler, Militärs und Soldaten, auf deutscher Seite standen Mediziner, Ärzteverbände, Versicherungsvertreter, Medizinalbeamte, Regierungsvertreter, politische Parteien und Patienten.

Komplettiert werden die so gewonnenen Ergebnisse durch die Verknüpfung der Wahrnehmungsebene mit der Handlungsebene: Auch dabei wird untersucht, welche nationalen Spezifika es gab. Außerdem soll die Reaktionsform der beteiligten Akteure und Institutionen untersucht werden. Dabei wird auch der vermeintliche Erfolg der angewandten Maßnahmen betrachtet. Wie entwickelten sich die Erkrankungsraten einzelner Krankheiten? Welche Kriterien wurden angelegt, um den Erfolg oder Misserfolg bestimmter Anordnungen zu beurteilen? Gab es Institutionen, die aufgrund erfolgreicher Arbeit entgegen ursprünglichen Reformabsichten bestehen bleiben konnten? Wurden bestimmte Reformprojekte wegen fehlender Probleme überflüssig?

Abschließend ist zu untersuchen, wie sich amerikanische Gesundheitspolitik auf bestehende Differenzierungslinien im Gesundheitssektor auswirkte. Blieben traditionelle Hierarchien und Kompetenzzuweisungen bestehen, oder gelang es einzelnen Gruppen, mit Unterstützung der Besatzungsmacht an Professionalität und Einfluss zu gewinnen? Gab es den Versuch, alte Eliten zu ersetzen? Kam es zu einer Verstärkung oder zu einer Nivellierung bisheriger Strukturen?

## 3. Körperkonzept, Krankheitsdiskurs und Geschlecht

Die philosophischen Erörterungen, ob Materialität und Essenzialität[124] dem Körper inhärent sind, welche ihm zugesprochen werden müssen und welche dekonstruiert

---

123 Eley, Geoff, Wie denken wir über Politik? Alltagsgeschichte und die Kategorie des Politischen, in: Berliner Geschichtswerkstatt (Hg.), *Alltagskultur, Subjektivität und Geschichte. Zur Theorie und Praxis von Alltagsgeschichte*, Münster 1994, S. 21.
124 Zur philosophischen Auseinandersetzung ist die Definition bei Grosz hilfreich: Grosz, Elisabeth, A note on essentialism and difference, in: Gunew, Sneja (Hg.), *Feminist knowledge as critique*

werden können, sollen an dieser Stelle nicht aufgegriffen werden, da sie in Bezug auf die vorliegenden Fragestellungen nicht relevant sind. Statt dessen wird hier von einer Historisierung, d.h. einer sich stetig verändernden Umformung von Leiblichkeit in verschiedenen Epochen, Kulturen und Gesellschaftsformen ausgegangen. Die Kulturation[125] des Körpers wird dabei jedoch nicht ausschließlich unter dem Blickwinkel der Disziplinierung[126] und Normierung betrachtet[127], sondern als Durchdringung der Körperlichkeit mit den verschiedensten Werten, Normen und Deutungen[128], obgleich sich das zugrundegelegte Verständnis von Körperlichkeit nicht im Diskurs erschöpft[129], wenn auch die Erfahrung von Körperlichkeit stets nur diskursiv kommuniziert werden kann. Die symbolische Bedeutung von Körperlichkeit verdichtet sich in Krankheitsdiskursen[130], da die Behandlung von Krankheit in besonders deut-

---

*and construct*, London 1990, bes. S. 334. Gegen den Vorwurf des Essenzialismus argumentiert Kirby mit der Untrennbarkeit der kulturellen und biologischen Körpersphären: Kirby, Vicki, Corporeal Habits: Adressing Essentialism Differently, in: *Hypatia*, Special Issue »Feminism and the Body«, Vol. 6, No 3 (1991), S. 4-24. Siehe zur Problematik des Essenzialismus besonders für die empirische historische Forschung: Bynum, Caroline, Warum das ganze Theater mit dem Körper? Die Sicht einer Mediävistin, in: *Historische Anthropologie*, 4. Jg. (1996), H. 1, bes. S. 2-4. Ebenso Schlehe, die ausführt, dass die Reduktion des Körpers als Text einen kritischen Umgang mit Körperpolitik unmöglich machte. Schlehe, Judith, Die Leibhaftigkeit in der ethnologischen Feldforschung, in: *Historische Anthropologie*, 4. Jg. (1996), H. 3, S. 451-460, hier S. 452.

125 Die empirische Hinterfragung der Ungeschichtlichkeit von Körper in seinen biologischen Gegebenheiten erstmals bei Duden, Barbara, *Geschichte unter der Haut*, Stuttgart 1987. Aktualisierte Überlegungen zu diesem Problemfeld in: Dies., Geschlecht, Biologie, Körpergeschichte, in: *Feministische Studien* 2 (1991), S. 105-122.
In Anlehnung an die Studie von Babara Duden sind viele Darstellungen entstanden, die von einer kulturellen Bedingtheit des Umgangs mit dem »Körper« ausgehen. An neueren Titeln wären zu nennen: Mixa, Elisabeth u.a. (Hg.), *Körper – Geschlecht – Geschichte. Historische und aktuelle Debatten in der Medizin*, Innsbruck/Wien 1996, die jedoch im Gegensatz zu Duden mit keiner klaren Definition von »Körper« arbeiten und sich im Wesentlichen auf die *»Bedeutung der Medizin für die Definition von Körpermodellen«* konzentrieren. Mixa, 1996, S. 9.

126 In Explikation von Foucault, der erstmals die Kulturation von Körper und Sexualität darlegte, wurde diese Historisierung vornehmlich unter zivilisationskritischen Fragestellungen fortgeführt. Zur Analyse des Frauenkörpers als Objekt vielfältiger Diskurse und der daraus folgenden Vergegenständlichung des Körpers durch die Medizin siehe: Geyer-Kordesch, Johanna/Kuhn, Annette (Hg.), *Frauenkörper, Medizin, Sexualität*, Düsseldorf 1986.

127 Vgl. dazu den Überblick bei Duden, 1987, S. 26-46.

128 Ein nicht-disziplinierter, quasi vormoderner, reiner Körper ist damit nicht mehr konzipierbar, da jede Form von Körperlichkeit an das dominante Wertesystem der jeweiligen Gesellschaft gebunden bleibt. Der Debatte, wie der Körper zu bewerten sei, wird somit keine neue Variante hinzugefügt. Siehe zu den unterschiedlichen Bewertungen u.a. Kamper, Dietmar/Wulf, Christoph (Hg.), *Die Wiederkehr des Körpers*, Frankfurt/M. 1982, S. 18.

129 Siehe zur vollständigen Auflösung aller biologisch-körperlichen Voraussetzungen z.B. Scott, Joan W., Gender: A Useful Kategory of Historical Analysis, in: Dies., *Gender and the Politics of History*, New York 1988, S. 28-50, wie auch Butler, Judith, *Das Unbehagen der Geschlechter*, Frankfurt, 1991.

130 Siehe zur sozialen Konstruktion von Krankheit die *Introduction* in: Lachmund, Jens/Stollberg, Gunnar (Hg.), *The Social Construction of Illness*, Stuttgart 1992, MedGG-Beihefte 1, S. 9-19,

licher Form gesellschaftliche Normen und Deutungsmuster[131] des Körpers offenbart. Krankheit als wesentlicher Bestandteil der Alltagskultur umfasst dabei sowohl diffuse Angstpotenziale, Vorstellungen von somatischer und sozialer Ansteckung, als auch umfangreiche symbolische Repräsentation, und zwar besonders als Verweisungen auf Schuld-, Straf- und Moralvorstellungen[132], da »*jede Krankheit, die man als Geheimnis behandelt und heftig genug fürchtet ..., im moralischen [...] Sinne [als] ansteckend empfunden wird*«.[133]

Krankheit ist eine Wahrnehmungsoption von Körperlichkeit.[134] Wie Körperlichkeit ist damit auch Krankheit diskursiv überformt und nur vermittelt wahrnehmbar. Doch auch Krankheit erschöpft sich nicht in der diskursiven Prägung. Gleichzeitig vermag Krankheit unterschiedliche, in westlichen Gesellschaften stark separierte Diskursgemeinschaften zu integrieren. Krankheitsdeutungen umfassen sowohl naturwissenschaftliches als auch geisteswissenschaftliches Wissen, sie beinhalten säkulare kulturelle Praktiken, ebenso wie religiöse Deutungen und moralische Symbolwelten.[135]

In diesem Sinne umfassen Krankheitskonzepte Deutungen, Assoziationen und Symbole der vorrationalen Ebene. Sie stehen in direkter Wechselwirkung und Abhän-

---

hierin auch ein Überblick über die internationale Forschungsdiskussion sowie über den disziplinär unterschiedlichen Zugang von medizinischer Soziologie, medizinischer Anthropologie und Sozialgeschichte; ebenso: Dinges, Martin, Neue Wege in der Seuchengeschichte?, in: Dinges, Martin/Schlich, Thomas (Hg.), *Neue Wege in der Seuchengeschichte*, MedGG-Beihefte 6, Stuttgart, 1995, S. 7-24. Dinges entwirft ein interessantes Akteursmodell, das die vielfältigen Interdependenzen im Konstruktionsprozess von Krankheit illustriert. Allerdings geht auch er weiterhin von einem ausschließlich rational handelnden Akteur aus und thematisiert so die vorrationalen Ebenen und Deutungen, die gerade bei der Interpretation und Sinngebung von Krankheit relevant werden, nicht.

Zur Vielzahl von Studien, die den symbolischen Gehalt des Körpers untersuchen und sich mit Körperpraktiken beschäftigen, siehe Schlehe, 1996, S. 451. Schlehe weist jedoch zu Recht darauf hin, dass der Körper in diesen Studien nur als Bedeutungsträger gesehen wird, seine »*leiblichen Empfindungen*« nicht thematisiert werden. S. 452.

131 Vgl. Dornheim, Jutta, Verweisungszusammenhänge als kulturelle und sozialhistorische Prämissen von Krankheitsdiskursen, in: Rosenbrock, Rolf/Salmen, Andreas (Hg.), *AIDS-Prävention*, Berlin 1990, S. 197f.

132 Dazu Dornheim, 1990, S. 198-200.

133 Sontag, 1978, S. 7. Der explizit gesunde oder kranke Körper ist dabei ein Körper, der über den Klassen-Körper hinausgeht und nicht nur soziale Distinktionen des gesellschaftlichen Raumes reproduziert, sondern unterschiedlichste Subsysteme mit ihren Werten und Hierarchien abzubilden vermag. Zur Struktur des Klassen-Körpers, der – mittels kultureller, geschmacklicher Distinktionen – den gesellschaftlichen Raum reproduziert, vgl. Bourdieu, Pierre, *La distinction. Critique sociale du jugement*, Paris 1979, S. 215ff.

134 Die Annahme einer sozialen Konstruktion von Krankheit ist inzwischen Grundlage vieler Untersuchungen geworden. Siehe für einen Überblick die *Introduction* in: Lachmund/Stollberg, 1992, S. 9-19.

135 Vgl. dazu Schlehe, 1996, S. 453, Haraway, Donna, Situiertes Wissen. Die Wissenschaftsfrage im Feminismus und das Privileg einer partialen Perspektive, in: Dies., *Die Neuerfindung der Natur*, Frankfurt/M. 1995, S. 160ff.

gigkeit zu Körperkonzeptionen, Gesellschaftsvorstellungen und Selbstbildern und sind damit zentral für gesellschaftliche und individuelle Sinnproduktion.[136]

Eine Analyse, der es um Deutungsmuster, symbolische Praktiken und soziale Interaktionsprozesse geht, kann zeitgenössische Debatten über medizinische Differenzen nicht fortführen. Es geht nicht darum, den zeitgenössischen wissenschaftlichen Streit aus einer quasi objektiven historischen Warte zu entscheiden, sondern darum, den Diskurs der sich in den wissenschaftlichen Auseinandersetzungen manifestierte, zu analysieren.[137]

Krankenstatistiken werden dabei als Symbol und Element der Krankheitswahrnehmung verstanden, nicht aber als vermeintlicher Beginn einer Kausalkette. Der Einwand, das tatsächliche Vorhandensein von Tuberkulosekranken mache eine symbolische Deutung des Tuberkulosediskurses unmöglich, da es die Krankheit doch gegeben habe, greift zu kurz. Nicht das Vorhandensein, die Richtigkeit statistischer Werte wird in Frage gestellt oder bestätigt, sondern die darin enthaltenen Deutungen sollen offen gelegt werden. Die Erstellung von Statistiken ist in diesem Verständnis Bestandteil des sozialen Handlungsfeldes Krankheit, das in seinem Sinn und seinen Bedeutungsinhalten entschlüsselt werden soll. Die im Krankheitskonzept enthaltene Repräsentation von Selbst und Gesellschaft soll aus der Form der Debatte, der Auswahl der Behandlungsmethoden, der Definition der Gruppe der Betroffenen usw. analysiert werden.

In der historischen Forschung ist Geschlecht inzwischen eine akzeptierte Analysekategorie.[138] Erstaunlich ist jedoch, dass Geschlecht als medizinische Kategorie in diesen Auseinandersetzungen nicht auftaucht. Dies ist umso verwunderlicher, als der medizinische Diskurs unbeeindruckt von allen post-modernen Dekonstruktionen weiterhin an medizinisch-biologischen Besonderheiten festhält und weit davon entfernt ist, geschlechtsspezifisches Erkrankungs- und Sterbe-Verhalten dekonstruktivistisch aufzulösen. Geschlecht ist in Medizin und Naturwissenschaft noch immer eine konstituierende und keinesfalls eine relative Größe.[139]

---

136 In diesem Sinne auch Dornheim, 1990, S. 197. Als Beispiel einer methodisch weiterreichenden Studie, die ursprünglich als invariant begriffene Phänomene historisiert, siehe z.B.: Scarry, Elaine, *Der Körper im Schmerz. Die Chiffren der Verletzlichkeit und die Erfindung der Kultur,* Frankfurt/M. 1992.

137 Zur Historisierung von Kausalitätsvorstellungen siehe: Gradmann, Christoph/Schlich, Thomas (Hg.), *Strategien der Kausalität. Konzepte der Krankheitsverursachung im 19. und 20. Jahrhundert,* Pfaffenweiler 2000.

138 Kessel, Martina/Signori, Gabriela, Geschichtswissenschaft, in: Braun, Christina von/Stephan, Inge (Hg.), *Gender Studien. Eine Einführung,* Stuttgart 2000, S. 119-129; Medick, Hans, *Geschlechtergeschichte und Allgemeine Geschichte. Herausforderungen und Perspektiven,* Göttingen 1998; Bussmann, Hadumod/Hof, Renate (Hg.), *Genus. Zur Geschlechterdifferenz in den Kulturwissenschaften,* Stuttgart 1999.

139 Zur theoretischen Konzeption von Geschlechterforschung als systematischer Erweiterung der Policy-Foschung siehe: Kulawik, Teresa/Sauer, Birgit, Staatstätigkeit und Geschlechterverhält-

Körper, Krankheit, Geschlecht: sie alle sind sozial konstruierte Phänomene[140], die ihren Sinn erst im interaktiven Prozess erhalten und sich als Gegenstand individueller Erfahrung, kollektiver Wahrnehmung, alliierter Gesundheitspolitik, medizinischer Intervention und kommunaler Gesundheitsfürsorge in einem Netz interpersonaler Beziehungen, Symbole und Deutungen befinden, das im Folgenden aufgeschlüsselt werden soll.

## 4. Untersuchungsfeld Gesundheitspolitik

Unzweifelhaft stehen Gesundheitsversorgung, -verwaltung und -politik im Zentrum moderner Gesellschaften und stellen darüber hinaus ein zentrales politisches Steuerungselement dar.[141] Die Allgegenwart von Ärzteschaft und Gesundheitsverwaltung, das politische Ziel einer medizinischen Komplettversorgung einerseits und der gesellschaftliche Wunsch nach umfassender medizinischer Betreuung andererseits verdeutlichen diesen Stellenwert.

Trotz dieser augenfälligen Politisierung des Gesundheitssektors überdauert die Vorstellung einer funktional gesteuerten Gesundheitspolitik für die Zeit nach dem Zweiten Weltkrieg. Gegen eine Beschäftigung mit der Gesundheitspolitik der Besatzungsjahre scheint zu sprechen, dass diese sich als Mangelverwaltung rein funktional nur auf die Lösung der dringendsten Probleme, d.h. vor allem auf die Eindämmung der Seuchen konzentriert habe. Dieser Einwand geht von der impliziten Vorannahme eines objektiven Gesundheitsproblems aus, auf das es eine zwangsläufige bzw. funktional begründbare Reaktion gegeben habe, die nicht mehr weiter hinterfragbar sei. Daher muss untersucht werden, inwiefern die vermuteten Gesundheitsgefahren überhaupt bestanden und worin die Bereitschaft, rein medizinische Erklärungen zu akzeptieren, gründete, zumal sie Zeitzeugen, beteiligten Akteuren und historischen Betrachtern gemeinsam ist. Dass die Behauptung objektiv existierender Probleme und darauf zwangsläufig erfolgender funktionaler Reaktionen problematisch ist, zeigen bereits die dif-

---

nisse. Eine Einführung, in: Dies. (Hg.), *Der halbierte Staat. Grundlagen feministischer Politikwissenschaft*, Frankfurt/M. 1996, S. 9-46, hier besonders S. 27ff.

140 Zur »*biologischen Verortung*« von Geschlecht vgl.: Bleker, Johanna, Die Frau als Weib: Sex und Gender in der Medizingeschichte, *in*: Meinel, Christoph/Renneberg, Monika: *Geschlechterverhältnisse in Medizin, Naturwissenschaft und Technik*, Stuttgart 1996, S. 15-29. Weitergehend zur Historisierung von Geschlecht: Frevert, Ute, »*Mann und Weib, und Weib und Mann«. Geschlechter-Differenzen in der Moderne*, München 1995; Schissler, Hanna, *Geschlechterverhältnisse im historischen Wandel*, Frankfurt/M. 1993. Für einen Forschungsüberblick zum Zusammenhang von Gesundheit, Krankheit und Geschlecht siehe: Ellerbrock, Dagmar, Gesundheit, Krankheit und Geschlecht in historischer Perspektive, in: Hurrelmann, Klaus/Kolip, Petra (Hg.), *Geschlecht, Gesundheit und Krankheit. Männer und Frauen im Vergleich*, (Handbuch Gesundheitswissenschaften) Bern u.a. 2002, S. 118-141.

141 Siehe dazu z.B. Ritter, 1996, S. 393ff.

ferienden Ergebnisse, zu denen deutsche und amerikanische Mediziner auf der Basis des gleichen Datenmaterials kamen. Auch die medizinische Interpretation der Welt ist offenbar kein zwingend verlaufender Prozess, sondern variabel. Die »*soziale Konstruktion der Wirklichkeit*«[142] macht auch vor der medizinischen Welt nicht halt.[143]

Die Vorannahme objektiver Gesundheitsgefahren wird damit gerade zum Gegenstand der vorliegenden Untersuchung, die zu klären versucht, auf welchen Pfaden und mit Hilfe welcher Argumentationsmuster das Deutungsmuster der Gesundheitsgefahr so tief ins Bewusstsein der Zeitgenossen vordringen konnte, dass diese schließlich medizinische Diagnosen als unhinterfragbare Wahrheiten, unabhängig von Politik, Nation, Klasse und Geschlecht, akzeptierten. Nachzuzeichnen sind also zum einen die Formen, in die die deutsche Nachkriegsgesellschaft ihre medizinischen Bedürfnisse goss, und zum anderen der politische Gesamtentwurf, in den sie an prominenter Stelle eingepasst wurden.[144] Gesundheitspolitik und Krankheitsbekämpfung sollen damit nachfolgend als Brennglas dienen, mit dem Einblicke in nationale und soziale Identitäten gewonnen und ein erweitertes Verständnis politischer Prozesse hergestellt werden kann.

Sucht man nach der Kontaktstelle von Medizin und Gesellschaft, so bieten sich die Akteure, Institutionen und Funktionen des Gesundheitssystems aus folgenden Gründen an: Erstens werden hier die Strukturen bereitgestellt, innerhalb derer medizinisches Wissen zur Anwendung kommt. Dem liegt zwar ein politischer Entscheidungsprozess zugrunde, der nicht mehr von der angeblichen Wertneutralität medizinischen Wissens geprägt ist, trotzdem scheint der Schleier medizinischer Objektivität so dicht gewebt, dass er sich zeitweise auch über diese Strukturen legt. In der Nachkriegszeit standen jedoch auch diese Strukturen zur Disposition. Die oben umrissenen Legitimitätskämpfe lassen sich vor diesem Hintergrund klar nachzeichnen, da Institutionen gesellschaftliche Ordnung verkörpern. Die bloße Feststellung der Institutionskontinuität sagt nichts über diese Legitimitätskämpfe aus, da sie nur den Endpunkt fixiert, den Prozess an sich aber aus dem Blick verloren hat. Auch vermag eine reine Kontinuitätsfeststellung keine Aussage über Legitimitätsverschiebungen,

---

142 Berger/Luckmann, 1980.
143 Zur Anwendung sozialkonstruktivistischer Modelle für eine Sozialgeschichte der Medizin vgl. Jordanova, Ludmilla, The Social Construction of Medical Knowledge, in: *Social History of Medicine* (1995), S. 361-381. In diesem Sinne auch: Labisch, Alfons, The Social Construction of Health. From Early Modern Times to the Beginning of the Industrialization, in: Lachmund, Jens/Stollberg, Gunnar (Hg.), *The Social Construction of Illness. Illness and Medical Knowledge in Past and Present*, Stuttgart 1992, S. 85-101.
144 Für die DDR hat Udo Schagen eine erste Annäherung an diesen Problemkomplex vorgelegt: Schagen, Udo, Der Begriff »Demokratisierung« in den deutschen Nachkriegsstaaten als Voraussetzung für die Erforschung der Geschichte des Gesundheitswesens, in: Rausch, Anita/Rohland, Lothar/Spaar, Horst (Hg.), *Das Gesundheitswesen der DDR: Eine historische Bilanz für zukünftige Gesundheitspolitik*, Berlin 1999, S. 126-127.

Neuakzentuierungen in der sozialen Institutionspraxis oder Verschiebungen in der Institutionsidentität zu machen.

Zweitens werden im Gesundheitswesen eine Vielzahl unterschiedlicher Akteure auf verschiedenen Ebenen zusammengeführt, die eine große soziale, politische und auch eine geschlechtliche Varianz aufweisen und sich hinsichtlich ihrer Interessen und Funktionen so weit unterscheiden, dass sie einen ausdifferenzierten Mikrokosmos bilden.

Drittens ist das Gesundheitswesen ein Bereich, der zumindest vom konzeptionellen Anspruch her die gesamte Gesellschaft durchdringt und erfasst. Diese zentrale Lage im Herzen der Gesellschaft schafft eine umfassende potenzielle Betroffenheit, die eine Ausweitung des Untersuchungsfeldes über den Kreis der unmittelbar politisch Tätigen hinaus ermöglicht.[145]

## 5. Eingrenzung des Untersuchungsrahmens

Die US-Zone wurde als Untersuchungsrahmen gewählt, da die Pläne der amerikanischen Besatzungsmacht hinsichtlich Entnazifizierung und Demokratisierung im Vergleich zu den anderen Alliierten am konkretesten und weitreichendsten waren. Eine Studie, die nach der Politisierung von Gesundheitssicherung fragt, findet hier einen eindeutigen Ausgangspunkt.

Außerdem wiesen die USA als einzige außereuropäische Kriegsmacht die größte mentale und räumliche Distanz zu den sozial- und gesundheitspolitischen Traditionen Deutschlands auf. Anders als in Deutschland gab es in den USA keine institutionelle Gesundheitssicherung, obwohl bzw. weil die deutsche gesetzliche Krankenversicherung in den USA immer wieder sowohl als nachahmenswertes Vorbild bzw. als abschreckendes Beispiel diskutiert worden war.[146] Bereits diese grundlegenden Unterschiede boten genug potenziellen Konfliktstoff, um eine Untersuchung reizvoll erscheinen zu lassen.

Die Besatzungszeit wurde ausgewählt, da die enorme politische Energie, die den Demokratisierungsabsichten zugrunde lag, die Politisierung von Gesundheit und Krankheit deutlich zutage treten lässt und die große politische Dichte dieser Jahre sich in der direkten Interaktion der Besatzung potenzierte. Da diese Untersuchung nach dem symbolisch vermittelten nationalen Gehalt gesundheitspolitischer Handlungen sucht, bot sich die Besatzungszeit als potenziell konflikthafte Situation an. Im

---

145 Die Sektionen der medizinischen Wissensproduktion und Erprobung in Wissenschaft und Forschung ebenso wie ihre Vermittlung in Lehre und Ausbildung werden in dieser Studie nicht betrachtet, da ihre soziale Reichweite geringer und homogener ist.

146 Lubove, Roy, *The Struggle for Social Security, 1900-1935*, Cambridge, Mass. 1968. Siehe zu der spezifischen Tradition institutioneller Gesundheitspolitik in den USA: Flessner, Reinhard, Der wohltätige Leviathan. Wohlfahrtspolitik und Sozialstaat in den USA in der neueren Historiographie, in: *Archiv für Sozialgeschichte* 32 (1992), S. 352-382.

unmittelbaren persönlichen Kontakt wurden Deutungskämpfe direkter ausgetragen, als dies gemeinhin bei internationalen Kontakten über große mentale und geographische Distanz hinweg der Fall ist.

Untersucht werden soll die Beziehung zwischen Gesundheit, Krankheit und Politik am Beispiel der amerikanischen Besatzungszone, da die USA als westliche Führungsmacht ein nachdrückliches Interesse an einer politischen Neuordnung ihrer Besatzungszone in Anlehnung an das eigene Modell formulierte.[147] Die USA hatten darüber hinaus mit der Entwicklung hochwirksamer Medikamente wie Penicillin, Antibiotika und Sulfonamide, mit ihren berühmten medizinischen Fakultäten und mit einer seit Beginn des 20. Jahrhunderts schnell wachsenden Zahl von Nobelpreisträgern für Medizin auch auf diesem Sektor das Rüstzeug einer Supermacht.[148] Mit der Jahreswende 1944/45, als die USA ihre endgültigen gesundheitspolitischen Richtlinien formulierten, setzt diese Untersuchung ein. Endpunkt ist die Gründung der Bundesrepublik im Jahre 1949, mit der alle amerikanischen Weisungsrechte im gesundheitspolitischen Bereich endeten. Untersuchungsgebiet ist die gesamte amerikanisch besetzte Zone mit Ausnahme von Berlin, wobei Schwerpunkte in Hessen und Württemberg-Baden gesetzt werden.

---

147 Ebenso explizit strebte dies auch die zweite Supermacht, die UdSSR, für die SBZ an. Bereits vor der Potsdamer Konferenz hatte der sowjetische Außenminister dazu ausgeführt: »*Dieser Krieg ist nicht wie in der Vergangenheit; wer immer ein Gebiet besetzt, legt ihm auch sein eigenes gesellschaftliches System auf.*« Molotow in einem Gespräch mit dem Stellvertreter Titos. Zitiert nach Steininger, Rolf, 1983, S. 56.

148 Die Anfänge der Penicillinforschung waren ein anglo-amerikanisches joint-venture. Dazu: Swann, John Patrick, The Search for Penicillin Synthesis during World War II, in: *British Journal for the History of Science* 16 (1983), S. 154-190. Für einen Überblick über die Entwicklung siehe: Parascandola, John (Ed.), *The History of Antibiotics*, Madison 1980; MacFarlane, Gwyn, *Alexander Fleming. The Man and the Myth*, Cambridge, Mass. 1984.
Nicht berücksichtigt werden allerdings in diesen Darstellungen deutsche Forschungen, die grundlegend für die chemotherapeuthische Medizin des 20. Jahrhunderts war. Bereits 1932 hatte Domagk die große antibakterielle Wirkung des Farbstoffes Prontosil erkannt, wofür ihm 1939 der Nobelpreis für Medizin verliehen wurde. Domagks Sulfonamidforschungen gelten als richtungsweisend auch für die Penicillinforschung – so die Aussage Alexander Flemings. Überliefert von Warburg, Otto, *Gerhard Domagk*, in: *Deutsche Medizinische Wochenschrift* 90 (1965), S. 1484-1486. Siehe dazu ausführlich: Grundmann, Ekkehard, *Gerhard Domagk – der erste Sieger über die Infektionskrankheiten* (Worte – Werke – Utopien. Thesen und Texte Münsterscher Gelehrter, Bd. 13), Münster u.a. 2001.
Siehe zur Verbindung zwischen Penicillin und Kriegserfolg z.B. Adams, David P., *The Greatest Good to the Greatest Number: Penicillin Rationing on the American Home Front, 1940-1945*, New York 1991, S. 119. Zur Charakteristik der Nachkriegsperiode als goldene Ära der amerikanischen Medizin z.B. Goldmann, Eric F., *The Crucial Decade and After: 1945-1960*, New York 1960, S. 11-14; Burnham, John C., American Medicine's Golden Age: What Happened to It?, in: *Science* 215 (19 March 1982), S. 1474f. Zum Erfolg amerikanischer Forschungsanstrengungen und zu ihrer Auszeichnung durch medizinische Nobelpreise vgl. z.B. Duffy, 1979, S. 245f.

Für das ausgehende 19. und frühe 20. Jahrhundert ist der Zusammenhang zwischen der Veränderung der Lebensverhältnisse und der Entwicklung einer kommunalen Gesundheitssicherung intensiv erforscht. Für die Zeit nach 1945 ist dieser Konnex noch immer unerforscht.[149] Aus diesem Grund konzentriert diese Studie sich auf die deutsch-amerikanische Interaktion auf kommunaler Ebene, dehnt ihren Analyseradius davon ausgehend entsprechend dem Wiederaufbau der Verwaltungsstruktur sukzessive aus und verfolgt auf diese Weise die nach und nach neu hinzukommenden regionalen, professionellen und überzonalen Akteursgruppen.

Die Fokussierung auf die lokale Ebene folgt nicht nur gesundheitspolitischen Forschungen[150], sondern schließt zugleich an die Ergebnisse zeitgeschichtlicher Studien an, die die lokale Orientierung als dominante mentale Struktur[151] der Nachkriegsjahre beschreiben, die ihre Entsprechung ebenfalls in der alliierten Besatzungspolitik haben.[152] Damit unterstreicht der historische Kontext der Besatzungsjahre die analytische Relevanz der lokalen Ebenen.[153] Explizit davon ausgenommen werden muss Berlin. Die Berliner Situation war sowohl aufgrund ihres Viermächtestatus als auch aufgrund der Tatsache, dass Berlin Durchgangsstation vieler Flüchtlinge war, sehr verschieden von der anderer Großstädte in der amerikanischen Besatzungszone. Berliner Verhältnisse werden daher in dieser Studie nicht berücksichtigt.[154]

---

149 Manfred Schmidt beschreibt die Alltagsperspektive als in der Politikforschung völlig unterbelichtet. In diesem Sinne stellt der mikrohistorische Fokus eine sinnvolle Erweiterung der Policy-Forschung dar. Siehe: Schmidt, Manfred G., *Staatstätigkeit. International und historisch vergleichende Analysen*, Olpaden 1988, S. 21f.
150 Für die Besatzungsjahre: Wasem, 2001, S. 486f.
151 So Rainer Gries in seiner interzonalen Vergleichsstudie. Gries, 1991. Zur Relevanz der lokalen Ebene für die britische Zone auch Holtmann, 1989.
152 Auch theoretisch lässt sich dieser Zugriff begründen. So betonen Berger und Luckmann aus einer interaktionstheoretischen Perspektive, dass »*die fundamentale Erfahrung des Anderen [...] die von Angesicht zu Angesicht (ist). Die Vis-à-vis-Situation ist der Prototyp aller gesellschaftlichen Interaktion. Jede andere Interaktionsform ist von ihr abgeleitet.*« Berger/Luckmann, 1980, S. 31.
153 Ausführlich zum großen Gewicht der Städte als der ersten und wichtigsten administrativen Ebene: Boehling, 1996, S. 2ff. Auch amerikanische Berichte betonten immer wieder die starke Stadtbezogenheit ihrer Besatzungspolitik, vgl. z.B. RG 260, 390/49-50/35-1/6-1, Box 231, Experiences in and Impressions of Military Government Public Health Operations in Germany, May 1945 – May 1946.
154 Bereits die zeitgenössischen Akten verweisen immer wieder auf die Berliner Sondersituation. Siehe z.B. »*The health problem in Berlin is a quadriple problem and must be handeled as such*«, in: RG 260, OMGUS, 5/333-1/7, »*Report on Tuberculosis in Germany (U.S. Zone) by A Mission appointed by the Secretary of the Army*«, S. 9. Auch wurden die Berliner Krankheitsraten in den Statistiken der amerikanischen Besatzungsmacht jeweils separat aufgeführt, da sie als nicht vergleichbar oder repräsentativ galten. »*A quadripartite control of a city of the size of Berlin is unique in history, and from a medical view point, many of the problems dealt with furnish valuable lessons in not only military medical cooperation of Allies in a war, but in international cooperation.*« RG 260, 5/35-2/1, OMGUS Historical Branch, Historical Report for the OMG-Berlin District, Staffing of Health Departments and Denazification of the Medical Profession. Siehe auch RG 260, OMGUS, 5/350-1/13, CAD PHB, Public Health in Germany under U.S. Occupation

Obgleich die deutsch-amerikanische Interaktion vor allem im lokalen Rahmen untersucht wird, handelt es sich nachfolgend nicht um eine Untersuchung urbaner Lebensverhältnisse, sondern um die Erweiterung des Quellenbestandes, der Einblick in kleine Handlungseinheiten ermöglicht. Dabei sind die kommunalen Fallbeispiele mit Bedacht gewählt worden:

Frankfurt/M. und Stuttgart gehörten zu den beiden ersten deutschen Städten, die 1883 bzw. 1888 eine Stadtarztstelle einrichteten[155] und deren städtische Amtsarztstellen bereits vor dem Ersten Weltkrieg zu Gesundheitsämtern ausgeweitet wurden. Beide Städte konnten damit 1945 auf eine lange Tradition städtischer Gesundheitspflege zurückblicken und verfügen aufgrund der Größe ihrer Gesundheitsämter über eine breite Überlieferung städtischer Gesundheitspolitik.

Frankfurt am Main war bereits während der Weimarer Republik Kommerz- und Handelsstadt gewesen und hatte als Großstadt nach 1945 vielfältige gesundheitspolitische Probleme zu bewältigen. Außerdem war dort das Hauptquartier der amerikanischen Streitkräfte (SHAEF), so dass sich die hessische Metropole in direkter Nähe zu einer großen amerikanischen Institution befand.

Die in Frankfurt eingesetzte Stadtverwaltung wies ein anderes politisches Profil auf als die Stuttgarter Stadtverordnetenversammlung, und das politische Klima in Frankfurt war liberaler[156] als in Stuttgart. Hieraus ergeben sich interessante Kontrastierungsmöglichkeiten.

---

(1945-1949) – Historical Review, S. 6. Zur Sondersituation Berlins am Beispiel der Tuberkulose siehe: Meyer, Curt, Die Entwicklung der Tuberkulose in Berlin, in: *Beiträge zur Klinik der Tuberkulose und spezifischen Tuberkulose-Forschung 105* (1951), S. 408-428; Schröder, Erich, Über die Epidemiologie der Tuberkulose in den Kriegs- und Nachkriegsjahren, in: *Berliner medizinische Zeitschrift* 1 (1950), S. 188-191.
Auch Dinter schildert Berliner Zustände als Ausnahmesituation: Dinter, 1999 *Seuchenalarm*; Ders., Berlin in Trümmern. Ernährungslage und medizinische Versorgung der Bevölkerung Berlins nach dem II. Weltkrieg, Berlin 1999. Die Berliner Verhältnisse waren in den ersten Nachkriegswochen sicherlich partiell dramatisch. Trotzdem scheint die Darstellung Dinters angesichts der auch in dieser Arbeit diskutierten faktischen Seuchenentwicklung übertrieben, zumal zeitgenössische medizinische Berichte nicht mit alternativen Quellen verglichen und auch nicht durch medizinische Einschätzungen späterer Jahre, die eben nicht mehr unter dem unmittelbaren Eindruck der Katastrophe standen, kontrastiert werden. Vgl. zu dem auch für Zeitgenossen überraschend günstigen Gesundheitszustand der Nachkriegsjahre S. 319ff. dieser Arbeit.

155 Sachße, Christoph/Tennstedt, Florian, *Geschichte der Armenfürsorge in Deutschland*, Bd. 2: »Fürsorge und Wohlfahrtspflege 1971 bis 1929«, Stuttgart u.a. 1988, S. 29. Zum herausragenden gesundheitspolitischen Profil Frankfurts siehe auch Witzler, Beate, *Großstadt und Hygiene. Kommunale Gesundheitspolitik in der Epoche der Urbanisierung*, MedGG-Beihefte 5, Stuttgart 1995, S. 16ff.

156 Vgl. Boehling, 1996, S. 6f.; Bauer, Thomas u.a. (Hg.), *Vom »stede arzt« zum Stadtgesundheitsamt – Die Geschichte des öffentlichen Gesundheitswesens in Frankfurt am Main*, Frankfurt/M. 1992, S. 118, 169f.

Wie Frankfurt beherbergte auch Stuttgart mit dem Länderrat ein wichtiges politisches Gremium der Besatzungsjahre. Die schwäbische Großstadt war darüber hinaus Landeshauptstadt und Sitz der amerikanischen Militärregierung Württemberg-Badens. Damit bestanden die unmittelbaren Kontakte zwischen deutschen Gesundheitspolitikern und amerikanischen *Public Health officers* auch fort, nachdem die örtlichen Militärregierungen aufgelöst worden waren. Stuttgart war damit wie Frankfurt ein gesundheitspolitisches Anschauungsobjekt, das handlungsleitend für die Gesundheitspolitik der deutschen Länderregierungen und der regionalen amerikanischen *Military Governments* war.

Der Stuttgarter Oberbürgermeister Klett und sein Gesundheitsreferent Gaupp, beide national-konservativ orientiert, hatten ein konflikthaftes Verhältnis zur amerikanischen Besatzungsmacht als ihre Frankfurter Kollegen, so dass unterschiedliche gesamtpolitische Orientierungen der Kommunalverwaltungen auf ihre gesundheitspolitischen Auswirkungen hin befragt werden können. Als industrielles Zentrum Südwestdeutschlands mit einer großen Arbeiterbevölkerung und einem finanzkräftigen Bürgertum[157] wies die schwäbische Metropole ebenso wie die Großstadt Frankfurt ein breites sozialmedizinisches Problemspektrum auf.

Die Neugründung des Landes Baden-Württemberg und die damit verbundene administrative Umgestaltung bot die Chance, im öffentlichen Gesundheitswesen Reformen umzusetzen. Das badische öffentliche Gesundheitswesen rühmte sich einer langen demokratischen Tradition und diente amerikanischen Reformvorstößen immer wieder als Referenz- und Abgrenzungsmodell. Aus diesem Grunde wurde Karlsruhe als dritte Großstadt und Sitz der badischen Landesbezirksverwaltung in die Untersuchung aufgenommen.

Im Unterschied zum industrialisierten Stuttgart und zur Handelsstadt Frankfurt wies Karlsruhe als Verwaltungs- und Beamtenstadt ein anderes sozioökonomisches Profil auf, wodurch die Repräsentativität der Gesamtuntersuchung erhöht und kommunale Divergenzen innerhalb der US-Zone berücksichtigt werden konnten.[158]

Ausgehend von diesen Städten, betrachtet die nachfolgende Untersuchung exemplarisch die Länder Hessen und Württemberg-Baden und bezieht damit die föderale

---

157 Vgl. zum Städteprofil von Frankfurt und Stuttgart und zur Relevanz und Repräsentativität dieser beiden Großstädte für eine Untersuchung amerikanischer Besatzungspolitik auch Boehling, 1996, S. 5f.
158 Zur Repräsentativität der Stuttgarter Mortalitätsverhältnisse z.B. für die Entwicklung der viel diskutierten Tuberkulosesterblichkeit in Deutschland siehe: Beil, Hanswilhelm/Helmut Wagner, Die Sterblichkeit im zweiten Weltkrieg und in den Nachkriegsjahren bis 1947 in Hessen und Stuttgart, in: *Zeitschrift für Hygiene und Infektionskrankheiten, medizinische Mikrobiologie, Immunologie und Virologie* 131 (1951), S. 368-383, hier S. 375.

Gliederung der amerikanischen Besatzungszone systematisch in den Untersuchungsrahmen ein.[159]

Die Repräsentativität der untersuchten kommunalen Beispiele ergab sich einerseits aus der hohen traditionalen Vorprägung kommunaler Gesundheitspolitik. Dabei ergab sich, dass bestimmte gesundheitspolitische Sachfragen gehäuft problematisiert wurden, auf die sich schließlich auch die überregionale Politikebene konzentrierte. Diesen Problemkontexten wird in dieser Studie nachgegangen. Außerdem gab es innerhalb der amerikanischen Militärregierung ein Rotationsprinzip, nach dem die Offiziere in regelmäßigem Rhythmus nicht nur regional versetzt wurden, sondern auch zwischen Stadt, Land und gesamtzonaler Militärregierung wechselten. Diese Form der Personalfluktuation stellte sicher, dass sich keine lokalen Sonderperspektiven entwickelten. Auf deutscher Seite trugen eine intensive überregionale Diskussion in politisch übergreifenden Gremien wie dem Länderrat oder dem Städtetag sowie der Austausch in Fachzeitschriften und auf medizinischen Konferenzen dazu bei, lokale Differenzen im Blick auf einzelne Gesundheitsprobleme in eine Gesamtperspektive zu rücken, die die ganze amerikanische Besatzungszone umfasste.

## Quellen

Grundlegend für den Vergleich amerikanischer und deutscher Wahrnehmungen ist die Doppelüberlieferung von amerikanischen und deutschen Stellen. Neben den Akten der amerikanischen Militärregierung in Berlin (OMGUS) wurden diejenigen der regionalen Gliederungen der Militärregierung in Württemberg, Baden und Hessen (OMG-WB, OMG-Hesse) ausgewertet. Diese konnten aus der deutschen Überlieferung partiell durch Bestände der städtischen Militärdienststellen ergänzt werden. Einschlägig waren neben den Dokumenten der *Medical Branches* vor allem Berichte der *Public Safety*, der *Civil Administration Branches* und der *Information Control Divisions* sowie auch die Zusammenfassungen der jeweiligen *Historical Divisions*. Um die in Washington geführte, auf Deutschland bezogene gesundheitspolitische Diskussion nachvollziehen zu können, wurden die Akten des *War Departments (Army AG 1940-1945; Office of the Surgeon's General)* analysiert. Für die Rekonstruktion der ersten Tage und Wochen der Besatzung wurden die Tagesberichte der amerikanischen Armeen bzw. ihrer G5-Stäbe ausgewertet.

---

159 Die gesundheitlichen Verhältnisse in Bayern und Bremen wurden ergänzend zu den jeweiligen systematischen Fragestellungen über die Überlieferungen der amerikanischen Militärregierung, die überregionalen Gremien und die fachwissenschaftlichen Zeitschriften einbezogen.

Auf deutscher Seite wurden die Akten der städtischen Verwaltung, allen voran die Akten der Gesundheitsämter, der Bürgermeisterämter, der Polizei, der Presse- und der Jugendämter gesichtet. Besonders ergiebig waren die wöchentlichen Berichte, die die örtlichen Polizeipräsidenten bis 1948 für den amerikanischen CIC verfassten, die sich mit den täglichen Sorgen und Stimmungen der Menschen befassten. Gesundheit und Krankheit waren, wie diese Berichte belegen, wichtige Themen für die Menschen und fanden auf diesem Wege Eingang in die Akten des amerikanischen Geheimdienstes. Die Berichte der örtlichen Polizei an den CIC waren auch mit der Intention verfasst worden, die Entscheidungen der Militärregierung zu beeinflussen, sie geben so Auskunft über die Funktionalisierung des Arguments Krankheit und die vielfältige argumentative Bezüglichkeit von Gesundheit. Da die Akten der lokalen *Military Government detachments* nicht mehr erhalten sind, musste die unterste Ebene der amerikanischen Militärregierung anhand der deutschen Kommunalakten rekonstruiert werden. Die Überlieferung ist so dicht und der Kontakt zwischen amerikanischer Besatzungsmacht und deutscher Kommunalverwaltung im ersten Besatzungsjahr so eng, dass dies problemlos möglich ist. Ergänzend wurde die Überlieferung des Gesundheitsausschusses des Deutschen Städtetages betrachtet.

Auf Länderebene waren die Überlieferungen des Innenministeriums, des Sozialministeriums als auch der Presseabteilung einschlägig. Die Akten des Länderrates der amerikanischen Zone wurden ergänzend hinzugezogen. Die Überlieferung der Ärztekammern und *Kassenärztlichen Vereinigungen* wurden ebenso wie die Veröffentlichungen über Ärztetage und medizinische Fachtagungen herangezogen. Die Diskussion über spezifische Gesundheitsprobleme und Reformkonzepte innerhalb lokaler Strukturen wurde durch die jeweils relevanten Fachzeitschriften und Standesblätter vervollständigt.

Da diskursive Konzepte langfristigen Prägungen unterliegen, wurde partiell auf Veröffentlichungen bis 1952 zurückgegriffen, wenn diese in Form von Lehrbüchern, Verwaltungsvorschriften und Gerichtsurteilen Deutungen formulierten, die bereits während der Besatzungsjahre relevant waren. Dies war vor allem darum sinnvoll, weil die meisten Fachzeitschriften aufgrund des Papiermangels und der Neuorganisation der Verbände und Gesellschaften erst ab 1949 überhaupt wieder erschienen. Die ersten Zeitschriftenjahrgänge ab 1949/50 können daher als Zusammenschau der während der Besatzungszeit präsenten Deutungen gesehen werden und wurden deshalb in die Auswertung einbezogen.

## Aufbau der Darstellung

Ausgangspunkt der Analyse sind amerikanische Besatzungsplanungen, die bereits von einer intensiven Auseinandersetzung mit dem deutschen Gesundheitswesen zeugen. Da die gesundheitspolitischen Planungen der USA von politischen Faktoren und Stereotypen geprägt waren, schließt sich eine kurze Klassifizierung der relevanten Perzeptionsrichtungen an.[160]

Ebenso prägend für die Gesundheitspolitik der Besatzungszeit waren die »*Traditions- und Problembestände*«[161] des deutschen Gesundheitswesens. Neben den amerikanischen werden daher überblicksartig die vielfältigen Entwicklungslinien des deutschen Gesundheitswesens resümiert. Auf diese Weise wird ein Bild der historischen Ausgangssituation gezeichnet.[162]

Im Anschluss daran werden die gesundheitspolitischen Planungen, die während der Eroberung des Deutschen Reiches und während der Errichtung der ersten *Military Government detachments* bis hin zur Etablierung von OMGUS relevant waren, verfolgt und die ersten gesundheitspolitischen Maßnahmen untersucht.[163] Dabei interessiert vor allem, was die gesundheitspolitischen Reformvorschläge über nationale Interessenlagen aussagten und welche argumentativen Bezugspunkte für Gesundheitsprobleme relevant waren.

Das zweite Kapitel beschreibt die Konsolidierung der Besatzungsverwaltung und den Wiederaufbau des öffentlichen Gesundheitswesens. Am Beispiel des öffentlichen Gesundheitswesens wird die Entnazifizierung unter der Fragestellung analysiert, welche Besonderheiten sich aufgrund der spezifischen Relation zwischen Entnazifizierung,

---

160 Deutschlandpolitische Deutungsmuster besaßen für die amerikanische Besatzungsplanung und Besatzungspolitik handlungsleitenden Einfluss. Dazu ausführlich die Studie von Schwarz, 1966.
161 Kocka definiert »*Traditions- und Problembestände*« ausdrücklich mit Bezug zur Sozialstaatlichkeit und zur Nation. Vgl. Kocka, Jürgen, Die Geschichte der DDR als Forschungsproblem, in: Ders. (Hg.), *Historische DDR-Forschung. Aufsätze und Studien*, Berlin 1993, S. 9-26, hier S. 14.
162 Dieser Überblick präsentiert Studien zum deutschen und amerikanischen Gesundheitswesen erstmals in einer zusammenfassenden Weise: Die über zahlreiche Einzelstudien verstreuten Ergebnisse der medizinhistorischen und sozialpolitischen Forschung werden so komprimiert, dass sich unterschiedliche Entwicklungstraditionen sowie kulturelle und nationale Besonderheiten des deutschen Gesundheitswesens parallel in den verschiedenen Sektoren des Gesundheitssystems über längere Zeiträume hinweg verfolgen lassen. Erst durch diese bisher in der Literatur nicht vorliegende Bündelung sowohl der verschiedenen Sektoren als auch externer, sozialhistorisch relevanter Faktoren über längere Entwicklungssequenzen hinweg kann die in der Einleitung anvisierte Darstellung kultureller Deutungsmuster geleistet werden.
163 Dabei werden die Phase der Eroberung des deutschen Reiches und die nachfolgende Zeitspanne, in der die amerikanischen Armeen für die Militärverwaltung zuständig waren, ausdrücklich als eigenständige Phase berücksichtigt und anhand der bisher für Untersuchungen zur amerikanischen Besatzungspolitik noch kaum ausgewerteten *war diaries* dargestellt.

Krankheit und Seuchenbekämpfung ergaben. Außerdem wird gefragt, ob die Besatzungsmacht andere Maßnahmen als deutsche Mediziner favorisierte, welche Formen der Arbeitsteilung es zwischen Amerikanern und Deutschen gab und ob sich in der Praxis noch zwischen amerikanischen und deutschen Konzepten unterscheiden ließ, oder sie sich vermischten. Davon ausgehend werden amerikanische Reformoptionen für das öffentliche Gesundheitswesen als Demokratisierungsprojekt der Besatzungsmacht untersucht und die Implementation analysiert.

Im dritten Kapitel wird die Diskussion um die Gestalt der deutschen Krankenkassen und Ärzteverbände untersucht. Beide Institutionen gerieten erst spät in den Blickwinkel amerikanischer Besatzungspolitik. Die Debatte um die Reform der deutschen Sozialversicherung ist in ihrem institutionellen Gehalt von Hans-Günter Hockerts analysiert worden. Vor diesem Hintergrund wird eine ergänzende kulturgeschichtliche Perspektive eingenommen, mit der die große symbolische Bedeutung dieser Diskussion und ihre weitreichende politische Tragweite entschlüsselt werden kann. Insbesondere wird erläutert, was die Sprache über gesundheitspolitische Ziele und Motivationen verrät. Welche Argumentationsstrategien die beteiligten Akteure verfolgten, welche Werte ihren Standpunkten zugrunde lagen, ob es Kompromisse mit Vertretern der jeweils anderen Nationalität gab und wie sich Koalitionen und Interessen verschoben.

Unter Rückgriff auf theoretische Modelle der neueren Institutionengeschichte kann dargelegt werden, dass auch die deutsche Krankenversicherung und die Ärztekammern, die die Besatzungsjahre institutionell unbeschadet überstanden, eine gewichtige Rolle im amerikanischen Demokratisierungsprojekt einnahmen und ihnen eine ganz eigene Funktion im Umgestaltungsprozess der Besatzungsjahre zukam. Die Auswirkungen des amerikanischen Einflusses reichten trotz formaler Kontinuitäten hinsichtlich der Institutionen bis in die BRD.

Das vierte Kapitel beschäftigt sich mit dem symbolischen Gehalt von Krankheit in der Besatzungszeit. Die vielfältigen Bezüge zwischen Gesundheit, Krankheit und Politik werden einer detaillierten kulturgeschichtlichen Analyse unterzogen, die die am meisten »*skandalisierten Krankheiten*« vorstellt, die besondere Bezüglichkeit zwischen Krankheit und Angst im Kontext der Besatzungsgesellschaft historisiert und das *public-health-miracle* der Nachkriegsjahre dekonstruiert.[164] Desweiteren wird die diskursive Topographie einzelner Krankheiten dargelegt und die besondere Relation, die zwischen Krankheit und Fremdheit gezogen wurde, beleuchtet. In diesem Kontext wird untersucht, durch welche Faktoren die Wahrnehmung von Krankheiten beeinflusst war und mit welchen Symbolen, Metaphern und Deutungen sie verknüpft wurden.

---

164 Die Bezeichnung »*skandalisierte Krankheit*« stammt von Alfons Labisch und verweist darauf, dass die öffentlich/politische Bedeutung einer Krankheit ihre epidemiologische Relevanz deutlich übersteigt. Vgl. dazu ausführlich: Labisch, 1992, S. 127.

Im fünften Kapitel wird die große symbolische Wirkungsmacht von Krankheit exemplarisch am Beispiel der Tuberkulose vertieft.[165] Dabei werden vor allem die nationalen Codierungen von Krankheitsdeutungen und ihre historische Herleitung kontrastiert und vor diesem Hintergrund die Verschiebungen der Krankheitsperzeption unter den Bedingungen und innerhalb des Interaktionsrahmens der Besatzungszeit untersucht. Die Koordinaten der Besatzungsjahre werden dabei vor allem auf die politischen, nationalen und geschlechtsspezifischen Implikationen des Krankheitsdiskurses bezogen.

Nach Susan Sontag hat keine andere Krankheit eine so komplexe Deutungs- und Mythologisierungsgeschichte wie die Tuberkulose.[166] Angesichts der Vielschichtigkeit der involvierten Deutungen werden zwei Zugangsformen gewählt: Als erste Annäherung an die symbolische Explikation der Tuberkulose werden zentrale historische Deutungsmuster in ihrer Präsenz zwischen 1945 und 1949 dargestellt. Darauf aufbauend, wird die Eigendynamik der Tuberkulosedeutung und ihre Implementierung im deutsch-amerikanischen Interaktionsgeflecht untersucht. Die mit Tuberkulose befassten Ärzte, Politiker und Offiziere nahmen immer wieder traditionelle Perzeptionsmuster auf und setzten sie in eine eigene politische Bezüglichkeit, kreierten aber aus der spezifischen besatzungspolitischen Situation heraus auch kontinuierlich neue Deutungsformen. Insbesondere ist zu klären, wieso deutsche und amerikanische Mediziner zu grundlegend verschiedenen Einschätzungen der Tuberkulosegefahr gelangten, wie sich dieser Konflikt auflöste und welche Rückschlüsse sich daraus auf den Transformationsprozess der Nachkriegsjahre ziehen lassen.

Das Schlusskapitel greift die aktuelle Debatte um Amerikanisierung und Verwestlichung der Bundesrepublik auf und bezieht deren Ergebnisse auf die Gesundheitspolitik der Besatzungsjahre. Als Bilanz wird ein erweitertes Amerikanisierungskonzept vorgestellt, für das Legitimationsüberzeugungen, Kommunikationsmuster und Kontexte zentral sind. Amerikanisierung in dem hier vertretenen Sinne versteht die Transformation der deutschen Gesellschaft, die nach dem Zweiten Weltkrieg einsetzte, nicht als unilateralen Prozess, sondern als bilaterale Entwicklung, die sich im Selbst- und Politikverständnis der USA ebenso niederschlug wie in der politischen Kultur der BRD.

Die Studie kann deshalb in mehrfacher Hinsicht als Erweiterung bestehender Forschungskontexte gesehen werden: Erstens ergänzt sie die vorliegende Literatur zur Besatzungszeit um eine kulturalistische Perspektive, die bisherige Vorstellungen vom

---

165 Dazu auch: Ellerbrock, Dagmar, Between fear, national pride and democracy: Images of Tuberculosis in the American Zone of Occupation, 1945-1949, in: Löwy, Ilana/Krige, John (Ed.), *Images of disease. Science, Public Policy and Health in Post-war Europe*, Luxemburg 2001, S. 109-140.

166 Selbst die Syphilis sei – so Sontag – als Metapher begrenzt, nicht mysteriös, sondern nur schrecklich. Während die Tuberkulose Rätsel produziert habe, habe die Syphilis nur Entsetzen hinterlassen. Sontag, 1988, S. 12.

Besatzungsalltag wesentlich vertieft. Damit gelingt es zweitens bisherige Konzepte zu Kulturtransfer und Implementation zu konkretisieren.[167] Die Frage, unter welchen Bedingungen der Umbau einer Gesellschaft gelingen kann, wird aktuell vor allem mit Blick auf die GUS-Staaten diskutiert. Der Transferprozess der Besatzungsjahre ist demgegenüber noch immer weitgehend ungeklärt. Wie die Demokratisierung der Deutschen sich zwischen Kapitulation, Entnazifizierung und Wirtschaftswunder tatsächlich vollzog, hat die Forschung angesichts des glücklichen Endes bisher nur marginal interessiert. Diese Lücke vermag hier drittens durch eine kommunikations- und interaktionsbasierte Politikgeschichte, die das politische Geschehen kleinräumig und prozessual verfolgt, geschlossen zu werden. Damit gelingt es viertens, separierte Forschungskontexte zu verknüpfen.[168] Insbesondere der Verbindung bisher primär von der Medizingeschichte bearbeiteter Fragestellungen mit einer politik- und institutionsgeschichtlichen Perspektive verdankt diese Studie weitreichende Einblicke in die Befindlichkeiten und Umorientierung der Nachkriegsgesellschaft und ihrer wichtigsten westlichen Besatzungsmacht. Sie löst damit die Besatzungsjahre aus einer primär nationalgeschichtlichen Betrachtungsweise heraus und stellt sie in eine erweiterte internationale Perspektive.

---

167 Ausführlich zum theoretischen Gewinn des Transferkonzeptes: Paulmann, Johannes, Internationaler Vergleich interkultureller Transfer. Zwei Forschungsansätze zur europäischen Geschichte des 18. bis 20. Jahrhunderts, in: *Historische Zeitschrift* 267 (1998), S. 649-685; Ders., Interkultureller Transfer zwischen Deutschland und Großbritannien: Einführung in ein Forschungskonzept, in: Muhs, Rudolf/Paulmann, Johannes/Steinmetz, Willibald (Hg.), *Aneignung und Abwehr. Interkultureller Transfer zwischen Deutschand und Großbritannien im 19. Jahrhundert*, Bodenheim 1998, S. 21-43.

168 Zum Problem der separierten Medizingeschichte siehe: Paul, 1999, S. 61-71.

# Kapitel 1
# Konzeptionelle und institutionelle Voraussetzungen amerikanischer Besatzungspolitik 1943–1945

Seit dem amerikanischen Kriegseintritt 1941 wurde in den USA um Kriegsziele und Besatzungskonzepte gerungen. Zu klären ist, in welchem Verhältnis amerikanische Besatzungsplanungen und die Gesundheitspolitik der Jahre 1945-1949 standen. Dafür müssen die vielfältigen politischen und kulturellen Einflüsse, denen Gesundheitspolitik ausgesetzt war, gewichtet werden.

Dabei wird zum einen untersucht, inwieweit die gesundheitspolitischen Planungen der USA die in Deutschland vorgefundene Situation zu antizipieren vermochten, zum anderen wird analysiert, welche gesundheitspolitischen Maßnahmen die US-Army während der Eroberung und die amerikanische Militärregierung in den ersten Monaten der Besatzung ergriffen.

## Institutionen, Planung und Direktiven

Als einzige außereuropäische Kriegsmacht befanden sich die USA politisch und strategisch in einer besonderen Position; sie hatten den weitesten Weg zurücklegen müssen, um ins Zentrum Mitteleuropas zu gelangen, amerikanische Städte waren nicht angegriffen, die Küsten und Grenzen der USA nicht von deutschen Invasionstruppen bedroht worden. Dass die USA der deutschen Kriegserklärung 1941 mit einer sofortigen Mobilisierung antworteten, war der an innenpolitischen Themen interessierten amerikanischen Öffentlichkeit und dem traditionell isolationistischen Kongress nur schwer zu vermitteln gewesen. Erst der von Roosevelt immer wieder beschworene Gegensatz des nationalsozialistischen Systems zu ur-amerikanischen Werten wie »Freiheit«, »Demokratie«, »Religion« und »Humanität«[1] hatte die zu Beginn der 40er-Jahre noch immer starke isolationistische Grundstimmung zu überwinden vermocht. Vor diesem Hintergrund ist die Radikalität amerikanischer Kriegsziele einzuordnen, die sich mit ihrer Forderung nach *unconditional surrender* jedem Zugeständnis verweigerte.

---

1   So in einer Rede 1941, abgedruckt in: Roosevelt, F. D., *Public Papers and Addresses of Franklin Delano Roosevelt*, ed. by Samuel I. Rosenman, New York 1938-1959, Vol. X, S. XXIX.

*»There never has been – there never can be – successful compromise between good and evil«*, so hatte der amerikanische Präsident diese Position zusammengefasst.²

Diese moralisch unterlegte Referenz auf das amerikanische Gesellschafts- und Demokratiemodell war nicht bloß rhetorischer Topos, sondern besaß während des Krieges und auch danach eine politische Funktion und prägte sowohl Besatzungsplanungen als auch die tatsächliche spätere Besatzungspolitik.

Trotz seiner pathetischen Rhetorik verweigerte sich Roosevelt aber konkreteren Planungen *»für ein Land, das wir noch nicht besetzt haben«*.³ *»Germany first«*⁴ war die einzige konkrete Devise des Präsidenten. Eine weiterreichende klare politische Richtlinie für die Besatzungsplanungen fehlte der amerikanischen Deutschlandpolitik während des Krieges. In diesem Vakuum konkurrierten Außen-, Finanz- und Kriegsministerium darum, die Besatzungsplanungen gestalten zu können. Dabei gewannen die seit 1943 in Washington rivalisierenden Hauptrichtungen amerikanischer Deutschlandinterpretation – *Outlaw-school,* Vansittartismus und neo-marxistische Schule – in unterschiedlichen Phasen Einfluss auf die Besatzungspolitik.

## 1. Politische Deutungsmuster

Die Vertreter der *outlaw theory* kamen vorwiegend aus Kreisen des Finanzbürgertums, waren politisch konservativ orientiert und verstanden den Faschismus als ein Ergebnis kollektiver Kriminalität *(outlaw)*.⁵ Vorrangiges Ziel der Vertreter dieser Denkrichtung war es, die NS-Führungsklasse, der die Verantwortung für die faschistischen Verbrechen zugesprochen wurde, zu eliminieren. Damit hoffte man, tief greifende Umstrukturierungen des Sozialgefüges und der Wirtschaftsordnung umgehen zu können. Als Fernziel wurde die Rekonstruktion Deutschlands als europäische Wirtschaftsmacht angestrebt. Die politische Reintegration Deutschlands sollte auf der Grundlage internationalen Rechts erreicht werden. Eine deutsche Kollektivschuld wurde von den *outlaw*-Anhängern verneint. Politisch gewann diese Denkrichtung bereits 1943 Einfluss auf die Meinungsbildung des *State Departments,* das einen Deutschlandplan vorlegte, der Deutschland als wirtschaftliche und staatliche Macht in Mitteleuropa erhalten wollte.⁶ Das *State Department* versuchte jedoch bereits einen Kompromiss mit den härteren Planungen der Vansittartisten zu finden und strebte daher eine Phase rigoroser

---

2  Zit. nach Steele, Richard W., American Popular Opinion and the War Against Germany: The Issue of the Negotiated Peace, 1942, in: *Journal of American History,* Vol. 65, No 3 (December 1978), S. 704-723, hier S. 712f.
3  F. D. Roosevelt an Hull, 20. Oktober 1944. Zitiert nach Gries, 1991, S. 158.
4  Dazu ausführlicher Henke, 1996, S. 66.
5  Für die nachfolgende Charakterisierung vgl. Niethammer, 1972, S. 32-51.
6  Vgl. Niethammer, 1972, S. 37, Hull, Cordell, *The Memoirs of Cordell Hull,* 2 Bände, New York, 1948, hier Vol. II, S. 1285. C. Hull war unter F. D. Roosevelt Außenminister.

Säuberungen als Voraussetzung für die Rekonstruktion[7] Deutschlands in sozialer, ökonomischer und politischer Hinsicht an. Während der Besatzungszeit waren vor allem die Kriegsverbrecherprozesse vom Gedankengut der *Outlaw*-Theoretiker inspiriert.[8]

Eine historische Kontinuität von Friedrich II. über Wilhelm II. bis zu Hitler sahen dagegen die Vansittartisten. Ideologischer Vater und Namensgeber dieser Interpretation war der englische Lord Robert G. Vansittart, seit 1930 Unterstaatssekretär im britischen Außenministerium, der den Nationalsozialismus nicht als »Unfall« der deutschen Geschichte, sondern als ihr logisches »Endprodukt« deutete.[9] Im Nationalsozialismus potenzierten sich für ihn alle negativen deutschen Eigenschaften: »Militarismus«, »Autoritarismus«, »Aggressivität« und »Selbstzerstörung«. Grundlegend für diese Entwicklung sei der Militarismus, der allen historischen Gesellschaftssystemen in Deutschland eigen sei und alle sozialen Klassen verbinde.[10] Diese historische Kontinuität isoliere die Deutschen, der Analyse Vansittarts zufolge, automatisch von westlich-demokratischen Entwicklungen. Die Anziehungskraft, die der Nationalsozialismus auf die Deutschen ausübte, erklärte Vansittart mit der sozialpathologischen Disposition der Deutschen.[11] Vansittarts These einer unmittelbaren Verkettung zwischen deutschem Militarismus und Nationalsozialismus hatte seit 1941 maßgeblichen Einfluss auf die britische Kriegszieldiskussion gewonnen[12] und wurde ab 1943 auch in den USA breit rezipiert.[13]

Da die Vansittartisten den Nationalsozialismus auf eine krankhafte mentale Störung eines ganzes Volkes zurückführten, sahen sie in Umerziehungs- und Demokratisierungsmaßnahmen kein geeignetes Mittel der Friedenssicherung, vielmehr müssten den Deutschen durch Teilung des Landes, Entindustrialisierung und Vernichtung der NS-Elite die Mittel genommen werden, ihren »*volkseigenen Aggressionstrieb*« auszuleben.[14]

---

7 Gries, 1991, S. 158.
8 Prominenteste Repäsentanten der *Outlaw school* waren Expräsident Herbert Hoover und Robert H. Jackson, der 1940/41 Justizminister der USA und 1945 Hauptanklagevertreter der Vereinigten Staaten beim Nürnberger Prozess war. Für einen detaillierteren Einblick in die Argumentationsmuster der *Outlaw*-Anhänger siehe: Jackson, Robert H., *Robert H. Jackson – Hauptanklagevertreter der USA beim Internationalen Militärgerichtshof zu Nürnberg, Grundlegende Rede – vorgetragen im Namen der Vereinigten Staaten von Amerika*, Frankfurt/M. 1946, S. 14.
9 Vansittart, Robert G., *Black Record*, London 1941, S. 16.
10 Ders., *Lessons of My Life*, New York 1943, S. 243.
11 Ibid., S. 233.
12 Zum Einfluss Vansittarts auf das britische *Foreign Office* vgl. Meyers, Reinhard, Das Dritte Reich in britischer Sicht. Grundzüge und Determinanten britischer Deutschlandbilder in den dreißiger Jahren, in: Wendt, Bernd Jürgen (Hg.), *Das britische Deutschlandbild im Wandel des 19. und 20. Jahrhunderts*, Bochum 1984, S. 127-144; hier S. 132.
13 Als der bedeutendste Anhänger vansittartistischer Überzeugungen in den USA kann Morgenthau betrachtet werden.
14 Vgl. Niethammer, 1972, S. 45.

Ein differenzierteres Deutschlandbild als die beiden erstgenannten Ansätze vertrat die neomarxistische Schule[15], der viele deutsche Emigranten, die die deutsche Gesellschaft aus eigener Anschauung kannten, zuzurechnen waren.[16] Die deutschen Flüchtlinge, die für den amerikanischen Geheimdienst arbeiteten, orientierten sich an der Kritischen Theorie, ihr marxistischer Ansatz war dem amerikanischen Selbstverständnis jedoch so fremd, dass ihre Analysen innerhalb des amerikanischen Regierungsapparates kaum rezipiert wurden.[17]

Auch amerikanische Gesundheitspolitik wurde – so wird im Folgenden detailliert nachgezeichnet – von diesen politischen Deutungsmustern beeinflusst und war damit sowohl durch medizinische als auch durch kulturelle und politische Interpretationen geprägt.

## 2. Besatzungsdirektiven

### 2.1 CCS 551

Anfang 1944 hatte unabhängig von den politischen Kontroversen in den USA eine englisch-amerikanische Dienststelle der *Combined Chiefs of Staff* (CCS) begonnen, eine erste Direktive für die »*Militärregierung in Deutschland vor der Niederlage oder Kapitulation*« zu formulieren.

Die im April 1944 verabschiedete »*Directive for Military Government in Germany Prior to Defeat or Surrender*«, CCS 551, blieb bis zur Auflösung des Alliierten Ober-

---

15 Siehe zur Begrifflichkeit »Neomarxistische Schule« Niethammer, 1972. Sie ist zutreffender als die von H.-P. Schwarz verwendete ungenaue Bezeichnung »Linke«, da die deutschen Emigranten sich durch ihren marxistisch motivierten Ansatz deutlich von der amerikanischen Linken unterschieden. Söllner bezeichnet den theoretischen Hintergrund der Flüchtlinge ebenfalls präzise, indem er auf die Kritische Theorie verweist.
Schwarz 1980; Söllner, Alfons (Hg.), *Zur Archäologie der Demokratie in Deutschland – Analysen politischer Emigranten im amerikanischen Geheimdienst*, Bd. I: 1943-1945, Frankfurt/M. 1982.
16 Bekannte deutschen Emigranten, die im Dienste des soeben gegründeten amerikanischen Geheimdienstes in der *Research and Analysis Branch* des *Office of Strategic Services* (OSS) wissenschaftliche Analysen des Nationalsozialismus anfertigten, waren der Gewerkschaftsjurist und Politologe Franz Neumann, der Philosoph Herbert Marcuse, der Staatsrechtler Otto Kirchheimer und die Historiker Felix Gilbert und Hajo Holborn. Siehe dazu Söllner, 1982, I, S. 7; ausführlich zu den deutschlandpolitischen Analysen der Emigrantengruppe auch: Stoffregen, Matthias, *Kämpfen für ein demokratisches Deutschland. Emigranten zwischen Politik und Politikwissenschaft* (Forschung Politikwissenschaft 154), Opladen 2002. Allgemein zur Thematik: Krohn, Claus-Dieter (Hg.), *Kulturtransfer im Exil*, München 1995; Wasem, 2001, S. 480.
17 So z.B. die brillante Analyse des Leiters der Forschungsgruppe Franz Neumann, *Behemoth*, New York 1942, dt. Ausgabe Frankfurt/M. 1977. Zum Kontext der amerikanischen Geheimdienstanalysen siehe: Marquardt-Bigman, Petra, *Amerikanische Geheimdienstanalysen über Deutschland 1942-1949*, München 1995.

kommandos *(Supreme Headquarter of Allied European Forces,* SHAEF) im Juli 1945 gültig[18] und zielte auf Aufrechterhaltung von Ruhe und Ordnung und die Beseitigung des Nationalsozialismus.[19] »*Unrest and disease*« sollten verhindert werden, indem sich die Militärregierung der deutschen Verwaltung bediente, die deutsche Wirtschaft sollte möglichst bruchlos weiterarbeiten, um die Versorgung von Zivilbevölkerung und Besatzungstruppen sicherzustellen.[20] Insgesamt sollte sich die Besatzung an dem in britischer Kolonialpolitik vielfach erprobten Prinzip der *indirect rule* orientieren. Entnazifizierungen waren für die erste Besatzungsphase – abgesehen von Polizei und Justiz – ins Ermessen des Oberbefehlshabers gestellt.[21]

## 2.2 Handbuch der German Country Unit

An diesen besatzungspolitischen Maximen orientierte sich auch das 1944 entworfene Handbuch der Militärregierung für Deutschland, das die *German Country Unit*[22] der *Civil Affairs Division* (CAD) des Alliierten Oberkommandos entworfen hatte. Kurz vor der Drucklegung stoppte Roosevelt nach einer Intervention seines Finanzministers Morgenthau, dem die Planungen zu mild waren, das Handbuch[23], ohne sich allerdings seinerseits auf eine definitive Politikrichtung festzulegen. Die Deutschlandplanung der folgenden Monate verlief zweigleisig: Zum einen erarbeiteten die verschiedenen Ministerien in Washington besatzungspolitische Direktiven, gleichzeitig wurden in London die Konzeptionen für die bevorstehende militärische Besatzung Deutschlands weitergeführt. Beide Planungsstränge berührten sich zwar immer wieder, liefen jedoch im Großen und Ganzen nebeneinander her, da sie durch unterschiedliche Ziele motiviert waren. Die Diskussion der Beamten in Washington war von weitergehenden politischen Szenarien, innenpolitischen Rücksichtnahmen und Rivalitäten der einzelnen Ministerien untereinander geprägt, wohingegen die Planungen im Alliierten Oberkommando in London durch militärische Notwendigkeiten und den Zeitdruck, der sich aus dem schnellen Vormarsch der alliierten Armeen ergab, bestimmt wurden.

---

18  Henke, 1996, S. 100.
19  Holborn,1947, S. 135f.
20  Vgl. z.B. Gries, 1991, S. 156.
21  Ibid.
22  Zur *German Country Unit* siehe ausführlicher Henke, Josef/Oldenhage, Klaus, Office of Military Government for Germany (US), in: Weisz, Christoph (Hg.), *OMGUS-Handbuch. Die amerikanische Military Government in Deutschland 1945-1949*, Oldenburg 1995, S. 1-42; hier S. 7.
23  Henke, 1996, S. 106f.

## 2.3 JCS 1067

Im September 1944 hatten sich Beamte von *State, Treasury* und *War Department* unter Vorsitz des Kriegsministers auf ein Papier geeinigt, das unter der berühmt gewordenen Abkürzung JCS *(Joint Chiefs of Staff)* 1067 besatzungspolitisches Grundgesetz werden sollte. Die bisherige Leitlinie CCS 551 wurde inhaltlich weitgehend übernommen, aber durch die Betonung der deutschen Kollektivschuld und die daraus abgeleitete weitreichende Entnazifizierung verschärft. Aufgrund des riesigen Umfangs der angestrebten Säuberungen weigerte sich die britische Regierung – aus Angst, mit einem derartig immensen Personalaustausch Chaos und Widerstand heraufzubeschwören –, die Direktive zu ratifizieren. So wurde JCS – am 10. Mai 1945 von Präsident Truman gebilligt – ein rein amerikanisches Dokument.[24] Auf den Beginn der amerikanischen Besatzung hatte diese Direktive indes kaum mehr Einfluss. JCS lag am 14. Mai 1945 vor und konnte damit für die *Army*, die Deutschland bereits seit September 1944 eroberte und besetzte, gar keine Relevanz mehr besitzen.[25]

Zeitgleich mit der aufbrandenden Diskussion in Washington zeichnete sich im Alliierten Oberkommando seit Spätsommer 1944 ab, dass alle bisherigen Planungen für die Militärregierung in Deutschland auf Fehlannahmen beruhten, da die Planer des *Supreme Headquarter of Allied European Forces (SHAEF)* bis Mitte 1944 geglaubt hatten, dass Deutschland kapitulieren werde, bevor alliierte Streitkräfte deutsche Grenzen überschritten hätten, um Kämpfe auf deutschem Boden zu vermeiden. Ein alternatives Szenario prophezeite den Kollaps des Deutschen Reichs unter dem Ansturm alliierter Kräfte. In beiden Fällen gingen die Vorannahmen davon aus, dass es keine schrittweise Besatzung geben, sondern das Reich nach dem Ende der Kämpfe mit einem »Teppich« von »*Military Government detachments*«[26] überzogen werde, die durch Kontrolle der Schlüsselpositionen mit geringem Personalaufwand eine wirksame Überwachung ausüben könnten.[27]

Entgegen diesen Erwartungen kapitulierte das nationalsozialistische Deutschland nicht und seine Soldaten hinterließen den nachrückenden alliierten Einheiten statt funktionsfähiger Strukturen ein »*ausgebranntes Wrack*«.[28] Die US-Armee stand damit, drei Wochen vor Überschreiten der deutsche Grenze, vor der Aufgabe, gleichzeitig Krieg führen und verwalten zu müssen, geflohenes deutsches Personal ersetzen, zerstörte Straßen und Leitungen selbst reparieren und die Versorgung mit eigenen

---

24  Gries, 1991, S. 156.
25  Dazu auch Henke, 1996, S. 117.
26  Zum *Carpet*-Plan vgl. auch Medical Department, United States Army, *Preventive Medicine in World War II*, Vol. VIII: Civil Affairs/Military Government Public Health Activities. Washington: U.S. Government Printing Office, 1976 (künftig zitiert als United States Army, *Preventive Medicine in World War II)*, S. 473.
27  Siehe dazu Henke, 1996, S. 99.
28  Ziemke, 1975, S. 100.

Kräften organisieren zu müssen – eine völlig andere Situation also, als sie in CCS 551 antizipiert worden war. Da es angesichts des Zeitdrucks nicht möglich war, die bisherige Direktive zu modifizieren, erging die Weisung an SHAEF, die bisherige Direktive CCS 551 großzügig auszulegen und der neuen Situation flexibel anzupassen.[29] Gleiches galt für die Handbücher, *manuals* und *guides*, die in der Eile ebenfalls nicht überarbeitet werden konnten.

So startete die amerikanische Armee 1944 die Besatzung Deutschlands ohne aussagefähige politische Leitlinie aus dem Weißen Haus und mit veralteten Direktiven des Alliierten Oberkommandos.[30]

## 3. Gesundheitspolitische Planungen

Staatliche Gesundheitssicherung ist immer in eine jeweils spezifische Form staatlicher Herrschaftsausübung eingebunden[31], sie lässt sich als bürokratisierte Eingriffsverwaltung, die meistens reaktiv ordnungspolitisch und flächendeckend tätig wird, charakterisieren.[32] Demgegenüber ist für kommunale Gesundheitssicherung der konkrete Problemdruck entscheidend, ihre gesundheitspolitischen Maßnahmen sind »*differenzierter, leistungsorientiert und lebensweltbezogen*«.[33] Aus diesen Grunde gilt es zwischen staatlichen und kommunalen Formen der Gesundheitssicherung sowohl strukturell als auch systematisch zu unterscheiden.[34]

Die Besatzungszeit stellt vor diesem Hintergrund ein schwieriges Terrain dar, bewegten sich die gesundheitspolitischen Planungen der amerikanischen Besatzungsmacht doch sowohl auf staatlicher als auch auf kommunaler Ebene. Vor diesem Hin-

---

29 Henke, 1996, S. 105.
30 Die Aussagekraft amerikanischer Direktiven, Memoranden und Handbücher hinsichtlich der Realität des amerikanischen Besatzungsalltags ist somit noch geringer, als dies bei normativen Texten ohnehin der Fall ist. Zu diesem Fazit kommt auch Henke, 1996, S. 106. Für die amerikanische Gesundheitspolitik ist dies von Belang, weil sie sich eben nicht, wie z.B. Kirchberger dies versucht, anhand von Direktiven nachzeichnen lässt. Siehe Kirchberger, 1986, S. 185-238. Dem gleichen methodischen Kurzschluss unterliegt Leiby, der ebenfalls von den Direktiven auf den Besatzungsalltag zu schließen versucht und mit seiner Referenz auf JCS 1067 noch hinter die Einschätzung der Besatzungsoffiziere selbst zurückfällt, die intern die Beschlüsse des Potsdamer Abkommens und eine großzügige Auslegung der SHAEF-*Manual* als Erweiterung der unpraktikablen Direktive JCS 1067 nutzten. Leiby, 1985, bes. S. 89, S. 56 ff.; 63 ff.; 92f.
31 Labisch/Tennstedt, 1985, S. 193
32 Ibid.
33 Ibid.
34 Ibid., S. 196. Siehe auch: Labisch, Alfons, Problemsicht, Problemdefinition und Problemlösungsmuster der Gesundheitssicherung durch Staat, Kommunen und primäre Gemeinschaften, in: Kaufmann, Franz-Xaver (Hg.), *Staat, intermediäre Instanzen und Selbsthilfe. Bedingungsanalyse sozialpolitischer Intervention.* (Sozialpolitik, Bd. 7), München 1987, S. 91-118.

tergrund muss zwischen den gesundheitspolitischen Vorstellungen, die OMGUS als zuständige überzonale Behörde hatte, und den gesundheitspolitischen Vorstellungen der Offiziere vor Ort im Einzelnen differenziert werden. Als mediale Instanz nahmen die OMG-Länder-Militärregierungen eine Zwitterstellung ein, da sie teilweise als Pendant der deutschen Länderregierungen eine staatliche Perspektive hatten, teilweise jedoch auch von den Einsichten, die ihre in den Städten und Kreisen tätigen *medical officers* formulierten, beeinflusst waren. Weiter kompliziert wurde die Situation dadurch, dass amerikanische Besatzungsoffiziere einem Rotationsprinzip unterlagen, nach dem sie regelmäßig den Einsatzort wechseln mussten. Damit sollte einer zu engen Verflechtung mit örtlichen deutschen Behörden vorgebeugt und eine möglichst einheitliche Gestaltung der Besatzungspolitik in allen Ländern erreicht werden. Im Zusammenhang mit der hohen Repatriierungszahl und den sich daraus ergebenden häufigen Umstrukturierungen der amerikanischen Militärverwaltung ergab sich teilweise auch ein Wechsel auf der Verwaltungsebene: Besatzungsoffiziere der städtischen Militärregierung wechselten zur Ländermilitärregierung oder sogar zu OMGUS-Berlin und umgekehrt, so dass die personelle Verknüpfung mit einer spezifischen Ebene der Gesundheitssicherung locker war. Die von Labisch und Tennstedt zu Recht geforderte systematische Unterscheidung zwischen staatlicher und kommunaler Gesundheitspolitik ist in Bezug auf die amerikanische Besatzungsverwaltung also nur von Fall zu Fall möglich. Zu verfolgen ist, inwieweit sich mit zunehmender Stabilisierung der Verhältnisse auf den jeweiligen politischen Handlungsebenen ein klareres Profil ergab und ob dies die inhaltliche Ausgestaltung von Gesundheitspolitik beeinflusste.

## 3.1 Bewertung des deutschen Gesundheitswesens durch die German Country Unit

Obwohl bei Beginn der Besatzung auch die vorliegenden gesundheitspolitischen Planungen überholt waren[35], ist das von der *German Country Unit*[36] erarbeitete Handbuch[37] hier von Interesse. Besonders der Informationsteil, der den Besatzungsoffizieren als Nachschlagewerk und Kompendium dienen sollte, ermöglicht Einblicke in den gesundheitspolitischen Informationsstand der Besatzungsoffiziere.

Das Handbuch liegt aufgrund der oben geschilderten Kompetenzstreitigkeiten in zwei Fassungen vor. Zum einen in der Version vom April 1944, die jedoch vom amerikanischen Präsidenten nicht genehmigt worden war, zum anderen in der daraufhin modifizierten Ausgabe vom November 1944.

---

35 Ausführlicher dazu S. 61 dieser Arbeit.
36 Zur *German Country Unit* siehe Ziemke, 1975, S. 80f.
37 Detailliert zum Handbuch siehe Henke, 1996, S. 101f.

In beiden Versionen des Handbuchs werden in Chapter X, das sich mit *Public Health* beschäftigte, häufig Vergleiche zu englischen Verhältnissen gezogen. Dies deutet ebenso auf britische Autorenschaft hin, wie die mehrheitlich verwendete britische Sekundärliteratur darauf schließen lässt, dass der Großteil der Darstellung aus englischer Feder stammte. Aufgrund der engen anglo-amerikanischen Kooperation waren diese Ausführungen allerdings auch Basis amerikanischer Gesundheitsplanungen.

**Chapter X: Public Health – Fassung I, April 1944**

Die im Handbuch gesammelten Daten zeichneten ein erstaunlich fachkundiges Bild des deutschen Gesundheitswesens und vermögen so über zugrunde liegende Wertungen Aufschluss zu geben. Bereits die Eingangsbemerkung charakterisiert das deutsche Gesundheitssystem als herausragend: »*It is important to remember that Germany has had very high education and social standards and one of the oldest tradition of state medicine in Europe. Bismarck set up an imperial board of health in 1873; a school medical service dates from 1895. After the first world war the progress stimulated by the Weimar Government in such matter as the anti-tuberculosis campaign, and juvenile welfare, was remarkable. [...] Under the Weimar Government a [...] enlightened policy of preventive medicine was inculcated and attempts, largely successful were made to raise general standards of health in the individual. Under the Nazis, the emphasis is not on the health of the individual (the sick individual is regarded as handicap to the nation), but on the health of the group [...].*«[38]

Historische Entstehung und unterschiedliche Entwicklungsphasen wurden präzise situiert, die Nationalsozialisten nicht in vansittartistischer Manier als Fortführer und Vollstrecker deutscher Traditionen beschrieben, sondern als Bruch mit einer am Individuum orientierten Medizin interpretiert. Nicht nur die Krankenversicherung als Flaggschiff des deutschen Gesundheitssystems wurde von den Autoren fachkundig behandelt[39], ebenso kenntnisreich informierten sie über städtische Gesundheitspflege[40] und medizinische Ausbildung, »*[which] has a long and honourable history*«].[41] Die Verzahnung zwischen öffentlichem Gesundheitswesen und den anderen Elementen des deutschen Gesundheitssystems war den Wissenschaftlern der *German Country Unit* genauso vertraut, wie sie ausführliche Angaben über die Prüfungsordnung für Kreisärzte zu machen vermochten.[42] Das deutsche Krankenhauswesen wies nach Auskunft

---

38 RG 260, 390/50/22/5, OMGUS, US Records for the Intelligence Division, *Germany Basic Handbook*, Chapter X: »Public Health«, (künftig zitiert als *Handbook, April 1944*), S. 249.
39 Ibid., S. 229.
40 Ibid., S. 229, 231f., 241f.
41 Ibid., S. 237f.
42 Ibid., S. 232.

des Handbuchs eine »*long and excellent tradition*« auf[43] und auch die hygienische Infrastruktur könne mit einem »*excellent record*«[44] aufwarten.

War der Informationsstand für die Situation bis 1933 überraschend fachkundig und detailliert, so räumten die Autoren für die nachfolgenden Jahre ein, dass es extrem schwierig sei, eine zutreffende Einschätzung der aktuellen Situation des öffentlichen Gesundheitswesens in Deutschland zu geben.

»*Facts are few and many statistics are unreliable. The Nazis desired to effect a unification of the whole system, but do not seem to have succeeded. [...] They have increased confusion and overlapping by assigning to their own ›voluntary‹ Party organisation many functions hitherto carried out by the State. [...] They have certainly not raised the standard amongst the larger municipalities, which were already high.*

*It is well known that medical education is deteriorating in quality, especially since the war. Today there is a very marked shortage of doctors. Both these facts must have affected the Public Health service, but it is nevertheless important to remember that hitherto Germany has not been overtaken by any major catastrophe in the field of health, even under the stress of war. The standard evolved in the seventy years since the Public Health system has come into being have been too high to be overthrown in a decade.*«[45]

Auch hier fungieren die Nationalsozialisten nicht als Prototypen deutscher Gesundheitspolitik, sondern eher als Störfaktor. Die immer wieder deutlich durchklingende Bewunderung sowohl für die technischen als auch für die institutionellen Elemente der deutschen Gesundheitsversorgung folgte ideengeschichtlich der Interpretation der *Outlaw*-Schule. Nicht das System an sich barg in dieser Sichtweise die strukturellen und ideologischen Voraussetzungen, die in nationalsozialistischer Gesundheitspolitik gipfelten, sondern eine Minderheit von NS-Kadern schien sich der Auffassung des Handbuchs nach des deutschen Staates und seines Gesundheitswesens bemächtigt und sie für die eigenen Ziele benutzt zu haben, ohne dabei jedoch den Standard nachhaltig zu senken.

Nationalsozialistische Gesundheitspolitik erfuhr, von wenigen Nebensätzen abgesehen[46], keine grundlegende Charakterisierung. Die Verschiebung von der Individual- zur Kollektivmedizin wird genannt, ebenso das Vereinheitlichungsgesetz und die verwirrende Vielfalt der mit Gesundheitspolitik befassten NS-Ämter, die in ihrer Konfusion und Ineffizienz aufgelistet, aber nicht genauer beschrieben wurden.[47] Die Darstellung zeichnete keine Kontinuitätsgeschichte des deutschen Gesundheitssystems von Bismarck bis Hitler. Vielmehr wies sie immer wieder auf die zahlreichen Brüche

---

43 Ibid., S. 240.
44 Ibid., S. 241.
45 Ibid., S. 249.
46 So z.B. unter dem Stichwort »*racial inheritance*«: »*Eugenics habe always exited a great deal fo public interest in Germany*«: RG 390/50/22/5, *Handbook, April 1944*, S. 233.
47 Ibid., S. 235f.

hin und kontrastierte die Situation unter den Nationalsozialisten kontinuierlich mit Weimarer Verhältnissen. Aus dieser Perspektive heraus wurden Überlegungen zur Rassenhygiene als kleiner Sonderbereich marginalisiert.

Wichtig für die Planungen zur Besatzungspolitik war die Einschätzung, dass trotz institutioneller und politischer Rückschritte nicht mit grösseren Gesundheitsproblemen gerechnet werden müsse und der deutsche Standard trotz Krieg und Missmanagement noch immer zufrieden stellend sei. Diese Beurteilung gründete auf einem Vergleich mit den Zuständen zwischen 1914 und 1918.

*»On the whole [...] the effects of the second World War on German health and population are much less severe than those of the first. [...] the general health situation at the end of this war will be considerably better than might otherwise have been expected [...]«.*[48] Das klang wenig dramatisch. Der alliierte Kriegserfolg schien nicht durch Epidemien bedroht zu sein, und der gesundheitliche Zustand der Deutschen versprach im April 1944 das ins Auge gefasste Besatzungsprinzip der *indirect rule* zuzulassen.

Der wissenschaftliche und analytische Standard der von der *German Country Unit* zum deutschen Gesundheitswesen vorgelegten Schriften war beachtlich.[49] Trotzdem schien der praktische Nutzen des Handbuchs noch vor Besatzungsbeginn dadurch in Frage gestellt, dass es aufgrund der Intervention Roosevelts nicht offiziell verabschiedet wurde.[50]

### Chapter X: Public Health – Fassung II, November 1944

Da die Zeit für eine Überarbeitung nicht gereicht hatte, gelangte im November 1944 eine modifizierte Fassung in Umlauf.[51] Hinsichtlich des hier relevanten »*Chapter X: Public Health*« war mehr als ein »*fly leaf*« hinzugefügt worden. Ein Blick in das Inhaltsverzeichnis offenbart eine Überarbeitung, und schon die Einleitung stellte klar, dass »*the Nazi system of medicine and Public Health organization will go down to history as the outstanding example of the State's complete control over the body of the individual citizen. The system, based on a large number of acts and decrees, is like a vast and very smoothly-working machine*«.[52]

Das war im Vergleich zur Aprilausgabe eine völlig andere Akzentuierung. Die nationalsozialistische Ideologie wurde nun als zentraler Integrationspunkt deutscher Ge-

---

48 Ibid., S. 241.
49 Die unbekümmerte Bewertung der alliierten gesundheitspolitischen Vorbereitungen als oberflächlich und unqualifiziert stimmte – wie diese Zitate zeigen – in dieser Pauschalität damit schon seit dem April 1944 nicht mehr.
50 Henke/Oldenhage, 1995, S. 7.
51 Henke, 1996, S. 118.
52 RG 260, 390/50/22/5, *Germany Basic Handbook*, Chapter X: »Public Health«, October 1944, (künftig zitiert als *Handbook, October 1944*), S. 229.

sundheitspolitik beschrieben, dem das gesamte Gesundheitssystem effektiv zuarbeite: »*... the German Health Organisation is one of the corner-stones of the Nazi system. [...] The local Health Office (Gesundheitsamt) is the medical arm of the police; its leader, the Amtsarzt, or one of his deputies, is invariably also an officer of the SS.*«[53]

Folgerichtig konzentrierte sich die neue Fassung des Kapitels auf die Charakterisierung nationalsozialistischer Gesundheitspolitik und die Entwicklungen und Veränderungen, die seit 1933 stattgefunden hatten. Die noch in der Aprilausgabe gerühmte gesundheitspolitische Tradition war zur Vorgeschichte nationalsozialistischer Rassenpolitik degradiert worden und wurde kaum noch eines Satzes für wert befunden. Betont wurden statt dessen in der Oktoberversion die spezifisch nationalsozialistischen Elemente, die sich auffällig mühelos in das bestehende Gesundheitssystem eingefügt hätten. »›*Health‹ [...] had for the Nazi rulers a double meaning: it meant not merely freedom from disease, but also fertility and eugenic improvement. [...] The Nazis were convinced that [...] the ›battle of births‹ was more serious for Germans than the defeat of her armies [...] Behind the front, the Second World war would be won by the Nazi Health Organisation.*«[54]

Damit hatte Gesundheitspolitik plötzlich eine kriegs- und entscheidungsrelevante Position erlangt. Zur Untermauerung dieser Thesen, die nationalsozialistische Propagandaaussagen aufgriffen, wurden Zahlen zu Zwangssterilisationen und erzwungenen Abtreibungen herangezogen.

Die Nazifizierung des Gesundheitswesens als logischer Endpunkt einer historischen Entwicklung wurde am explizitesten mit Blick auf die Ärztekammern vertreten: »*The corporative [Kammer] system of the Nazi regime is only the culmination of a long history of association among these various health professions.*«[55] Aufgrund der zentralen Position der Ärzteschaft habe sich die Kooperation der Mediziner mit den neuen nationalsozialistischen Machthabern besonders fatal ausgewirkt: »*Perhaps no other fact in the history of German medicine was of such importance that the Kammern ignored the challenge and glossed over the attack with the excuse that a doctor could adhere to any weltanschaulich movement he liked.*«[56] Doch nicht nur das deutsche Kammersystem wurde als Vorläuferorganisation nazistischer Gesundheitsorganisationen präsentiert, auch andere Elemente der deutschen Geschichte wurden in dieser Weise gedeutet. Die Assoziation deutscher Medizinstudenten in Burschenschaften und Landsmannschaften, der konservative Einfluss der »alten Herren«, die mangelnde Verwurzelung christlich-humanitärer und liberaler Überzeugungen in diesem Milieu hätten einer Nazifizierung des deutschen Ärztestandes Vorschub geleistet.

---

53  Ibid., S. 229.
54  Ibid.
55  Ibid., S. 247.
56  Ibid., S. 248.

Auch die mit Gesundheitspflege betrauten Verbände von Kirchen und Arbeiterschaft wie die Krankenkassen wurden angeklagt, eine Gewöhnung an weltanschaulich gebundene Gesundheitspflege bewirkt und damit zur Akzeptanz der nationalsozialistischen Gesundheitsbewegung beigetragen zu haben.[57] Damit degradierte das neue Kapitel in vansitartistischer Manier unterschiedlichste deutsche Institutionen wie den Caritasverband, die Innere Mission, Arbeitersportvereine, Arbeitersanitäter, Arbeiterwohlfahrt und Arbeiter-Antialkoholvereine undifferenziert zu Vorläufertraditionen nationalsozialistischer Gesellschaftsorganisation.

Im Oktober 1944 wurde nun auch der komplexe Zusammenhang zwischen nationalsozialistischer Gesundheitspolitik, Rassenhygiene und medizinischer Forschung in den Konzentrationslagern konkret benannt und in seinen Rückwirkungen auf die universitäre Medizinerausbildung und die Verknüpfung mit den strukturellen Änderungen durch das »*Gesetz zur Vereinheitlichung des Gesundheitswesens*« (GVG) von 1934 dargestellt.[58]

Auffällig ist jedoch, dass auch in der modifizierten Version die Einschätzung gesundheitlicher Probleme unverändert blieb. »*It must be admitted that the Nazi Health organization has carried out its tasks with remarkable efficiency.*«[59] Diese Bewertung hatte indes im Oktober 1944 eine zusätzliche Dimension gewonnen. Der gesundheitliche Zustand der Deutschen war im Oktober 1944 nicht mehr nur besatzungspolitisch von Interesse, die Verknüpfung von Gesundheitssystem und Nationalsozialismus hatte aus einem ehemals vorrangig besatzungsstrategischen und humanitären Anliegen nun eine eminent politische Angelegenheit gemacht.

»*The Nazi health machinery was devised to ensure that no such disaster should be repeated. It was, in the framework of general rearmament, built up as a streamlined machinery of sanitary defence.*«[60] Das deutsche Gesundheitswesen wurde als Teil einer Kriegsmaschinerie wahrgenommen, deren effektives Funktionieren für die Besatzungsarmeen nicht mehr primär die Abwesenheit von Krankheiten und Problemen bedeutete, sondern vor allem die Grundlage für die Kriegserfolge der Nationalsozialisten darstellte. Eine auch gesundheitspolitisch erfolgreiche Besatzungspolitik konnte damit nicht mehr darin bestehen, dieses effiziente System fortzuführen, sondern musste im Gegenteil auf die Zerschlagung dieses Apparates zielen, denn, so schrieben die Wissenschaftler der *German Country Unit* ihren Besatzungsoffizieren ins Handbuch:

---

57 Ibid., S. 246.
58 Ibid., S. 230f. Bedenkt man, dass die historische Forschung erst 1985 mit den Untersuchungen von Labisch und Tennstedt den elementaren Bezug zwischen Rassenhygiene, NS-Rassenpolitik und dem »*Gesetz zur Vereinheitlichung des Gesundheitswesens*« herausgearbeitet hat, so ist die Darstellung der *German Country Unit*, die exakt diese These vertritt, bemerkenswert. Siehe ausführlich zum *GVG*, S. 158 dieser Darstellung.
59 Ibid., S. 229.
60 Ibid.

»*The Nazi health machinery is the chief implement for the creation of this New Social Order.*«[61]

Die beiden Versionen des Handbuchs illustrieren zwei völlig unterschiedliche Perspektiven auf das deutsche Gesundheitswesen. Sie wurden hier ausführlich zitiert, da sie den Einfluss allgemeiner politischer Deutungsmuster auf die gesundheitspolitische Diskussion demonstrieren, den direkten Bezug zwischen amerikanischer Kriegszieldiskussion und Gesundheitspolitik veranschaulichen und die Anfälligkeit gesundheitspolitischer Einschätzungen für ideologische Überformung verdeutlichen. Beide Ausgaben des Kapitels X zusammengelesen, hätten ein realistisches Bild des deutschen Gesundheitswesens vermittelt, doch welcher Besatzungsoffizier hatte die Zeit, sich mit verschiedenen Phasen amerikanischer Informationspolitik zu beschäftigen?

Die Forschung vertritt einhellig die Einschätzung, dass das Handbuch, das im November 1944 in 6 000 Exemplaren an die Truppe ausgegeben wurde, trotz aller Querelen eine wichtige Informationsquelle für die G5-Stäbe darstellte.[62] Die Reichweite dieses normativen Textes ist am konkreten Besatzungsbeispiel zu überprüfen, an dem sich erweisen muss, ob die Einschätzung der *German Country Unit* die Offiziere vor Ort unterstützte und ob die von der Planungsgruppe angebotenen Deutungen als Legitimation für Besatzungsmaßnahmen brauchbar waren.

Betrachtet man den Informationsstand im Oktober 1944, so lässt sich zusammenfassend konstatieren: Wie immer Besatzungspolitik auch aussehen würde, welche gesundheitspolitischen Maßnahmen getroffen werden würden, welche sozialpolitischen Reformen die *medical officers* umsetzen, welche sie verwerfen würden, durch Informationsdefizite würde diese Politik nicht bestimmt werden.[63] Der Standard des Kompendiums war so umfassend, dass kaum eine Sachfrage von diesem alliierten Nachschlagewerk nicht bearbeitet wurde. Zu verfolgen ist vielmehr, mit welchen Problemen die *medical officers* konfrontiert waren und welche Handbuchinformationen sie zur Lösung heranzogen. Gab es überhaupt *medical officers*, die sich die Mühe machten, 30 Seiten klein gedruckte Detailinformationen zu lesen, und welchen Gewinn konnten sie daraus für ihre konkreten Aufgaben ziehen?

## 3.2 Gesundheitspolitische Planungen für die Pre- und Post-surrender-Phase

Die Direktiven, die gesundheitspolitische Maßnahmen und Ziele sowohl für die Phase der Eroberung Deutschlands als auch für die nachfolgende OMGUS-Zeit festlegten, wurden erst nach Erstellung des Handbuchs formuliert. Es ist also davon auszugehen,

---

61 Ibid., S. 230.
62 Henke/Oldenhage, 1995, S. 7; Henke, 1996, S. 119.
63 Ab Sommer 1945 waren beide Versionen des Gesundheitskapitels zugänglich, dies ergibt sich aus der ab dieser Zeit mehrfachen Überlieferung in den Aktenbeständen.

dass die dort gesammelten Informationen in die Überlegungen der jeweils zuständigen Fachgremien einflossen, auch wenn nicht immer explizit darauf verwiesen wurde.

Gesundheitspolitik hatte seit Mitte des 19. Jahrhunderts[64] und besonders nach dem Ersten Weltkrieg und in der Weimarer Republik[65] die explizite Aufgabe, Krisensituationen zu stabilisieren. Dass Gesundheitssicherung auch während der Besatzungszeit in dieser Weise fungieren sollte, zeichnete sich bereits im Planungsstadium ab, da selbst die harten Friedensplanungen des *Treasury Departments* in »*schweren oder epidemischen Seuchen*«[66] einen gesundheitspolitischen Interventionsgrund sahen, eine Überlegung, die die spätere Direktive JCS 1067 in der Formulierung »*Seuchen und Unruhen*« aufgriff.

Noch vor Kriegseintritt der USA wurden 1940 im *Surgeon General Office* Grundsatzüberlegungen zur »*Public Health Policy*« angestellt[67] und eine duale Strategie festgelegt. Gesundheitspolitik sollte sowohl der »*Sicherstellung militärischer Ziele*« dienen, d.h. die Gesundheit der Besatzungstruppen schützen, als auch eine solide »*Basis für die nachfolgende Besatzungspolitik*« schaffen.[68]

Innerhalb der *Civil Affairs Section* erreichte *Public Health* damit eine bislang unerreichte programmatische Bedeutung und Reichweite. Die systematische Planung von *Public Health* war während des Zweiten Weltkriegs ebenso neu wie ihre Bewertung als »*major component*« innerhalb der Ziviladministration.[69] Diese neue Bedeutung bezog sie zum einen aus der Relevanz, die ihr für den Erfolg militärischer Operationen zugesprochen wurde, zum anderen wurzelte ihre gestiegene Bedeutung in der humanitären Verantwortung, die die Besatzungstruppen für die ihnen unterstellten Gebiete wahrnehmen sollten.[70] Auch in den deutschlandpolitischen Besatzungsplanungen wurde Gesundheitspolitik ab 1944 über die Funktion militärischer Subsistenzsicherung hinausgehoben und in ein breiteres politisches Spektrum eingeordnet. Der 1940 im *Surgeon General Office* erstmals formulierte Doppelbezug zwischen militärisch-strategischen Zielen einerseits und humanitär-politischen Intentionen andererseits wurde

---

64 Für den Bezug zum Pauperismus siehe Frevert, 1984, S. 116 ff.
65 Weindling, Paul, Das goldene Zeitalter des städtischen Gesundheitswesens? Gesundheitspolitik im Berlin und London der zwanziger Jahre, in: Alter, Peter (Hg.), *Im Banne der Metropolen. Berlin und London in den zwanziger Jahren*, Göttingen 1993, S. 219-233; hier S. 220; Stöckel, Sigrid, *Säuglingsfürsorge zwischen Sozialer Hygiene und Eugenik*, Berlin u.a. 1996, S. 237.
66 Gries, 1991, S. 160.
67 United States Army, *Preventive Medicine in World War II*, S. 7.
68 Ibid., S. 8.
69 So noch 1976 die Einschätzung des *Surgeon General Office* zur Gesundheitspolitik seit den 1940er-Jahren. Vgl. United States Army, *Preventive Medicine in World War II*, S. 6.
70 Siehe zu diesen programmatischen Ausführungen United States Army, *Preventive Medicine in World War II*, S. 8. Der Verweis auf Humanismus und moralische Verpflichtung findet sich konstant in amerikanischer Ausführung über *Public Health* in Deutschland. Vgl. z.B. RG 260, 390/42/32/5-6, box: 507, Records of the Civil Affairs Division, Public Health Advisor, Public Health Section Summary 1945–April 1949.

zwischen 1945 und 1949 in OMGUS-Planungspapieren immer wieder zitiert und bildete das normative Fundament amerikanischer Gesundheitspolitik.[71]

Auch innerhalb der *Civil Affairs Division* des *War Departments* waren gesundheitspolitische Überlegungen seit Beginn der 1940er-Jahre als kriegsrelevant eingestuft worden. Col. Ira Vaughan Hiscock[72] präsentierte 1943 ein Memorandum, mit dem *Public Health policy* genauer definiert werden sollte. Hiscock betonte, dass besonders Fleckfieber und Malaria gesteigerte Aufmerksamkeit zu widmen sei.[73] Außerdem müssten gesundheitliche Probleme, die durch Ärztemangel, Zerstörung von Krankenhäusern und Wasserleitungen verursacht würden, frühzeitig antizipiert und in die Politikplanung einbezogen werden. Die Ähnlichkeit dieser Aufzählungen mit dem Aktionskatalog der *Medical Teams* von 1944/45 legt die Vermutung nahe, dass gesundheitspolitische Maßnahmen in der Anfangsphase stark programmatisch geprägt waren. Die von Hiscock 1943 präsentierten Vorüberlegungen stellten also für die Besatzungssituation eine hilfreiche Leitlinie dar und relativieren die leichthändige Behauptung, amerikanische Besatzungspolitik habe im Gesundheitssektor nicht auf theoretische Vorüberlegungen zurückgreifen können.[74]

Col. Hiscock hielt weitergehende Planungen innerhalb des *War Departments* in Bezug auf die medizinische Ausstattung, Impfungen und die Wiederherstellung der medizinischen Infrastruktur für notwendig. Die bisherigen Anstrengungen hätten sich vor allem auf die Personalauswahl, die Aus- und Weiterbildung, Organisation und administrative Verankerung von *Civil Affairs Division* und *Public Health* innerhalb der Besatzungsbürokratie konzentriert.[75]

---

71 Siehe z.B. RG 260, 5/332-1/14, CAD PWB, MG Public Health Functions. Herbert Hoover, der Direktor der *American Relief Administration,* hatte nach dem Ersten Weltkrieg auf den Zusammenhang zwischen Demokratisierung und Gesundheitszustand hingewiesen. Da die USA nach 1918 jedoch keine vergleichbare Besatzungsverantwortung übernahmen, wurde diese politische Einsicht nach dem Ersten Weltkrieg nicht programmatisch umgesetzt. Foster, Gaines M., Typhus Disaster in the Wake of War: The American Polish Relief Expedition, 1919-1920, in: *Bulletin of the History of Medicine* 55 (1981), S. 221-232.
72 Ira V. Hiscock (1892-1986), legte 1921 sein Examen an der School of Public Health der Yale University ab, war seit 1945 Anna M.R. Lauder Professor of Public Health in Yale und von 1928-1958 commissioner of the New Haven Board of Health. Zu seiner Beteiligung an den gesundheitspolitischen Planungen der U.S. Army siehe: United States Army, *Preventive Medicine in World War II.*
73 Fleckfieber bzw. Flecktyphus (Typhus exanthematicus; engl.: Typhus) ist eine durch Läuse übertragene bakterielle Infektionserkrankung. Die Unterscheidung zwischen Abdominaltyphus, der durch verunreinigtes Trinkwasser bzw. Lebensmittel hervorgerufen wird, und Flecktyphus, der von der Kleiderlaus übertragen wird, setzte sich zu Beginn des 19. Jahrhunderts durch. Siehe dazu ausführlich: Vögele, Jörg, Typhus und Typhusbekämpfung in Deutschland aus sozialhistorischer Sicht, in: *Medizin Historisches Journal* Bd. 33 (1998) 1, S. 57-79, hier S. 59.
74 So z.B. Leiby, der als einziges planerisches Dokument immer wieder JCS 1067 zitiert und andere gesundheitspolitisch relevanten Anordnungen nicht berücksichtigt. Leiby, 1985, S.88ff.
75 United States Army, *Preventive Medicine in World War II,* S. 14f.

Neben den Vorbereitungen des *War Departments* beschäftigten sich in London der CCS bzw. die USGCC *(United States Group, Control Council)* mit gesundheitspolitischen Planungen.[76] Angesichts der insgesamt während dieser Phase sehr allgemein gehaltenen amerikanischen Besatzungsplanungen ist es bemerkenswert, dass bereits zu einem so frühen Zeitpunkt über Gesundheitspolitik nachgedacht wurde.[77]

Mit den sich allmählich konkretisierenden amerikanischen Besatzungszielen ging auch eine administrative Aufwertung von Gesundheitspolitik im Frühjahr 1944 einher: Der nach England entsandte Col. Thomas B. Turner empfahl in einem Gutachten dem *United States Surgeon General,* der Abteilung für Öffentliche Gesundheit innerhalb der CAD endlich Divisionsstatus zu verleihen.[78] Die daraufhin gegründete neue *Public Health Division* der CAD wurde von Dr. Warren F. Draper geleitet, der als *Deputy Surgeon General* beim *United States Public Health Service* als ein »*highly qualified medical officer*« galt.[79] Wie nach der Eroberung Deutschlands die amerikanische Militärregierung unter SHAEF errichtet werden sollte, wurden in einer Interimsdirektive vom September 1944 festgelegt. Dort stand unter Punkt IX, dass der Oberkommandierende sich im Bereich der Gesundheitspolitik auf die »*Verhinderung von Seuchen und übertragbaren Krankheiten*«, die »*Entnazifizierung*« und die »*Wiederherstellung der Funktionsfähigkeit der deutschen Gesundheitsdienste*« konzentrieren sollte.[80] Über diese Direktive hinaus planten die alliierten Streitkräfte erst in den folgenden Monaten, als die Besetzung des deutschen Reiches bereits lief.

In der Aktionszeit der G5-Stäbe trat die gesundheitspolitische Planungsdiskussion, angestoßen durch erste Besatzungserfahrungen, in ein neues Stadium ein.[81] Die im November 1944 verabschiedete »*SHAEF-Directive for Military Government in Ger-*

---

76 Zu den Kompetenzstreitigkeiten zwischen dem *Office of the Chief Surgeon,* ETOUSA und den *Civil Affairs*-Stäben von COSSAC wie auch zu den unzähligen institutionellen Veränderungen siehe Leiby, 1985, S. 63f.
77 Anders Leiby, der aus den noch wenig differenzierten Planungen bis 1943 auf die vermeintlich geringe Relevanz von Gesundheitspolitik schließt.
78 United States Army, *Preventive Medicine in World War II,* S. 414; Leiby, 1985, S. 65. Thomas Bourne Turner, M.D. (1902-2002), legte sein medizinisches Examen 1921 an der *University of Maryland* ab und wechselte 1927 an die *Johns Hopkins University.* Ab 1932 arbeitete Turner für die *Rockefeller Foundation's international health division.* 1936 kehrte er an die *Johns Hopkins University* zurück, wo er 1939 zum Professor ernannt und *Chairman* des *Department of Bacteriology* der *Hopkins School of Hygiene and Public Health* wurde. Während des Zweiten Weltkrieges war Turner »*consultant to the Surgeon General of the U.S. Army*«. Nach dem Krieg setzte Turner seine bedeutende medizinische Karriere fort und wurde u.a. Präsident der *Association of American Medical Colleges* (AAMC), *vice chairman of the National Foundation's Committee on Virus Research and Epidemiology, vice president of the American Social Health Association.* Zur Rolle Thomas Turners in der Konzeption amerikanischer Besatzungspolitik siehe auch S. 104 dieser Darstellung.
79 Leiby, 1985, S. 65.
80 United States Army, *Preventive Medicine in World War II,* S. 469.
81 Zu den G5-Stäben siehe ausführlich S. 80 dieser Darstellung.

*many Prior to Defeat or Surrender«*[82] modifizierte die bisherigen gesundheitspolitischen Konzeptionen und stellte die Bekämpfung ansteckender Krankheiten in den Mittelpunkt. Damit wurde der engen gesundheitlichen Verflechtung zwischen amerikanischen Besatzungstruppen und deutscher Zivilbevölkerung Rechnung getragen. Noch klarer grenzte sich im August 1945 die *United States Group, Control Council* als Vorläuferorganisation von OMGUS von der künstlichen gesundheitspolitischen Trennung zwischen Zivilbevölkerung und Besatzungstruppen ab.[83] Diese Ende 1944 in London formulierten Grundsätze wurden im Januar 1945, als sich die Amerikaner bereits einen ersten Eindruck über die tatsächlichen Zustände hatten machen können, nur unerheblich modifiziert. Eine »*Draft Directive*« des *Planning Committee Joint US Advisor to EAC (European Advisory Committee)* vom Januar 1945 konkretisierte die gesundheitspolitischen Leitlinien und leitete aus dem alliierten Kriegsziel der bedingungslosen Kapitulation Maßnahmen zur Bewahrung der öffentlichen Gesundheit ab. Die deutsche Gesundheitsverwaltung sollte unter der Supervision des *Control Council* im Amt bleiben[84] und die bisherigen Gesundheitsdienste weiterführen bzw. wieder aufgebaut werden, wenn dies die Situation zulasse.[85] Wie desolat die Lage auch immer sei, die deutsche Verwaltung sollte angehalten werden, ihre Gesundheitsversorgung unter Nutzung aller Kapazitäten so auszustatten, dass Gesundheitsgefahren gebannt würden, die Sicherheit der Besatzungstruppen gewährleistet und eine effektive Verwaltung durch die Militärregierung möglich sei.[86] Des Weiteren müsse die deutsche Gesundheitsverwaltung ein effizientes Berichtssystem schaffen, mittels dessen sich die G5-Stäbe über ansteckende Krankheiten, Todesraten, medizinische Ausstattung, Vorräte, Forschungskapazitäten, Personalstand u.a. informieren könnten.[87]

Erst an sechster Stelle nannte die »*Draft Directive*« die Aufhebung nationalsozialistischer Gesetze und Verordnungen, unter denen sie alle Regelungen verstand, die eine »*Person aufgrund ihrer Rasse, Sprache, Religion oder politischen Überzeugung benachteiligten*«.[88] Eine genauere Spezifizierung der Gesetze oder Maßnahmen unter diesem

---

82 Leiby sprich von einem »Handbook for Military Government in Germany Prior to Defeat or Surrender« vom Dezember 1944. Leiby, 1985, S. 71, leider ohne genaue Quellenangabe und Zitation. Ein solches Handbuch ist mir nicht bekannt. Wahrscheinlich handelt es sich um eine Verwechslung. Das grundlegende *Handbook for Military Government in Germany* erschien in erster Version im April 1944, überarbeitet dann Okt. und Dez. 1944 – siehe dazu unten ausführlicher. Des weiteren gab es eine *SHAEF-Directive for Military Government in Germany Prior to Defeat or Surrender*, diese allerdings vom November 1944 und nicht vom Dezember 1944. Dazu Henke, 1996, S. 119.
83 RG 260, OMGUS, 5/321-1/2, Allgemeine gesundheitspolitische Grundsätze, August 1945. Siehe dazu ausführlicher S. 102-106 dieser Darstellung zu den OMGUS-Planungen.
84 RG 260, AGTS/88/1-9, Draft Directive to the US (UK) (USSR) Commander-in-chief, Control of Public Health, Jan.1945, Punkt 3.
85 Ibid., Punkt 4.
86 Ibid.
87 Ibid., Punkt 5.
88 Ibid., Punkt 6.

Unterpunkt fehlte, obwohl – wie die Analyse des Handbuchs gezeigt hat – amerikanische Stäbe über Rassengesetze und Eugenik ebenso detailliert informiert waren wie über Sterilisation und erzwungene Abtreibung. Die Entnazifizierung sollte durch die Entlassung des nationalsozialistischen Personals erreicht werden, allerdings sollte bei dem Verbot von Parteigesundheitsorganisationen zuvor geprüft werden, ob sie von »*direktem Nutzen für die Bevölkerung*« seien. In diesem Falle sollte eine Fortführung ihrer Tätigkeit in Erwägung gezogen werden.[89] In keinem Unterpunkt des Entwurfs wurden die Maßnahmen, die ergriffen oder die Organisationen, die verboten werden sollten, genauer beschrieben, vielmehr wurde die Handlungsfreiheit des Befehlshabers besonders unterstrichen.[90] Damit standen die gesundheitspolitischen Planungen in der Tradition von CCS 551 und unterschieden sich nicht von den besatzungspolitischen Prinzipien anderer Sektoren.

Wie bereits im November 1944 wurde nochmals im Januar 1945 eine prinzipielle Unterscheidung von Besatzungstruppen und deutscher Bevölkerung explizit abgelehnt, denn »*the term ›Public Health‹ as used in this directive includes all personnel and property employed in rendering services to prevent human suffering and disability caused by disease.*«[91] Auch amerikanische Gesundheitspolitik stand damit in der Tradition der von Eisenhower angestrebten »*humanen und gerechten*« Besatzungspolitik.[92]

Die hier untersuchte Direktive ist die Letzte in einer Entwurfsserie, in der Gesundheitspolitik seit Oktober 1944 für die Phase der Eroberung Deutschlands geplant wurde. Die Entwürfe unterscheiden sich nur in minimalen Details. Alle Versionen enthalten die gleichen grundlegenden Maximen: Verhinderung von Seuchen durch Fortführung der deutschen Gesundheitsverwaltung und Sammlung von Daten, Außerkraftsetzung nationalsozialistischer Prinzipien und Entlassung nationalsozialistischen Personals. Die geringfügigen Variationen zwischen den einzelnen Entwürfen belegen, dass das *European Advisory Committee* seine gesundheitspolitische Planung als ausreichend betrachtete und kaum Nachbesserungen vornahm.

Vor dem Hintergrund dieser zeitgenössischen Einschätzung ist die historiographische Bewertung der gesundheitspolitischen Planung als oberflächlich und unzureichend kritisch zu hinterfragen. Legt man als Bewertungsmaßstab die Funktionalität gesundheitspolitischer Planung zugrunde, so bewährten sich die hier skizzierten Besatzungsprinzipien, da sie den einzelnen Detachments viel Handlungsspielraum ließen und augenscheinlich keine größeren gesundheitlichen Probleme im Einsatzgebiet auftraten.

---

89  Ibid., Punkt 7, S. 2.
90  »*You will issue such enactments and regulations as you deem necessary to implement the Public Health policies of the Control Council and to accomplish the purposes of Allied Military government.*« Ibid., Punkt 8, S. 2.
91  RG 260, AGTS/88/1-9, Draft Directive to the US (UK) (USSR) Commander-in-chief, Control of Public Health, 7 December 1944, Punkt 3.
92  Siehe dazu Henke, 1996, S. 100.

## 3.4 Planungen im Schatten des Kriegsendes

Im März 1945 trat die Planungsdiskussion in ein neues Stadium. Im Mittelpunkt der Überlegungen stand nun nicht mehr die Phase der Eroberung, sondern die Periode unmittelbar nach der deutschen Kapitulation. Auf Drängen General Drapers, Chef der *Public Health and Welfare Branch, G5 SHAEF,* wurde Anfang März 1945 in Kooperation mit USCCG und den britischen Vertretern der *Control Commission* ein erster ausführlicher Plan für die Kontrolle des deutschen Gesundheitswesens nach dem Zusammenbruch erarbeitet.[93] Vorrangig war nun ein ausführliches, in sechs Unterpunkte gegliedertes Programm zur Entnazifizierung.[94] Neben der Annullierung nationalsozialistischer Gesetze sollten alle »*diskriminierenden Praktiken*« aus dem Gesundheitsbereich eliminiert werden, worunter explizit auch die Ehegesundheitszeugnisse gefasst wurden. Außerdem sollte die nationalsozialistische Weltanschauung bei der Ausbildung von Ärzten und Krankenschwestern keine Rolle mehr spielen, alle Parteigesundheitsorganisationen sollten ersatzlos verboten und alle aktiven Nazis und Gesinnungsgenossen aus dem Gesundheitsdienst entfernt werden. Ausnahmen sollten nur gestattet sein, um zu verhindern, dass die Gesundheit der alliierten Truppen bedroht werde. Zweitens wurde die Aufrechterhaltung eines funktionsfähigen deutschen Gesundheitssystems auf Kreis- und Regierungsbezirksebene angestrebt, da nur so die Eindämmung ansteckender Krankheiten und damit auch der Schutz der Gesundheit der amerikanischen Truppen zu gewährleisten sei. An dritter Stelle folgten Anweisungen zur Kontrolle des deutschen Gesundheitswesens durch alliierte Truppen; dabei sollte darauf geachtet werden, dass deutsche Ressourcen in angemessenem Umfang eingesetzt würden. Die Bestände seien in folgender Priorität zu verwenden: An erster Stelle seien alliierte Truppenverbände zu versorgen, an zweiter Stelle stünden Angehörige der Militärregierung, drittens wurden *Displaced Persons* und erst an sechster Stelle die deutsche Zivilbevölkerung genannt.[95] Die Planungen verfügten weiter, dass deutsche Forschungsergebnisse systematisch erschlossen und amerikanischer Nutzung zugänglich gemacht werden sollten. Der vorgelegte Plan war zwar ausführlicher als die Direktiven für den Oberbefehlshaber vom Januar 1945, jedoch ging auch er nur wenig über allgemeine Vorüberlegungen und Absichtserklärungen hinaus und beinhaltete vor allem keinerlei Durchführungsbestimmungen.

---

93  RG 260, POLAD 732/15, Draft proposed Policies in respect to the Control of German Public Health Services during the early post defeat (Collapse or Surrender) period of SHAEF responsibility, 7 March 1945. Vgl. dazu auch United States Army, *Preventive Medicine in World War II*, S. 420.
94  RG 260, POLAD 732/15, Draft proposed Policies in respect to the Control of German Public Health Services during the early post defeat (Collapse or Surrender) period of SHAEF responsibility, 7 March 1945 Punkt 1 a-f.
95  Ibid., Punkt 3 a-g.

## Interne Kritik: »epidemics cannot be avoided by blind planning«

Ausgehend von diesem Entwurf kam es daher bereits zwei Wochen später zu einer intensiven Diskussion zwischen Vertretern von USCCG und SHAEF, die Robert Murphy in einem vertraulichem Schreiben dem *State Department* übermittelte.[96] Alle beteiligten Offiziere – so Murphy – waren sich darin einig, dass »*the present course of events probably will lead to a chaotic situation in Germany where all normal [...] agencies are inoperative except at the local level and then only after being reconstituted by Military Government. Moreover they assume that great numbers of refugees from war zones in the east and west will concentrate particularly in the US Zone of Occupation, thus placing a disproportional burden upon that area.*«

Daher, so Murphy weiter, seien die Offiziere davon überzeugt: »*That the ›non-interventionist‹ interpretation of basic policy [...] is responsible for the relegation of [...] planning to extremely inadequate staffs. They point out that planning necessary to avoid disease and civil unrest, will be a tremendous task under occupation condition with the impending faine, the decentralization of controls [...]. They feel that the occupying forces and the Control Council will be faced with a desperate condition under which the German nationals themselves cannot prevent starvation and civil disturbance, and the ›non-interventionist‹ interpretation of basic policy in USGCC [...] will eventually result in a much more difficult task for the occupying forces.*«[97]

Der dem Schreiben Murphys beiliegende Entwurf formulierte das antizipierte Problem noch drastischer: »*It is realized that this draft leaves a large hiatus in the control of German medical, health, welfare and related affairs. [...] the plan leaves many problems for which allied authorities will not, and the German people may not be able to take responsibility. [...]*«[98] Besonders kritisierte die *Public Health and Welfare Branch* die sture Wiederholung der dürftigen Vorgaben, die die tatsächlichen Zustände nicht zutreffend vorherzusehen vermöchten: »*Riots, disorder and the spread of epidemics cannot be avoided by blind planning.*«[99] Vor allem die fehlende Präzisierung wurde eingeklagt.[100] Damit wichen die mit Gesundheitspolitik und Sicherung der öffentlichen Gesundheit befassten Offiziere bereits vor Errichtung der Militärregierung von der offiziellen amerikanischen Kriegszieldefinition ab und forderten eine – wie Murphy es nannte – mehr

---

96 RG 260, POLAD 732/15, Letter Robert Murphy to the Secretary of State, Subject Public Welfare and Relief in Germany, enclosed Draft Annex XXIV to Basic Preliminary Plan, 22 March 1945.
97 Ibid.
98 RG 260, POLAD 732/15, Draft Annex XXIV to Basic Preliminary Plan, 22 March 1945, Punkt 1.
99 Ibid., Punkt 3.
100 »*Lack of detail in statements concerning conduct of ›Public Health-controls‹ in the Zones as affected by inposition of central controls. [...] Lack of detail in statements concerning the procedure for abolishing agencies on the national level.*« Ibid., Punkt 8 a und b.

interventionistische Politikplanung. Der Berater des *State Departments* war sich der Brisanz dieser Forderungen – vor allem vor dem Hintergrund der kontroversen Diskussion mit dem *Treasury Department* – durchaus bewusst und schloss seinen Brief mit der nachdrücklichen Bitte, ihn in Washington nicht zirkulieren zu lassen.[101]

Einer sorgfältigen Betrachtung der einzelnen Planungsphasen erschließen sich somit bereits Anfang 1945 Bewegung, Kritik und Neuakzentuierungen hinsichtlich der gesundheitspolitischen Planungen. Der nachdrückliche Verweis auf den Zusammenhang zwischen öffentlicher Gesundheit und Besatzungserfolg sowie die Diskussion dieser Verbindung auf ministerieller Ebene widerlegen die von Leiby[102] und anderen behauptete Marginalität des *Public Health*-Sektors. Auch zeitgenössische Einschätzungen unterstreichen dies. So charakterisierte beispielsweise General Draper die *Public Health Branch* rückblickend als eine *»policy forming advisory and informational agency«*.[103]

## 3.5 Medical intelligence

An der Schnittstelle zwischen Planung und Besatzung lag die Tätigkeit der *Medical Intelligence Corps*.[104] Da amerikanische Geheimdienstberichte hinsichtlich aktueller Informationen über den Gesundheitsstand im Reich 1943/44 endeten[105], bestand eine wichtige Aufgabe während der Eroberung darin, aktuelle Informationen zu sammeln und sich einen qualifizierten Überblick zu verschaffen, um die Planungen aktualisieren zu können und handlungsfähig zu bleiben. Innerhalb von 72 Stunden nach der Besetzung erhoben CIC *(Counterintelligence Corps)* bzw. CAD-Mitarbeiter einen »ini-

---

101 RG 260, POLAD 732/15, Letter Robert Murphy to the Secretary of State, Subject Public Welfare and Relief in Germany, enclosed Draft Annex XXIV to Basic Preliminary Plan, 22 March 1945, S. 2.
102 Leiby behauptet, dass *»policy planers overlooked the importance of Public Health for the German occupation«*. Leiby, 1985, S. 92. In dieser Pauschalität kann dem angesichts der vorliegenden Dokumente nicht zugestimmt werden.
103 Zitiert nach United States Army, *Preventive Medicine in World War II*, S. 421.
104 Siehe zur Abschöpfung der deutschen medizinischen Forschung auch: Ash, J. E., Wartime Army Medical Laboratory Activities, in: *American Journal of Public Health* 37 (July 1947), S. 815-818; zur Ausbildung, Aufgabenbereich und konkreten Tätigkeiten der medical intelligence units siehe: Henze, Carlo, Recollections of a Medical Intelligence Officer in World War II, in: *Buelletin of the New York Academy of Medicine* 49 (1973), S. 960-973, besonders S. 964ff.
105 Informationen über Fleckfieber lagen beispielsweise nur bis 1943 vor, da die deutschen Gesundheitsbehörden alle statistischen Berichte im Januar 1944 stoppten. Vgl. United States Army, *Preventive Medicine in World War II*, S. 475. Vereinzelt gab es noch 1944/45 US-Geheimdienstberichte, die jedoch überwiegend über Verwaltung, Organisation, Gehaltsstufen etc. informierten und somit kaum über die Informationen des Handbuchs hinausgingen. Siehe als Beispiel RG 260, 390/42/32/5-6, Box 507, PW Intelligence Bulletin No 1/38, February 1945, Medical Intelligence, Nurses.

*tial Public Health survey«*, der vor allem ansteckende Krankheiten und andere akut bedrohliche Gesundheitsgefahren erfasste[106] und an die zuständigen *Public Health*-Stäbe von Armee und *Military Government* weitergeleitet wurde. Dabei wurden nicht nur Daten zur Krankenstatistik, zum Impfstand etc. gesammelt, auch personenbezogene Informationen mussten ermittelt und mit den bereits bestehenden Akten der CIC abgeglichen werden. Während diese Informationen gesammelt wurden, mussten parallel bereits die augenfälligsten Notstände behoben und Sofortmaßnahmen zur Vermeidung von Seuchen ergriffen werden.

Die schwierigste Aufgabe der G5-Stäbe, für die die Unterstützung der CIC dringend erforderlich war, waren Personalentscheidungen. Häufig wurde der einfachste Weg gewählt. Die alten Amtsinhaber wurden kurzerhand durch die Militärregierung bestätigt. Gerechtfertigt wurden diese Vorgehen damit, dass Informationen fehlten, so dass das *Supreme Headquarter* immer wieder dazu aufrief, dass jede Dienststelle so viele Personalinformationen wie möglich zusammentragen solle.[107]

Verglichen mit anderen *Civil Affairs Units* waren die *medical officers* in einer vergleichsweise günstigen Lage, da sie auf zwei kostbare Aktenfunde zurückgreifen konnten. Im Dezember 1944 hatte die *Public Health Division* der 6. US-Armee in Straßburg die Unterlagen des Deutschen Ärztebundes beschlagnahmt und damit die Personalakten nahezu aller badischen Ärzte in ihren Besitz gebracht. Die Amerikaner waren somit über die Lebensläufe der süddeutschen Mediziner, ihre Parteibeziehungen und Mitgliedschaften sowie ihre Qualifikationen und Fachgebiete genauestens unterrichtet. Mit Hilfe dieser Dokumente wurden »weiße« und »graue« Listen erstellt, die Entscheidungshilfe bei der Neubesetzung von Amtsarztstellen und Genehmigungen zur Weiterführung von Arztpraxen boten.[108] Die mit Hilfe dieser Listen ins Auge gefasste Entnazifizierung des Gesundheitswesens orientierte sich eindeutig an den Überlegungen der *Outlaw*-Vertreter und ging davon aus, dass es durchaus unbelastete Mediziner gab, mit denen eine Besatzungspolitik im Sinne amerikanischer Intentionen umgesetzt werden könne.

Drei Monate später gelangte die 6. US-Armee in den Besitz der nicht minder interessanten Akten des Amtes für Volksgesundheit in Colmar, die wider Erwarten nicht vernichtet worden waren. Der Bestand umfasste eine Liste aller Kreisamtsleiter des Amtes für Volksgesundheit, interne Berichte über die gesundheitliche Situation im Reich, Dokumente darüber, dass Statistiken über Gesundheits- und Ärzteversorgung geschönt worden waren, und genaue Angaben über epidemisch aufgetretene Krank-

---

106 RG 260, 3/411-2/6, Civil Affairs – Initial Public Health Survey.
107 RG 331, SHAEF, Historical Section, Entry 54, Box 169, In the Field with the 711 Service Group, G-5 Staffs and MG Detachment in the Field, Report to G-5, 6th Army Group, Punkt 12.
108 RG 331, SHAEF, Historical Section, Entry 54, Box 169, The German Medical Profession in Baden (with attached white and grey lists), Headquarters 6th Army Group, G-5 Section.

heiten.[109] Die Colmarer Akten, die den Ärztemangel, ansteigende Krankheitswerte und mangelhafte sanitäre und hygienische Verhältnisse dokumentierten, bestärkten die sorgenvolle Erwartung der Amerikaner hinsichtlich der gesundheitlichen Zustände, die sie im Deutschen Reich erwarten würden. Das Wissen deutscher Gesundheitsbeamter und nationalsozialistischer Funktionäre wurde nicht nur indirekt durch solche Zufallsfunde erschlossen, sondern auch gezielt in Form von Interviews mit Kriegsgefangenen gesammelt.[110]

Darüber hinaus hatten die *Medical Intelligence Branches* den ausdrücklichen Auftrag, den Stand der deutschen Forschung genau zu evaluieren. Ein besonderes Augenmerk sollte dabei auf »*German scientific and technical advancements*« gelegt werden.[111] Dieser Auftrag korrelierte stark mit dem Deutschlandbild der *Outlaw*-Vertreter, die vor allem die technischen und wissenschaftlichen Leistungen der Deutschen betonten, sich aber nicht dafür interessierten, wie diese Techniken im Dienste nationalsozialistischer Gesundheitspolitik angewendet worden waren.

Die Erkundigungen, die von den *Medical Intelligence Branches* eingezogen wurden, spiegelten die gesundheitspolitische Interessenlage der USA wider: Die Befragungen konzentrierten sich auf deutsche Forschungen zu Fleckfieber, zu Tuberkulose und zu Geschlechtskrankheiten. Das Interesse an der deutschen Fleckfieberforschung ließ sich aus der intensiven Fleckfieberprophylaxe der amerikanischen Streitkräfte ableiten.[112] Ähnliches galt für das Interesse an neueren Forschungen auf dem Gebiet der

---

109 RG 331, SHAEF, Historical Section, Entry 54, Box 169, Analysis of Documents of Public Health interest found at the Amt für Volksgesundheit in Colmar, Headquarters 6th Army Group, G-5 Section, S. 3. Quelle in englischer Übersetzung. [Deutsche Rückübersetzung D.E.]. (Nachfolgend zitiert als Volksgesundheit/Colmar).

110 Siehe dazu z.B. Interview with Dr. Kurt Zimdars, Ministerialrat, Unterabteilung A II and A III, Reichsministerium des Innern, Interview with Dr. Kayser-Petersen, Generalsekretär des Reichstuberkuloseausschusses, Interview with Dr. Johann Hermann, Ministerialrat, Reichsministerium des Innern, Interview with Dr. Kopke, Director of Reichsgesundheitsamt, alle in: RG 260, 5/331-2/5, Interrogation of Officials of Gesundheitswesen in Reichsministerium des Innern, 1 July 1945.
Die »Abschöpfung« deutscher Quellen durch ausführliche Befragungen von deutschen Kriegsgefangenen und ehemaligen deutschen Funktionsträgern war eine Strategie der Informationsgewinnung, die von der amerikanischen Besatzungsmacht in allen Sektoren angewandt wurde und dazu dienen sollte, die während des Krieges von der *German Country Unit*, dem OSS und deutschen Emigranten erstellten Memoranden und Informationspapiere, deren Kenntnisse für die Zeit nach 1941 häufig ungenau waren, auf den neuesten Stand zu bringen. Siehe für die unterschiedlichsten Felder Henke, 1996, S. 745ff. Vgl. für den medizinischen Sektor z.B. RG 260, 390/42/32/5-6, Box 507, Military Government US: Records of the Civil Affairs Division, Medical Intelligence, Nurses.

111 Historical Division European Command (Hg.), *Medical Policies and Operations,* Occupation Forces in Europe Series, 1945-46, Frankfurt/M. 1947 (künftig zitiert als *Medical Policies,* 1947), S. 44. Auch die USCCG-Planungen hatten dies bereits vorgesehen, vgl. dazu S. 74 dieses Kapitels.

112 Siehe dazu ausführlich S. 257 dieser Darstellung.

Geschlechtskrankheiten, die im gesundheitspolitischen Gesamtkonzept der *US-Army* eine wichtige Rolle spielten.

Über deutsche Forschungen zur Fleckfieberbekämpfung wurde Dr. Eyer, Kriegsgefangener der 7. US-Armee und früherer Leiter des Instituts für Fleckfieber- und Virusforschung in Roth bei Nürnberg, befragt.[113] Eyer beschrieb die Produktion und Versuchsreihen mit Fleckfieberimpfstoffen. Obwohl er erläuterte, dass das Institut, das ausschließlich aus militärischen Etats finanziert wurde, 1939 in Krakau gegründet, dann 1941 nach Tschenstochau verlegt worden sei und bis zur Übersiedlung nach Roth im Januar 1945 in Polen gearbeitet habe, stellten die amerikanischen *Medical Intelligence officers* keine Verbindung zu nationalsozialistischer Vernichtungspolitik her.[114]

Zum Themenbereich Geschlechtskrankheiten interviewten die Geheimdienstoffiziere Prof. Walther Schönfeld, den Direktor der Abteilung für Haut- und Geschlechtskrankheiten der Universität Heidelberg. Die Durchsicht der Akten des Instituts, so die *CIC*-Mitarbeiter, habe »*an interesting sidelight on medicine in Germany*« geworfen, nicht, weil dort bahnbrechende deutsche Forschungsergebnisse dokumentiert worden wären, sondern weil sich in den Unterlagen der Heidelberger Klinik Kopien der neuesten britischen und amerikanischen Veröffentlichungen über Penicillin fanden. Schönfeld, auf diesen Sachverhalt hin befragt, gab zu Protokoll, dass Artikel aus medizinischen amerikanischen Fachzeitschriften bis Mitte Juni 1944 an alle Dekane der medizinischen Institute verteilt worden seien.[115]

---

113 Eyer galt als einer der führenden Fleckfieberexperten des nationalsozialistischen Deutschlands. Dazu ausführlicher, Süß 2003, S. 225. Vgl. auch aus der ausgedehnten Publikationstätigkeit Eyers z.B.: Eyer, H., Zur Epidemiologie des Fleckfiebers, in: *Der deutsche Militärarzt* 7 (1942), S. 333-337.

114 RG, 260, 390/42/33/4-5, Military Government-Hesse Public Health and Public Welfare Branches, Miscellaneous interview on Medical Practice and Research in Germany. Combined Intelligence Objectives Sub-Committee, S. 6f. Dabei wäre die rassische Konnotation deutscher Fleckfieberperzeptionen aus der Literatur leicht ersichtlich gewesen: Siehe z.B. Eyer, H., Die durch Läuse übertragbaren Infektionskrankheiten und ihre Bekämpfung, in: *Medizinische Welt* (1940), S. 261-264.
Siehe zur Beziehung zwischen Fleckfieber, nationalsozialistischer Gesundheitspolitik und Vernichtung der Warschauer Juden: Browning, Christopher R., Genocide and Public Health: German Doctor and Polish Jews, 1939-1941, in: Ders., *The Path to Genocide. Essays on Launching the Final Solution*, Cambridge 1992, S. 145-169. Zum Test von Fleckfieberimpfstoffen an KZ-Häftlingen siehe: Ley, Astrid/Ruisinger, Marion M., *gewissenlos – gewissenhaft. Menschenversuche im Konzentrationslager*, Katalog zur Ausstellung des Instituts für Geschichte der Medizin, Universität Erlangen-Nürnberg, Erlangen 2001; Werther, Thomas, Menschenversuche in der Fleckfieberforschung, in: Ebbinghaus, Angelika/Dörner, Klaus (Hg.), *Vernichten und Heilen. Der Nürnberger Ärzteprozeß und seine Folgen*, Berlin 2001, S. 152-173. Ausführlich zur Interdependenz zwischen Fleckfieberbekämpfung und Vernichtungspolitik in den von der Wehrmacht besetzten Ostgebieten auch Caumanns, Ute/Esch, Michael G., Fleckfieber und Fleckfieberbekämpfung im Warschauer Ghetto und die Tätigkeit der deutschen Gesundheitsverwaltung 1941/42, in: Vögele/Woelk, 2002, S. 225-264 und Süß, 2003, S. 226-237.

115 RG 260, 390/42/33/4-5, Militärregierung-Hesse Public Health and Public Welfare Branches, Miscellaneous Interview on Medical Practice and Research in Germany. Combined Intelligence

Die akademische Laufbahn Schönfelds verkörperte in den Augen der amerikanischen Offiziere paradigmatisch den Bedeutungsverlust deutscher Medizin und die Übergabe des Staffelholzes an anglo-amerikanische Forscher. Noch von einem weltbekannten akademischen Lehrer ausgebildet, repräsentiere Schönfeld selbst bereits einen bedeutungslosen provinziellen Professorentypus, dessen Institut selbst keine veritablen Forschungsergebnisse mehr zu produzieren vermocht und statt dessen an anglo-amerikanischen Ergebnissen zu partizipieren versucht habe.[116]

Ein vergleichbares Bild wie die Interviews ergab sich auch aus den beschlagnahmten medizinischen Gütern. Diese spiegelten ein großes wissenschaftliches und technisches Potenzial, seien aber gleichzeitig »*hampered by paucity of material and bogged down in the morass of politico-military interference over a long period of time.*«[117]

Bis zum Ende der Kämpfe hatte sich der Informationsstand der *Public Health units* erweitert, die Planungen hatten an Klarheit gewonnen und auch die Überlegungen, wie die Militärregierung zu organisieren sei, waren konkretisiert worden.

## 4. Institutionen und Personal der Militärregierung

### 4.1 Die Männer der ersten Stunde: G5-Stäbe

Erste Erfahrungen mit Militärverwaltungen machten die Amerikaner im Zweiten Weltkrieg in Nordafrika und Italien.[118] Die dort praktizierte Trennung von Militär- und Zivilverwaltung hatte sich als äußerst problematisch erwiesen, da nur die Armee

---

Objectives Sub-Committee, S. 10. Auch in Deutschland hatte es bereits während des Krieges Forschungen zur antibakteriellen Wirkung von Schimmelpilzen gegeben. Siehe dazu ausführlich: Pieroth, Ingrid, *Penicillinherstellung. Von den Anfängen bis zur Großproduktion*, Stuttgart 1992; Forth, Wolfgang/Gericke, Dietmar/Schenk, Ernst, *Von Menschen und Pilzen*, München 1997.

116 Schönfeld wurde als Direktor der Universitäts-Hautklinik Heidelberg bestätigt und am 29. Januar 1947 erster Vorsitzender der wiedergegründeten Gesellschaft zur Bekämpfung der Geschlechtskrankheiten. Stadtarchiv Karlsruhe, Haupt-Registratur, A 2961, Korrespondenz des Württembergisch-Badischen Städteverbandes an die Mitgliedsstädte betr. Wiedergründung der Deutschen Gesellschaft zur Bekämpfung der Geschlechtskrankheiten im Lande Württemberg-Baden, 12. Februar 1947.

Schönfeld publizierte ausführlich zur Geschichte der Geschlechtskrankheiten: Schönfeld, Walther, *Kurze Geschichte der Dermatologie und ihre kulturgeschichtliche Spiegelung*, Hannover-Kirchrode 1954.

117 So in Zusammenfassung der zeitgenössischen Berichte Wiltse, Charles M., *The Medical Department: Medical Service in the Mediterranean and Minor Theaters* (United States Army in World War II, vol. 10, The Technical Services), Washington D.C. 1965, S. 620.

118 Siehe zum Einfluss der amerikanischen Erfahrungen in Italien auf die Gesundheitspolitik des *Military Governments* in Deutschland: United States Army, *Preventive Medicine in World War II*, besonders S. 8ff., 31ff., S. 324-243.

die praktischen und logistischen Voraussetzungen besaß, die anstehenden zivilen (Versorgungs-)Aufgaben zu übernehmen, gleichzeitig aber die Zuständigkeiten für diese Aufgaben bei einer getrennten Zivilverwaltung lagen.[119] Als Konsequenz war Anfang 1944 eine *Civil-Affairs*-Abteilung im Alliierten Oberkommando gegründet worden, deren G5-Stäbe[120] für die Zivilverwaltung im besetzten Gebiet verantwortlich waren. Damit gab es nun auf jeder Hierarchieebene der Streitkräfte eigene G5-Stäbe, die für die Militärregierung zuständig waren. In Deutschland sollte die Armee während des Einmarsches und unmittelbar nach der Kapitulation die Verwaltung übernehmen und für Ruhe und Ordnung sorgen.[121]

## 4.2 Statische Phase der Militärregierung und institutionelle Verankerung von Public Health innerhalb der OMGUS-Bürokratie[122]

Hatte sich die Angliederung der CAD an die Armee für die Eroberungs- und Besatzungsphase als äußerst erfolgreich bewährt, so war diese Konstruktion für die Zeit nach der Kapitulation Deutschlands nicht mehr Erfolg versprechend, ging es doch jetzt darum, eine genuin politische und nicht mehr militärische Aufgabe zu bewältigen.[123] Das *War Department* strebte nach der deutschen Kapitulation die Trennung von Armeekommando und Militärregierung, durch die Übertragung der Zuständigkeiten vom USFET-Generalstab in Frankfurt auf die *United States Group, Control Council* (USGCC)[124] *Germany* in Berlin an. Dies war jedoch im Frühjahr 1945 nur ein theoretisches Konzept. Praktisch war die Etablierung einer eigenständigen Zivilverwaltung mit großen Rivalitäten verbunden. Als der designierte stellvertretende Militärgouverneur Lucius D. Clay im April 1945 nach Deutschland kam, fand er weder einen funktionsfähigen Verwaltungsapparat noch eine klar definierte Position vor.[125] Clay gelang es mit Unterstützung des *War Departments*[126], die *Control Council Group* in Berlin und die G5-Stäbe als *Office of Military Government* zu konsolidieren und die CAD bis Juni 1945 aus der Armeehierarchie herauszulösen.[127] Damit war die Konkurrenzsituation

---

119 Siehe dazu ausführlich: Henke, 1996, S. 95f.
120 G1 bis G4 standen für Personalfragen, Feindaufklärung, Operationsführung und Nachschub; vgl. dazu Henke, 1996, S. 96.
121 Vgl. Henke, 1996, S. 97. Zu den *Public-Health*-Abteilungen der G5-Stäbe siehe: United States Army, *Preventive Medicine in World War II*, S. 412.
122 Henke/Oldenhage, 1995, S. 32.
123 Dazu auch Henke, 1996, S. 974.
124 *United States Group, Control Council* war im August 1944 errichtet worden. Zur Struktur siehe Henke/Oldenhage, 1995, S. 16-23.
125 Clay selbst sprach vom »*Titel ohne Amt*«. Zit. nach Henke, 1996, S. 977; Henke/Oldenhage, 1995, S. 15.
126 Vgl. Henke, 1996, S. 978.
127 Ibid., S. 981. Siehe zum Aufbau der USCCG Henke/Oldenhage 1995, S. 16-23.

entschärft. Endgültig geklärt wurde sie am 1. April 1946, als OMGUSUZ, die Nachfolgeorganisation der ehemaligen G5-Stäbe der *Army*, aufgelöst wurde.[128] Erst mit der vollständigen Etablierung von OMGUS[129] verschob sich der Schwerpunkt von der pragmatischen Krisenbewältigung hin zu einer politischen Besatzung.

Die Reorganisation betraf auch die Gesundheitsstäbe. Nach einem Gutachten von Colonel J. A. Bell und Major E. H. Johnwick, beide *United States Public Health Service*, sollte der Aufbau der *Public Health Field Teams* innerhalb der G5-Stäbe der Organisation des deutschen Gesundheitswesens angepasst werden und durch parallele Strukturierung eine effektive Kontrolle ermöglichen.[130] In der Anfangsphase galt der lokalen und regionalen Ebene dabei besonderes Augenmerk. Amtsärzte und Kreisgesundheitsämter bzw. städtische Gesundheitsämter sollten direkt durch die *medical officers* der G5-Stäbe eingesetzt und beaufsichtigt werden.[131] Nachdrücklich empfahlen Bell und Johnwick, vorzugsweise *medical officers* einzusetzen, die über »*Public Health training and experience*«[132] verfügten, da sie offenbar nur so die Kontrolle der deutschen »*well trained Amtsärzte*«[133] gewährleistet sahen.

Diese auf den Ebenen von Städten und Kreisen eingerichteten *Public Health Field Teams* waren den *District Teams* sowie den *district surgeons* untergeordnet, die ihrerseits dem *Surgeon General of the Zone* unterstanden.[134] Insgesamt umfassten die Pläne für die *Public Health teams* im Mai 1945 in der amerikanischen Zone 252 Offiziere und 673 Soldaten.[135] Die so aufgebaute Verwaltungsstruktur beeinflusste die nachfolgende Entwicklung, da USGCC und später OMGUS[136] den Aufbau im Wesentlichen übernahmen.[137]

Die *Public Health Section* der Militärregierung war fachlich nochmals in verschiedene Referate untergliedert: Die Verwaltungsabteilung *(Administrative Section)* war für Personalplanung, Datensammlung, Versorgung, Nachschub und *historical reports* zuständig. Eine *Operations Section* war für die Statistik, Drogenkontrolle sowie Lizen-

---

128 Henke, 1996, S. 985.
129 *United States Group, Control Council* wurde am 29. September 1945 in *Office of Military Government United States* umbenannt. Henke/Oldenhage 1995, S. 28f.
130 RG 260, 5/331-2/5, Military Control of German Public Health in the Early Static Phase, June 1945, Punkt 3: Recommendations. Zu Bell siehe auch United States Army, *Preventive Medicine in World War II*, S. 30.
131 RG 260, 5/331-2/5, Military Control of German Public Health in the Early Static Phase, June 1945, Punkt 3; sowie auch Leiby, 1985, S. 76.
132 RG 260, 5/331-2/5, Military Control of German Public Health in the Early Static Phase, June 1945, Appendix A, Punkt 6, S. 2.
133 Ibid., Punkt 1.
134 Leiby, 1985, S. 76ff.
135 Ibid., S. 79.
136 Zur Kontinuität der Organisationsstrukturen von USGCC zu OMGUS siehe Henke/Oldenhage, 1995, S. 29.
137 Leiby, 1985, S. 84.

zierung von Arzneimitteln und Apotheken verantwortlich. Die *Medical Section* war mit dem Wiederaufbau des deutschen Gesundheitswesens befasst, in ihre Zuständigkeit fielen Ärztekammern, Standesgerichte, Krankenversicherung, Krankenhäuser und medizinische Ausbildung. Verantwortlich für die Überwachung ansteckender Krankheiten war die *Preventive Medicine Section,* worunter neben der Datenerhebung auch die Überwachung von Wohnsituation, Ernährungsstand sowie die Versorgung mit Seife, Bekleidung und Heizmitteln fielen. Als fünfte Unterabteilung war die *Veterinary Section* mit Nahrungskontrolle und veterinärer Seuchenüberwachung befasst.[138]

Gesundheitspolitik war innerhalb von USGCC von der am 25. November 1945 gegründeten *Internal Affairs and Communication Division* (IACD) wahrgenommen worden, die eine Unterabteilung *Public Health and Welfare Branch* unter Maj. Gen. Morris C. Stayer besaß.[139] Mit der Umorganisierung der Militärregierung von USGCC in OMGUS im Oktober 1945 wurde die zwischenzeitlich aufgelöste *Internal Affairs and Communication Division* neugegründet, zuständig für *Public Health* blieb weiterhin Maj. Gen. Morris C. Stayer.

Unterstützt wurde die Verlagerung amerikanischer Kompetenzen von der Armee zu OMGUS durch eine gewaltige Demobilisierung, die zwischen Mai und Dezember 1945 80 % der GIs aus Europa abzog und entweder auf die asiatischen Kriegsschauplätze verlegte oder in die USA entließ.[140] Die dadurch entstandenen Personalengpässe, die auch die G5-Stäbe betrafen, begünstigten eine Übertragung der Verantwortung. Die großangelegte Repatriierung wurde durch die politisch ruhige Situation in Deutschland ermöglicht und beschwichtigte die nach dem Krieg wieder lauter gewordenen isolationistischen Stimmen, die auf die hohen Besatzungskosten verwiesen.[141]

Auch OMGUS hatte unter hohen Repatriierungen zu leiden. Clay löste dieses Problem durch eine frühe Übertragung amerikanischer Zuständigkeiten auf deutsche Behörden. Primäres Ziel seiner Besatzungspolitik war es, so schnell wie möglich deutsche Länderregierungen zu etablieren, um die amerikanischen Detachments auf kommunaler und Regierungsbezirksebene zu entlasten.[142] Im September 1945 nahm die Landesregierung Württemberg-Badens in Stuttgart unter Reinhold Maier ihre Tätigkeit auf[143], Karl Geiler wurde am 16. Oktober 1945 als Regierungschef von *Großhessen*

---

138 Siehe zu den einzelnen Zuständigkeiten: Ibid., S. 84-88.
139 Henke/Oldenhage, 1995, S. 109.
140 Siehe zu den Zahlen Henke, 1996, S. 970.
141 Henke, 1996, S. 982. Schwarz, 1980, S. 99, 716. Die Argumentation für eine andere Besatzungspolitik mit dem Argument der Entlastung des amerikanischen Steuerzahlers erreichte ihren Höhepunkt mit dem Hoover-Report 1947; »*Hoover-Report: Der Bericht des ehemaligen Präsidenten der USA Herbert Hoover vom 26. Februar 1947 über den Bedarf an Lebensmitteln und Lieferungen für die Landwirtschaft*«, zitiert nach Michaelis, Herbert/Schraepler, Ernst (Hg.), *Ursachen und Folgen. Vom deutschen Zusammenbruch 1918 und 1945 bis zur staatlichen Neuordnung Deutschlands in der Gegenwart*, Bd. XXV, Berlin 1974ff., S. 115f.
142 Henke, 1996, S. 982f.
143 Ibid., S. 252.

vereidigt.[144] Bereits im Herbst 1945 wurden politische Parteien wieder zugelassen, die ersten kommunalen Wahlen fanden Anfang 1946 statt und sollten die deutschen Verwaltungen mit einer demokratischen Legitimationsbasis ausstatten. Die Amerikaner hielten demokratisch gewählte Stadtparlamente für eine unverzichtbare Voraussetzung für die Übertragung der Zuständigkeiten an deutsche Behörden.[145]

Wer waren nun diese amerikanischen Soldaten, die in der Militärregierung Dienst taten und wie waren sie auf ihre Aufgabe vorbereitet worden?

## 4.3 Ausbildung und Sozialprofil der Besatzungsoffiziere

Seit Mai 1942, also unmittelbar nach der deutschen Kriegserklärung an die USA, waren an der Universität von Virginia in Charlottesville die ersten Offiziere der Militärregierung ausgebildet worden.[146] Die Ausbildung dauerte 12 bis 16 Wochen. Die zukünftigen Besatzungsoffiziere wurden in öffentlicher Verwaltung, Kriegsvölkerrecht, Geschichte der amerikanischen Militärregierung nach dem Ersten Weltkrieg, Politik und Soziologie Europas unterrichtet.[147] Da die Kurse nicht länderspezifisch gegliedert waren, blieben die Informationen oberflächlich[148] und vermittelten kaum Sprachkenntnisse.[149]

Zu Beginn nahm *Public Health* in dem allgemein der Zivilverwaltung gewidmeten Curriculum noch keine prominente Position ein. Die von Beamten des *United States Public Health Service* (USPHS) gehaltenen Vorträge beschränkten sich auf allgemeine Informationen zur Gesundheitsverwaltung für Nicht-Mediziner und konzentrierten sich vor allem auf Datenerhebungen und Krankheitsbeobachtungen.[150] Eine weitergehende gesundheitspolitische Konzeption gab es zu diesem Zeitpunkt noch nicht. Mitte 1943 war das Ausbildungsprogramm aufgrund der ersten Besatzungserfahrungen in Italien modifiziert, um einen vierwöchigen militärischen Teil ergänzt und fortan an verschiedenen amerikanischen Universitäten abgehalten worden.[151] Die CAD-Ausbil-

---

144 Ibid., S. 246.
145 Ibid., S. 983. Siehe ausführlich zum Wiederaufbau der deutschen Gesundheitsverwaltung, S. 118ff.
146 Für das Folgende: Henke, 1996, S. 213ff.
147 Siehe dazu ausführlicher: Ibid., S. 221f.
148 Dazu vor allem Bungenstab, Karl-Ernst, Die Ausbildung der amerikanischen Offiziere für die Military Government nach 1945, in: *Jahrbuch für Amerikastudien* 18 (1973).
Vor diesem Hintergrund lässt sich aus den nur sehr unspezifischen Informationen zur Gesundheitspolitik nicht der allgemeine Rückschluss der geringen Relevanz gesundheitspolitischer Überlegungen allgemein ziehen.
149 Nur ca. 5 % der in Deutschland eingesetzten Besatzungsoffiziere besaßen Grundkenntnisse der deutschen Sprache. Dazu Zink, Harold, *The United States in Germany 1944-1955*, Princeton 1957, S. 13.
150 Leiby, 1985, S. 60.
151 Ausführliche Darstellung bei Henke, 1996, S. 222f.

dung umfasste nun auch *Public Health*. Die Ausweitung des Curriculums bedeutete eine stärkere Betonung von Gesundheitspolitik besonders in den Ausbildungsgängen an den Universitäten von Yale und Michigan[152], in denen zumindest grundlegende Informationen über die Gesundheitsversorgung und Gesundheitssysteme der zu verwaltenden Länder vermittelt wurden.[153]

Trotz aller berechtigten Kritik an dem Training[154] waren amerikanische Besatzungsoffiziere damit besser auf ihre Aufgabe in Deutschland vorbereitet worden als auf jeden vergleichbaren Auftrag zuvor.[155] Mit nahender Invasion waren die für die Militärverwaltung ausgebildeten Offiziere Anfang 1944 nach England verlegt worden, wo sie auf ihren Einsatz in den *Civil Administration Divisions* warteten.[156]

### Sozialprofil der Offiziere

Die Mehrheit der angeworbenen Offiziere hatte bereits eine erfolgreiche Zivilkarriere vorzuweisen, nur 4 % waren Berufssoldaten. Mit 66 % *Bachelor*-Abschlüssen und 40 % *Master's Degree* wiesen die ausgewählten Männer ein überdurchschnittliches Bildungsniveau auf. Viele von ihnen waren Verwaltungsbeamte, Staatswissenschaftler oder Juristen. Auch bei den Mannschafts- und Unteroffiziersgraden der CAD lag das Bildungsniveau über dem Durchschnitt der amerikanischen Armee. Das Personal der G5-Stäbe, das zu Beginn der Besatzung Dienst tat, war sorgsam ausgewählt und qualifiziert.[157] Die Kompetenz der CAD beruhte demnach weniger auf spezieller Vorbereitung und Ausbildung für die Besatzungsfunktion in Deutschland als auf sorgfältiger Personalauswahl. Männer mit erfolgreichen zivilen Berufslaufbahnen in den USA waren mit ihrer professionellen Erfahrung und ihrem Spezialwissen auch für die Militärverwaltung ein Gewinn. Für die *Public Health Branches* der G5-Stäbe

---

152 Ibid., S. 61; United States Army, *Preventive Medicine in World War II*, S. 31.
153 Leiby, 1985, S. 62; United States Army, *Preventive Medicine in World War II*, S. 426.
154 Retrospektiv beurteilten viele *Public Health officers* die Ausbildung in den USA als unzureichend. Siehe Leiby, 1985, S. 63. Dieses Urteil gründete jedoch weniger auf der geringen Relevanz von Gesundheitspolitik als auf der Vorbereitung der Besatzungsverwaltung insgesamt, da auch viele andere fachliche Bereiche nur oberflächlich tangiert wurden.
155 So auch Henke/Oldenhage, 1995, S. 7. Zur Ausbildung der *medical officers* siehe auch: United States Army, *Preventive Medicine in World War II*, S. 29f.
156 Henke, 1996, S. 227-229; Ziemke, 1975, S. 62-67.
157 Diese Beurteilung lässt sich auch im Vergleich zu britischen, französischen oder russischen Besatzungsoffizieren aufrechterhalten. Das Personalprofil des Offizierskontingents lässt sich aus einer Erhebung der *Johns Hopkins* Universität von 1956 rekonstruieren. Vgl. »*A Survey of the Experience of U.S. Military Government Officers in World War II*«, zit. nach Henke, 1996, S. 231f. Henke, 1996, S. 216. So auch Dorn, Walter L., *Inspektionsreisen in der US-Zone. Notizen, Denkschriften und Erinnerungen aus dem Nachlaß*, übersetzt und herausgegeben von Lutz Niethammer, Stuttgart 1973, S. 26.

konnten Dr. Warren Draper und Dr. William Wilson, beides Spezialisten des *United States Public Health Service,* gewonnen werden.[158]

Gerade der erfolgreiche zivile Hintergrund der G5-Offiziere sollte jedoch zum Problem für die Besatzungsverwaltung werden, da diese Männer das größte Interesse daran hatten, so schnell wie möglich in die USA zurückzukehren, um dort ihre unterbrochenen Zivilkarrieren fortzusetzen.[159] Auch die Altersstruktur der CAD-Offiziere war ein Faktor, der ihre Repatriierung beschleunigte. Die meisten der Offiziere waren zwischen 30 und 40 Jahre alt und hatten häufig Frau und Kinder in den USA zurückgelassen, so dass diese Gruppe teilweise schon im Frühjahr 1945 aus der Armee entlassen wurde. Diese Beobachtungen treffen auch auf die CAD-Unterabteilung *Public Health* zu. Waren während der Kampfphase noch zahlreiche erfahrene Mediziner des *United States Public Health Service,* der *Rockefeller Foundation,* der *United Nations Relief and Rehabilitation Administration* sowie des *American National Red Cross* tätig[160], wurden viele Ärzte nach der Kapitulation Deutschlands von ihren Organisationen zurückgefordert[161], so auch der Chef der *Public Health and Welfare Division* bei SHAEF, General Draper, der bereits am 16. Juli 1945 zum *United States Public Health Service* zurückkehrte.[162]

Gleichzeitig mit der Entlassung der qualifizierten Besatzungsoffiziere aus den G5-Stäben trat die Militärregierung in ihre statische Phase, wodurch ein deutlich höher Personalbedarf entstand, der nun notgedrungen aus den Kampf- und Versorgungseinheiten gedeckt werden musste. So kam es zu der paradoxen Situation, dass mit Beginn der eigentlich politischen Phase der Besatzung die Qualifikation des Personals der Militärregierung sank und »[...] *sich junge Frontoffiziere mit verzwickten politisch-wirtschaftlichen Problemen konfrontiert [sahen], die reife und erfahrene Köpfe verwirrt hätten.*«[163] Somit war der als defizitär kritisierte Ausbildungsstand der amerikanischen Militärverwaltung weniger durch mangelhafte Vorbereitung als vielmehr durch die Größe und den Schwierigkeitsgrad der zu bewältigenden Aufgabe und später durch die weitreichende Repatriierung bedingt.

---

158 Dazu detaillierter sowie zur weiteren personellen Besetzung: United States Army, *Preventive Medicine in World War II,* S. 417f.
159 Henke, 1996, S. 219.
160 United States Army, *Preventive Medicine in World War II,* S. 34.
161 Ibid., S. 36. Zu den personellen und fachlichen Engpässen, die die Einberufung vieler Mediziner in den USA verursacht hatte und die durch eine baldmöglichste Entlassung der Ärzte gemildert werden sollte, siehe: Douglas, Bruce H., Post-war Public Health Problems in a Large American City, in: *American Journal of Public Health* 38 (February 1948), S. 214-218.
162 Ibid., S. 36
163 So ein Bericht zweier amerikanischer Inspektionsreisender vom April/Mai 1945, zit. nach Henke, 1996, S. 218.

## 4.4 Die Public Health Teams der Militärregierung

Die *Public Health officers* der Militärregierung unterstanden der *ECA Medical Group*, die wiederum ihrerseits der *Public Health Branch* der G5-Gruppe, SHAEF, in Frankfurt unterstellt war. An diesen Befehlshierarchien änderte sich auch mit Aufbau von OMGUS zunächst nichts. »*In some respects, MG Public Health officers in the European theater held a unique position in that they were organized and directed through a technical unit, and later through its subordinate units, until June 1946.*«[164] Diese im Vergleich zu anderen Abteilungen herausgehobene Position der *Public Health officers* unterstreicht nochmals ihre Bedeutung.

In Württemberg-Baden waren Lt. Col. James A. Tobey und Capt. Eli Borken die beiden ersten *Public Health officers* der amerikanischen Militärregierung, nachdem das Gebiet im Juli 1945 von den Franzosen übernommen worden war. Im Juli 1945 wurde Lt. Col. Nathaniel Cooper versetzt und übernahm dort den Posten des *Senior Public Health officers* des Det. E-1. Mit den ihm zugewiesenen neun Offizieren und acht Krankenschwestern nahm er den Wiederaufbau des städtischen Gesundheitsamts Stuttgart und die Entnazifizierung der Stuttgarter Ärzteschaft in Angriff.[165] Für das Gebiet Nordbaden war der in Karlsruhe stationierte Major John Winebrenner zuständig, ebenfalls approbierter Mediziner wie seine Stuttgarter Kollegen.[166]

# Voraussetzungen amerikanischer Gesundheitspolitik in Deutschland

## 1. Gesundheit der US-Army

Hohe Krankenstände, verursacht durch Kriegsverletzungen und Infektionskrankheiten, stellen für jede Armee ein Problem dar. Auch amerikanische Militärs nahmen gesundheitliche Herausforderungen sehr ernst und antizipierten »*heavy Public Health commitments*« im Besatzungsgebiet. Die *medical corps* gingen davon aus, dass die große Bedrohung durch Ruhr und andere ansteckende Krankheiten alle Kräfte während des ersten Besatzungsjahres binden werde.[167]

Um die Kampffähigkeit der Truppe sicherzustellen, waren amerikanische Soldaten geimpft worden; eine Vorsorge, die gemäß den *Army regulations* durch regelmäßige

---

164 RG 260, 390/49-50/35-1/6-1, Box 231, Military Government Operations 1945-1947, Office Military Government, Württemberg-Baden, S. 1.
165 Ibid.
166 Ibid., S. 2.
167 *Medical Policies*, 1947, S. 2. Siehe zur Krankheitsprophylaxe der Armee: Ellenbogen, Charles, The Infectious Diseases of War, in: *Military Medicine* 147 (1982), S. 185-188.

Auffrischungen auch nach dem Krieg kontinuierlich weitergeführt wurde.[168] Besonderen Nachdruck legte der *Surgeon General* auf eine gesicherte Krankenhausversorgung der kämpfenden Truppe, die in der Etappe durch mobile Hospitäler geleistet und nach der Besetzung deutscher Gebiete in festen medizinischen Einrichtungen durchgeführt wurde.[169] Eine eigene *Medical Division* war für Ausstattung dieser Hospitäler zuständig.[170] Die Ähnlichkeit des organisatorischen Aufbaus der *Medical Divisions* mit der strukturellen Gliederung der späteren *Public Health teams* der G5-Stäbe veranschaulicht den institutionell großen Einfluss der *medical corps* auf die Gesundheitspolitik der ersten Besatzungszeit.

Der Krankenstand der amerikanischen Armee erreichte seinen Höhepunkt im November/Dezember 1944, als nach der Ardennenschlacht nahezu 800 000 Kampfverletzte hospitalisiert werden mussten. Während der Rheinlandoffensive ergaben sich, von der seit Frühjahr steigenden Zahl der Fleckfiebererkrankungen abgesehen, keine gesundheitlichen Probleme.[171]

Als die Kämpfe abebbten, sank auch die Zahl der Gefechtsverletzten.[172] Ebenso wie die psychischen Erkrankungen bereits unmittelbar nach der deutschen Kapitulation deutlich zurückgingen, sanken auch alle Infektionskrankheiten nach Ende des Krieges stark. Diphtherie, Magen-Darm-Erkrankungen und Malaria, die bis zum Mai 1945 aufgetreten waren, kamen mit Ende der Kämpfe deutlich seltener vor.[173] Die eigentliche gesundheitliche Bedrohung für die amerikanischen Truppen stellten weniger traditionelle Epidemien als vielmehr die Infektionsgefahr dar, die sich mittelbar aus der Zerstörung der deutschen Städte, den Flüchtlingsströmen und der furchtbaren gesundheitlichen Verfassung der Fremdarbeiter und ehemaligen KZ-Insassen, die nun durch die besetzten Gebiete wanderten, ergab.[174]

Diese Infektionsgefahr war in den amerikanischen Planungen nicht antizipiert worden. Zwar existierte seit Juni 1944 eine *Displaced Persons Branch* innerhalb der

---

168 RG 260, POLAD 732/15, Office of the Political Advisor, State Department, Immunisation; RG 260, 3/410-3/3, Headquarters Seventh United States Army, Immunization of Personnel against Diphtheria. Typhus *(Typhus abdominalis*, engl. Typhoid fever) wird durch Salmonella typhi hervorgerufen. Die Übertragung erfolgt überwiegend durch verunreinigte Trink- oder Nahrungsmittel. Diese Vorsorge war auch auf deutscher Seite getroffen worden. »*Keine Armee würde es heute wagen, von der Typhusschutzimpfung keinen Gebrauch zu machen*«, schrieb das *Bayerische Ärzteblatt*, 1948, Heft 10/11, S. 55.
169 Zur Krankenhausversorgung siehe: *Medical Policies*, 1947, S. 2f., 6, 26f., 35f., 93ff.
170 Neben der *Medical Division* gab es weitere Unterabteilungen für *Operation, Evacuation, Professional Services, Preventive Medicine, Dental, Nursing, Veterinary, Field Survey, Medical Records, Medical Intelligence, Supply, Administration, Personnel* und *Historical*. Zur Aufgabenstellung und organisatorischen Gliederung der einzelnen *MedicalDivisions* siehe *Medical Policies*, 1947, S. 12-15.
171 United States Army, *Preventive Medicine in World War II*, S. 469.
172 Dazu *Medical Policies*, 1947, S. 16.
173 Ibid., S.18.
174 Vgl. dazu United States Army, *Preventive Medicine in World War II*, S. 471; S. 482-484.

CAD der G5-Stäbe unter SHAEF. Ihre Aufgabe war es, den Ausbruch von Seuchen unter den ehemaligen Fremdarbeitern und KZ-Insassen zu kontrollieren. Zu diesem Zweck sollte die *DP-Branch* eng mit der *Public Health Branch* zusammenarbeiten.[175] Die besonderen gesundheitlichen Gefahren, die von den DPs ausgingen, waren in den Überlegungen zur amerikanischen Gesundheitspolitik nicht bedacht worden[176], da die theoretische Vorbereitung die Auswirkungen des Krieges nicht wirklich hatte einschätzen können und sich auf die Sammlung von Informationen zu »klassischen« Problemen der Gesundheitssicherung und des Gesundheitswesens beschränkt hatte.[177] In den Berichten der ersten Monate wurde die Infektionsgefahr durch Kontakt mit den DPs auch wegen der Unsicherheiten, die die Konfrontation mit einer derart unerwarteten Situation mit sich brachte, übermäßig betont.

Auf eine andere Gesundheitsgefahr, nämlich auf Fleckfieber, waren die Amerikaner besser vorbereitet. Im Dezember 1942 war die *United States of America Typhus Commission*[178] ins Leben gerufen worden. Die Gründung einer eigenen Bundesbehörde im Land tiefverwurzelter föderaler Strukturen war ein überaus bemerkenswerter Vorgang, der die Bedeutung, die die USA der Fleckfieberprophylaxe beimaßen, unterstrich.[179] Da die Bulletins der deutschen Gesundheitsbehörden von amerikanischen Gesundheitsexperten sorgfältig ausgewertet worden waren, war den amerikanischen Gesundheitsbehörden bekannt, dass Fleckfieber von im Osten eingesetzten deutschen Soldaten, Kriegsgefangenen und Zwangsarbeitern ins Deutsche Reich und weiter nach Nordeuropa geschleppt worden war.[180] Aus diesem Grund hatten sie seit 1943 große Mengen an DDT-Pulver nach London geschifft, um für die Invasion gerüstet zu sein[181] und in der Tat bestätigten die bereits 1944 während des Italienfeldzuges und verstärkt seit der Rheinlandoffensive ab Anfang 1945 beobachteten Fleckfiebererkrankungen die Weitsicht dieser Vorkehrungen.[182]

Eine weitere Infektionskrankheit, an der nach der Kapitulation viele GIs erkrankten, war Tuberkulose. Die gemeldeten Fälle hatten sich im Mai 1945 in nur einem

---

175 Ibid., S. 485.
176 Gesundheitspolitische Überlegungen waren zwar ein Aspekt amerikanischer Flüchtlingspolitik, Flüchtlinge und DPs waren aber umgekehrt kein systematischer Bestandteil amerikanischer Gesundheitspolitik.
177 Siehe genauer dazu S. 7ff. über die Ausführungen des Handbuchs sowie S. 7ff. über antizipierte Maßnahmen.
178 United States Army, *Preventive Medicine in World War II*, S. 276.
179 Vgl. dazu Feldberg, Georgina, *Disease and Class. Tuberculosis and the Shaping of Modern North American Society*, New Brunswick 1995, S. 178.
180 United States Army, *Preventive Medicine in World War II*, S. 475. Zu den Informationen über Fleckfieberverbreitung im Reich siehe auch RG 260, AG 45-46/111/7, Technical Public Health Instruction No. 2. Zur Verbreitung und Fleckfieberprophylaxe: Süß, 2003, S. 226-239.
181 United States Army, *Preventive Medicine in World War II*, S. 477ff.
182 Siehe zu einigen symbolischen Konnotationen der Fleckfieberprophylaxe mit DDT, S. 957 dieser Arbeit.

Monat fast vervierfacht.[183] Diese Entwicklung wurde auf den Kontakt zwischen amerikanischen Bewachungstruppen und deutschen Kriegsgefangenen zurückgeführt. Das bei weitem ernsteste Gesundheitsproblem – so führten die medizinischen Berichte aus – seien jedoch die stark im Ansteigen begriffenen Zahlen der Geschlechtskranken, da die bereits während des Kriegs hohe Erkrankungsrate unmittelbar nach Kriegsende nochmals anstieg.

Trotzdem war der Krankenstand der *US-Army* insgesamt sehr gering, die Besatzungstruppen hatten »*einen exzellenten Gesundheitsstatus*«[184], wie die Mediziner immer wieder betonten, eine Beurteilung, die sich mit dem Eindruck der Deutschen von den gesunden, wohlgenährten GIs deckte. Gesundheitspolitik erlangte somit nicht erst im Kontext stabiler besatzungspolitischer Verhältnisse politische Wirkungsmacht, sondern besaß diese bereits in den funktionellen Zusammenhängen militärischer Krankheitsbekämpfung.[185]

## 2. Medizinische Versorgung der Deutschen während des Krieges

Trotz der hohen ideologischen Priorität, die die Nationalsozialisten gesundheitspolitischen Aufgaben eingeräumt hatten, hatte sich die medizinische Versorgung der deutschen Bevölkerung unter Kriegsbedingungen drastisch verschlechtert.[186] Im Mai 1940 waren fast die Hälfte (40 %) aller approbierten Mediziner eingezogen und die verbliebenen Ärzte stark überaltert.[187] In einem internen Bericht vom April 1944

---

183 In der ersten Maihälfte waren 56 Fälle gemeldet, Ende Mai wurden unter den amerikanischen Besatzungstruppen 179 Tuberkulosefälle registriert. *Medical Policies*, 1947, S. 19f.
184 *Medical Policies*, 1947, S. 38.
185 Ebenso große symbolische Implikationen wie der »exzellente Gesundheitsstatus« der *US-Army* besaß die für die Amerikaner so bedeutsame Fleckfiebererkrankung. Am Beispiel der weitreichenden, an Fleckfieber gebundenen Körperpraktiken wird deutlich, dass bereits in der Kampf- und Eroberungsphase die symbolische Dimension der Krankheitsbekämpfung wichtig war. Siehe ausführlich S. 257ff. dieser Arbeit.
186 Nicht berücksichtigt sind in diesem Abriss die absichtsvolle medizinische Vernachlässigung und gesundheitliche Ausbeutung der Fremdarbeiter, nicht-arischer Deutscher oder als unheilbar krank diagnostizierter Menschen. Siehe für einen sachkundigen Überblick der Gesundheitsverhältnisse im Nationalsozialismus Süß, 2003. Süß belegt die kontinuierliche Verschlechterung des gesundheitlichen Versorgung der Deutschen nach 1939, die vielfachen Mängel im Gesundheitswesen, die durch den Krieg ausgelöst wurden und beschreibt die gezielte Ausgrenzung von rassisch unerwünschten, volkswirtschaftlich unproduktiven und alten Menschen.
187 Rüther, Martin, Ärztliches Standeswesen im Nationalsozialismus 1933-1945, in: Jütte, Robert (Hg.), *Geschichte der deutschen Ärzteschaft. Organisierte Berufs- und Gesundheitspolitik im 19. u. 20. Jahrhundert*, Köln 1997, S. 143-194; S. 188. In Düsseldorf beispielsweise waren unter Kriegsbedingungen 1943 noch zwölf von vormals 200 Arztpraxen geöffnet, Rüther, S. 191. 20 % der praktizierenden Ärzte waren über 60, weitere 30 % sogar bereits über 70 Jahre alt, so

schilderte der Gauamtsleiter des Amtes für Volksgesundheit in Colmar Dr. Pycholan eine sich kontinuierlich verschlechternde Lage, da viele Ärzte »*aufgrund von Überarbeitung*« zusammenbrächen und »*auch an der Heimatfront ihren Dienst nicht mehr leisten*« könnten. Auch werde es »*immer schwieriger, diese Lücken zu füllen*«, da »*in der Wehrmacht absolut kein Verständnis für die Bedürfnisse der Zivilbevölkerung*« existiere, sondern ganz im Gegenteil ältere, weniger belastbare Ärzte aus dem Militär entlassen und junge Mediziner eingezogen würden.[188] Pycholan, als Gauobmann und Mitglied von SA und NS-Ärztebund gewiss kein Systemkritiker, bemängelte die »*wenig glaubwürdigen Statistiken*«, die »*auf einer vollkommenen Mißkalkulation*« beruhten. Besonders die zugrunde gelegte konstante Einwohnerzahl, die die vielen Evakuierten nicht berücksichtige und »*die große Anzahl invalider Ärzte [...], die sich in Baden-Baden zur Kur aufhalten, stillschweigend jedoch in die Statistik*« einbeziehe, hätten zu einer Verzerrung geführt.[189]

Der Gau Baden, über den Pycholan berichtet hatte, war kein Ausnahmefall, auch in Württemberg hatte sich die ärztliche Versorgung seit 1940 kontinuierlich verschlechtert.[190] Obwohl alle medizinischen Fakultäten während des Krieges weiterarbeiteten, teilweise sogar Wehrmachtssoldaten beurlaubt wurden, um ihr Medizinstudium fortzusetzen, und der Betrieb der Universitätskliniken bis zur Besetzung der Städte durch die Alliierten weiterlief[191], konnten die Kriegsbelastungen nicht kompensiert werden. Es fehlten aber nicht nur Ärzte, sondern auch Krankenschwestern, Medikamente und medizinische Geräte.[192] Um den Pflegenotstand zu beheben und gleichzeitig den Einfluss kirchlicher Krankenschwestern zurückzudrängen, führte die NS-Frauenschaft sechswöchige Ausbildungskurse durch. Vergleichbare Notfallprogramme, mit denen die eklatantesten Missstände gemildert werden sollten, gab es auch für andere medizinische Bereiche. So wurden in Württemberg erblindete Veteranen als Masseure ausgebildet[193] – eine eher verzweifelte als effektive Maßnahme.

Verschärft wurde die eingeschränkte medizinische Versorgung durch die erhöhten Belastungen der Bevölkerung. Arbeitsverpflichtungen, Schlafmangel aufgrund des nächtlichen Bombenalarms, mangelhafte hygienische Pflege aufgrund des Verlustes

---

die offiziellen Angaben Leonardi Contis, zitiert nach Rüther, 1997, S. 188. Zur Überalterung der Ärzte, die die Zivilbevölkerung versorgten auch: Süß, 2003, 192-194, 197f.
188 Volksgesundheit/Colmar, S. 3.
189 Ibid. In diesem Sinne auch: Curschmann, Hans, Über Seuchen in Kriegs- und Notzeiten, in: *Ärztliche Wochenschrift* 1/2 (1946/1947), S. 1008-1011, hier S. 1008; auch Tietze geht davon aus, dass viele Krankheitsfälle in den Statistiken nicht erfasst wurden. Tietze, 1946, S. 344.
190 Volksgesundheit/Colmar; Süß, 2003, S. 183-184.
191 RG 260, 5/332-1/14, OMGUS PWB, Questions and Answers for Military Government Seminar, Medical Schools in Germany.
192 Volksgesundheit/Colmar, S. 7. Zum Ärztemangel während des Krieges auch Franck, Elisabeth/Heubner, Wolfgang/von Uexküll, Thure, Der Arzt an Deutschlands Schicksalswende, in: *Ärztliche Wochenschrift* 1 (1946), S. 30-32. Süß, 2003, S. 181-212.
193 Volksgesundheit/Colmar, S. 5.

von Wohnung und Hausrat zehrten an den Kräften der Menschen.[194] Alte, Kranke und Kinder litten besonders. Die Überlastung der Menschen bei gleichzeitig schlechter werdender medizinischer Versorgung ließ sich an der Krankenstatistik ablesen: Die Zahl der an Diphtherie und Scharlach Erkrankten war seit 1941 kontinuierlich gestiegen, gleiches galt für Tuberkulose und Geschlechtskrankheiten. Auch Hauterkrankungen hatten infolge des Mangels an Seife und Waschmittel zugenommen.[195]

In der Interpretation der NSDAP-Reichsleitung waren nicht der rücksichtslose Einsatz und Verschleiß der Menschen in Krieg und Rüstungsproduktion ursächlich für steigende Krankheitszahlen, sondern um sich greifendes Simulantentum.[196] Die Aufforderung zum »Gesundschreiben« kranker Personen wurde durch geheime Anweisungen an Ärzte ergänzt, knappe Arzneimittel nur noch bei bestimmten Krankheiten bzw. in reduzierter Dosierung oder in Kombination[197] – also in Verdünnung – anzuwenden. Auf diese Weise ließen sich die schwerwiegenden Mängel der Gesundheitsversorgung zumindest statistisch kompensieren, tatsächlich jedoch wurde die Wirksamkeit von Medikamenten durch die vorgegebenen Verdünnungen eingeschränkt, und der Arbeitszwang für Kranke verschlechterte die gesundheitliche Verfassung der Menschen weiter.[198]

Schlechter als die deutsche Bevölkerung wurden die ins Reich verschleppten Fremdarbeiter medizinisch versorgt. Sogar nationalsozialistische Dossiers gaben unverblümt zu, dass *»die jungen [Fremd-]Arbeiter aufgrund unzureichender Versorgung und Ernährung und besonders aufgrund ungenügender sanitärer und hygienischer Ein-*

---

194 Über einen Anstieg der Sterblichkeit aufgrund von Arbeitsüberlastung während der ersten Kriegsjahre berichten 1951 Beil und Wagner, S. 371. Der Schweizer Arzt Hans Richard von Fels berichtet, dass die Krankenhäuser in unterirdischen Operationsstellen arbeiten mussten und z.B. für notwendige Operationen der häufigen Augenverletzungen durch Bombensplitter die Augenärzte fehlten. Hähner-Rombach/Ziegler, 2001, S. 147.
195 Volksgesundheit/Colmar, S. 6. Süß, 2003, S. 214-223, 381-404.
196 Sie reagierte am 17. Juli 1943 mit dem Dokument *»Künstliche Krankheiten um den Arbeitseinsatz zu verweigern«*, in dem Möglichkeiten und Medikamente aufgelistet wurden, mit deren Hilfe angeblich die Symptome von Grippe, Tuberkulose, Hautkrankheiten und anderen Erkrankungen hervorgerufen werden könnten, und warnte Ärzte und Apotheker vor diesen Simulanten. Volksgesundheit/Colmar, S. 10.
197 RG 260, 5/231-2/16, 390/42/32/5-6, Box 507, PW Intelligence Bulletin No 1/38, February 1945, Medical Intelligence, Nurses, Punkt 12.
198 Der dänische Arzt und Leiter des staatlichen Serums Instituts in Kopenhagen beschrieb, dass bereits zu Beginn des Krieges Menschen mit offener Tuberkulose gezwungen wurden weiter zu arbeiten und damit für ihre Kollegen ein erhebliches Infektionsrisiko darstellten. Nationalsozialistische Gesundheitspolitik war somit mitverantwortlich für den Tuberkuloseanstieg nach Ende des Krieges. Ausführlicher dazu: Holm, Johannes, Tuberculosis in Europe after the Second World War, in: *American Review of Tuberculosis* Vol. LVII (1948), S. 115-128, hier S. 115. Auch der Gelsenkirchener Amtsarzt Küpper konnte 1947 nachweisen, dass unmittelbar nach Kriegsbeginn einige Tuberkuloseformen anstiegen. Küpper, A., Der Stand der Tuberkulose in einer Großstadt des Ruhrkohlenreviers und Beobachtung über Wandlungen der Tuberkuloseepidemiologie, in: *Deutsche Medizinische Wochenschrift* 72 (1947), S. 223-225.

*richtungen krank«* würden.[199] Durch den täglichen Kontakt mit Fremdarbeitern, die durch schlechte Ernährung und mangelhafte Unterbringung häufig krank waren, erhöhte sich das Ansteckungsrisiko auch für die deutsche Bevölkerung beträchtlich und wirkte diese selbstproduzierte Gesundheitsgefahr wie ein Bumerang auf die deutsche Bevölkerung zurück.

Als zusätzlicher gesundheitlicher Risikofaktor erwies sich die immer weiter zurückgehende Absonderung ansteckend Kranker. Statt wie in Friedenszeiten infektiös Kranke in Krankenhäusern oder Kurheimen genesen zu lassen, verpflichteten die Nationalsozialisten auch diese Menschen zur Arbeit für den Endsieg und gefährdeten damit die noch gesunden Kollegen und Familienmitglieder.[200]

Untersuchungen über die Auswirkungen dieser schwerwiegenden gesundheitspolitischen Risiken gibt es nicht. Reichsstatistiken über einzelne Krankheitswerte wurden teilweise bereits 1942 eingestellt[201], spezifische Untersuchungen über Rückwirkungen des Kriegs auf den allgemeinen Gesundheitsstand wurden erst gar nicht erhoben. Ganz im Gegenteil sollte über Infektionsausbreitung »*aus politischen Gründen Schweigen*« gebreitet werden.[202] Implizit jedoch war den verantwortlichen Amtsärzten klar, wie stark Krankheiten durch den Krieg begünstigt wurden, zogen sie doch nach 1945 in ihren Gesundheitsberichten an die Besatzungsmacht stets das letzte Vorkriegsjahr 1938 als Vergleichsmaßstab heran. Umso erstaunlicher ist es, dass sowohl die Historiographie als auch zeitgenössische Berichte fortgesetzt auf das Ende des Krieges und die Wirren der folgenden Monate als Ursachen des schlechten Gesundheitsstandes verwiesen, anstatt 1939 als Zäsurjahr und Kriegszeit und Nachkriegsjahre als gesundheitspolitisch zusammengehörende Periode zu begreifen.[203]

---

199 So 1944 in einem Bericht des Kreises Lahr. Volksgesundheit/Colmar, S. 7.
200 Ausführlicher zu diesem Punkt weiter unten in Kap. 5 dieser Arbeit am Beispiel der Tuberkulose.
201 United States Army, *Preventive Medicine in World War II*, S. 475. Süß, 2003, S. 196.
202 Hans Curschmann, Medizinprofessor in Rostock, berichtete, dass es ihm vom Propagandaministerium bereits 1940 untersagt worden war, einen Aufsatz über die Verbreitung und Vorbeugung von Cholera in Mecklenburg zu publizieren. Curschmann, 1946/1947, S. 1008.
203 So z.B. Dinter, der sogar den Gesundheitszustand der Berliner noch bis kurz vor Kriegsende als zufriedenstellend und nur durch mangelhafte Ernährung beeinträchtigt beschreibt. Dinter, 1999, Seuchenalarm, S. 23. Anders Süß, der klar den Beginn des Krieges 1939 als Zäsur erkennt. Süß, 2003.
Vgl. zu dieser Perzeptionsproblematik auch S. 301 ff. dieser Darstellung. In der zeitgenössischen ärztlichen Perspektive änderte sich dies langsam in den 1950er-Jahren, als zunehmend wahrgenommen wurde, dass es bereits während des Krieges einen bedeutsamen Krankheitsanstieg gab. Siehe dazu z.B. Beil/Wagner, 1951.

## Eroberungsphase: »Verhinderung von Seuchen und Unruhen«

Das Kriegsende hatte viele Gesichter. Diese unterschieden sich nach Alter, Geschlecht, Funktion und Ort, an dem der Übergang vom Krieg zum Frieden erlebt wurde. Es galt, den Sprung vom Krieg in die Besatzungszeit praktisch und psychologisch zu meistern. Nicht nur die Widrigkeiten eines chaotischen Alltags waren zu bewältigen, ebenso schwierig war es häufig, die unzutreffenden Erwartungen und Stereotype zu korrigieren. Diese Anforderungen stellten sich gleichermaßen für US-Truppen wie für Deutsche.

### 1. Einmarsch der US-Truppen: Erwartungen und Realitäten

Das Erstaunen über das Ausmaß der Zerstörung war bei den amerikanischen Besatzungstruppen, gleich welcher Rangstufe, enorm. Anders als ihre britischen und französischen und vor allem russischen Kollegen hatten sie sich kein wirkliches Bild von der Zerstörungskraft moderner Waffen machen können.

Der Bericht der 1. Armee, die als eine der ersten deutschen Boden betrat, überliefert allgemeine Verwunderung über das ruhige und disziplinierte Verhalten der Deutschen, die sich in ihre Häuser zurückgezogen hatten oder sogar die amerikanischen Soldaten höflich grüßten.[204] Besonders aufgeschlossen seien die Kinder gewesen, die den Amerikanern entgegengelaufen seien und ihnen freundlich zugewinkt hätten.[205] Keine Spur also von den prophezeiten Sabotageakten, die Besetzung Deutschlands durch amerikanische Truppen verlief im Gegenteil überwiegend friedlich. Berichte der *Psychological Warfare Division* (PWD) dokumentieren diese Diskrepanz zwischen Erwartung und Erfahrung.[206]

---

204 »[...] *tipped their hats politely*«, zitiert nach *Hist. Report*, G-5, First Army, 1. 30 September 1944, in: SHAEF G-5, 17.11, Jacket 1. Zitiert nach: Ziemke, 1975, S. 139.

205 »[...] *many of them ventured to wave at passing soldiers, which their elders allowed them to do*«. Zitiert nach: Ziemke, 1975, S. 139.

206 Britisch-amerikanische Abteilung zur psychologischen Kriegführung unter General Robert McClure. Die Abteilung bestand zu einem beträchtlichen Teil aus deutschen Emigranten und Deutsch-Amerikanern. Die PWD wurde nach der Kapitulation in DISCCD und im Januar 1946 in ICD umbenannt. Die PWD wies während der gesamten Besatzungszeit eine hohe personelle Kontinuität auf.
»*The crossing of the German frontier is something of a shock. Even in Nazi Germany the cows have four legs, the grass is green, and children in pigtails stand around the tanks. Self-indoctrination by years of propaganda make it a shock to rediscover these trivialities. All the officers with whom we spoke reinforced this.*« SHAEF: Psychological Warfare Division, Mr. R.H.S. Crossman, Impressions of a Brief Tour of Occupied Germany 4 November 1944, in: SHAEF SGS 091.4/1. Zitiert nach Ziemke, 1975, S. 139.

Nicht nur die Mannschaften auch die politische Führung hatte bis 1945 kein realistisches Bild der Situation gehabt. Selbst der amerikanische Präsident war erschüttert über die Verwüstung, die er auf seinem Weg zur Potsdamer Konferenz durch Berlin sah.[207]

Auch auf deutscher Seite galt es, Stereotypen zu relativieren, die in der Isolation des Krieges und durch die Propaganda der Nationalsozialisten genährt worden waren. Zwar war das Goebbels-Wort vom »*amerikanischen Bluff*« und die Schmähung der »*Armee ohne Banner*«[208], die nicht wisse, wofür sie kämpfe, bei den Deutschen auf wenig Glauben gestoßen, trotzdem waren die amerikanischen Truppen anders als erwartet.[209]

Vor allem drei Dinge stachen den Deutschen ins Auge: die technische Überlegenheit der amerikanischen Armee, die Lässigkeit der Umgangsformen und der gute Gesundheitszustand der GIs.

»*Wie ausgezeichnet war diese amerikanische Armee ausgerüstet. Ganz anders als man uns im Rundfunk glauben machen wollte. Die Soldaten sahen blühend aus, gesund und wohlgenährt mit Uniformen aus den besten Stoffen bekleidet und mit vorzüglichem Lederzeug.*«[210] »*Wir sahen diese bis auf die Zähne ausgerüsteten Truppen, diese wohlgenährten Gesichter. [...] Der Kontrast zwischen ihnen und unseren ausgemergelten, erbärmlich ausgerüsteten, fliehenden, verzweifelten Soldaten war unbeschreiblich*«.[211] Kriegserfolg, Ausrüstung, Wohlstand und Gesundheit schienen unmittelbar korreliert. Gleichfalls

---

207 »*I never saw such destruction. [...] A more depressing sight than that of the ruined buildings was the long, never-ending procession of old men, women, and children wandering aimlessly along the autobahn and the country roads carrying, pushing, or pulling what was left of their belongings. In that two-hour drive I saw evidence of a great world tragedy, and I was thankful that the United Stated had been spared the unbelievable devastion of this war.*« Truman, Harry S., *Memoirs, 1945-1952*, New York 1965, Bd. 1, S. 378. Ähnlich erschüttert von der Zerstörung zeigte sich der Schweizer Arzt Hans von Fels, der im Herbst 1946 u.a. Frankfurt, Karlsruhe, Pforzheim und Stuttgart bereiste. »*Der Eindruck ist niederschmetternd; alles ist kaputt und zusammengeschlagen, eingestürzt und verbrannt; nicht nur einzelne Häuser, sondern ganze Quartiere bestehen nur noch aus Schutt und Ruinen.*« Hähner-Rombach/Ziegler 2001, S. 144.
208 Mehringer, Helmut, *Die Armee ohne Banner*, Dresden 1943. Zitiert nach Henke, 1996, S. 88, daraus auch die folgende Paraphrase.
209 So ein Bericht des Propagandastabes an Goebbels vom September 1944 über die Erwartungshaltung der Deutschen gegenüber den Alliierten, zit. nach Henke, 1996, S. 92. Zum Scheitern der Bemühungen der nationalsozialistischen Propaganda, in den letzten Kriegsmonaten noch ein deutlich negatives US-Stereotyp zu zeichnen, vgl. Henke, 1996, S. 88-93. Zum Kontext deutscher Amerikabilder: Gassert, Philipp, *Amerika im Dritten Reich. Propaganda und Volksmeinung 1933-1945*, Stuttgart 1997. Junker, Detlef, The Continuity of Ambivalence. German Views of America, 1933-1945, in: Barclay, David E./Glaser-Schmidt, Elisabeth (Ed.), *Transatlantic Images and Perceptions. Germany and America since 1776*, New York 1997, S. 243-263; Moltmann, Günter, Amerikaklischees in der deutschen Kriegspropaganda 1941-1945, in: *Amerikastudien* 31 (1986) 31, S. 303-314.
210 Kriegschronik der Stadt Neckargemünd, August 1945. Zitiert nach Henke, 1996, S. 961.
211 Die letzten Kriegstage in Hausen am Bach, April 1945. Zitiert nach Henke, 1996, S. 963.

verknüpft und gewissermaßen an den deutschen Körper gebunden waren Auszehrung, Niederlage und Verzweiflung.

Ebenso wie die Deutschen verglichen auch die Amerikaner den Zustand der gefangengenommenen deutschen Soldaten mit der körperlichen Verfassung ihrer eigenen Truppe. So berichteten die Sanitätseinheiten der *Army*, dass gefangengenommene deutsche Soldaten viel häufiger krank oder verwundet seien als amerikanische GIs, dass ihre Todesrate neunmal höher liege als die der US-Streitkräfte und dass viele der deutschen Landser unter Fleckfieber, Typhus, Tuberkulose, Lungenentzündung, Ruhr und Herzkankheiten litten. Die »*exzessiven Todesraten*« seien indes nicht nur auf Krankheiten zurückzuführen, sondern auch durch die »*totale Erschöpfung und Unterernährung*«, in der man die deutschen Männer vorgefunden habe, verursacht. Die körperliche Verfassung der »*entkräfteten und verdreckten*« deutschen Soldaten[212] zeigte an, wie total die Niederlage dieser Armee war, in der am Ende noch nicht einmal die elementarsten physischen Bedürfnisse befriedigt werden konnten. Im Gegensatz dazu strahlten die jungen, gesunden amerikanischen Soldatenkörper eine Überlegenheit aus, die viele Deutsche beeindruckte und sie auf eine erfolgreiche Besatzungspolitik hoffen ließ. »*In straff sitzenden Hosen, […] wohlgenährt und gepflegt*«[213], repräsentierten die GIs ein Kapital, mit dem die Besatzungsmacht gesundheitspolitisch wuchern konnte.[214]

## 2. Mobile Besatzungsphase

Entgegen den Befürchtungen der Amerikaner, die mit zähem Widerstand und Untergrundaktionen gerechnet hatten, »*hießen die Deutschen die Invasoren willkommen*«.[215] Auch die Geheimdienstberichte der amerikanischen Armee bestätigten die positive Aufnahme der Streitkräfte durch die deutsche Zivilbevölkerung.[216] Gemäß ihrer pragmatischen Besatzungsvorstellung halfen die Armeeeinheiten und G5-Stäbe vor allem beim Wiederaufbau der Infrastruktur und der Versorgung der Zivilbevölkerung.[217] Die Maßnahmen der G5-Stäbe folgten dabei keiner weiterreichenden politischen Konzeption, sondern ließen sich von den unmittelbaren Notwendigkeiten leiten.

Wie in anderen Verwaltungsbereichen sollten auch die *Public Health*-Einheiten der G5-Stäbe lediglich eine Kontrollfunktion ausüben, die eigentliche Verantwortung aber

---

212 *Medical Policies*, S. 159.
213 So der dominierende Eindruck, den vor allem Frauen von den GIs hatten. Zitiert nach Mittag, Detlef R./Schade, Detlef, »*Die amerikanische Kalt-Welle*«. Geschichten vom Überleben in der Nachkriegszeit, Berlin 1983, S. 101.
214 Siehe dazu ausführlicher S. 306ff.
215 So eine Überschrift der *Yorkshire Post* vom 21. September 1944, zit. nach Henke, 1996, S. 170.
216 Henke, 1996, S. 171.
217 Ibid., S. 183, S. 177.

bei den Deutschen verbleiben.[218] Alliierte Kräfte sollten nur direkt eingreifen, wenn die Gesundheit amerikanischer Soldaten gefährdet sei. Insgesamt war dies jedoch blanke Theorie und ein noch an der Direktive CCS 551 orientiertes Konzept, das von der Armee bereits im Sommer 1944 in Frage gestellt worden war, als sich abzeichnete, dass die deutsche Kapitulation auf sich warten lassen würde.[219]

Auch im Gesundheitsbereich war es nicht möglich, eine Politik der *indirect rule* zu praktizieren. Nicht nur gab es häufig keine zuständigen deutschen Beamten mehr vor Ort[220], noch öfter fehlte es an deutschen Ressourcen, um anstehende Reparaturen z.B. der Wasserleitungen auszuführen. Außerdem bemühten sich amerikanische Besatzungstruppen in der Konsolidierungsphase bewusst um deutsche Kooperation, um die zerbrechliche Ruhe der ersten Monate nicht unnötig zu gefährden.[221]

Ebenso utopisch war der Versuch, eine klare Differenzierung zwischen der Gesundheit der Zivilbevölkerung und den Besatzungstruppen treffen zu wollen. Hygienische Missstände und Krankheitserreger hielten sich nicht an nationale Zugehörigkeiten. Folgerichtig konzentrierten sich Planung und Politik seit November 1944 auf ansteckende Krankheiten. Auch hinsichtlich der medizinischen Versorgungsgüter war die im Handbuch festgeschriebene Linie, dass die Deutschen aus eigener Produktion versorgt werden sollten, nur sehr eingeschränkt umsetzbar, so dass amerikanische Armeebestände zur Aufrechterhaltung der Basisversorgung der Deutschen herangezogen werden mussten. Die bereits im Dezember 1944 im Handbuch vorgesehene Entnazifizierung, die alle Bereiche des Gesundheits- und Medizinalwesens umfassen sollte, wurde aufgrund organisatorischer Probleme systematisch erst ab Mai 1945 in Angriff genommen.[222]

## 2.1 Kriegsende

Für den sich in jeder Stadt und jeder Gemeinde zu einem anderen Zeitpunkt vollziehenden Augenblick der Besetzung und des Kriegsendes gibt es nur wenige Zeugnisse. Zu groß waren Chaos, Wirren, Angst und auch Papiermangel. Noch dünner sind die Überlieferungen darüber, wie das institutionalisierte Gesundheitswesen und die mit Krankheit und Gesundheit Befassten diese Momente erlebten. Die Ereignisse zwischen Herbst 1944 und Frühjahr 1945 wurden ebenso wie in anderen Gesell-

---

218 So die Planungen vom November 1944, siehe Leiby, 1985, S. 70. Leiby setzt diese Direktiven mit der Besatzungsrealität gleich, ohne den Versuch zu unternehmen, zu rekonstruieren, wie der Besatzungsalltag sich in gesundheitlicher Hinsicht denn tatsächlich gestaltete.
219 Henke, 1996, S. 109.
220 Zur Realität der Besatzung siehe Henke, 1996.
221 Ibid., S. 177.
222 Allgemein dazu United States Army, *Preventive Medicine in World War II*, S. 424, 468, 489.

schaftssektoren auch im Gesundheitswesen je nach weltanschaulicher Ausrichtung unterschiedlich, insgeamt aber weniger als Befreiung denn als Zusammenbruch und als Niederlage erlebt, die die kostbaren Ressourcen der Gesundheitsversorgung weiter einschränken würden.

Dr. Maria Schiller, ab April 1951 Leiterin des Stuttgarter Gesundheitsamts, erinnerte sich anlässlich ihrer Amtseinführung an den Moment des Besatzungsbeginns: »*Den Zusammenbruch erlebten wir [im Gesundheitsamt Stuttgart]: 3 Ärztinnen, 2 Fürsorgerinnen, 2 Fräulein und 1 Desinfektor. – Wir hatten uns verpflichtet, die Stadt nicht zu verlassen und das Haus zu hüten, um so eine Beschlagnahme möglichst zu verhindern. Als Gegengabe hatte uns die Stadt in den Besitz von Kaffee, Kognak, Fleischkonserven und Zwieback gesetzt.*« Trotz Artillerie- und Tieffliegerbeschuss verbrachten die Frauen die Nächte nicht im Bombenkeller, sondern im Keller des Gesundheitsamtes.

So hielten im Gesundheitsamt Stuttgart Frauen die Stellung und verschanzten sich in der Ungewissheit der ersten Friedenstage hinter Leichen, die sie im Hauseingang aufbahrten, um unliebsame Besucher abzuschrecken. Frauen versorgten die Stuttgarter Bevölkerung mit einer ersten notdürftigen Ambulanz, während ihre männlichen Vorgesetzten sich in alle Himmelsrichtungen abgesetzt hatten. Trotz des Pragmatismus, mit dem die acht Frauen den Betrieb des Gesundheitsamtes aufrecht erhielten, war in der ersten Zeit aufgrund unterschiedlicher Interessen keine geregelte Gesundheitsversorgung zu leisten: »*Im Lauf der nächsten Wochen kamen viele Angehörige des Amtes zurück, die aufs Land gegangen waren. Die ärztlichen Aufgaben standen zunächst ganz im Hintergrund. Die Besatzungsmacht hatte zunächst nur Interesse an der Wasserversorgung, an der Verhinderung von Seuchen und der Bekämpfung der Geschlechtskrankheiten. Es gab große Schwierigkeiten, die Milch für die Kinder zu beschaffen und später den Zucker. Sehr schwierig war die Versorgung der Kranken mit Medikamenten*«, vor allem Insulin und Herzmedikamente fehlten.[223]

## 2.2 Erste Maßnahmen der G5-Stäbe

»*In May 1945 [...] Public Health conditions [...] were chaotic: the civilian Public Health system had broken down completely, there were no communications, hospitals were devoid of supplies and DPs, concentrated hastily in camps, were without adequate sanitary supervision and medical care. Tramloads of Wehrmacht wounded were being dumped into the area without forethought or plan from the Russian front. Great numbers of German refugees from the bombed out cities [...] were crowded into adjacent villages and were*

---

223 Stadtarchiv Stuttgart, Nachlass Schiller, Nr. 18, S. 6. Zu den vielfachen Versorgungsengpässen im Gesundheitswesen während des Nationalsozialismus, die sich mit Ende des Krieges lediglich zuspitzten, siehe Süß, 2003, S. 181-212; 269ff., 296.

*suffering,«*²²⁴ so der erste Eindruck der *Public Health teams*. Die G5-Stäbe begannen daher sofort, noch während der Eroberung mit einer prophylaktischen Seuchenbekämpfung, die die Fleckfieber- und Typhusbekämpfung fortsetzte und fingen an, die hygienische Infrastruktur zu sanieren, die allerdings zur großen Überraschung der Amerikaner von den Kriegszerstörungen weit weniger betroffen war als befürchtet.²²⁵ Wasserleitungen, Abwassersysteme und Müllentsorgung waren nach Ansicht der *Public Health officers* zentral für die Verhinderung endemischer Krankheiten.²²⁶ Die *Technical Teams* der durchziehenden Armee hatten sich bereits an die Reparatur gemacht, die Fortführung dieser Maßnahmen in den folgenden Wochen ergab sich nur partiell aus sachlichen Notwendigkeiten, sondern leitete sich auch aus militärischen Gepflogenheiten ab.²²⁷

Besondere gesundheitliche Probleme bestanden in den Städten, die durch den Luftkrieg stark zerstört worden waren.²²⁸ Dort galt es zu Beginn der Besatzung unverzüglich die vielen, noch immer unbegraben in der Stadt liegenden Leichen mit Chlorkalk zu desinfizieren und schnell zu beerdigen. Häufig war die Zerstörung der Städte so groß, dass die Räumarbeiten nur langsam vorangingen und hygienische

---

224 RG 260, 12/75-2/5, 390/49-50/35-1/6-1, Box 231, Experiences in and Impressions of Military Government Public Health Operations in Germany, May 1945 – May 1946, S. 1.

225 Siehe zu den Maßnahmen der ersten Wochen sowie zur *environmental sanitation:* RG 260, 390/49-50/35-1/6-1, Box 231, Annual History of Public Health in Land Württemberg-Baden from Beginning of Occupation to 1 June 1946, 15/16. Anders war die Situation beispielsweise in Pforzheim und Frankfurt. Aufgrund der schweren Luftkriegsschäden stellte in beiden Städten neben der Leichenbeseitigung die Trinkwasserversorgung das schwierigste Problem dar. Noch im Mai 1945 holten die Einwohner Pforzheims ihr Wasser aus Bächen und Flüssen. Siehe dazu: Stadtarchiv Pforzheim, Bestand 10, Nr. 1086, Gesundheitsamt der Stadt Pforzheim an den Bürgermeister der Stadt Pforzheim. Gemeinsam mit den Besatzungstruppen gelang es jedoch auch dort relativ schnell, die Leitungen zu reparieren.

226 Siehe zum nachdrücklichen Interesse der Besatzungsmacht an der Wasserversorgung die Stuttgarter Amtsärztin Dr. Maria Schiller. Stadtarchiv Stuttgart, Nachlass Schiller, Nr. 18, S. 6. Zur Reparatur der Wasserleitungen neben vielen anderen Belegen z.B. RG 331, SHAEF, Historical Section, Entry 54, Box 170, SHAEF, G-5 Section, 6th Army Group, Weekly Civil Affairs, Military Government, Summary No. 30 for week ending 3 May 1945, S. 8. Zur Ungeziefer- und Rattenbekämpfung siehe auch die Berichte der deutschen Gesundheitsämter, z.B. Generallandesarchiv Karlsruhe, Gesundheitsämter, Abt. 446, Nr. 11, Staatliches Gesundheitsamt, Wöchentliche Berichte an Militärregierung z. Hd. von Herrn Captain Arant, Karlsruhe. Ausführlich zur Gesundheitsbedrohung durch Ungeziefer in den Nachkriegsjahren siehe: Schmidt, Bernhard, Der Einbruch der Tularämie in Europa, in: *Zeitschrift für Hygiene und Infektionskrankheiten, medizinische Mikrobiologie, Immunologie und Virologie* 127 (1947), S. 139-150.

227 Zur Prägung gesundheitspolitischer Maßnahmen durch militärische Kontexte siehe: Weindling, 1994, S. 130-135.

228 Zu den umfangreichen Reparaturen am Pforzheimer Wasser- und Abwassersystem siehe: RG 260, 390/41-14/5-6, Box 680, AG 5/10-1/2, OMGUS-WB, Summary Report on Military Government Activities, Karlsruhe, Germany, 25 September 1945, S. 9.

Notmaßnahmen ergriffen werden mussten.[229] So beauftragte bespielsweise der Leiter des Pforzheimer Gesundheitsamtes, Dr. Ruef, am 9. Mai 1945 die städtische Desinfektionsabteilung, in Trümmergebieten, in denen sich starker Verwesungsgeruch bemerkbar mache, Suchkolonnen einzusetzen und die Leichen zu beseitigen. Auch seien angesichts der wärmeren Jahreszeit die Leichen, die in den Gärten und auf den Plätzen der Stadt nur notdürftig mit weniger als 20 cm Erde bedeckt seien, hygienisch einwandfrei zu bestatten.[230]

Trotz der in der Proklamation Nr. 1 Punkt IV von General Dwight D. Eisenhower formulierten Anweisung, dass alle Beamten auf ihren Posten zu bleiben hätten, waren viele von ihnen untergetaucht.[231] Nicht nur Bürgermeister und Stadträte waren häufig unauffindbar, auch viele Amtsärzte hatten sich abgesetzt. Die Amerikaner konzentrierten sich daher primär darauf, die Gesundheitsverwaltung zunächst auf Stadt- und Kreisebene[232] wieder in Gang zu setzen, um für den erwarteten Anstieg der Infektionskrankheiten gerüstet zu sein. In den ersten Tagen stellten die *medical corps officers* Kreis- und Amtsärzte ein, registrierten deutsche Mediziner und Krankenschwestern, verschafften sich einen Überblick über Krankenhäuser und beschlagnahmten medizinische Nachschubgüter. Ein großes Problem stellte die mangelhafte Motorisierung deutscher Ärzte und Gesundheitsämter dar. Auch zerstörte Straßen und unterbrochene Brief- und Telefonverbindungen behinderten die Gesundheitsversorgung der Bevölkerung erheblich. Um wenigstens die nötigste Versorgung sicherzustellen, wurden Lkws und Krankenwagen der Armee für zivile medizinische Zwecke freigegeben.[233]

Umgehend beschlagnahmten die G5-Stäbe auch medizinisches Gerät. In der medizinischen Fakultät der Bonner Universitätsklinik konnten sie medizinische Instrumente, Medikamente, die Bibliothek und größere Geräte sicherstellen[234], wohingegen das städtische Krankenhaus in Pforzheim bereits von der Bevölkerung geplündert worden war[235] und die Besatzungstruppe nur noch leere Regale vorfand. Da diese Maßnah-

---

229 Der Schweizer Arzt Hans Richard von Fels berichtete im Herbst 1946, dass es in Pforzheim 25.000 Hitzetote gegeben habe. Der Luftschutz sei ausgefallen, »*niemand konnte nach dem Feuersturm in die Stadt vordringen. Das ganze Stadtinnere sei zerstört. Wer sich sofort an die Peripherie retten konnte [überlebte,] alle anderen verbrannten in den Kellern. Die Stadt sieht scheußlich aus, ein einziger riesiger Trümmerhaufen ohne ein einziges intaktes Haus. [...] 20.000 Menschen sind noch verschüttet. Hier und da gräbt einer in der Steinwüste herum.*« Hähner-Rombach/Ziegler, 2001, S. 159f.
230 Stadtarchiv Pforzheim, Bestand 10, Nr. 1086, Gesundheitsamt der Stadt Pforzheim an den Bürgermeister der Stadt Pforzheim. Pforzheim war im Februar 1945 stark zerstört worden.
231 Dazu auch Henke/Oldenhage, 1995, S. 9.
232 RG 260, 5/331-2/5, Military Control of German Public Health in the Early Static Phase, S. 1.
233 RG 260, 390/49-50/35-1/6-1, Box 231, Experiences in and Impressions of Military Government Public Health Operations in Germany, May 1945 – May 1946, S. 2.
234 RG 331, SHAEF, Historical Section, Entry 54, Box 166, Headquarters 15th Army Group, G-5 Section, Military Government, Summary No. 2, May 1945 – June 1945, S. 7.
235 Stadtarchiv Pforzheim, Stadtratsprotokolle, 1947, Protokoll vom 28. Januar 1947.

men nach einem klaren Schema von militärisch geschultem und logistisch versiertem Personal durchgeführt wurden, konnten sie schnell und effektiv umgesetzt werden.

Bei allen diesen Aktionen handelte es sich nur um die dringendsten Schritte. Weitergehende Maßnahmen sollten in den kommenden Wochen in Zusammenarbeit mit der neuen – bis dahin aufzubauenden – deutschen Gesundheitsverwaltung durchgeführt werden. Auch diese gemessene Vorgehensweise unterstreicht, dass es in den meisten deutschen Städten keine gesundheitliche Notsituation gab, die zum sofortigen Handeln gezwungen hätte. *»Die meisten Deutschen, die man auf den Straßen sieht, sind anständig gekleidet, sehen ganz gesund aus und viele tragen häufig eine Aktentasche bei sich – eilen geschäftig hin und her, als ob sie eine Vorstandssitzung aufsuchen wollten.«*[236] Offenbar war es vielen Deutschen trotz Krieg und Besatzung gelungen, ein Stück Normalität zu bewahren, was unter den Bedingungen von massenhaften Infektionen und endemisch auftretenden Krankheiten nicht möglich gewesen wäre. Damit hatte sich innerhalb der ersten Wochen der Eindruck vom April 1945, dass der Gesundheitszustand der Deutschen überraschend gut sei, weiter bestätigt.[237] *»Public Health in general, throughout the area occupied during the past week [...] is in a good state with no serious epidemics reported.«*[238] *»The health of German civilians was generally good, even in the most seriously damaged communities.«*[239] *»The disease problem is not alarming nor above the pre-war rate«*[240] vermeldeten die Berichte in immer ähnlichen Formulierungen, teils mit Unglauben, teils mit Erleichterung darüber, dass die schlimmsten gesundheitspolitischen Befürchtungen sich nicht bewahrheitet hatten.

---

236 Bericht Daniel Lerners April 1945 an den Leiter PWD SHAEF über die Situation und Einstellung der Zivilbevölkerung in den von den Amerikanern besetzten Gebieten. Abgedruckt in: Borsdorf, Ulrich/Niethammer, Lutz (Hg.), *Zwischen Befreiung und Besatzung. Analysen des US-Geheimdienstes über Positionen und Strukturen deutscher Politik 1945*, Wuppertal 1976, S. 34.
237 Zum positiven Eindruck über die gesundheitliche Lage in Deutschland vom April 1945 vgl. RG 260, 5/331-2/5, Military Control of German Public Health in the Early Static Phase, S. 7, Punkt 9. Dies bestätigte für den Zeitpunkt der Kapitulation ein Report an den *Surgeon General*: *»Überraschend gut«* sei der Gesundheitszustand der Deutschen, *»ohne ernsthafte Epidemien«* und mit einem im *»grossen und ganzen ausreichenden Ernährungsstatus«*. RG 260, AG 45-46/111/5, U.S. Army Plans for German Public Health under the Allied Control Council, a report to the Surgeon General, of Oberservation made from 6 June to 12 July 1945, S. 5.
238 RG 331, SHAEF, Historical Section, Entry 54, Box 169, G-5 Section, 7th Army Group, Weekly Report for week ending 31 March 1945, S. 9.
239 RG 331, SHAEF, Historical Section, Entry 54, Box 170, Historical Report G-5 Section, 6th Army Group for Period 1 through 31 May 1945, S. 21.
240 RG 331, SHAEF, Historical Section, Entry 54, Box 166, Headquarters 15th Army Group, G-5 Section, Military Government, Summary No. 2, May 1945, S. 7. Drei unterschiedliche Armeen wurden hier ausführlich zitiert, um zu belegen, dass es sich um eine repräsentative Einschätzung handelte und der gute Gesundheitszustand in der gesamten US-Zone zu beobachten war.

# Kapitel 2
# Gesundheitspolitik als funktionale Mangelverwaltung oder visionärer Politikentwurf?

»*The mission of the Military Government Public Health officers was [...] to denazify, reorganize and supervise the German Public Health system at first at all levels, later only at the top.*«[1] Was bedeutete dieser Auftrag konkret? Beschränkte sich die Gesundheitspolitik der Militärregierung auf funktionale Mangelverwaltung und Eindämmung drohender Seuchen, oder orientierte sie sich an einem weitergehenden, ja visionären Politikentwurf?

Amerikanische Gesundheitspolitik, so zeigt sich, lässt sich in zwei Phasen unterteilen, die jeweils anderen politischen Leitlinien folgten, einer ersten, von 1945 bis 1947 reichenden Phase, in der Wiederaufbau und Entnazifizierung im Vordergrund standen und einer zweiten Phase von 1947 bis 1949, in der versucht wurde, den Gesundheitssektor zu modernisieren.

## 1945–1947: Wiederaufbau und Entnazifizierung

In der Anfangsphase amerikanischer Besatzungspolitik wurden die gesundheitspolitischen Planungen aus den Kriegsjahren präzisiert. Außerdem waren die Seuchenbekämpfung, der Wiederaufbau und die Entnazifizierung des Gesundheitswesens von zentralem Interesse. Alle vier Schwerpunkte wurden parallel in Angriff genommen. In der nachfolgenden Darstellung werden diese vier Aspekte systematisch getrennt, um die Verständlichkeit zu erleichtern.

### 1. USGCC- und OMGUS-Planungen

Detaillierte Besatzungspläne wurden wie in allen anderen Bereichen auch im Gesundheitssektor erst nach Ende der Kampfhandlungen formuliert.[2] Bereits zu diesem

---

1 RG 260, 390/49-50/35-1/6-1, Box 231, Experiences in and impressions of Military Government, Public Health Operations in Germany, May 1945–May 1946, S. 3.
2 Mit Ende der Kampfhandlungen hatte eine weitere Phase der Umstrukturierung der amerikanischen Streitkräfte und Zuständigkeiten begonnen. Dazu detailliert Leiby, 1985, S. 74-79. Da

frühen Zeitpunkt zeichnete sich ab, dass es übertrieben gewesen war, schwerwiegende gesundheitliche Probleme zu erwarten. Aus diesem Grund wurden politische Ziele, vor allem die Dezentralisierung im *Public Health*-Bereich vorrangig. Dafür sollten alle Medizin- und Gesundheitsinstitutionen auf nationaler Ebene aufgelöst werden.[3] Nationalsozialistische Gesundheitsorganisationen waren ohne Rücksicht auf ihre gesundheitspolitische Bedeutung ausnahmslos aufzulösen.

Die Entnazifizierung, die im Januar 1945 noch ein Stiefkind gesundheitspolitischer Planungen gewesen war, war bis zum Frühjahr an prominente Stelle aufgerückt.[4] Danach sollten alle Nationalsozialisten aus ihren Ämtern entfernt werden, und viele von ihnen nach beiliegenden Listen sofort festgenommen werden.[5]

Das neu aufzubauende, dezentralisierte deutsche Gesundheitswesen sollte unter einer rigideren Kontrolle der amerikanischen Militärregierung als in der *Pre-surren-*

---

diese jedoch keine Auswirkungen auf die gesundheitspolitischen Planungen hatten, wird hier auf eine Wiederholung verzichtet. Die Pläne der *OMGUS*-Vorläuferbürokratie *USGCC* werden nachfolgend skizziert. Der »*Basic Preliminary Plan. Allied Control and Occupation of Germany, Control of German Medical and Health Affairs and the Control of German Public Assistance Activities*« vom April 1945 ergänzte und konkretisierte bisherige Überlegungen.

3   RG 260, AGTS/171/1-6, Basic Preliminary Plan Allied Control and Occupation of Germany, Control of German Medical and Health Affairs and the Control of German Public Assistance Activities, ANNEX XXIV, April 1945, a (1), S. 1.
Für regionale Institutionen führte ein Beiblatt aus, welche Institutionen weiterarbeiten durften: Appendix A to Annex XXIV, Basic Preliminary Plan Allied Control and Occupation of Germany, Control of German Medical and Health Affairs and the Control of German Public Assistance Activities, April 1945, S. 7-10.
Analoge Ziele verfolgte die britische Besatzungsmacht. Siehe dazu: Schleiermacher, Sabine, Gesundheitspolitische Traditionslinien und demokratische Herausforderung: Gesundheitspolitik in Niedersachsen nach 1945, in: Vögele/Woelk, 2002, S. 265-283; Woelk, Wolfgang, Zur Geschichte der Gesundheitspolitik in Nordrhein-Westfalen und in der Bundesrepublik Deutschland, in: Vögele/Woelk 2002, S. 285-312.

4   RG 260, POLAD 732/15, Draft proposed Policies in Respect to the Control of German Public Health Services during the early post defeat (Collapse or Surrender) period of SHAEF responsibility.

5   »*Reich Commissioner for Medical and Health Affairs, State Secretary and Reich Health Leader, State Secretary of the Ministry of the Interior, General Commissioner of Health and Sanitation, Commissioner of Voluntary Nursing, the general Director of the German Red Cross, The Reichsärzteführer, all heads and directors of national Public Health institutions and sub-divisions, all Public Health officials employed by Reichsministry of the Interior, Abtl. III and IV, all Public Health officials employed by Reich institutions, branches and sub-divisions subservient to the Ministry of the Interior, all Public Health officials employed by the Nazi Party*«. RG 260, AGTS/171/1-6, Appendix A to Annex XXIV, Basic Preliminary Plan Allied Control And Occupation of Germany, Control of German Medical and Health Affairs and the Control of German Public Assistance Activities, April 1945, S. 11.
Ergänzend zu dieser Aufzählung verfügte Absatz 5d in Anlehnung an vansittartistische Denkfiguren: »*all supporters of Nazism and all members of the Nazi Party will be removed from all Public Health positions.*« RG 260, AGTS/171/1-6, Basic Preliminary Plan Allied Control And Occupation of Germany, Control of German Medical and Health Affairs and the Control of German Public Assistance Activities, ANNEX XXIV, April 1945, S. 3.

*der*-Phase arbeiten.⁶ Eine zentrale Rolle beim Wiederaufbau des Gesundheitswesens war den Amtsärzten und Medizinalräten zugedacht. Ihre Aufgaben wurden im April 1945 minutiös aufgelistet und reichten von der Kontrolle und Berichterstattung über ansteckende Krankheiten, die Wasser- und Lebensmittelüberwachung bis zur Drogenkontrolle. Alle Maßnahmen sollten in enger Kooperation mit der Militärregierung vollzogen werden.⁷ Damit wurde die Bedeutung der lokalen Ebene, des einzigen Bereichs, für den bereits im April 1944 konstruktive Gesundheitsmaßnahmen formuliert worden waren, in einem Organisationspapier vom Juni 1945 als »*operating unit*« bestätigt.⁸

Unter Kontrolle des Gesundheitswesens verstand die Planungsgruppe der USGCC jedoch nicht nur die Überwachung von Maßnahmen, die die Deutschen durchführten, ebenso wichtig für eine effektive Überwachung erschien ihr die Informationsbeschaffung.⁹

Bereits im Juni 1945 wurden jedoch diese an JCS 1067 orientierten Vorgaben modifiziert und mit fortschreitender Besatzung weiter spezifiziert bzw. geändert. Die »*US Army Plans for German Public Health under the Allied Control Council*« vom Juni 1945 waren Ergebnis einer Inspektionsreise von James S. Simmons und Thomas Turner.¹⁰ Die Reise bestätigte den Eindruck, den bereits die G5-Stäbe formuliert hatten, dass keine bedrohlichen Seuchen ausgebrochen waren. Sie konnten nun aufgrund einer sorgfältigen Evaluierung sogar das erfreuliche Ergebnis formulieren, dass der Krankheitsstand sich in vielen Gebieten bereits wieder dem Vorkriegsniveau annähere.¹¹ Deshalb konzentrierte sich die *Public Health*-Planung weg von der pragmatischen

---

6 Ibid., S. 2.
7 Ibid., S. 5.
8 RG 260, 5/331-2/5, Military Control of German Public Health in the Early Static Phase, June 1945, Punkt 1.
9 »*All new scientific discoveries and inventions in the field of Public Health including preventive medicine, the medical and surgical practices, and veterinary medicine and sanitation*« sollten von den Detachments in Erfahrung gebracht werden, um sie amerikanischer Nutzung zugänglich und um sich ein präziseres Bild vom Niveau deutscher Gesundheitsversorgung und Forschung machen zu können. RG 260, AGTS/171/1-6, Basic Preliminary Plan Allied Control And Occupation of Germany, Control of German Medical and Health Affairs and the Control of German Public Assistance Activities, ANNEX XXIV, April 1945, S. 3.
Dr. James S. Simmons war Dekan der *Harvard School of Public Health*. Zu Simmons' Rolle im *education-exchange* Programm für deutsche Mediziner siehe, S. 190 dieser Darstellung. Für biographische Informationen zu Thomas Turner siehe S. 71 dieser Darstellung.
10 RG 260, AG 45-46/111/5, Military Government US, Adjutant General 1945-1946, U.S. Army Plans for German Public Health under the Allied Control Council, a Report to the Surgeon General of Oberservations made from 6 June to 12 July 1945, by Brig. Gen. James S. Simmons, U.S.A., Chief, Preventive Medicine Service, SCO, and Colonel Thomas B. Turner, M.C. Director, Civil Public Health Division, SGO.
11 Public Health, RG 260, 5/331-2/5, Military Control of German Public Health in the Early Static Phase, June 1945.

Bekämpfung ansteckender Krankheiten, die noch die Eroberungsphase beherrscht hatte, hin zu einer politischen Aufwertung von Gesundheitspolitik.

In Deutschland sollte ein adäquater Gesundheitsstandard gesichert werden, und zwar zum einen aus allgemein humanitären Überlegungen, zweitens, um gesundheitliche Bedrohungen für die europäischen Reststaaten zu vermeiden, und drittens, um die deutsche Ökonomie zu stabilisieren.[12]

Damit war schon sechs Wochen nach der Kapitulation Deutschlands eine gesundheitspolitische Besatzungslinie formuliert worden, die die enge Verflechtung Deutschlands mit Europa betonte und bereits die gesundheitlichen Grundlagen für einen ökonomischen Wiederaufbau zu legen versuchte. Amerikanische Gesundheitspolitik folgte in der US-Besatzungszone bereits unmittelbar nach Kriegsende einem Konzept, das offiziell erst im Herbst 1946 zur besatzungspolitischen Leitlinie wurde. Auch hinsichtlich der politischen Säuberung wurde im Bereich der Gesundheitspolitik schon früher ein Paradigmenwechsel vollzogen. Bereits im Frühjahr 1945 stand der Kollektivschuldthese, die offiziell noch fast ein Jahr lang die amerikanische Entnazifizierungspolitik bestimmte, eine am »*Humanismus orientierte Gesundheitspolitik*« gegenüber.[13]

Noch deutlicher als Simmons formulierte ein vertrauliches Papier zu »*allgemeinen Grundsätzen der Gesundheitspolitik*« vom August 1945 die neue Linie: Eine kranke deutsche Bevölkerung, so Colonel W. Wilson, Leiter der *Public Health branch,* sei weder amerikanischer Kontrolle zugänglich noch zum Aufbau einer funktionsfähigen Zivilverwaltung fähig. Um eine Demokratisierung und Entnazifizierung des deutschen Gesundheitswesens und der deutschen Gesellschaft insgesamt zu erreichen, sei es daher notwendig, mindestens den Gesundheitsstand zu halten, den die Deutschen unter der Nazi-Führung gehabt hätten.[14]

Interessant ist vor allem die komparative Perspektive, in die Wilson bereits im Sommer 1945 die gesundheitspolitischen Pläne stellte. Der amerikanische Besatzungsoffizier hatte erkannt, dass selbst eine mit großen Kontrollbefugnissen ausgestattete Besatzungsmacht ihre Ziele nur erreichen konnte, wenn sie die Unterstützung der Bevölkerung zu gewinnen vermochte. Wilsons Vergleichsmaßstab waren unmittelbar nach dem Krieg nicht die anderen alliierten Mächte, sondern noch die Verhältnisse unter den Nationalsozialisten. So konstruierte der *medical officer* einen mentalen Wettbewerb um die Gunst der Deutschen, in dem sich sein Land befinde. Grundlage dieser Überlegungen waren die im Handbuch immer wieder beschriebenen, selbst unter den Erschwernissen von Weltkrieg und Nationalsozialismus zufriedenstellend gebliebenen gesundheitlichen Verhältnisse bis 1945.

---
12 Ibid., Part III: Plans for the Future Health of Occupied Germany, A a-c, S. 3.
13 Ebenso auch RG 260, 5/332-1/12, Public Health Policies Military Government Title 1, Military Government Regulations, 1945.
14 RG 260, 5/321-1/2, Allgemeine gesundheitspolitische Grundsätze August 1945.

Auch Lt. Colonel Edward J. Dehné, Chef der Sektion *Preventive Medicine,* teilte diese Auffassung und schrieb im November 1945 in einem Memorandum an den Leiter der *Public Health and Welfare Branch:* »*The whole purpose of governmental and social or political reform can avail little if account is not taken of the basic health needs of the population. There is no function of government that is not related to the health function [...]*«.[15] Damit war Gesundheitspolitik bis zum Ende des ersten Besatzungsjahres unmittelbar mit dem Gesamterfolg amerikanischer Besatzung verknüpft worden. Einerseits sollten die im Potsdamer Abkommen und JCS 1067 grundgelegten Ziele – Dezentralisierung, Entnazifizierung und Entmilitarisierung – innerhalb des Gesundheitssektors umgesetzt werden, andererseits galt Gesundheit als Voraussetzung einer erfolgreichen Besatzungspolitik.[16]

## 2. Seuchenbekämpfung 1945

Die praktische Umsetzung dieser Planungen schloss direkt an die Maßnahmen der G5-Stäbe an. Während die Maßnahmen der G5-*PublicHealth*-Stäbe allerdings während der Besetzung und in der Anfangsphase des Military Government punktuell und improvisiert waren, so sollte mit Etablierung der *OMGUS*-Organe und dem Übergang zur statischen Phase der Militärregierung eine systematische Gesundheitspolitik ins Werk gesetzt werden. Dabei führten die *Public Health teams* die Maßnahmen der G5-Stäbe fort, widerriefen oder modifizierten sie und überführten die temporären Aktionen in eine langfristige Politik.[17]

---

15 RG 260, 5/332-1/14, Resume of Problems and Accomplishment in Public Health Branch, May 1945–November 1947; Anlage: Memorandum for: Chief »Public Health and Welfare Branch«, Subject: Health Organization in the German Civil Government, S. 1.
16 Die große Bedeutsamkeit, die die Amerikaner dem deutschen Gesundheitszustand und, damit unmittelbar in Verbindung stehend, der psychologischen Verfassung der Deutschen zuerkannten, dokumentieren z.B. die von ihnen in Auftrag gegebenen Studien. Vgl. u.a. Zutt, Jürg, Über den seelischen Gesundheitszustand der Berliner Bevölkerung in den vergangenen Jahren und heute, in: *Ärztliche Wochenschrift* 1 (1946), S. 248-250.
17 So wurden beispielsweise den Gesundheitsämtern und Krankenhäusern Autos nicht nur partiell zur Nutzung überlassen, sondern dauerhaft zugewiesen. Vgl. z.B. die Zuweisung von Kraftwagen an das Gesundheitsamt Frankfurt und das Krankenhaus Sachsenhausen. Stadtarchiv Frankfurt/M., Magistratsakten, AZ 7110, Bd. 2, Bericht Schlossers über Verhandlung mit Military Government.

## 2.1 Erste Besatzungsmonate

Dabei konzentrierten sich amerikanische *Public Health officers* zunächst auf die Restauration der gesundheitsrelevanten Strukturen und Institutionen auf lokaler Ebene.[18] Der Schwerpunkt amerikanischer Gesundheitspolitik lag dabei von Beginn an in den Städten.[19] In den deutschen Gesundheitsämtern sahen die *medical officers* das zentrale Bindeglied zwischen amerikanischen Gesundheitsvorstellungen und deutscher Verwaltung.[20] Diese Erwartung wurzelte offensichtlich in der Ähnlichkeit, die die kommunale Gesundheitspflege in Deutschland mit den Aktivitäten der heimischen *municipal boards of health* aufwiesen.[21] Die übereinstimmenden Zwänge industrieller Entwicklung und urbaner Konzentration hatten in Deutschland und den USA gleichartige Lösungsstrategien für städtische Gesundheitsprobleme hervorgebracht.[22]

---

18 Bereits im 19. Jahrhundert war der Aufbau der städtischen Selbstverwaltung die Voraussetzung für die Entwicklung und die Umsetzung einer radikal neuen, fürsorgerisch-prophylaktisch orientierten öffentlichen Gesundheitspolitik gewesen. Ausführlich zur Entwicklung städtischer Selbstverwaltung siehe Matzerath, Horst, *Urbanisierung in Preußen 1815-1914*, Stuttgart u.a. 1985, S. 347ff. Erst vor dem Hintergrund einer sich immer stärker differenzierenden städtischen Verwaltung und wachsender städtischer Budgets war der starke quantitative und qualitative Ausbau der gesundheitlichen Leistungsverwaltung denkbar.

19 Zur Nachordnung von Gemeinden und Kreisen siehe RG 260, 12/75-2/5, 390/49-50/35-1/6-1, Box 231, Experiences in and Impressions of Military Government, Public Health Operations in Germany, May 1945 – May 1946, S. 4.
Das Regelungsdefizit in der öffentlichen Gesundheitspflege führte in dieser Situation zu einem Aufgabenzuwachs der Städte, da sie als direkt Betroffene unter einem besonderen Handlungsdruck standen. Eckart, 1989, S. 216. Auch nach 1945 waren wiederum die Städte unmittelbar von den gesundheitlichen Problemen betroffen und damit bevorzugter Gegenstand gesundheitspolitischer Aufmerksamkeit und Intervention seitens der Alliierten.

20 »*The Gesundheitsamt, purged of all active Nazis and ardent Nazi sympathizers, and of Nazi agencies and ideologies, was to be continumd in full function as the official German health organization.*« RG 260, 390/49/31/5-6, Box 29, OMG-WB, Central Records, Personnel and Administration Division, 1945-49, Administration and Organizational Development of Military Government, 28 March 1945-28 February 1946, Baden.

21 Die Einrichtung von städtischen Gesundheitskommissionen, die als eigene Ausschüsse die Stadtverwaltung berieten, hatte sich am angelsächsischen Vorbild der *boards of health* orientiert, ebenso wie für die seit den 1880er-Jahren eingestellten Stadtärzte die englischen *medical officer* Vorbild waren. Siehe dazu Witzler, 1995, S. 115.

22 Während sich gesetzliche Krankenversicherung, Sozialhygiene und Ärzteverbände gegenseitig stark in ihrer Entwicklung beeinflussten, hatte sich die städtische Gesundheitspflege parallel dazu autonomer entwickelt. Vor allem die beiden Faktoren Industrialisierung und Urbanisierung hatten den Ausbau städtischer Gesundheitsämter und die Konzeptionierung städtischer Gesundheitspolitik gefördert. Dieser Zusammenhang bedingte mit der seit Mitte des 19. Jahrhunderts schnell fortschreitenden Professionalisierung städtischer Gesundheitspolitik eine große internationale Parallelität und damit Vergleichbarkeit auf dem Sektor der städtischen Gesundheitspflege. Zur städtischen Gesundheitspflege siehe z.B. Witzler, 1995, S. 102-105, Kirchgässner, Bernhard (Hg.), *Stadt und Gesundheitspflege*, Sigmaringen 1982; Krabbe, Wolfgang R., Die Modernisierung der kommunalen Sozial- und Gesundheitsfürsorge im Zeitalter

Somit sollte durch den schnellen Wiederaufbau der deutschen Gesundheitsämter an bewährte Interventionsstrategien angeknüpft werden.

## 2.2 Akute Seuchenbekämpfung: »it should be on wheels now [...]«[23]

Die deutsch-amerikanische Kooperation war in dieser ersten Besatzungsphase überraschend gut, da deutsche Amtsärzte und amerikanische *medical officers* in der gemeinsamen Seuchenbekämpfung einen starken Integrationspunkt besaßen.

Gemeinsam mit ihren neu eingesetzten deutschen Kollegen absolvierten die *medical officers* eine Art »Schnelldurchlauf« durch die Anfänge kommunaler Gesundheitspolitik.[24] Der komplette Katalog der Stadtassanierung wurde durchgearbeitet. Von der

---

der Industrialisierung, in: *Zeitschrift für Sozialreform* 30 (1984), S. 424-433.

Ebenso international zu beobachten war der Zusammenhang zwischen Professionalisierung und der Entstehung neuer weiblicher Berufe. Siehe dazu Weindling, Paul, *Health, Race and German politics between national Unification and Nazism, 1870-1945*, Cambridge 1989, S. 343; Sachße, Christoph, *Mütterlichkeit als Beruf. Sozialarbeit, Sozialreform und Frauenbewegung 1871-1929*, Frankfurt/M. 1986, S. 203-207; Ritter, Gerhard A., Die Anfänge des Wohlfahrtsstaates, in: *Funkkolleg Jahrhundertwende 1880-1930*, Weinheim/Basel 1988, Kollegstunde 5, S. 55-88, hier S. 78.

23 RG 260, 390/49-50/35-1/6-1, Box 231, Experiences in and Impressions of MG Public Health Operations in Germany, May 1945 – May 1946, S. 7f.

24 Ausgangspunkt moderner kommunaler Gesundheitspolitik war die durch Industrialisierung hervorgerufene Binnenwanderung und Großstadtbildung in den neuen industriellen Zentren. Die Bevölkerungsexplosion führte zu mangelhafter Behausung in Hinterhäusern, auf Dachböden oder in feuchten Souterrainwohnungen. Reulecke, Jürgen, *Geschichte der Urbanisierung in Deutschland*, Frankfurt/M. 1985, S. 23. Schlechte Ernährung und Belastungen durch die Emissionen der aufstrebenden Industriebetriebe, der sich auf den Straßen anhäufende Müll und die ungenügende Trinkwasserversorgung trugen zum erhöhten Krankheitsrisiko der jungen Städter bei. Witzler, 1995, S. 11; Reulecke, 1985, S. 23f. Gleichzeitig erlaubten die neuen städtischen Lebensformen keinen Rückgriff mehr auf traditionelle Bearbeitungsstrategien von »Krankheit«, wie sie in der Großfamilie bzw. in einem durch klare Verantwortlichkeiten strukturierten Umfeld zur Verfügung gestanden hatten. Siehe dazu auch Frevert, 1984, S. 271f.

Da Krankheit in der Stadt weder räumlich noch sozial eingrenzbar war, wuchs die Bereitschaft der Magistrate und Stadtverwaltungen, die städtische Übersterblichkeit durch eine gezielte Hygiene- und Gesundheitspolitik zu bekämpfen. Frevert, 1984, S. 232; Witzler, 1995, S. 11f.

Polizeiliche Bekämpfungsstrategien und Quarantäneverordnungen wurden durch die Städtetechnik – zeitgenössisch »Assanierung« – abgelöst, die sich auf die Herstellung einer leistungsstarken städtischen Infrastruktur mit kontrollierter Trinkwasseraufbereitung, Abwasserentsorgung, Lebensmittelkontrollen, Luftreinhaltegesetzen und Bauverordnungen mit gesundheitlichen Mindeststandards, Straßenbefestigungen und geregelter Müllentsorgung konzentrierte. Zur Assanierung siehe z.B. Matzerath, 1985, S. 341; Ritter, Wohlfahrtstaat, 1988, S. 76. Die signifikanten hygienischen Fortschritte, die hinsichtlich der Wasserqualität und -versorgung erzielt werden konnten, markierten eine veränderte Gesundheitspolitik, weg von der Seucheneindämmung hin zur Prophylaxe. Witzler, 1995, S. 66f., S. 91; Matzerath, 1985, S. 341f.

Wasserversorgung über die Müllbeseitigung bis zur Sammlung statistisch verwertbarer Krankendaten wurden die Aufgabenstellungen früher stadthygienischer Maßnahmen wieder aufgegriffen. Sowohl amerikanische als auch deutsche Stellen legitimierten diese Tätigkeiten damit, dass die enorme Kriegszerstörung deutscher Städte ihre hygienische und medizinische Infrastruktur stark in Mitleidenschaft gezogen hatte. Ebenso wichtig war jedoch die psychologische Bedeutung dieser Maßnahmen. Angesichts des Kriegsverlustes und der Zerstörung der Städte bedeuteten für die Deutschen die Reparatur ihrer Wasserleitungen, das Abtragen der Schuttberge und die hygienische Kontrolle der Lebensmittel eine praktische Bewältigung des Traumas »Kriegsende«. Diese Maßnahmen, die dem Schutz von Gesundheit und Leben dienten, erleichterten die schwierige Passage von Krieg, Tod und Vernichtung zum Frieden. Was die politische Rhetorik der BRD später als »Stunde Null« verklärte, um den moralischen Neuanfang zu betonen, war für die Zeitgenossen Katastrophe und Chaos. Die vermeintliche »Stunde Null« war 1945 psychologisch unerträglich, sie wurde durch die praktischen Zwänge des Wiederaufbaus in einen erträglicheren Alltag transformiert. Ausdrückliches Ziel war dabei, die Krankenhäuser, Wasserleitungen und Fürsorgestellen wieder so funktionstüchtig zu machen »wie früher«, also der Zäsur eine Kontinuität entgegenzustellen.

Auch die amerikanischen Besatzungsoffiziere bewältigten mit diesen praktischen Maßnahmen eine neue, unbekannte Situation. Sie konnten der für sie neuen Rolle einer Besatzungsmacht gerecht werden, indem sie reparierten, kontrollierten, organisierten. Die dafür erforderlichen Fähigkeiten brachten die Offiziere, die im Zivilberuf Ärzte, Techniker, Ingenieure, Physiker und Chemiker waren, mit, und der Rückgriff auf ihre professionelle Rolle bot ihnen Sicherheit angesichts unzureichender politischer Direktiven.

Sowohl deutsche Berichte als auch amerikanische Dokumente erwähnen immer wieder, dass diese Maßnahmen in Teamarbeit durchgeführt wurden. Kontakt und

---

Leitwissenschaft kommunaler Assanierungsbestrebungen waren die experimentelle Hygiene und die neue Wissenschaft der Bakteriologie. Labisch/Tennstedt, 1985, S. 135. Erst einige Jahrzehnte später bei der Bekämpfung chronischer Krankheiten wurde der gesamtgesellschaftliche Ansatz der Sozialhygiene relevant. Weindling, 1989; Labisch/Tennstedt, 1985, S. 32. Ähnlich wie später die Sozialhygiene, verfolgte auch die Assanierungsbewegung eine Assimilierung der Unterschichten an bürgerliche Lebens- und Hygieneregeln und implizierte damit eine Moralisierung und Sozialdisziplinierung. Siehe zur These der Assanierungsbewegung als »säkularer Missionsbewegung« Labisch/Tennstedt, 1985, S. 359f.; zum Bezug zwischen Wasser und hygienischer Kultur: Frey, Manuel, *Der reinliche Bürger. Entstehung und Verbreitung bürgerlicher Tugenden in Deutschland, 1760-1860*, Göttingen 1997.

Ausführlich zu den verschiedenen Entwicklungsstadien im Kontext der kommunalen Gesundheitspflege Labisch, Alfons, Experimentelle Hygiene, Bakteriologie, Soziale Hygiene: Konzeptionen, Interventionen, Soziale Träger. Eine idealtypische Übersicht, in: Reulecke, Jürgen/Castell Rüdenhausen, Adelheid Gräfin zu (Hg.), *Stadt und Gesundheit. Zum Wandel von Volksgesundheit und kommunaler Gesundheitspolitik im 19. und frühen 20. Jahrhundert*, Stuttgart 1991, S. 37-47.

Kooperation besaßen eine wichtige Bedeutung.[25] Die gemeinsame Reparatur eines defekten Krankenwagens, die kooperative Ausbesserung der Telefonleitungen, die gemeinschaftliche Desinfektion der Ruinen, die kollektive Entlausung der Menschen brachte Besatzer und Besetzte einander schnell näher. Die Brückenköpfe dieser Kooperation waren zum einen die gemeinsame professionelle Identität, zum anderen die übereinstimmenden Sachinteressen. Für die Deutschen boten diese Aktivitäten darüber hinaus eine effektive Möglichkeit, amerikanische Feindbilder zu relativieren. Sie konnten in der Alltagssituation demonstrieren, dass sie keine nationalsozialistischen Sonderlinge, sondern versierte, gut ausgebildete Spezialisten waren, auf die das Stereotyp des technisch begabten fleißigen Deutschen der *Outlaw*-Schule zutraf.

Obgleich die deutschen Gesundheitsämter die Anweisungen der *medical branches* gewissenhaft ausführten, zeigten sich erste Risse in der problemarmen deutsch-amerikanischen Zusammenarbeit, wenn deutsche Interessen mit den Bedürfnissen der alliierten Armee kollidierten. Noch im Mai 1945, also bereits drei Monate nach Besetzung der Stadt, klagten die Frankfurter Krankenhäuser über Beschlagnahmungen und andere Störungen eines geregelten medizinischen Betriebes.[26] Zehn Tage später bemängelte das Städtische Krankenhaus Sachsenhausen erneut, dass innerhalb von vier Tagen sieben verschiedene alliierte Gruppen unterschiedlichste Dienstleistungen vom Krankenhaus verlangt hätten. Besonders ärgerlich fand Verwaltungsdirektor Schönleber, dass »*durch diese fortlaufenden Anforderungen amerikanischer Offiziere, die sich natürlich durch nichts als durch ihre Uniform ausweisen, [...]. die laufende Arbeit in großem Umfang notleidet.*«[27] Bereits im März 1945 hatte der Direktor der Universitätsaugenklinik, die teilweise von der 3. US-Armee beschlagnahmt worden war, angeregt,

---

25 Über die Wirkungsmächtigkeit menschlicher Begegnungen und die Relativierung von Kriegsstereotypen durch den Besatzungsalltag berichtet z.B. auch Krauss, Marita, »Vee GAYT ess eenen?« Lebenssplitter aus dem Umgang mit Besatzer, in: Prinz, Friedrich (Hg.), *Trümmerzeit in München. Kultur und Gesellschaft einer deutschen Großstadt im Aufbruch 1945-1949*, München 1984, S. 333-338.

26 Das Städtische Krankenhaus Sachsenhausen berichtete, dass »*eine Anzahl Betten, deren Zahl noch nicht genau feststeht, von den Amerikanern, als sie das Lazarett hier aufgaben, mitgenommen wurde. [...] Die Betten fehlen nun aber zur Einrichtung der Krankenhausabteilungen. Wenn der Krankenhausbetrieb ordnungsgemäß weiterlaufen soll und wenn wir den Forderungen der Amerikaner, keinen einzigen Kranken abzuweisen, nachkommen sollen, müssen wir von weiteren Requisitionen verschont bleiben.*« Stadtarchiv Frankfurt, Stadtkanzlei, Aktenzeichen 7200, Bd. 3, Städt. Krankenhaus Sachsenhausen, Brief des Verwaltungsdirektors an das Direktoren-Kollegium, 1. Mai 1945.

27 Amerikanische Offiziere, Vertreter von UNRA und auch französische und russische Offiziere hatten Erläuterungen über die im Krankenhaus liegenden deutschen Soldaten, statistische Angaben über den Krankenhausbetrieb, eine Besichtigung der Bibliothek, Literatur über die »deutsche Luftfahrtmedizin«, eine Auflistung über alle im Krankenhaus liegenden Ausländer und anderes gefordert. Ibid., Bericht über Anforderungen im Städt. Krankenhaus Sachsenhausen, 11. Mai 1945.

»*die Belange der Frankfurter Bevölkerung und der Besatzungsmacht*« zentral zu regeln[28], ein Vorstoß, den der amtierende Bürgermeister am 10. Mai 1945 gegenüber der Militärregierung unterstützte, um die »*willkürlichen Eingriffe der Militärverwaltung in die Krankenhausbetriebe*« zu unterbinden.[29]

Die amerikanischen Eingriffe waren nicht immer durch medizinische Notwendigkeiten motiviert, sondern spiegelten die Ungeklärtheit und Offenheit der Lage zu Beginn der Besatzung wider. Dabei potenzierten sich materielle Mängel und ungeklärte Verwaltungszuständigkeiten gegenseitig:

So beschwerte sich z.B. der Verwaltungsdirektor des städtischen Krankenhauses bitterlich darüber, dass die Krankenhauswäscherei mehrere Tage ihrer eigentlichen Aufgabe nicht nachkommen konnte, da statt Krankenhauswäsche amerikanische Uniformen gereinigt und gebügelt werden mussten.[30]

Offensichtlich gab es eine Melange von Gründen, die solche Situationen provozierte. Einerseits demonstrierten die Besatzungstruppen durch solche Auftritte ihre Machtposition, andererseits wurde durch die Inanspruchnahme der deutschen Gesundheitsverwaltung indirekt das Verhältnis zwischen Armee und Militärregierung ausgelotet, und drittens spielten auch die Bequemlichkeit der Besatzungstruppen und eine gewisse Unwissenheit und Naivität darüber, welche weitreichenden Konsequenzen ihre Wünsche nach Statistiken und einigen gewaschenen Uniformen in einem zerstörten und unzureichend ausgestatteten deutschen Gesundheitswesen zeitigen würden, eine gewisse Rolle.

Doch nicht nur die verschiedenen amerikanischen Organe mussten sich erst in ihre neue Rolle finden, auch auf deutscher Seite gab es in den ersten Monaten noch vielfach Unsicherheiten angesichts der neuen »Friedenssituation«. Erst nach einiger Zeit fanden sich funktionsfähige deutsche Interessenkoalitionen, so dass deutsche Bürgermeister amerikanische Anfragen nicht einfach nur an die Krankenhäuser verwiesen, sondern die Interessen der städtischen Institutionen auch gegenüber der Besatzungsmacht, die auf dem Gebiet des öffentlichen Gesundheitswesens dauernd neue

---

28 Ibid., Brief der Universitätsaugenklinik vom 31. März 1945.
29 Ibid., Brief des amtierenden Bürgermeisters an das Stadtgesundheitsamt.
30 »*Durch den Mangel an Kohle kann nicht genügend Dampf erzeugt werden, so daß wir, wenn wir der Küche Dampf liefern, die Wäscherei und die Desinfektionsanstalt stillegen müssen. Diese Stilllegung wirkt sich besonders schwierig in der Wäscherei aus. Mit nur drei Stunden Dampf am Tag kann die anfallende Wäsche nicht gewaschen werden, so daß die Klagen über Mangel an Bettwäsche für die Kranken, Windeln für die Kinder, Wäsche für die Operationssäle usw. nicht abreißen. Dazu trat am Montag noch der Fall ein, daß […] 30 Säcke amerikanischer Uniformen innerhalb von 36 Stunden zu waschen und bügeln waren. Es mußte daher die gesamte Wäscherei am Dienstag und am Mittwochvormittag für den Krankenhausbetrieb vollkommen ausfallen, nur um dieser Auflage nachkommen zu können. […]. Im Hinblick auf die ultimativen Forderungen der Amerikaner taten und tun wir selbstverständlich alles, was wir konnten und können. Nun sind wir aber am Ende mit unserem Können angelangt.*« Ibid., Städtisches Krankenhaus Sachsenhausen, Brief des Verwaltungsdirektors an das Direktoren-Kollegium, 1. Mai 1945.

Aufgaben stellte, »*an die die Forderung eines ungewöhnlich eiligen Geschäftsverkehrs geknüpft*«[31] war, vertraten.

Mit der Etablierung der Militärregierung und einer korrespondierenden deutschen Verwaltung verschwanden diese anfänglichen Reibungspunkte allmählich, die deutsch-amerikanische Kooperation hatte bis zum Sommer 1945 Tritt gefasst, und die deutschen Institutionen äußerten sich positiv über viele Maßnahmen der Besatzungsmacht. Krankenhäuser, die noch einige Wochen vorher unter Requirierungen geklagt hatten, lobten nun die Wachen der Militärregierung, die sie vor Einbrüchen und Plünderungen schützten[32]. Gesundheitsämter, die kurz zuvor über Entlassungen gestöhnt hatten, hoben nun »*das Entgegenkommen der amerikanischen Stelle*« hervor.[33] Diese Veränderung war symptomatisch. Die anfänglichen Konflikte mit den Amerikanern waren fast immer aufgrund von Requirierungen mit den amerikanischen Armeen entstanden. Nachdem die *US-Army* seit Oktober 1945 von den Aufgaben der Zivilverwaltung entbunden war, bestanden diese Konflikte nicht mehr, vielmehr fühlten die deutschen Gesundheitsämter sich durch die pragmatische Unterstützung der Militärregierung mit ihren Problemen ernst genommen.

Die Rivalitäten zwischen taktischen Einheiten und Militärregierung, die hauptsächlich in der oben skizzierten dualen Struktur der Besatzungsverwaltung wurzelten[34], blieben auch den Deutschen nicht verborgen.[35] Dass es trotzdem nicht zu Unruhen kam, schrieben die Amerikaner der devoten Haltung der Deutschen und der allgegenwärtigen Präsenz amerikanischer Uniformen zu.[36] Damit sich am guten Einvernehmen nichts änderte, versuchte die Besatzungsmacht die gesundheitliche Situation zu stabilisieren, zumal sie Gesundheit ebenso wie Ernährung, Wohnraum, Kleidung und Seife als äußerst wichtig für die psychologische Verfassung der Bevölkerung erachtete.[37] Die Überzeugung, dass eine Verschlechterung des Gesundheitszustandes

---

31  Stadtarchiv Frankfurt, Magistratsakten, Aktenzeichen Nr. 7118, Bd.1, Amtsräume und Sachbedarf, Brief des Stadtgesundheitsamts vom 7. Juni 1945. Auch für Stuttgart klagte das Gesundheitsreferat, dass das Gesundheitsamt von der Militärregierung zur Berichterstattung, hygienischen Wasseruntersuchung u.a. sehr in Anspruch genommen werde. Stadtarchiv Stuttgart, Hauptaktei 14, Nr. 2, Tätigkeitsbericht der Stadtverwaltung an die Militärregierung für die Zeit vom 17.-22. September 1945, S. 3.
32  Stadtarchiv Frankfurt, Gesundheitsamt, II/5-1990, Nr. 34, Gesundheitsamt an den kommandierenden Offizier Military Government, PH-Section, Frankfurt am Main, Wochenbericht für die Woche vom 19.-25. Mai 1945.
33  So z.B. bei der Untersuchung deutscher Schulkinder. Stadtarchiv Frankfurt, Gesundheitsamt, II/5-1990, Nr. 34, Stadtgesundheitsamt, Wochenberichte an die Militärregierung.
34  Siehe dazu S. 80 dieser Arbeit.
35  RG 331, SHAEF, Historical Section, Entry 54, Box 169, In the Field with the 711 Service Group, G-5 Staffs and MG Detachment in the Field, Report to G-5, 6th Army Group, S. 2f., Punkt 8 und 9.
36  Ibid., S. 3, Punkt 11.
37  Dazu RG 331, SHAEF, Historical Section, Entry 54, Box 166, Headquarters 15th Army Group, G-5 Section, Military Government, Summary No. 2, May 1945, Punkt 1 und 4.

der Zivilbevölkerung ein Sicherheitsrisiko bedeuten würde, machte funktionsfähige Gesundheitsämter zu einem Besatzungsziel von höchster Priorität und bestimmte in der nachfolgenden Zeit die Maßnahmen der *medical officers*.

Die Seuchenbekämpfung, die in der amerikanischen Besatzungsplanung in Erwartung stark steigender Krankheitsraten noch eine zentrale Bedeutung eingenommen hatte, gewann schnell einen prophylaktischen Charakter.[38]

Bis Mitte 1945 waren auf Anweisung der Militärregierung ein großangelegtes Impfprogramm für die deutsche Bevölkerung auf den Weg gebracht[39] und große Bestände medizinischer Versorgungsgüter aus amerikanischen Armeebeständen an die deutschen Gesundheitsbehörden übergeben worden.[40] Neben der dadurch hervorgerufenen generell positiven Grundstimmung blieben jedoch drei Konfliktfelder weiterhin bestehen: Erstens der Bereich der Entnazifizierung, zweitens die Wohnungsnot, die durch die großzügige Beschlagnahmungspraxis der amerikanischer Besatzungsmacht empfindlich verschärft wurde, und drittens der Mangel an Baumaterialien, Brennstoffen und Nahrungsmitteln.[41] Die Stadtverwaltungen klagten darüber, dass der Materialmangel den Wiederaufbau der Krankenhäuser verzögere und die Eingaben an die Militärregierung auf bevorzugte Zuweisung ohne Erfolg blieben. Auch den *medical branches* der Militärregierung war bewusst, dass die desolate ökonomische Situation und die unnötig großzügige Beschlagnahmung von Wohnraum zu großen hygienischen und gesundheitlichen Problemen führte.[42] Die Überbelegung von Wohnraum wurde von

---

38 Für Tuberkulose und Geschlechtskrankheiten gilt dies nicht, da hier tatsächlich steigende Erkrankungsraten vorlagen.
39 RG 260, 390/49-50/35-1/6-1, Box 231, OMG-WB, Records of the PH-Advisor, Experiences in and Impressions of Military Government Public Health Operations in Germany, May 1945 – May 1946. In Hessen wurde bereits im August 1945 auf Anweisung der Militärregierung gegen Diphtherie und Pocken geimpft. RG 260, 8/57-1/9, OMG-Hesse, Abt. 649, Public Health Division, Summary of Public Health Activities Land Hesse, 1 June 1946 – 31 December 1946, S. 2.
40 RG 260, 8/59-1/9, OMG-Hesse, Abt. 649, Public Health Division, Monthly Narrative Report, October 1945 to Commanding General, Seventh United State Army.
41 Siehe zur Wohnungsnot, den sich daraus ergebenden hygienischen Problemen und der deutschen Kritik an der amerikanischen Beschlagnahmungspraxis neben vielen anderen Dokumenten z.B. Generallandesarchiv Karlsruhe, Präsident Landesbezirk/Baden, Abt. 481, Nr. 537, Brief des Präsidenten des Landesbezirks Baden an die Militärregierung betr. Gesundheitslage der Stadt Mannheim. Ähnlich dramatisch schilderten die Gesundheitsämter die Wohnungsnot. Beispielhaft: RG 260, 8/59-1/9, OMG-Hesse, Abt. 649, Public Health Division, Housing condition in the Landkreis Dieburg, Staatliches Gesundheitsamt an Regierungspräsidenten, translation of copy from 14 August 1946. Zum Materialmangel siehe z.B.: Generallandesarchiv Karlsruhe, Gesundheitsämter, Abt. 446, Nr. 111, Gesundheitsamt Pforzheim, Gesundheitsbericht über den Monat Oktober 1945, S. 1. Zum Seifenmangel und zur unzureichenden Ausstattung der Krankenhäuser z.B.: Stadtarchiv Stuttgart, Hauptaktei 14, Nr. 2, Tätigkeitsbericht der Stadtverwaltung an die Militärregierung für die Zeit vom 17.-22. September 1945, S. 3-5, 15.
42 Vgl. RG 260, 390/49-50/35-1/6-1, Box 231, Annual History of Public Health in Land Württemberg-Baden from Beginning of Occupation to 1 June 1946, S. 15.

der amerikanischen Militärregierung zwar als gesundheitlich problematisch erkannt, trotzdem wurde diese Praxis nicht modifiziert. Um das politische Ziel der Non-Fraternisierung erreichen zu können, wurden weiterhin ganze Häuser beschlagnahmt, da amerikanische Besatzungsoffiziere nicht mit der deutschen Zivilbevölkerung unter einem Dach leben sollten, auch wenn dies bedeutete, dass in von Amerikanern genutzten Häusern Zimmer leerstanden.

Gleichzeitig beschrieben intere amerikanische Gesundheitsberichte die sanitären Verhältnisse, unter denen die Deutschen in den überbelegten Wohnungen lebten, als »geradezu hoffnungslos«. Persönliche Hygiene und Körperpflege seien aufgrund des totalen Mangels für die Menschen gar nicht mehr durchführbar.[43] Allerdings lagen die Entscheidungen über Materialzuweisungen und Requirierungen nicht bei den *medical branches*, die daher auch nur in den seltensten Fällen Abhilfe schaffen konnten.

Da diese Probleme nicht so einfach zu beheben waren wie defekte Wasserleitungen, setzten die Maßnahmen der Amerikaner an den Symptomen an. Durch Fortführung und Ausdehnung der Entlausungsmaßnahmen sollte die Übertragung von Fleckfieber in überbelegten Wohnungen verhindert werden.[44] Neben Typhus war Diphtherie eine weitere ansteckende Krankheit, die zu Beginn der Besatzung bedeutsam war.[45] Während die Diphtherieraten im Dezember 1945 aus amerikanischer Perspektive einen alarmierenden Stand erreichten, versicherten deutsche Amtsärzte den *medical officers*, dass kein Grund zur Besorgnis bestehe, da es sich nur um den normalen saisonellen Anstieg handle.[46] Hier deutete sich bereits ein Unterschied zwischen amerikanischer und deutscher Krankheitsinterpretation an, der später mit Blick auf Tuberkulose und Geschlechtskrankheiten wichtig werden sollte. Es war niemals die Krankheitsrate an sich, die Gelassenheit erlaubte oder Besorgnis hervorrief, es waren stets die Bezugspunkte und Deutungstraditionen, die für die jeweilige Rezeption und Bewertung verantwortlich waren.

---

43  Ibid., S. 15.
44  Ibid., S. 16.
45  Typhus stieg aufgrund der beschädigten Infrastruktur (d.h. defekte Wasser- und Abwasserleitungen) an. Bis zum Sommer 1946 ging die Gesundheitsdeputation in Frankfurt von einer erhöhten Typhusgefahr aufgrund der starken Verunreinigung der Flüsse aus, ohne dass es jedoch zu einer Epidemie in Frankfurt kam. Stadtarchiv Frankfurt, Gesundheitsamt, II/21-1992 Nr. 20, Niederschrift über die Sitzung des Beirates des Stadtgesundheitsamtes 25.6.46. Zum Zusammenhang zwischen Typhus und städtischer Assanierung siehe Vögele, 1998.
46  Ibid., S. 9. Zum Anstieg von Diphtherie im Dezember 1945 siehe vor allem die Berichte des Karlsruher Gesundheitsamtes: Generallandesarchiv Karlsruhe, Gesundheitsämter, Abt. 446, Nr. 11, Staatliches Gesundheitsamt, Wöchentliche Berichte an Militärregierung z. Hd. von Herrn Captain Arant, Karlsruhe. Ausführlich zum Diphtherieanstieg in den Nachkriegsjahren siehe: Schäfer, W., Über die Diphtherie-Morbidität in der Nachkriegszeit 1946-1950, in: *Zeitschrift für Hygiene und Infektionskrankheiten, medizinische Mikrobiologie, Immunologie und Virologie* 135 (1952), S. 43-60.

Auch die schwere Zerstörung vieler Krankenhäuser zog trotz beruhigend niedriger Krankheitsraten die Aufmerksamkeit der Besatzungsmacht auf sich.[47] Ähnlich wie bei der Wohnungsnot war auch hier nur bedingt Abhilfe zu schaffen. Der von den Amerikanern angestrebte Prozentsatz von 15 Betten pro 1000 Einwohner wurde während der Besatzungsjahre nicht erreicht. Vielmehr waren deutsche Krankenhäuser 1945, ohne dass besondere gesundheitliche Vorkommnisse vorlagen, zu 80-90 % belegt.[48] Diese hohe Auslastung erfüllte die amerikanischen Militärärzte angesichts der von ihnen für möglich gehaltenen Epidemien mit großer Sorge. Da die Seuchenprophylaxe nach Kriegsende insgesamt aber »*remarkably effective*« war, verzichtet die Besatzungsmacht auf die unmittelbare Durchführung von Massenimpfungen. Impfprogramme als kostenfreie Gesundheitsvorsorge wurden erst nach einigen Monaten in Kooperation mit der deutschen Gesundheitsverwaltung durchgeführt. Insgesamt verlief die gesundheitspolitische Zusammenarbeit während des ersten Besatzungsjahres dank des überraschend guten Gesundheitszustandes der deutschen Bevölkerung weitgehend konfliktarm.

Die Tätigkeiten, die in den ersten Monaten in Kooperation zwischen amerikanischer Militärregierung und deutscher Gesundheitsverwaltung durchgeführt worden waren, wurden ab Sommer 1945 selbständig von den deutschen Amtsärzten ausgeführt und zwischen Sommer und Dezember 1946 schrittweise in die alleinige deutsche Verantwortlichkeit übertragen.

---

47 Wie sanitäre Reformen war auch der Krankenhausbau zentraler Bestandteil kommunaler Gesundheitspolitik seit dem 19. Jahrhundert. Bis zur Jahrhundertwende befanden sich ca. 30 % aller Krankenhäuser in kommunaler Trägerschaft, da der Bau neuer Krankenanstalten mehr und mehr zu städtischen Prestigeobjekten wurde. Matzerath, 1985, S. 345; Witzler, 1995, S. 150f. Mit dem Ausbau hatte sich auch die Funktion der modernen Krankenanstalten geändert: Medizinischer Fortschritt mit verbesserten Diagnose-, Behandlungs-, Betäubungs- und Operationsmethoden hatte die Krankenhäuser gegenüber der häuslichen Pflege attraktiv gemacht und die Einführung der gesetzlichen Krankenversicherung hatte die Klientel verändert. Nicht mehr Arme, sozial Randständige oder unheilbar Kranke dominierten in den Anstalten. In den Betten der »neuen« Krankenhäuser fanden sich Patienten, die Heilung durch die modernsten Mittel der Medizin suchten und sie sich nun auch leisten konnten. Witzler, 1995, S. 135-137.
Wie hinsichtlich der Assanierungsmaßnahmen gab es auch bei der Krankenhausversorgung ein deutlich artikuliertes öffentliches Bedürfnis. Die Bürger und Bürgerinnen verfolgten Lage und Ausstattung, medizinisches Niveau und hygienischen Standard ihrer Krankenhäuser aufmerksam, sahen sie doch in den modernen Krankenanstalten den »*Culturfortschritt*« schlechthin verkörpert. Siehe dazu ausführlicher Ibid., S. 157. Der seit Jahrhundertwende Bettenüberhang in den städtischen Gebieten illustriert den hohen symbolischen Wert, der der Krankenhausversorgung als Indikator für die medizinischen Versorgung zukam. Eben diese Indikatorfunktion war auch nach dem Zweiten Weltkrieg relevant, wenn die Bettenzahl zu einer heftig umstrittenen, immer wieder neu erhobenen und neu interpretierten Größe zwischen deutschen Verwaltungsbeamten einerseits und amerikanischen Besatzungsoffizieren andererseits wurde.
48 In Stuttgart waren beispielsweise 82 % der Krankenhausbetten durch den Krieg vernichtet worden. Dazu ausführlicher Jütte, 1995, S. 409. Frankfurt hatte vor dem Krieg 7.000 Krankenhausbetten, 1945 noch 1.200. Hähner-Rombach/Ziegler, 2001, S. 148.

## 2.3 Bilanz des Beginns

Nach den ersten turbulenten Monaten der Orientierung zogen die *medical officers* eine erste kritische Zwischenbilanz: Der Katalog der Sofortmaßnahmen war sorgfältig abgearbeitet worden, das Gesundheitssystem auf lokaler Ebene wieder aufgebaut worden, Kreisärzte und Krankenhäuser waren umfassend mit Kraftfahrzeugen ausgestattet worden, das gesamte medizinische Personal war registriert und spezielle Krankenstationen für die DPs waren eingerichtet worden.[49]

Diesen Erfolgen standen nach Ansicht der amerikanischen Offiziere folgende Mängel gegenüber: Massiv kritisiert wurden die »*konfusen*«[50] und undifferenzierten Direktiven, die zudem nur sehr mangelhaft an die einzelnen Einheiten vor Ort übermittelt wurden. Lt. Col. Philipp R. Beckjord, der spätere Chef der *Public Health Division* Württemberg-Badens berichtet frustriert: »*Lines of communication in the fall of 1945 were very undependable. […] In a trip through the southern half of the Western District in October 1945, I found that none of the larger Public Health teams (Karlsruhe, Mannheim, Pforzheim, Stuttgart) had ever seen five USFET directives of major importance.*«[51] Die beiden Kritikpunkte relativierten sich jedoch zumindest partiell gegenseitig, da diffuse Direktiven, die nicht weiter übermittelt wurden, die Politik der jeweiligen *Public Health teams* auch nicht behindern konnten. Undifferenzierte Direktiven waren jedoch kein Spezifikum des Gesundheitssektors, sondern ein übergreifendes Problem amerikanischer Besatzungspolitik. Auch wenn die Forschung immer wieder auf die unzureichenden normativen Vorgaben amerikanischer Besatzungspolitik verweist, so lässt sich am Beispiel kommunaler Fallstudien beschreiben, dass sich die Probleme nicht aus normativen Defiziten ergaben. Ganz im Gegenteil muss der normativen Redundanz amerikanischer Besatzungspolitik immer die sich daraus ergebende Flexibilität und Schnelligkeit, mit der Probleme individuell und damit situationsspezifisch gelöst wurden, gegenübergestellt werden.[52]

Trotzdem hatte die Erfahrung der ersten Wochen gezeigt, dass eine Präzisierung der amerikanischen Interessen im Bereich Gesundheitspolitik notwendig war, da sich die Vorgaben aus JCS 1067 – Entnazifizierung und Dezentralisierung – als unzureichend und für den Gesundheitssektor nur bedingt brauchbar erwiesen hatten.[53] Zwar war JCS 1067 durch detailliertere gesundheitspolitische Pläne und Memoranden ergänzt worden, so dass amerikanische *Public Health officers* theoretisch sehr wohl brauchbare

---

49 RG 260, 390/49-50/35-1/6-1, Box 231, Experiences in and Impressions of Military Government Public Health Operations in Germany, May 1945 – May 1946, S. 2.
50 Ibid.
51 Rückblickender Bericht vom Mai 1946. RG 260, 390/49-50/35-1/6-1, Box 231, Experiences in and Impressions of Military Government Public Health Operations in Germany, May 1945 – May 1946, S. 4.
52 Zur Betonung der normativen Defizite: Boehling, 1996; Leiby, 1985, S. 139.
53 Leiby, 1985, S. 93.

Vorgaben für ihr Handeln hatten, diese waren aber – wie oben dargestellt – mangelhaft kommuniziert worden.

Ein weiterer interner Kritikpunkt bezog sich auf die Konzentration der *medical officers* auf die Städte[54] und die Personalknappheit der *Public Health Branches*. Dass nur ein einziger *medical officer* für alle medizinischen Belange eines großen Gebietes zuständig sei, sei ganz offensichtlich unzureichend, befand der Chef der *1st Medical Group* und spätere *Chief Public Health Officer, Württemberg-Baden*, Lt. Col. Philipp R. Beckjord. Als *Commanding Officer* der *division medical battalion* seien ihm 40 Offiziere und 420 Soldaten unterstellt gewesen, nach dem Aufbau der Militärregierung hätten ihm für die gleiche Aufgabe noch vier Offiziere, elf Medizinaloffiziere und fünfzehn Soldaten zur Verfügung gestanden, beschrieb Beckjord den gewaltigen Unterschied in der personellen Ausstattung von Military Government und Armee.[55]

Die dramatische Personalnot der *Public Health teams* der amerikanischen Militärregierung blieb bis 1949 Gegenstand der Kritik und ein Grund für die quasi »prophylaktische« Betonung der drohenden Gesundheitsgefahren.[56] Die kurzfristige Auffüllung der Personalengpässe der *medical branches* der Militärregierung durch Armeeärzte führte außerdem dazu, dass erst im Oktober 1945 die *Public Health* Aufgaben der Militärregierung der Kontrolle des *Army Surgeon* entzogen wurden.[57] Die inadäquate Ausstattung der *medical branches* hinsichtlich Personal, technischer Ausstattung und Medikamentenversorgung absorbierte in den ersten Monaten viel Energie, die nicht auf die eigentliche gesundheitspolitische Aufgabe verwendet werden konnte. Die chronische Unterbesetzung der *Public Health Branches* schürte die Befürchtung, aus diesem Grund heranziehenden Seuchen nicht gewachsen zu sein. Diffuse Krankheitsängste der Besatzungsoffiziere und der Gedanke, dass *»gesundheitliche Katastrophen«* unmittelbar bevorstünden, existierten daher ungeachtet aller Entwarnungen noch lange Zeit weiter.

---

54 »*I believe that unfortunately, in the months when we had many capable officers, too much time and effort was spent in bringing about order in the larger cities, while the rural areas were neglected.*« RG 260, 390/49-50/35-1/6-1, Box 231, Experiences in and Impressions of Military Government Public Health Operations in Germany, May 1945-May 1946, S. 4. Dies war jedoch nicht durch mangelhafte Vorbereitung oder Personalknappheit bedingt, sondern ergab sich aus den Traditionen der städtisch orientierten amerikanischen Gesundheitspolitik und lässt sich darüber hinaus aus dem urbanen Kontext moderner Gesundheitsfürsorge ableiten.

55 RG 260, 390/49-50/35-1/6-1, Box 231, Experiences in and Impressions of Military Government Public Health Operations in Germany, May 1945 – May 1946, S. 1.

56 Siehe als Beleg dafür z.B. die redaktionelle Überarbeitung des Berichts der hessischen Public Health Branch vom zweiten Halbjahr 1946. Der Director der württemberg-badischen *Public Health Branch* William Radcliffe strich ausschließlich zufriedenstellende Aussagen (z.B. über den nur mäßigen Anstieg von Geschlechtskrankheit, der ausreichenden Ernährungslage und Versorgung mit Krankenhausbetten etc.). RG 260, 8/57-1/9, OMG-Hesse, Abt. 649, Public Health Division, Summary of Public health activities Land Hesse, 1 June 1946-31 December 1946, S. 10ff.

57 Ibid., S. 3.

Den fieberhaften Aktivitäten der ersten Wochen hatten die beängstigenden Prognosen amerikanischer Militärärzte zugrunde gelegen. Da die Situation aber, wie sich in der Folgezeit herausstellte, weniger dramatisch war, als es im ersten Augenblick den Anschein hatte, zogen die beiden amerikanischen Gutachter Simmons und Turner im Juli 1945 ein hochzufriedenes Zwischenresumé amerikanischer Gesundheitspolitik: »[...] it can be reported with satisfaction that plans for health and medical affairs, as far as the United States Group is concerned, are believed to be on a sound basis and in the hands of capable individuals.«[58]

## 3. Wiederaufbau der Gesundheitsverwaltung

Auch der schnelle Wiederaufbau der Gesundheitsverwaltung hatte einen unmittelbaren Bezug zur Seuchenbekämpfung, da so die notwendige administrative Struktur gesichert wurde.

### 3.1 Gesundheitsämter 1945

Zunächst sollten alle Bereiche der lokalen Gesundheitsfürsorge so schnell wie möglich wieder aufgebaut bzw. sogar erweitert werden.[59]

Zeitgleich mit dem Wiederaufbau des kommunalen Gesundheitssystems sollten erste Entnazifizierungsmaßnahmen durchgeführt werden.[60] Ab Frühjahr 1945 sollten politisch unbelastete und fachlich erfahrene Amtsärzte in den deutschen Gesundheitsämtern eingesetzt werden.[61] Das war die schwierigste Aufgabe der *Public Health officers*. Am 3. Mai 1945 berichtete der G5-Stab der 6. US-Armee, die grundsätzliche Schwierigkeit der *Civil Administration* liege darin, Personal zu finden, das sowohl fachlich

---

58 RG 260, AG 45-46/111/5, Military Government US, Adjutant General 1945-1946, U.S. Army Plans for German Public Health under the Allied Control Council, a Report to the Surgeon General of Oberservations made from 6 June to 12 July 1945, S. 8.
59 Ausgebaut wurde die Struktur der Gesundheitssicherung vor allem bei der Tuberkulosefürsorge. Vgl. dazu z.B. Generallandesarchiv Karlsruhe, Präsident Landesbezirk Baden, Abt. 481, Nr. 587, Tuberkulose-Kontrolle in Baden (US-Zone); Stadtarchiv Frankfurt, II 75-1990, Nr. 31, Brief Grosshessisches Staatsministerium, Minister des Innern, an den Herrn Oberbürgermeister Kolb, Frankfurt am Main, 20. März 1947.
60 Der amerikanische Entnazifizierungsprozess ist u.a. von Lutz Niethammer für Bayern ausführlich dargestellt worden. Diese Ergebnisse lassen sich im Wesentlichen auch auf das Gesundheitswesen übertragen. Niethammer, Lutz, *Die Mitläuferfabrik. Die Entnazifizierung am Beispiel Bayerns*, Frankfurt/M. 1972. Siehe detaillierter zur Entnazifizierung des deutschen Gesundheitswesens, S. 134ff. dieser Arbeit.
61 RG 260, 5/331-2/5, Military Control of German Public Health in the Early Static Phase, S. 2.

kompetent, als auch politisch unbelastet sei.[62] Auch die zuvor erstellten weißen und grauen Listen halfen den *medical officers* häufig nicht weiter[63], wenn, wie z.B. im Falle Mannheims, alle städtischen Beamten geflohen waren und nur zwei Personen, die auf der grauen Liste verzeichnet waren, überhaupt gefunden werden konnten. Angesichts dieser Situation stelle die CAD erst einmal »*irgendwelche Mediziner*« im städtischen Gesundheitswesen an.[64] Selbst wenn, wie z.B. in Heidelberg, die gesamte Belegschaft des Gesundheitsamts ausfindig gemacht werden konnte, stellten sich die Personalprobleme in ähnlicher Weise, so dass schließlich vorerst nur Mitglieder der SS entlassen wurden, Amtsärzte nur mit Parteibuch aber weiterbeschäftigt wurden, während die Suche nach einem Arzt, der »*free from any Party connections*« war, weiterging.[65]

Diese Lösungen, die schon von den G5-Stäben favorisiert worden waren, waren auch für die folgenden Besatzungsmonate paradigmatisch: Schwer belastete Beamte wurden suspendiert und die neu eingesetzten Ärzte bis zu einer genaueren Überprüfung befristet weiterbeschäftigt. Ließ man die politische Vertretbarkeit außer Betracht, so waren »*a sufficient number of doctors and nurses for civilian medical care*« vorhanden.[66] Eine umfassendere Prüfung und endgültige Entscheidungen sollten später erfolgen, da die Militärregierung die gesundheitliche Versorgung der Bevölkerung während der Konsolidierungsphase nicht durch Personalengpässe belasten wollte.[67]

In Frankfurt wurde der 69-jährige Arzt Dr. Karl Schlosser, SPD-Mitglied und bis 1933 Zweiter Bürgermeister, auf seinem alten Posten wieder eingesetzt[68] und zum Leiter des Frankfurter Gesundheitsamtes gemacht. Schlosser trat im Oktober 1945 aus Altersgründen in den Ruhestand und wurde durch Kurt Blaum ersetzt.[69] In Pforzheim wurde dem SPD-Stadtrat Dr. med. Ruef die Leitung des Gesundheitsamts übertra-

---

62 RG 331, SHAEF, Historical Section, Entry 54, Box 170, G-5 Section, 6th Army Group, Weekly Civil Affairs, Military Government Summary No. 30 for week ending 3 May 1945, S. 4.
63 Siehe dazu S. 77 dieser Arbeit.
64 RG 331, SHAEF, Historical Section, Entry 54, Box 169, Report by Col. Parkman on Trip Foward, 2. through 4 April 1945, Historical Division, G-5 Section, 6th Army Group, S. 2.
65 RG 331, SHAEF, Historical Sect. Entry 54, Box 170, G-5 Section, 6th Army Group, Weekly Civil Affairs, Military Government Summary, No. 29 for week ending 26 April 1945, Appendix B: Public Health Situations Reports, S. 4.
66 Ibid., S. 7, Punkt 9.
67 RG 260, 390/49-50/35-1/6-1, Box 231, Experiences in and Impressions of Military Government Public Health Operations in Germany, May 1945–May 1946, S. 2.
Diese Vorgaben für den Wiederaufbau des deutschen Gesundheitswesens in der ersten Besatzungsphase waren kein Notmaßnahmenkatalog, sondern aufgrund der zufriedenstellenden gesundheitlichen Situation allgemeine Organisationsmaßnahmen. RG 260, 5/331-2/5, Military Control of German Public Health in the Early Static Phase.
68 Boehling, 1996, S. 130.
69 Zum Wiederaufbau des Frankfurter Gesundheitsamts auch: Krämer, Leonie, Vom Mangel zum Wohlstand, in: Bauer, Thomas u.a. (Hg.), *Vom »stede arzt« zum Stadtgesundheitsamt – Die Geschichte des öffentlichen Gesundheitswesens in Frankfurt am Main*, Frankfurt/M. 1992, S. 113-184.

gen.[70] In Karlsruhe wurde Dr. Otto Heck als Amtsarzt eingesetzt, der bereits in dem geheimen Papier des G5-Stabes der 6. Armee als einer der wenigen nicht nationalsozialistischen Ärzte und als Wunschkandidat namentlich aufgeführt worden war. In Stuttgart wurde Robert Gaupp mit der kommissarischen Leitung des städtischen Gesundheitsamtes beauftragt.[71] Gaupp, 1870 in Neuenbürg im Schwarzwald geboren, war 1906 als Ordinarius für Psychiatrie nach Tübingen berufen worden, wo er bis 1936 die Universitätsnervenklinik leitete.[72] Während des Ersten Weltkriegs hatte sich Gaupp, damals Generaloberarzt, als Gutachter gegen angebliche »*Kriegsneurotiker und konstituionelle Psychopathen*«[73] hervorgetan. Unter seiner Anleitung hatte man deren Kriegsverwendungsfähigkeit mit unglaublich brutalen, in manchen Fällen zum Tod führenden (Folter-)Methoden wiederherzustellen versucht.[74] In der Novemberrevolution hatte Gaupp den »*nervösen Zusammenbruch*« einer kranken »*Volksseele*« gesehen. Während der Weimarer Republik hatte sich der Tübinger Psychiater durch öffentliche Vorträge zur »*Entartung von Mensch und Volk*« hervorgetan und 1925 öffentlich die Sterilisation der »*Schädlinge*« gefordert.[75] Obwohl Robert Gaupp sich durch seine zahlreichen Veröffentlichungen als Entartungstheoretiker[76] profiliert hatte, setzte ihn die amerikanische Besatzungsmacht aufgrund nomineller Kriterien – Gaupp war nicht Mitglied der NSDAP gewesen und 1936 aus Altersgründen in den Ruhestand getreten – als kommissarischen Gesundheitsreferenten und vorläufigen Leiter des Stuttgarter Gesundheitsamts ein.[77]

Gaupp war einer jener »*retired non-Nazi [...] officials*«[78], die die Militärregierung in großem Maßstab einsetzen zu können hoffte. Dabei qualifizierte allein ihre Nicht-

---

70  Stadtarchiv Pforzheim, Bestand 10, Nr. 1086, Gesundheitsamt der Stadt Pforzheim an den Bürgermeister der Stadt Pforzheim.
71  Für weiterführende Hinweise zur Person Gaupps danke ich Ulrich Voelkel. Ausführliche Daten zur Person Gaupps: Leins, Claudia, *Robert Eugen Gaupp. Leben und Werk*, Tübingen 1991.
72  Gaupp zählte zu den angesehensten deutschen Psychiatrieprofessoren. Vgl. zu seiner Position an der Tübinger Universität: Paletschek, Sylvia, *Die permanente Erfindung einer Tradition. Die Universität Tübingen im Kaiserreich und in der Weimarer Republik* (Contubernium. Tübinger Beiträge zur Universitäts- und Wissenschaftsgeschichte), Stuttgart 2001, S. 458; 479.
73  Voelkel, Ulrich, Robert Eugen Gaupp – Psychiatrie zwischen Einfühlung und Ausmerze, in: Jantzen, Wolfgang (Hg.), *Euthanasie – Krieg – Gemeinsinn*, Münster 1995, S. 311-315, hier S. 313. Siehe auch: Leins, 1991, S. 193ff., 206ff.
74  Siehe dazu z.B. die bei Voelkel beschriebene »Elektrisierung«, Isolierhaft, Scheinoperationen, provozierte Erstickungsanfälle etc. Voelkel, 1995, S. 313.
75  Zitate abgedruckt bei ibid.
76  Dazu ausführlicher: Ibid.
77  Siehe zur schillernden politischen Haltung Robert Gaupps, der sich einerseits als demokratisch und verfassungstreu bekannte, sich andererseits 1926 weigerte, seinen jüdischen Schüler Alfred Storch zu habilitieren, auch: Paletschek, 2001, S. 200, 286.
78  RG 331, SHAEF, Historical Section, Entry 54, Box 169, The German Medical Profession in Baden (with attached white and grey lists), Headquarters 6th Army Group, G-5 Section, 20. Januar 1945.

Parteimitgliedschaft diese Männer.[79] Weitergehende politische Evaluationen wurden nicht durchgeführt, so dass es sich bei den eingestellten Ärzten aus dieser Gruppe häufig um konservative Männer mit einem Weltbild handelte, das national-konservative und partiell sogar rassenhygienische Elemente beinhaltete.[80]

Die schnelle Wiedererrichtung der Gesundheitsämter hatte teilweise eine Umkehrung traditioneller Hierarchien bewirkt. So wurden die Leiter der städtischen und staatlichen Gesundheitsämter in den ersten Besatzungsmonaten zu wichtigen deutschen Ansprechpartnern. Sie waren der Militärregierung direkt verantwortlich und mit hoher Priorität ausgestattet. Einige von ihnen besaßen einen direkteren Zutritt zu den neuen Machtzentren als mancher Bürgermeister.[81] So berichtete der Frankfurter Zweite Bürgermeister Dr. Schlosser im Juni 1945 dem amtierenden Bürgermeister, dass sich das Aufgabengebiet des Stadtgesundheitsamtes durch »*starke Einflußnahme von seiten des Military Government ständig erweitert habe.*«[82] Dr. Schlosser war als Leiter

---

79 Robert Gaupp erfüllt diese Charakteristik genau. Er befürwortete die nationalsozialistische Sterilisationspolitik und legitimierte nationalsozialistische Rassentheorien durch seine wissenschaftlichen Studien. Obgleich politisch der DDP nahestehend, bestanden damit vielfältige Berührungspunkte zum Nationalsozialismus. Detaillierter zur politischen Haltung Gaupps sowie zu seinem Verhältnis zu den Nationalsozialisten siehe Leins, 1991, S. 46ff., 281f.

80 Rebecca Boehling hat in einer detaillierten Studie den Wiederaufbau deutscher Kommunalverwaltungen durch die amerikanische Besatzungsmacht rekonstruiert. Hinsichtlich der personellen Besetzung kommt sie zu dem Ergebnis, dass die örtlichen Militärregierungen an erster Stelle versuchten, vakante Stellen mit der politisch unbelasteten fachlichen Elite der Weimarer Republik zu besetzen. Diese Männer schienen unpolitisch und ihre fachlichen und administrativen Kenntnisse wurden vor allem von pragmatisch orientierten *military officers* geschätzt. Eine zweite Gruppe, die vor allem bei den ICD- und OSS-Offizieren Unterstützung fand, war derjenige Teil der politischen Elite der Weimarer Republik, der sich durch SPD- und KPD-Mitgliedschaft als Gegner des Nationalsozialismus ausgewiesen hatte und außerdem administrative Kenntnisse vorweisen konnte; Boehling, 1996, S. 125.
Diese Gruppe schien im Gesundheitswesen nach 1945 kaum vertreten gewesen zu sein. Ob dies an der primär konservativen Orientierung der deutschen Ärzteschaft lag, kann im Rahmen dieser Untersuchung nicht verfolgt werden und wäre in einer biographisch ausgerichteten Studie zu untersuchen.
Zu überprüfen wäre, ausgehend von der Klassifizierung, die Boehling für die politische Elite vorlegt, ob hinsichtlich der Gesundheitsverwaltung nicht ein weiterer Typus vorherrschte, der, zwar nominell apolitisch einem national-konservativen Weltbild anhing, das vielfältige eugenische und rassische Berührungspunkte zum Nationalsozialismus aufwies. Die politische Positionierung der ärztlichen Standesorganisation legt nahe, dass eine national-konservative politische Orientierung innerhalb der Ärzteschaft verbreitet war. In einer biographisch orientierten Studie wäre zu verfolgen, ob die nach 1945 eingesetzten Ärzte diesem Typus des parteilosen Nationalkonservativen entsprachen und welche Konsequenzen dies für das Gesundheitswesen hatte. Siehe zur relativ breiten Varianz der neu berufenen Kommunalpolitiker und der deutlich unterschiedlichen Ausrichtung der jeweiligen Stadtverwaltungen Boehling, 1996, S. 125, 154f.

81 Vgl. z.B. Bericht Dr. Schlosser an Oberbürgermeister, Juni 1945, Stadtarchiv Frankfurt/M. Magistratsakten AZ 7110, Bd. 2.

82 Ibid. Siehe zur Geschichte des Frankfurter Gesundheitsamtes: Sachße/Tennstedt 1988, S. 29.

des Gesundheitsamtes für die Verbindungen zwischen seinem Amt, der Medizinischen Fakultät der Universität und der Militärregierung zuständig und sollte nach den Wünschen der Militärregierung einen »*ganz besonderen Dolmetscher in persönlichem Dienst*« zugeordnet bekommen, um die Kommunikation zu beschleunigen.[83] Oberstleutnant Phleps vom Headquarter der Militärregierung Stadtkreis Frankfurt/M. hoffte, auf diese Weise eine effektive Gesundheitskontrolle durchführen zu können.[84]

Die amerikanische Unzufriedenheit mit der politisch unzulänglichen Personalauswahl wurde durch das Ausbleiben gefürchteter Epidemien und die andauernde gute Verfassung der Deutschen kompensiert. So vermischten sich bereits in der Anfangsphase zwei Besatzungskonzepte: Einerseits hatten viele Besatzungsoffiziere bereits in den ersten Wochen den von vansittartistischen Vorstellungen inspirierten Anspruch, jeden Nazi dingfest zu machen und seiner Funktion zu entheben. Gleichzeitig waren die Offiziere jedoch auch um eine adäquate Lösung der Sachprobleme bemüht, weshalb sie in der Praxis häufig auf die Konzeption der *Outlaw*-Vertreter zurückgriffen und nur leitende Personen mit offensichtlicher NS-Vergangenheit entließen.

Die von der Militärregierung eingesetzten Amtsärzte erhielten innerhalb der ersten Monate eine Folge von neun Direktiven, welche die Rolle, die ihnen die Militärregierung zuwies, genauer beschrieben und ihre Tätigkeiten im Einzelnen auflisteten. Direktive Nr. 1 betonte die Verantwortlichkeit der Amtsärzte für den öffentlichen Gesundheitsdienst und machte sie persönlich dafür haftbar, dass alle Anweisungen der Militärregierung ausgeführt würden. Aufgabe der Amtsärzte sei es, der Militärregierung regelmäßig Informationen über die aktuellen Krankheitszahlen zu übermitteln und sie schnell über mögliche Gesundheitsgefahren zu informieren. Dieses von den *medical units* eingeführte Berichtssystem war grundlegend für alle gesundheitspolitischen Maßnahmen der Besatzungsmacht.[85] Ausdrücklich machte die Proklamation darauf aufmerksam, dass die Amtsärzte in jedem Fall auf ihren Posten zu bleiben hätten. Offensichtlich fürchtete die Militärregierung, dass sich, wie kurz vor Kriegsende, Beamte in andere Zonen absetzen würden. Direktive Nr. 2 wies den Amtsärzten die Verantwortung für die Aufrechterhaltung der medizinischen Infrastruktur und die Verteilung der knappen Ressourcen zu. Die dritte Anweisung erläuterte nochmals das

---

83 Stadtarchiv Frankfurt/M., Magistratsakten, AZ 7110, Bd. 2.
84 Ibid., Brief Headquarter Military Government Stadtkreis Frankfurt am Main an Oberbürgermeister, betreffend Gesundheitsamt Frankfurt/M.
85 Vgl. dazu Stadtarchiv Stuttgart, Hauptaktei Gruppe 5, Reg. Nr. 5020-2, laufende Nr. 49, Directive No.1, Public Health Authority and Responsibility.
Mittels dieses Berichtssystems sollten die Informationen und Tätigkeiten der deutschen Amtsärzte vereinheitlicht werden. Gleichzeitig wurde damit auch die Informationsgewinnung der *Medical Teams* standardisiert. Die beigefügte *Check List* führte die Punkte, die die *Public Health Officers* abfragen sollten, in Form von 39 Fragen genau auf. RG 260, OMGUS, 5/332-1/12, OMGUS: CAD PWB, *Check List*, Anlage zu: Public Health Policies MG Title 1, Military Government Regulation.

Berichtssystem der Militärregierung.[86] Dass die Amtsärzte direkte Empfänger dieser Anweisungen waren, unterstrich ihre Rolle als unmittelbare Interaktionspartner der Militärregierung und als zentrale Agenten amerikanischer Gesundheitspolitik.[87]

## 3.2 Wiederaufbau der deutschen Gesundheitsverwaltung von Regierungsbezirken und Ländern 1945/46

Während der Wiederaufbau auf Kommunal- und Kreisebene überraschend schnell und problemlos vonstatten gegangen war, gestaltete sich der Sprung auf die Landesebene mühsamer. Bis September 1945 war in Württemberg eine rudimentäre Gesundheitsverwaltung geschaffen worden, die ihren Sitz in Stuttgart hatte und der alle Kreisärzte unterstellt waren. Verantwortlicher *Land Commissioner of Public Health* war Walter Gerlach. In Baden war die Entwicklung aufgrund der Existenz von zwei Landesbezirken komplizierter. Im Oktober 1945 wurde schließlich Dr. Joseph Hamacher als Direktor für das Gesundheitswesen im amerikanisch besetzten Baden eingesetzt.[88] Am 19. September 1945 waren durch Proklamation Eisenhowers die von den Amerikanern besetzten Teile Nordwürttembergs und Nordbaden administrativ zu Württemberg-Baden zusammengefasst worden. Dem Landesbezirk Baden war dabei Verwaltungsautonomie zugestanden worden, die Landesbezirksdirektoren blieben von der Stuttgarter Landesregierung unabhängig.[89] In Württemberg-Baden blieb Dr. Walter Gerlach, der bereits von der französischen Besatzungsmacht ernannt worden war[90], verantwortlicher Referent für das Gesundheitswesen, das wiederum dem Innenministerium zugeordnet wurde.[91] Im November 1945 wurde in Baden die lokale

---

86 RG 260, 5/332-1/13, OMGUS, Directive No. 1, Public Health Authority and Responsibility, General (Kreise) to Bürgermeister, Landrat and Amtsarzt. Ibid. Directive No. 2, Public Health Specific Duties; Ibid. Directive No. 3, Public Health – Immediate Actions (Kreise). Vgl. auch Leiby, 1985, S. 96.
87 Aufgrund dieser zentralen strukturellen Bedeutung der Gesundheitsämter und der deutschen Amtsärzte konzentriert sich die nachfolgende Darstellung der Entnazifizierung des Gesundheitswesens auf den Sektor des öffentlichen Gesundheitsdienstes.
88 RG 260, 390/49-50/35-1/6-1, Box 231, Military Government Operations 1945-1947, Office Military Government Württemberg-Baden, S. 2. RG 260, 390/49-50/35-1/6-1, Box 231, OMG-WB, Records of the PH-Advisor, Annual History of Public Health in Land Württemberg-Baden from Beginning of Occupation to 1 June 1946, S. 3.
89 Siehe dazu ausführlicher: Sauer, Paul, *Die Entstehung des Landes Baden-Württemberg*, Stuttgart 1977, S. 17ff.
90 RG 260, 390/49-50/35-1/6-1, Box 231, OMG-WB, Records of the PH-Advisor, Military Government Operation 1945-1947, Public Health Branch for Office Military Government-Württemberg-Baden, S. 1. Dort auch eine detaillierte Auflistung der zuständigen amerikanischen *Public Health Officers* in den einzelnen württemberg-badischen Städten.
91 RG 260, 390/49-50/35-1/6-1, Box 231, Annual History of Public Health in Land Württemberg-Baden from Beginning of Occupation to 1 June 1946, S. 2, 4.

Gesundheitsverwaltung in deutsche Verantwortlichkeit übergeben.[92] Am 28. Februar 1946 wurde die amerikanische Militärregierung für den Landesbezirk Baden aufgelöst, ihre Aufgaben wurden dem *Public Health officer* der Landesmilitärregierung in Stuttgart übertragen.[93] Die in Nordbaden seit Oktober 1945 bestehende autonome deutsche Gesundheitsverwaltung auf Regierungsbezirksebene blieb, unter minimaler Kontrolle aus Stuttgart, unter Dr. Josef Hamacher bestehen. Am 15. Mai 1946 wurden in Württemberg-Baden alle Aufgaben der Militärregierung bei dem *Landes-Military Government* in Stuttgart zentralisiert.[94]

In den hessischen Bezirken waren im Juni 1945 deutsche Zivilverwaltungen auf Regierungsbezirksebene gegründet und die Kreisärzte den neu eingesetzten Obermedizinalräten der Regierungsbezirke unterstellt worden.[95] Am 8. Oktober 1945 war aus den Regierungsbezirken Kassel, Wiesbaden und Hessen (Darmstadt) das Land »*Groß-Hessen*« gegründet worden.[96] Am 12. Oktober 1945 war mit der Medizinalabteilung innerhalb des hessischen Innenministeriums die deutsche Gesundheitsverwaltung auf Länderebene wieder eingesetzt worden[97], die seit dem 29. Oktober 1945 von Dr. Wilhelm von Drigalski geleitet wurde.[98]

---

92 RG 260, 390/49/31/5-6, Box 29, OMG-WB, Central Records, Personnel and Administration Division, 1945-49, Administration and Organisational Development of Military Government, 28 March 1945–28 February 1946, Baden.

93 Ibid., RG 260, 390/49-50/35-1/6-1, Box 231, OMG-WB, Records of the PH-Advisor, Annual History of Public Health in Land Württemberg-Baden from Beginning of Occupation to 1 June 1946, S. 4.

94 RG 260, 390/49/31/5-6, Box 29, OMG-WB, Central Records, Personnel and Administration Division, 1945-49, Administration and Organisational Development of Military Government 28 March 1945-28 February 1946, Baden. RG 260, 390/49-50/35-1/6-1, Box 231, OMG-WB, Records of the PH-Advisor, Annual History of Public Health in Land Württemberg-Baden from Beginning of Occupation to 1 June 1946, S. 4.

95 RG 260, 8/57-1/9, OMG-Hesse, Abt. 649, Public Health Division, Summary of Public Health Activities Land Hesse, 1 June 1946–31 December 1946, S. 2.

96 Emig, Dieter/Frei, Alfred G., Office of Military Government, in: Weisz, Christoph (Hg.), *OMGUS-Handbuch. Die amerikanische Militärregierung in Deutschland 1945-1949*, Oldenburg 1995, S. 317-454, hier S. 324.

97 RG 260, 8/57-1/9, OMG-Hesse, Abt. 649, Public Health Division, Summary of Public Health Activities Land Hesse, 1 June 1946–31 December 1946, S. 3.

98 RG 260, 8/59-1/9, OMG-Hesse, Abt. 649, Public Health Division, Monthly Narrative Report, October 1945 to Commanding General, Seventh United States Army. Wilhelm von Drigalski (21. Juni 1871 – 12. Mai 1950) geboren in Dresden, gestorben in Wiesbaden. Promovierte 1895 in Berlin zum Dr. med. und habilitierte sich 1906 in Hannover. 1907 wurde von Drigalski Stadtarzt in Halle. Von 1916 bis 1918 war er beratender Hygieniker beim deutschen Heer. Seit 1925 leitete er als Medizinalrat das öffentliche Gesundheitswesen Berlins. 1933 in Berlin entlassen, war er nach der Pensionierung von 1937 bis 1939 Schiffsarzt. 1919 war von Drigalski in die DDP eingetreten. Zu diesen biographischen Angaben siehe: Hessisches Hauptstaatsarchiv Wiesbaden, Abt. 520, Spruchkammerakten Drigalski, Nr. W 2743. An der Universität Halle hatte von Drigalski zwischen 1923 und 1935 Vorlesungen über Rassenhygiene gehalten. Dazu Hirschinger, Frank, *Zur Ausmerzung freigegeben. Halle und die Landesheilanstalt Altscherbitz 1933-1945*, Köln, Weimar, Wien 2001, S. 48f.

Bis zum Spätherbst 1945 war in allen Ländern der amerikanischen Besatzungszone die Gesundheitsverwaltung auf Länderebene wieder aufgebaut worden. Die Stadt-, Land- und Regierungsbezirksebenen waren bereits wieder den deutschen Medizinalabteilungen unterstellt. Die Gesundheitsreferate der Innenministerien arbeiteten zur Jahreswende 1945/46 zwar schon wieder selbständig, aber noch nicht eigenverantwortlich. In einer Interimsphase bis zu den Landtagswahlen blieben die amerikanischen Ländermilitärregierungen die letztverantwortlichen Entscheidungsinstanzen. Nach der USFET-Direktive »*Reorganization of Military Government Channels in Order to Develop German Responsibility for Self-government*« vom 5.10.1945 endete das Weisungsrecht der städtischen Detachments an deutsche Behörden im November 1945, einen Monat später erloschen die Weisungsbefugnisse der Detachments auf Regierungsbezirksebene.[99] Ab Anfang 1946 sollten alle amerikanischen Weisungen ausschließlich über die Landesregierungen laufen, die Detachments vor Ort hatten nur noch Kontroll- und Aufsichtsfunktionen und fungierten als Daten- und Informationssammelstellen. Mit der Konsolidierung und dem Ausbau der Medizinalabteilung des Innenministeriums gingen sukzessive mehr und mehr Kompetenzen der Kreis-Detachments der Militärregierung an das Innenministerium über, so dass die Abteilungen der Militärregierung auf Stadt- und Kreisebene im Dezember 1945 aufgelöst wurden.[100]

## 3.3 Umstrukturierung der Militärregierung und Eigenverantwortlichkeit der deutschen Gesundheitsverwaltung 1946

Diese schnelle Übertragung der politischen Verantwortlichkeit an deutsche Behörden war möglich geworden, weil der Wiederaufbau der deutschen Verwaltung extrem schnell vorangeschritten und mit »*less delay and loss of efficiency than was anticipated*« verknüpft gewesen war.[101] Für Württemberg-Baden fasste die Militärregierung im

---

99 Henke, 1996, S. 985.
100 RG 260, 8/57-1/9, OMG-Hesse, Abt. 649, Public Health Division, Summary of Public Health Activities Land Hesse, 1 June 1946 – 31 December 1946, S. 3. Wie aus dieser Zusammenfassung deutlich wird, wichen die einzelnen Schritte des Wiederaufbaus in den verschiedenen Ländern jeweils um einige Wochen bzw. Monate voneinander ab. Um nachfolgend trotzdem die Gesamtentwicklung in der amerikanischen Besatzungszone in verallgemeinernder Form darstellen zu können, wird darauf verzichtet, jeweils die genaue Datierung für jedes einzelne Land zu geben. Statt dessen wird die Entwicklung anhand von Monats- bzw. Jahreszeiträumen (z.B. zwischen Oktober und Dezember 1945, im Herbst 1946 usw.) beschrieben.
101 RG 260, OMGUS, 8/59-1/5, OMG-Nord-Baden Detachment E-7, Karlsruhe, Monthly Narrative Report on Public Health Land Baden for Month of October 1945 to Surgeon, G-5, PH-Section, Seventh US Army, S. 1.

Februar 1946 zusammen: »*Much progress was made by Public Health in Land Württemberg-Baden during the first year of operation.*«[102]

Der gute Zustand, so die Offiziere der Militärregierung, sei im Wesentlichen der tatkräftigen Unterstützung der Armee zu danken: »*Without this assistance from army medical units it is difficult to imagine what might have happened to Public Health in Germany at this time, as military government facilities were totally inadequate to cope with the boundless confusion and utter disorganization in the midst of devastation and destruction almost beyond description. Gradually, personal and equipment were shifted into military government and as this occurred army units became less urgently necessary and began to fad out of the picture.*«[103]

Die Militärregierung hatte zu Beginn der Besatzung weder das Personal noch die Ausstattung, um ihrem Auftrag ohne Unterstützung der Medizinalkorps der Armeen gerecht werden zu können. Dieser Zusammenhang ergänzt das bisherige Bild der scharfen Konkurrenz und des endlosen Kompetenzgerangels zwischen Armee und OMGUS. Obwohl die G5-Stäbe der Armee ihre Kompetenzen im Oktober 1945 an OMGUS abgetreten hatten, verblieb die Verantwortlichkeit für *Public Health* weiterhin bei den US-Armeen. Dass diese Regelung nicht auf die Weigerung der Militärs zurückging, die gesundheitspolitischen Kompetenzen an OMGUS abzutreten, lässt sich bereits an der oben zitierten Erleichterung der *medical officers* über die noch andauernde Unterstützung der *medical corps* ablesen. Außerdem unterstrich diese Kompetenzverteilung auch die Relevanz, die das amerikanische *War Department* dem Gesundheitsbereich beimaß.

»*In some respect, MG Public Health officers in the European theater held a unique position in that they were organized and directed though this technical unit [...] until June 1946. After September 1945, when ECAD dissolved, policies for the reorganization of the civilian Public Health services in Württemberg-Baden were directed from [...] the G-5 section of the 7th US Army Headquarters Heidelberg.*«[104] Für den Gesundheitssektor wurde die Trennung vom Oberkommando der Armee erst im Frühjahr 1946, als die deutsche Gesundheitsverwaltung einigermaßen im Sattel war und sich abzeichnete, dass die Amerikaner nicht durch schwere gesundheitliche Probleme bedroht würden, abgeschlossen.[105] »*In reviewing MG Public Health operation from the end of hostilities in May, 1945 to the Fall of the year [...] great credit must be given for preventing chaos in the*

---

102 RG 260, 390/49/31/5-6, Box 29, OMG-WB, Central Records, Personnel and Administration Division, 1945-49, Administration and Organisational Development of Military Government, 28 March 1945–28 February 1946 Baden.
103 Ibid.
104 RG 260, 390/49-50/35-1/6-1, Box 231, OMG-WB, Records of the PH-Advisor, Military Government Operation 1945–1947 Public Health Branch for Office Military Government Württemberg-Baden, S. 1.
105 RG 260, 390/49-50/35-1/6-1, Box 231, OMG-WB, Records of the PH-Advisor, Experiences in and Impressions of Military Government Public Health Operations in Germany, May 1945–May 1946.

*health status of US occupied Germany. [...] Public Health is in a reasonably satisfactory condition, evaluated in the light of all the circumstances*«[106], lautete das Zwischenresultat der Militärregierung nach ihrem ersten Besatzungsjahr.

Obgleich sich also keine gesundheitlichen Probleme aus dieser frühen Übertragung ergeben hatten, war die Kritik daran, dass amerikanische Stellen so früh ihre Zuständigkeiten an die deutsche Verwaltung abtraten, innerhalb der Militärregierung beträchtlich[107]: »*On 5. December 1945 Major Winebrenner, Lt. Col. Cooper, senior Public Health officer of Württemberg-Baden and five other officers were redeployed to the States and from this time forward the Military Government side of Public Health in Württemberg-Baden is a story of desperate struggle to hold the gains made by infinite pains and long hours of work against the steady attrition of redeployment.*«[108]

Die *medical officers* mussten sich nicht nur mit der deutschen Gesundheitsverwaltung auseinandersetzen, sie führten ab Dezember 1945 einen Zwei-Fronten-Kampf mit den deutschen Gesundheitsämtern und Ministerien vor Ort und mit dem *War Department* in Washington, das angesichts der erfolgreichen gesundheitspolitischen Arbeit eine Reduzierung des sowieso schon knappen Personals der *Public Health Branches* verfügte.

Die Gründe für die frühe Übertragung lagen vor allem in der während der gesamten Besatzungszeit bestehenden immensen Personalknappheit der Militärregierung.[109] Auch der Leiter der *Public Health Division* der Militärregierung Württemberg-Badens teilte die Einschätzung, dass vor allem am Anfang der Besatzung zu wenig medizinisches Personal zur Verfügung gestanden habe. Kritisch merkte Winebrenner zu der Gesundheitspolitik des zurückliegenden Jahres an:

»*If in the next war, enough doctors and nurses can be trained for MG, I believe one or the other might well be placed on the staff of each of the lowest Military Government detachments. These lower Public Health officers would [...] be needed for only a short time*

---

106 RG 260, 390/49-50/35-1/6-1, Box 231, OMG-WB, Records of the PH-Advisor, Annual History of Public Health in Land Württemberg-Baden from Beginning of Occupation to 1 June 1946, S. 5.
107 RG 260, 8/190-2/9, OMG-HE, Historical Report October 1945–June 1946. Ebenso z.B. Zink, 1947, S. 182. Auch historische Analysen betonen, dass die frühe deutsche Eigenständigkeit für die Vereitelung und Verschleppung wichtiger Reformansätze verantwortlich sei. So z.B. Boehling, 1996; Leiby, 1985, S. 98. Ob diese Kritik auch für den Gesundheitssektor zutrifft, oder ob die von Clay angestrebte Vereinheitlichung amerikanischer Politik schwerer wog, wird am konkreten Beispiel zu überprüfen sein.
108 RG 260, 390/49-50/35-1/6-1, Box 231, Annual History of Public Health in Land Württemberg-Baden from Beginning of Occupation to 1 June 1946, S. 4.
109 Die Darstellung der Organisationsgeschichte der einzelnen Ländermilitärregierungen im OMGUS-Handbuch ist eine konstante Repatriierungsgeschichte. Erläutert wird die kontinuierlich notwendige Umorganisation der *Divisions* und *Branches* aufgrund der Verkleinerungen und Zusammenlegungen verschiedener Abteilungen. Das über 600 Seiten starke Handbuch erwähnt im wörtlichen Sinne fast auf jeder Seite die Unterbesetzungen und die enormen Frustrationen, die sich daraus ergaben. Vgl. Weisz, 1995.

*after an occupation and could soon be relieved to be replaced [...] these lowest echelon officers, if properly and commonly instructed as to precisely what policies will apply [...] with our present experience behind us, it can be done in the future can accomplish the basic mission of reorganizing the local system very quickly and move out.«*[110] Damit bestätigte der amerikanische Offizier jedoch eigentlich die de facto vollzogene amerikanische Politik des schnellen Wiederaufbaus und der baldigen Abgabe der Verwaltungsaufgaben an deutsche Behörden.

Nicht nur innerhalb der Militärregierung hatte es Kritik an der frühen Übertragung der Verwaltung an deutsche Behörden gegeben, auch deutsche Bürgermeister äußerten auf Nachfrage der Militärregierung, dass ein völliger Rückzug der Militärregierung so früh nicht gewünscht werde.[111] Das deutsche Volk sei politisch noch unreif und der demokratische Erziehungsprozess nur durch die Unterstützung der Militärregierung voranzutreiben. Einzig die Militärregierung besitze die »*geeignete Autorität die teilweise widerstrebenden Interessen der nichtdeutschen Instanzen (Armee, UNRA usw.) als auch der deutschen Behörden, Körperschaften und politischen Organisationen auszugleichen. Eine von der Militärregierung nicht mehr gestützte deutsche Verwaltung, die der Willkür der Parteien ausgeliefert wäre, würde zu völliger Unfruchtbarkeit verurteilt sein.*«[112]

Interessant war, dass »*Seuchen und Unruhen*«, die das Planungsszenario der letzten Kriegsmonate bestimmt hatten und noch bis zum Sommer 1945 gesundheitspolitischer Bezugspunkt waren, in der Diskussion über den Zeitpunkt der Rückübertragung der politischen Verantwortlichkeit an deutsche Gremien keine Rolle mehr spielten. Die funktionale Gesundheitsplanung war Ende 1945 durch eine ausschließlich politische Perspektive abgelöst worden.

Selbst Major Winebrenner, der kritisch auf die Arbeit seiner *Public Health officers* blickte, argumentierte im Mai 1946 ausschließlich politisch: »*While our own Military Government Public Health officers, who have come from tactical units, have performed reasonably well, most of them have been disinterested and resentful of their assignment to Military Government especially after the high command began to slow down the redeployment of Military Government personnel. After a war is over, there is a vast difference in the performance of an officer who is interested in his assignment and one who is not, much more so than during the combat phase. With the exception of two officers in my Group, I would say that the efficiency of all of them has dropped at least one third as compared with their efficiency of a year ago: I am somewhat perplexed that so many cannot realize the*

---

110 RG 260, 390/49-50/35-1/6-1, Box 231, Experiences in and Impressions of Military Government Public Health Operations in Germany, May 1945–May 1946, S. 6.
111 So z.B. der Stuttgarter Oberbürgermeister Klett. Stadtarchiv Stuttgart, Hauptaktei Gruppe 0, Bestand 14, Nr. 49, Oberbürgermeister Klett an Militärregierung, Befragungsunterlagen vom 23. November 1945.
112 Ibid.

*importance of their individual efficiency in ›winning the peace‹.*«[113] Die Sorgen, die der Gesundheitspolitiker Winebrenner sich machte, galten nicht der aktuellen Seuchenstatistik, denn diese wies keine beunruhigenden Steigerungen auf, sondern einzig der politischen Kompetenz seiner *Public Health officers.*

Trotz vereinzelter interner Kritik fiel die Beurteilung des amerikanischen Personals in dieser ersten Phase aber einhellig positiv aus: »*Military Government Public Health personnel was constantly being augmented, and many of the individuals acquired had civilian backgrounds in Public Health, and were quite decently capable of health administration.*«[114]

Da die gesundheitspolitische Verantwortlichkeit seit Januar 1946 alleine bei den deutschen Länderregierungen lag und die amerikanische Militärregierung nur noch kontrollierte[115], folgte aus dem Wiederaufbau der deutschen Selbstverwaltung die interne Straffung der amerikanischen Besatzungsadministration.[116] Die *Public Health* Abteilung besaß zwar keinen Divisionsstatus, was in der Tat einer nicht erwartbaren sachlichen Aufwertung gleichgekommen wäre, als Unterabteilung der CAD genoss Gesundheitspolitik statt dessen dieselbe Relevanz, wie sie auch dem Gesundheitsreferat innerhalb der deutschen Verwaltungsstruktur als eigenständiges Referat der Innenministerien zukam. Trotz vielfältiger Umstrukturierungen, Zusammenlegungen und Auflösungen einzelner OMGUS-Abteilungen blieb die Sektion *Public Health* bis 1949

---

113  RG 260, 390/49-50/35-1/6-1, Box 231, Experiences in and Impressions of Military Government Public Health Operations in Germany, May 1945–May 1946, S. 8.
114  RG 260, 390/49-50/35-1/6-1, Box 231, OMG-WB, Records of the PH-Advisor, Annual History of Public Health in Land Württemberg-Baden from Beginning of Occupation to 1 June 1946, S. 3.
115  RG 260, 8/59-1/9, OMG-Hesse, Abt. 649, Public Health Division, Summary of Public Health Progress in MG of Land Greater Hesse, 1 June 1945–30 June 1946, S. 4.
116  Siehe zur gleichzeitig bei OMGUS einsetzenden Personalreduktion: RG 260, 390/49-50/35-1/6-1, Box 231, OMG-WB, Records of the PH-Advisor, Military Government Operation 1945-1947, Public Health Branch for Office Military Government-Württemberg-Baden, S. 3. Mit der Umorganisierung der Militärregierung von USGCC in OMGUS im Oktober 1945 wurde die zwischenzeitlich aufgelöste *Internal Affairs and Communication Division* neu gegründet, wobei Maj. Gen. Morris C. Stayer für das Aufgabenfeld *Public Health* zuständig blieb und im Dezember 1946 von Col. Milfod T. Kubin abgelöst wurde. Seit März 1948 war *Public Health* eine Unterabteilung der im April 1946 als eigenständige Abteilung gegründeten *Civil Administration Division*. Siehe zu diesen Entwicklungen ausführlicher Henke/Oldenhage, 1995, S. 109-111. 1948/49 wurde die *Public-Health*-Abteilung, wie andere Referate der CAD nach Bad Nauheim verlegt. Zu den zahlreichen organisatorischen Umstrukturierungen innerhalb von OMGUS bis 1949 vgl. Henke/Oldenhage, 1995, bes. S. 44-82. Auf eine detaillierte Übersicht wird an dieser Stelle verzichtet, da sich für die *Public Health Branch,* die kontinuierlich als Referat der CAD bestehen blieb, keine sachlich relevanten Veränderungen ergaben. In Bad Nauheim arbeitet die *Public-Health*-Abteilung unter Leitung von Col. Milford T. Kubin weiter, bis im September 1949 mit Auflösung der Militärregierung die Zuständigkeit der CAD, OMGUS auf das *Office of Political Affairs, High Commissions of Germany* (HICOG) übertragen wurde. Ibid., S. 112; 82-89.

bestehen und wurde danach als Referat von HICOG weitergeführt. Eine gleichwertige Präferenz lässt sich auf den Landesebenen nachzeichnen, auf denen *Public Health* ebenfalls Unterabteilung der CAD bzw. in Württemberg-Baden der *Interior Division* war.[117] Auch auf Länderebene nahm Gesundheitspolitik damit strukturell den gleichen Rang ein wie andere Bereiche der inneren Verwaltung.

Die amerikanische Besatzungsmacht hoffte, dass der Wiederaufbau der deutschen Verwaltungsstruktur weiterhin so zügig wie bisher vonstatten gehen werde und schon bald auch die Verantwortung auf Länderebene an die Deutschen übertragen werden könne. Mit Hilfe des im November 1945 gegründeten Länderrats sollten die deutschen Länderregierungen ihre (Gesundheits-)Politik zukünftig effektiv koordinieren. Mit dem weitergehenden politischen Ziel, »den Frieden zu gewinnen«, startete die amerikanische Militärregierung in die nächste gesundheitspolitische Etappe. Die zur Jahreswende 1945/46 noch primär interne Kritik verschob sich mit dem größer werdenden Aktionsradius der deutschen Verwaltung auf die seit 1946 zuständigen deutschen Behörden.

### 3.4 Konsolidierung der deutschen Verwaltung 1946/47

Was mit uneindeutigen Direktiven begonnen hatte, gewann mit fortschreitender Besatzungspolitik Kontur. Bereits das Potsdamer Abkommen modifizierte JCS 1067 in einigen Punkten, da es eine Stabilisierung der Wirtschaft[118], die Wiederherstellung der Infrastruktur[119] und den Aufbau einer demokratischen Selbstverwaltung vorsah.[120] Für die amerikanische Besatzungsverwaltung waren deshalb fortan die Potsdamer Beschlüsse, mit denen sie konstruktive Politik betreiben konnte, wesentlicher als ihre unilateralen Direktiven.[121]

1946 bahnte sich mit der *policy of containment* eine Konfrontationspolitik gegenüber der UdSSR an, die gleichzeitig eine neue Deutschlandpolitik nach sich zog. Die Wende von der Konfrontation zur Kooperation mit Deutschland wurde im September 1946 von Außenminister Byrnes in Stuttgart öffentlich verkündet.[122] Damit wurde programmatisch nachvollzogen, was bereits seit Juli 1946 mit Gründung der Bizone praktische Politik war: der ökonomische Wiederaufbau der westlichen Besatzungszonen und die schrittweise Wiedereinbeziehung der Deutschen in die Völkergemein-

---

117 Emig/Frei, 1995, S. 413-415; Schöntag, Wilfried, Office of Military Government for Württemberg-Baden, in: Weisz, Christoph (Hg.), *OMGUS-Handbuch. Die amerikanische Military Government in Deutschland 1945-1949*, S. 455-596, Oldenburg 1995, S. 522-525.
118 Siehe Punkt 14ff. des Abkommens, abgedruckt in Steininger, 1983, Bd. 1, S. 77.
119 Vgl. Punkt 17 des Abkommens Ibid., S. 78.
120 Ibid., S. 61.
121 Gries, 1991, S. 161
122 Wortlaut der Rede abgedruckt in Steininger, 1983, Bd. 1, S. 214.

schaft. Entnazifizierung und Entmilitarisierung standen jedoch weiterhin ganz oben auf der Liste amerikanischer Politikziele.[123] Mit Verkündung der Truman-Doktrin im März 1947 wurde das bisher noch fluide Weltbild unter den Vorzeichen des Kalten Krieges klar in Ost und West separiert. Wenn – wie oben beschrieben – amerikanische Direktiven und Weisungen nur bedingt Einfluss auf den Besatzungsalltag hatten, so sollte auch die Wirkungsmächtigkeit der »großen Politik« auf die Besatzungspraxis vor Ort nicht überschätzt werden, zumal Gesundheitspolitik aus der Perspektive Berlins, Frankfurts oder gar Washingtons ein marginales Feld war, das im Kontext politischer Großwetterlagen nicht regelungsbedürftig erschien. Auch wenn die Gesundheitspolitik eine Nischenexistenz führte, die Freiheit zum Experimentieren und Unabhängigkeit von tagespolitischen Entscheidungen mit sich brachte, so ist doch zu prüfen, inwieweit die allgemeinpolitischen Entwicklungslinien die Vorzeichen bestimmten, unter denen gehandelt werden musste.

Die erfolgreiche Kooperation der ersten 18 Monate hätte sich – so könnte man vermuten – angesichts der effektiven Seuchenkontrolle stabilisieren müssen. Interessanterweise trat eine gegenteilige Entwicklung ein. Die Freistellung von vielen praktischen Aufgaben der Gesundheitssicherung gab den amerikanischen Offizieren Raum zur Reflexion. Ihre Sorgen kreisten einerseits immer wieder um die zu geringe Personalausstattung, konzentrierten sich andererseits aber auch zunehmend auf die neu eingesetzte deutsche Gesundheitsverwaltung, über die bereits Anfang 1946 erste skeptische Beobachtungen geäußert wurden. »*In most instances the Public Health functions are being administered by personnel who gained their experience under the Weimar Republic. Under these circumstances there is always a tendency to cling to surviving traditions as elements of stability.*«[124] Die stabile gesundheitliche Situation setzte Energien frei, die nun zur Auseinandersetzung zwischen amerikanischen *medical officers* und deutschen Gesundheitsbeamten eingesetzt wurden.

Angesichts der nach dem Krieg notwendig gewordenen Seuchenprophylaxe waren alle gesundheitsfürsorgerischen Aufgaben zunächst zurückgestellt worden.[125] Mit der Wiederaufnahme der fürsorgerischen und prophylaktischen Arbeit der Gesundheitsämter wurde offenbar, dass deutsche Amtsärzte und amerikanische *medical officers*

---

123 Vgl. allgemein zur Entwicklung amerikanischer Besatzungspolitik auch Gries, 1991, S. 161-164, Benz, Wolfgang, *Potsdam 1945. Besatzungsherrschaft und Neuaufbau im Vier-Zonen-Deutschland*, München 1986, S. 70ff.; Schwarz, 1980, S. 73ff.
124 RG 260, 8/57-1/9, OMG-Hesse, Abt. 649, Public Health Division, Summary of Public Health Activities Land Hesse, 1 June 1946–31 December 1946, S. 5.
125 Im September 1945 hatte beispielsweise das Stuttgarter Gesundheitsamt berichtet, dass sich der laufende Dienst insbesondere auf die Seuchenbekämpfung konzentriere und die fürsorgerischen Maßnahmen vollständig darnieder lägen. Stadtarchiv Stuttgart, Hauptaktei 14, Nr. 2, Tätigkeitsbericht der Stadtverwaltung an die Militärregierung für die Zeit vom 17.–22. September 1945, S. 3.

grundsätzlich verschiedene Einschätzungen hatten, wenn es darum ging, wie gefährlich einzelne Krankheiten waren und welche Maßnahmen zu ergreifen seien.[126]

Mit wachsender Zuständigkeit deutscher Behörden wurden die während des ersten Jahres nur leise geäußerten gegenseitigen Anforderungen lauter. Die deutschen Gesundheitsämter beklagten, dass die hygienischen Zustände unhaltbar seien, und forderten die Besatzungsmacht auf, beschlagnahmte Schwimmbäder »*wenigstens an zwei Nachmittagen der Woche für Schüler [...] zur Verfügung [zu] stellen*«, und die »*absolut unbefriedigende Lage hinsichtlich der Seifenversorgung*« zu verbessern. Bemängelt wurde auch die schlechte Versorgung mit »*Fett und Eiweiß, [...] die zu einer fortschreitenden Verschlechterung des Gesundheitszustandes führe*«.[127] Diese Kritik gründete nicht in gesundheitlichen Problemen, sondern hatte politische Motive. »*Aufgrund dieser Begebenheiten wird [...] die Echtheit der Beteuerungen der Alliierten, Deutschland nach Möglichkeit in der Überwindung der Not beizustehen, stark angezweifelt. Ja, es wird offen davon gesprochen, daß es die Absicht der Alliierten sei, die Gesundheit der deutschen Bevölkerung durch den Hunger allmählich zu ruinieren und die Bevölkerungszahl systematisch durch den Hungertod zu dezimieren.*«[128]

Vermittelt über Gesundheit, wurde der Hunger, der seit 1946 große Emotionen und schlimme Erinnerungen an die Hungerwinter nach dem Ersten Weltkrieg in der deutschen Bevölkerung hervorrief, zum Integrationspunkt vieler Unmutsgefühle gegenüber der Besatzungsmacht.

Auch amerikanische Berichte wiesen – wenn auch in nüchterneren Worten – seit Beginn des Jahres 1946 unter dem Stichwort »*Defizite im Gesundheitswesen*« immer wieder auf die Mängel hin, die eine adäquate Gesundheitsversorgung unmöglich machten. Wie die deutschen Beamten zählten auch die amerikanischen Offiziere Engpässe bei Seife, Nahrungsmitteln und Fahrzeugen als problematisch auf[129], vor allem aber richteten sie ihr Augenmerk auf Missstände in der Medikamentenversorgung[130] – ein Gut, das enger als Nahrung und Seife mit Gesundheit und Krankheit

---

126 Die damit aufgeworfene Frage nach Wahrnehmungskategorien und Bewertungskriterien verweist bereits auf den weitreichenden symbolischen Gehalt einzelner Krankheiten und wird daher in einem gesonderten Kapitel behandelt. Siehe S. 255-323.
127 Stadtarchiv Stuttgart, Hauptaktei 14, Nr. 4, Tätigkeitsbericht der Stadtverwaltung Nr. 344, 28. Januar–2. Februar 1946; Tätigkeitsbericht der Stadtverwaltung Nr. 326, 14.-19. Januar 1946; Hauptaktei Gruppe 0, Bestand 14, Nr. 27, Berichte Polizeipräsident Schumm an CIC, Situationsbericht Nr. 70, 14. März 1947.
128 Stadtarchiv Stuttgart, Hauptaktei Gruppe 0, Bestand 14, Nr. 27, Tagesberichte Kripo an CIC Juli 1945–März 1950, Situationsbericht Nr. 86, 5. Juli 1947. Interne amerikanische Berichte hatten bereits im Frühjahr 1946 konstatiert: »*The impression prevails that the Germans are becoming more and more outspoken in their criticism of Military Government*«. RG 260, AG 5/10-1/12, 390/41/14/5-6, Box 682, Office of Military Government, Stadtkreis Stuttgart, Public Health Adviser, Monthly Narrative Historical Report, 14 Feburary 1946.
129 RG 260, 11/146-1/4, Monthly Report Military Governor U.S. Zone, Health and Medical Affairs, No. 6, 20 January 1946.
130 Ibid., No. 10, 20 May 1946, S. 2.

korreliert war. Auch in der Mängelliste tauchten damit erste Differenzen zwischen amerikanischen und deutschen Perspektiven auf.

Die größte Sorge bereitete den Offizieren der Militärregierung jedoch das offensichtliche Defizit an »*adequately trained personnel*«. Während die deutschen Berichte über Personalmangel vor allem im Kontext der Entnazifizierung klagten, thematisierten amerikanische Berichte dieses Problem im Kontext der allgemeinen Mängel des deutschen Gesundheitswesens und sahen die Ursache in der zu schlechten Bezahlung deutscher Amtsärzte.[131] Im Juli 1946 hoffte die Militärregierung noch, dass die Personalengpässe vorübergehend seien.[132] Insgesamt wurden die ersten anderthalb Jahre der Besatzung von der Militärregierung als Erfolg gewertet. »*It is [...] difficult to conceive that, in the short period of fourteen [...] months [...] it has been possible to organize a Public heath Service which could function with so little supervision my M.G.*«[133] Als Ende 1946 die Übertragung der Kompetenzen abgeschlossen und im Oktober 1946 der Gesundheitsausschuss des Länderrates gegründet worden war, der die deutsche Verwaltung auch in Gesundheitsfragen straffen und koordinieren sollte, äußerten die Offiziere der hessischen Militärregierung die Erwartungen, dass die »*Hessian Public Health organization will gain strength by the establishment of a firm foundation from below rather that the ordering of procedures from above. Major progress in the future will spring from field trips in which close contact is established with the Kreisarzt.*«[134]

General Clay hatte versucht, seinen Offizieren die frühe Übertragung der politischen Verantwortlichkeit an die Deutschen mit dem Argument schmackhaft zu machen, dass die Amerikaner den »*low level job*«[135] der unmittelbaren Zuständigkeit gar nicht wollten. Offensichtlich hatten sich bis Ende 1946 auch die *Public Health officers* mit den Personalreduktionen, die diese Haltung mit sich brachte, abgefunden, denn sie resümierten: »*Two years after the beginning of the occupation, a small group of American officers [...] still watch over the health of the citizens of Württemberg-Baden. [...] [they] remain as a small but alert remnant of the once large group of US Army Medical Department personnel dedicated to the preservation of health in Württemberg-Baden.*«[136] Hinter diesem Pathos zeichneten sich immer schärfere Konfliktlinien zwischen deutschen Gesundheitspolitikern und amerikanischer Besatzungsmacht ab. Ungeachtet der gemeinsamen, positiv verlaufenen Seuchenprophylaxe unterschieden sich die von

---

131 Ibid., No. 6, 20 January 1946.
132 »*Improvement has been noted, and undoubtedly will continue as personnel gain further experience.*« Ibid., No. 12, 20 July 1946, S. 2.
133 RG 260, 8/57-1/9, OMG-Hesse, Abt. 649, Public Health Division, Summary of Public Health Activities Land Hesse, 1 June 1946–31 December 1946, S. 1.
134 RG 260, 8/57-1/9, OMG-Hesse, Abt. 649, Public Health Division, Summary of Public Health Activities Land Hesse, 1 June 1946–31 December 1946, S. 6.
135 Zitiert nach Ziemke, 1975, S. 404.
136 RG 260, 390/49-50/35-1/6-1, Box 231, OMG-WB, Records of the PH-Advisor, Military Government Operation 1945-1947, Public Health Branch for Office Military Government Württemberg-Baden, S. 5.

der Besatzungsmacht als wichtig erachteten gesundheitlichen Probleme und die favorisierten Lösungsoptionen immer stärker von deutschen Entwürfen – eine Differenz, die wachsende gegenseitige Kritik provozieren sollte.

Dies zeigte sich zuerst bei der Entnazifizierung des Gesundheitswesens, die besonders konfliktträchtig und von Anfang an zwischen amerikanischen Besatzungsoffizieren und deutschen Gesundheitspolitikern und Amtsärzten heiß umkämpft war.

## 4. Entnazifizierung des öffentlichen Gesundheitswesens

Die Entnazifizierung des deutschen Gesundheitswesens sollte sowohl institutionell als auch rechtlich und personell erfolgen.[137] Die politische Säuberung war umso dringli-

---

137 Die Phase der Entnazifizierung stellte einen wichtigen Abschnitt amerikanischer Besatzungspolitik dar und spielte sowohl in der Diskussion über Gesundheit als auch hinsichtlich der Umsetzungsmöglichkeiten und -grenzen amerikanischer Gesundheitspolitik eine wichtige Rolle. Die amerikanischen Planungen zur Entnazifizierung waren erstmals Mitte 1944 von der *German Country Unit* im *Supreme Headquarter, Allied Expeditionary Forces* (SHAEF) im »*Handbook for Military Government in Germany prior defeat or surrender*« formuliert worden. Darin war die Internierung aller Personen vorgesehen, die als gefährlich bewertet wurden. Diese Planungsphase war noch bestimmt von rational-taktischen Überlegungen. Beschleunigt durch die Kompetenzstreitigkeiten im Kontext der Deutschlandplanung, war der Bereich der Entnazifizierung mehr und mehr zum Kompromissfeld der gegensätzlichen Standpunkte geworden. Noch im Dezember 1944 erfuhren auf Betreiben Morgenthaus die bereits sehr weit gefassten Planungen des SHAEF eine weitere Ausdehnung. Vgl. Niethammer, 1972, Mitläufer, S. 37. In der interalliierten Diskussion war das Ziel einer umfassenden Entnazifizierung Deutschlands der kleinste gemeinsame Nenner der ansonsten stark divergierenden alliierten Interessen. In der gemeinsamen Erklärung von Jalta hatten sich F. D. Roosevelt, Stalin und Churchill nur auf das gemeinsame Kriegsziel »Vernichtung von Nazismus und Militarismus« einigen können. Vgl. Wumber, Heiner, *Umerziehung im Lager*, Essen 1991, S. 13. Welche konkreten Schritte ergriffen werden sollten, blieb offen, wodurch es jeder Besatzungsmacht selbst überlassen blieb, wie sie die Entnazifizierung gestalten wollte. Erst fünf Monate später in Potsdam nannten Truman, Stalin und Attlee konkrete politische Maßnahmen: Durch Verhaftung, Internierung und Aburteilung sollte der Nationalsozialismus besiegt werden. Deuderlein, Ernst (Hg.), *Potsdam 1945. Quellen zur Konferenz der »Großen Drei«*, München 1963, S. 349. Auf der Potsdamer Konferenz wurde damit nachträglich beschlossen, was faktisch bereits in allen Besatzungszonen umgesetzt wurde: Die Amerikaner hatten bis zum Potsdamer Internierungsbeschluss in ihrer Zone bereits über 70 000 Personen festgenommen. Dazu: Benz, 1986, S. 163. Mit diesen Zahlen nahmen sie die unangefochtene Spitzenposition ein. Zum Vergleich: Die Zahlen für die britische Zone lagen bei 30 000, also um mehr als die Hälfte niedriger. Vgl. Wumber, 1991, S. 14. Aus der Analyse der Vansittartisten, die im deutschen Nationalcharakter eine Prädisposition zum Nationalsozialismus zu erkennen glaubten, folgte logisch die Internierung breiter Bevölkerungsschichten. Neben den ideologischen Hardlinern hatte aber auch die Presse bis Kriegsende die amerikanischen Planungen verschärft. In der amerikanischen Diskussion war Ende 1944 von mehreren Millionen zu internierenden Personen die Rede gewesen; eine Planung, die so unrealistisch war, dass die Briten ihre Zustimmung zu amerikanischen Direktiven verweigert hatten und Eisenhower als Oberbefehlshaber der gesamten alliierten Streitkräfte letztlich mit

cher, als die Nationalsozialisten versucht hatten, das Gesundheitssystem grundlegend umzugestalten: Nationalsozialistische Politik hatte den Gesundheitssektor »*arisiert*«, mittels Gleichschaltung die Selbstverwaltung von Krankenkassen und Ärzteverbänden abgeschafft, Eugenik und Rassenpolitik zu Leitlinien der Gesundheitspolitik erhoben und schließlich alle gesundheitspolitischen Maßnahmen rüstungs- und kriegpolitischen Zielen untergeordnet.[138] Dass sich das Regime dabei bestehender bürokratischer und institutioneller Strukturen bedient hatte und viele relevante Gesetze nicht spezifisch auf das Gesundheitswesen bezogen waren[139], erschwerte es amerikanischen Besatzungsoffizieren, alle Facetten der Nazifizierung des Gesundheitssektors zu erkennen.

    der paradoxen Situation konfrontiert war, unterschiedliche Befehle aus Washington und London für die ihm unterstellten Truppenteile zu erhalten. Vgl. Wumber, 1991, S. 16. Zu neueren Forschungen zur Entnazifizierung siehe Rauh-Kühne, 1995, S. 35-70; Schuster, Armin, *Die Entnazifizierung in Hessen 1945-1954. Vergangenheitspolitik in der Nachkriegszeit* (Veröffentlichungen der Historischen Kommission für Nassau, 66), (Vorgeschichte und Geschichte des Parlamentarismus in Hessen, 29), Wiesbaden 1999.
    Eine umfassende Studie zur Entnazifizierung des Gesundheitssektors liegt bisher nicht vor. Die meisten Darstellungen konzentrieren sich auf den Personalaustausch, ohne jedoch in Mikrostudien lokalen Entnazifizierungsprozessen nachzugehen. Vgl. z.B. Leiby, 1985, S. 102ff., der im Wesentlichen die Frustration amerikanischer Offiziere über die Problematik der Entnazifizierung wiederholt. Weder die normativen Grundlagen der Entnazifizierung des deutschen Gesundheitswesens noch die Behandlung nationalsozialistischer Medizinalgesetzgebung, regionale Unterschiede, chronologische Entwicklung oder grundlegende Ambivalenzen werden von Leiby thematisiert.
138  Zum institutionellen Gesundheitswesen im Nationalsozialismus siehe Süß, 2003, S. 43-75.
139  So diente z.B. das »*Gesetz zur Wiederherstellung des Berufsbeamtentums*« der Ausschaltung jüdischer und »linker« Ärzte und Angestellter in den Krankenkassen. Insgesamt waren nach nazistischer Auffassung reichsweit 13% aller Ärzte Juden, in Berlin waren es sogar fast 60%, und daher vom diesem Gesetz betroffen. Siehe zu detaillierteren Zahlenangaben sowie zum Anteil der Auswanderungen Kümmel, W. R., Die Ausschaltung rassisch und politisch missliebiger Ärzte, in: Kudlien, Fridolf (Hg.), *Ärzte im Nationalsozialismus*, Köln 1985, S. 56-81, hier S. 76-79. Zur Verdrängung und Emigration jüdischer Ärzte z.B.: Seidler, Eduard, Die Schicksale jüdischer Kinderärzte im Nationalsozialismus, in: *Monatsschrift Kinderheilkunde* 146 (1988), S. 744-753; Pearle, K.M., Ärzteemigration nach 1933 in die USA. Der Fall New York, in: *Medizinhistorisches Journal* 19 (1984), S. 112-137. Siehe zur Nazifizierung anderer Heilberufe z.B. Breiding, Birgit, *Die Braunen Schwestern*, Stuttgart 1998.
    Um trotz angestrebter »Arisierung« die medizinische Versorgung aufrecht erhalten zu können, war der Ausschluss der jüdischen Ärzte langsamer verlaufen, als ihre Verdrängung aus anderen Bereichen und wurde erst 1938 mit Entzug der Approbationen abgeschlossen. Vgl. Tennstedt, 1976, S. 407; Deppe, Hans-Ulrich, *Krankheit ist ohne Politik nicht heilbar. Zur Kritik der Gesundheitspolitik,* Frankfurt/M. 1987, S. 30f. Neben den jüdischen Medizinern waren vor allem »linke« Ärzte, die häufig in den Ambulatorien beschäftigt waren, von den Säuberungen betroffen. Dazu auch Eckart, 1989, S. 217. Mit ihrer Entlassung erledigte sich auch das hinter der Ambulatorienbewegung stehende gesundheitspolitische Reformkonzept, ein Faktum, das von der konservativen Ärzteschaft freudig begrüßt wurde. Bemerkenswert an den nationalsozialistischen Säuberungen im Gesundheitssektor war nicht die Gruppe der Betroffenen und auch nicht die Rigorosität, mit der diese durchgeführt worden waren, sondern vor allem die fehlenden Proteste der deutschen Ärzteschaft.

Über die personelle Dimension der nationalsozialistischen Eingriffe war die Besatzungsmacht indes gut orientiert. Bereits im Januar 1945 hatte die G5-Abteilung der 6. US-Armee nach Sichtung der beschlagnahmten Akten des deutschen Ärztebundes überrascht festgestellt, dass der Anteil der Ärzte, die Verbindungen zu nationalsozialistischen Organisationen hatten, deutlich höher lag als in der deutschen Restbevölkerung.[140] Deutsche Amtsärzte besaßen, gemessen am Prozentsatz ihrer Parteimitgliedschaft, eine besonders hohe Affinität zum NS-System, da bis 1937 immerhin 81,9 % aller Amtsärzte in Preußen Mitglied der NSDAP waren.[141] Aus den Unterlagen der *Public Health officers* ging hervor, dass nur weniger als 25 % aller badischen Ärzte keine Parteiverbindungen hatten.[142] Als besonders extrem beurteilte der G5-Stab der 6. Armee die Situation im öffentlichen Gesundheitsdienst:

»*The German Public Health officials are largely members of the party and/or the NS-Ärztebund. We checked the listing of Staatliche Gesundheitsämter employees in a Baden 1942 Almanach against our file [...] Out of 74 doctors working at these Gesundheitsämter in Baden 55 are either members of the party or in the SS, SA, NSKK, [...] NS-Ärztebund [...] and only 11 have no party connections at all.*« Der Prozentsatz von Nichtparteimitgliedern unter den weiblichen Ärzten sei höher, »*although here, too, we find some Frau and Fräulein Doktor who rushed to join everything there was to join. [...]. With typical German thoroughness not a single Jewish doctor was left in Baden; however there are a few ›Mischlinge‹ and others who are ›versippt‹ among the doctors. [...]. Generally, it can be said that the Nazis in their twelve years in power managed to get a very tight grip on the German medical profession, favoring their own men, in every possible way. With few exceptions, Nazis were given all Public Health appointments, or the officials already appointed were forced to join in order to keep their jobs.*[143]« Die amerikanische Besatzungsmacht machte sich also über den Umfang der politischen Aufgabe, die sie erwartete, keine Illusionen und war Dank der beschlagnahmten Dokumente hinsichtlich der aktiven Mediziner relativ gut im Bilde.

---

140 Vgl. zum Umfang der Nazifizierung des deutschen Ärztestandes z.B. die Angaben bei Jütte, Robert, Editorial, in: *MedGG* 16 (1997), S. 8. Jütte gibt an, dass 44,8 % der deutschen Ärzte Mitglied der NSDAP waren. Dieselbe Zahl nennt Rüther, der als Vergleichswerte für Lehrer 25 % und für Juristen ebenfalls ca. 25 % angibt; Rüther, 1997, S. 166; Deppe, 1987, S. 30f.; Süß, 2003, S. 111-126.
141 Rüther, 1997, S. 143-194, hier S. 182.
142 »*As it was to be expected, the staunch Nazis hold the best positions everywhere, although there are a few older professors and doctors in leading positions who have no party connections. The Nazis are long-range planners and probably figured that these men could not be spared at present and would die out in a few years anyway.*« RG 331, SHAEF, Historical Section, Entry 54, Box 169, The German Medical Profession in Baden (with attached white and grey lists), Headquarters 6th Army Group, G-5 Section, 20 January 1945.
143 Ibid.

## 4.1 Konzeption und Zielsetzung amerikanischer Entnazifizierung

Bereits die Direktive JCS 1067 hatte verfügt, dass der *Kontrollrat* einen Aufruf erlassen solle, »*durch den die Nazi-Partei, ihre Gliederungen, angeschlossenen Verbände und untergeordneten Organisationen und alle öffentlichen Nazi-Einrichtungen [...] aufgelöst werden*«.[144] Zwar annullierte der *Alliierte Kontrollrat* in seinem ersten Gesetz vom 20. September 1945 25 nationalsozialistische Gesetze, das *GVG* blieb aber ebenso in Kraft[145] wie das »*Gesetz zur Verhütung erbkranken Nachwuchses*« und das »*Ehegesundheitsgesetz*«. In diesen Texten sollten lediglich nationalsozialistische und rassistische Regelungen gestrichen werden.[146] Diese Entscheidung wurzelte weniger in der Unkenntnis der Gesetze als in ihrer Herleitung aus deutschen Traditionslinien. Das SHAEF-Handbuch hatte in der Ausgabe vom April 1944 unter der Überschrift »*Racial Inheritance: Theory and Law*« festgestellt, dass Eugenik schon immer ein Thema gewesen sei, dem in Deutschland viel Aufmerksamkeit gewidmet worden sei, und die während der Weimarer Republik gegründeten Eheberatungsstellen in diesen Kontext gestellt. Ebenfalls in diese Traditionslinie wurden das »*Gesetz zur Verhütung erbkranken Nachwuchses*«, das »*Ehegesundheitsgesetz*« und die Erbgesundheitsgerichte gestellt. Explizit verwies das Handbuch darauf, dass die Sterilisation geistig Behinderter in den USA in 31 Staaten zulässig sei.[147] Als Beleg für das Übergewicht traditioneller Orientierungen gegenüber nationalsozialistischem Gedankengut hatte das Handbuch die

---

144 JCS 1067, zitiert nach Steininger 1983, S. 49.
145 Siehe zu der dafür grundlegenden Diskussion, dass das *GVG* kein spezifisch nationalsozialistisches Gesetz sei, da es bereits während der Weimarer Republik vorbereitet wurde, die in der Fachzeitschrift *Der öffentliche Gesundheitsdienst* geführte Debatte. Für eine kritische Einschätzung dieser problematischen Interpretation immer noch einschlägig: Labisch/Tennstedt, 1985.
146 Vgl. dazu RG 260, AGTS/88/1-9, Draft Directive to the US (UK) (USSR) Commander-in-chief, Control of Public Health January 1945, Punkt 6. Ebenso: Anders, Reinhard, *Die Proklamationen, Gesetze und Verordnungen der Militärregierung in Deutschland (amerikanische Zone), einschließlich der Proklamationen und Gesetze der Alliierten Kontrollbehörde Kontrollrat*, o.O., o.J.
147 Diese Einschätzung traf sich mit der apologetischen Beschreibung deutscher Beamter, die 1945 gegenüber den Besatzungsmächten betonten, dass nach 1934 das Gesundheitsamt »*zur Durchführung der erlassenen Gesetze zur Verhütung erbkranken Nachwuchses und zur Ehegesundheit streng verpflichtet [wurde]. Von Geisteskranken [...] sollte kein kranker Nachwuchs mehr kommen. Solche Gesetze sind auch in anderen Kulturstaaten, wie USA, Dänemark, Schweden und der Schweiz seit langem in Kraft. Ebenso ist es überall üblich, die Eheschließung von ansteckend kranken Personen, von Siechen, trunksüchtigen oder geisteskranken Personen zu verhüten. Mit den sogenannten Nürnberger Gesetzen, also den antijüdischen Gesetzen hatten die Gesundheitsämter niemals das Geringste zu tun. Diese Dinge waren allein den politischen Behörden vorbehalten.*« Generallandesarchiv Karlsruhe, Gesundheitsämter, Abt. 446, Nr. 11, Bericht über das öffentliche Gesundheitswesen vor und nach 1933 im Lande Baden, 18. April 1945. Siehe für diesen Zusammenhang: Reily, Philip R., *The Surgical Solution. A History of Involuntary Sterilisation in the United States*, Baltimore 1991.

Tatsache gewertet, dass die Rassentheorie der Nationalsozialisten auf immer stärkere öffentliche Ablehnung stoße und sich auch in der wissenschaftlichen Forschung nur schwer behaupten könne.[148] An diesem Beispiel offenbart sich nochmals die Relevanz unterschiedlicher Deutungstraditionen für die Einordnung der Gesetze. Während vansittartistische Interpretationen die nationalsozialistischen Gesundheitsgesetze als prototypisch für das deutsche Gesundheitswesen gewertet hätten, folgten amerikanische Entnazifizierungsrichtlinien in dieser Frage dem Interpretationsmodell der *Outlaw-Schule*. Demgemäß wurde eine fragwürdige Differenzierung zwischen der traditionell eugenischen Orientierung der deutschen Gesellschaft und spezifisch nationalsozialistischem Gedankengut gemacht, auf deren Grundlage die weitere Gültigkeit der fraglichen Gesetze gerechtfertigt wurde.

Die rechtliche Grundlage der Entnazifizierung der Ärzteschaft war die USFET-Direktive *(United States Forces of European Theater)* vom 7. Juli 1945. Dort wurde festgelegt, dass die medizinische und chirurgische Versorgung sowohl der deutschen Zivilbevölkerung als auch der Militärangehörigen sicherzustellen sei. Diese Versorgung habe durch das deutsche Gesundheitssystem zu erfolgen. Ärzte, die in privater Praxis niedergelassen seien, könnten diese bis auf weiteres fortführen. Würden Mediziner bei einer politischen Überprüfung als belastet eingestuft, so sei ihnen die Weiterbeschäftigung in einer Funktion, die der medizinischen Ausbildung diene, die Beschäftigung an einer Universität, die Arbeit in einem Amt des öffentlichen Gesundheitsdienstes oder in vorgesetzter Stellung an einem Krankenhaus zu untersagen. Allerdings könnten auch diese Ärzte in privater Praxis weiterarbeiten. Belastete Ärzte könnten allerdings – wenn sie nur nominelle Nazis gewesen seien – in den aufgezählten Positionen weiterarbeiten, bis ein geeigneter Nachfolger gefunden sei. Wenn ein ausreichend qualifizierter Bewerber zur Verfügung stehe, müssten die belasteten Ärzte umgehend entlassen werden. Die Entziehung der Approbation belasteter Ärzte sei nicht zwingend, allerdings stehe dem *Public Health officer* diese Möglichkeit offen. Im Falle des Approbationsentzuges sei ein Bericht mit der Begründung der Maßnahme an das *headquarter* der Landesmilitärregierung zu senden. Medizinische Publikationen aller Art waren bis auf weiteres untersagt, wie auch die Zulassung zu medizinischen Fakultäten der Genehmigung durch den zuständigen Offizier der Militärregierung bedurfte.[149]

Bereits diese erste Direktive zur Entnazifizierung des Gesundheitswesens versuchte eine Balance zwischen politischen Zielen und notwendigen pragmatischen Kompromissen zu finden. Der Zwang, wenigstens eine minimale gesundheitliche Versorgung aufrechtzuerhalten, war den Planern im Frankfurter Generalstab bereits im Juli 1945 gegenwärtig. Dieser Notwendigkeit versuchten sie ihr politisches Ziel, eine möglichst

---

148 RG 260, 390/50/22/5, OMGUS, US Records for the Intelligence Division, *Germany Basic Handbook*, Chapter X: »Public Health«, S. 233f.
149 RG 260, POLAD 732/15, Office of the Political Advisor, State Department, Headquarters U.S. Group, Control Council, PHWD to Commanding General: Denazification of Physicians and Nurses in Germany, 2. August 1945.

umfassende Entnazifizierung des deutschen Gesundheitswesens, einzupassen, indem sie ein Stufenmodell entwickelten, nachdem belasteten Ärzten primär die Tätigkeit im öffentlichen Gesundheitsdienst verboten wurde, sie aber gleichzeitig für die medizinische Versorgung der Bevölkerung erhalten blieben, da sie weiterhin mit einer befristeten Genehmigung als niedergelassene Ärzte praktizieren durften.[150] Nach diesen Vorgaben sollten der öffentliche Gesundheitsdienst bzw. die Gesundheitsverwaltungen der Länder und Gemeinden ebenso wie die medizinischen Fakultäten, die niedergelassenen Ärzte und Ärzteverbände, Krankenschwestern, Hebammen, nicht-ärztliche Heiler und Gesundheitsfürsorger *(medical social workers)* entnazifiziert werden.[151]

Die Überlegung, die bereits der G5-Stab der 6. Armee angestellt hatte, dass man sich wohl teilweise damit abfinden müsse, das ausgebildete Personal der Gesundheitsämter und auch die stellvertretenden Leiter zumindest eine Zeitlang übernehmen zu müssen[152], war damit in eine offizielle Direktive gegossen worden. Eine Spezifizierung der USFET-Direktive erfolgte am 15. August 1945.[153] Nach den darin verfügten Bestimmungen mussten alle belasteten Ärzte entlassen werden, konnten aber aufgrund einer temporären Arbeitsgenehmigung an ihren bisherigen Arbeitsstätten weiterbeschäftigt werden.[154]

---

150 Zu verschiedenen Modellen der Entnazifizierung der medizinischen Fakultäten und der Entscheidung für die pragmatische Variante siehe: Davison, Wilburt C., The German University Medical Schools during the Occupations, in: *J.A.M.A.* 129 (1945), S. 1225. Zum Procedere der befristeten Arbeitsgenehmigungen für belastete, aber medizinisch unentbehrliche Ärzte, siehe z.B. RG 260, 390/49/31/5-6, Box 223, OMG-WB, Central Records, Personnel and Administration Division 1945-49, Protokoll über die Amtsarztbesprechung in Stuttgart am 6. Juni 1946.

151 Siehe die ausführliche Auflistung aller Regelungen für die unterschiedlichen medizinischen Bereiche in: RG 260, POLAD 732/15, Office of the Political Advisor, State Department, Letter Robert Murphy to Secretary of State, Subject: Control of German Military Medical Personnel and Medical Affairs, 25 September 1945.

152 RG 331, SHAEF, Historical Section, Entry 54, Box 169, The German Medical Profession in Baden (with attached white and grey lists), Headquarters 6th Army Group, G-5 Section, 20 January 1945.

153 Cir. Letter AG 014.1 GEC-AGO 15. USFET. Erläuterungen zur Interpretation z.B. in: RG 260, 390/49-50/35-1/6-1, Box 231, OMG-WB, Records of the PH-Advisor, Removal of Nazi and Militarist Medical Personnel, Temporary Permits, and Denazification Appeal Boards. Dort detaillierte Angaben zum Procedere der befristeten Arbeitsgenehmigungen und Angaben zur Einkommensbeschränkung: städtische Ärzte: 4200,– RM pro Jahr, Landärzte: 3600,– RM pro Jahr, Spezialisten: 4200,– RM pro Jahr, Zahnärzte 3000,– RM pro Jahr, Tierärzte: 3600,– RM pro Jahr. § 14 der USFET-Direktive vom 15. August 1945 führte aus: »*Nothing herein contained shall prevent the issuance of temporary or revocable license to doctors or others to engage in professional or other activities to the extent that their personal services are necessary for the health, safety or well-being of the community.*«

154 Ausführlich zur Entnazifizierung der niedergelassenen Ärzte, der maßvollen Haltung der amerikanischen MG und einer vergleichenden Perspektive auf die französische und britische Praxis siehe: Gerst, Thomas, *Ärztliche Standesorganisationen und Standespolitik in Deutschland 1945-1955*, Stuttgart 1998, S. 57-73.

Insgesamt schritt die Entnazifizierung nur langsam voran und wurde intern heftig kritisiert: »*Policy from higher echelons was too confusing at this time and the emergency medical needs of the area could not be met in paralyzing the civilian medical services by wholesale removals*"[155], *so dass* die *medical officers* im Herbst 1945 noch immer den Eindruck hatten, dass es noch eine Weile dauern werde, bis diese Aufgabe abgeschlossen werden könne, da kein geeignetes professionelles Personal zur Verfügung stehe und die Bürde der Entnazifizierung schwer auf den Schultern der deutschen Behörden laste.[156]

Da die Möglichkeit, befristete Arbeitsgenehmigungen auszustellen, während des Winters 1945/46 sehr großzügig angewandt wurde, widerrief die Militärregierung am 15. Februar 1946 alle vorläufigen Arbeitsgenehmigungen und installierte ein modifiziertes Zulassungssystem, um eine Umgehung der Entnazifizierung auf diesem Wege zu verhindern. Bewerber mussten nun vom zuständigen Bürgermeister den Beauftragten für das Gesundheitswesen im Innenministerium der jeweiligen Länder vorgeschlagen werden. Stimmte der Ministerialrat dem Vorschlag des Bürgermeisters zu, dann wurde die Bewerbung an den *Land Public Health Officer* weitergeleitet, dem die endgültige Entscheidung oblag. Da dieses komplizierte Verfahren außerdem von einer ausführlichen schriftlichen Dokumentation und Begutachtung begleitet werden musste[157], war es sowohl für die deutschen Gesundheitbehörden als auch für die Militärregierung sehr zeit- und personalaufwendig. Die schlechte personelle Ausstattung der *Public Health Branches* der Länder machte es daher unmöglich, neben diesen Zulassungsverfahren zu überprüfen, ob wirklich alle im Februar 1946 entlassenen Ärzte ihre Tätigkeit eingestellt hatten oder ob einige Mediziner nicht einfach ohne Lizenz weiterarbeiteten.[158]

Im März 1946 stellte Lt. Col. Beckjord, Chef der *Public Health Branch* von OMG-WB, fest: »*Since January denazification has been completed and all but a few Nazi officials are out of office.*« Gleichzeitig merkte er an, dass er nicht glaube, dass die Entlassenen lange Zeit abseits stehen würden. »*There are too many who are too intelligent to stand by while others, less politically incriminated but considerably less efficient, continue to bungle important posts vital to the health of the people.*« Es sei ganz offensichtlich, so Beckjord weiter, dass die Entnazifizierung den Wiederaufbau des deutschen Gesundheitswe-

---

155 RG 260, 390/49-50/35-1/6-1, Box 231, Experiences in and Impressions of Military Government Public Health Operations in Germany, May 1945–May 1946, S. 2.
156 RG 260, 390/41-14/5-6, Box 680, AG 5/10-1/2, OMGUS-WB, Summary Report on Military Government Activities, Karlsruhe, Germany, 12 September 1945, S. 9; Ibid. 19 September 1945, S. 5; Ibid. 25 September 1945, S. 1.
157 Siehe ausführlicher RG 260, 5/332-1/12, OMG-Bavaria, Denazification of the Medical and Related Professions, June 1946.
158 Die *Public Health Branch* OMG-WB berichtet über viele Übertretungen des Arbeitsverbotes, die der *Denazification Division* weitergeleitet worden seien. RG 260, 390/49-50/35-1/6-1, Box 231, OMG-WB, Records of the PH-Advisor, Report of Public Health Branch, OMG-WB, July–December 1946, S. 4.

sens empfindlich verlangsamt habe und »*that most of the present, politically clear, but inexperienced incumbents may be considered satisfactory only because, by good fortune, no health catastrophe has occurred to prove their incompetence.*«[159]

Auch die bayerische Militärregierung schrieb am 8. Juni 1946 an General Clay: »*To the best of our knowledge and belief, no Germans who have been removed have been restored to public position or positions of power and influence, other than restricted private practice*«.[160] Auch in Bayern standen hinter diesem vermeintlich positiven Gesamtresultat jedoch tiefgreifende Probleme bei der praktischen Umsetzung der Entnazifizierung. Intern avisierte die *Public Health* Abteilung der bayerischen Militärregierung ihrem Direktor, dass sie vorhabe, die Entnazifizierung künftig rigoroser durchzusetzen. Die *medical officers* erläuterten, dass weder die USFET-Direktive vom 7. Juli noch die vom 15. August 1945 die automatische Entlassung belasteter Mediziner vorgeschrieben hätten. »*But we do!*« Als Grund für die geplante Verschärfung erklärten sie: »*We feel that this authorization has been misinterpreted and abused in retaining individuals in public and semi-public positions, and we require the immediate dismissal of such individuals*«.[161]

Auch die Einkommensbeschränkungen der belasteten Mediziner, die mit vorläufiger Genehmigung weiterhin als niedergelassene Ärzte arbeiten konnten, gingen der bayerischen *Public Health Branch* nicht weit genug. »*We go further in demanding that the property and accounts of all these individuals be blocked and that when so occupied they receive meagre fixed stipends of ordinary class.*« Vor allem aber müsse endlich eine Vereinheitlichung des Verfahrens erreicht werden: »*Instead of having skilled and essential specialists chopping wood in one area even though of lesser degree of nazism than those in higher categories retaining, with temporary licenses, in public positions in another area*«.[162]

Am 15. Juli 1946 wurden nochmals alle befristeten Arbeitsgenehmigungen widerrufen, eine Maßnahme, die einen erneuten Versuch darstellte, das aus dem Ruder gelaufene Verfahren zu vereinheitlichen und zu überprüfen. Die neuen befristeten Lizenzen wurde nun nicht mehr von der Militärregierung, sondern von den deutschen Länderregierungen vergeben[163], an die mit dem »*Gesetz zur Befreiung von Nationalsozialismus und Militarismus*« am 5. März 1946 die Durchführung der Entnazifizierung übertragen worden war. Die amerikanische Besatzungsmacht zog sich auf diese Weise ab Sommer 1946 von einem immer stärker in Formalien und fruchtlosen Argumentationen zerriebenen Entnazifizierungsprozess zurück.

---

159 RG 260, 390/49-50/35-1/6-1, Box 231, Experiences in and Impressions of Military Government Public Health Operations in Germany, May 1945–May 1946, S. 4 und S. 6f.
160 RG 260, 5/350-1/15, Office of Military Government for Bavaria, Letter to General Clay ref. Denazification of Medical and Allied Professions, 8 June 1946.
161 Ibid.
162 Ibid.
163 Siehe zur Beschreibung des Entnazifizierungsverfahrens RG 260, 8/59-1/9, OMG-Hesse, Abt. 649, Public Health Division, Summary of Public Health Progress in MG of Land Greater Hesse, 1 June 1945–30 June 1946.

Kernstück der Entnazifizierung des Gesundheitssektors war die personelle Säuberung. Belastete Ärzte sollten aus dem staatlichen Gesundheitswesen entfernt werden. Anders als in anderen Bereichen stand der Besatzungsmacht im Gesundheitssektor mit den privaten Praxen ein alternatives Beschäftigungsfeld zur Verfügung, in das sie belastete Ärzte »verschieben« konnte. Durch diese Verfahrensweise sollte das politische Ziel der Entnazifizierung mit der pragmatischen Notwendigkeit, eine medizinische Grundversorgung sicherzustellen, kombiniert werden. Sich scheinbar ausschließende Ziele sollten auf diese Weise parallel verwirklicht werden, da die Weiterbeschäftigung belasteter Ärzte in privater Praxis ihnen die Möglichkeit der politischen Einflussnahme nahm und gleichzeitig die medizinische Versorgung der Bevölkerung gewährleistete.

Trotz der Einkommensbegrenzungen, die die Militärregierung verfügt hatte, bot diese Politik aber auch belasteten Medizinern weiterhin Zugang zu ökonomischen und sozialen Ressourcen und beförderte auf diese Weise ihre Reintegration. Erst sehr viel später erkannte die Militärregierung, dass der öffentliche Gesundheitsdienst als medizinisches Arbeitsfeld nur geringe Attraktivität besaß. Das Berufsziel der Mehrheit der deutschen Mediziner war seit dem Kaiserreich die »freie Praxis«, daran hatte auch die ideologische Aufwertung des öffentlichen Gesundheitsdienstes durch die Nationalsozialisten nichts geändert. Die Politisierung des Arztberufs durch die Nationalsozialisten hatte eine schrittweise Erhöhung der Stellen im öffentlichen Gesundheitsdienst und eine Reduzierung der Anzahl niedergelassener Ärzte mit sich gebracht, eine Entwicklung, die durch die mit Kriegsbeginn verhängte Niederlassungssperre nochmals verstärkt worden war.[164] Amerikanische Entnazifizierungspolitik kehrte diesen Prozess teilweise wieder um, ohne jedoch die spezifischen Inhalte der Politisierung des Gesundheitssektors unter den Nationalsozialisten genauer zu analysieren. Die Verschiebung der belasteten Ärzteschaft aus dem öffentlichen Gesundheitsdienst in die private Praxis beraubte diese zwar partiell ihrer politischen Einflussmöglichkeiten, sie erreichte aber nicht die intendierte soziale und ökonomische Deklassierung. Der mit der Entnazifizierung verbundene Strafgedanke konnte in dieser Form politisch nicht umgesetzt werden, so dass sich auch auf dem Sektor des Gesundheitswesens die These Ulrich Herberts, dass die ehemalige NS-Elite in der BRD eine Position erlangte, die ihrer fachlichen Ausbildung entsprach, im Wesentlichen bestätigen lässt.[165]

Die amerikanische Entnazifizierung des Gesundheitssektors konzentrierte sich primär auf das öffentliche Gesundheitswesen. Zwar waren nominell alle Ärzte von einer politischen Überprüfung betroffen, eine Wiederbeschäftigung belasteter Mediziner in privater Praxis war jedoch, wie oben dargestellt, ausdrücklich vorgesehen. Auch war die Entnazifizierung des öffentlichen Gesundheitswesens so zeitaufwendig, dass

---

164 Rüther, 1997, S. 156, 179.
165 Herbert, Ulrich, Rückkehr in die Bürgerlichkeit? NS-Eliten in der Bundesrepublik, in: Weisbrod, Bernd (Hg.), *Rechtsradikalismus und politische Kultur. Die verzögerte Normalisierung in Niedersachsen in der Nachkriegszeit*, Hannover 1995, S. 157-173; Ders., *Best. Biographische Studien über Radikalismus, Weltanschauung und Vernunft 1903-1989*, Bonn 1996.

die Militärregierung bis zum Sommer 1946 kaum Ressourcen hatte, um sich mit den Standesorganisationen und der Approbierung zu beschäftigen.[166] Die Ärzteverbände rückten somit erst später – ab Mitte 1946 – ins Zentrum der gesundheitspolitischen Aufmerksamkeit der Militärregierung.

Angesichts der weitreichenden Nazifizierung der deutschen Ärzteschaft urteilte die hessische *Public Health* Abteilung der Militärregierung über das erste Besatzungsjahr im Rückblick: »*No greater problem has been met by the Public Health Section of OMGUS than that of denazification.*«[167] Damit waren es nicht gesundheitliche Probleme, sondern politische Ziele, die von den amerikanischen Besatzungsoffizieren bereits 1946 als zentral erachtet wurden. Die funktionale Perspektive der Seuchenabwehr, die noch in den ersten Besatzungsmonaten dominiert hatte, war schon innerhalb des ersten Besatzungsjahres durch eine politische Betrachtung abgelöst worden.

Wie reagierten nun die deutschen Akteure auf diese amerikanische Entnazifizierungspolitik? Welche Argumente wurden in den einzelnen Gesundheitsämtern ausgetauscht, wie verliefen die Verhandlungen zwischen deutscher Gesundheitsverwaltung und amerikanischer Militärregierung, wer wurde entlassen, wer weiterbeschäftigt und in welcher Relation standen dazu Gesundheit und Krankheit?

## 4.2 Praktische Umsetzung zwischen Seuchenabwehr und Entnazifizierung: Debatten über den Personalaustausch

Entnazifizierung bedeutete für die amerikanischen Besatzungsoffiziere konkret, dass sie die Arbeit der deutschen Gesundheitsbehörden einer stetigen kritischen Revision unterzogen, kontrollierten, modifizierten und teilweise stoppten. Befristete Arbeitsgenehmigungen wurden überprüft und zum Teil widerrufen, die Berichte der Gesundheitsämter sorgfältig studiert und mit Informationen aus eigenen Quellen abgeglichen. Dabei gerieten deutsche und amerikanische Positionen zunehmend in Widerstreit, wobei keine einheitliche Konfliktlinie auszumachen ist, sondern große regionale Differenzen zu beobachten sind:

Personalentscheidungen, temporäre Zulassungen oder fristlose Entlassungen waren von der Einschätzung des zuständigen *Public Health officers* abhängig, die von *branch*

---

166 »*While denazification was being undertaken there was at no time prior to May, 1946 a means of controlling professional licensure and no restriction were placed upon the Ärztekammern.*« RG 260, 8/59-1/9, OMG-Hesse, Abt. 649, Public Health Division, Summary of Public Health Progress in MG of Land Greater Hesse, 1 June 1945–30 June 1946, S. 6. Siehe zu den normativen Vorgaben zur Entnazifizierung der Standesorganisationen RG 260, POLAD 732/15, Office of the Political Advisor, State Department, Letter Robert Murphy to Secretary of State, Subject: Control of German Military Medical Personnel and Medical Affairs, 25 September 1945, s.v. 6-4, 11ff.

167 RG 260, 8/59-1/9, OMG-Hesse, Abt. 649, Public Health Division, Summary of Public Health Progress in MG of Land Greater Hesse, 1 June 1945 – 30 June 1946, S. 4.

zu *branch* stark differierte. Je nach dem Eindruck, den die Militärregierung vom allgemeinen Gesundheitszustand der Stadt, von der Möglichkeit, unbelastete Ersatzärzte zu finden, und von den betroffenen Ärzten und Ärztinnen hatte, wies das Entscheidungsspektrum eine erhebliche Varianz auf.

Der für das Stuttgarter Gesundheitswesen zuständige Cap. Luebbers zeigte sich bei einem Gespräch mit dem von der Militärregierung eingesetzten neuen Leiter des Stuttgarter Gesundheitsamtes, Prof. Dr. Robert Gaupp, äußerst skeptisch gegenüber deutschen Ausführungen. Gaupp hatte dem amerikanischen Offizier erläutert, dass – wenn wirklich allein die Parteizugehörigkeit schon ein Entlassungsgrund sei – er »*mit einem katastrophalen Zusammenbruch des ganzen ärztlichen und pflegerischen Betriebs der Stadt Stuttgart*« rechne, da »*der frühere leitende ärztliche Beamte im Ministerium des Innern in ungeheurer Hartnäckigkeit und Intoleranz seine Untergebenen dazu nötigte, in die Partei einzutreten, so daß heute viele hunderte als Parteimitglieder laufen, die gesinnungsmäßig [...] mit dem Nationalsozialismus [...]. und seiner [...]. Aggressivität gar nichts zu tun haben.*«

Schon während seiner Darlegungen realisierte Robert Gaupp jedoch, dass dem amerikanischen Offizier diese beschönigenden Aussagen wenig überzeugend erschienen. Vielmehr – so Gaupp – glaubten »*die Herren von der amerikanischen Militärregierung in dieser Beziehung meinen Worten nicht [...], sondern [waren] von äußerstem Mißtrauen erfüllt. Kapitän Luebbers sagte mir, [...]. er habe noch keinen Nationalsozialisten kennen gelernt, der nicht behauptet, er sei nur ungern und nur gezwungen bei der Partei gewesen. [...] Es ist also zu erwarten*«, so Gaupp weiter, »*daß mit äußerster Konsequenz alle die Männer und Frauen [...] ihr Amt verlieren, die irgendwann und irgendwie in die Partei eingetreten sind.*«

Gaupp hielt es für unmöglich, »*diese vielen Personen in Kürze durch andere, auch nur einigermaßen brauchbare Nachfolger, die nie PG waren, zu ersetzen. [...] Wenn nicht die Amerikaner selber die Leute stellen, die als Ersatz dienen sollen, so weiß ich keine Möglichkeit, die Katastrophe aufzuhalten. Dabei drohen zweifellos ernste Gefahren für die Volksgesundheit und auch für die Gesundheit der Besatzungstruppen, wenn erst einmal Herbst und Winter näher gerückt sind.*«

Die Katastrophe, von der Gaupp sprach, war offensichtlich keine medizinische, denn gesundheitliche Gefahren waren ihr nur additiv zugeordnet. Das wirkliche Desaster bestand für Robert Gaupp in der »*äußersten Konsequenz*«, mit der »*so viele Personen*«, die »*ungern bei der Partei gewesen waren*«, entlassen werden sollten. Das Argument der Gesundheitsgefahr war an diese niederdrückende Situation nur angehängt. Auf das Ansinnen einer umfassenden politischen Säuberung reagierte der Stuttgarter Gesundheitsreferent trotzig-arrogant mit der Forderung, die Amerikaner müssten dann eben selbst Hand anlegen.

Weder die Renitenz Gaupps noch sein Verweis auf angebliche Gesundheitsgefahren, die angeblich auch die Besatzungstruppen gefährdeten, konnten Capt. Luebbers von seiner strikten Entlassungslinie abbringen. Er billigte Gaupp die umstrittenen

Ärzte für zehn weitere Tage zu und schlug ihm vor, sich neue Kräfte in den Kriegsgefangenenlagern zu suchen. Unter den Sanitätsoffizieren würde er sicherlich politisch unbelastete Ärzte finden. Gaupp hingegen war sich bereits zum Zeitpunkt des Gespräches sicher, dass er auch in zehn Tagen die Forderungen Luebbers nicht würde erfüllen können, denn »*es kommen ja nicht bloß die Chefärzte der großen Krankenhäuser und die wichtigsten Beamten des Gesundheitsamts in Betracht, sondern auch alle jüngeren Kräfte, die Oberärzte, die Assistenzärzte, viele Schwestern, die Verwaltungsbeamten der Krankenhäuser und des Gesundheitsamts.*« Dass diese Tatsache eine grundlegende Entnazifizierung umso dringender machte, kam Gaupp nicht in den Sinn. Er argumentierte mit der grundsätzlichen funktionellen Differenz des Gesundheitssektors, der eine andere Form der politischen Säuberung notwendig mache:

»*Auf anderen Gebieten der öffentlichen Verwaltung kann ein Betrieb zeitweise stillgelegt werden, so im Bereich der Schulen, der Universitäten, nicht aber auf dem Gebiet des Gesundheitswesens, wo es gilt, jeden Tag und jede Stunde bereit zu sein und den Gefahren von Krankheit [und] [...] drohenden Seuchen wirkungsvoll entgegenzutreten. Dieser Unterschied muß eingesehen werden, soll großes Unglück verhütet werden. Wenn nicht von allen Seiten den amerikanischen Besatzungstruppen klar zum Bewußtsein gebracht wird, daß Parteimitglied sein rein gar nichts bedeutet für die seelische Beschaffenheit, die sittliche Qualität und die ärztliche Haltung, kommen wir nicht zu einer gerechten [...] Lösung.*«

Damit hatte Gaupp die Entnazifizierung umakzentuiert. Es ging nun nicht mehr darum, die Deutschen politisch zu sensibilisieren, sondern umgekehrt musste der amerikanischen Besatzungsmacht von den Deutschen etwas zu Bewusstsein gebracht werden.

Oberstes Interesse Gaupps war offensichtlich weniger die weitere Funktionsfähigkeit des Gesundheitswesens als eine »*gerechte Lösung*«. »*Bleibt die Militärregierung ganz intransigent bei der Auffassung, daß Parteizugehörigkeit, [...] ihren Träger von jeder amtlichen und ärztlichen Tätigkeit ausschließe, so geschieht vielen Menschen bitteres Unrecht.*«[168] Dabei war es doch Robert Gaupp gewesen, der 1920 die Ärzteschaft zu »*Erziehung*« und »*Führung*« im neuen Staate aufgerufen hatte und dabei betont hatte, dass »*nur ein scharfes Messer das Krebsgeschwür sittlicher Fäulnis aus dem Organismus des Volkes herausschneiden kann*«. Statt einer »*lindernden Salbe*«, so hatte Gaupp damals argumentiert, müsse gerade die Ärzteschaft die »*Erneuerung [...] in allen Tiefen [...] fordern und jede Pfuscharbeit ablehnen*«.[169] Angesichts der »*sittlichen Fäulnis*« des Nationalsozialismus war es nun Gaupp selbst, der auf lindernden Salben bestand und den scharfen Schnitt der Entnazifizierung in rein kosmetische »*Pfuscharbeit*« abzumildern versuchte.

---

168 Stadtarchiv Stuttgart, Hauptaktei Gruppe 5, Reg. Nr. 5020-2, laufende Nr. 49, Brief Gaupps an Oberbürgermeister, Betr. Entnazifizierung und Situation der Ärzteschaft, 30. Juli 1945.
169 Zitiert nach Voelkel, 1995, S. 311-315; Zitat S. 313. Siehe auch Lerner, Paul, Wille und Gemeinschaft in der deutschen Kriegspsychiatrie, in: Eckart/Gradmann,1996, S. 85-107.

Den Boykott amerikanischer Entnazifizierungsversuche rechtfertigte der Stuttgarter Gesundheitsreferent mit dem Gemeinwohl: »*Unser Volk ist unterernährt, seelisch zermürbt, in enge Wohnungen zusammengedrängt, also für alle Seuchen besonders anfällig. Kein Arzt, der sich seiner Verantwortung und seiner Pflicht bewußt ist, kann die Verantwortung für diesen Zustand tragen.*«[170]

Die nachdrückliche Sorge Gaupps um das Volkswohl war bemerkenswert, hatte er doch 1920 noch wortreich gegen eine »*falsche Humanität, die wertloses Leben hätschelt*«, agitiert.[171] 1945 differenzierte Gaupp nicht mehr zwischen »richtiger« und »falscher« Humanität, sondern versuchte die Legitimationskraft der »Volksgesundheit« zu nutzen, um die durch die Besatzungssituation geschmälerte »ärztliche Führerschaft« wiederherzustellen. Legitimiert durch die angebliche Sorge um die gesundheitliche Sicherheit, ließ Gaupp es nicht dabei bewenden, amerikanische Entnazifizierungsvorgaben abmildern zu wollen, sondern er stellte nun seinerseits Ansprüche. In forderndem Sprachduktus verlangte Gaupp, »*den unhaltbaren Zustand*« zu ändern, und drohte sogar mit Rücktritt, falls die Entnazifizierungspolitik nicht modifiziert werde, da er für diese Art der Säuberungen nicht die Verantwortung übernehmen könne. Prof. Gaupp, der keine Probleme gehabt hatte, Zwangssterilisationen und eugenische Vernichtungsprogramme medizinisch und politisch zu verantworten, fühlte sich angesichts amerikanischer Entnazifizierungsvorgaben zu schwach, um für eine Politik der Demokratisierung einzustehen.

Die Demokratie, die er 1919 als »*nervösen Zusammenbruch*« wahrgenommen hatte, erschien ihm offenbar auch 1945 nicht attraktiver, behauptete er doch, dass die Maßnahmen, die die Gesellschaft erneuern sollten, im Gesundheitswesen zu »*einer Senkung des Niveaus [führen würden], der ich mit Schrecken entgegensehe. Es genügt nicht, daß die Militärregierung sagt, ›es muß eben gehen, sehen Sie zu, wie Sie es machen, das Gesundheitsamt muß genauso sorgfältig arbeiten wie bisher‹ und daß mir die Verwaltung nur drei junge Kräfte übrig läßt.*«[172] Der hier von Gaupp vorgetragene Protest richtete sich nicht nur gegen fachlich angeblich ungeeignete Ärzte, obwohl dies vorgeblich sein Argument war: Die von ihm angeführten »*jungen Kräfte*« standen außerhalb der alten Seilschaften. Da sie nicht in die alten Zirkel eingebunden waren, waren sie politisch unkontrollierbar und daher unerwünscht.

Parallele Argumentationen wurden auch dem Senior *Public Health officer* in Baden, Maj. Winebrenner, vorgetragen: »*Herr Landesdirektor Zimmermann teilte Herrn Major Winebrenner zunächst mit, daß der Herr Reichsminister gewisse Bedenken habe, Herrn Dr. Hamacher weiterhin in seinem Amte zu belassen, da dieser zu jung sei und außerdem Militärarzt gewesen wäre. Major Winebrenner erwiderte daraufhin, er würde einen jun-*

---

170 Stadtarchiv Stuttgart, Hauptaktei Gruppe 5, Reg. Nr. 5020-2, laufende Nr. 49, Brief Gaupp an Oberbürgermeister, Betr. Entnazifizierung, 17. August 1945.
171 Zitiert nach Voelkel, 1995, S. 313.
172 Stadtarchiv Stuttgart, Hauptaktei Gruppe 5, Reg. Nr. 5020-2, laufende Nr. 49, Brief Gaupp an Oberbürgermeister, Betr. Entnazifizierung und Situation der Ärzteschaft, 30. Juli 1945.

gen Herrn mit Organisationstalent, das Herr Dr. Hamacher unzweifelhaft besäße, einem älteren Herrn vorziehen. Außerdem würde er von einem Arzt, der [...] einberufen war, mehr halten als von einem Arzt, der den Krieg über zu Hause war. Er würde auf jeden Fall Herrn Dr. Hamacher im Amte belassen, sofern er den an ihn gestellten Anforderungen gerecht würde.«[173] Deutsche Einwände waren also erfolglos, wenn die von der Militärregierung eingesetzten Ärzte politisch tragbar schienen und fachlich einigermaßen kompetent waren.

Unabhängig davon, welchen Präferenzen die deutschen Argumentationen im Einzelnen folgten, egal, ob deutsche Ärzte und Politiker von fachlicher Inkompetenz, jugendlicher Unerfahrenheit, gesundheitspolitischer Unkalkulierbarkeit oder Krankheitsgefahr sprachen, eines war ihnen gemeinsam: Sie nahmen die Eingriffe der Amerikaner stets als Traditionsbruch wahr und lehnten sie daher ab. Die Eingriffe der Nationalsozialisten, die unter Verweis auf »Deutschtum« und »Nation« vorgenommen worden waren, wurden indes auch nach 1945 nicht in dieser Weise rezipiert. Besonders explizit verfolgte dieses Argumentationsmuster wiederum Robert Gaupp in Stuttgart. Am 17. August 1945 erläuterte er: »*Nachdem gestern noch Fräulein Dr. Schneider [...] entlassen worden ist und auch die anderen [...] Ärzte [...] nicht mehr arbeiten dürfen, besteht das Gesundheitsamt, das früher 23 wohl geschulte Kräfte voll beschäftigte, nur noch aus 2 Ärzten. Das Stuttgarter Gesundheitsamt, das einst als eine Schöpfung des hervorragenden Stadtarztes Prof. Dr. Gastpar in ganz Deutschland berühmt war, hat aufgehört, in seiner bisherigen Form zu existieren.*«[174]

Der Ärzteschwund, den Gaupp zu beklagen hatte, schien in der Tat dramatisch. Selbst amerikanische Entnazifizierungvorgaben waren jedoch nicht so maßlos, dass sie die ärztliche Belegschaft des Stuttgarter Gesundheitsamtes von früher »*23 wohl geschulten Kräften*« auf nur noch zwei Ärzte reduziert hätten. Gaupp erwähnte nicht, dass bereits die Nationalsozialisten fast 50 % des Personals des Gesundheitsamtes abgezogen hatten. Seine Referenz war immer noch die Höchstausstattung von 23 Ärzten, die bei Kriegsende jedoch schon längst auf 13 Ärzte geschrumpft war.[175] Diese Argumentation ist nicht nur funktionell zu erklären. Zwar war der Verweis auf die quantitative Dimension der Entnazifizierung geeignet, deutsche Bemühungen, auch belastete Ärzte weiter im Amt zu halten, zu unterstützen, darüber hinaus offenbarte

---

173 Generallandesarchiv Karlsruhe, Präsident Landesbezirk/Baden, Abt. 481, Nr. 599, Besprechung mit Major Winebrenner.
174 Stadtarchiv Stuttgart, Hauptaktei Gruppe 5, Reg. Nr. 5020-2, laufende Nr. 49, Brief Gaupp an Oberbürgermeister, Betr. Entnazifizierung, 17. August 1945. Bereits unter Gastpar hatte sich das Stuttgarter Gesundheitsamt durch eine sorgfältig gepflegte Erbkartei ausgezeichnet, eine Aufgabe, die ab 1938 unter dem SS-Oberabschnittsarzt Professor Dr. Walter Saleck mit Engagement weitergeführt wurde. Dazu: Das Gesundheitsamt von 1933-1945, in: Amtsblatt der Stadt Stuttgart vom 17.2.1994. In diesem Sinne war der von Gaupp beklagte Traditionsbruch keinesfalls bedauerlich. Das Gesundheitsamt von 1933-1945, in: Amtsblatt der Stadt Stuttgart vom 17.2.1994.
175 Ibid., Bericht des Oberbürgermeisters an die Militärregierung, Nr. 88/45, 23. August 1945.

sich in dieser Argumentation aber auch ein Perzeptionsmuster, das nicht nur im Kontext der Entnazifizierung eine Rolle spielte, sondern in allen gesundheitlichen Bereichen relevant war: Der Nationalsozialismus wurde in seiner ursächlichen Dimension ignoriert. Weder wurden steigende Krankheitsraten auf nationalsozialistische Gesundheitspolitik zurückgeführt, noch der aktuelle Ärztemangel als Ergebnis einer vor allem zwischen 1933 und 1945 durchgeführten Säuberung gesehen. Weder die Verdrängung jüdischer und politisch unliebsamer Ärzte aus ihren Ämtern und Praxen noch der kriegsbedingte Personalschwund ab 1939 hatten auch nur annähernd so energische Proteste ausgelöst wie amerikanische Entnazifizierungsversuche.[176]

Ähnlich einschneidend wie das Stuttgarter Gesundheitsamt stellten auch die Krankenhäuser ihren Personalaustausch dar. Die Krankenhäuser mussten für die örtliche Militärregierung eine Auflistung der beschäftigten Ärzte anfertigen, die deren politische Belastung schilderte und gleichzeitig darlegte, ob die einzelnen Mediziner entbehrlich seien. Diese Berichte sollten dann Grundlage des weiteren Vorgehens sein. Für das Stuttgarter Katharinenhospital berichtete die Krankenhausverwaltung, dass von allen Chefärzten nur zwei nicht Mitglieder der NSDAP gewesen seien, einer dieser beiden Herren sei allerdings Obersturmbannführer der SA gewesen. Fast alle leitenden Ärzte, so ging aus dem Bericht hervor, waren seit Mai 1933 NSDAP-Mitglieder gewesen. Alle genannten Chefärzte hatten lt. Darstellung des Krankenhauses einen überragenden Ruf, seien anerkannte Kapazitäten und fachlich unersetzbar.[177]

Die Aufzählung der Unabkömmlichkeit der jeweiligen Chefärzte orientierte sich weniger an medizinischen Notwendigkeiten als an ihrer politischen Belastung. Wie

---

176 1934 gab es in Deutschland noch 12 500 jüdische Ärzte, denen 1938 endgültig die Approbation entzogen wurde. Mit Versorgungsengpässen argumentierte damals kein Kollege. Ganz im Gegenteil hatte der *Hartmannbund* nachdrücklich darauf gedrungen, jüdischen Ärzten die Kassenzulassung zu entziehen. Vgl. dazu Deppe, 1987, S. 30f. Nach Angaben von Tennstedt wurden in den Ortskrankenkassen aufgrund des *»Gesetzes zur Wiederherstellung des Berufsbeamtentums«* ca. 30 % des Personals »ausgetauscht«, in Berlin wurden sogar 95 % entlassen. Tennstedt, Florian, Sozialgeschichte der Sozialversicherung, in: Blohmke, Maria u.a. (Hg.), *Handbuch der Sozialmedizin*, Stuttgart 1976, Bd. 3, S. 385-492, hier S. 405f. Insgesamt waren von nationalsozialistischen Berufsverboten reichsweit 13 % aller Ärzte, die Juden im Sinne der Nationalsozialisten waren, betroffen. In Berlin waren ca. 60 % aller Ärzte vom *Gesetz zur Wiederherstellung des Berufsbeamtentums* bzw. von der Verordnung vom 22. April 1933, mit der »nicht-arischen« Ärzten die kassenärztliche Zulassung entzogen wurde, betroffen. Vgl. Kümmel, 1985, S. 76-79.
177 Angefügt war für jeden einzelnen Chefarzt – von der Augenklinik über die Strahlenabteilung, Frauenklinik, HNO-Abteilung, Innere Stationen bis zur Chirurgischen Abteilung und zum Pathologischen Institut – eine Begründung, warum gerade er für die Klinik unabkömmlich und für die gesundheitliche Versorgung der Bevölkerung unbedingt notwendig sei. Entweder wurde betont, dass die Abteilung die einzig betriebsfähige Fachklinik im weiten Umkreis, eine der wenigen unzerstörten Fachstationen sei oder einen einzigartigen medizinischen Ruf genieße. Stadtarchiv Stuttgart, Hauptaktei Gruppe 5, Reg. Nr. 5020-2, laufende Nr. 49, Ärztliche Versorgung des Katharinenhospitals und der angeschlossenen Anstalten, Brief an das Referat für Gesundheitswesen der Stadt Stuttgart vom 4. September 1945.

Gaupp für das Stuttgarter Gesundheitsamt, so argumentierte auch die Verwaltung des Krankenhauses mit einer allgemeinen gesundheitlichen Gefahr und einer diffusen medizinischen Unterversorgung, ohne konkrete detaillierte Beispiele zu nennen. Auch nach Ansicht der Krankenhausverwaltung stellte den Eingriff der amerikanischen Besatzungsmacht die medizinische Versorgung in Frage, weniger der Abfluss der Ärzte, die während des Krieges eingezogen worden waren, so dass die personellen Lücken, die der Nationalsozialismus gerissen hatte, nun als Argument gegen die Entnazifizierung dienten.

Diese Argumentation wurde schließlich auch von der Stuttgarter Stadtverwaltung aufgegriffen. Am 23. August 1945, nachdem Gaupp mehrmals energisch beim Stuttgarter Oberbürgermeister vorgesprochen hatte, nahm sich dieser der Argumente seines Gesundheitsreferenten an und intervenierte bei der Militärregierung. Teilweise wörtlich folgte er dabei der Vorlage Robert Gaupps und verband diese mit Zitaten aus den Anweisungen der Militärregierung. Die Militärregierung mache ihn als Oberbürgermeister verantwortlich »*für die Aufrechterhaltung eines gut funktionierenden Systems, das eine schnelle Erfassung von Daten über ansteckende Krankheiten ermöglicht*«, außerdem solle er »*alle notwendigen Maßnahmen für die Bekämpfung von ansteckenden Krankheiten in seinem Amtsbezirk ergreifen [...] und eine Gesundheitsbehörde aufrechterhalten, die befähigt ist, aktuelle und mögliche Herde von ansteckenden Krankheiten zu erkennen [...] und zu beseitigen, Verfügung der Militärregierung Nr. 2, Ziffern 2 a I-IV*«. Alle diese Aufgaben – so Klett – könne er unter den Vorgaben der Entnazifizierung nicht mehr erfüllen.[178]

Diese Argumentationslinien bestanden mehr oder weniger unverändert[179] bis Anfang 1946 fort, wobei gesundheitliche Probleme offenbar nicht so drängend waren, als dass sie den Brauch, in einem angehängten Nebensatz noch auf die drohenden Krankheitsgefahren zu verweisen, modifiziert hätten. Auch wiesen die Gesundheitsberichte der amerikanischen Armeen, der Militärregierung und auch des Stuttgarter Oberbürgermeisters keine steigenden Krankheitsziffern aus.[180] Während der Stuttgarter Oberbürgermeister noch im September 1945 unter dem Punkt »Gesundheitsreferat« notiert hatte, dass die Einarbeitung der neuen Ärzte zwar noch eine gewisse Zeit in Anspruch nehmen werde, aber ansonsten keine gesundheitlichen Probleme

---

178 Stadtarchiv Stuttgart, Hauptaktei Gruppe 5, Reg. Nr. 5020-2, laufende Nr. 49, Bericht des Oberbürgermeisters an die Militärregierung, Nr. 88/45, 23. August 1945.
179 Siehe dazu die regelmäßigen Briefe und Berichte Gaupps an Oberbürgermeister Klett, in denen er z.T. wörtlich immer wieder seine Einwände wiederholt. Vgl. z.B. Ibid., Brief Gaupp an Oberbürgermeister, Betr. »*Veródung des Gesundheitsamtes*«, vom 5. September 1945.
180 Stadtarchiv Stuttgart, Hauptaktei 14, Nr. 4, Tätigkeitsbericht der Stadtverwaltung November 1945–April 1946; RG 260, 390/50/1/1, Box 236, OMGUS-WB General Records Public Health Advisor; RG 331, SHAEF, Historical Section, Entry 54, Box 170, SHAEF, Historical Report G-5 Section, 6th Army, Weekly Reports.

nannte[181], waren Anfang 1946 plötzlich überall drohende Gesundheitsgefahren aufgetaucht. Der Grund für diese neue Gesundheitsbedrohung scheint die Widerrufung aller vorläufigen Arbeitsgenehmigungen am 15. Februar 1946 durch die Militärregierung gewesen zu sein. Offensichtlich unter dem Eindruck der Massenentlassungen intervenierte Gaupp wiederum bei Oberbürgermeister Klett.[182]

Angesichts der umfassenden Entlassungen berichtete Ende Februar 1946 die Ärztekammer Nord-Württemberg dem Stuttgarter Oberbürgermeister, dass inzwischen »*mehr als ein Drittel aller in Stuttgart tätigen Ärzte*« aus ihren Stellungen endgültig entfernt worden seien. So dramatisch, wie dies auf den ersten Blick scheint, war die Situation jedoch nicht, denn die Ärztekammer betonte im selben Schreiben, dass in den Stadtgemeinden Nord-Württembergs seit dem 28.12.1945 auf Befehl von OMGUS-Berlin eine liberale Praxis der vorläufigen Weiterbeschäftigung auch belasteter Ärzte umgesetzt worden sei. »*Wenn nun in den Stadtgemeinden des Landes jene Maßnahmen der ersten Besatzungszeit zugunsten [...] [der belasteten Ärzte] abgeändert wurden, erscheint es sinnvoll, auch in Stuttgart, wo von Anfang an durch Entgegenkommen des Bevollmächtigten des ›Military Government‹ [...]. [gut kooperiert worden sei], bei dem bisher in Stuttgart geübten Verfahren zu bleiben.*«[183] Das »*Entgegenkommen des Bevollmächtigten des ›Military Government‹*«, der die Stuttgarter Ärzteschaft großzügig mit Interims-Arbeitsgenehmigungen ausgestattet hatte, war eben die Praxis, die die bayerische *Public Health Branch* dazu veranlasst hatte, am 8. Juni 1946 für Bayern eine härtere Gangart anzukündigen.

Ganz anders als Robert Gaupp in Stuttgart argumentierte der kommissarische Referent für das Gesundheitswesen, Dr. Ruef, in Pforzheim. Auch Ruefs Büro wurde im Februar 1946 von Ärzten, deren Zulassung nicht verlängert worden war, belagert. Anders als sein Stuttgarter Kollege setzte sich Ruef jedoch nicht mit fiktiven Gesundheitsgefahren für die Weiterbeschäftigung der Mediziner ein, sondern »*erklärte [...] den Herren,*« sie müssten »*sich bis zum 1.3.1946 gedulden*«. Ruef äußerte sich als eindeutiger Befürworter einer weitgehenden Entnazifizierung[184] verständnislos darüber, dass »*erneut eine allgemeine Bestürzung um sich gegriffen*« habe, obwohl »*diese Herren schon aus den Verordnungen wissen mußten, daß sie ohne Zuteilung der braunen Karte*

---

181 Stadtarchiv Stuttgart, Hauptaktei 14, Nr. 3, Tätigkeitsbericht der Stadtverwaltung 24.-29. September 1945.
182 Insgesamt, so führte er aus, seien 169 Ärzte »*für immer*« entlassen worden. »*Was aber*«, so Gaupp, sollte aus der »*ärztlichen Versorgung Stuttgarts werden, wenn er alle diese Männer und über 150 andere Ärzte am gleichen Tag aus der ärztlichen Arbeit*« entlassen müsse? Ibid., Nr. 88, Bericht Robert Gaupps an Oberbürgermeister, Betr. Entnazifizierung der Ärzte, 25. Februar 1946.
183 Stadtarchiv Stuttgart, Hauptaktei Gruppe 0, Bestand 14, Nr. 19, Ärztekammer Nord-Württemberg an Oberbürgermeister, 25. Februar 1946.
184 Vergleiche dazu seine kompromisslose Haltung im Pforzheimer Stadtrat bei der Debatte um die Neubesetzung der Stelle des Chefarztes der chirurgischen Abteilung am Städtischen Krankenhaus. Siehe S. 25.

*nicht tragbar sind.«*[185] Die deutsche Haltung in der Entnazifizierungsfrage war somit nicht einheitlich, sondern von der politischen Haltung der Stadtverwaltung und des zuständigen Gesundheitsreferenten abhängig.

Dass die Position der Militärregierung ambivalent war und dass sie keinesfalls eine so realitätsferne Gesundheitspolitik betrieb, wie deutsche Kritiker der Entnazifizierung dies immer wieder darzustellen versuchten, wurde auch aus der Besprechung zwischen Lt. Culver und dem stellvertretenden Stuttgarter Oberbürgermeister, Dr. Haussmann, deutlich. Culver bemängelte zu Beginn des Gesprächs, dass die Stuttgarter Stadtverwaltung sich, nachdem die Militärregierung ihr eine Liste zugestellt hatte, in der die bis zum 1. März 1946 zu entlassenden Ärzte aufgeführt waren, zwei Wochen lang nicht gemeldet hatte. Trotz dieses »Fauxpas« stimmte Culver zu, den entsprechenden Medizinern *»gleichzeitig mit der Entlassung eine vorläufige Genehmigung zur Weiterarbeit«* zu erteilen. *»Er wird«*, berichtete Haussmann, *»auf Empfehlung des Oberbürgermeisters jedem Arzt, den dieser vorschlägt, die vorläufige Genehmigung erteilen.«* Culver sah sich aber offenbar genötigt, darauf hinzuweisen, dass lediglich gesundheitspolitische Erwägungen eine Rolle spielen dürften: *»Auf die Frage, ob er überrascht wäre, wenn für alle zu entlassenden Ärzte die Befürwortung zur vorläufigen Arbeitsgenehmigung eingereicht würde, antwortete er, daß er dagegen nichts einzuwenden hätte.«*[186] Culver hatte also durchaus pragmatisch die gesundheitliche Situation der Stadt im Auge und war bereit, Kompromisse einzugehen, gleichzeitig erwartete er jedoch von den Deutschen grundsätzliche Kooperation bei der Entnazifizierung.

Da die Entnazifizierung keinesfalls zwangsläufig Personalengpässe produzierte[187] und außerdem seit Februar 1946 großzügig vorläufige Lizenzen ausgestellt wurden, lief die deutsche Argumentation mit einer drohenden Krankheitsgefahr ins Leere.

Im März 1946 wurde Robert Gaupp zu einem Gespräch mit dem neuen, für Stuttgart zuständigen *medical officer* gebeten. Abfällig äußerte sich Gaupp über den neuen amerikanischen Besatzungsoffizier: Oberstleutnant Culver sei kein Arzt, habe ihm aber trotzdem *»1½ Stunden lang [...] Befehle und Anweisungen gegeben«*. Culver, das blieb auch Gaupp nicht verborgen, *»war mit vielem sehr unzufrieden. Daß wir das Doppelverdienen ärztlicher Eheleute aus sozialen Gründen nicht zulassen wollen, hat gar nicht seinen Beifall. Diese Bestimmung sei sofort aufzuheben, und es sei dies in der Zeitung bekannt zu machen. [...]. Es komme nur darauf an, daß der Arzt nicht politisch belastet*

---

185 Generallandesarchiv Karlsruhe, Gesundheitsämter, Abt. 446, Nr. 111, Monatlicher Gesundheitsbericht über die Zeit vom 20. Januar bis 19. Februar 1946, Gesundheitsamt Pforzheim.
186 Stadtarchiv Stuttgart, Hauptaktei Gruppe 0, Bestand 14, Nr. 19, Besprechung zwischen Lt. Culver und Dr. Haussmann am 25. Februar 1946.
187 In Baden lagen beispielsweise, *»was das Personal der Ärzte angeht, das im Rahmen der Tuberkulosebekämpfung Einsatz finden soll, befriedigenderweise genügend Bewerbungen vor. Durch die Denazifizierung wurden nur zwei Ärzte in die ›mandatory removal‹-Gruppe eingereiht, die Fortführung ihrer Arbeit aber durch Lizenzen der Militärregierung gesichert.«* Generallandesarchiv Karlsruhe, Präsident Landesbezirk/Baden, Abt. 481, Nr. 587, Tuberkulose-Kontrolle in Baden (US Zone).

*sei; eine ledige Ärztin oder eine Arztfrau sei, wenn sie unbelastet sei, einem männlichen Arzt vorzuziehen. Die Schwaben seien gegen Nichtschwaben zu ablehnend; ich solle in der Presse bekannt machen, daß alle von auswärts kommenden Ärzte, die hier eine Praxis suchen, zu mir kommen sollen, damit ich ihnen, wenn sie politisch ›clean‹ seien, zu einer Praxis verhelfe.«*

Auch dass Stuttgarter Krankenhäuser noch immer von politisch belasteten Direktoren geleitet wurden, wurde von Culver in seinem Gespräch mit Robert Gaupp am 9. März ebenfalls kritisiert: *»Meine Einwände, daß man [...]. einen erfahrenen und geschulten Fachmann unbedingt brauche, lehnte er kurz ab und sagte nur halb ärgerlich, halb lachend, ich sei eben an old man. Da ich dies natürlich gut verstand, so erwiderte ich der Dolmetscherin, daß ich als Arzt von 52-jähriger Erfahrung und als jahrzehntelanger Direktor einer großen Klinik eben über einige Erfahrung in der Leitung großer Krankenhäuser verfüge. Sie übersetzte dies dem Herrn Oberleutnant, aber er blieb bei seiner bestimmten eindringlichen, ja fast ein wenig drohenden Forderung nach umgehender Einstellung der 40-45jährigen unbelasteten Männer [...] Ein Hinweis auf die gefährdeten Interessen der Stuttgarter Bevölkerung wurde in freundlicher Weise dahin beantwortet, daß ich dies alles zu schwer nehme.«*[188]

Zielsicher hatte Culver erkannt, dass der Korpsgeist eine Abschottung gegen Nicht-Ortsansässige und auch gegen weibliche Ärzte bewirkte[189] und es kein wirkliches Be-

---

188 Stadtarchiv Stuttgart, Hauptaktei Gruppe 0, Bestand 14, Nr. 19, Bericht Gaupps an den stellvertretenden Oberbürgermeister, Dr. W. Haussmann, 11. März 1946, über ein Gespräch mit Lt. Culver.

189 Zur Diskriminierung von Nichtschwaben im Kontext der Stuttgarter Entnazifizierung siehe: Neidiger, Bernhard, Entnazifizierung und Bevölkerungsstimmung aus der Sicht der Stuttgarter Stadtverwaltung, in: Lersch, Edgar u.a. (Hg.), *Stuttgart in den ersten Nachkriegsjahren*, Stuttgart 1995, S. 131-174, hier S. 144. Auch andere Untersuchungen bestätigen den Ausschluss von Ortsfremden und Frauen. Vgl. Niethammer, 1972, Mitläufer, S. 620; Henke, Klaus-Dietmar, Die Grenzen der politischen Säuberung in Deutschland nach 1945 in: Herbst, Ludolf (Hg.), *Westdeutschland 1945-1955. Unterwerfung, Kontrolle, Integration*, München 1986, 127-133, hier S. 130. Zu der von Culver bemängelten Diskriminierung von Frauen ist anzumerken, dass es speziell im Falle Gaupps mit Frau Dr. Schiller eine alternative personelle Option gab, die bei der Entnazifizierung weniger Probleme produziert hätte. Warum die amerikanische Militärregierung angesichts dieser Einstellung nicht der Stuttgarter Amtsärztin Maria Schiller die Position von Gaupp angetragen hatte, die doch als einziger Arzt bei Kriegsende die Stellung im Gesundheitsamt gehalten hatte und offensichtlich für eine leitende Position qualifiziert gewesen sein muss, da sie ab Mai 1950 die Leitung des Stuttgarter Gesundheitsamtes übernahm, ist äußerst verwunderlich. Gründe dafür lassen sich weder aus den Akten des Stuttgarter Gesundheitsamtes noch aus der Überlieferung der Militärregierung erschließen. Im Nachlass von Robert Gaupp finden sich als Angaben zum Lebenslauf Maria Schillers u.a.: Studium in Bonn, Freiburg und Kiel, Internistische Ausbildung im Stuttgarter Marienhospital, Eintritt in das Stuttgarter Gesundheitsamt, unter Prof. Gastpar als Hilfsärztin tätig, später als geprüfte Ärztin, seit 1941 Leiterin der Abteilung »Mutter und Kind« und amtsärztlicher Dienst. In der Rubrik »Wissenschaftliche Arbeiten« vermerkte Gaupp u.a. »*Zwillingsuntersuchungen, vor allem auf psychischem Gebiet und im Hinblick auf Kapillarbilder und Handfurchen, Problematik der menschlichen Handfurche bei Normalen und mongoloiden Idioten sowie Art ihrer Vererbung*«. Ob

mühen gab, Ersatz für die belasteten Mediziner zu finden. Einerseits erschwerte dies die Säuberungen, andererseits entzog es deutschen Argumentationen auch noch den letzten Rest von Glaubwürdigkeit. Culvers Verfassung, »*halb ärgerlich, halb lachend*«, spiegelte somit nicht nur die Ambivalenz amerikanischer Entnazifizierungskonzeptionen zwischen politischem Radikalismus und fachlichem Pragmatismus wider, sondern stand ebenso für die amerikanische Einsicht in deutsche Unaufrichtigkeit und die gleichzeitige Ohnmacht der Besatzungsmacht gegenüber dieser deutschen Verschleppungsstrategie.

In Stuttgart ergaben sich somit aufgrund der konservativen Haltung der Stadtverwaltung, die der Entnazifizierung ablehnend gegenüberstand, besonders starke Konflikte mit der Militärregierung. Oberbürgermeister Klett war als Mitglied der antisemitisch orientierten Württembergischen Bürgerpartei und des Alldeutschen Verbandes nicht die erste Wahl der Militärregierung gewesen, trotzdem vermochte er sich politisch zu behaupten.[190] Er protegierte teilweise stark belastete Nationalsozialisten.[191] Auch sein Gesundheitsreferent Gaupp wies eine problematische fachliche Orientierung in Richtung Rassenhygiene und Entartungslehre auf.[192] Gaupps entartungstheoretische Ansichten waren den Amerikanern offensichtlich nicht bekannt. Der Widerstand Kletts und Gaupps gegen jegliche Entnazifizierung und ihre fehlende Bereitschaft, unbelastete Amtsnachfolger für die entlassenen Ärzte zu finden, verschärfte die Situation und führte zu weitreichenderen Entlassungen durch die Amerikaner. Letztendlich wurde durch diese Politik zwar keine personelle Säuberung im Stuttgarter Gesundheitswesen erreicht, in dem hier vorliegenden Kontext ist jedoch interessant, dass selbst in der sich zuspitzenden Debatte, wie sie in Stuttgart zu beobachten war, das Argument Krankheit nicht verfing.

Überall waren sich die amerikanischen Besatzungsoffiziere vor Ort der Problematik, die die Entnazifizierung des deutschen Gesundheitswesens mit sich brachte, durchaus bewusst. Sie kritisierten einerseits diffuse normative Vorgaben, entschieden selbständig, die Ärzte, die sie aus gesundheitlichen Gründen für unentbehrlich erachteten, im Amt zu belassen, und urteilten über den Umfang der Entlassungen und befristeten Arbeitsgenehmigungen: »*The large percent of German professional people on public or semi-public payrolls makes the application of denazification to the medical services a form*

---

diese Forschungen von den Amerikanern als nazistisch belastet eingestuft wurden und hierin der Grund lag, warum statt Robert Gaupp nicht Maria Schiller von der Besatzungsmacht als kommissarische Leiterin des Stuttgarter Gesundheitsamtes eingestellt wurde, geht aus den Akten nicht hervor, ist aber eher unwahrscheinlich.

190 Zur reservierten Einstellung der amerikanischen Besatzungsmacht gegenüber dem Stuttgarter Oberbürgermeister Klett siehe Boehling, 1996, S. 140f., 146f.
191 Dazu ausführlicher Boehling, 1996, S. 146.
192 Gaupp hatte aktiv zur Entnazifizierung des »Zigeunerforschers« R. Ritter und des Eugenikers Rüdin beigetragen. Vgl. dazu Voelkel, Ulrich/Gaupp, Robert Eugen, in: Bauer, Rudolph (Hg.), *Lexikon des Sozial- und Gesundheitswesens*, München u.a. 1992, S. 730.

*of social experiment.«*[193] Viele amerikanische Offiziere erkannten die scheinheilige Argumentation der deutschen Ärzte[194] und versuchten, zwischen politischen Vorgaben und praktischen Zwängen zu vermitteln. So schrieben im Juni 1945 die bayerischen *medical officers*: »*Very little effective or thorough denazification had been carried out. Policy from higher echelons was too confusing at this time and the emergency medical needs of the area could not be met in paralyzing the civilian medical services by wholesale removals. Most of the denazification had been done in the University of Wuerzburg medical School faculty [where] [...] all teaching was halted.«*[195]

Anders argumentierte Lt. Col. Norman Flaningam, der in Hessen mit der Entnazifizierung deutscher Amtsärzte betraut war. Flaningam versuchte erst gar nicht, eine unpraktikable Direktive politisch umzusetzen, sondern erläuterte den Widersinn der Anweisung an einem konkreten Beispiel aus seinem Arbeitsbereich. Da nach den Direktiven der Militärregierung kein Mitglied der NSDAP eine verantwortliche Position im öffentlichen Gesundheitswesen einnehmen dürfe, führte Flaningam aus, falle der Amtsarzt Dr. Ripplinger und wahrscheinlich alle anderen Ärzte der Stadt unter dieses Verbot. Im Falle von Dr. Ripplinger aber müsse man sagen, dass er seinen Posten auch unter den vorliegenden widrigen Umständen hervorragend ausfülle und ein fähiger Mann zu sein scheine, den sowohl der Landrat als auch der Medizinalrat als Amtsarzt behalten wollten. »*The Landrat said, if epidemic diseases break out he would like a man that could handle it and that Dr. Ripplinger could.«*

Auch Flaningam war der Ansicht, dass man einen derart kompetenten Mann wie Ripplinger nicht entlassen sollte, und ergänzte: »*It is my understanding that a medical man had to be a member of the party before he could practice medicine. If this understanding is true, and I'm sure it is, then all men of medicine would have to be dismissed and the Public Health [...] branch of all Military Government units will be practically handcuffed and would be unable to perform with any credit.«*[196]

Flaningam benannte nochmals das allgemeine Dilemma amerikanischer Entnazifizierungspolitik, deren Richtlinien so allgemein waren und eine derart große Personengruppe betrafen, dass effektive Politik mit diesen Befehlen unmöglich war. Im Gesundheitswesen verschärfte sich das Problem dadurch, dass im Hintergrund stets

---

193 RG 260, 390/41-14/5-6 Box 680, AG 5/10-1/2, OMGUS-WB, Weekly Military Government Summary Report 82400, 8 November 45.

194 »*In any discussion with doctors (the great majority of them were members of the NSDAP) they always stress the number of [...] intestinal cases and deplore the general food situation. It most often takes the form of a plea for sympathy.«* RG 260, 390/41-14/5-6 Box 680, AG 5/10-1/2, OMGUS-WB, Summary Report on Military Government Activities, Karlsruhe, Germany, 12 September 1945.

195 RG 260, 390/49-50/35-1/6-1 Box: 231, OMG-WB, Records of the PH-Advisor, Experiences in and Impressions of Military Government Public Health Operations in Germany, May 1945–May 1946, S. 2.

196 RG 260, 390/49/25/3, Box 1003, Records of the Civil Affairs Division, Public Health Branch OMG-Hesse, 21 June 1945.

eine potenzielle Gesundheitsbedrohung stand, die von deutschen Politikern gerne als Argument dafür zitiert wurde, dass es notwendig sei, auch belastete Mediziner weiterzubeschäftigen, davon unabhängig aber auch für die amerikanische Besatzungsmacht eine gewisse Plausibilität besaß. Auch die Besatzungsoffiziere wollten im Falle von Seuchen lieber mit vermeintlich kompetenten deutschen Amtsärzten zusammenarbeiten als mit politisch unbelasteten, aber fachlich unerfahrenen Ärzten.

Teilweise teilten die Amerikaner die deutsche Argumentation, dass politisch unbelastete Ärzte potenziell inkompetenter, weil unerfahrener seien, teilweise wiesen sie sie dezidiert zurück. Politisch völlig unbelastete Ärzte fanden sich nur in sehr wenigen Ausnahmefällen, so dass die Einzelentscheidung davon abhing, wie die konkrete Kooperation vor Ort sich gestaltete und welchen Eindruck die temporär eingesetzten Amts- und Fachärzte auf die Militärregierung machten.

Auch wenn der Verweis, dass die Entlassung aller belasteten Ärzte gesundheitspolitisch unmöglich sei, erfolgreich durchsetzbar war, so griff das Argument »Gesundheitsgefahr« nicht, wenn die Besatzungsoffiziere den Eindruck gewannen, dass eine bestimmte Person unter Verweis auf ihre fachlichen Fähigkeiten protegiert werden sollte. So unterbrach der für öffentliche Gesundheit in Baden zuständige Major Winebrenner Landesdirektor Zimmermann bei einer Besprechung in Heidelberg im September 1945 barsch, als Zimmermann ausführte, dass ein gewisser Prof. Z. »*wegen seiner außerordentlich großen Fähigkeiten – er sei einer der besten Chirurgen Deutschlands – in seinem Amte zu belassen*« sei, mit dem Hinweis, auch »*Himmler sei [...] eine große Kapazität im deutschen Secret Service gewesen*«.[197] Augenscheinlich gab es Ausmaße der politischen Belastung, bei denen deutsche Mediziner auf jeden Fall suspendiert wurden, unabhängig von ihrer angeblichen gesundheitspolitischen Unentbehrlichkeit.

Die Argumentationslinien verliefen nicht zwingend zwischen amerikanischer Besatzungsmacht und deutschen Stellen. Gewannen die *medical officers* den Eindruck, dass es sich um fachlich fähige, politisch kooperative und im täglichen Kontakt umgängliche Männer handelte, so setzten sie sich, unabhängig von formalen Belastungspunkten, für die Weiterbeschäftigung ein. So gab die hessische Militärregierung im Januar 1947 eine positive Stellungnahme zugunsten des suspendierten Leiters der Medizinalabteilung im Innenministerium, von Drigalski, ab.[198] Die Personalabteilung des Innenministeriums hatte den Eindruck gewonnen, dass die Personalpolitik von Drigalskis »*politisch belastete Personen in den Staatsapparat hineinpumpe. Im Innenministerium und auch bei einigen Wiesbadener Ärzten ging das Wort herum, daß*

---

197 Generallandesarchiv Karlsruhe, Präsident Landesbezirk/Baden, Abt. 481, Nr. 599, Besprechung mit Major Winebrenner.
198 Ihre »*unverkennbar positive Einstellung zu Prof. Drigalski*« äußerte die Militärregierung auch gegenüber Vertretern der Landesärztekammer Hessens, vgl.: Archiv der Bundesärztekammer, Nachlass Dr. Carl Oelemann, Besprechung Oelemann mit Militärregierung, 29. April 1947. Zum Werdegang Drigalskis aus zeitgenössischer Perspektive siehe die Laudatio: Heinrich, A., Wilhelm von Drigalski 75 Jahre, in: *Deutsche Medizinische Wochenschrift* 71 (1946), S. 112.

[v. Drigalski] [...] in seiner Abteilung eine Feldherrenhalle aufgezogen habe«.[199] In der Tat hatte von Drigalski viele z.T. seit 1933 der Partei und in einem Fall sogar der SA angehörende Ärzte zur Weiterbeschäftigung vorgeschlagen und durchgesetzt.[200] In vielen Fällen scheinen dabei persönliche Verbindungen eine Rolle gespielt zu haben. Gleichzeitig hatte von Drigalski offensichtlich ein sehr gutes persönliches Verhältnis zu den *Public Health officers* der hessischen Militärregierung, denn die Aussagen der amerikanischen Offiziere, dass von Drigalski sie stets über die »*volle politische Vergangenheit*« der besagten Ärzte ins Bild gesetzt habe, dass die Weiterbeschäftigung der fraglichen Mediziner dann aufgrund ihrer »*unersetzbaren medizinischen Qualifikation*« und des »*ärztlichen Notstandes*« erfolgt sei und von Drigalski seinen Ermessensspielraum nicht überschritten habe, entlasteten den Medizinalrat und führten schließlich zu einer Einstellung des Verfahrens.[201] Interessant an diesem Fall ist weniger die Tatsache, dass die amerikanische Militärregierung sich in einem Entnazifizierungsprozess deutschen Säuberungsversuchen entgegenstellte, als das Faktum, dass gesundheitspolitische Argumente keine Rolle spielten. Es wurde nicht darüber verhandelt, ob die umstrittenen Ärzte medizinisch entbehrlich waren oder nicht, auch war nicht fraglich, ob von Drigalski falsche Aussagen über ihre gesundheitspolitische Unabkömmlichkeit gemacht hatte, sondern es ging einzig darum, ob der Medizinalrat seine politischen Entscheidungskompetenzen überschritten hatte oder nicht.

Eine anders akzentuierte politische Argumentation war im Februar 1947 in Baden zu verfolgen. Nachdem die Militärregierung mit dem Befreiungsgesetz die Durchführung der Entnazifizierung nominell den deutschen Spruchkammern übergeben hatte, gingen die Debatten teilweise intern zwischen unterschiedlichen deutschen Fraktionen weiter.

Auch der Pforzheimer Stadtrat debattierte im Februar 1947 über die Besetzung der Stelle des Leiters der chirurgischen Abteilung im Städtischen Krankenhaus. Konkret ging es darum, ob Dr. E., bis 1945 stellvertretender Chef der chirurgischen Klinik, dann von der Militärregierung entlassen und temporär weiterbeschäftigt, nun offiziell als Leiter berufen werden sollte.[202]

---

199 Überlieferung aus der Urteilsbegründung der Spruchkammerakten des Entnazifizierungsverfahrens gegen Drigalski. Hessisches Hauptstaatsarchiv Wiesbaden, Abt. 520, Spruchkammerakten, Nr. W 2743, Drigalski.
200 Ausführlicher zur Verbindung Drigalski zu nationalsozialistischen bzw. rassenhygienisch orientierten Ärzten siehe: Hirschinger, 2001, S. 211f.; Klee, Ernst, *Deutsche Medizin im Dritten Reich. Karrieren vor und nach 1945*, Frankfurt 2001, S. 315f.
201 Hessisches Hauptstaatsarchiv Wiesbaden, Abt. 520, Spruchkammerakten, Nr. W 2743, Drigalski.
202 Prof. Dr. E. war seit 1933 NSDAP-Parteimitglied und Angehöriger der SA. Nach seinem Parteieintritt wurde E. Dozent und außerordentlicher Professor. Siehe für weitere biographische Angaben: Stadtarchiv Pforzheim, Stadtratsprotokolle, 1947, Protokoll vom 28. Januar 1947. In einer ersten Verhandlung hatte der Pforzheimer Stadtrat die Anstellung von Dr. E. mit acht zu acht Stimmen abgelehnt. Dr. E. hatte jedoch offenbar einflussreiche Fürsprecher in der CDU-

In der internen Diskussion der Pforzheimer Stadträte spielte das Argument Gesundheit 1947 keine Rolle. Die Auseinandersetzung kreiste um den Kern der Entnazifizierungsdebatte, nämlich um die politischen Ziele und Signale, die mit bestimmten Personalentscheidungen verbunden waren. Auch in Pforzheim war es die Ärzteschaft, die unter Verweis auf erworbenes Vertrauen alte Kollegen stützte und politische Bundesgenossen aktivierte. Bemerkenswert ist der Verweis auf demokratische Rechte und Verpflichtungen, die die neue politische Ordnung für die anderen Bewerber wie auch für die entscheidenden Stadträte mit sich gebracht habe. Ergebnis der Entnazifizierung war also nicht ein Personalaustausch, sondern die Provokation eben solcher Debatten und Auseinandersetzungen wie der Pforzheimer Stadtratssitzung. Zentral war dabei, dass Personalentscheidungen mit Blick auf die neue, demokratische Staatsordnung begründet, abgewogen, verhandelt werden mussten. Diese Auseinandersetzungen hatten anfangs zwischen deutschen Amtsärzten und der amerikanischen Militärregierung stattgefunden und waren 1947 in eine innerdeutsche Debatte überführt worden. Das Prozedere der demokratischen Entscheidungsfindung wurde auf diese Weise schrittweise erlernt. Formale Verfahren wurden ebenso eingeübt wie argumentative Auseinandersetzung. Die Militärregierung intervenierte 1947 nicht mehr. Sie hatte das eindeutige Signal gegeben, dass sie die Ergebnisse eines korrekt durchgeführten Verfahrens akzeptieren werde.[203]

Bedeutsam ist, dass das Argument der »Gesundheitsgefahr«, das deutsche Amtsärzte und Politiker anfangs noch mit etwas Erfolg gegenüber der Militärregierung angeführt hatten, bereits 1947 keine Relevanz mehr besaß. An Stelle der Argumentation mit Krankheit war die Argumentation mit »Vertrauen« und »Glaubwürdigkeit« getreten.

Nun könnte man einwenden, dass Gesundheitsbedrohungen 1947 nicht mehr so akut waren wie unmittelbar nach Kriegsende. Die Krankheitsstatistik belegt jedoch, dass der faktische Unterschied so groß nicht war. Auch der Einwand, dass die mentale Krankheitsangst, die 1945 bedeutsam war, 1947 keine Rolle mehr gespielt habe, lässt sich leicht dadurch entkräften, dass in anderen Kontexten das Argument Krankheit auch 1947 sehr wohl noch eine zentrale Rolle spielte.[204] Gesundheitspolitisch und seuchenhygienisch hätte das Argument Krankheit im Februar 1947 in Pforzheim eine ebenso große Berechtigung gehabt wie unmittelbar nach Kriegsende, da die Stadt noch 1947 aufgrund der großen Kriegszerstörungen keinen geregelten Krankenhausbetrieb hatte. Aufgrund der großen Wohnungsnot lebten auch im Februar 1947 noch im-

---

Fraktion des Stadtrates und bei der Ärzteschaft, so dass am 14. Februar der Fall nochmalig verhandelt wurde. Damit war es ironischerweise eine Intervention zugunsten Dr. E.s gewesen, die die Wiederaufnahme des Verfahren aus formalen Gründen erzwang.

203 Siehe ausführlich zur Sachlage und Struktur der Debatte: Ellerbrock, Dagmar, Die kulturelle Konstruktion der neuen Ordnung. Zum Zusammenhang von Demokratisierung und Gesundheitspolitik in der amerikanischen Besatzungszone, in: Groth, Christian (Hg.), *Öffentliche Ordnung in der Nachkriegszeit*, Ubstadt-Weiher 2002, S. 109-125.

204 Vgl. dazu die Argumentation zur Tuberkulose S. 417ff.

mer viele Menschen in 900 hygienisch problematischen Notquartieren.[205] Dass selbst unter diesen Voraussetzungen das Argument Krankheit nicht angeführt wurde, kann nur dadurch erklärt werden, dass es im Kontext der Entnazifizierung keine Legitimationskraft entfalten konnte. Offensichtlich bedurften auch Krankheitsängste einer gewissen Subtilität, die angesichts der funktionalistischen Argumentationsstrukturen, in die Krankheit und »Seuchen« im Zusammenhang mit der Entnazifizierung eingebunden waren, nicht gegeben war.

## 4.3 Institutionelle Entnazifizierung

Neben den personellen Säuberungen galt es auch die institutionelle Dimension der Entnazifizierung zu bewältigen, die staatliche und parteiamtliche Organe als potenziell ausführende Agenten nationalsozialistischer Gesundheitspolitik betraf.

Vorausgehend ist festzuhalten, dass bis 1933 keine nationalsozialistische gesundheitspolitische Planung vorlag.[206] Seit Ende des Ersten Weltkrieges hatte es eine Diskussion um die Vereinheitlichung des deutschen Gesundheitswesens gegeben, die jedoch in der Weimarer Republik nicht mehr abgeschlossen wurde.[207] An diese Debatte konnte nach 1933 unter Federführung von Arthur Gütt[208] angeknüpft werden. Gütt hatte eine Vereinheitlichung kommunaler, staatlicher und wohlfahrtlicher Gesundheitspflege zugunsten der amtsärztlichen Tätigkeit favorisiert. Die von ihm angestrebte Ausdehnung der staatlichen Kompetenzen unter Zurückdrängung der Kommunen sollte im Dienste einer einheitlich durchzuführenden Erb- und Rassenpflege stehen[209],

---

205 Stadtarchiv Pforzheim, Stadtratsprotokolle, 1947, Protokoll vom 14. Februar 1947.
206 Vgl. dazu Labisch/Tennstedt, 1991, S. 37.
207 Labisch und Tennstedt verweisen zu Recht darauf, dass das *GVG* unter den »*staatshoheitlich günstigen Umständen*« des Nationalsozialismus durchgesetzt wurde. Fraglich sei, ob »*das GVG unter den Verhältnissen der Weimarer Republik weder so noch überhaupt zustande gekommen wäre*«. Dies bedeutet zum einen, dass das *GVG* kein rein nationalsozialistisches Gesetz war, durch den staatlichen Zugriff, den es auf das Gesundheitswesen ermöglichlichte, nationalsozialistischen Zielen aber sehr dienlich war.
 Zum anderen vermag der komplizierte Entstehungsprozess des *GVG* allzu große Erwartungshaltungen an alliierte Besatzungspolitik zu mäßigen, da institutionelle Veränderungen in einem Sektor, der sich derart polyzentrisch entwickelt hatte wie das deutsche Gesundheitswesen, offensichtlich schon in »*geregelten politischen Verhältnissen*« schwierig ist, eine Tatsache, die bereits andeutet, dass sie unter den Ausnahmebedingungen der Besatzung nahezu unmöglich waren.
208 Gütt, seit September 1932 Mitglied der NSDAP, seit Mai 1933 Referent im RMdI, zuständig u.a. für Gesundheitspflege, Bevölkerungspolitik, Rassenpflege, Eheberatung, siehe Labisch/Tennstedt, 1991, S. 43, sowie ausführlicher zur Biographie Gütts: Labisch/Tennstedt, 1985, S. 423f.
209 Siehe dazu Labisch/Tennstedt, 1991, S. 43, 62. In diesem Sinne auch Woitke, Gudrun, *Tuberkulosebekämpfung im »Dritten Reich«. Die Tätigkeit neu geschaffener staatlicher Organe zur Erfassung, Behandlung und Versorgung Tuberkulosekranker in den Jahren von 1933 bis 1945*, Diss. med. Univ. Leipzig 1992, S. 17.

die legislativ erstmalig bereits im Juli 1933 im »*Gesetz zur Verhütung erbkranken Nachwuchses*« formuliert wurde. Sterilisation unter eugenischen Vorzeichen war in der Endphase der Weimarer Republik bereits diskutiert worden, die 1933 im »*Gesetz zur Verhütung erbkranken Nachwuchses*« festgeschriebene Einführung der Zwangssterilisation und die Festschreibung der zentralen Stellung des Amtsarztes hatte die erb- und rassenpolitischen Absichten deutlich radikalisiert.[210] Die Umsetzung der dort formulierten gesundheitspolitischen Programmatik sollte nach 1933 organisatorisch durch die Vereinheitlichung des Gesundheitswesens möglich werden.[211] Das *GVG* von 1934 war ein Organisationsgesetz und verfügte, dass in allen Stadt- und Landkreisen Gesundheitsämter einzurichten seien[212], mit Hilfe derer eine reichseinheitliche Durchführung gesundheitlicher Regelungen umgesetzt werden könne. Damit erlangte das Reich nun endgültig eine administrative Vormachtstellung im öffentlichen Gesundheitsdienst.[213] Durch das »*Gesetz zur Vereinheitlichung des Gesundheitswesens*« war dem Reichsministerium des Innern ein funktionsfähiger Verwaltungsapparat an die Hand gegeben worden, mit dem die Gesundheitspolitik des Reiches hierarchisch bis zur Stadt- und Gemeindeebene durchgesetzt werden konnte.[214] Statt der ursprünglich

---

210 Siehe dazu Labisch/Tennstedt, 1991, S. 44f.
211 Der von Gütt bereits im Oktober 1933 vorgelegte diesbezügliche Entwurf war allerdings schnell zwischen die aus dem Weimarer Diskussionszusammenhang bereits bekannten Konfliktlinien geraten und vor allem aus finanzpolitischen Erwägungen abgelehnt worden. Nach einigen neuen Entwürfen und zahlreichen internen Verhandlungen, an denen sich auch Parteigremien sowie der Nationalsozialistische Deutsche Ärztebund (NSDÄB) unter Wagner als Gegner der von Gütt angestrebten Stärkung des staatlichen Gesundheitswesens beteiligten, war schließlich im Juni 1934 ein stark modifizierter und abgeschwächter Entwurf als »*Gesetz zur Vereinheitlichung des Gesundheitswesens*« verabschiedet worden.
212 Vgl. Sachße/Tennstedt, 1992, S. 104.
213 Damit war eine Phase zum Abschluss gekommen, in der die Städte und Gemeinden den öffentlichen Gesundheitsdienst gestaltet hatten. Die Vorherrschaft der Kommunen im öffentlichen Gesundheitsdienst, die vor allem die Weimarer Republik bestimmt hatte, endete 1934 mit dem GVG.
214 Ibid., S. 104f. Vgl. zur Auswirkung des Gesetzes auf die Gesundheitsämter z.B. die Statistischen Jahresberichte der Stadt Stuttgart 1934-1938. Dort wird berichtet, dass eine neue Abteilung für Erb- und Rassenpflege eingerichtet wurde und welchen »erheblichen Arbeitsaufwand« der Aufbau der Rassenkartei und die Sterilisationen machten. Gleichzeitig spiegeln die Berichte die vielfältigen Kontinuitäten der täglichen gesundheitspolitischen Arbeit wider. Für das Frankfurter Gesundheitsamt siehe: Drummer, Heike, »Dienst am Volk« – Nationalsozialistische Gesundheitspolitik in Frankfurt am Main, in: Bauer, Thomas, u.a. (Hg.), *Vom »stede arzt« zum Stadtgesundheitsamt – Die Geschichte des öffentlichen Gesundheitswesens in Frankfurt am Main*, Frankfurt/M. 1992, S. 86-112.
Für einen weiterreichenden Überblick zur Geschichte der Gesundheitsämter im Nationalsozialismus siehe: Vater-Dargel, Doris, *Die Tätigkeit des Amtsarztes im Nationalsozialismus am Beispiel des Staatlichen Gesundheitsamtes Kassel*, Diss. med. Göttingen 1991; Nitschke, Asmus, *Die »Erbpolizei« im Nationalsozialismus: Zur Alltagsgeschichte der Gesundheitsämter im Dritten Reich. Das Beispiel Bremen*, Opladen 1999 und auch Vossen, Johannes, *Gesundheitsämter im Nationalsozialismus: Rassenhygiene und offene Gesundheitsfürsorge in Westfalen* (Düsseldorfer

angestrebten Verstaatlichung aller Gesundheitsämter unter Leitung eines staatlichen Amtsarztes erlaubte das *GVG* auch die Konstruktion eines kommunalen Gesundheitsamts mit staatlichem Amtsarzt bzw. eines kommunalen Gesundheitsamts mit kommunalem Amtsarzt.[215] Genau mit diesen Ausnahmeregelungen argumentierten deutsche Amtsärzte nach 1945, wenn sie behaupteten, dass die Verwicklung »ihres« Amtes in die nationalsozialistische Gesundheitspolitik eben nicht so schwerwiegend gewesen sei, da man schließlich doch ein kommunales und kein staatliches Amt bzw. einem kommunalen und keinem staatlichen Amtsarzt unterstanden habe – eine zweifelhafte Argumentation angesichts der Tatsache, dass sämtliche Großstädte mit mehr als 160 000 Einwohnern ihre – seit 1934 gleichgeschalteten – kommunalen Gesundheitsämter behalten hatten.[216] Ungeachtet aller institutionellen Pluralität war das *GVG* ein effektives Instrument zur Durchsetzung nationalsozialistischer Rassen- und Gesundheitspolitik gewesen, da es ein flächendeckendes Netz von Gesundheitsämtern geschaffen hatte, die unter staatlicher Regie agierten.[217]

Der 1934 im Gesetzestext formulierte Aufgabenkatalog für die Gesundheitsämter war so allgemein gehalten, dass er nach 1945 nicht als spezifisch nationalsozialistisch außer Kraft gesetzt wurde. Weil die Funktionszuweisungen an die Gesundheitsämter weit interpretierbar waren, war das politische Umfeld umso wichtiger dafür, in welcher Form und mit welchem Effekt die Gesundheitsämter ihre Aufgaben wahrnahmen.[218] Die alltägliche Mitwirkung der Gesundheitsämter an nationalsozialistischer Rassen-

---

Schriften zur Neueren Landesgeschichte und zur Geschichte, Band 56), Essen 2001; Labisch, Alfons/Tennstedt, Florian, Gesundheitsamt oder Amt für Volksgesundheit? Zur Entwicklung des öffentlichen Gesundheitsdienstes seit 1933, in: Frei, Norbert (Hg.), *Medizin und Gesundheitspolitik in der NS-Zeit*, München 1991, S. 35-66.

215 Labisch/Tennstedt, 1991, S. 49.
216 Sachße/Tennstedt, 1992, S. 105.
217 Ibid., S. 103. Trotz aller scheinbaren Stringenz nationalsozialistischer Gesundheitspolitik war die Umsetzung durch vielfältige Konkurrenzverhältnisse belastet gewesen. Nicht nur zwischen kommunalem und staatlichem Gesundheitswesen hatte es Konflikte gegeben, die durch das »Gesetz zur Vereinheitlichung des Gesundheitswesens« nur unzureichend beigelegt worden waren. Auch zwischen öffentlichem Gesundheitsdienst, NSV und DAF bestanden die Rivalitäten fort und wurden durch Überschneidungen und unklare Zuständigkeiten noch verschärft, da sich neben staatlichen Institutionen parteiamtliche Stellen als Agenten nationalsozialistischer Gesundheitspolitik zu etablieren versuchten. Sachße/Tennstedt, 1992, S. 106. Zu nennen sind in diesem Kontext vor allem der NSDÄB unter Richard Wagner und die neugegründeten »Ämter für Volksgesundheit« der NSDAP, die in enger Verbindung zur Deutschen Arbeitsfront gestanden hatten. Die Idee war gewesen, ein Hausarztsystem zu installieren, in dem der Hausarzt als »Gesundheitsführer des deutschen Volkes« registrierend und selektierend tätig werden sollte. Programmatisches Endziel war auch hier eine nationalsozialistische Rassenpolitik. Dieser parteiamtliche Gegenentwurf konnte sich aber zu keinem Zeitpunkt gegen das flächendeckende und sowohl finanziell als auch personell weit besser ausgestattete staatliche Gesundheitswesen durchsetzen. Siehe detaillierter zum Amt für Volksgesundheit und der Konkurrenz zum Gütt'schen staatlichen Entwurf: Labisch/Tennstedt, 1991, S. 55ff.
218 Labisch/Tennstedt, 1985, S. 372.

politik war vielfältig gewesen[219]: Durch Erstellung von Gutachten, Registrierung von Kranken, Anlage von Dateien usw.[220] war der öffentliche Gesundheitsdienst zum »willfährigen Transmissionsriemen« der NS-Ideologie geworden,[221] eine Belastung, die während der Besatzungsjahre seltsam unbedeutend blieb[222]. Das *GVG* hatte Medizinern eine bedeutende Rolle als Selektionsinstanz im Sinne der Rassenhygiene zugewiesen und die Gesundheitsämter zu »Zentralstellen« für die Registrierung und negative Auslese gemacht.[223] Die Nationalsozialisten hatten »*die Gesundheitsämter zum Wächter über den Volksbestand und zum Hüter der Zukunft unseres deutschen Volkes*« erkoren.[224]

Theoretisch wussten amerikanische Besatzungsoffiziere um diese Zusammenhänge.[225] Diese Kenntnis des Aufgabenkatalogs, mit denen deutsche Amtsärzte wäh-

---

219 Labisch und Tennstedt argumentieren, dass für Gütt die Vereinheitlichung lediglich Mittel zum Zweck der Rassenpolitik, nicht aber Ziel an sich gewesen sei. Dazu ausführlicher Labisch/Tennstedt, 1985, S. 369ff. Sie verweisen das Argument, die Beseitigung der Dualität kommunaler und staatlicher Instanzen sei ebenfalls Absicht gewesen, in den Bereich der »*Nachkriegslegenden*«. Dazu: Labisch/Tennstedt, 1991, S. 35f.
220 Siehe zu den vielfältigen Aufgabenbereichen und detaillierten Zahlenangaben Labisch/Tennstedt 1991, S. 64f.
221 In dieser Formulierung Ritter, Gerhard A., Der Sozialstaat und seine Grenzen, in: *Funkkolleg Jahrhundertwende 1880-1930*, Weinheim/Basel 1988, Kollegstunde 28, S. 11-43, hier S. 32; zu dieser Argumentation genauer: Labisch, Alfons, Gemeinde und Gesundheit. Zur historischen Soziologie des kommunalen Gesundheitswesens, in: Blanke, Bernhard/Evers, Adalbert/Wollmann, Hellmut (Hg.), *Die zweite Stadt*, Opladen 1986, S. 275-305; S. 294.
222 Der Leiter des Stuttgarter Gesundheitsamtes Professor Dr. Saleck hatte die volkshygienische Aufgabe bzw. die Erb- und Rassenpflege als Aufgabe des Gesundheitsamtes bei seiner Amtseinführung im Mai 1938 deutlich herausgestrichen. Siehe dazu Von den Aufgaben des Gesundheitsamts, in: *Stuttgarter Neues Tagblatt* vom 31.5.1938. Diese Belastungen wurden im Kontext amerikanischer Entnazifizierung nicht diskutiert. Die deutsch-amerikanischen Debatten kreisten – wie oben erläutert – im Wesentlichen um Personalfragen.
223 Siehe zu dieser Argumentation ausführlicher: Bock, Gisela, *Zwangssterilisation im Nationalsozialismus. Studien zur Rassenpolitik und Frauenpolitik*, Opladen 1986, S. 189. Nachdem das *GVG* eine regelrechte Gründungswelle (insgesamt 744 neue Gesundheitsämter) ausgelöst hatte, waren die Gesundheitsämter bereits im ersten Jahr des Sterilisationsgesetzes mit über 500 000 Untersuchungen befasst. 1936: 67 936, 1937: 54 287 und 1938: 48 241. Insgesamt bestanden 201 spezielle Abteilungen für Erb- und Rassenpflege. Hinzu kamen außerdem zahlreiche Begutachtungen zur Ehetauglichkeit, zur Vergabe von Ehestands-Darlehen und Erbgesundheitsgerichtsverfahren. Alle Angaben nach Labisch/Tennstedt, 1991, S. 35-66, hier S. 64f. Siehe zur Sterilisationshäufigkeit in Baden und zur Rolle der badischen Gesundheitsämter: Bock, 1986, S. 247.
224 So in einer Formulierung Gütts, dokumentiert in: Gütt, A., Der öffentliche Gesundheitsdienst, in: *Handbücherei für den öffentlichen Gesundheitsdienst*, Bd. 1, Berlin 1935, S. 2f., 26. Bereits 1935 hatte Gütt erklärt, dass es zukünftig *keine »Gesundheitspolitik im alten liberalistischen Sinne«*, sondern *»eine erb- und rassenmäßige Erneuerung«* geben werde.
225 Hatte doch z.B. die württemberg-badische Public Health Branch erläutert, dass »*Nazi requirements for the Amtsarzt included Aryan ancestry for both himself and his wife. One of the most important Nazi laws made the Amtsarzt the Protector of German Blood and Honor in his locality. In this capacity, he advised on marriages, issued health and race certification necessary for obtaining marriage license and directed propaganda to encourage births*«. So unter Zitation des alliierten Handbuchs in: RG 260, 390/49/31/5-6, Box 29, OMG-WB, Central Records, Personnel and

rend des Nationalsozialismus befasst gewesen waren, floss jedoch nicht in die Entnazifizierungsdebatte ein. Amerikanische Besatzungsoffiziere debattierten diese Probleme unter dem Stichwort »*Reformbedarf der Gesundheitsverwaltung*« – stellten aber keinen Bezug zu nationalsozialistischen Eingriffen her.[226] Das alliierte Handbuch in der Version vom Oktober 1944 hatte die Gleichschaltung des Gesundheitswesens durch das *GVG* erläutert und auch ausgeführt, dass die Amtsärzte, die für die Ausstellung von Gesundheitszeugnissen zuständig seien, dadurch eine enorme Machtposition besäßen. Auch hatte es den *medical officers* die Funktion deutscher Amtsärzte vor den Erbgerichten erklärt und in einer scharfsinnigen Analyse die informelle Disziplinierung der deutschen Ärzteschaft im Sinne einer eugenischen Beeinflussung durch das Instrument der Erbgesundheitsgerichte, vor die sie als Gutachter bestellt werden konnten, erkannt.[227] In der praktischen Entnazifizierung des deutschen Gesundheitswesens fanden diese Informationen jedoch keinen Niederschlag. Die praktische Besatzungspolitik fiel damit hinter den Kenntnisstand der Handbuchausgaben zurück.

### 4.4 Negative Eugenik, Rassenpolitik und die »Pflicht zur Gesundheit«

Neben Personalaustausch und institutionellen Veränderungen war als dritter Bereich der Entnazifizierung relevant, wie deutsche Gesundheitspolitik zwischen 1939 und 1945 ideologisch ausgerichtet war. Insgesamt lässt sich zusammenfassen, dass nationalsozialistische Gesundheitspolitik ihrem Wesen nach »Sozialdiagnostik«, rassistisch und sexistisch war[228] und damit einen unmittelbaren Bezug zu nationalsozialistischer Gesellschafts»utopie« besaß.

Die Verkopplung nationalsozialistischer Gesundheitspolitik mit übergreifenden Politikzielen offenbarte sich nicht nur mit Blick auf nationalsozialistische Rassenpolitik, sondern betraf potenziell jeden »*deutschen Volksgenossen*« durch die immer wieder angemahnte »*Pflicht zur Gesundheit*«[229], die Voraussetzung für nationalsozialistische Rüstungs- und Kriegspolitik war. Die Entwicklung weg von der Individualbehandlung

---

Administration Division, 1945-49, Administration and Organisational Development of Military Government, 28 March 1945–28 February 1946, Baden.
226 Neben der Betonung rassenhygienischer Aufgaben hatte das »*Gesetz zur Vereinheitlichung des Gesundheitswesens*« zu einer Bürokratisierung des öffentlichen Gesundheitsdienstes und zur »Versandung« eigenständiger kommunaler Traditionslinien in der Gesundheitsfürsorge geführt. Dazu: Labisch/Tennstedt, 1985, S. 373.
Diese Entwicklung machte sich nach 1945 schmerzhaft bemerkbar, wurde aber ebenfalls nicht als Folge nationalsozialistischer Gesundheitspolitik erkannt und debattiert.
227 RG 260, 390/50/22/5, Military Government, US Records for the Intelligence Division, *Germany Basic Handbook*, Chapter X: »Public Health«, S. 236-239.
228 Zur Geschlechtsspezifik nationalsozialistischer Sterilisations- und Rassenpolitik vgl. Bock, 1986, S. 11, 15, 369ff. Vgl. zu Geschlechtsspezifik der Sterilisationskriterien ibid., S. 407, 413.
229 Vgl. dazu Frei, 1991, S. 11; Rüther, 1997, S. 170. Mit einer ähnlichen Argumentation Bock, 1986, S. 18.

und -prophylaxe hin zu kollektiven Erfassungs- und Behandlungsmethoden stand im Dienste dieses »Verwertbarkeitsdogmas« menschlicher Gesundheit und Leistungsfähigkeit.

Bereits im Ersten Weltkrieg waren die »nationale Volksgesundheit« und ihre Bedrohung durch Krieg, Krankheit, Geburtenrückgang wichtige gesundheitspolitische Themen gewesen. Scharnier zwischen dieser Politisierung von Krankheit und konkreten gesundheitspolitischen Maßnahmen war die Sozialhygiene gewesen, die sich seit Beginn des Jahrhunderts als neue Spezialdisziplin der Hygiene mit den gesellschaftlichen Ursachen von Krankheit beschäftigte.[230] Den Vertretern der schon vor dem Ersten Weltkrieg entwickelten Sozialhygiene gelang durch den Krieg der Sprung aus den akademischen Diskussionszirkeln in kommunale und staatliche Ämter und Entscheidungsgremien.

Nach dem Ersten Weltkrieg versprachen sozialhygienische Theorien nicht nur Lösungen für die kriegsbedingten Probleme, sie gaben überdies vor, auch nationale Blessuren wirksam heilen zu können.[231] Die Sozialhygiene wurde von ihren Repräsentanten gleichzeitig als Herrschaftsinstrument wie auch als sozial- und gesellschaftspolitisches Ordnungsmodell angepriesen.[232] Gesundheitspolitik hatte damit nach 1918 eine neue Qualität gewonnen: Sie war zum Mittel politischer Stabilisierung geworden.[233] Ob national, gesellschaftspolitisch oder sozialreformerisch akzentuiert, neu war der Blick auf umgebende, als »sozial« bezeichnete Theorien, mit denen fortan Krankheiten erklärt und Therapien geplant wurden. Vor allem die großen Volkskrankheiten Tuberkulose, Geschlechtskrankheiten, Alkoholismus und auch die Säuglingssterblichkeit waren in der Weimarer Republik bevorzugte Themen der Sozialhygiene.[234] Bewiesen wurde der Zusammenhang zwischen Krankheit und sozialem Umfeld durch die medizinische Statistik, die zu einer wichtigen sozialhygienischen Hilfswissenschaft aufstieg.[235] Insgesamt sollte die neue Weimarer Demokratie mit Hilfe einer technokratisch ausge-

---

230 Zu dieser Definition vgl. Castell Rüdenhausen, Adelheid Gräfin zu, Lebensverlängerung und Soziale Hygiene, in: *Funkkolleg Jahrhundertwende 1880-1930*, Weinheim/Basel 1988, Kollegstunde 6, S. 11-48, hier S. 15. Zur politischen Einordnung sozialhygienischer Konzepte und ihrem Bezug zur amerikanischen Demokratisierungspolitik siehe auch S. 193/94 dieser Darstellung.
231 Siehe dazu z.B. Arthur Schlossmann, der die Sozialhygiene als Mittel der Wahl empfahl, um besetzte Gebiete zu assimilieren. Schlossmann, Arthur, Die Umwertung des Bevölkerungsproblems – ein tragender Gedanke im neuen Deuschland, in: *Zeitschrift für Bevölkerungspolitik und Säuglingsfürsorge*, 9. Jg. (1916), S.1-11, hier S. 1f., zitiert nach Stöckel, 1996, S. 272. Weindling, 1989, S. 347.
232 Stöckel, 1996, S. 272f.
233 Weindling, 1993, S. 220.
234 Fehlemann, Silke, Die Entwicklung der öffentlichen Gesundheitsfürsorge in der Weimarer Republik: Das Beispiel der Kinder und Jugendlichen, in: Vögele/Woelk, 2002, S. 67-82; Hauschildt, Elke, Ein neuer Zweig der Gesundheitsfürsorge in den 1920er-Jahren: die Trinkerfürsorge, in: Vögele/Woelk, 2002, S. 125-142.
235 Siehe dazu Usborn, Cornelie, *Frauenkörper – Volkskörper. Geburtenkontrolle und Bevölkerungspolitik in der Weimarer Republik*, Münster 1994, S. 142.

richteten Gesellschaftspolitik entworfen werden. Ökonomie, Soziologie, Medizin und Statistik sollten dazu beitragen, eine gerechtere Zukunftsgesellschaft zu entwickeln. Ideales Verbindungsglied dieser Einzelwissenschaften schien die Eugenik zu sein, die mit ihren »positiven« Förderungsmaßnahmen[236] Ungleichheiten zu nivellieren versprach.[237] Die undifferenzierte Wissenschaft der Eugenik hatte damit sowohl Bezüge zur Sozialhygiene als auch zur Rassenhygiene.[238] Eugenik und Rassenhygiene waren seit der Jahrhundertwende zu immer bedeutsameren Faktoren geworden, rassenhygienisches Gedankengut begann sich mehr und mehr als selbständiger Teilbereich der Hygiene zu etablieren. Die Wissenschaft der Hygiene und ihre neuen Unterdisziplinen Sozialhygiene und Rassenhygiene[239] hatten im ausgehenden Kaiserreich und in der Weimarer Republik einen rasanten Aufschwung genommen.[240]

Kurz vor der Jahrhundertwende hatte Ferdinand Hueppe – ein Schüler Robert Kochs – den Begriff der »Konstitution« in die Diskussion eingeführt.[241] Erst eine spezifische Konstitution, so Hueppe, führe bei Anwesenheit von Krankheitserregern dann auch tatsächlich zum Ausbruch einer Krankheit. Das Konzept der Konstitution sollte fortan zum Einfallstor für rassenhygienische Argumentationen werden. Hueppe selbst proklamierte 1899 die Bedeutung der Rasse für die Konstitution.[242] Zeitgleich wurde von anderen Autoren immer wieder die Relevanz sozialer Faktoren betont.[243] So unterstrichen bespielsweise Max Mosse und Gustav Tugendreich in ihrem 1913 herausgegebenen Standardwerk *Krankheit und soziale Lage* die herausragende Bedeutung von äußeren sozialen Faktoren. In deutlicher Abgrenzung zum modischen Sozialdarwinismus erläuterten sie, dass die *»durch die soziale Lage herbeigeführte Siebung keinesfalls gleichzusetzen ist mit natürlicher Auslese.«*[244] Ihrem engagierten Plädoyer für

---

236 Weindling, Bock und auch andere unterscheiden zwischen einer negativen Eugenik mit Sterilisationen, Abtreibungen und in nazistischer Ausprägung Vernichtung und einer positiven Eugenik, die durch fördernde Maßnahmen ebenfalls eine Selektion zu erreichen versuchte.
237 Weindling, 1989, S. 343. In diesem Sinne bestanden – wie Weindling ausführt – Bezüge zur positiven Eugenik auf allen Ebenen der Weimarer Gesundheitsadministration, in städtischen Fürsorgestellen ebenso wie in Ambulatorien und innerhalb der staatlichen Gesundheitsbürokratie. Ibid., S. 356.
238 Zur Rassenhygiene als Bestandteil der Sozialhygiene, und zwar in Form eugenischer Konzeptionen, vgl. Labisch/Tennstedt, 1991, S. 42.
239 Siehe zur genaueren Charakteristik und präzisen Abgrenzung von Sozialhygiene: Labisch/Tennstedt, 1985, S. 188ff. Zur historischen Herleitung des rassenhygienischen Paradigmas und seinem Bezug zur Euthanasiepolitik der Nationalsozialisten siehe Schmuhl, 1987, S. 19f., 29ff.; Weingart, Peter, *Blut und Gene – Geschichte der Eugenik und Rassenhygiene in Deutschland*, Frankfurt/M. 1988.
240 Zur gegenseitigen Inkorporation von Sozialhygiene siehe auch Eckart, 1989, S. 215.
241 Hueppe, Ferdinand (Hg.), *Handbuch der Hygiene*, Berlin 1899.
242 Siehe hierzu ausführlicher Stöckel, 1996, S. 19ff.
243 Ausführlich zu Veränderungen und Differenzierungen des Konzeptes der Sozialhygiene siehe die Darstellung bei Sigrid Stöckel, die die Entwicklung anhand der Säuglingssterblichkeit exemplifiziert.
244 Mosse, Max/Tugendreich, Gustav (Hg.), *Krankheit und soziale Lage*, München 1913, S. 19.

soziale Fürsorge stand der während der Weimarer Republik kontinuierlich an Bedeutung gewinnende rassenhygienische Diskurs gegenüber.[245]

Neben vielen anderen plädierte auch die Gallionsfigur der deutschen Sozialhygiene, Alfred Grotjahn, für die *»ärztliche und hygienische Überwachung [...] der Fortpflanzung von konstitutionell [...] Minderwertigen«*.[246] In seiner programmatischen Schrift »*Soziale Hygiene und Entartungsproblem*« bezog Grotjahn Sozialhygiene und Eugenik unmittelbar aufeinander. Alfred Grotjahn hatte 1921 eine ominöse Berechnung vorgelegt, nach der *»die Summe aller, die in irgendeiner Weise körperlich minderwertig veranlagt sind, etwa ein Drittel unserer Gesamtbevölkerung beträgt.«*[247] Diesen »defekten« Teil der Bevölkerung wollte er durch detaillierte Erfassung der Gesamtbevölkerung in einer Gesundheitskartei einem *»ausgedehnten Hospital- und Asylwesen«*[248] zuführen, um auf diese Weise *»eine wichtige Prophylaxe der Entartung«*[249] zu leisten. Als weitere Option schlug er 1926 vor: *»Die Unfruchtbarmachung wird sich als eugenisches Mittel langsam durchsetzen und auch in der Gesetzgebung ihren Niederschlag finden, nachdem die öffentliche Meinung mehr als gegenwärtig auf sie vorbereitet worden ist.«*[250] Bereits diese wenigen Zitate mögen verdeutlichen, warum es den Nationalsozialisten ein

---

245 Zum Konnex zwischen Sozialhygiene und Rassenhygiene siehe am Beispiel der Inneren Mission und der Person des Grotjahn-Schüler Harmsen: Schleiermacher, Sabine, *Sozialethik im Spannungsfeld von Sozial- und Rassenhygiene. Der Mediziner Hans Harmsen im Centralausschuß für die Innere Medizin*, Husum 1998; Zur ostdeutschen Rezeption Grotjahns vgl. Winter, Kurt, Alfred Grotjahn, Seine Bedeutung für unsere Zeit, in: *Das deutsche Gesundheitswesen* 25 (1979), S. 517-521.
246 Grotjahn, Alfred, *Leitsätze zur sozialen und generativen Hygiene*, Karlsruhe 1925, S. 36, zitiert nach Stöckel, 1996, S. 367.
247 Grotjahn, 1925, S. 26.
248 Grotjahn, Alfred, *Soziale Pathologie*, Berlin 1912, S. 520; und Ders., *Krankenhauswesen und Heilstättenbewegung im Lichte der Sozialen Hygiene*, Leipzig 1908, S. 3.
249 Grotjahn, 1908, S. 3.
250 Grotjahn, Alfred, *Die Hygiene der menschlichen Fortpflanzung*, Berlin/Wien 1926, S. 321. Siehe zur Verbindung Grotjahns zur Rassenhygiene auch Bock, Gisela, *Zwangssterilisation im Nationalsozialismus. Studien zur Rassenpolitik und Frauenpolitik*, Opladen 1986, S. 44f.
Neben seinen sozialdarwinistischen Konzepten plädierte Alfred Grotjahn für die Abschaffung der Kassenärzte, die »Verstaatlichung der Profession« und die Zentralisierung aller staatlichen Einrichtungen der Gesundheitspolitik, ein Forderungskatalog, der auf den ersten Blick einen Alternativpfad zum bestehenden Weimarer System vermuten lässt. Auch die spätere explizite Bezugnahme von DDR-Gesundheitspolitikern auf Alfred Grotjahn deutet in diese Richtung. Die Begründung obiger Forderungen bei Grotjahn selbst wirft jedoch ein anderes Licht auf seine Programmatik. »*Durch die Lösung der Kassenarztfrage*« sollten die Ärzte zuerst vor der »*gefährlichen Klasse*« geschützt werden, des weiteren sollte so die Unterstützung der »*rentensüchtigen Patienten*« durch ihre Hausärzte verhindert werden. Siehe ausführlich zu den standespolitischen Forderungen Grotjahns und einer kritischen Beurteilung: Roth, Karl-Heinz, »Schein-Alternativen im Gesundheitswesen: Alfred Grotjahn (1869-1931) – Integrationsfigur etablierter Sozialmedizin und nationalsozialistischer Rassenhygiene«, in: Ders., (Hg.), *Erfassung zur Vernichtung, Von der Sozialhygiene zum Gesetz über Sterbehilfe*, Berlin 1984, S. 31-56. Zitate nach Roth, 1984, S. 39f. Zur Person Grotjahns aus ostdeutscher Perspektive siehe: Tutzke, Dietrich, Alfred Grotjahns gesundheitspolitische Forderungen, in: *Medizinische Monatsschrift* 14 (1960), S. 42-47.

Leichtes werden sollte, den »Sozialisten Grotjahn« als Referenz für ihre Rassenpolitik zu zitieren.[251]

Die Schriften Alfred Grotjahns umreißen paradigmatisch den Entwicklungsstand der sozialhygienischen Diskussion[252] der Weimarer Republik: Unentschieden zwischen Fürsorge und Eugenik, politisch offen in alle Richtungen, Sammelbecken für unterschiedlichste Professionen und Disziplinen, gab die Sozialhygiene vor, Lösungsstrategien für politische und soziale Probleme aller Art offerieren zu können.[253] Der Nationalsozialismus griff diese Entwicklung auf, radikalisierte sie und kombinierte sie mit seiner Selektions- und Vernichtungspolitik.[254]

Die Interdependenz zwischen Sozialhygiene und Rassenhygiene war einer der wesentlichen Gründe dafür, dass die Nationalsozialisten ihre gesundheitspolitischen Ziele innerhalb Weimarer Strukturen und Institutionen verfolgen konnten.[255] Aus der potenziellen Intervention, die jeder gesundheitspolitischen Planung inhärent ist, auf eine grundsätzliche ideologische Nähe aller gesundheitspolitischen Eingriffe zu totalitären Staatsordnungen zu schließen, wäre indes verkürzt.[256]

---

251 Zu der Beziehung zwischen Alfred Grotjahn und Leonardo Conti vgl. Weindling, 1989, S. 350; sowie die biographischen Angaben bei Labisch/Tennstedt, 1985, S. 393.

252 Zur beispielhaften Verkörperung der Interdependenz zwischen sozialhygienischen und rassenhygienischen Konzepten durch die Person Grotjahns siehe auch Castell Rüdenhausen, Adelheid Gräfin zu, Kommunale Gesundheitspolitik in der Zwischenkriegszeit. Sozialhygiene und Rassenhygiene am Beispiel Gelsenkirchens, in: Frei, 1991, S. 67-80, hier S. 68, sowie Weindling, Paul, Soziale Hygiene: Eugenik und medizinische Praxis – Der Fall Alfred Grotjahn, in: *Jahrbuch für Kritische Medizin*, Krankheit und Ursachen, Bd. 10, Berlin 1984, S. 6-20.

253 Zur linken politischen Anschlussfähigkeit eugenischer Konzepte siehe: Schwartz, Michael, *Sozialistische Eugenik. Eugenische Sozialtechnologien in Debatten und Politik der deutschen Sozialdemokratie 1890-1933*, Bonn 1995; Mocek, Reinhard, *Biologie und soziale Befreiung. Zur Geschichte des Biologismus und der Rassenhygiene in der Arbeiterbewegung* (Philosophie und Geschichte der Wissenschaften, Studien und Quellen, Band 51), Frankfurt/Main 2002.

254 Die Frage, inwieweit auch in der medizinischen Forschung und Praxis von einer grundlegenden Nazifizierung ausgegangen werden muss, ist von der Historiographie bisher noch nicht grundlegend bearbeitet worden.

255 Beide Disziplinen wiesen fachliche Gemeinsamkeiten hinsichtlich des instrumentellen Zugriffs auf. So konnte statistische Erfassung sowohl als Mittel der Fürsorge als auch als Datenbasis für Selektionen eingesetzt werden. Der potenziell gewaltsame Eingriff im Dienste einer gesundheitspolitischen Korrektur der Gesellschaft scheint dabei auf den ersten Blick systemunabhängig und sowohl unter Verweis auf Fürsorgedienste als auch unter Hinweis auf Auslesekonzepte denkbar. So z.B. die Argumentation bei Castell Rüdenhausen, die bereits für die Weimarer Republik von einer partiell vollständigen Gesundheitsüberwachung spricht. Castell Rüdenhausen, 1991, S. 78. Diese verkürzte Betrachtung bedarf jedoch der Kontextualisierung. Anders argumentiert z.B. Teleky, der ausführt, dass 1933 in Preußen 16,4 % der städtischen Tuberkulosetodesfälle und 20,3 % der ländlichen Tuberkulosetodesfälle den Behörden vorher nicht bekannt gewesen seien. Teleky, Ludwig, *Die Entwicklung der Gesundheitsfürsorge, Deutschland – England – USA*, Berlin u.a. 1950, S. 57.

256 Ebenso führt die alleinige Betrachtung der angewendeten Mittel zu einer verzerrten, weil rein instrumentellen Perspektive. Die Beschreibung jeglicher gesundheitspolitischer Intervention als »Sozialtechnik« ist zu undifferenziert, als dass sie eine Erklärungsoption für die nicht nur

Die Eigenart nationalsozialistischer Gesundheitspolitik bestand in der kompromisslosen Vernichtung gesellschaftlicher Minderheiten, in die die nationalsozialistische Rassenhygiene umschlug und als solche offizielle Regierungsdoktrin und zentrales Mittel der Herrschaftslegitimierung wurde. Alltägliche Kontinuität[257] und gesundheitspolitische Radikalisierung in Richtung auf Vernichtungspolitik bestanden nebeneinander und waren durch instrumentelle Ähnlichkeiten zwischen Weimarer und nationalsozialistischer Gesundheitspolitik verknüpft, ohne dass diese vermeintlichen Gemeinsamkeiten den seit 1933 veränderten Werte- und Systemkontext überdecken konnten. Die Berücksichtigung des politischen Kontextes, des Staatssystems und der zugrunde liegenden Werte[258] ist somit zentral für die Einschätzung gesundheitspolitischer Maßnahmen.[259]

Vor diesem Hintergrund gewinnt die demokratische Kontextualisierung, die für die amerikanische Besatzungsmacht höchste Priorität besaß, eine weitreichende Bedeutung. Politische Kontexte und zugrunde liegende Wertüberzeugungen waren schließ-

---

quantitativ, sondern auch qualitativ und prinzipiell andere Gesundheitspolitik der Nationalsozialisten liefern könnte.

Erst im Kontext des jeweiligen politischen Systems ist eine Bewertung gesundheitspolitischer Maßnahmen möglich, ohne einer nivellierenden Position zu verfallen. Die spezielle Dynamik des nationalsozialistischen Herrschaftssystems, in dem fehlende bzw. einander überlappende Zuständigkeiten zu ungerichteter Radikalisierung führte und die stetige ideologische Präsenz eines »inneren Feindes« einen rationalen Wertekodex ersetzte, war unabdingbare Voraussetzung der lebensfeindlichen Rassenpolitik. So (in Anlehnung an E. Fraenkel): Schmuhl, Hans Walter, Sterilisation, Euthanasie, Endlösung. Erbgesundheitspolitik unter den Bedingungen charismatischer Herrschaft, in: Frei, 1991, S. 295-308, hier S. 299.

Siehe zu dem Prozess der Radikalisierung des Systems aus sich selbst heraus die noch immer lesenswerte Studie von Broszat, Martin, *Nationalsozialistische Polenpolitik 1939-1945*, Stuttgart 1961, besonders S. 49ff.

In diesem System hatte das rassenhygienische Paradigma als zentraler Inhalt nationalsozialistischer Gesundheitspolitik die Aufgabe, klar bestimmen zu können, wer »Feind« und wer »deutscher Volksgenosse« war. Es erfüllte damit eine wichtige Funktion bei der Herrschaftskonsolidierung. Schmuhl, 1991, S. 300.

Erst in dieser Perspektive ist es möglich, nationalsozialistische Erbgesundheitspolitik trotz und inklusive all ihrer Kontinuitäten zur Weimarer Fürsorgepolitik in ihrer Spezifität zu beschreiben. Erst eine politische Kontextualisierung macht es möglich, nationalsozialistische Gesundheitspolitik in ihren Ähnlichkeiten und Unterschieden zu eugenischen Maßnahmen in zeitgenössischen parlamentarischen Rechtsstaaten zu beurteilen. Zur Maßnahmenkontinuität am Beispiel der Tuberkulosebekämpfung siehe S. 335f. dieser Darstellung.

257 Siehe dazu ausführlicher: Kudlien, Fridolf, Fürsorge und Rigorismus. Überlegungen zur ärztlichen Normaltätigkeit im Dritten Reich, in: Frei, 1991, S. 99-112. Zum Überwiegen der Kontinuitäten vgl. Castell Rüdenhausen, 1991, S. 79f.

258 Auch Castell Rüdenhausen verweist schließlich bei aller Betonung der Kontinuitäten und instrumentellen Gemeinsamkeiten auf die zentrale Bedeutung moralischer Wertkategorien; Ibid., 1991, S. 79.

259 Eine derartige Radikalisierung war in demokratischen Rechtsstaaten aufgrund von juristischen, gesellschaftlichen und politischen Verfahren nicht möglich. Siehe zu dieser Argumentation auch Schmuhl, 1991, S. 296f.

lich für amerikanische Entnazifizierungsbemühungen zentraler als personelle und sachliche Kontinuitäten – eine Position, die vor dem Hintergrund der historischen Entwicklung Sinn machte.

## 4.5 Bilanz der Entnazifizierung

So lassen sich als Ergebnis dieses fragmentarischen Blicks auf die Entnazifizierung des deutschen Gesundheitswesens folgende Punkte festhalten:

Die von der Forschung analysierten strukturellen Probleme amerikanischer Entnazifizierung fanden sich auch im Gesundheitssektor. Nach einem vorsichtigen Beginn wurde auch im Gesundheitswesen die Gruppe der betroffenen und zu überprüfenden Personen so stark ausgeweitet, dass eine fundierte Überprüfung gar nicht mehr möglich war.[260] Zwar hatte die Angst vor Krankheiten die Entlassungen in den ersten Monaten in Grenzen gehalten, angesichts der stabilen gesundheitlichen Lage wurde jedoch ab Sommer 1945 auch im Gesundheitswesen eine stark schematisierte Entnazifizierungsprozedur mittels Fragebögen und fixen Stichdaten durchgeführt. Mit dem Gesetz Nr. 8 vom 26. September 1945 war die Entnazifizierung auch im Gesundheitssektor zum »big business«[261] geworden, das die überwiegende Energie der *medical officers* absorbierte.[262]

Bis März 1946 wurden aufgrund einer großzügigen Entlassungspraxis viele der Amtsärzte und Krankenhausärzte entlassen. Obwohl die meisten Mediziner mit befristeten Arbeitsgenehmigungen entweder auf ihren alten Positionen oder zumindest an anderer Stelle weiterarbeiten durften, hatten die umfangreichen Suspendierungen doch Versorgungsengpässe produziert, die im Endeffekt die forcierte Entlastung der Mediziner durch die Spruchkammern und ihre reibungslose Wiedereingliederung nur beschleunigten. So war auf dem Gesundheitssektor die gleiche Dynamik amerikanischer Entnazifizierungspolitik zu beobachten wie in anderen Politikfeldern auch.[263]

---

260 Vgl. dazu Rauh-Kühne, 1995, S. 39-41.
261 So die Beschreibung der Entnazifizierung durch einen zeitgenössischen Beobachter, zit. nach Emig/Frei, S. 326.
262 »*Denazification and its effect occupied most of the energy of Public Health Officers, and in general presented a dilemma that is yet far from solution*«, klagte die badische Militärregierung im Oktober 1945. RG 260, OMGUS, 8/59-1/5, OMG-Nord-Baden Detachment E-7, Karlsruhe, Monthly Narrative Report on Public Health Land Baden for Month of October 1945), to *Surgeon*, G-5, PH-Section, Seventh US Army, S. 2.
263 Zur Entnazifizierung der Ärzteschaft in der DDR. Siehe Ernst, Anna-Sabine, *Die beste Prophylaxe ist der Sozialismus – Ärzte und medizinische Hochschullehrer in der SBZ/DDR 1945-1961*, Münster 1997. Ernst analysiert, dass sich die Ärzte der SBZ und DDR im Wesentlichen ebenso unbehelligt den Entnazifizierungsverfahren entziehen konnten, wie ihre Kollegen im Westen. Siehe bes. S. 171ff., 181ff., 199ff., 339.

Obwohl die Entlassungen potenziell mit vitalen politischen Interessen der Besatzungsmacht kollidierten, waren mit dem Argument Krankheit keine Suspendierungen zu verhindern. Zwar hatten die Amerikaner, wie der Karlsruher Amtsarzt Dr. Otto Heck es formulierte, eine »*geradezu panische Angst vor Infektionskrankheiten*«.[264] Dennoch misslangen deutsche Versuche, diese amerikanischen Krankheitsängste gegen die Entnazifizierung zu funktionalisieren. Die *medical officers* ließen diffuse Verweise auf eine allgemeine Gesundheitsgefahr nicht gelten. Vor dem Hintergrund einer relativ stabilen Gesundheitslage verminderte sich die Wirksamkeit des Arguments Krankheit umgekehrt proportional zu seinem Gebrauch. Offensichtlich waren Krankheitsängste umso wirkungsvoller, je unausgesprochener sie blieben. Im Kontext der Entnazifizierung trugen deutsche Amtsärzte das Argument Krankheit so offen auf den Lippen, dass seine Aussagekraft gegen Null lief.

Dass amerikanische Gesundheitsoffiziere sich klar gegen diese Argumentationsstrategie abgrenzten und deutsche Ausführungen über medizinische Unabkömmlichkeit eben nicht aufgriffen, belegt die weitreichende Politisierung amerikanischer Gesundheitspolitik.

Das Hauptproblem, das sich bei der Entnazifizierung des Gesundheitssektors stellte, lag also nicht in einer übermäßigen amerikanischen Fixierung auf vermeintliche Gesundheitsgefahren, sondern resultierte zunächst daraus, dass im Medizinsektor kaum alternatives Personal zur Verfügung stand. Der Personalaustausch der Nationalsozialisten war zu gründlich gewesen, als dass 1945 problemlos eine personelle Entnazifizierung möglich gewesen wäre. Zweitens waren die deutschen Akteure, die innerhalb der Gesundheitsverwaltung mit der Entnazifizierung betraut waren, häufig auch Ärzte und in dieser Eigenschaft wenig an einer Säuberung ihres eigenen Berufsstandes interessiert. Innerhalb einer konservativ ausgerichteten Ärzteschaft funktionierte der von der Forschung bereits für andere Gesellschaftssektoren beschriebene Korpsgeist reibungslos.[265] Die oben beschriebene Nähe der Ärzteschaft zum Nationalsozialismus spitzte die Konflikte mit der Besatzungsmacht in Entnazifizierungsfragen zu und half bei der schnellen Entlastung der Kollegen.

Drittens war die Besatzungsmacht bei der Besetzung von Schlüsselpositionen häufig zu sorglos bzw. zu schlecht informiert. Die schematische Bewertung gesundheitspolitischer Einzelmaßnahmen nach dem bloßen Faktum, ob sie vor oder nach 1933 getroffen worden waren, führte zu Fehlentscheidungen[266], da insbesondere ideologische

---

264 Zeitzeugeninterview zitiert bei Werner, 1985, S. 157.
265 Professions- bzw. Standesbewusstsein waren deshalb relevant, weil die deutschen Spruchkammern, die mit der Entnazifizierung der deutschen Ärzteschaft beschäftigt waren, sich aus »politisch einwandfreien Fachkollegen« zusammensetzen sollten. Stadtarchiv Stuttgart, Hauptaktei Gruppe 0, Bestand 14, Nr. 88, Politische Überprüfung der Angehörigen des Gesundheitswesens.
266 Frei, Norbert, Einleitung, in: Ders., 1991, S. 19.

Berührungspunkte zwischen den von der Besatzungsmacht eingesetzten Personen und dem Nationalsozialismus nicht wahrgenommen wurden.

Trotz aller personellen Entnazifizierungsbemühungen blieb das eigentliche Ausmaß der nationalsozialistischen Belastung deutscher Gesundheitsämter unbeachtet, denn die systematische Bedeutung nationalsozialistischer Gesundheitspolitik wurde von der Besatzungsmacht nicht erfasst. Die Konflikte kreisen um einzelne Ärzte und die konkrete Besetzung vakanter Stellen, nie um die grundsätzliche Problematik der ideologischen Nazifizierung des deutschen Gesundheitswesens.

Welchen Einfluss hatte amerikanische Entnazifizierungspolitik damit auf Kontinuitäten und Brüche im deutschen Gesundheitssektor? Die Nationalsozialisten hatten Gesundheitspolitik politisch zur rassenhygienischen Gesundheitsführung umakzentuiert und gleichzeitig Weimarer Strukturen für ihre Ziele genutzt. Auch die amerikanische Besatzungsmacht versuchte, politische Reorientierung und Maßnahmenkontinuität zu verbinden.[267] Demokratisierung bedeutete in diesem Kontext weniger eine Veränderung von aktuellen gesundheitlichen Praktiken als eine Neu-Kontextualisierung. Die Restrukturierung sollte ihren Ausdruck sowohl im stetigen Zwang zur Relegitimierung traditioneller Maßnahmen und zur Neubewertung bekannter Verfahren als auch in föderalen Verwaltungsstrukturen finden.

Personelle Kontinuitäten haben damit eine nachgeordnete Bedeutung, verglichen mit der Frage, ob und wie die Einpassung der alten nationalsozialistischen Eliten in einen neuen – nach 1945 demokratischen – Systemkontext gelang. Somit ist es die Assimilierung des alten Personalbestandes an veränderte politische Wertordnungen, die zum Maßstab sowohl für die Nazifizierung im Gesundheitswesen nach 1933 als auch für die gelungene Demokratisierung nach 1945 werden muss.[268]

Dass die Eingriffe der Amerikaner – im Gegensatz zu nationalsozialistischen Interventionen – als Traditionsbruch wahrgenommen wurden, belegt, dass es ihnen offensichtlich trotz aller Personalkontinuitäten gelungen war, mental das Odium eines Neuanfangs zu vermitteln. Andererseits hätte es für einen radikalen Neuanfang einer

---

267 Wie oben ausführlich erläutert, war der Aufgabenkatalog der Gesundheitsämter so allgemein bzw. in allen industrialisierten Ländern so ähnlich, dass er einer politischen Kontextualisierung bedurfte. Zur historischen Dimension dieser Allgemeinheit: Labisch/Tennstedt, 1985, S. 372.

268 Nicht beachtet ist bei dieser Form der Fragestellung die moralische und individuelle Dimension von Nazifizierung und Entnazifizierung, wie sie sich stellt durch die Weiter-/Wiederbeschäftigung der NS-Eliten, ihre z.T. im Vergleich mit NS-Opfern bessere soziale und gesellschaftliche Positionierung, die Anrechnung von Pensionsansprüchen aus nationalsozialistischen Berufsjahren vs. noch immer ausstehende oder nur geringfügige Entschädigungen etc. Die Frage, inwieweit sich die alltägliche Praxis in Arztpraxen, Krankenhäusern und Gesundheitsämtern änderte, ist vor diesem Hintergrund von untergeordneter Relevanz. Zwar sind die Erforschung medizinischer Alltagserfahrung und das subjektive Erleben andauernder Kontinuität auch über den Regimewechsel von 1933 hinaus wesentlich für die Ermittlung von Herrschaftsakzeptanz und Loyalität gegenüber dem NS-Regime, über die prinzipielle Funktion von Gesundheitspolitik im Nationalsozialismus vermögen sie jedoch nichts auszusagen.

systematischen Debatte über das Ausmaß der Nazifizierung deutscher Gesundheitspolitik bedurft, die von der Besatzungsmacht nicht eingefordert wurde.

War nach 1945 in allen Zonen trotz Ärzteschwemme immer wieder die Forderung zu hören, dass auch belastete Ärzte im Dienste der öffentlichen Gesundheit weiterbeschäftigt werden müssten, so sucht man derartige Proteste nach 1933 vergeblich, und dies, obwohl der Personalaustausch der Nationalsozialisten radikaler und umfangreicher war, als die amerikanische Besatzungsmacht ihn selbst in den »radikalen« Anfangsmonaten der Besatzung plante.

## 1947–1949: Modernisierungsversuche im öffentlichen Gesundheitswesen

### 1. »Very little progress [...]« – Kritik an der deutschen Gesundheitsverwaltung

Wie oben dargestellt, waren seit Januar 1947 die deutschen Länderregierungen alleine für das Gesundheitswesen[269] verantwortlich und die Tätigkeit der Militärregierungen reduzierte sich auf »*close observation of the fledgling German representative government, giving it every opportunity to effect its organization, become sure of its ground, grasp its problems, and assume its responsibilities. At the same time support has been constantly offered.*«[270] Diese Unterstützung war notwendig, da die Amerikaner die Entwicklung der deutschen Länderregierungen insgesamt als »*langsam, oft konfus und allgemein instabil*«[271] beurteilten. Die Hoffnung, dass die deutsche Gesundheitsverwaltung durch die ihr übertragene Eigenverantwortung gestärkt werde, bestätigte sich jedoch nicht. Enttäuscht stellte die hessische *Public Health Division* im Dezember 1947 fest: »*It must be reported that very little progress has been made in the establishment of an efficient and democratic German Public Health service.*« Da die Militärregierung inzwischen nicht nur von der praktischen Gesundheitspolitik entlastet war, sondern auch die politische

---

269 RG 260, 390/49-50/35-1/6-1, Box 231, OMG-WB, Records of the PH-Advisor, Report of Public Health Branch, OMG-WB, July–December 1946, S. 1; RG 260, 8/57-1/9, OMG-Hesse, Abt. 649, Public Health Division, Summary of Public Health Activities Land Hesse, 12 October 1945–31 December 1946, S. 1.

270 RG 260, 390/49-50/35-1/6-1, Box 231, Quarterly Report, OMG-WB Public Health Branch, Jan.–March 1947, Section IV., Conclusion. Auch die Aufgabe der *Public Health Branch* beschränkte sich mit Verabschiedung der Landesverfassungen und der Wahl der deutschen Parlamente ab 1947 daher auf die Beobachtung, Berichterstattung und Beratung, siehe dazu RG 260, 390/49-50/35-1/6-1, Box 231, OMG-WB, Records of the PH-Advisor, Report of Public Health Branch, OMG-WB, July–December 1946, S. 4.

271 RG 260, 390/49-50/35-1/6-1, Box 231, Quarterly Report, OMG-WB Public Health Branch, January–March 1947, Section IV., Conclusion.

Verantwortung für das Gesundheitswesen komplett auf deutsche Stellen übertragen hatte, beinhalteten die seit 1947 geäußerten Tadel immer auch politische Kritik. Da »*the health status of the population is about the same as one year ago, perhaps a little improved*«, waren es nicht steigende Krankheitsraten, die die Gesundheitsoffiziere beunruhigten. »*[...] more important than disease prevention for the moment are these two factors: a) the present and growing state of mass apathy and lethargy among a once proud and industrious people b) the growing strength of pressure groups. Pressure and counter pressure too frequently create a state of inertia and assumption of a ›laissez faire‹ attitude by elected and appointed officials.*«[272]

Damit war der amerikanische Verdruss gar nicht spezifisch gesundheitspolitisch motiviert, sondern drückte eine allgemeine Unzufriedenheit mit der Einstellung der Deutschen aus. Die Art und Weise, wie die deutschen Politiker die Probleme angingen, stellte die Besatzungsmacht nicht zufrieden. Sie suchten einen anderen Typus von Gesundheitspolitiker, der selbstbewusst und energisch die anstehenden Probleme anpacke.

Gesundheit und auch die Organisation des Gesundheitswesens interessierten die Besatzungsmacht zunehmend hinsichtlich ihrer politischen Effekte. Hierbei war nicht der Einfluss von Interessengruppen an sich problematisch, zumal auch in den USA *pressure groups* machtvolle Politikbeziehungen unterhielten, sondern die dadurch in Deutschland verursachte Lähmung der politischen Repräsentanten. Amerikanische Analysen waren seit 1946 immer wieder mit historischen Verweisen verbunden. Dabei hatten die Bezüge auf das einst stolze und hoch industrialisierte deutsche Volk, der Nachruhm der ehemals führenden Wissenschaftsnation Deutschland ebenso wie die Erinnerung an die einstige Modernität des deutschen Sozialversicherungsmodells eine doppelte Funktion[273]: Einerseits sollten sie – in Anlehnung an die *Outlaw*-Theorie – das Potenzial verdeutlichen, das in diesem besetzten Land stecke, und damit amerikanischen Reformbemühungen eine Perspektive eröffnen. Andererseits legitimierten diese Verweise die aktuelle amerikanische Kritik, denn – so die amerikanische Wahrnehmung – die deutsche Nation sei zwar einst in den Bereichen Wissenschaft, Gesundheitsfürsorge und Sozialversicherung modern gewesen, aber dies seien vergangene Zeiten.[274] Die neue Führungsmacht – so der Subtext dieser Verweise – waren die USA, die in dieser Rolle das selbstverständliche Recht hatten, deutsche Verhält-

---

272 RG 260, 8/59-1/8, OMG-Hesse, Abt. 649, Public Health Division, Narrative Report for December 1947.
273 Siehe als Beispiel für eine solche Beschreibung z.B. RG 260, 390/44/45/5, Box 74, OMGUS, Records of the Manpower Division, Visiting Experts Drafts, The Cultural Exchange Program of the Civil Administration Division, S. 51.
274 »*The German medical schools, which were good in 1912 have not kept pace with the advances in medicine. [...] the German graduates [...] are not equal to the average American senior medical student.*« So z.B. die Zusammenfassung Wilburt Davisons nach einer Inspektionsreise im August/September 1945 zur Begutachtung der deutschen Universitäten in: Davison, 1945, S. 1225.

nisse zu kritisieren.[275] Diese Kritik konzentrierte sich konkret auf die Organisation und Administration des öffentlichen Gesundheitswesens und den Ausbildungsstand deutscher Amtsärzte.

## 1.1 Institutionelle Mängel

Konkret bemängelte die Besatzungsmacht, dass z.B. in Baden die deutsche Gesundheitsverwaltung viel zu groß und kompliziert sei »*and the mental constipation which characterizes many present-day German officials, making them invulnerable to change or alteration of any kind.*«[276] Technisch sei das deutsche Gesundheitswesen gerade ausreichend ausgestattet, die Ärzte und Angestellten seien jedoch eigentlich qualifiziert genug, um eine größere Effizienz zu erreichen. Dass dies bisher nicht gelungen sei, liege vor allem an politischen und verwaltungstechnischen Problemen.[277] Vor allem fehle es an einem organisatorisch begabten und in der Administration bewanderten Gesundheitsreferenten. Außerdem werde das Gesundheitswesen durch das Innenministerium nicht wirklich gefördert. Noch immer stünden weder ausreichende Räumlichkeiten noch genügend Geld für Ausstattung, Medikamente und technische Geräte zur Verfügung. Die Abteilung »Öffentliche Gesundheit« sei statt dessen ein politischer Spielball zwischen Arbeits- und Innenministerium.[278]

Zur Behebung dieser Missstände schlug die *Public Health Branch* einen Drei-Punkte-Plan vor. Dieser sah erstens die Anstellung eines qualifizierten Mediziners mit Verwaltungserfahrung als Referenten für das Gesundheitswesen vor, forderte zweitens die Schaffung eines Gesundheitsministeriums und verlangte drittens die Unabhängigkeit dieses neuen Ministeriums von parteipolitischen Ränkespielen.[279]

---

275 Intern wiesen deutsche Ärzte die ehrenrührige Feststellung, dass der Ruhm alter Zeiten längst verblasst sei, energisch zurück. So betonte der Vorsitzende der Frankfurter Medizinischen Gesellschaft Prof. Dr. Dr. h.c. F. Volhard z.B.: »*Die deutsche Medizin braucht sich ihrer wissenschaftlichen Leistung auch in den vergangenen Jahren der Unterdrückung und Bevormundung nicht zu schämen.*« Doch auch Volhard musste zugestehen, »*dennoch sind wir medizinisch auf vielen Gebieten eingeholt oder überflügelt worden. Schwer wird die Zukunft der Forscherarbeit.*« Volhard, Franz, Verhandlungsberichte der Frankfurter Medizinischen Gesellschaft. 1. Sitzung vom 5. Juni 1946, Eröffnungsansprache, in: *Deutsche Medizinische Wochenschrift* 71 (1946), S. 191.
276 RG 260, 390/49-50/35-1/6-1, Box 231, Quarterly Report, OMG-WB Public Health Branch, Jan.–March 1947, Section I, 1. Scope and Basic Missions.
277 Analoge Einschätzungen z.B. zu Bayern dokumentiert in: *Der Tuberkulosearzt* 1 (1947), S. 110f. Dort das Zitat eines amerikanischen Gesundheitsoffiziers, dass »*Bayern das rückständigste Land der Welt*« sei.
278 RG 260, 390/49-50/35-1/6-1, Box 231, Quarterly Report, OMG-WB Public Health Branch, Jan.–March 1947, Section II. 3. Plans and Program Planning.
279 Ibd., Section I, 2. Shifts in Responsibility.

In direktem Zusammenhang mit der Schwäche der Gesundheitsabteilung im Stuttgarter Innenministerium stand das 1947 noch immer bestehende halb-autonome Gesundheitssystem Nord-Badens. Wieder und wieder hatte die Militärregierung die Schaffung eines einheitlichen, kohärenten Gesundheitssystems für ganz Württemberg-Baden empfohlen, konnte sich damit aber nicht durchsetzen, da die Vereinigung von Württemberg und Baden nach Ansicht der Deutschen nicht ressortweise erfolgen, sondern durch einen einmaligen Akt für die gesamte Länderverwaltung umgesetzt werden sollte.[280] Dem von den Amerikanern angestrebten Zusammenschluss von Württemberg und Baden setzten die Deutschen bis 1948 entschiedenen passiven Widerstand entgegen[281], da die Badener das Gefühl hatten, in Stuttgart würden ihre Interessen nicht effektiv vertreten, während die Stuttgarter Landesregierung ihrerseits froh war, einen Teil der Probleme nach Karlsruhe abschieben zu können, so dass de facto zwei unabhängige Gesundheitssysteme in Baden und Württemberg nebeneinander bestanden.[282] Auch wenn die Situation in Württemberg-Baden dadurch schwieriger war als in den anderen Ländern, lagen die von der Besatzungsmacht beanstandeten Verhältnisse überall ähnlich. Das enge Budget des Gesundheitswesens war ebenso wie die Kompetenzaufsplitterung zwischen Innen- und Arbeitsministerium und der Ausbildungsstand der Amtsärzte ein länderübergreifender Kritikpunkt.[283]

Auch deutsche Berichte thematisierten zum Teil die von der Besatzungsmacht problematisierten Aspekte und bestätigten den Personalmangel bei den Gesundheitsämtern[284], die noch immer bestehenden Engpässe bei Kraftwagen, Treibstoff, medizinischen Versorgungsgütern und Räumlichkeiten[285] und führten aus, dass die *»Amtsarztstellen zum größten Teil noch immer kommissarisch besetzt [seien], [da die] Versorgung des Landes mit freiberuflichen Ärzten [...] auf Schwierigkeiten [stoße], als es den Ärzten, besonders an kleinen Orten, häufig nicht gelingt, Praxis und Wohnräume zu erhalten. Dies liegt teilweise an der herrschenden Wohnungsnot und teilweise an dem Widerstand der lokalen Verwaltungsbehörde«.*[286] Da trotz dieser Unzulänglichkeiten keine Epidemien zu verzeichnen waren und außer steigenden Raten bei Tuberkulose und

---

280 Ibid., Section II, 2. German Government.
281 Erst ab 1948 wurde die Stuttgarter Landesregierung in dieser Hinsicht aktiv. Zu Vereinigungsbemühungen und den Widerständen siehe Sauer, 1977, S. 33f.
282 RG 260, 390/49-50/35-1/6-1, Box 231, Annual History of Public Health in Land Württemberg-Baden from Beginning of Occupation to 1 June 1946, S. 4.
283 Zu einer analogen Analyse des hessischen Systems siehe z.B. RG 260, 8/59-1/9, OMG-Hesse, Abt. 649, Public Health Division, Summary of Public Health Activities in Land Hesse, 1 July 1947–30 September 1947.
284 RG 260, 390/49-50/35-1/6-1, Box 225, OMGUS-WB Public Health Advisor, Chief Public Health Branch Stuttgart, ausführlicher monatlicher Tätigkeitsbericht Nord-Württemberg, Nord-Baden, Monat Mai 1947, S. 1. In den amerikanischen Akten finden sich partiell Überlieferungen deutscher Berichte an die amerikanische Militärregierung.
285 Ibid., Ausführlicher monatlicher Tätigkeitsbericht Nordwürtt./Nordbaden Monat März 1947, S. 2.
286 Ibid., S. 1; ebenso der Bericht vom Mai 1947.

Geschlechtskrankheiten die Erkrankungsfälle bei Diphtherie, Scharlach, Typhus und Krätze gleichbleibend gering blieben[287], bestand aus deutscher Perspektive kein grundlegendes strukturelles Problem oder Ausbildungsdefizit. Nach deutscher Überzeugung handelte es sich um partielle Beschränkungen, die Ausdruck der »Mangelgesellschaft« der Nachkriegsjahre waren. Angesichts der allgemein stabilen gesundheitlichen Verfassung der deutschen Bevölkerung bestand kein zwingender gesundheitspolitischer Handlungsdruck, so dass deutschen Beamten nur schwer die Einsicht in die Notwendigkeit einer Reform zu vermitteln war.

Im Gegensatz dazu sah die Besatzungsmacht grundsätzlichen, sogar über die Länderebene hinausgehenden Reformbedarf, da in den Augen der *Public Health Branch* ein weiteres großes Problem darin bestand, dass die Koordinierung der Gesundheitspolitik zwischen den einzelnen Ländern nicht funktionierte. Diese »*almost hopeless*« Situation würde sich – so erwartete die Militärregierung – mit Gründung des Public *Health Committee of the Laenderrat* verbessern, da mit dem Gewicht dreier Länder die Reformfeindlichkeit vieler lokaler Stellen zu überwinden sein müsste. »*Little, if anything, of the kind has been accomplished. About the only point upon which the three Laender can agree is when and where to hold the committee meetings, and that only with considerable difficulty. The only noteworthy accomplishment of the committee seems to be the production of an oral diarrhea of a quality and on a scale which profoundly astonishes Military Government observers. Little constructive action can be expected from this committee*«[288] lautete statt dessen wenig später das frustrierte Urteil amerikanischer Besatzungsoffiziere angesichts nicht vorankommender Reformen.

Hatte die Unsicherheit der ersten Tage die Möglichkeit auch administrativer Veränderungen beinhaltet, so waren mit der Wiedererrichtung der deutschen Gesundheitsverwaltung auch die alten Konfliktlinien wieder etabliert worden. Der Reformbedarf des öffentlichen Gesundheitswesens, der bereits seit dem Kaiserreich schwelte und durch das *GVG* 1934 nur unvollständig gelöst worden war, hatte bis 1947 auch durch amerikanischen Anschub keine Lösung gefunden.

In Württemberg-Baden war die Situation besonders prekär, da dort die Position des Leiters der Gesundheitsabteilung im Stuttgarter Innenministerium seit April 1947 vakant war.[289] Aus diesem Grunde fehle es an einem »*aggressiven Leiter*«, der das In-

---

287 RG 260, 390/49-50/35-1/6-1 Box 225, OMGUS-WB Public Health Advisor, Ausführlicher monatlicher Tätigkeitsbericht Nordwürtt./Nordbaden Monat März 1947, S. 2-5. Eine Ausnahme dazu war die Berliner Situation, vgl. Anders, W., Die Typhussonderaktion in Groß-Berlin im Winter 1946/47, in: *Ärztliche Wochenschrift* (1947), S. 1073-1076.
288 RG 260, 390/49-50/35-1/6-1, Box 231, Quarterly Report, OMG-WB Public Health Branch, Jan.–March 1947, Section III. Problems and Accomplishments.
289 RG 260, 390/49-50/35-1/6-1, Box 231, OMG-WB, Records of the PH-Advisor, Annual historical Report, OMG-WB Public Health Branch, July 1946–June 1947. Ausführlich zu den endlosen Personalquerelen auch: RG 260, 390/49-50/35-1/6-1, Box 231, OMG-WB, Records of the PH-Advisor, Quarterly historical Report, Public Health Branch, OMG-WB July bis September 1947.

nenministerium zur Unterstützung einer »*aggressiven Gesundheitspolitik*« gewinnen könne. »*Within the limits of advising, reporting, and observing every effort was made to assist and to influence favorably the weak and shaky German Public Health system, hamstrung by lack of a competent and permanent chief and by failure to receive adequate ministerial support.*«[290]

### Missstände des deutschen Gesundheitswesens als »natural evolution of the nation's history«

Die Defizite des reformbedürftigen deutschen öffentlichen Gesundheitswesens ergaben sich nach amerikanischer Einschätzung direkt aus seiner Geschichte: »*The Public Health practices in Germany today are a natural evolution of the nation's history. The authoritarian concept of feudal days, slightly modified and modernized by the application of technical advances, have led naturally to a Public Health system established under the emperors and later the national Socialists, with motivation from above downward, by laws and executive decrees. The German scientific leadership of the Robert Koch era has lapsed as a result of militarism, regimentation of thought and spirit, two disastrous war defeats with an intervening inflation and a disappointing attempt to democratic government, and the complete collapse after World War II.*«[291]

Die Entwicklung des deutschen Gesundheitswesens verlief somit in amerikanischer Wahrnehmung gradlinig vom autoritären Kaiserreich zum Führerstaat der Nazi-Ära. Die deutschen Todsünden von Militarismus und Antiliberalismus hätten die einst bedeutende Wissenschaftsnation schließlich um ihre leitende Position gebracht, führten amerikanische Analysen 1947 aus.

In der Tat ließen sich administrative Probleme im öffentlichen Gesundheitswesen aus der historischen Entwicklung ableiten, aber in anderer Form, als amerikanische Besatzungsoffiziere dies taten: Bereits im Kontext der 1848er-Bewegung hatte sich eine Medizinalreformbewegung formiert, die die Verbesserung der desolaten gesundheitlichen Verhältnisse mit liberalen politischen Ideen verknüpft hatte.[292] Leitfigur dieser politischen Dimension von Gesundheitsfürsorge war Rudolf Virchow gewesen. Mit Scheitern der Revolution und Ausschluss des Bürgertums von der Teilhabe an politischer Macht verlagerten sich gesundheitspolitische Forderungen auf die selbstverwalteten Städte.[293] Mit dem damit verbundenen Paradigmenwechsel zur Assanierung[294] war der politische Reformanspruch in den Hintergrund getreten. 1899 sollte durch

---

290 Ibid., Quarterly historical Report, Public Health Branch, OMG-WB July bis Sep. 1947.
291 RG 260, 390/49-50/35-1/6-1, Box 222, OMG-WB, General Records of the PH-Advisor, Weakness of Public Health System of Land Württemberg-Baden; June 1947.
292 Labisch/Tennstedt, 1985, S. 26, 42.
293 Ibid., S. 25f.; Frevert, 1984, S. 232f.
294 Labisch/Tennstedt, 1985, S. 32.

die im »*Gesetz betreffend die Dienststellung des Kreisarztes und die Bildung von Gesundheitskommissionen*«[295] geregelte flächendeckende Einrichtung von Kreisarztstellen eine ausreichende Gesundheitsversorgung auch in den ländlichen Bereichen sichergestellt werden. Unterstellt waren die Kreisärzte dem ebenfalls 1899 gegründeten kaiserlichen Gesundheitsamt.[296] Der Staat hatte durch die neuen Regelungen nicht nur die materielle Situation der Kreisärzte verbessert, sondern in der Kreisarztprüfung präzise die Zugangsvoraussetzungen für diese Ämter im staatlichen Gesundheitsdienst geregelt und ein Aufgabenfeld geschaffen, das sich nicht mehr wie bisher gesundheitspolizeilich definierte, sondern zunehmend prophylaktisch orientierte.[297] Zwischen Kommunen und Staat entwickelten die Provinzen und Regierungsbezirke seit der Jahrhundertwende eine eigene Gesundheitsfürsorge, z.B. für Geisteskranke, Blinde, Krüppel, Kriegsversehrte, Hinterbliebene, Tuberkulosekranke u.a., die wie in den Städten eng mit der provinzialen Selbstverwaltung verzahnt war.[298] Die sich daraus ergebende Vielfältigkeit der zuständigen Instanzen, die Überlappung der Aufgabenbereiche und die Verzahnung mit sachfremden politischen Interessen, die amerikanische Besatzungsoffiziere 1946/47 bemängelten, hatte bereits im Kaiserreich zu einer Diskussion um die Vereinheitlichung und Vereinfachung des Gesundheitswesens geführt.

Nach dem Ersten Weltkrieg war Gesundheitspolitik aufgrund der dramatischen Verschlechterung der gesundheitlichen Verhältnisse ins Zentrum politischer Debatten gerückt. Im Kontext der Novemberrevolution war die bereits 1848 und 1871 diskutierte Forderung nach einer institutionellen Aufwertung von Gesundheitspolitik neu artikuliert worden.[299] In Zeiten von Revolution und Verfassungsfindung, in der eine neue politische Ordnung zur Diskussion stand, schienen die Chancen für die Forderung nach einem eigenständigen Reichsministerium, das für staatliche Gesundheitspflege, Sozialversicherung und Bevölkerungspolitik zuständig sein sollte, günstig zu stehen.[300] In der Tat wurde »Gesundheit« als Staatsaufgabe 1919 institutionalisiert, allerdings nicht als eigenständiges Reichsministerium, sondern als Abteilung innerhalb des Reichsministeriums des Innern (RmdI).[301] Das Reicharbeitsministerium erhielt die Zuständigkeit

---

295 Ibid., 1985, S. 47.
296 Matzerath, 1985, S. 341.
297 Diese Aufgaben waren ausführlich in einer Dienstanweisung von 1901 aufgelistet und beschäftigten sich schwerpunktmäßig mit Schulhygiene, Säuglingsfürsorge usw., siehe Labisch/Tennstedt, 1985, S. 50.
Staatliche Ordnungsverwaltung und kommunale Gesundheitsfürsorge hatten sich somit während des Kaiserreichs in ihrem Aufgabenverständnis angenähert, ohne ihre jeweiligen Traditionslinien völlig aufzugeben.
298 Ibid., S. 51.
299 Diese Forderung wurde über politische Parteigrenzen hinweg von vielen bekannten Gesundheitspolitikern und Ärzten unterstützt. Mit dazu gehörten z.B. Julius Moses USPD, Grotjahn, Hirschfeld u.a. Weindling, 1989, S. 344f.
300 Labisch/Tennstedt, 1985, S. 57; Weindling, 1989, S. 347f.
301 Sachße/Tennstedt, 1988, S. 117; Weindling, 1989, S. 346.

in allen Fragen, die die Sozialversicherung betrafen[302], wodurch im Ergebnis eine Aufsplittung der Gesundheitspolitik auf zwei Ministerien gegeben war. Zwar war auf ein nationales Gesundheitsministerium verzichtet worden, da die föderale Gliederung der Weimarer Republik nicht durchbrochen werden sollte[303], doch auch die Anbindung an das RMdI bedeutete eine klare sachliche Aufwertung von Gesundheitspolitik.[304]

Charakteristisch für die staatliche Gesundheitspolitik war bis 1918 die Kontrolle von Seuchen mit polizeilichen Mitteln gewesen. Der Maßnahmenkatalog prophylaktischer Gesundheitsfürsorge war von staatlichen Akteuren kaum angewandt worden. Das kommunale Gesundheitswesen konzentrierte sich dagegen auf die Bereitstellung einer hygienischen Infrastruktur und auf Fürsorgemaßnahmen.[305] Diese Abgrenzung wurde durch die Aufwertung von Gesundheit als Staatsaufgabe mehr und mehr aufgegeben. Gesundheitspolitische Überlegungen fanden in der Weimarer Republik zunehmend auch in die Reichsgesetzgebung Eingang.[306] Die zunehmende Bedeutung prophylaktischer Ziele in der reichsstaatlichen Gesetzgebung hatte zu neuen Konflikten zwischen Staat und Kommunen geführt, da die Städte darin einen Eingriff in ihre Zuständigkeiten gesehen hatten.[307]

Trotz dieser Entwicklungen war auf Reichsebene die Tradition abgegrenzter Kompetenzen im Wesentlichen beibehalten worden. Dagegen war es auf Länderebene in der Weimarer Republik zu einer dynamischen Ausdehnung und Vermischung[308] gekommen, wodurch sich das Verhältnis zwischen Kommunen und Staat föderal entwickeln konnte.[309] Die Dynamik der Weimarer Republik als eines industriellen Wohlfahrtsstaats hatte maßgeblich die Veränderung des staatlichen Gesundheitswesens beeinflusst.[310] Die Ausdifferenzierung der Gesundheitsfürsorge und ihre zunehmende Bedeutung hatten die bereits während des Kaiserreichs geführte Vereinheitlichungsdiskussion verschärft. Dabei war es nicht nur um die Dualität Stadt/Staat gegangen,

---

302 Labisch/Tennstedt, 1985, S. 62.
303 Weindling, 1989, S. 346.
304 Castell Rüdenhausen, 1988, S. 11ff. Die föderale Struktur als Reformbremse im öffentlichen Gesundheitswesen spielte auch nach dem Zweiten Weltkrieg eine große Rolle. Siehe dazu S. 199 dieser Darstellung.
305 Sachße, Christoph/Tennstedt, Florian, *Geschichte der Armenfürsorge in Deutschland*, Bd. 3: »Der Wohlfahrtsstaat im Nationalsozialismus«, Stuttgart 1992, S. 98.
306 So z.B. zum Wohnungsbau, zur Verkehrsplanung, zur Lebensmittelkontrolle oder zur Arbeiterfürsorge. Siehe dazu Sachße/Tennstedt, 1988, S. 117.
307 Ibid.; eine besondere Überschneidung stellt in diesem Sinne das *»Gesetz zur Bekämpfung der Geschlechtskrankheiten«* von 1927 dar, vgl. Labisch/Tennstedt, 1985, S. 93.
308 Weindling, 1989, S. 348.
309 So lagen in Preußen viele Fragen in der alleinigen Zuständigkeit der Kommunen, während z.B. Württemberg viele Bereiche der Gesundheitspflege durch Gesetze regelte und in die gemeinsame Zuständigkeit von Kreis- und Kommunalarzt legte, die häufig in Personalunion wahrgenommen wurde. Labisch/Tennstedt, 1985, S. 67f. Zu den vielfältigen organisatorischen und personellen »Beziehungsvarianten«: Ibid., S. 73ff.
310 Ibid., S. 360.

sondern insgesamt um die Vielfältigkeit der Träger und Anbieter gesundheitsfürsorgerischer Leistungen, von den Sozialversicherungsträgern und Landesversicherungsanstalten bis hin zu freien Vereinen, Kirchen und anderen Anbietern, die häufig im kommunalen Bereich wirkten, gekommen.[311] Die beiden Extrempositionen hatten sich dabei zwischen dem Plädoyer für eine komplette Verstaatlichung und der Argumentation für eine völlige Kommunalisierung bewegt.[312]

Diese Debatte war nicht mehr in der Weimarer Republik entschieden worden, sondern erst 1934 durch das Vereinheitlichungsgesetz, das aber Kompetenzvielfalt und Überlappungen nicht systematisch beseitigte. Somit setzte die amerikanische Kritik 1946 unbewußt eine fast 100 Jahre alte Debatte um Struktur und Einheitlichkeit des öffentlichen Gesundheitswesens fort. Amerikanische Reformbemühungen um eine administrative Straffung der deutschen Gesundheitsverwaltung standen also in einer langjährigen deutschen Traditionslinie und waren der deutschen Reformdiskussion nicht so fremd, wie es amerikanischen Offizieren schien.

## 1.2 Kritik und Veränderung: Public Health als Reformmodell für die öffentliche Gesundheitspflege

Die amerikanische Kritik konzentrierte sich besonders auf die deutschen Amtsärzte, die zwar auf dem Papier gut organisiert seien, aber eine völlig legalistische Amtsauffassung hätten. Diese lasse sich nicht mit der momentanen Mangelsituation erklären, sondern ergebe sich aus der autoritären deutschen Tradition, die jede Aufgabe des Amtsarztes genau definiere und so Eigeninitiaive unterbinde.[313] Auch 1947 schwangen bei der Beurteilung des deutschen Gesundheitswesens somit noch immer vansittartistische Elemente mit.

Die amerikanische Analyse offenbarte bereits das Konzept, das die *medical officers* zur Verbesserung der Situation bereithielten. »*The training on Public Health officers in Germany is at present in a low state. Part of this is due to post-war conditions, but it is also partly due to the fact that Public Health officers are being trained to meet the old concept of Public Health in Germany which is still predominant.*«[314]

---

311 Ibid., S. 85.
312 Ibid., S. 86f.
313 »*On paper German Public Health practices are well organized. Every Land and Kreis has a health department, and so have the major cities. [...]. The philosophy of Public Health Officials, with few exception is narrowly legalistic, and little is undertaken except under compulsion of the law. The current shortage of personnel, cramped quarters and limited transportation do not fully explain this concept of Public Health service; German tradition of authoritarianism partial does. Every detail of the duty of the health officer is spelled out in the law, and he shows little tendency to engage in permitted but not required activity.*« RG 260, 390/49-50/35-1/6-1, Box 222, OMG-WB, General Records of the PH-Advisor, Weakness of Public Health System of Land Württemberg-Baden; June 1947.
314 Ibid.

Waren deutsche Amtsärzte noch im Juni 1945 als »*well trained*« beurteilt worden[315], so hatte sich die Perspektive vor dem Hintergrund sich verändernder Erwartungshaltungen verschoben. War die Militärregierung zu Beginn der Besatzung angesichts der Befürchtung, mit großen gesundheitlichen Problemen und akuten Seuchen konfrontiert zu werden, dankbar für jeden deutschen Arzt, der auch nur rudimentäre Verwaltungskenntnisse hatte, so hatte die Militärregierung im Verlauf der Besatzung andere politische Ziele und Maßstäbe entwickelt, die mit dem Fortschreiten der Besatzungszeit immer bedeutsamer wurden, da die Militärregierung das Gesundheitssystem noch wie vor »*as a vital function in safeguarding the best interests of the German people [...].*«[316] ansah.

Aus diesem Grund beklagten die *Public Health officers* vor allem den als mangelhaft beurteilten Ausbildungsstand im deutschen öffentlichen Gesundheitswesen.[317] Mit den elementaren Grundlagen der öffentlichen Gesundheitspflege seien die Deutschen nicht vertraut, klagten die *medical officers,* ganz zu schweigen von modernen Neuerungen im Bereich von Medizinstatistik, Epidemiebegrenzung und Katastrophenvorsorge. Der angesichts der widrigen Bedingungen noch immer zufriedenstellende Gesundheitszustand der deutschen Bevölkerung könne daher nur auf glückliche Umstände, keinesfalls jedoch auf deutsches Expertentum zurückgeführt werden. Statt der bürokratischen deutschen Amtsärzte suchte die Besatzungsmacht Personal, das energisch, aktiv, jung, modern, offen, dynamisch sein sollte. Gesundheitspolitiker und Amtsärzte mit diesen Eigenschaften würden endlich den Stillstand und die Lähmung, die die amerikanischen Gesundheitsoffiziere in ihrer täglichen Arbeit erfahren mussten, überwinden.[318]

An die Stelle elementarer Seuchenbekämpfung war 1947 das Ziel der Modernisierung des deutschen Gesundheitswesens getreten, ein Vorhaben, für das deutsche Amtsärzte aus amerikanischer Perspektive mangelhaft qualifiziert und unzureichend motiviert waren. Ebenso kritisch fiel das Urteil amerikanischer Ärzte über die deutsche Medizinerausbildung, die auch die späteren Amtsärzte durchliefen, aus. Dass »*students graduating from these schools have not received a medical education comparable with that obtained in medical schools of this country*«[319] war unter amerikanischen Medizinern eine verbreitete Ansicht.

---

315 RG 260, OMGUS, 5/331-2/5, Headquarters 12th Army Group, Military Control of German Public Health in the Early Static Phase.
316 RG 260, 390/49-50/35-1/6-1, Box 222, OMG-WB, General Records of the PH-Advisor, Weakness of Public Health System of Land Württemberg-Baden; June 1947.
317 Ausführlich zum Stand der universitären medizinischen Ausbildung: Wright, Irving S., Medical Education in Germany and Austria, in: *J.A.M.A.* 137 (May 1948), S. 5-8.
318 Ibid., Quarterly historical Report, Public Health Branch, OMG-WB July bis September 1947.
319 RG 260, 390/42/33/4-5, Militärregierung-Hesse Public Health and Public Welfare Branches, Lecture on Medical Education in Germany and Austria, by Irving S. Wright, M.D., Civil Consultant in Medicine to the Surgeon General of the United States Army, Read before the 44. Annual Congress on Medical Education and Licensure, Chicago, 10 February 1948.

Die Reformvorschläge für den Bereich der öffentlichen Gesundheitspflege waren aus der Gestaltung amerikanischer *Public Health schools* und deren *Public Health practices* abgeleitet. Die Ausbildung für den Sektor »Öffentliches Gesundheitswesen und Gesundheitspflege« wurde in den USA professionell als Studiengang an traditionsreichen Universitäten organisiert und konnte zudem auf eine langjährige Geschichte und Erfahrung verweisen.[320] Damit konnten deutsche Beamte, für die es keine akademische *Public Health*-Ausbildung gab[321], in den Augen der Amerikaner nicht konkurrieren: Zwar räumten die amerikanischen Offiziere ein, dass die deutsche Amtsarztausbildung »*is a good course for the kind of health officers now in service*«, aber, so fuhren sie fort, »*it offers no hope of developing young and aggressive leadership in Public Health according to concepts generally accepted today in Scandinavia and the United States.*«[322]

Soweit waren es also weniger eklatante fachliche Defizite als vielmehr politische Zielvorgaben, die verändert werden sollten. Nach den Vorstellungen der Besatzungsmacht sollte ein neuer Typus von Amtsarzt und ein neuer legitimatorischer Bezugspunkt deutscher Gesundheitspolitik implementiert werden. Einen vergleichbaren Typus des Kommunalarztes, der in der kommunalen Gesundheitspolitik eine Lebensaufgabe sah und sich der prophylaktischen Medizin verschrieben hatte, hatte in Deutschland bereits die sozialhygienisch orientierte Gesundheitsfürsorge der Weimarer Republik hervorgebracht.[323] Im Prinzip forderte auch die amerikanische Besatzungsmacht eine solche Art von Arzt, ohne jedoch an deutsche Bezüge anzuknüpfen. Nicht mehr Weimarer Traditionen sollten Referenzpunkt deutscher Gesundheitspolitik sein, sondern »*concepts in the modern sense*«, womit Konzepte amerikanischer Provenienz gemeint waren.[324]

---

320 Vgl. dazu die hervorragende Studie über die Geschichte der *Johns Hopkins University of Hygiene and Public Health* von Fee, E., *Disease and Discovery*, Baltimore 1987.
321 Dies war so nicht korrekt, siehe zur Ausbildung deutscher Amtsärzte: Labisch, Alfons, Infektion oder Seuche? Zur Problematik monokausalen Denkens in der Medizin, in: *Gesundheitswesen* 59 (1997), S. 181-209, hier S. 183.
322 Ibid., S. 2. Siehe zu den Problemen amerikanischer *Public Health schools*, wie z.B. fehlende Verfahrens gute von mangelhaften Ausbildungsstätten zu unterscheiden: Shepard, William P., The Professionalization of Public Health, in: *American Journal of Public Health* 38 (1948), S. 145-153, bes. S. 149. Diese interne Kritik wurde selbstverständlich gegenüber den Deutschen nicht thematisiert. Zu Finanzierungsproblemen: Palmer, George T., Post-war Training Problems in Public Health, in: *American Journal of Public Health* 36 (May 1946), S. 471-474. Zur amerikanischen *Public Health*-Ausbildung aus zeitgenössischer Perspektive: Eschscholtzia, L. Lucia, Teaching of Public Health Statistics, in: *American Journal of Public Health* 36 (July 1946), S. 734-738.
323 Eckhart, 1989, S. 216; Labisch/Tennstedt 1985, S. 82f., sowie S. 361. Die von der Besatzungsmacht zitierten Reformkonzepte sollten – nach US-Vorbild – besonders der Gesundheitsaufklärung einen hohen Stellenwert einräumen. Auch in diesem Punkt bestanden grundsätzliche Parallelitäten zur Sozialhygienebewegung der Weimarer Republik. Zur Rolle der Gesundheitserziehung in den USA vgl. aus zeitgenössischer Perspektive: Gebhard, Bruno, Gesundheitsbelehrung in USA, in: *Der öffentliche Gesundheitsdienst* 11 (1949/1950), S. 323-325.
324 Zur Selbstwahrnehmung der Konzeption und Tradition amerikanischer Public Health-Entwick-

Bereits im August 1947 hatte die *Public Health Division* von *OMGUS* ausgeführt, dass »*the quality of Public Health Administration and practice in Germany is now far behind many other European countries as well as the United States. In order to improve these important functions there is urgent need to establish a School of Public Health in Germany.*«[325]

1916 war an der *Johns Hopkins University* in Baltimore die erste *Public Health School* der USA gegründet worden. Das Programm der Gründungsväter William Henry Welch und Wickliffe Rose umfasste folgende Prinzipien: Erstens sollte *Public Health* der direkten politischen Kontrolle entzogen werden, zweitens sollten die grundlegenden wissenschaftlichen Methoden klar definiert sein, und drittens sollten Erziehungsinstitutionen geschaffen werden, um einen neuen, professionellen Berufsstand der *Public Health workers* auszubilden.[326] Amerikanische Gesundheitspolitiker sahen in der Verbindung von Professionalisierung und Demokratisierung eine Erfolg versprechende Kombination.[327]

Fast wortgleich entsprachen die oben genannten Gründungsprinzipien der *Johns Hopkins School of Public Health* den Zielen, an denen sich das amerikanische Reformkonzept für das deutsche öffentliche Gesundheitswesen orientierte.[328] Anders als die deutsche Sozialhygiene hatte sich die amerikanische *Public Health*-Bewegung seit 1920 überwiegend medizinisch-naturwissenschaftlich orientiert und die gleichwertige Bedeutung des *social engineering* aufgegeben.[329] Diese Ausrichtung der öffentlichen Gesundheitspflege unter besonderer Betonung der Akademisierung des öffentlichen

---

lung und ihrer Politisierung vgl. z.B.: Fosdick, Raymond B., Public Health and the Future, in: *American Journal of Public Health* 38 (1948), S. 185-189.

325 RG 260, OMGUS, 5/332-2/17, OMGUS, Establishment of a School of Public Health in Germany, 12 August 1947.

326 Fee, 1987, S. 3/4; Taylor, Lloyd C., *The medical profession and social reform, 1885-1945*, New York 1974, S. 87f.

327 Eben diese Verknüpfung war von Weindling für die Weimarer Republik als Gegenkraft zu liberalen Strukturen beschrieben worden, eine der amerikanischen Bewertung entgegengesetzte Einschätzung, die nochmals unterstreicht, dass gesundheitspolitische Instrumente und Maßnahmen an sich politisch offen waren und einer präzisen Kontextualisierung bedurften, die in Deutschland durch das »*reorientation program*« der CAD geleistet werden sollte. Weindling, 1993, S. 232.

328 In Kenntnis dieses Zusammenhangs portraitierte Bruno Gebhard, der Direktor des Gesundheitsmuseums in Cleveland, die *Public Health schools* der USA in einer deutschen Zeitschrift. Sein Appell richtete sich an die deutschen Kollegen, aktiv an der Diskussion über die Reform des öffentlichen Gesundheitswesens in Deutschland teilzunehmen und sich über die amerikanischen Vorbildinstitutionen zu orientieren. Konkret schlug er vor, ein Komitee aus deutschen und amerikanischen Ärzten des öffentlichen Gesundheitswesens zu bilden, um einen gemeinsamen Plan zu erarbeiten. Gebhards Vorschlag wurde indes nicht in die Tat umgesetzt. Die vom ihm angestrebte intensive Kommunikation deutscher und amerikanischer Kollegen zum Thema Reform kam nicht zustande. Gebhard, Bruno, Die Ausbildung der Ärzte des öffentlichen Gesundheitsdienstes in den Vereinigten Staaten, in: *Der öffentliche Gesundheitsdienst* 12 (1950/51), S. 47-50.

329 Fee, 1987, S. 216.

Gesundheitsdienstes sollte mit dem Modell der *Public Health school* in Deutschland eingeführt werden.

Die intensive Propagierung des US-Modells seit 1947 war unter anderem auch darin begründet, dass die direkte medizinische Supervision durch die Besatzungsmacht sukzessive durch Beratungs- und Beobachtungsaufgaben ersetzt worden war. Die Vermittlung eines *Public Health*-Konzeptes US-amerikanischer Prägung bot nun eine willkommene Möglichkeit, den Verlust des ursprünglichen Einflusses im deutschen Gesundheitssystem zu kompensieren. Die *medical mission,* die mit Kontrolle und Beratung begonnen worden war, sollte mit Erziehung und Ausbildung der Deutschen fortgeführt werden.

### Reformoptionen

Die Unzufriedenheit und Kritik, die amerikanische Besatzungsoffiziere während des Jahres 1947 umtrieben, erhielt im Sommer ein Ventil. Am 15. Juli 1947 wurde mit der neuen Direktive JCS 1779 offiziell eine modifizierte, auf Umerziehung und Demokratisierung zielende Besatzungspolitik verkündet.[330] Mit der neuen Leitlinie, konstruktiv beim Aufbau einer demokratischen Gesellschaft zu assistieren, konnte die oben geschilderte gesundheitspolitische Kritik unter den Vorgaben neuer Reformkonzepte positiv gebündelt werden.[331] Zentrales Anliegen war es, in der *»öffentlichen Verwaltung demokratische Verfahren, bürgerliche Grundrechte und das Recht der freien Meinungsäußerung«* zu stärken. Ausdrücklich erwähnt wurde dabei, dass *»Public Health«* ein *»integral part of the Civil Administration Division program«* sei.[332] Dem öffentlichen Gesundheitswesen kam somit eine spezifische Rolle in den 1947 konzipierten Reformprogrammen zu.[333]

---

330 Leiby, 1985, S. 195. Zur Neukonzeptionalisierung amerikanischer Besatzungspolitik zur Jahreswende 1946/1947 immer noch einschlägig: Kreikamp, Hans-Dieter, Die amerikanische Deutschlandpolitik im Herbst 1946 und die Byrnes-Rede in Stuttgart, in: *VfZG* 29 (1981), S. 269-285. Zwar war die strafende Direktive des Jahres 1945, JCS 1067, wie oben dargestellt, schon nach kurzer Zeit nur noch Makulatur gewesen, die dort festgeschriebene punitive Besatzungspolitik hatte jedoch insofern Einfluss auf den Besatzungsalltag gewonnen, als sie konstruktive Politikentwürfe behinderte.
331 *»The need for stimulating democratic ideas and practices is being met by the creation of a new program, which […] envisages the introduction of democratic ideas from the outside world through the media of bringing experts into contact with German groups and individuals, exchanging students, professors and public officers, and disseminating literature on democratic principles and practices throughout the US Zone of Germany.«* RG 260, OMGUS, 5/332-2/17, OMGUS, Letter Edward H. Lichtfield, Director CAD, to Dr. John B. Grant, *Rockefeller Foundation,* International Health Division – Director for Europe, S. 2.
332 Ibid. Dort auch eine ausführliche Darstellung des Programms.
333 Siehe ausführlicher zu Entwicklung und Umfang des *cultural exchange program:* Rupieper, 1993, S. 390ff.; Leiby, 1985, S. 193ff.

## 2. Maßnahmen:
## visiting experts – Public Health schools – cultural exchange

»*Medical education in Germany is at a standstill and has been virtually so for about a year*«[334], hatten Simmons und Turner in ihrem »*Report to the Surgeon General*« bereits im Juli 1945 festgestellt. Dass die Militärregierung erst zwei Jahre später weitergehende politische Intervention für nötig erachtete, war dadurch bedingt, dass erst mit der offiziellen Neuformulierung amerikanischer Besatzungspolitik Programme und Gelder zur Verfügung standen, die umfassendere Reformprogramme ermöglichten. »*Although the training program will be established in terms of functional specialties the objective of orienting these administrators to their larger role as public servants in a democracy is at least as important as subject matter content.*«[335] Konkret hatte sich die Militärregierung zum Ziel gesetzt, »*to stimulate a lively citizen government relationship which will strengthen the sense of civic responsibility and give life to a structure and procedure otherwise dead. A German government might fulfill the formal requirements [...] and still fall far short of the prerequisites of a democratic standard.*«[336] Nachdem die formale Demokratisierung abgeschlossen war, sollte den demokratischen Strukturen nun Leben eingehaucht werden.

### 2.1 Visiting experts

Dafür sollten in einer ersten Phase amerikanische Experten Deutschland bereisen, Vorträge halten, Geräte spenden und die deutschen Kollegen in neuen medizinischen Techniken unterweisen. Auch der fachliche Wissenstransfer war Mittel zum Zweck: »*It is hoped that the free flow of ideas will stimulate a lively interest in the democratic way of life*«[337], beschrieb die CAD den übergeordneten Zweck des Programms. Die medizinischen Spezialisten sollten als Botschafter des amerikanischen Demokratiemodells fungieren. Die Militärregierung hoffte, dass die von ihnen präsentierten Ideen und Konzepte so attraktiv seien, dass sie auch die Deutschen zu besseren fachlichen Leistungen anregen und demokratische Überzeugungen festigen würden.

---

334 RG 260, OMGUS, AG 45-46/111/5, Militärregierung US: Adjutant General 1945-1946, U.S. Army Plans for German Public Health under the Allied Control Council, A Report to the Surgeon General of Oberservations made from 6 June to 12 July 1945, S. 6.

335 RG 260, 390/44/45/5, Box 74, OMGUS, Records of the Manpower Division, Visiting Experts Drafts, The Cultural Exchange Program of the Civil Administration Division, S. 10.

336 Ibid., S. 3. Zur historischen Kontextualisierung dieser Demokratisierungsmaßnahmen und ihrer Rezeption durch die Deutschen siehe: Braunthal, Gerard D., The Anglo-Saxon Modell of Democracy in the West-German Political Consciousness after World War II, in: *Archiv für Sozialgeschichte* 18 (1978), S. 245-277.

337 RG 260, 390/44/45/5, Box 74, OMGUS, Records of the Manpower Division, Visiting Experts Drafts, The Cultural Exchange Program of the Civil Administration Division, S. 4.

Die mit den unterschiedlichsten gesundheitlichen Fragen befassten *visiting experts* sollten den Prozess der Überarbeitung und Neuakzentuierung deutscher Gesundheitspolitik vorantreiben: »*It is anticipated that this committee will accomplish more than any activity previously attempted by this office to vitalized the [...] Land Public Health Office. German officials, in anticipation of the visit by this committee, oriented themselves on the past & present situation. The committee of U.S. Experts will be used in seminars and forums, after they have completed their survey; their formal report of findings and recommendations should stimulate a more active interest in the health of [the people].*«[338]

Am 2. Juli 1948 trafen in Deutschland 15 »*distinguished American Doctors*« ein. Alle waren Dozenten an medizinischen Fakultäten der USA. Sie besuchten in Frankfurt, Berlin, München, Heidelberg, Göttingen und Tübingen Krankenhäuser, führten Operationen durch und hielten Vorlesungen. Im Gepäck hatten die US-Ärzte neben ihrem professionellen Wissen umfangreiche medizinische Literatur, Instrumente und Medikamente, die in Deutschland noch nicht bekannt waren. »*These will be used in demonstration and left behind.*«

Der Austausch wurde vom *Unitarian Service Committee* in der Absicht finanziert, »*to aid in rebuilding the medical relations between the United States and Germany; to bring to the German Medical profession information about the advances made in medical science throughout the world during the past ten years*«.[339]

Damit waren – im Namen eines vermeintlichen nationalen Gesamtinteresses – auch nicht-staatliche Organisationen in die Reformvorhaben der amerikanischen Militärregierung in Deutschland einbezogen. Die Militärregierung hatte großen Wert darauf gelegt, auch private Institutionen in ihr Programm einzubinden, »*to avoid stigmatizing the program as Military Government propaganda. German organizations and agencies are suspicious of occupation hand-outs while enthusiastic at the prospect of support from private and hence neutral [...] scources.*«[340] Mit der *Rockefeller Foundation* hatte die Militärregierung nicht nur einen klangvollen Namen für ihr Programm gewinnen können, sondern gleichzeitig die Institution, die 30 Jahre zuvor in den USA ein wichtiger Geburtshelfer der *Public Health schools* gewesen war und die Gründungsfinanzierung der *Johns Hopkins School of Public Health* und der *Harvard Public Health School* be-

---

338 RG 260, 8/62-2/3, OMG-Hesse, Public Health and Welfare Branch, Summary of Public Health Activites in Land Hesse for February 1949, S. 1-2.
339 RG 260, 390/42/33/4-5, Militärregierung-Hesse, Public Health and Public Welfare Branches, Plan for Medical Mission Unitarian Service Committee to Germany, June 1948. Die amerikanischen Teilnehmer sind aufgelistet in der Ankündigung der Reise im *J.A.M.A.* 137 (June 1948), S. 712. Zur deutschen Rezeption dieser Studienreise und den sich daran anschließenden deutschen Emigrationsbemühungen siehe: Mitteilungen: Amerikanische Studienkommission, in: *Bayerisches Ärzteblatt* 3 (1948), S. 110.
340 RG 260, 390/44/45/5, Box 74, OMGUS, Records of the Manpower Division, Visiting Experts Drafts, The Cultural Exchange Program of the Civil Administration Division, S. 19.

stritten hatte.³⁴¹ Darüber hinaus wandte dieses Konzept modellhaft die für das amerikanische Gesundheitswesen charakteristische Struktur des *public-private mix* an und demonstrierte damit ein alternatives Modell zum versicherungs- und staatsgeprägten deutschen Gesundheitssystem.

Auf deutscher Seite sollte ein Komitee den Besuch der *visiting experts* vorbereiten. *OMGUS* führte aus, die amerikanische Militärregierung erwarte, dass das deutsche Komitee sich regelmäßig treffen werde, um so genannte *»grass-roots problems«* zu besprechen. »*Such meetings should endeavor to avoid the usual German tendency to debate ›Weltanschauungen‹, instead they should deliberately concern themselves with [...] methods for constructive criticism and improvement should be divised which, wherever possible, should lead to the taking of direct action by the Germans themselves.*«³⁴²

Damit war den *visiting experts* vor allem eine Katalysatorfunktion zugedacht. Sie sollten Denkanstöße vermitteln und Entwicklungen anregen, die letztlich jedoch von den Deutschen selbst umgesetzt werden sollten.³⁴³

## 2.2 Public Health schools

Bereits seit Sommer 1947 war im Rahmen des *Cultural exchange*-Programms die Gründung einer *Public Health school* in Deutschland in der Diskussion. Die *Public Health Branch* hatte sich intensiv darum bemüht, das Interesse der *Rockefeller Foundation* am Wiederaufbau des deutschen Gesundheitswesens zu wecken und Kontakte zwischen der Stiftung und deutschen Repräsentanten zu vermitteln, und bereits erste konzeptionelle Überlegungen zu diesem Plan entwickelt.³⁴⁴ Im Juni 1947 hatte J. H. Bauer, Leiter des Büros der *Rockefeller Foundation* in Paris, eine Reise durch die US-Zone unternommen und alle deutschen medizinischen Fakultäten evaluiert. Bauer war zu dem Ergebnis gekommen, dass Heidelberg am besten für die *Public Health school* ge-

---

341 Zum internationalen Engagement der *Rockefeller Foundation* und damit auch zur internationalen politischen Profilierung von Gesundheitspolitik siehe: Weindling, Paul (Hg.), *International health organisations and movements. 1918-1939*, Cambridge 1995.
342 RG 260, OMGUS, 5/350-1/12, OMGUS-CAD, Public Health Branch, Discussion with Dr. Grant.
343 Zur Auseinandersetzung und Debatte alternativer westlicher Gesundheitssysteme in deutschen Fachzeitschriften vgl. z.B. Hauff, Wolfram von, Das öffentliche Gesundheitswesen und die Sozialversicherung in den USA, in: *Der öffentliche Gesundheitsdienst* 11 (1949/50), S. 382-385; Koebner, Die englische Sozialversicherungsreform im württembergischen Rundfunk, in: *Württembergisches Ärzteblatt* (1946), S. 46. Siehe außerdem S. 324 dieser Darstellung.
344 Siehe dafür z.B den in den Akten der hessischen Militärregierung überlieferten Schriftwechsel zwischen OMGUS und der *Rockefeller Foundation*. RG 260, 390/42/33/4-5, Militärregierung-Hesse, Public Health and Public Welfare Branches; ebenso in RG 260, 390/42/33/4-5, Box 548, OMG-Hesse Public Health and Public Welfare Branches; weitere Beispiele in RG 260, 5/332-2/17, OMGUS, Memorandum: Request for Aid from *Rockefeller Foundation*.

eignet sei, da die Stadt wenig zerstört sei und dass die Professoren der medizinischen Fakultät jünger als an anderen Universitäten seien. Daran knüpfte Bauer die Hoffnung, dass »*there seem to be more progressive spirit on the whole here than noticed elsewhere. In the other universities [...] most of the professors seemed preoccupied with reminiscences of the past rather than planning for the future. I am sure that very little can be accomplished in such an atmosphere.*«[345]

Im Frühjahr 1948 war das Projekt in greifbare Nähe gerückt, und die Offiziere der Militärregierung forderten die Universität Heidelberg auf, ein Konzept für die geplante *Public Health school* vorzulegen.[346] Bei einer Zusammenkunft mit Vertretern der Universität Heidelberg, der *Rockefeller Foundation*, *OMGUS*, des württembergbadischen Innenministeriums sowie Krankenschwestern des Deutschen Roten Kreuzes im März 1948 in Heidelberg sollten die Pläne konkretisiert und das neue Institut auf den Weg gebracht werden.

Bei diesem Treffen stellte sich jedoch heraus, dass die deutschen Vorarbeiten viel zu vage und diffus waren, um überhaupt einen formalen Antrag an die *Rockefeller Foundation* stellen zu können. Die Idee einer akademischen Schwesternschule *(Nursing College)* und einer universitären *Public Health school* war von den verantwortlichen Professoren der Universität Heidelberg zwar grundsätzlich begrüßt worden, allerdings waren bis 1948 keine weiteren Schritte in die Wege geleitet worden. Für das *College of Nursing* lag weder ein schriftlich ausgearbeitetes Konzept vor, noch waren offizielle Anträge an das Stuttgarter Innenministerium oder die Militärregierung zwecks Gründung einer derartigen Institution gestellt worden. Lediglich ein Curriculum für die Schwesternschule war ausgearbeitet worden. Für die *Public Health school* waren die deutschen Vorarbeiten im Februar 1948 noch nicht einmal so weit gediehen, so dass die Kommission das Treffen ohne jeden Erfolg abbrechen musste.[347]

---

345 RG 260, 390/42/33/4-5, Box 548, OMG-Hesse Public Health and Public Welfare Branches, Letter J.H. Bauer *Rockefeller Foundation*, 12 June 1947. Zur Situation der medizinischen Ausbildung an deutschen Universitäten vgl. auch: Medical Education in Germany/Medical Literature and the Study of Medicine in Germany Today, in: *J.A.M.A.* 135 (1947), S. 448.

346 »*In an attempt to bring the level of Public Health administration of the German Stadt, Land, Kreise and local Public Health organizations up to that of modern accepted standards, and to teach up-to-date techniques and procedures, the University of Heidelberg is being encouraged to establish a modern School of Public Health that would compare favorably with a present day Grade from a School of Public Health in the U.S. or England.*« RG 260, 390/42/33/4-5, Militärregierung-Hesse, Public Health and Public Welfare Branches, Anlage zu Brief Milton Muelder to John B. Grant, *Rockefeller Foundation*, International Health Division – Director for Europe, refering to cultural Exchange programm, Medical education in Germany, increasing of Public Health, 22 July 1948.

347 RG 260, 390/42/33/4-5, OMG-Hesse Public Health and Public Welfare Branches, Report on Meeting held in Heidelberg on 1 March 1948, subject: founding of a School of Hygiene and a College of Nursing.
Aus den OMGUS-Akten lässt sich nicht erschließen, warum sich die Heidelberger Universität diese Gelegenheit, mit großzügiger finanzieller Unterstützung ein neues Institut zu begründen,

Die *Public Health Branch,* die gemeinsam mit Vertretern der *Rockefeller Foundation* bis zum März 1948 bereits erhebliche Vorarbeiten für die Gründung einer *Public Health school* in Heidelberg geleistet hatte, war enttäuscht über die Entwicklung. »*This branch has attempted to encourage officials at the University of Heidelberg to prepare a plan for such a school that could meet the desires of the Foundation. Progress so far has been practically negligible and, in line with policy, we have refrained from giving definite instructions to the University officials in this matter.*«

Das Prozedere, nach dem die Bewerber eigenständig ein Projekt entwickeln sollten, das von der finanzierenden Stiftung lediglich auf »*Konsistenz*« und »*Modernität*« geprüft wurde[348], war eine liberale Verfahrensweise, von der trotz aller Rückschläge weder die Besatzungsverwaltung noch die *Rockefeller Foundation* abrückten, da nach amerikanischer Überzeugung nur dadurch, dass deutsche Akteure frühzeitig an verantwortlicher Stelle eingebunden wurden, ein Erfolg der angestrebten Demokratisierung zu erreichen sei.

»*It is the opinion of this office*«, führte Colonel Marshall von der *Public Health Branch* aus, »*that little can be accomplished toward the establishment of a modern postgraduate school for the training of Public Health doctors [...] until there is available in Germany a sufficient number of properly trained members [...] of the faculty. These doctors and nurses must be young, aggressive and willing to accept modern concepts of the duties and responsibilities of Public Health.*« Marshall schlug vor, anstelle der gescheiterten Heidelberger Neugründung einen anderen Weg einzuschlagen. »*It is believed that as an initial step the Foundation can be of greatest help by providing funds to establish scholarships for training of younger members of the German medical and nursing profession in Public Health in schools in the United States [...] after which they could return to Germany to develop a school for proper training.*«[349]

## 2.3 Cultural exchange

Auch John Grant, Europadirektor der *International Health Division* der *Rockefeller Foundation,* war der Überzeugung, dass es sinnvoll sei, ausgewählte deutsche Ärzte in die USA zu bringen, um sie dort mit den neuesten Entwicklungen in der medizinischen

---

entgehen ließ, zumal sie diesen Antrag außer Konkurrenz stellen konnte, da alle anderen medizinischen Fakultäten in der amerikanischen Besatzungszone als nicht geeignet für die Neugründung einer solchen Ausbildungsstätte eingestuft worden waren. RG 260, 390/42/33/4-5, Box 548, OMG-Hesse Public Health and Public Welfare Branches, Letter J. H. Bauer, Rockefeller Foundation, 12 June 1947, S. 3.

348 RG 260, 390/42/33/4-5, OMG-Hesse Public Health and Public Welfare Branches, Report on Meeting held in Heidelberg on 1 March 1948.

349 RG 260, 390/42/33/4-5, Militärregierung-Hesse, Public Health and Public Welfare Branches, Letter H. T. Marshall, Public Health Branch, to *Rockefeller Foundation,* 6 February 1948.

Ausbildung vertraut zu machen.[350] Damit dieses Projekt erfolgreich sei, bräuchten die Deutschen jemanden, der sie auf ihrer Reise begleite. »*They would have to be accompanied [...] by some experienced officer to interpret what they are seeing.*«[351]

Angesichts der vielfältigen Ähnlichkeiten musste den Deutschen jemand zur Seite gestellt werden, der die Maßnahmen kontextualisierte und sicherstellte, dass sie nicht nur die Gemeinsamkeiten sahen, sondern vor allem die »demokratischen Unterschiede« begriffen: »*There is much evidence that the impact of a different social climate, of free and uninhibited relations between government and people, of political and personal give and take, is strongest on Germans who visit other countries.*«[352] Der Schwerpunkt des Austauschprogramms lag damit im politischen Bereich. Die fachliche Fortbildung war dem obersten Ziel, der Demokratisierung, eindeutig nachgeordnet, ein Zusammenhang, der noch dadurch betont wurde, dass der Austausch der deutschen Amtsärzte aus Mitteln eines Demokratisierungs-Programms und nicht eines *Public Health*-Programms finanziert wurde.[353]

Die Einladung von deutschen Experten in die USA war in amerikanischen Augen erfolgsträchtiger als das *Visiting experts*-Programm, da die Deutschen auf diese Weise gewissermaßen vom amerikanischen Kontext durchdrungen werden könnten und so ein nachhaltiger Einfluss zu erwarten sei. Der deutsche Arzt in Deutschland treffe zwei oder drei Experten, während er in den USA pro Tag viele amerikanische Wissenschaftler treffen könne, ein Faktum, durch das eine dauerhafte Wirkung sichergestellt werde.[354] Fachlich und damit auch politisch orientierte sich das Austauschprogramm

---

350 Bereits in der frühen Phase der Assanierung waren städtische Beauftragte ins Ausland – vor allem nach England – gereist, um das notwendige Know how zu erwerben, da es in Deutschland noch an technischem Wissen fehlte. Witzler, 1995, S. 83. Diese Form der Wissensaneignung und Modernisierung durch direkte Anschauung vor Ort wurde in den vorliegenden Plänen konzeptionell aufgegriffen. Das Projekt, deutsche Ärzte in den USA aus- und fortzubilden, fand breite Unterstützung innerhalb der amerikanischen Gesundheitsverwaltung, der amerikanischen Ärzteschaft und innerhalb der beteiligten *Public Health*-Institutionen. Siehe dazu: Shepard, Charles E./Peter, William W., Training Public Health Personnel from Other Countries in the United States, in: *American Journal of Public Health* 36 (November 1946), S. 1260-1266.
351 RG 260, 390/42/33/4-5, Box 548, OMG-Hesse Public Health and Public Welfare Branches, Letter John B. Grant, Rockefeller Foundation, International Health Division – Director for Europe, to Colonel Marshall, 4 March 1948.
352 RG 260, 390/44/45/5, Box 74, OMGUS, Records of the Manpower Division, Visiting Experts Drafts, The Cultural Exchange Program of the Civil Administration Division, S. 9. Siehe zu den hier kurz vorgestellten Programmen ausführlicher: Pilgert, Hary P., *The Exchange of Personens Program in Western Germany*, (Hg.) Office of the U.S. High Commissioner of Germany, Frankfurt/M. 1951.
353 RG 260, OMGUS, 5/350-1/12, OMGUS-CAD, Public Health Branch, Letter Kubin to James Doull, Chief of the Office of International Health Relations Federal Security Agency Public Health Service, Washington D.C., 29 October 1948.
354 RG 260, 390/44/45/5, Box 74, OMGUS, Records of the Manpower Division, Visiting Experts Drafts, The Cultural Exchange Program of the Civil Administration Division, S. 9f.

an der »*general practice in the American university*«.[355] Der Singular signalisierte bereits den Modellcharakter, den amerikanische Gesundheitswissenschaftler und Besatzungsoffiziere »der« amerikanischen Universität zuschrieben.

Im Rahmen dieses *Cultural exchange*-Programms trafen im Dezember 1948 sechs deutsche Mediziner an der *Harvard School of Public Health* ein[356], die zwei Wochen lang am regulären Unterricht teilnahmen, um danach zehn weitere Wochen in anderen *Public Health*-Einrichtungen zu verbringen. Die »*Aufgeschlossenheit*«, die die Deutschen den Inhalten und Entwicklungen der Gesundheitswissenschaften in den USA entgegenbrachten, »*beeindruckte*« die amerikanischen Professoren und veranlasste den Dekan James Simmons, sich umgehend mit einem Vorschlag an den *Secretary of the Army* zu wenden: Die Ausbildung deutscher »*key-people*« in den USA sei notwendig und im Interesse der USA, schrieb Simmons. Harvard sei bereit, dazu seinen Beitrag zu leisten und – obwohl »*somewhat overcrowded*« – Studienplätze für ausgewählte deutsche Mediziner zur Verfügung zu stellen. Fehlen würde dann aber noch immer eine gesicherte Finanzierung. Hier müsse entweder die *Army* oder das *State Department* einspringen, nicht nur, um einen Beitrag zur Hebung der Gesundheit in Deutschland zu leisten, sondern vor allem, weil bei sorgfältiger Handhabung dieses Projektes sicherlich eine Einflussnahme zu erreichen sei, die weit über die Lösung der Gesundheitsprobleme hinausgehe: »*And possibly its influence might even go further than health*«, mit dieser Prognose fasste der Dekan der *Harvard Public Health school* seine persönliche Hoffnung und gleichzeitig weitergehende amerikanische Ambitionen zusammen.[357]

Diese Bestrebungen, amerikafreundlichen Leuten durch Ausbildung in den USA einen Qualifikationsvorsprung zu vermitteln und so ihre zentrale Positionierung in den politischen, ökonomischen und sozialen Hierarchien in Deutschland zu sichern, gingen über die unmittelbare Besatzungszeit hinaus und wurden auch unter HICOG fortgeführt[358].

»*By helping the German government to help themselves, Military Government is making a specific contribution to strengthen the German sense of responsibility and the Ger-*

---

355 RG 260, OMGUS, 5/350-1/13, OMGUS: CAD PHB, Project: Public Health Practices, S. 2.
356 Die Namen der beteiligten deutschen Ärzte sind aus dem Dokument nicht ersichtlich.
357 RG 260, 5/350-1/13, OMGUS PHB, *Harvard University School of Public Health,* letter Office of the Dean to Tracy Voorhees Assistant Secretary of the Army, 2 December 1948.
358 »It is a program directed at the younger and intellectual element of German society which will later have to assume the leadership in Germany's political future.« RG 260, 390/44/45/5, Box 74, OMGUS, Records of the Manpower Division, Visiting Experts Drafts, The Cultural Exchange Program of the Civil Administration Division, S. 6f. Auch der Dekan der *Harvard University,* Simmons, hatte hervorgehoben, dass es sich um deutsche »key-people« handeln müsse. RG 260, 5/350-1/12, OMGUS: CAD, PHB, Public Health Briefing for Editors, 12 July 1948. Vgl. zum Austauschprogramm während der HICOG-Periode: Rupieper, 1993.

*man capacity for democratic government.«*³⁵⁹ In diesem Kontext war Gesundheitspolitik ein Vehikel, mit dem weitergehende politische Ziele erreicht werden sollten. Dass die USA mit ihren *Public Health schools* ein vermeintlich moderneres Modell der Gesundheitsverwaltung anzubieten hatten, machte Gesundheitspolitik zu einem umso attraktiveren Übungsfeld demokratischer Administration.

Alle deutschen Amtsärzte, die die USA besucht hatten, waren sich – trotz deutlich differierender politischer Einschätzungen – darüber einig, dass die amerikanische Zusammenarbeit zwischen den Medizinalbeamten und der Ärzteschaft überaus eng sei und auf jeder Ebene »*selbstverständlich und fruchtbar*« umgesetzt werde. »*Die Gesundheitsbeamten werden niemals ein Gesetz oder einen wesentlichen Erlaß herausgeben, ohne die freie Ärzteschaft zu befragen«,* beschrieb Maria Daehlen das Verhältnis zwischen öffentlichem Gesundheitsdienst und Ärzteschaft.³⁶⁰ Und auch der Bremer Arzt Gerold Rowold, der der Überzeugung war, die deutsche Gesellschaft dürfe auf keinen Fall amerikanisiert werden, da es nicht »*sinnvoll sei, in eine natürliche Entwicklung einzugreifen«,* war begeistert von der Kooperation zwischen der Ärzteschaft, den Gesundheitsbehörden und der Öffentlichkeit und versuchte umgehend, einen vergleichbaren Austausch in Bremen ins Leben zu rufen.³⁶¹

## 3. Reformergebnisse im öffentlichen Gesundheitswesen Deutschlands

»*German Public Health from a governmental standpoint lacks prestige and the public in general shows little interest in the subject. […] It is recognized that a long-range consultation and educational program […] will be necessary to remedy the situation*«³⁶² – eine Situation, die die Militärregierung zu ändern gedachte. Warum aber kam es letztlich doch nicht zu der angestrebten institutionellen Umgestaltung?³⁶³

Als funktionale Erklärung könnte man anführen, dass die »*Military Government does not at present have the personnel nor the funds to orient the Germans in developing a*

---

359 RG 260, 390/44/45/5, Box 74, OMGUS, Records of the Manpower Division, Visiting Experts Drafts, The Cultural Exchange Program of the Civil Administration Division, S. 3.
360 Hessisches Hauptstaatsarchiv Wiesbaden, Abt. 502, Staatskanzlei, Nr. 1232, Studienreise der Deutschen Ärztegruppe durch die Vereinigten Staaten 19. November 1948–11. Februar 1949; Bericht von Maria Daehlen, S. 17.
361 RG 260, 12/75-3/4, Office of Military Government for Württemberg-Baden, Bericht Dr. Gerold Rowold über seine Reise in die USA, 7. März 1949, S. 6.
362 RG 260, OMGUS, 5/332-2/17, OMGUS, Memorandum: Request for Aid from Rockefeller Foundation to Dr. E. H. Lichtfield, Director, CAD, 8 July 1948, S. 1.
363 Überlappende Kompetenzen der verschiedenen Organisationen, keine klare Abgrenzung zwischen Ärzteverbänden/Krankenkassen und Institutionen des öffentlichen Gesundheitswesens, Ausbildungsdefizite etc., ibid.

*sound modern program hence the interest of a voluntary organization is being sought.*«[364] Dagegen ist einzuwenden, dass die Militärregierung ihr Reformkonzept für das öffentliche Gesundheitswesen erst 1947 konzipierte, also zu einem Zeitpunkt, als die einschneidendsten Personalreduktionen bereits durchgeführt waren. Die amerikanische Besatzungsmacht ging offensichtlich davon aus, dass wichtige Reformimpulse auch mit wenigen Besatzungsoffizieren vermittelt werden konnten. Somit bleiben zwei mögliche Ursachen: Entweder lagen die Probleme bereits im Modell an sich begründet oder aber in der fehlerhaften Durchführung des Reformkonzepts.

Potenzieller Anknüpfungspunkt einer an *Public Health*-Konzepten orientierten Reform waren sozialhygienische Praktiken.

## 3.1 Historische Kontexte in Deutschland und den USA – Historischer Kontext der deutschen Sozialhygiene

Vor allem in der Weimarer Republik hatte die Sozialhygiene Einfluss und Bedeutung besessen.[365] In den 1920er-Jahren hatten Gesundheitspropaganda und Gesundheitsaufklärung große Verbreitung gefunden, wobei die Aufklärungsbemühungen häufig mit dem missionarischen Anliegen, Gesundheit als nationalen Wert im Bewusstsein der Bevölkerung zu verankern, verknüpft waren.[366] Durch Gründung von Museen – das bekannteste war das Hygienemuseum in Dresden –, durch Filme und Plakate sollten den Menschen hygienische und medizinische Zusammenhänge erläutert werden.[367] 1926 hatte Julius Moses, gesundheitspolitischer Sprecher der SPD-Reichstagsfraktion,

---

364 RG 260, OMGUS, 5/332-2/17, OMGUS, Memorandum: Request for Aid from *Rockefeller Foundation* to Dr. E. H. Lichtfield, Director, CAD, 8 July 1948, S. 3.
365 Dies lässt sich sowohl personell als auch institutionell verfolgen: Alfred Grotjahn wurde 1920 Ordinarius für Sozialhygiene an der Humboldt-Universität in Berlin, eine Berufung, die gegen den Willen der medizinischen Fakultät durch Unterstützung des preußischen Landtages erfolgte; Usborne, 1994, S. 142; Weindling, 1989, S. 334. Arthur Gottstein wurde Direktor der preußischen Medizinalverwaltung, auf sein Betreiben hin wurden 1920 in Breslau, Düsseldorf und Charlottenburg Akademien für Sozialhygiene gegründet, deren Aufgabe es war, Amtsärzte in öffentlicher Gesundheitsfürsorge, Wohlfahrtsgesetzgebung u.a. weiterzubilden. Mit seiner Ernennung zog erstmalig kommunales Expertentum in eine staatliche Verwaltungsfunktion ein. Weindling, 1989, S. 349. Adolf Gottstein wirkte als ehemaliger Stadtmedizinalrat maßgeblich an der nationalen Gesetzgebung zur Tuberkulose- und Krüppelfürsorge mit. Castell Rüdenhausen, 1988, S. 13; Labisch/Tennstedt, 1985, S. 416f. Leiter der Düsseldorfer Akademie wurde der Gewerbehygieniker Ludwig Teleky. Arthur Schlossmann wurde Mitglied der preußischen verfassunggebenden Landesversammlung und nutzte diese Position zur Entwicklung des Krüppelfürsorgegesetzes. Vgl. auch Castell-Rüdenhausen, 1988, S. 41; Usborne, 1994, S. 142f.
366 Weindling, 1989, S. 409.
367 Zwischen 1921 und 1924 waren in 18 deutschen Ländern Büros für öffentliche Gesundheitserziehung gegründet worden, die Gesundheitsaufklärung und -erziehung initiieren und koordinieren sollten. Ibid.

die »Reichsgesundheitswoche« organisiert, die mit Wanderausstellungen, Filmen, Plakaten, Postkarten usw. aufklären und informieren sollte.[368] Damit hatte in Deutschland bereits in der Weimarer Republik eine Form der Gesundheitserziehung bestanden, die große Ähnlichkeit mit den Konzepten hatte, die 1945 unter amerikanischer Federführung institutionalisiert werden sollten. Im Unterschied zu angelsächsischen Modellen waren in Deutschland die Krankenkassen und kommunalen Fürsorgestellen die wichtigsten Verbreitungsagenturen sozialhygienischer Konzepte.

In den zwei sozialhygienisch relevanten Politikfeldern, dem Wohnungsbau und der Gesundheitspolitik, hatten eugenische Konzeptionen erst in den 30er-Jahren handlungsleitenden Einfluss gewonnen.[369] Konzeptionell schwankten Sozialhygiene und Fürsorge bis 1933 zwischen den Polen, krankmachende Milieufaktoren minimieren zu wollen, und der Angst, durch fürsorgerische Tätigkeit die *»natürliche Auslese«* zu behindern. Dementsprechend war das Konzept der Sozialhygiene in sich ambivalent und begrifflich unscharf. Eine klare Abgrenzung zur Rassenhygiene war weder konzeptionell noch personell zu treffen. Mit diesem breiten Spektrum hatte die Sozialhygiene sich in der Weimarer Republik als Leitwissenschaft der Sozialpolitik etablieren können.[370] Ihre in sozialtechnische Interventionsmodelle verpackten Zukunftsversprechen waren teilweise eingelöst worden; letztlich gerieten ihre Programme jedoch unter die Räder der Weltwirtschaftskrise, ächzender Staatshaushalte und zunehmend rechtslastiger Präsidialkabinette.

Als neue sozialpolitische Leitwissenschaft hatte sich somit bereits am Ende der Weimarer Republik die Rassenhygiene zu profilieren begonnen. Im Windschatten sozialhygienischer Maßnahmen schon während der Weimarer Republik immer selbstverständlicher im politischen Diskurs anwesend, verliehen ihr die Nationalsozialisten den Status unfehlbarer Wissenschaftlichkeit und statteten Eugeniker und Rassenhygieniker mit Amt und Würden, Macht und Einfluss aus, um eine wertende, selektierende und schließlich mörderische Bevölkerungs- und Sozialpolitik ins Werk zu setzen.[371]

Trotz aller Überschneidungen, trotz historischer Berührungspunkte und vermeintlich ähnlicher Interventionsstrategien darf nicht übersehen werden, dass das Gesellschaftsmodell und die Zukunftsutopie der Sozialhygiene in vielen Aspekten von rassenhygienischen Konzepten grundlegend verschieden war. In diesem Sinne stellten Eugenik und Sozialhygiene keine unmittelbaren Vorläufer nationalsozialistischer Ras-

---

368 Siehe dazu ausführlicher Usborne, 1994, S. 143f.
369 So wurden beispielsweise schon in der Weimarer Republik entwickelte Pläne zu flächendeckender gesundheitspolitischer Erfassung und Selektion durch öffentliche Fürsorgestellen und Gesundheitsämter erst unter den Nationalsozialisten politisch umgesetzt. Siehe hierzu Stöckel, 1996, S. 312, 374f.
370 Vgl. z.B. Eckart, 1989, S. 213; Castell Rüdenhausen, 1988, S. 41.
371 Zum Bezug zwischen nationalsozialistischer Rassenpolitik und rassenhygienischen Vorläufertraditionen siehe ausführlich Bock, 1986, S. 35ff. Zum Bezug zwischen Sozialhygiene und Nationalsozialismus bzw. zur Abgrenzung zwischen Sozialhygiene und Rassenhygiene siehe auch S. 162 dieser Darstellung.

senhygiene dar.³⁷² *Public Health*-Konzepte wiesen somit einerseits Ähnlichkeiten zu sozialhygienischen Traditionen auf, waren aber gleichzeitig deutlich verschieden von nationalsozialistischer Gesundheitspolitik und beinhalteten darüber hinaus eigenständige neue Elemente – eigentlich also die ideale Mischung für einen gesundheitspolitischen Neuanfang ohne totalen Traditionsbruch.³⁷³

Warum aber erwies sich das amerikanische *Public Health*-Modell trotzdem als untauglich für eine institutionelle Reform des öffentlichen deutschen Gesundheitswesens?

---

372 Labisch/Tennstedt, 1985, S. 366. Die Differenz zwischen Sozialhygiene und Rassenhygiene verdichtete sich trotz allgemeiner Referenzen an den eugenischen Zeitgeist exemplarisch in den Animositäten zwischen den medizinischen Fakultäten in Berlin und München. So wurden beispielsweise schon in der Weimarer Republik entwickelte Pläne zu flächendeckender gesundheitspolitischer Erfassung und Selektion durch öffentliche Fürsorgestellen und Gesundheitsämter erst unter den Nationalsozialisten politisch umgesetzt. Siehe hierzu Stöckel, 1996, S. 312, 374f. Die eine Zentrum sozialhygienischer Lehre und Forschung, die andere deutlich rassenhygienisch ausgerichtet, verkörpern sie die Eckpunkte einer zwischen verschiedenen sozialpolitischen Zielen gespannten und bis 1933 noch unentschiedenen Diskussion. Sowohl die Vermischung sozialhygienischer, rassenhygienischer, fürsorgerischer und sozialpolitischer Maßnahmen als auch die von ideologischen und Parteigrenzen unabhängige Rezeption oder Ablehnung dieser Gedanken war kein typisch deutsches Phänomen. Zeitgleich entwickelten die skandinavischen Sozialdemokraten eine Ideologie der Rassenhygiene, die sie teilweise bis zur Sterilisation, d.h. zur negativen Eugenik, fortsetzten. Vgl. dazu: Castell Rüdenhausen, 1991, S. 68; Myrdal, Alva, *Nation and Family*, Cambridge/Mass. 1968; Klee, Ernst, Wie die Eugenik die Köpfe eroberte. Ein Schweizer dachte vor. Die Skandinavier erließen als erste Sterilisationsgesetze. Die Deutschen trieben den Rassenwahn bis zum Massenmord, in: *Die Zeit*, Nr. 37 (September 1997), S. 14; Matl, Wolfgang, Ein Alptraum vom reinen Schweden. Damit der Wohlfahrtsstaat nicht zu teuer würde, ließen seine Verfechter die Schwächsten der Gesellschaft sterilisieren, in: *Die Zeit*, Nr. 37 (September 1997), S. 13ff.; ebenfalls Winau, Rolf, »Biologie, Medizin und Psychoanalyse«, in: *Funkkolleg Jahrhundertwende 1880-1930*, Weinheim/Basel 1988, Kollegstunde 11, S. 11-42, hier S. 21f.; Broberg, Gunnar/Roll-Hansen, Nils (Ed.), *Eugenics and the Welfare State. Sterilization Policy in Denmark, Sweden, Norway, and Finland*, Michigan 1996. Der gesundheitspolitische »deutsche Sonderweg« begann 1933, als die Nationalsozialisten ein bisher ambivalentes Konzept nun ausschließlich rassenhygienisch lasen. Die Entwicklung bis 1933 bot ihnen vielseitige Anknüpfungspunkte und stellte eine Voraussetzung dafür dar, dass Mediziner, Sozialpolitiker und akademische Vordenker sich bruchlos in die nationalsozialistische Interpretation einfügten und diesen Paradigmenwechsel in der öffentlichen Gesundheitspflege ohne Protest hinnahmen.

373 Siehe zur Geschichte der *Public Health*-Bewegung in den USA: Blake, John B., The Origin of Public Health in the United States, in: *American Journal of Public Health* 38 (November 1948), S. 1539-1550. Die vielfältigen Parallelen zur Entwicklung der Gesundheitsfürsorge in Deutschland sind augenfällig.

## Historischer Kontext der amerikanischen Public Health-Bewegung

Obgleich sich die USA aufgrund einer unterschiedlichen politischen Kultur zu einer »*medical mission in Germany*« berufen fühlten, waren sie doch gleichzeitig stark von deutschen Einflüssen geprägt. Die Aufbauphase amerikanischer Medizin nach dem *Civil War* war mit der Hochphase der Emigration Deutscher in die USA zusammengefallen, die vielfältige Impulse von Deutschland in die USA vermittelte[374], und zwar zu einer Zeit, in der die deutsche Medizin als führend in der Welt galt.[375] Ab ca. 1920/30 lösten die USA Deutschland als innovativstes und – gemessen an der Zahl wissenschaftlicher Veröffentlichungen – produktivstes Land im Bereich der Medizintechnologie und -forschung ab.[376] Eine vergleichbare Entwicklung war auch auf dem Sektor *Public Health* zu beobachten.

Die Geschichte der *Public Health*-Bewegung in den USA spiegelte in vielerlei Hinsicht paradigmatisch die politische Geschichte der USA wider. Vor Beginn des 20. Jahrhunderts gab es keine einheitlichen formalen Anforderungen für Amtsärzte und Gesundheitsfürsorgerinnen, es gab keine präzise definierten Berufsfelder und keinen standardisierten Ausbildungs- und Forschungskanon im Sektor *Public Health*. Gesundheitsfürsorge war bis Anfang des 20. Jahrhunderts eine karitative Aufgabe der sozialen Oberschicht.[377] Nach dem Ersten Weltkrieg etablierte sich in den USA eine wissenschaftliche Gesundheitsfürsorge, die nicht mehr aus der Praxis der städtischen Gesundheitsämter hervorging, sondern an universitären Fakultäten gelehrt wurde.[378] Dieses neue Konzept orientierte sich nicht mehr an der einstigen stark deutsch konnotierten Leitwissenschaft der Sozialhygiene, sondern war forschungsorientiert, naturwissenschaftlich und interdisziplinär ausgerichtet und hatte das Ziel, ein professionelles *Public Health*-Berufsfeld zu etablieren.[379]

---

374 Diese stellten bis ca. 1900 die zweitgrößte Einwanderungsgruppe – nach Briten und Iren – dar. Rippley, La Vern J., Erleichterte Amerikanisierung. Die Wirkungen des Ersten Weltkrieges auf die Deutschamerikaner in den zwanziger Jahren, in: Trommler, Frank (Hg.), *Amerika und die Deutschen. Bestandsaufnahme einer 300-jährigen Geschichte*, Opladen 1986, S. 558-571, hier S. 558ff.

375 Stevens, Rosemary, *American Medicine and the Public Interest*, New Haven/London 1971, S. 9, S. 115.

376 Ibid., S. 9. Zum Forschungsvorsprung der USA in medizinisch relevanten Bereichen siehe z.B. den Eindruck des späteren Präsidenten der Max-Planck-Gesellschaft Butenandt. Ebbinghaus, Angelika/Roth, Karl Heinz, Von der Rockefeller Foundation zur Kaiser Wilhelm/Max-Planck-Gesellschaft: Adolf Butenandt als Biochemiker und Wissenschaftspolitiker des 20. Jahrhunderts. Heidrun Kaupen-Haas zum 65. Geburtstag, in: *Zeitschrift für Geschichtswissenschaft* 50 (2002) 5, S.389-418, hier S. 395.

377 Vgl. Fee, 1987, S. 9.

378 Duffy, 1992, S. 251-254.

379 Detaillierter zum Hopkins-Modell siehe Fee, 1987, S. 235; zur *Public Health*-Ausbildung an der *Harvard School of Public Health* siehe: Marantz Henig, Robin, *The People's Health. A Memoir of Public Health and Its Evolution at Harvard*, Washington 1996.

Bereits anhand der Gründungsgeschichte der ersten *Public Health school* lässt sich ablesen, dass vielfältige akademische und politische Reputationen mit dem Modell der *Public Health schools* verknüpft waren. Neben der *Johns Hopkins University* konkurrierten auch die Universitäten Columbia, Harvard und die *Yale University* um das neue Institut.[380] Die finanzierende *Rockefeller Foundation* entschied sich schließlich für die *Johns Hopkins University,* deren *Public Health school* zur weltweiten Modellinstitution werden sollte, die bereits unmittelbar nach ihrer Gründung politische Ambitionen entwickelte, die weit über die Fakultätsgrenzen hinausreichten und deren Ziel es war, ausgehend von ihrem *Public Health*-Plan für die USA, einen *Public Health*-Plan für »die Welt« zu entwickeln.[381] Damit hatten sich die USA wie in der medizinischen Forschung auch in der Gesundheitsfürsorge von deutschen Konzepten emanzipiert und dem deutschen Modell der sozialhygienisch ausgerichteten Gesundheitsfürsorge ein eigenes *Public Health*-Modell entgegengesetzt, das die gesundheitspolitische Diskussion der zweiten Hälfte des 20. Jahrhunderts bestimmen sollte.

## 3.2 Chancen und Grenzen des Public Health-Modells in Deutschland nach 1945

Die starke Politisierung des amerikanischen *Public Health*-Konzepts führte dazu, dass der amerikanische Blick auf das deutsche Gesundheitswesen nach dem Zweiten Weltkrieg verzerrt war.

Deutsche Amtsärzte waren nicht so defizitär ausgebildet, wie die Analyse amerikanischer Gesundheitswissenschaftler dies nahe legte. Bereits 1901 hatte die preußische Kreisarztprüfung vorgeschrieben, dass die Anwärter eine fünfjährige ärztliche Praxis vorweisen müssten, jeweils dreimonatige Kurse in Hygiene, pathologischer Anatomie und Gerichtsmedizin und ein Praktikum in der psychiatrischen Klinik zu absolvieren hätten.[382] Seit den 1920er-Jahren war in Deutschland die Amtsarztausbildung an sozialhygienischen Akademien vereinheitlicht und durch ein anerkanntes Examen standardisiert worden.[383] Adolf Gottstein hatte während der Weimarer Republik sozialhygienische Akademien in Breslau, Düsseldorf und Charlottenburg gegründet und da-

---

380 Ibid., S. 34.
381 Ibid., S. 219ff.
382 Labisch/Tennstedt 1985, S. 50.
383 Zur Fortbildung deutscher Kommunalärzte siehe: Gottstein, Adolf/Tugendreich, G. (Hg.), *Sozialärztliches Praktikum. Ein Leitfaden für Verwaltungsmediziner, Kreiskommunalärzte, Schulärzte, Säuglingsärzte, Armen- und Kassenärzte,* Berlin 1920 (1918); Woelk, Wolfgang, Die Westdeutsche Sozialhygienische Akademie in Düsseldorf 1920-1933. Aspekte ihrer Geschichte, in: Schmacke, Norbert, u.a. (Hg.), *Ludwig Teleky und die Westdeutsche Sozialhygienische Akademie. Arbeiten für eine soziale Medizin (1903-1939),* Düsseldorf 1999, S. 55-69.
Für freundliche Hinweise zur deutschen Kreisarztprüfung danke ich Alfons Labisch.

mit die städtische Gesundheitsfürsorge weitreichend professionalisiert.[384] Dadurch war die kommunale Gesundheitsfürsorge innovativ und prestigereich geworden und hatte engagierte und ambitionierte Ärzte angezogen. Auch in Deutschland hatte sich damit in den 20er-Jahren ein neuer Typus des Kommunalarztes entwickelt, der in der städtischen Gesundheitspolitik eine Lebensaufgabe sah, dessen Leitstern die Sozialhygiene[385] war und der sich ganz der prophylaktischen Medizin verschrieben hatte.[386]

Dieser Typus von Amtsärzten war es, den die amerikanische Besatzungsmacht nach 1945 energisch einforderte und – aufgrund nationalsozialistischer Eingriffe – nach 1945 meist ergebnislos suchte.

Das von Adolf Gottstein entwickelte Modell der sozialhygienischen Akademien wäre also durchaus für amerikanische *Public Health*-Konzepte anschlussfähig gewesen. Mögliche konzeptionelle Berührungspunkte zu eingeführten deutschen Traditionen wurden jedoch zwischen 1945 und 1949 weder von deutschen Amtsärzten ins Gespräch gebracht noch von der Militärregierung wahrgenommen. Die Besatzungsmacht strebte politisch eine totale konzeptionelle Zäsur an und zielte damit auch in Bezug auf Wahrnehmungs- und Traditionsstrukturen auf eine *total surrender*.

Der Blick der Besatzungsoffiziere auf das öffentliche Gesundheitswesen in Deutschland war vom »Modell USA« geprägt und stand unter den Bedingungen der neuen politischen Rolle der USA. Eine grundlegende institutionelle Reform des öffentlichen Gesundheitsdiensts, die vom »Modell Deutschland« her hätte gedacht werden müssen, wurde nicht formuliert.[387] Abgesehen davon, dass die einseitige Perspektive zu wenig praktikablen Vorschlägen führte, gab es kein umfassendes amerikanisches Modell zur Reform des öffentlichen Gesundheitswesens in Deutschland, das nicht nur die Ausbildung, sondern auch die Rechtsstellung und Besoldung deutscher Amtsärzte, die institutionelle Verankerung der Gesundheitsämter, die Abgrenzung zwischen öffentlichem Gesundheitswesen und Krankenversicherung usw. bedacht hätte.[388]

Vor allem die Besonderheit des deutschen Gesundheitswesens, in dem präventive Gesundheitsfürsorgeleistungen sowohl im öffentlichen Gesundheitswesen erbracht als

---

384 Castell Rüdenhausen, 1988, S. 13; Labisch/Tennstedt, 1985, S. 416f.
385 Labisch/Tennstedt, 1991, S. 39.
386 Eckart, 1989, S. 216.
387 Britische Gesundheitspolitik schien in dieser Hinsicht sensibler zu sein. Eine auf Initiative der Briten gegründete *Public Health School* in Niedersachsen wurde in der BRD als sozialhygienische Akademie fortgeführt.
388 »*There is an overlapping in the functions of voluntary and official agencies, and even among the various agencies for control of certain Public Health responsibilities.*« Die Offiziere der amerikanischen Militärregierung waren sich also darüber im Klaren, dass ein Grund für das geringe politische Gewicht des öffentlichen Gesundheitswesens darin lag, dass es Überlappungen zwischen freiwilligen und staatlichen Gesundheitsdiensten sowohl hinsichtlich der Aufgabenfelder als auch hinsichtlich der Unterstellungsverhältnisse gab. Dies führte aber nicht dazu, dass zu diesem Problembereich dezidierte Reformkonzepte ausgearbeitet wurden. RG 260, OMGUS, 5/332-2/17, OMGUS, Memorandum: Request for Aid from Rockefeller Foundation to Dr. E. H. Lichtfield, Director, CAD, 8 July 1948, S. 1.

auch im kurativen Sektor von den Krankenkassen und niedergelassenen Ärzten wahrgenommen wurden, wurde in ihrer historischen Entwicklung nicht diskutiert. Aus diesem Grund wurde das zentrale Problem, das einer Übertragung amerikanischer *Public Health*-Modelle im Wege stand, nämlich das spezifische Verhältnis des öffentlichen Gesundheitswesens zum kurativen Sektor der Krankenkassen und zur Ärzteschaft, nicht diskutiert. Die *Public Health*-Bewegung in den USA befand sich nicht in einer vergleichbaren Konkurrenzsituation. Städtische *boards of health* stellten die institutionelle Keimzelle einer *Public Health*-Bewegung dar, die mit der *American Public Health Association* und den seit 1916 ins Leben gerufenen *Public Health schools* zwei starke Flügel besaß. An diesem Beispiel wird deutlich, dass sich Perzeptionsdifferenzen und strukturelle Unterschiede gegenseitig bedingten, vermischten und potenzierten.

Die deutsche Konkurrenzkonstellation zwischen öffentlichem Gesundheitswesen, niedergelassenen Ärzten und Krankenkassen erhielt vor dem Hintergrund der starken Betonung kurativer Möglichkeiten seitens der Amerikaner ein besonderes Gewicht, stärkte sie doch die Einschätzung, dass die großen Zeiten des öffentlichen Gesundheitsdienstes eigentlich vorbei seien, da angesichts der medizinischen Heilerfolge mit den neuen, fast immer aus amerikanischer Produktion stammenden Medikamenten prophylaktische Gesundheitsfürsorge nicht mehr benötigt werde.

Der gesundheitspolitische Erfolg während der Besatzungsjahre bedingte letztlich den Misserfolg gesundheitspolitischer Reformen, da das entscheidende Reformpotenzial amerikanischer Gesundheitspolitik auf diese Weise nicht erkannt und nicht umgesetzt wurde. Der fehlende Problemdruck im öffentlichen Gesundheitsdienst führte zu einer institutionellen Restauration des deutschen Gesundheitswesens und zu zunehmendem Kompetenzverlust des öffentlichen Gesundheitsdienstes zugunsten von Ärzteschaft und Krankenkassen.[389] Diese institutionelle Restauration führte Änderungen, die sich aus dem *GVG* ergaben, fort und zielte damit nicht auf eine Stärkung des kommunalen Gesundheitsdienstes nach dem Vorbild der Weimarer Republik. Die Negation von gesundheitspolititschen Strukturen der Weimarer Republik entsprach dabei durchaus dem amerikanischen Demokratisierungskonzept, das als demokratisches Vorbild stets auf das amerikanische Leitbild und an keiner Stelle auf das vermeintlich gescheiterte Weimarer Modell verwies.

Ein weiteres Hindernis, das der Implementierung eines *Public Health*-Konzeptes amerikanischer Prägung entgegenstand, war der föderale Staatsaufbau. Das öffentliche Gesundheitswesen wurde durch die stark föderale Orientierung amerikanischer Besatzungspolitik geschwächt, da sich die Konkurrenz der gesetzlichen Krankenver-

---

389 Vgl. dazu: Ibid., S. 98ff., S. 108, S. 113ff. Außerdem: Ellerbrock, Dagmar, Prävention in der US-Zone, 1945-1949. Zielsetzung, Konzeption und Reichweite von Präventionsmaßnahmen nach dem Zweiten Weltkrieg, in: Stöckel, Sigrid/Walter, Ulla (Hg.), *Prävention im 20. Jahrhundert. Historische Grundlagen und aktuelle Entwicklungen in Deutschland*, Weinheim u.a. 2002, S. 152-164.

sicherung und niedergelassenen Ärzteschaft aufgrund der Kompetenzzersplitterung des öffentlichen Gesundheitsdienstes als übermächtig erwies.[390]

Da eine direkte Kopie des öffentlichen Gesundheitsdienstes der USA somit in der Besatzungszone nicht möglich war, hätte es einer Instanz bedurft, die nach dem Vorbild *Public Health* ein Modell entwickelt hätte, das sich in das anders strukturierte deutsche Gesundheitssystem hätte einpassen lassen. Diese Übersetzungsleistung hätte entweder des nachdrücklichen Engagements der Besatzungsmacht oder der Unterstützung durch eine einflussreiche deutsche Interessengruppe bedurft. Die Militärregierung war jedoch durch den Versuch, das komplexe deutsche Gesundheitswesen erst einmal zu verstehen und sich in einem zweiten Schritt mit Hilfe zahl- und wortreicher Expertisen eine Meinung zur geplanten Reform des deutschen Sozialversicherungssystems durch den *Alliierten Kontrollrat* zu machen, vollständig absorbiert. Die Amerikaner holten Gutachten über Krankenversicherungen und Ärzteverbände ein, da sie darin eine »Spezialität« des deutschen Gesundheitswesens sahen, versäumten es jedoch, sich über Struktur und Geschichte des öffentlichen Gesundheitsdienstes in Deutschland zu informieren, um auf diese Weise Übersetzungsstellen und Anknüpfungspunkte für ihr eigenes Modell in Erfahrung zu bringen. Eine maßgebliche deutsche Lobby für eine Reform des öffentlichen Gesundheitswesens gab es nicht, erstens aufgrund der durch die Nationalsozialisten hervorgerufenen personellen Brüche im öffentlichen Gesundheitsdienst und zweitens, weil auch das deutsche Augenmerk auf die anstehende Reform des *Kontrollrates* gerichtet war.

Die Übersetzungsprobleme im öffentlichen Gesundheitswesen waren jedoch nicht nur struktureller oder institutioneller Natur, sondern umfassten auch die Krankheitsperzeptionen, die ihrerseits wieder Rückwirkungen auf das institutionelle Reformprojekt hatten. Die unterschiedliche Schwerpunktsetzung amerikanischer und deutscher Mediziner hinsichtlich der beiden großen Problemfelder »Tuberkulose« und »Geschlechtskrankheiten« absorbierte so viel Energie, dass für grundsätzliche Fragen der Aufgabenstellung, Funktion und Betreibung des öffentlichen Gesundheitsdienstes kaum Raum blieb.

Zusammenfassend lässt sich sagen, dass die starke kulturelle und nationale Prägung der öffentlichen Gesundheitsdienste eine Übertragung in den jeweils anderen Kontext erschwerte und somit maßgeblich für das Scheitern der anvisierten institutionellen Reform des öffentlichen Gesundheitswesens in Deutschland verantwortlich war.[391]

---

390 Rosewitz, Bernd/Webber, Douglas, *Reformversuche und Reformblockaden im deutschen Gesundheitswesen*, Frankfurt/M. 1990, S. 108.

391 Auch von deutschen Medizinern wurde eine Stärkung der Sozialhygiene bereits in der medizinischen Ausbildung gewünscht. Vgl. dazu z.B. Lossen, Heinz, Sozialhygiene und ihre Grenzgebiete im Hochschulunterricht Deutschlands, in: *Der öffentliche Gesundheitsdienst* 12 (1950/51), S. 256-260.
Auch dieses Anliegen wurde indes nicht mit amerikanischen Ambitionen *Public-health* Themen stärker zu gewichten, obwohl durch diese Verknüpfung vielfältige Argumente und politische Bündnispartner hätten gewonnen werden können.

## Modell Amerika: medical leadership statt »ärztlicher Gesundheitsführer«?

*»I am sure that we all agree that some fundamental changes in German thinking, as well as legislation, are indicated«*[392], hatte Colonel Marshall von der Militärregierung 1948 gegenüber John Grant von der *Rockefeller Foundation* erklärt.

Trotz dieser Überzeugung gab es strukturelle und institutionelle Kontinuitäten und auch der Maßnahmenkatalog unterschied sich kaum von alten Zeiten. Waren also die Reformversuche amerikanischer Gesundheitspolitik gescheitert? Waren neben den Kontinuitäten Veränderungen zu beobachten?

Die Besatzungsoffiziere hatten dargelegt, dass sie Amtsärzte suchten, die zu einer *medical leadership* befähigt seien, und dass auf diese Weise die deutsche »Führerideologie«, die den Arzt als »Gesundheitsführer« definierte, demokratisiert werden sollte. In den Gesundheitsämtern sollten anstelle der autoritären nationalsozialistischen Ärzte Amtsärzte mit einer *»young agressive leadership«*, die sie in den USA erworben hatten, arbeiten.

Die Unterschiede, die zwischen *democratic leadership* und *Nazi leadership* bestanden, sollen hier nicht durch semantische Wortspielereien verwischt werden. Doch ist bemerkenswert, dass teilweise inhaltsgleiche Konzepte vermittelt werden sollten, deren Differenz einzig in einem vermeintlich anderen politischen Gehalt bestand, der durch eine englischsprachige Benennung ausgedrückt wurde.

Was bedeutete diese englische Neubenennung bekannter Maßnahmen? Zum einen spiegelte sich darin die totale Diskreditierung aller deutschen Traditionen durch den Nationalsozialismus wider. Die amerikanische Besatzungsmacht strebte einen grundlegenden Neuanfang an, der bis hinein in die Sprache reichen sollte und sich gleichzeitig doch unter den Bedingungen von Traditionen sowie sachlichen, örtlichen und räumlichen Kontinuitäten bewähren musste. Offenbar kam in dieser Situation der Benennung ein hohes symbolisches Gewicht zu, da sich in ihr die Herleitung, der fachliche, nationale und kulturelle Referenzpunkt zeigten. *Public Health* wurde als ein anglo-amerikanisches Konzept präsentiert, sozialhygienische Elemente und Traditionen waren nur noch für einige wenige Fachkundige erkennbar.

Dr. Ruth Mattheis, die während der Besatzungsjahre am Berliner Gesundheitsamt angestellt war, erinnerte sich rückblickend, dass nach 1945 die Chance, Arbeitsmethoden und Arbeitsziele systematisch zu überdenken, nicht genutzt wurde.[393] Fraglich ist jedoch, ob es in der Gesundheitspolitik der Nachkriegsjahre überhaupt darum ging, Arbeitsziele zu überdenken. Die bisherige historische Forschung stellt einmütig fest,

---

392 RG 260, 390/42/33/4-5, Box 548, OMG-Hesse Public Health and Public Welfare Branches, Letter Colonel Marshall to John B. Grant, Rockefeller Foundation, International Health Division – Director for Europe, 1 April 1948.
393 Zitiert nach Eckart, 1989, S. 219.

dass die Besatzungszeit durch umfassende Kontinuität charakterisiert gewesen sei und dass sich erst ab den 1950er/1960er-Jahren mit der Sozialmedizin eine Orientierung an US-amerikanischer *Public Health*-Medizin vollzogen habe. Dabei sei die Frage, warum der Bedarf für einen konzeptionellen Neubeginn erst so spät eintrat, noch immer ungeklärt.[394] Angesichts der oben dargelegten Konzentration amerikanischer Gesundheitspolitik auf die legitimatorische Herleitung und demokratische Kontextualisierung gesundheitspolitischer Maßnahmen ist es allerdings fraglich, ob wirklich erst seit den 1960er-Jahren von einer Rezeption amerikanischer Modelle gesprochen werden kann. Vielmehr scheint der Grundstock dieser Entwicklung während der Besatzungsjahre mit dem neuen Referenzpunkt USA gelegt worden zu sein.[395]

Noch verwirrender wird das Bild angesichts der seit den 1980er-Jahren in der Bundesrepublik diskutierten *New Public Health*-Konzepte.[396] Die bundesdeutsche Version der *new Public Health* knüpfte gerade im Gegensatz zur amerikanischen *New Public Health*-Bewegung der Jahrhundertwende wieder ausdrücklich an kommunale Handlungsfelder an und versuchte traditionelle Entwürfe von öffentlicher Gesundheit auf Gemeindeebene wieder zu beleben.[397] Auch die neu eingerichteten *Public Health*-Ausbildungsgänge orientierten sich verbal und nominell an ihren amerikanischen Vorbildern, ohne dass eine explizite Diskussion um Ähnlichkeiten, Unterschiede und differierende historische Entwicklungslinien geführt wurde. Offensichtlich war die amerikanische Politik, die USA als Referenzpunkt zu etablieren, so erfolgreich, dass bundesrepublikanische Gesundheitspolitik sich amerikanische Modelle, amerikanische Benennungen und amerikanische Reputationen zu Eigen macht, diese mit deutschen Traditionen verband und auf diese Weise partiell ihres amerikanischen

---

394 Ibid. Die Etablierung sozialmedizinischer Fragen im medizinischen Ausbildungskanon war bis in die 1990er-Jahre schleppend und im Vergleich zu den angelsächsischen Ländern unzureichend. Vgl. dazu: Schagen, Udo, Sozialmedizin – verdrängter Lehrinhalt im Medizinstudium, in: *Jahrbuch für Kritische Medizin* 27 (1997), S. 113-136.
395 Hier besteht umfangreicher Forschungsbedarf zur internationalen Kontextualisierung bundesdeutscher Gesundheitspolitik. Die Sichtung der deutschen Fachzeitschriften ergibt Hinweise darauf, dass auch andere europäische Länder (neben Skandinavien vor allem England und Frankreich) auf mögliche reformerische Anregungen hin betrachtet wurden. Vgl. z.B. Harding, Wilfried G., Die Fachausbildung des Amtsarztes in England, in: *Der öffentliche Gesundheitsdienst* 12 (1950/51), S. 51-53; Hanisch, R., Die Ausbildung der Ärzte des öffentlichen Gesundheitsdienstes in Frankreich, in: *Der öffentliche Gesundheitsdienst* 14 (1952/53), S. 111-114.
396 Labisch, Alfons, Der öffentliche Gesundheitsdienst (öGD) angesichts neuer öffentlicher Gesundheitsleistungen (»new Public Health«), in: Deppe, Hans-Ulrich u.a. (Hg.), *Öffentliche Gesundheit – Public Health. Konzepte und Diskussionen in der deutschen Geschichte*, Frankfurt/M. 1991, S. 84-102, hier S. 98.
397 Ibid., S. 98. Im Gegensatz dazu grenzte sich die *New Public Health*-Bewegung der USA dezidiert gegen kommunale Traditionslinien ab und strebte eine Akademisierung und Nationalisierung von *Public Health* an.

Gehalts entkleidete, ohne indes über diesen Prozess einer differierenden Aneignung zu reflektieren.[398]

1991 stellten Dietrich Milles und Rainer Müller fest, dass es »*begriffliche Unsicherheiten*« gebe, was in der deutschen Sprache mit Public Health gemeint sei.[399] Auch das von den *Public Health*-Wissenschaften erfasste Forschungs- und Tätigkeitsfeld war sehr weit und wenig spezifisch. Sicher war hingegen, dass *Public Health*-Konzeptionen die gesellschaftlichen Bedingungen von »Krankheit« und »Gesundheit« zu berücksichtigen hätten[400], eine Definition, die sozialhygienischen Interventionsstrategien näher war als der anglo-amerikanischen *Public Health*-Forschung, der sie ihren Namen verdankte.[401]

Gleichzeitig fanden sich in der bundesdeutschen Diskussion der 1980er-Jahre trotz vieler inhaltlicher Anlehnungen an sozialhygienische Überlegungen kaum nominelle Bezüge auf das einst so erfolgreiche Konzept der Sozialhygiene.[402] Wie sind diese Verwerfungen zu erklären, und in welchem Bezug stehen sie zum amerikanischen Versuch, *Public Health*-Konzepte während der Besatzungszeit in Deutschland zu implementieren?[403]

Amerikanische Reformintentionen kreisten um ein kompliziertes Phänomen der differierenden Ähnlichkeit, der sie mit Blick auf die Demokratisierung ein großes Gewicht beimaßen.

Diese Bewertung lag auch der stetigen Verknüpfung zwischen Gesundheitspolitik und Demokratisierung seitens der amerikanischen Besatzungsmacht zugrunde. Die in amerikanischen Dokumenten immer wieder betonten Bezüge zwischen Public Health und *democracy* war demnach keine bloße Plattitüde, kein blankes Abschreiben aus Grundsatzdirektiven, sondern ein konstitutives Element amerikanischer Besatzungspolitik. Gesundheitspolitik sollte nach 1945 bewusst in ein demokratisches Wertesys-

---

398 Zu begrifflichen und konzeptionellen Unsicherheiten, die teilweise dazu führen, dass unter neuen Begrifflichkeiten alte Konzepte vertreten werden siehe: Hofmann, Werner/Schwartz, Friedrich Wilhelm, Public Health: Gesundheitspolitik und akademische Disziplin. Entwicklung in den alten Bundesländern, in: Abholz, Heinz-Harald u.a. (Hg.), *Wer oder was ist Public Health*, Argument Sonderband 198, Hamburg 1992, S. 6-24.
399 Milles, Dietrich/Müller, Rainer, Public Health Forschung und Gesundheitswissenschaften, in: Deppe, Hans-Ulrich u.a. (Hg.), *Öffentliche Gesundheit – Public Health. Konzepte und Diskussionen in der deutschen Geschichte*, Frankfurt/M. 1991, S. 7-14, hier S. 7.
400 Ibid., S. 12; Labisch, 1991, S. 97f.
401 Für einen Überblick zur aktuellen Diskussion siehe: Deppe, Hans-Ulrich u.a. (Hg.), *Öffentliche Gesundheit – Public Health, Konzepte und Diskussionen in der deutschen Geschichte*, Frankfurt/M. 1991.
402 Als Ausnahme siehe z.B. den kurzen Verweis bei: Gostomzyk, J.G., Der Beitrag der Sozialmedizin zu Public Health, in: *Gesundheitswesen* 62 (T.3) (März 2000), S. 117f.
403 Siehe dazu ausführlicher: Ellerbrock, Dagmar, Zwischen Tradition und Innovation – Öffentliche Gesundheit, Sozialhygiene und Public Health, in: Schagen, Udo/Schleiermacher, Sabine (Hg.), *Sozialmedizin, Sozialhygiene und Public Health. Konzepte und Visionen zum Verhältnis von Medizin und Gesellschaft in historischer Perspektive*, Berlin 2001, S. 59-66.

tem eingefügt werden, gesundheitspolitischen Regelungen wurde ein legitimierendes Deutungsschema zur Seite gestellt, das sie bei aller instrumentellen Ähnlichkeit mit nationalsozialistisch-deutschen Maßnahmen doch deutlich von diesen unterscheiden sollte.[404]

Erst in einem demokratischen Kontext – davon waren alle amerikanischen Beteiligten diesseits und jenseits des Atlantiks überzeugt – konnte Gesundheitspolitik heilende und auch politisch heilsame Wirkung entfalten. Die Betrachtung nationalsozialistischer Gesundheitspolitik in ihrer Gleichzeitigkeit von personeller und instrumenteller Kontinuität, verknüpft mit der grundsätzlichen Verschiedenartigkeit ihrer Ziele und Konsequenzen zu demokratischen und partiell auch sozialhygienischen Politikentwürfen, bestätigt die Richtigkeit der amerikanischen Kontext-Vorgabe.

In diesem Sinne stellt die oben beschriebene semantische Verschiebung eine politische Umakzentuierung inhaltlich ähnlicher Konzepte dar. Ob diese Form der Wiederaneignung eigener Traditionen mittels fremder Begrifflichkeiten noch als »Amerikanisierung« im traditionellen Sinne bezeichnet werden kann, ist fraglich. Diese Form der Vermischung eigener und fremder Traditionen und die daraus hervorgehenden neuen Entwürfe entsprechen jedoch dem von Doering-Manteuffel entwickelten Konzept eines langfristigen Kulturaustausches. Aufgrund der konstanten Interaktion, die einen Transfer von Konzepten und Modellen in beide Richtungen umfasst, lassen sich eigene von fremden Vorstellungen nicht mehr präzise abgrenzen.[405] Der Kulturtransfer brachte eigene Traditionslinien zurück, akzentuierte fremde Vorstellungen um, entwickelte Kombinationsmodelle und führte so zu einem gemeinsamen Bestand politisch relevanter Deutungsmuster, die in beiden Kulturen Anschlussmöglichkeiten besaßen und besitzen.

---

[404] In diesem Sinne verstanden auch John Gimbel oder Fritz Stern Demokratisierung und Amerikanisierung als Verschiebung der politischen Koordinaten. vgl. Greiner, 1999, S. 47.
[405] Ausführlich dazu: Manteuffel, 1995.

# Kapitel 3
# Krankenkassen und Ärzteverbände: Neue Sinnwelten im alten Gewand?

Der Schwerpunkt der institutionellen amerikanischen Reformambitionen lag also, wie oben dargestellt, im Sektor des öffentlichen Gesundheitswesens, da die deutsche gesetzliche Krankenversicherung und die Stellung der deutschen Ärzteverbände aus amerikanischer Perspektive sehr fremdartig anmuteten. Trotz der großen strukturellen Differenzen hatte die Besatzungsmacht jedoch auch für die »ersten beiden Säulen« des deutschen Gesundheitswesens Reformvorschläge zu unterbreiten.

Gemäß dem Modell der *new policy analysis* wird nachfolgend für die Krankenkassen und Ärzteverbände untersucht, welche Werte, Traditionen und Deutungsmuster die institutionelle Reformdiskussion auf beiden Seiten prägten und ob der Maßstab amerikanischer Politik stärker auf die Kompatibilität mit eigenen Deutungsmustern und Wertvorstellungen zielte oder darauf, bestimmte Organisationsformen durchzusetzen.

## Historische Traditionslinien

Amerikanische Änderungswünsche und deutsche Repliken waren dabei durch die historische Entwicklung und die Eigenlogik geprägt. Die historisch geprägte Ausgangssituation soll daher in ihren nationalen Unterschieden und Gemeinsamkeiten kurz skizziert werden.

## 1. Entwicklungslinien in der Gesetzlichen Krankenversicherung in Deutschland bis 1945

Das Krankenversicherungssystem gilt als ein zentrales gesundheitspolitisches Steuerungsinstrument.[1] Institutionelle Vorläufer einer gesetzlichen Krankenversicherung

---

1 Murswiek, Axel, Gesundheitspolitik, in: Nohlen, Dieter (Hg.), *Wörterbuch Staat und Politik*, Bonn 1996, S. 213-215, Zitat S. 213.

gab es in Deutschland bereits Mitte des 19. Jahrhunderts.[2] Da die Versicherungspflicht jedoch zahlreiche Ausnahmen zuließ, wurden nur zögernd Krankenkassen eingerichtet, und 1881 waren noch immer 50 % der gewerblichen Arbeiter nicht krankenversichert.[3] Diese Lücke versuchten die freien Hilfskassen der Arbeitervereine und seit den 1860er-Jahren die Hilfskassen der Gewerkschaften nach dem Prinzip der Selbsthilfe zu schließen.[4] 1876 wurde mit dem Hilfskassengesetz eine erstmals reichsweite Regelung getroffen, durch die alle drei bisherigen Krankenkassentypen – Krankenkasse der Zünfte, Fabrikkrankenkassen und Armenkrankenkassen der Gemeinden – in so genannte freie Hilfskassen umgewandelt wurden.[5] Die mit diesem Gesetz verbundene Hoffnung, Arbeiter und Gewerbetreibende auf lokaler Ebene flächendeckend krankenversichern zu können, erfüllte sich jedoch nicht.[6] Dieses Ziel wurde 1883 mit dem »*Gesetz, betreffend die Krankenversicherung der Arbeiter*« auf dem Wege der Zwangsversicherung erreicht. 1883 wurden somit die Prinzipien, die seit Mitte des 19. Jahrhunderts staatliche Kassenpolitik geprägt hatten, verallgemeinert und auf Reichsebene verbindlich festgeschrieben.[7]

Weder hinsichtlich ihres Umfangs – 1884 waren weniger als 10 % der Bevölkerung krankenversichert[8] – noch konzeptionell war die ins Werk gesetzte Krankenversicherung grundsätzlich neuartig.[9]

Vorgeschrieben war eine Versicherungspflicht für bestimmte Personengruppen auf nationaler Ebene. Im Gegenzug wurden ein Rechtsanspruch auf kostenfreie ärztliche Behandlung, freie Arzneimittel und ab dem dritten Tage Krankengeld[10] festgeschrieben. Finanziert wurden die Krankenkassen zu einem Drittel aus Arbeitgeberbeiträgen und zu zwei Dritteln aus Versichertenbeiträgen. Analog dazu waren die Selbstverwal-

---

2   Frevert, 1984, S. 150, 245; Deppe, 1987, S. 10. Durch die allgemeine Gewerbeordnung von 1845 wurde erstmalig die rechtliche Möglichkeit geschaffen, Gesellen zum Beitritt zu den Unterstützungskassen für Gesellen zu verpflichten. Siehe Frevert, 1984, S. 162, 167. 1849 wurde die Versicherungspflicht auch auf Fabrikarbeiter ausgedehnt, worin sich einerseits die soziale Umschichtung der sich entwickelnden Industriegesellschaft widerspiegelte und außerdem nach der gescheiterten Revolution die vermeintlich »gefährlichen« Klassen in die bestehende Gesellschaft integriert werden sollten. Dazu ausführlicher Deppe 1987, S. 11.
3   Deppe 1987, S. 12.
4   Siehe hierzu Frevert, 1984, S. 331, sowie Deppe, 1987, S. 12.
5   Tennstedt, 1976, S. 386.
6   Siehe Frevert, 1984, S. 181.
7   Ibid., S. 182.
8   Deppe, 1987, S. 12.
9   Das Konzept der Krankenversicherung orientierte sich stark an bereits bestehenden Einrichtungen. Dazu: Tennstedt, 1976, S. 386. Das Prinzip der Versicherungspflicht wurde von den Zwangshilfskassen übernommen, die Idee der Selbstverwaltung stammte aus der Organisation der Hilfskassen und die Beteiligung der Arbeitgeber an der Kassenverwaltung hatte in den Fabrikkrankenkassen ihren Ursprung, vgl. Alber, 1992, S. 25.
10  Deppe, 1987, S. 14.

tungsgremien zu einem Drittel mit Arbeitgebern und zu zwei Dritteln mit Arbeitnehmern besetzt.[11]

Trotz aller Traditionslinien war diese Politik eines staatlich verfügten Versicherungszwanges keinesfalls unumstritten. Liberale Einwände gegen jede Form der Staatsintervention waren in den jahrelangen Debatten ebenso präsent wie das Prinzip kommunaler Selbstverwaltung und das Argument individueller Eigenverantwortung.[12] Auch wenn der Fokus sozialpolitischer Aufmerksamkeit 1883 auf der in Planung begriffenen Unfallversicherung lag und die Krankenversicherung nur mehr ein »*Vorschaltgesetz*«[13] für andere sozialpolitische Regelungen war, so bedeutete die Institutionalisierung einer reichsweiten Zwangsversicherung durchaus eine sozialpolitische Zäsur. Zwar lag der Anteil der versicherten Arbeiter anfangs nur bei etwa 5 %[14], dennoch war das »Risiko Krankheit« nun endgültig aus der Armenversorgung ausgegliedert und prinzipiell durch einen institutionalisierten Rechtsanspruch auf Krankengeld, Arznei und medizinische Behandlung[15] abgefedert worden.

Wie war es möglich, eine derartige Regelung politisch durchzusetzen, und warum war es gerade das Deutsche Reich, dem in der gesetzlichen Krankenversicherung die Pionierrolle zufiel? Der Kontext des Sozialistengesetzes sowie die anvisierte Zielgruppe der organisationsfähigen Arbeiterschaft deuten bereits einen zentralen Zusammenhang an: Industrialisierung und Urbanisierung hatten einen »vierten Stand« geschaffen, der politisch nicht in den monarchischen Staat einzubeziehen war.

Angesichts der vielfältigen politischen, gesellschaftlichen, religiösen, wirtschaftlichen und sozialen Fraktionierungen des deutschen Kaiserreichs sollte Sozialpolitik den Wunderakt vollbringen, das Reich innenpolitisch zu stabilisieren, ohne gleichzeitig die Arbeiterbewegung an der politischen Macht beteiligen zu müssen. Die sozialpolitischen Initiativen zielten nicht auf gesellschaftliche Reform und Ausgleich sozialer Unterschiede, sondern strebten den Erhalt des Status quo an, indem die gröbsten sozialen Härten abgefedert wurden.[16] Maßstab dieser von oben initiierten Sozialpolitik war somit nicht die Bedürftigkeit der Adressaten, sondern ihre vermeintliche politische Bedrohlichkeit.[17] Konsequenterweise waren es auch die mutmaßlichen Umstürzler, an

---

11 Weiter wurde die Stellung der so genannten »Hilfskassen«, aus denen sich später die Ersatzkassen entwickelten, geregelt. Ibid.
12 Zur Auseinandersetzung um die preußische Kassenpolitik zwischen 1860 und 1870 siehe Frevert, 1984, S. 174ff.
13 Ibid., S. 181.
14 1880 lag der Anteil der krankenversicherten Bevölkerung bei 5 %, 1885 bei 10 %, vgl. Tennstedt, 1976, S. 386f.
15 Schmidt, Manfred G., *Sozialpolitik. Historische Entwicklung und internationaler Vergleich*, Opladen 1988, S. 24-28, Frevert, 1984, S. 178f., Tennstedt, 1976, S. 387f.
16 So schrieb Theodor Lohmann 1889 an einen Freund über die Bismarck'sche Sozialpolitik, sie sei »*nicht aus Liebe, sondern aus Furcht der herrschenden Klassen, besonders der Regierungskreise geboren*«; zitiert nach Hentschel, 1983, S. 264.
17 Zu dieser Argumentation siehe auch Hentschel, 1983, S. 10.

die sich die Versicherungen richteten. Den Arbeitern in Gewerbe und Industrie sollte bei Krankheit Hilfe geboten werden, nicht beabsichtigt war es, Vorsorge zu treffen, um ihre Arbeitskraft zu schützen und Gesundheitsgefahren zu mindern.

Diese Politik von »*Zwang und Fürsorge*«[18] integrierte bis ins Mittelalter zurückreichende Formen wohlfahrtsstaatlicher Intervention[19] ebenso wie Konzepte bürgerlicher Sozialreformer, die soziale Reformen zur gesellschaftlichen Befriedung einsetzen wollten. Die Kombination von »Zwang und Fürsorge« fand sich auch im Erziehungs- und Disziplinierungsauftrag[20] der Krankenkasse wieder. Paternalistische Interventionsbereitschaft konnte sich in Deutschland einer effektiven Staatsbürokratie[21] bedienen, die eine reichseinheitliche Umsetzung der Kassenpolitik garantierte. Liberale Einwände konnten die reichsweite Krankenversicherungsgesetzgebung nicht verhindern, sie vereitelten aber die ursprünglich von Bismarck geplante Reichsversicherungsanstalt. Diese institutionelle, finanzielle und letztlich auch konzeptionelle Unabhängigkeit vom Reich sicherte die institutionelle Kontinuität der gesetzlichen Krankenversicherung über Regimewechsel und Staatsideologien hinweg.[22]

Somit waren 1883 eine Vielzahl an Traditionslinien und Interessen zusammengekommen. Staatliche Kassenpolitik in Deutschland hatte sich seit Mitte des 19. Jahrhunderts ausgebildet. Dabei hatte sie an ältere kommunale, zünftige und private Initiativen angeknüpft, die vormoderne Fürsorge in das Versicherungsprinzip überführt und dieses Konzept in der spezifischen politischen Situation der 1880er-Jahre reichsweit institutionalisiert und verrechtlicht. In der gesetzlichen Krankenversicherung wurden dann sowohl das Prinzip der Selbstverwaltung als auch die Kassenvielfalt und die berufsständische Gliederung weitergeführt.

## 1.1 Krankenkassen im deutschen Kaiserreich: Zwischen sozialer Befriedung und sozialer Reform

Ursprünglich als staatliches Repressionselement konzipiert, gewannen die Krankenkassen mittels der Selbstverwaltung bald ungeplanten Einfluss.[23]

Ab 1892 begannen sich die Ortskrankenkassen der größeren Städte zu »allgemeinen Ortskrankenkassen« zusammenzuschließen und das berufsständische Prinzip aufzuge-

---

18 Ibid., S. 28.
19 Zu Vorläufertraditionen siehe Ritter, Wohlfahrtsstaat, 1988, S. 66f.; sowie: Ders., *Der Sozialstaat. Entstehung und Entwicklung im internationalen Vergleich*, München 1991, S. 33f., 63ff.
20 Frevert, 1984, S. 183.
21 Siehe Flora, Peter/Alber, Jens/Kohl, Jürgen, Zur Entwicklung der westeuropäischen Wohlfahrtsstaaten, in: *Politische Vierteljahresschrift* 18 (1977), S. 709ff., Ritter, Wohlfahrtsstaat, 1988, S. 69.
22 Siehe dazu Schmidt, Sozialpolitik, 1988, S. 28.
23 Dies war möglich, weil die Verwaltungsgremien zu zwei Dritteln mit Versichertenvertretern besetzt waren.

ben. Außerdem waren die mitgliederstarken AOKs in zweierlei Hinsicht attraktiv für die Sozialdemokratie: Zum einen war es möglich, hier praktische Krankheitslinderung und -prophylaxe vor Ort zu leisten, gleichzeitig boten die Krankenkassen in Zeiten politischer Repression ein interessantes »*Agitationsmedium*«[24]. Mindestens ebenso anziehend war jedoch der Sachverhalt, mit den Verwaltungen der Krankenkassen eine Alternative zum restriktiven, ständischen Berufssystem des Kaiserreichs zu besitzen, auf dem Arbeitern der Weg ins Angestelltendasein der öffentlichen Verwaltung geebnet werden konnte.[25] In den 1890er-Jahren schlossen sich die Krankenkassen mit dem Ziel, ihre Verwaltung zu rationalisieren und ihr politisches Gewicht im Einfluss auf sozialpolitische Gesetzgebung und sozialhygienische Vorsorge zu stärken[26], zu überregionalen Verbänden zusammen. Parallel dazu wurde der bisherige Leistungskatalog ausgebaut, Zahlungen wurden erhöht und auf weitere Versichertengruppen ausgedehnt.[27]

Die quantitative Ausdehnung der Krankenversicherung des Kaiserreichs wurde vor allem durch die günstige wirtschaftliche Entwicklung forciert.[28] Auch der Erste Weltkrieg bedeutete in dieser Hinsicht keine Zäsur[29]; der Leistungskatalog wurde auch in Kriegszeiten weiter ausgebaut – wenn auch langsamer.[30] Die Ausdehnung stellt ein wesentliches Kontinuitätsmerkmal der Krankenversicherung dar und wurde sowohl während der Weimarer Republik als auch im Nationalsozialismus fortgesetzt.

Zusammenfassend lässt sich festhalten, dass das paternalistische Kaiserreich institutionell eine größere Sicherung gegen Krankheit aufwies als vergleichbare westliche

---

24 Vgl dazu Frevert, 1984, S. 330f.
25 Gleichzeitig war hier eine Nische entstanden für gewerkschaftlich organisierte »*Arbeiter, die bei Staat und Industrie ›schwarzgeschrieben‹ waren*«, also auf einer Ausschussliste standen. Vgl.: Tennstedt, 1976, S. 390; Ders., 1981, S. 172.
26 Tennstedt, 1976, S. 391.
27 Schmidt, Staatstätigkeit, 1988, S. 33. Alber, Jens, *Vom Armenhaus zum Wohlfahrtsstaat. Analysen zur Entwicklung der Sozialversicherung in Westeuropa*, Frankfurt/M. 1982, S. 237. Eine gesetzliche Neuregelung stellte die Reichsversicherungsordnung *(RVO)* vom 1911 dar, deren Regelungen im Bereich der Krankenversicherung 1914 in Kraft traten. Bedeutendste Neuerung war die Ausdehnung des versicherten Personenkreises. Erstmalig waren nun auch Dienstboten, unselbstständig Beschäftigte, Beschäftigte der Land- und Forstwirtschaft, des Wandergewerbes und Hausgewerbebetriebes mit einbezogen. Außerdem löste die *RVO* die Gemeindekassen auf und schrieb eine Mindestmitgliederzahl vor. Dadurch reduzierte sich die Zahl der verschiedenen Krankenkassen, und gleichzeitig gewann die einzelne Kasse durch ihre Größe an Bedeutung. Siehe dazu Tennstedt, 1976, S. 3.
28 Schmidt, Staatstätigkeit, 1988, S. 33.
29 Ibid., S. 38.
30 Z.B. mit der Einführung der Wochenhilfe/Mutterschutz 1914/1915. Zur Entwicklung der Betriebskrankenkassen siehe: Hähner-Rombach, Sylvelyn, *Die Betriebskrankenkassen in Baden und Württemberg von der Industrialisierung bis in die Zeit des Nationalsozialismus. Eine Chronik* (Hg. vom Landesverband der Betriebskrankenkassen Baden-Württemberg), Kornwestheim 2001.

Demokratien und überdies ein Modell der Krankenversicherung praktizierte, das internationale Attraktivität besaß.[31]

## 1.2 Weimarer Republik: Stagnation oder Bewährung?

Hatte die gesetzliche Krankenversicherung im Kaiserreich im Zentrum sozialpolitischer Auseinandersetzungen gestanden, so änderte sich die Situation 1918 grundlegend: Die gesetzliche Krankenversicherung musste sich mit einem der hinteren Plätze Weimarer Sozialpolitik begnügen. Sie erfuhr weder durch die sozialpolitischen Neuerungen der 20er Jahre noch durch die finanziellen Belastungen infolge von Weltkrieg und Inflation eine grundsätzliche institutionelle Veränderung. Anders als in anderen Sektoren der sozialen Sicherung erfolgte keine strukturelle Aufwertung der gesetzlichen Krankenversicherung.

Von den Zeitströmungen waren die Krankenkassen allerdings sehr wohl betroffen: Sie hatten erheblich zu den Kriegsanleihen beigetragen und dadurch große Teile ihrer Rücklagen verloren. Auch die desolate ökonomische Situation der Nachkriegsjahre, die Beitragsausfälle und der Militärdienst junger Männer, die große Anzahl Kriegsverletzter und Rehabilitationsbedürftiger sowie die steigenden Krankheitsraten durch Grippe und Unterernährung brachten die Kassen in finanzielle Bedrängnis.[32] Die bedeutendste ökonomische Krise ereilte die Krankenversicherung allerdings erst am Ende der Weimarer Republik, als ihre Einnahmen infolge der Inflation drastisch sanken. Mit Zustimmung der Spitzenverbände waren daher auch die Krankenkassen von Leistungskürzungen betroffen, die per Notverordnung am 26. Juli 1930 eingeschränkt wurden.[33]

Volker Hentschel relativiert die Konsequenzen der Weimarer Sparpolitik, indem er gekürzte Leistungen gegen sinkende Lebenshaltungskosten als Ergebnis der Deflationspolitik aufrechnet. In der wirtschaftlichen Krise, so folgert er, habe sich die Sozialpolitik der Weimarer Republik in fast »verblüffender Weise bewährt«. Für die gesetzliche Krankenversicherung darf nicht übersehen werden, dass die Quote der Versicherten zwischen 1929 und 1933 von 61 % auf 47 % schrumpfte.[34] Diese Zahlen gewinnen insbesondere durch den internationalen Vergleich an Bedeutung, der illustriert, dass vor allem in Relation zu England oder Skandinavien in Deutschland

---

31 Schmidt, Staatstätigkeit, 1988, S. 33. So kam der britische Schatzkanzler Lloyd George 1908 nach Deutschland, um sich über ein modernes Sozialversicherungssystem zu informieren. Dazu: Ritter, 1988, S. 86. Zu amerikanischen Experten, die sich über das deutsche Krankenversicherungssystem informierten, siehe Hirshfield, Daniel S., *The Lost Reform. The Campaign for Compulsory Health Insurance in the United States from 1932-1943*, Cambridge 1970, S. 12-14.
32 Siehe dazu auch Tennstedt, 1976, S. 396.
33 Ibid., 1976, S. 401.
34 Schmidt, Sozialpolitik, 1988, S. 51.

eine zunehmend restriktive Sozialpolitik betrieben wurde, die in ihrer Rigidität auch mit hohen Arbeitslosenzahlen allein nicht mehr zu erklären ist.[35] Vielmehr war es u.a. die Erstarkung rechter Parteien, die die sozialpolitische Dynamik der Weimarer Republik abbremste.

Gleichzeitig wurde in der Weimarer Republik erstmalig der Schutz von Gesundheit verfassungsrechtlich festgeschrieben.[36] Sozial- und Gesundheitspolitik hatten in der ersten deutschen Demokratie einen neuen Stellenwert bekommen. Waren sie im Kaiserreich zur Konsolidierung einer überkommenen Herrschaftsordnung instrumentalisiert worden, so sollten sie nun zur aktiven Gestaltung der neuen demokratischen Gesellschaft beitragen. Dies war mehr als die Aufstockung von Leistungen oder die Erweiterung des versicherten Personenkreises. Neue Programme, die Ausdehnung bestehender Versicherungen[37], rechtliche Änderungen und die Idee der Prävention formten eine prinzipiell veränderte Sozialpolitik unter Nutzung, Beibehaltung und Ergänzung institutioneller Kontinuitäten.

Dabei spielte insbesondere die von den Krankenkassen betriebene Gesundheitsfürsorge und -aufklärung eine wichtige Rolle. Die flächendeckende Einführung der gesetzlichen Versicherungspflicht bedeutete eine Institutionalisierung der Definition von Krankheit, die die Krankenkassen zu »*Transmissionsriemen der Medikalisierung*« und »*Sozialisationsagenturen, die Mentalitäten und Verhaltensmuster der industriellen Arbeiterschaft nachhaltig umzuprägen vermochten*«, machten.[38]

So waren die Ortskrankenkassen im Verbund mit kommunaler Gesundheitsfürsorge in der Weimarer Republik »*Medium und Motor*« sozialhygienischer Aktivitäten geworden.[39]

---

35 Zu dieser Argumentation siehe ausführlich Schmidt, Sozialpolitik, 1988, S. 53ff.
36 § 161 der Weimarer Reichsverfassung verfügte: »*Zur Erhaltung der Gesundheit und Arbeitsfähigkeit, zum Schutz der Mutterschaft und zur Vorsorge gegen die wirtschaftlichen Folgen von Alter, Schwäche und Wechselfällen des Lebens schafft das Reich ein umfassendes Versicherungswesen unter maßgeblicher Beteiligung der Versicherten.*« Hildebrandt, Horst (Hg.), *Die deutschen Verfassungen des 19. und 20. Jahrhunderts*, Paderborn u.a. 1983, S. 108.
37 Z.B. Kriegsopferversorgung, Berufsfürsorgemaßnahmen, Arbeitslosenversicherung u.a.
38 So die These Freverts, 1984, S. 336f. Diese Entwicklung hatte sich bereits durch den Zusammenschluss der besonderen Ortskrankenkassen zu größeren und leistungsstärkeren »Allgemeinen Ortskrankenkassen« (AOK) ab 1890 verstärkt und kam nach 1918 zur vollen Entfaltung: Der 1894 gegründete »*Centralverband der Ortskrankenkassen*« hielt regelmäßige Tagungen ab, die u.a. dazu dienten, sozialhygienische Maßnahmen der Krankenkassen zu diskutieren und zu koordinieren. Führende Sozialmediziner nahmen regelmäßig an diesen Tagungen teil und standen den Kassen mit Rat und Tat zur Seite. Dazu ausführlich Tennstedt, 1976, S. 389ff.
39 Schwerpunkte sozialhygienischer Fürsorge waren Säuglingspflege, Tuberkulosefürsorge, Geschlechtskrankenfürsorge und Alkoholismusfürsorge. In allen Bereichen wurden die Kassen beratend und aufklärend, behandelnd und finanziell unterstützend tätig. Vor allem die Aufklärungskampagnen der Krankenkassen zu Themen wie Geschlechtskrankheiten und Alkoholismus wurden von den staatlichen Behörden teilweise mit Argwohn beobachtet und in einigen Fällen sogar verboten. Diese Aktivitäten erfolgten damit partiell gegen den Willen der Aufsichtsbehörden, dafür aber gemäß den Wünschen und Bedürfnissen der Versicherten. Sie sind also ein

## 1.3 Krankenkassen im Nationalsozialismus: Gleichschaltung und Arisierung

Die Nationalsozialisten hatten einige grundlegende Reformkonzepte. Die Deutsche Arbeitsfront wollte die traditionelle Gliederung der deutschen Sozialversicherung in getrennte Organisationen abschaffen.[40] Auf diese Weise sollte quasi institutionell das Prinzip der Volksgemeinschaft symbolisiert werden, in dem es keine Unterschiede zwischen verschiedenen Bevölkerungsgruppen mehr gab. Das maßgeblich von Robert Ley konzipierte »Sozialwerk des deutschen Volkes«[41] scheiterte vor allem am Widerstand des Reichsarbeits- aber auch des Reichsfinanzministeriums[42], so dass es im Bereich der Sozialversicherung schließlich doch nicht zu wesentlichen institutionellen Veränderungen kam.[43]

Während die Reformdiskussion keine Auswirkungen auf das Kassenwesen hatte, traf die Krankenkassen eine andere nationalsozialistische Regelung ganz empfindlich: Aufgrund des »Gesetzes zur Wiederherstellung des Berufsbeamtentums« wurden in den Ortskrankenkassen ca. 30 % des Personals ausgetauscht, in Berlin wurden sogar 95 % der Beschäftigten entlassen.[44] Betraf der Personalaustausch bei den Krankenkassen vor allem die Leitungsgremien und damit die Selbstverwaltung, so lässt sich für die Ärzteschaft feststellen, dass durch das »Gesetz zur Wiederherstellung des Berufsbeamtentums« vom 7. April 1933 vor allem jüdische Ärzte betroffen waren, die in eigener Praxis niedergelassen waren.

Auch nationalsozialistische Gleichschaltungspolitik betraf die Krankenkassen, deren Spitzenverbände im Mai 1933 zwangsvereinigt und dem Reichsarbeitsministerium unterstellt wurden.[45] Zwar bedeutete die Personalkontinuität innerhalb der Mi-

---

Beispiel für das Bedürfnis nach umfassender medizinischer Versorgung und Aufklärung von unten und illustrieren damit die zeitgleich von oben und unten einsetzende Medikalisierung, die in mancher Hinsicht gänzlich unabhängig von staatlichem Einfluss war. Siehe in diesem Sinne auch die Modifikation des Medikalisierungskonzeptes duch F. Loetz. Allerdings widerspricht auch diese Differenzierung nicht der Vorstellung einer sich prinzipiell kontinuierlich weiter durchsetzenden Medikalisierung bzw. »medizinischen Vergesellschaftung«. Loetz, Francisca, *Vom Kranken zum Patienten. Medikalisierung und medizinische Vergesellschaftung am Beispiel Badens 1750-1850*, Stuttgart 1993.

40 Siehe dazu Ritter, Sozialstaat, 1988, S. 33.
41 Siehe ausführlich zum Gesundheitswerk der *DAF*: Roth, Karl-Heinz, Public Health – Nazi Style: Gesundheitspolitische Kontroversen in der NS-Diktatur (1935-1944), in: *1999*, 2 (1995), S. 13-56.
42 Ritter, Sozialstaat, 1988, S. 34, sowie auch Roth, 1995, S. 24ff.
43 Vgl. ausführlich zu dieser Diskussion, die zumindest partiell durch sozialpolitischen Problemdruck begründet war und sich nicht ausschließlich aus ideologischen Vorgaben speiste: Frei, 1991, S. 11; Hentschel, 1983, S. 137.
44 Vgl. zu diesen Prozentangaben Tennstedt, 1976, S. 405f.
45 Vgl. z.B. Hentschel, 1983, S. 136. Ausführlich zur Entwicklung der Krankenversicherung im Nationalsozialismus und insbesondere zur Gleichschaltung siehe: Schwoch, Rebecca, *Ärztliche Standespolitik im Nationalsozialismus*, Husum 2001, S. 233.

nisterialbürokratie eine Abwehr spezifisch nationalsozialistischer Reformvorhaben[46], die Selbstverwaltung der Krankenkassen war durch diese Neuorganisation allerdings zerschlagen worden.[47]

## 2. Krankenversicherung in den USA

Die Diskussion um eine allgemeine Krankenversicherung hatte sich in den USA unter ähnlichen Konstellationen wie in Deutschland entwickelt. Industrialisierung, Urbanisierung und Migration hatten soziale Spannungen produziert, für die sozialversichungspolitische Reformen eine Lösung darzustellen schienen.[48]

Die Reformbewegung des beginnenden 20. Jahrhunderts war gespalten: Die *American Association for Labour Legislative (AALL)* votierte für Gesundheitsreformen zugunsten von Industriearbeitern. Viele AALL-Mitglieder hatten die Sozialversicherungssysteme Europas studiert und plädierten für die Einführung analoger Modelle in den USA. Die Kampagne, die die *AALL* 1912-1914 für die Einführung einer gesetzlichen Krankenversicherung führte, orientiert sich explizit an deutschen und britischen Vorbildern.[49] Vor dem Ersten Weltkrieg befürwortete auch die *American Medical Association (AMA)* eine allgemeine Krankenversicherung.[50] Entschiedene Gegner einer gesetzlichen Krankenversicherung waren 1917 die amerikanischen Gewerkschaften, Arbeitgeberverbände und private Versicherungsunternehmen.[51]

Am Ende des Ersten Weltkrieges hatten sich die Diskussionsformationen verschoben: Die *AMA* bezog 1919 eindeutig gegen die gesetzliche Krankenversicherung Stellung und in der *Red-Scare*-Atmosphäre der Nachkriegsjahre fand die Idee staatlich verordneter Sicherungssysteme auch in der Öffentlichkeit wenig Anklang.[52] Erst in den 1930er-Jahren wurden im Kontext der Reformen des *New Deal* auch wieder Krankenversicherungsprogramme diskutiert. Bemerkenswert war dabei, dass Regelun-

---

46 So z.B. hinischtlich der Umgestaltung der Sozialversicherung zum »*Sozialwerk des deutschen Volkes*«.
47 Tennstedt, 1976, S. 406.
48 Hirshfield, 1970, S. 7ff. Siehe für einen Überblick über die Krankenversicherungsgesetzgebung der USA bis 1945: Liebermann, Manfred, *Die Entwicklung des National Health Plan und der National Health Insurance in den USA seit 1945*, Hamburg 1954, S. 2-8. Allgemein für einen komprimierten Überblick zur amerikanischen Sozialstaatsentwicklung: Schild, Georg, Der amerikanische »Wohlfahrtsstaat« von Roosevelt bis Clinton, in: *VfZG* 46 (1998) 4, S. 579-616.
49 Hirshfield, 1970, S. 12-14.
50 Duffy, John, *From Humors to Medical Science. A History of American Medicine*, Urbana/Chicago 1993, S. 319ff.
51 Hirshfield, 1970, S. 19-21; Murswiek, Axel, *Sozialpolitik in den USA*, Opladen 1988, S. 26.
52 Hirshfield, 1970, S. 17; 70ff. Warum der *AMA* seine Postition grundlegend veränderte, ist in der Literatur noch immer umstritten. Die von Hirshfield vertretene These, dass das konservative Klima nach dem Ende des Ersten Weltkrieges der entscheidende Faktor gewesen sei, un-

gen zu einer gesetzlichen Krankenversicherung nicht Bestandteil des 1935 verabschiedeten *Social Security Actes* waren. In den ausgehenden 1930er-Jahren wurden immer wieder einzelne Reformpakete erörtert, die auch Konzepte zur Krankenversicherung beinhalteten. Dabei ging es jedoch immer nur um die partielle Absicherung einzelner Gruppen, die sozial besonders bedürftig erschienen, wie z.B. Mütter, Säuglinge, Veteranen etc., nicht jedoch um eine umfassende gesetzliche Krankenversicherung der gesamten Bevölkerung.[53]

Dies war der Entwicklungsstand der gesetzlichen Krankenversicherung in den USA 1945. Umfassendere Programme zur staatlich geregelten Krankenversicherung größerer Bevölkerungsgruppen wurden erst nach Ende des Zweiten Weltkrieges initiiert[54] und hatten keinen Einfluss auf die Diskussion in der Besatzungszone.

## 3. Deutsche Ärzteverbände bis 1945

Die Entwicklung der Ärzteverbände seit Mitte des 19. Jahrhunderts wird in der Sozialgeschichte mit dem der Soziologie entlehnten Terminus der Professionalisierung beschrieben.[55] Professionalisierung meint dabei das Streben nach professioneller Autonomie, wissenschaftlichem Expertentum, Entwicklung einer eigenen Berufsethik und einer unabhängigen Standesgerichtsbarkeit sowie einer Monopolstellung auf einem ausgedehnten Markt.[56] Bei der Veränderung des medizinischen Berufsfeldes spielten übergreifende sozioökonomische Entwicklungen des 19. Jahrhunderts, wie Industrialisierung, Urbanisierung, Migration und demographische Umwälzung, eine Rolle, die auch in anderen Ländern zum Wandel beitrugen. Diese internationalen Entwicklun-

---

terstüzt auch Burrow, James, *AMA. Voice of American Medicine*, Baltimore 1963. Wohingegen Numbers mit der ökonomischen Situation der Ärzteschaft argumentiert, die sich unter privatwirtschaftlichen Bedingungen unmittelbar vor und während des Kriegs so weit verbessert habe, dass ein Umstieg auf ein unbekanntes Versicherungsmodell nicht attraktiv schien. Numbers, Ronald, *Almost Persuaded: American Physicians and Compulsory Helath Insurance, 1912-1920*, Baltimore 1978. Duffy verweist auf das mit steigenden Ausbildungsanforderungen veränderte Sozialprofil der amerikanischen Ärzteschaft, was dazu beigetragen habe, dass die Ärzteschaft die von ihr im 19. Jahrhundert vertretenen liberalen Positionen aufgab und sich im 20. Jahrhundert durch eine generelle Oppositonen gegen alle Formen der Sozialgesetzgebung auszeichnete. Duffy, 1993, S. 319.

53 Hirshfield, 1970, S. 139; 159f.; 163f.
54 Liebermann, 1954, Duffy, 1993, S. 320ff., Murswiek, 1988, S. 30, S. 65ff.
55 Siehe noch immer als Standardwerk: Huerkamp, Claudia, *Der Aufstieg der Ärzte im 19. Jahrhundert*, Göttingen 1985.
56 Vgl. zu dieser Definition Huerkamp, 1985, S. 20, sowie Jütte, Robert, Entwicklung des ärztlichen Vereinswesens bis 1871, in: Ders. (Hg.), *Geschichte der deutschen Ärzteschaft. Organisierte Berufs- und Gesundheitspolitik im 19. und 20. Jahrhundert*, Köln 1997, S. 15-42; S. 17. Zur Diskussion der verschiedenen Professionalisierungstheorien: Huerkamp, 1985, S. 14-21.

gen waren jedoch in Deutschland von der spezifischen Situation einer gescheiterten bürgerlichen Revolution und eines etatistisch-autoritären Nationalstaates geprägt.[57]

In der Restaurationsphase nach 1850 trat die deutsche Ärzteschaft nicht weiter mit liberalen Reformprojekten in Erscheinung. Erst in den 1860er-Jahren kam wieder Bewegung in die ärztliche Standespolitik – diesmal durch staatliche Initiative: Der Großherzog von Baden bestimmte 1864 per Verordnung, dass alle badischen Ärzte sieben Repräsentanten wählen sollten, die sie fortan in einem Standesausschuss vertreten und hinsichtlich der staatlichen Gesundheitspolitik beratende Funktion haben sollten.[58] Damit war Baden das erste deutsche Land mit einer staatlich anerkannten Vertretung der Ärzteschaft. Es folgten Württemberg 1869, Hessen 1876[59] u.a. Die einzelstaatlich gewährten Vertretungsrechte weckten in der Ärzteschaft Bedürfnisse nach weitergehenden Veränderungen, vor allem nach nationaler Repräsentation.[60]

### 3.1 Professionalisierung und standespolitische Organisation im Kaiserreich

Die Reichsgründung bot solchen Forderungen einen neuen Bezugsrahmen, den die Ärzteschaft 1873 mit der Gründung eines nationalen Interessenverbandes, des »*Deutschen Ärztevereinsbunds*«, effektiv zu nutzen gedachte.[61] Anders als die staatlich anerkannten Vertretungen in den deutschen Ländern war der *Ärztevereinsbund* privatrechtlich organisiert. Sein Hauptanliegen war die Schaffung einer staatlichen Berufsordnung, durch die der Arzt vom Gewerbetreibenden, zu dem ihn die Unterstellung unter die Gewerbeordnung 1869 gemacht hatte, zum freien Träger der Gesundheitsversorgung werden sollte.[62] Bismarck erteilte einer reichsweiten deutschen Ärzteordnung

---

57 Durch ihren Beruf dem Bildungsbürgertum zugehörig, hatten sich viele Ärzte eine Stärkung ihrer gesellschaftlichen Position durch die bürgerliche Aufbruchsbewegung der 1840er-Jahre erhofft. Zur starken Präsenz der Ärzte in den bürgerlichen Vereinen der Gesundheitsreformbewegung bis in die 1890er Jahre siehe Labisch/Tennstedt, 1985, S. 27f. Ähnlich wie viele andere Gruppen wählten auch die Ärzte den Verein als politisches Forum. Ihr Ziel war es, sich wissenschaftlich fortzubilden, um sich gegen konkurrierende Berufsgruppen absetzen zu können, und ein solidarisches Standesbewusstsein unter den Ärzten zu schaffen. Seit den 1840er-Jahren engagierten sich viele Mediziner in der Medizinalreformbewegung. Sie verlangten dabei sowohl gesundheits- als auch standespolitische Veränderungen. Vor allem durch eine Reform der Medizinerausbildung, durch strengere Approbationskriterien und Niederlassungsbeschränkungen sollte der Konkurrenzdruck gemildert und ein neues Verhältnis zum Staat begründet werden. Mit der bürgerlichen Revolution scheiterte jedoch auch die Medizinalreformbewegung, die einzelstaatliche Zersplitterung des Gesundheitswesens bestand fort. Vgl. dazu: Huerkamp, 1985, S. 241; 246; Jütte, 1997, S. 20ff.; 27; 30ff.
58 Jütte, 1997, S. 37.
59 Herold-Schmidt, Hedwig, Ärztliche Interessenvertretung im Kaiserreich 1871-1914, in: Jütte, 1997, S. 43-96, hier S. 53.
60 Jütte, 1997, S. 41.
61 Huerkamp, 1985, S. 248. Ausführlicher Herold-Schmidt, 1997, S. 43.
62 Herold-Schmidt, 1997, S. 55ff.

indes 1889 eine Absage und verwies auf einzelstaatliche Regelungen.[63] Damit brach das Bemühen der Ärzteschaft, sich eine klar definierte Stellung gegenüber dem Staat und folglich auch eine Sonderposition zu verschaffen, für das Kaiserreich ab und wurde erst in der Weimarer Republik wieder systematisch aufgegriffen. Gleichzeitig zeichnete sich jedoch seit den 1880er Jahren eine neue Konfliktlinie ab, die es der Ärzteschaft ermöglichte, sich auf anderen Wegen zu profilieren und zu konsolidieren:

Die so genannte Kassenarztfrage sollte für die nächsten Jahrzehnte zum dominierenden Thema der Ärzteschaft werden. Zwar hatte die gesetzliche Krankenversicherung der Arbeiter der Ärzteschaft ein neues – nun zahlungskräftiges – Klientel zugetragen, zunehmend fühlten sich die Ärzte jedoch abhängig von den Krankenkassen, die über Kassenzulassung, Art und Weise der Leistungsvergütung entschieden, Krankschreibungen überprüften und eigene Ärzte anstellten.[64] Verschärft wurden diese inhaltlichen Konflikte durch den sozialen Dünkel vieler Ärzte, die in den Verwaltungen der Krankenkassen häufig auf Beschäftigte aus dem Arbeitermilieu trafen.[65] Die Unabhängigkeit der Kassen, vor allem hinsichtlich der ärztlichen Honorare, spitzte den Gegensatz mehr und mehr zu und führte 1900 in Leipzig zur Gründung des »*Verbandes der Ärzte in Deutschland*« (später »*Leipziger Verband*« bzw. nach seinem Gründer *Hartmannbund* genannt)[66], der sich vor allem die Verbesserung der ökonomischen Situation auf seine Fahnen schrieb. Das Verhältnis der beiden ärztlichen Vertretungen zueinander war zunächst äußerst gespannt, wurde aber durch ihren Zusammenschluss 1903 harmonisiert.[67]

Die Auseinandersetzung mit den Krankenkassen[68] über die Anstellungsautonomie der Krankenkassen, das Honorarsystem, die Frage der freien oder eingeschränkten Arztwahl sowie die Problematik Kollektiv- oder Einzelverträge spitzte sich durch diese Koalition zwischen den beiden Ärzteverbänden zu.[69] Seit der Jahrhundertwende hatte es örtliche Auseinandersetzungen und Streiks gegeben[70], die mit dem »*Berliner Abkom-*

---

63 Ibid., S. 57.
64 Ibid., S. 84f.
65 Siehe dazu auch Tennstedt, 1976, S. 394, und Herold-Schmidt, 1997, S. 85.
66 Herold-Schmidt, 1997, S. 50, Tennstedt, 1976, S. 394.
67 Huerkamp, 1985, S. 280. 1903 gliederte sich der *Hartmannbund* als wirtschaftliche Abteilung dem Ärztevereinsbund an.
68 Zu den erfolgreichen Konfliktstrategien des *Leipziger Verbandes* siehe Huerkamp, 1985, S. 285-295.
69 Huerkamp, 1985, S. 284.
70 So z.B. den Kölner Ärztestreik von 1904, vgl. Herold-Schmidt, 1997, S. 94; Huerkamp, 1985, S. 285f. Der *Leipziger Verband* drohte, mit dem In-Kraft-Treten der Reichsversicherungsordnung am 1. Januar 1914 in den Generalstreik zu treten, und hatte bereits einen »Widerstandfond« von einer Million RM angespart; die Kassen ihrerseits stellten Notärzte an. Kurz vor einem offenen Schlagabtausch gelang durch die Vermittlung der Reichsregierung im Dezember 1913 der Abschluss des »*Berliner Abkommens*«. Herold-Schmidt, 1997, S. 95; Tennstedt, 1976, S. 395. Huerkamp, 1985, S. 302.

*men«* 1913 durch Vermittlung der Reichsregierung notdürftig gekittet wurden. Darin wurde die Zulassungsautonomie der Krankenkassen aufgehoben und auf paritätisch besetzte Ausschüsse übertragen, außerdem wurde der kassenärztliche Kollektivvertrag zugelassen, der für die Ärzteschaft vom *Hartmannbund* ausgehandelt wurde.[71] Vor allem der letzte Punkt stärkte die Position der Ärzteschaft, die im Machtkampf mit den Krankenkassen einen zentralen Erfolg verbuchen konnte. Dieser Durchbruch war jedoch nicht nur Ergebnis geschickter Professionspolitik, sondern auch auf staatliches Interesse zurückzuführen, ein Gegengewicht zu den sozialdemokratisch dominierten Krankenkassen aufzubauen.[72]

Waren in den 1840er-Jahren gesamtgesellschaftliche und gesundheitspolitische Anliegen im Forderungskatalog der Ärzteschaft an prominenter Stelle präsent gewesen, so waren diese liberalen Reformideen bis zum Vorabend des Ersten Weltkriegs einer lediglich an eigenen standes- und wirtschaftspolitischen Forderungen orientierten Politik gewichen.[73]

Damit hatte sich die Ärzteschaft bis zum Ende des Kaiserreiches in ihrem professionellen Status konsolidieren können.[74] Zentral für diesen erfolgreichen Professionalisierungsprozess waren die Krankenkassen gewesen, nicht nur, weil die Kassen einen erheblichen Medikalisierungsschub bewirkt und einen Markt für medizinische Dienstleistungen geschaffen hatten[75], sondern vor allem, weil sie ein im Sinne der inneren Einigkeit funktioneller Gegner waren. Somit war in Deutschland der Gegner, an dem die nach Autonomie und Prestige strebenden Ärzte sich rieben, die Krankenkassen, während in den USA der Staat zum Antipoden der Ärzteverbände aufgebaut wurde.[76]

Dass der Staat in Deutschland zumindest partiell zum Verbündeten im Konflikt mit den Krankenkassen wurde, bedingt einerseits, dass die deutsche Ärzteschaft niemals *»die Kontrolle über den Inhalt der Ausbildung und die Zulassung zum Beruf [...] errang, wie es [...] vor allem in den USA der Fall war«*.[77] Andererseits ergab sich daraus eine ideologische Staatsnähe der deutschen Ärzteschaft, eine Identifikation mit Reich und Monarchie[78], die im Ersten Weltkrieg zu einem aggressiven Nationalismus vieler Ärzte beitrug.[79]

---

71 Tennstedt, 1976, S. 395; Huerkamp, 1985, S. 302.
72 In diesem Sinne auch Herold-Schmidt, 1997, S. 95.
73 Huerkamp betont, dass auch bereits 1848 standespolitische Forderungen zentral und »genuin demokratische« Ziele nachgeordnet gewesen seien. Huerkamp, 1985, S. 244. Immerhin aber waren gesamtgesellschaftliche Reformen noch präsent gewesen.
74 Huerkamp, 1985, S. 309. Siehe als neuesten Überblick über die Geschichte der ärztlichen Selbstverwaltung und die Organisation der ärztlichen Spitzenverbände: Gerst, 1998.
75 Huerkamp, 1985, S. 308; Frevert, 1984, S. 337.
76 So auch Huerkamp, 1985, S. 18.
77 Ibid., S. 18.
78 Wolff, Eberhard, Mehr als nur materielle Interessen: Die organisierte Ärzteschaft im Ersten Weltkrieg und in der Weimarer Republik 1914-1933, in: Jütte (Hg.), 1997, S. 97-142, hier S. 100.
79 Vgl. z.B. die vielen Freiwilligenmeldungen 1914. Trotz aller vaterländischen Hingabe kam es

## 3.2 Weimarer Republik: Streik, Agitation und Opposition

Die Revolution nach dem Ersten Weltkrieg brachte eine interessante Neuakzentuierung ärztlicher Standespolitik: Die Veränderung der politischen Vorzeichen führte dazu, dass die Ärzteschaft ihre politische Haltung grundsätzlich revidierte und Standesinteressen nun auch vermehrt gegen den Staat vertrat. Die Distanz zur Weimarer Republik ging so weit, dass der Schriftleiter der *Ärztlichen Mitteilungen,* Hellpach, eine ärztefeindliche Koalition aus preußischer Bürokratie, Großindustrie und sozialdemokratischen Kassenvorständen witterte.[80] Demgegenüber versuchte die Ärzteschaft ihren politischen Interessen 1919 mit einem bewährten Kampfmittel Nachdruck zu verleihen: dem Streik. Ziel war es nun nicht mehr, standespolitische Forderungen durchzusetzen, sondern gegen Revolution und Sozialismus[81] zu protestieren. Der politische Protest der deutschen Ärzteschaft war insofern erfolgreich, als das bestehende Sozialversicherungssystem mit dem Abschluss eines Tarifvertrages zwischen dem *Leipziger Verband* und den Krankenkassen festgeschrieben wurde. Die damit gelungene Abwehr der Sozialisierung des Gesundheitswesens sei – so Hellpach auf dem Eisenacher Ärztetag – eine Bankrotterklärung für die Sozialdemokratie.[82] Bereits im Sprachduktus offenbarte sich die Distanz der Ärzteschaft zur Republik.

Obgleich die Revolutionswirren schnell abgeebbt waren, kam der Gesundheitssektor auch in den Folgejahren nicht zur Ruhe. Wirtschaftskrise und Inflation belasteten nicht nur das Budget der Krankenkassen sondern schmälerten auch die Honorarsätze der Ärzte. Notverordnungen, Generalstreik und die Einrichtung von Ambulatorien, das waren eigene von den Krankenkassen betriebene therapeutische Einrichtungen, in denen die Kassen die Ärzte direkt anstellten, prägten in den 1920er-Jahren das Verhältnis zwischen Ärzteverbänden und Krankenkassen.[83] Mit den Ambulatorien war ein neuer Konfliktpunkt geschaffen worden, sie galten der Ärzteschaft fortan als Sinnbild einer alternativen Gesundheitspolitik mit sozialistischer Stoßrichtung, die die Verbände aufs Bitterste bekämpften.[84] Viele der Ärzte, die in den Ambulatorien arbeiteten, engagierten sich in der Sexualaufklärung, in der kommunalen Gesund-

---

jedoch mit Andauern des Krieges zu Konflikten zwischen *Leipziger Verband* und Militärverwaltung, da der *Hartmannbund* das Murren seiner Mitglieder gegen militärische Hierarchien ebenso stützte, wie er kontinuierlich gegen »unfaire Eingruppierung«, zu »geringe Besoldung« und zu langsame Beförderung protestierte. Wolff, 1997, S. 103ff.
80  Siehe dazu ausführlicher Thomsen, Peter, *Ärzte auf dem Weg ins Dritte Reich. Studien zur Arbeitsmarktsituation, zum Selbstverständnis und zur Standespolitik der Ärzteschaft gegenüber der staatlichen Sozialversicherung während der Weimarer Republik*, Husum 1996, S. 65; vgl. auch Wolff, 1997, S. 197, 141.
81  Wolff, 1997, S. 111.
82  Thomsen, 1996, S. 66.
83  Siehe dazu Tennstedt, 1976, S. 397-399; Thomsen, 1996, S. 69; 77. Wolff, 1997, S. 113; 199; 144. Ausführlich zum Konflikt zwischen Ärzteverbänden und Krankenkassen siehe auch Schwoch, 2001, S. 42ff.
84  Wolff, 1997, S. 115.

heitsfürsorge und schienen damit das Feindbild einer alternativen Gesundheitspolitik zu verkörpern.

Personifizieren lässt sich der Konflikt um Ambulatorien und Gesundheitspolitik in der Auseinandersetzung zwischen Julius Moses und Karl Haedenkamp:

Julius Moses, Dr. med. und Gründungsmitglied des Sozialistischen Ärztevereins (1913) und des Berliner Kassenärztevereins (1924), war von 1920 bis 1932 Mitglied des Reichstages (USPD/SPD), seit 1922 Mitglied im Parteivorstand der SPD und von 1924 bis 1933 Herausgeber der Zeitschrift *Der Kassenarzt*. In diesem Forum sprach er sich eindringlich gegen den Ärztestreik von 1923 aus und trat für die Ambulatorien ein. Diese gesundheitspolitischen Vorstellungen vertrat er seit 1928 auch als Mitglied im Reichsgesundheitsrat. 1938 wurde Moses als »Jude« die Approbation aberkannt, 1942 wurde er ins KZ Theresienstadt deportiert, wo er umkam.[85]

Sein Gegenspieler Karl Haedenkamp war seit 1922 Generalsekretär des *Leipziger Verbandes* und von 1923 bis 1939 Herausgeber der *Ärztlichen Mitteilungen* bzw. des *Deutschen Ärzteblatts*.[86] Auch Haedenkamp war Reichstagsabgeordneter (DNVP, 1924-1928). Nach 1933 war er aktiv an der Gleichschaltung der deutschen Ärzteschaft beteiligt[87], ebenso wie an ihrer *»Arisierung«*.[88] Seit 1934 war der SA-Mann Haedenkamp Mitglied der NSDAP[89], unmittelbar nach der Machtergreifung hatte er öffentlich die Sterilisationsgesetze der Nationalsozialisten verteidigt.[90] Nach einem Konflikt mit dem Reichsgesundheitsführer Leonardo Conti legte Haedenkamp seine Ämter in der Reichsärztekammer nieder.[91] Nach dem Krieg konnte er relativ bruchlos an seine Laufbahn anknüpfen, wurde 1946 Geschäftsführer des Nordwestdeutschen Ärztekammerausschusses, im selben Jahr Geschäftsführer der Arbeitsgemeinschaft der Westdeutschen Ärztekammern und 1949 Geschäftsführender Vorsitzender des Präsidiums des Deutschen Ärztetages.[92] In dieser Funktion war Karl Haedenkamp Gesprächs- und Verhandlungspartner der amerikanischen Militärregierung.[93]

In den Auseinandersetzungen mit den Krankenkassen hatte der *Hartmannbund* unter Führung von Karl Haedenkamp 1931 seine Taktik geändert und einem pauschalen Fixhonorar zugestimmt. Durch die damit verknüpfte Einführung von Kollektivverhandlungen hatten die Ärzte eine Monopolstellung bei den Verhandlungen mit den Kassen und Unabhängigkeit hinsichtlich ihrer internen Honorarverteilung errungen.

---

85 Ibid., S. 117.
86 Rüther, 1997, S. 147.
87 Ibid., S. 147; ausführlich zur Gleichschaltung der Ärzteverbände Schwoch 2001, S. 20ff.
88 Rüther, 1997, S. 152; Süß, 2003, S. 466f.
89 Zur Biographie siehe Wolff, 1997, S. 113.
90 Ibid., S. 139.
91 Gerst, Thomas, Neuaufbau und Konsolidierung: Ärztliche Selbstverwaltung und Interessenvertretung in den drei Westzonen und der Bundesrepublik Deutschland 1945-1995, in: Jütte, (Ed.), 1997, S. 195-242; hier S. 200.
92 Ausführlichere biographische Angaben siehe Labisch/Tennstedt, 1985, S. 425.
93 Siehe dazu ausführlich S. 241 dieser Darstellung.

Diese Regelung, die die ärztlichen Honorare an die Einnahmen der Kassen knüpfte[94], wurde in einer Notverordnung am 8. Dezember 1931 festgeschrieben. Zuständig für die Verhandlungen mit den Krankenkassen und für die interne Verteilung waren die *Kassenärztlichen Vereinigungen*[95], die ab 1932 flächendeckend gegründet wurden. Jeder Kassenarzt war zwangsweise Mitglied in einer der *Kassenärztlichen Vereinigungen*. Da den *Kassenärztlichen Vereinigungen* staatliche Funktionen übertragen waren, waren sie mit dem Status öffentlich-rechtlicher Körperschaften ausgestattet.[96] Damit hatte die deutsche Ärzteschaft am Ende der Weimarer Republik eine organisatorische und professionelle Stellung erreicht, die mit ihrer öffentlich-rechtlichen Aufgabenzuweisung eine internationale Besonderheit[97] darstellte. Diese Stellung verteidigte sie nach 1945 auch gegen alliierte Bemühungen, ihre Macht- und Monopolposition zu beschneiden. Der die Weimarer Republik prägende große Konflikt zwischen Krankenkassen und Ärzteverbänden stellte dabei das vorläufige Endergebnis eines Entwicklungsprozesses dar, der die Ärzte mit rasanter Geschwindigkeit von einer um ökonomische und soziale Sicherheit ringenden Berufsgruppe zu einer mit hohem Sozialprestige und überdurchschnittlichem Einkommen ausgestatteten Elite gemacht hatte.[98]

Das ärztliche Selbstverständnis war während der Weimarer Republik jedoch von anderen Einschätzungen gekennzeichnet: die desolate ökonomische Situation, geprägt von Kriegsfolgelasten und Inflation, hatte durch die Ausdehnung der Kapazitäten medizinischer Fakultäten zu einer Ärzteschwemme geführt.[99] Diese vermeintliche ökonomische Unsicherheit und eine diffus wahrgenommene »ideologische Bedrohung« durch das neue demokratische System hatten ein ärztliches »*Opfersyndrom*« produziert[100], das die Mediziner für nationalsozialistische Versprechungen anfällig werden ließ.

## 3.3 Ärzte im Nationalsozialismus: Mitläufer und Überzeugungstäter im Windschatten standespolitischer Gewinne

Die Nähe zwischen standespolitischen Forderungen des *Leipziger Verbandes* und den Vorstellungen des 1929 gegründeten Nationalsozialistischen Deutschen Ärztebundes[101] hatte die NSDAP bereits in der Endphase der Weimarer Republik als arztfreund-

---

94 Tennstedt, 1976, S. 402.
95 Rosewitz/Webber, 1990, S. 19.
96 Wolff, 1997, S. 132.
97 Ibid.
98 Huerkamp, 1985, S. 303.
99 Siehe ausführlich zur Krise auf dem ärztlichen Arbeitsmarkt: ibid., S. 17ff.
100 In dieser Formulierung Thomsen, 1996, S. 14f.; S. 98.
101 Ausführlicher zum NSDÄB siehe Lilienthal, G., Der Nationalsozialistische Deutsche Ärztebund (1929-1943/1945): Wege zur Gleichschaltung und Führung der deutschen Ärzteschaft,

liche Partei erscheinen lassen. Karl Haedenkamp hatte bereits 1932 eine »*weitgehende Übereinstimmung zwischen der Gesamtärzteschaft und den nationalsozialistischen Ärzten*«[102] ausgemacht, deren Kitt vor allem in der gemeinsamen Gegnerschaft zu jeglichen Sozialisierungsbestrebungen und dem geteilten Schreckensbild von der »Verbeamtung des Arztes« bestehe.[103]

Somit war es nicht verwunderlich, dass die Gleichschaltung der Ärzteverbände im März 1933 nicht auf Widerstände stieß.[104] Offensichtlich bedeutete die Besetzung der Leitungsgremien in *Hartmannbund* und *Ärztevereinsbund* mit Vertretern des Nationalsozialistischen Deutschen Ärztebundes für die ärztlichen Standesvertreter nicht per se eine Schwächung der Positionen der organisierten Ärzteschaft[105] – eine Erwartung, die nicht enttäuscht wurde, blickt man auf die große Personalkontinuität in den Leitungsgremien, die unter dem neuen Kommissar Dr. Wagner, dem Vorsitzenden des Nationalsozialistischen Deutschen Ärztebundes, ihre Geschäfte weiterführten.[106]

Die Nähe ärztlicher Funktionäre wie z.B. Karl Haedenkamp zu den neuen Machthabern deutet bereits die Interessenkoalition an: Man hoffte nicht nur, standespolitische Ziele, wie z.B. eine einheitliche *Reichsärzteordnung*, mit Hilfe der Nationalsozialisten schneller verwirklichen zu können, auch das Weltbild der neuen Machthaber, in welchem der Ärzteschaft eine ideologisch herausgehobene Position als »*Gesundheitsführer*« und »*Kulturträger*«[107] zugewiesen wurde, schmeichelte dem Ego der Profession.[108]

Als zentrale Agenten nationalsozialistischer Rassenpolitik sollte die deutsche Ärzteschaft zukünftig ihre Position als »*Volksführer*«, »*Priester*« und »*Priesterarzt*« einnehmen, wie Reichsärzteführer Wagner es formulierte.[109] Dies war mehr als bloße Rhetorik: Ärzte waren nach 1934 mit Erfassung und Selektion betraut, sie fungierten

---

in: Kudlien, Fridolf (Hg.), *Ärzte im Nationalsozialismus*, Köln 1985, S. 105-121, sowie Rüther, 1997, S. 164f.

102 Haedenkamp, K., Die Zukunft der Krankenversicherung, in: *Ärztliche Mitteilungen*, Jg. 33 (1932), S. 478f., zitiert nach Thomsen, 1996, S. 149.

103 Zur Nähe von *Hartmannbund* und NSDÄB vgl. Kudlien, 1985, S. 24.

104 Rüther, 1997, S. 143.

105 Siehe detaillierter zur Gleichschaltung auch auf Länderebene und zur Zwangsvereinigung der ärztlichen Standesorgane mit nationalsozialistischen Organen Thomsen, 1996, S. 166-173.

106 Vgl. Rüther, 1997, S. 144.

107 Weindling, 1994, S. 129.

108 Zur erfolgreichen Politisierung der Ärzteschaft von rechts: Gaspar, M., Ärzte als Kritiker der NS-Bewegung, in: Kudlien, Fridolf (Hg.), *Ärzte im Nationalsozialismus*, Köln 1985, S. 35-54, hier S. 46f. Detailliert zur Kooperation der Ärzteverbände und insbesondere zur Rolle Haedenkamps Schwoch, 2001.

109 Zit. nach Rüther, 1997, S. 168. Auch Leonardo Conti hatte sich in diesem Sinne geäußert und mit Blick auf die neue Rolle des Arztes erläutert, dass »*Gesundheitsführung eine politische Aufgabe, ein Teilgebiet der gesamten Volks- und Staatsführung*«, sei. Rüther, 1997, S. 169.

als Richter und Vollstrecker[110] nationalsozialistischer Gesundheitspolitik und waren wichtige Akteure nationalsozialistischer Rassenpolitik und Eugenik.[111]

Eine Festigung ihrer institutionellen Position hatte die Ärzteschaft bereits im August 1933 erreicht, als die Verhandlungen mit den Krankenkassen nun ausschließlich auf die *Kassenärztlichen Vereinigungen* übertragen wurden[112] und der Ärzteschaft damit ein Monopol hinsichtlich der kassenärztlichen Versorgung gesichert worden war. Da der Vorstand der Kassenärztlichen Vereinigung sich aus dem Vorstand der örtlichen Organisationen der Ärzteschaft rekrutieren musste[113], bestand eine unmittelbare Verflechtung zwischen *Kassenärztlichen Vereinigungen* und privatrechtlichen Standesorganisationen, die es der Ärzteschaft ermöglichten, ihre ökonomischen Interessen umso effektiver zu verfolgen.[114] Die für Dauerfehden sorgende Konkurrenz zu den Krankenkassen war damit endgültig im Sinne der organisierten Ärzteschaft entschieden worden. Gleichzeitig bedeuteten die enge Verbindung zwischen *Hartmannbund* und *Kassenärztlichen Vereinigungen* sowie die hierarchische Gestaltung dieser Beziehung für die Nationalsozialisten eine effektive Zugriffsmöglichkeit auch auf den privatärztlich tätigen Kassenarzt via Gleichschaltung der Standesorganisationen.[115]

Die Mediziner verbündeten sich erfolgreich mit dem nationalsozialistischen Staat, um in der industrialisierten Gesellschaft des 20. Jahrhunderts ihre Rolle als Elite und einflussreiche *pressure group* zu konsolidieren. Dass der Gegensatz zu den Krankenkassen unter Verweis auf Selbstständigkeit und Berufsfreiheit dabei häufig nur ein agitatorischer war, zeigte sich bereits 1935, als die Aufhebung der freien Arztwahl durch die *Reichsärzteordnung* ebenso bereitwillig hingenommen wurde wie die Einschränkung der ärztlichen Schweigepflicht.[116]

Seit Anfang des Jahrhunderts war das Verlangen nach einer einheitlichen Ärzteordnung eine zentrale standespolitische Forderung gewesen. Entsprechend freudig wurde ihre Verabschiedung 1935 begrüßt, obwohl sie das Ende von *Hartmannbund* und *Ärztevereinsbund* bedeutete. Anstelle dieser Organisationen wurde allerdings als gemeinsame Vertretung die »*Reichsärztekammer*« gegründet, die genauso wie die *Kassenärztlichen Vereinigungen* Körperschaft des öffentlichen Rechts war. Die Reaktion auf die 1935 verabschiedete »*Reichsärzteordnung*« belegt, dass es vor allem macht- und standespolitische Motive waren, die das Zweckbündnis Ärzteschaft/Nationalsozialismus trugen. Die Energie, die die Ärzteschaft nach 1945 aufwenden sollte, um gegen al-

---

110 Rüther, 1997, S. 195f., 256.
111 Bock, 1986; Sachße/Tennstedt, 1992; Frei, 1991; Schmuhl, 1987; Vossen, 2001.
112 Tennstedt, 1976, S. 407.
113 Vgl. Reichsgesetzblatt 1932, Teil I, § 43, zit. nach Thomsen, 1996, S. 171.
114 Tennstedt, 1976, S. 402.
115 Thomsen, 1996, S. 171; Deppe, 1987, S. 28ff.
116 Zur Schweigepflicht: Rüther, 1997, S. 192. Martin Rüther spricht zu Recht von einer »*Umkehrung tradierter beruflicher Grundsätze*«, die als Gegenleistung für die *Reichsärzteordnung* klaglos erbracht wurde. Rüther, 1997, S. 173.

liierten Widerstand diese Organe und vor allem ihren Status als öffentlich-rechtliche Körperschaften wiederzuerlangen, zeigt, dass das Ergebnis nationalsozialistischer Gleichschaltungspolitik in institutioneller Hinsicht nicht als Beschränkung, sondern als Stärkung der ärztlichen Machtstellung gewertet wurde.[117] Die gleichzeitige Eingliederung der Kassenärzteschaft in ein hierarchisches Kontrollwesen nach den Prinzipien des totalitären Staates widersprach jeglicher liberaler Wertorientierung. Dass dies von den Repräsentanten der deutschen Ärzteschaft nicht als problematisch empfunden wurde, stellt ihre zur Schau getragenen bürgerlichen Prinzipien in ein zweifelhaftes Licht und offenbart, dass anti-liberale ideologische Gemeinsamkeiten[118] mit dem Nationalsozialismus sowie die offerierte Ausdehnung standespolitischer Autonomie, sozialer Geltung und ökonomischer Opportunitäten eine tragfähige Koalition zwischen Ärztestand und Nationalsozialisten zu schmieden vermochten.[119]

Um sich mit den neuen Machthabern zu arrangieren, wurden »Opfer« aus den eigenen Reihen gebracht: Die ärztliche Funktionärsebene begrüßte oder legitimierte vielfach die Ausschaltung unliebsamer jüdischer Konkurrenz.[120] Ärztliche Standespolitiker protestierten nicht nur nicht gegen die Verdrängung und den Ausschluss von Kollegen, die *Kassenärztlichen Vereinigungen* kooperierten sogar ungeniert mit den Nationalsozialisten.[121] Diese Zusammenarbeit nahm ein solches Ausmaß an, dass es sogar zu Konflikten zwischen den KÄV und dem Reichsarbeitsministerium kam, da das Ministerium zumindest versuchte, die neuen Bestimmungen zugunsten der betroffenen Ärzte auszulegen.[122] Besonders Karl Haedenkamp profilierte sich durch fehlende Solidarität mit jüdischen bzw. politisch anders denkenden Kollegen[123], deren Ausschaltung er als »*unumgängliche Säuberung*« des Ärztestandes verbrämte. Für alle nicht-jüdischen bzw. politisch korrekt eingestellten Ärzte habe sich – so der Ärztefunktionär Paul Sperling im Rückblick – der medizinische Alltag »*überraschend schnell*« eingespielt[124], eine Einschätzung, die von der hohen personellen Kontinuität auf Funktionärsebene gestützt wurde.

---

117 Somit ist an dieser Stelle Thomsen zuzustimmen, der ausführt, dass die Gleichschaltung durch die Ärzteschaft als Befreiungsschlag empfunden wurde. Thomsen, 1996, S. 11.
118 Zur Bedeutung weltanschaulicher Nähe ausführlicher Gaspar, 1985, S. 31.
119 In diesem kursorischen Überblick kann auf die »Minderheitenpositionen« innerhalb der deutschen Ärzteschaft, wie sie z.B. vom Verein sozialistischer Ärzte vertreten wurde, nicht eingegangen werden. Dazu ausführlicher Thomsen, 1996. Ebenfalls nicht ausgeführt werden kann die ambivalente Haltung vieler Mediziner gegenüber dem aggressiven Antisemitismus der Nationalsozialisten. Vgl. Kudlien, 1985, S. 27.
120 Zur Haltung der Spitzenverbände gegenüber dem Ausschluss jüdischer und politisch unerwünschter Kollegen siehe Kümmel, 1985, S. 64.
121 Ausführlicher Deppe, 1987, S. 30f.
122 Siehe dazu detaillierter Rüther, 1997, S. 149.
123 Zur »Abrechnung« von Haedenkamp mit Julius Moses vgl. Rüther, 1997, S. 150; Jäckle, Renate, *Die Ärzte und die Politik 1930 bis heute*, München 1988, S. 62f.
124 Zit. nach Rüther, 1997, S. 152.

Zusammenfassend lässt sich sagen, dass ärztliche Standespolitik nach 1933 primär von Opportunitätsüberlegungen, Standesegoismen, medizinischer Skrupellosigkeit und ideologischer Nähe geprägt war. Daran ändert auch die Tatsache nichts, dass nach erfolgter Durchsetzung der wesentlichen standespolitischen Anliegen der Nationalsozialismus für deutsche Mediziner deutlich an Attraktivität verloren zu haben scheint, worauf die spärlicheren Parteibeitritte nach 1936 hindeuten.[125] Auch die Klagen über die angebliche politische Abstinenz des Ärztestandes beispielsweise in den Berichten des Sicherheitsdienstes der SS verweisen weniger auf Differenzen mit dem Nationalsozialismus als auf ein Arrangement mit dem System, das durch Opportunismus, materialistische Gründe und Bequemlichkeit motiviert war.

## 4. American Medical Association: Entstehung und Profilierung eines machtvollen Verbandes

Die Entwicklung der 1847 gegründeten *American Medical Association (AMA)*[126] war im 19. Jahrhundert von ähnlichen Faktoren geprägt wie die Entwicklung der europäischen Schwesterverbände. Auch in den USA war das Prestige der ärztlichen Berufsgruppe im 19. Jahrhundert denkbar gering. Ärzte konkurrierten auf einem unregulierten Markt mit Laienheilkundigen, Wundheilern, Hebammen u.a. Medizinische Ausbildung und Forschung befanden sich in einem desolaten ungeregelten Zustand. Angehende Mediziner gingen daher vor dem Civil War zum Studium nach England und Frankreich, nach dem Bürgerkrieg lagen die bevorzugten Ausbildungsstätten der künftigen amerikanischen Ärzte in Deutschland und Österreich.[127]

Ende des 19. Jahrhunderts begann die USA, inspiriert durch die aus Europa zurückgekehrten Studenten, ihr medizinisches Ausbildungssystem zu reformieren und systematisch die medizinische Forschung auszubauen. Große Forschungsinstitutionen wurden dabei vor allem privat, z.B. durch die *Rockefeller Foundation* oder die *Carnegie* Stiftung, finanziert. Indirekt blieben europäische Bezüge aber auch in den neuen amerikanischen Institutionen präsent, so z.B. in der *Johns Hopkins School of Medicine*,

---

125 Ibid., S. 176ff.
126 Neben der großen *AMA* gab es zahlreiche regionale und lokale Ärzteverbände, deren Entwicklung im Wesentlichen den hier für die *AMA* präsentierten Linien folgte bzw. die sich schrittweise überregional organisierten und der immer machtvoller werdenden *AMA* anschlossen. Siehe für einzelne Ärzteverbände z.B. Burrow, James G., *Organized Medicine in the Progressive Era: The Move toward Monopoly*, Baltimore 1977; Duffy, 1993, S. 188ff.; S. 214-228.
127 Ausführlicher zur Entwicklung der Ärzteschaft in den USA: Kevles, Daniel J., *The Physicists: The History of a Scientific Community in Modern America*, New York 1978. Nach dem Ersten Weltkrieg sank die Zahl amerikanischer Medizinstudenten in Deutschland. Aber selbst während der Besatzungsjahre taten noch viele medical officer in Deutschland Dienst, die einige Jahrzehnte zuvor an deutschen Universitäten studiert hatten. Vgl. z.B. Henze, 1973, S. 972.

die deutsche und französische Sprachkenntnisse als Immatrikulationsvoraussetzung definierte und 1893 den ersten *bachelor degree in medicine* vergab.[128]

Die Entwicklung des medizinischen Ausbildungssystems war für die AMA von zentraler Bedeutung, da die Evaluierung und Bewertung der zahlreichen Ausbildungsstätten zu einer wichtigen Professionalisierungstrategie der amerikanischen Ärzteschaft wurde. Das 1905 gegründete *Council on Medical Education* prüfte Leistungen und Ausstattung der medizinischen Colleges und publizierte in seinen jährlichen Berichten ein ernüchterndes Bild.

1906 beauftragte der *Council* Abraham Flexner, einen umfassenden Bericht über die medizinische Ausbildung zu erstellen, der 1910 publiziert wurde.[129] Parallel mit der Dokumentation der Missstände in der Ausbildung überzeugte Flexner die *Rockefeller Foundation,* die Institutionen, deren Ausbildung für gut befunden worden war, mit großzügigen Zuschüssen zu unterstützen. Durch diese Doppelstrategie verloren bis zum Ende des Zweiten Weltkrieges 50 % aller Colleges die Zulassung zur Medizinerausbildung, was bedeutete, dass mit steigender Qualität der Ausbildung auch der Zugang zum Arztberuf restriktiver und damit exklusiver wurde.[130] Im Zusammenhang mit der Verbesserung der medizinischen Ausbildung entwickelte sich ein Zulassungssystem, mit dem sichergestellt werden sollte, dass nur ausreichend ausgebildete Mediziner den Arztberuf ausüben konnten.[131] Aufgrund dieser Faktoren gewann der Ärztestand professionelle und soziale Exklusivität.[132]

---

128 Duffy, 1979, S. 263. Zum Konzept und Ausnahmecharakter der *Johns Hopkins Medical School* vgl.: Taylor, 1974, S. 1-13.

129 A. Flexner war Absolvent der *Johns Hopkins Medical School,* der sog. Flexner-Report wurde von der *Carnegie Foundation* finanziert. Flexner, Abraham, *Medical Education in the United States and Canada: A Report to the Carnegie Foundation for the Advancement of Teaching,* New York 1910. Vgl. auch: Duffy, 1979, S. 264f.; Duffy, 1993, S. 275ff. Detaillierter zu Flexner: Hudson, Robert L., Abraham Flexner in Perspektive: American Medical Education, 1865-1910, in: *Bulletin of the History of Medicine* 46 (1972), S. 545-555; Fox, Daniel M., Abraham Flexner's Unpublished Report: Foundations and Medical Education, 1909–1928, in: *Bulletin of the History of Medicine* 54 (1980), S. 475-496.

130 Vgl. ausführlich zu dem hier präsentierten summarischen Abriss: Duffy, 1979, S. 188-293; Ludmerer, Kenneth M., *Learning to Heal: the Development of American Medical Education,* New York 1985. Aus Flexners Beschäftigung mit der Qualitätssicherung der medizinischen Ausbildung amerikanischer Ärzte gingen mehrere Studien hervor, die alle die vergleichende Perspektive zu Europa beinhalteten: Flexner, Abraham, *Die Ausbildung des Mediziners. Eine vergleichende Untersuchung,* Berlin 1927; Ders., *Die Universitäten in Amerika, England, Deutschland,* Berlin 1932. Zur Qualität der medizinischen Ausbildung im 19. Jahrhundert sowie zur schrittweisen Behebung der Missstände vgl. Duffy, 1993, S. 130ff., 203ff.

131 Shryock, Richard H., *Medical Licensing in America,* 1650-1965, Baltimore 1967. Zum Versuch, die sehr unterschiedlichen bundesstaatlichen Lizenzierungsgesetze zu vereinheitlichen: Duffy, 1993, S. 315ff.

132 Markowitz, Gerald E./Rosner, David K., Doctors in Crisis: A Study of the Use of Medical Education Reform to Establish Modern Professional Elitism in Medicine, in: *American Quarterly* 25 (1973), S. 83-107.

Ergänzend zur Qualifizierung der Ausbildung gründete die *AMA* 1901 das *Journal of the American Medical Association* (J.A.M.A.) und verschaffte sich damit eine einheitliche und machtvolle Stimme. Diese erhob der inzwischen mitgliederstarke und somit machtvolle amerikanische Ärzteverband nach dem Ersten Weltkrieg gegen die Einführung einer gesetzlichen Krankenversicherung. Diese Opposition gab die *AMA* weder in den Jahren des *New Deal* noch nach dem Zweiten Weltkrieg auf.[133]

Trotz zahlreicher Ähnlichkeiten waren damit die Position von Ärzteschaft sowie der Entwicklungsstand und das Meinungsbild zur gesetzlichen Krankenversicherung in den USA und in Deutschland so verschieden, dass darin genug Potenzial für Diskussion und Konflikt, aber auch ein großes Reservoire für Anregung und Veränderung lag.

Vor diesem Hintergrund ist daher zu untersuchen, welche Rolle die amerikanische Besatzungsmacht der deutschen Ärzteschaft nach 1945 zuwies und welche Vorstellungen sie bzgl. der gesetzlichen Krankenversicherung entwickelt hatte.

Zu klären ist, welche Kräfte und Motive nach 1945 die Interaktion zwischen Ärzteschaft, Sozialversicherungsvertretern und amerikanischer Besatzungsmacht bestimmten.

Die USA waren angetreten, die deutsche Gesellschaft zu entnazifizieren und zu demokratisieren, eine Forderung, der sie auch speziell im Gesundheitssektor Geltung verschaffen wollten. Auf welcher Grundlage aber beruhte ihr Verhältnis zu deutschen Medizinern, die noch vor kurzem ein wichtiger nationalsozialistischer Bundesgenosse gewesen waren? Umgekehrt ist zu untersuchen, welche Intentionen und Prinzipien deutsche Mediziner für diese neue Spielart der Demokratie einnahmen, obwohl sie noch wenige Jahre zuvor erbitterte Gegner des demokratischen Systems von Weimar gewesen waren. Ebenfalls zu klären ist, wie deutsche Gesundheitspolitiker amerikanischen Offizieren das doch so fremde deutsche Krankenversicherungssystem nahe brachten und wie es in die neu zu konzipierende Gesellschaft eingepasst werden sollte.

---

133 Siehe ausführlich zu inhaltlichen Positionen und publizistischer Tätigkeit der *AMA*, Burrow, 1963, insbesondere: S. 40ff.; S. 149f., S. 164ff., S. 205ff. Zur Opposition der *AMA* gegen kollektive Krankenversicherungssysteme seit dem Ersten Weltkrieg auch Taylor, 1974, S. 99-101, S. 145ff. Diese ablehnende Position erläuterten Vertreter der *AMA* 1948 auch ihren deutschen Kollegen. Siehe Archiv der Bundesärztekammer, Nachlass Dr. Carl Oelemann, Nr. 31, Besprechungen mit der Militärregierung, Protokoll Nr. 25 über die Sitzung des Niederlassungsausschusses am 18. September 1948. Bericht des Vorsitzenden über das Treffen mit Abgesandten der amerikanischen Ärztegesellschaft.

## Reformprojekt: Ärzteverbände und Krankenkassen

Allen Reformdiskussionen vorgängig waren auch bei den Krankenkassen und Ärzteverbänden Wiederaufbau und Entnazifizierung.[134]

### 1. Wiederaufbau von Krankenversicherung, Ärztekammern und Kassenärztlichen Vereinigungen 1945

Die bestehenden Gesetze der Sozialversicherung blieben in der amerikanischen Zone in Kraft, lediglich diskriminierende nationalsozialistische Bestimmungen wurden gestrichen.[135]

Um die unmittelbare medizinische Versorgung sicherzustellen, wurden die Krankenkassen so schnell wie möglich wieder aufgebaut. Die Stuttgarter AOK nahm beispielsweise bereits am 7. Mai 1945 unter ihrem früheren, 1933 aus dem Amt vertriebenen Geschäftsführer Siegrist ihre Arbeit wieder auf[136], und bis zum August 1945 arbeiteten die Krankenkassen in der gesamten US-Zone wieder.[137] Das größte Problem der Krankenkassen war ihre Liquidität, die oftmals nur durch städtische Überbrückungszuschüsse gesichert werden konnte.[138]

Der Wiederaufbau der ärztlichen Standesorganisationen erfolgte schrittweise, nachdem die belasteten Funktionäre entlassen[139] und der *Alliierte Kontrollrat* alle NSDAP-Einrichtungen, die mit gesundheitlichen Aufgaben betreut waren, aufgelöst hatte, worunter auch die Reichsärztekammer und die *Kassenärztlichen Vereinigungen* fielen.[140]

---

134 RG 260, Box 282, OMGUS, Memorandum of the Joint Chiefs of Staff, JCS 1067; Punkt 23 erlaubte ausdrücklich die Gründung von nach demokratischen Grundsätzen selbstverwalteten Organisatonen. Auch Baker, 1977, S. 29. Zur Wiedererrichtung der Ärztekammern nach 1945 siehe Gerst, 1998, S. 46ff. Zur Entnazifizierung Gerst, 1998, S. 57ff. Ausführlich zur Entnazifizierung – auch in Hinsicht auf die niedergelassenen Ärzte – siehe S. 131ff. dieser Darstellung.
135 Ibid., S. 27.
136 Wurster, Willy, *Von Bismarcks Unterstützungskasse zur modernen Gesundheitsversicherung. 100 Jahre AOK Stuttgart,* Stuttgart 1984, S. 127.
137 Vgl. dazu die Aussagen in Baker, 1977, S. 28. Siehe zur Dokumentation der Betriebskrankenkassen: Hähner-Rombach, Sylvelyn, *Die Betriebskrankenkassen in Baden Württemberg nach 1945. Eine Chronik* (Hg. vom Landesverband der Betriebskrankenkassen Baden-Württemberg), Kornwestheim 1999.
138 Wurster, 1984, S. 129; Baker, 1977, S. 28.
139 In Stuttgart wurden die »*Nationalsozialisten Eugen Stähle und Otto Speidel*« abgesetzt und Karl Ehrlich als Vorsitzender und Franz Koebner als geschäftsführender Arzt der Kassenärztlichen Vereinigung Württembergs gewählt. Hauptstaatsarchiv Stuttgart, EA 2/009, Bü X 4490, Schreiben der Kassenärztlichen Vereinigung Deutschlands an das Württ. Staatsministerium des Innern, 31.10.1945.
140 Der Wiederaufbau der Ärztekammern und *Kassenärztlichen Vereinigungen* ist bisher in der Forschung nur partiell rekonstruiert worden. Am ausführlichsten noch Gerst, 1998. Zur Auflösung der Institutionen: Deppe, 1987, S. 37; Alber, 1992, S. 71; Wasem u.a., 2001, S. 487f.

In Anlehnung an die seit dem 19. Jahrhundert bekannten *Landesärztekammern* arbeiteten die Ärztekammern 1945 zunächst auf der Basis freiwilliger Mitgliedschaft auf Länderebene weiter.[141]

Die Ärztekammern, die ihre institutionelle Neuorganisation durch die Wiederaufnahme der Abrechnungsfunktionen mit den örtlichen Krankenkassen eingeleitet hatten, wurde im Herbst 1945 in dieser Funktion von den Landesmilitärregierungen kommissarisch bestätigt.[142] Die Erteilung der vorläufigen Arbeitsgenehmigungen für belastete Mediziner, die anfänglich noch vom Innenministerium der deutschen Länderregierungen oder von der Militärregierung selbst vorgenommen worden war, wurde sukzessive den Ärztekammern übertragen[143], die damit eine wichtige Position im Entnazifizierungsverfahren innehatten. 1946 wurde in Bayern die erste Landesärztekammer als Körperschaft des öffentlichen Rechts wiedergegründet. Seit 1947 arbeiteten die *Landesärztekammern* in der überregionalen »*Arbeitsgemeinschaft der westdeutschen Ärztekammern*«, aus der sich später die *Bundesärztekammer* entwickelte, zusammen. Im November 1946 wurde durch eine Verordnung des württembergischen Staatsministeriums die rechtliche Grundlage der Bezirksärztekammer Nord-Württemberg wiederhergestellt und eine Wahlordnung erlassen, im Oktober 1947 wurden die ersten Bezirksärztekammerwahlen durchgeführt.[144]

Gleichzeitig mit den Ärztekammern wurden auch die *Kassenärztlichen Vereinigungen* als Abrechnungsstellen wiederbegründet.[145] 1948 wurden diese von den Ärztekammern getrennt und 1953 die *Kassenärztliche Bundesvereinigung* ins Leben gerufen.[146] Ab 1948 wurden auch die Standesvertretungen wieder- bzw. neugegründet: 1948 der *Marburger Bund* als Vertretung der angestellten Ärzte, 1949 der *Hartmannbund* als Vertretung der niedergelassenen Ärzteschaft.

Der unmittelbare Wiederaufbau sowohl der Krankenkassen als auch der ärztlichen Standesorganisationen war nicht durch Veränderungen geprägt. Die Besatzungsmacht konzentrierte sich bis 1947 auf das öffentliche Gesundheitswesen und die staatliche Gesundheitsadministration und richtete ihr Augenmerk hinsichtlich der Ärzte vor allem auf Entnazifizierungsfragen.[147]

---

141 Tennstedt, 1976, S. 415.
142 Speidel, Otto, *Württembergs ärztliche Organisationen im Wandel der Zeit*, Stuttgart 1949, S. 79.
143 Ibid., S. 80.
144 Ibid., S. 81.
145 Ibid., S. 80.
146 Deppe, 1987, S. 37. Zum Wiederaufbau der *Landesärztekammern* siehe auch Jäckle, 1988.
147 Siehe zum Entnazifizierungsverfahren für Ärzte S. 134ff. dieser Darstellung.

## 2. Konzepte der Neuordnung: »Free trade and competition« als amerikanische Reformvorgabe an die deutschen Ärzteverbände 1947–1949

Erst ab 1947 wurden die Ärzteverbände allmählich Gegenstand intensiverer Aufmerksamkeit[148], in der Phase also, als sich der Fokus amerikanischer Politik mit dem *Cultural exchange-* und *Visiting experts*-Programm auf die Modifizierung und Demokratisierung bestehender Strukturen richtete. Insbesondere die Zwangsmitgliedschaft in den Ärzteverbänden, die Entscheidungskompetenzen der Ärztekammern über Niederlassungsgenehmigungen und der Status der öffentlich-rechtlichen Körperschaft widersprachen amerikanischen Vorstellungen von Freiheit, Liberalität und Demokratie.[149]

Die Reformen, die die amerikanische Militärregierung innerhalb des Systems durchsetzen wollte, konzentrierten sich auf die *Kassenärztlichen Vereinigungen* und die Ärzteverbände, nicht aber auf die gesetzliche Krankenversicherung. Die Erörterung amerikanischer Reformvorstellungen für die *Kassenärztlichen Vereinigungen* unter der Überschrift »*Governmental Health Insurance*« war typisch für die amerikanische Perspektive. Viele Dokumente beschäftigten sich unter dem Stichwort der gesetzlichen Krankenversicherung mit den Ärzteverbänden.[150]

Offensichtlich war es für die Besatzungsmacht schwierig, eine klare analytische und systematische Trennung zwischen Kassen und Ärzteverbänden zu ziehen. Die verbreitete Vorstellung, dass Deutschland ein System der »*socialized medicine*« habe[151], unterstützte diese Vermischung, obgleich es auf jeder Ebene der Militärregierung amerikanische Besatzungsoffiziere gab, die sich durch beeindruckende Sachkenntnis der komplexen Materie auszeichneten.[152]

---

148 RG 260, 390/49-50/35-1/6-1, Box 231, OMG-WB: Records of the PH-Advisor, Report of Public Health Branch, OMG-WB, July – December 1946, S. 11.
149 Siehe für einen summarischen Forschungsüberblick zu Begriff, Tradition und Kontext der Rechtskonstruktion der »Körperschaft des öffentlichen Rechts«: Endrös, Alfred, *Entstehung und Entwicklung des Begriffs »Körperschaft des öffentlichen Rechts«*, Köln 1985. Die von Endrös beschriebenen Kontroversen über die öffentlich-rechtliche Körperschaft, ihre hoheitlichen Aufgaben und die rechtlich unzulängliche Abgrenzung zu Anstalten des öffentlichen Rechts, die auch während des Nationalsozialismus relevant waren, waren den Amerikanern nicht bekannt und wurden somit auch nicht im Sinne der von ihnen angestrebten gesellschaftlichen und politischen Umstrukturierung aufgegriffen.
150 Siehe neben vielen anderen Beispielen RG 260, OMGUS, 11/12-2/4, Governmental Health Insurance, Juni 1949.
151 So sprach Irving S. Wright, M.D., immerhin ein *Civil Consultant in Medicine to the Surgeon General of the United States Army,* von einem »*totally socialized medical regime*«. RG 260, 390/42/33/4-5, Militärregierung-Hesse, Public Health and Public Welfare Branches, Lecture on Medical Education in Germany and Austria, by Irving S. Wright, Read before the 44. Annual Congress on Medical Education and Licensure, Chicago, 10 February 1948.
152 Siehe dazu z.B. Hockerts, 1980, S. 81.

Teilweise mochte der schnelle argumentative Wechsel zwischen den Institutionen in den Planungspapieren der Militärregierung auch dadurch bedingt sein, dass die amerikanische Besatzungsmacht eben für eine Reform der Krankenkassen kein Konzept besaß, während sie sich hinsichtlich der Ärzteverbände am heimischen Modell orientieren konnte.

Ebenso wie die Krankenkassen waren die Ärzteverbände in amerikanischen Augen »*peculiar and foreign to our concepts*«[153]. Anders als im Fall der Krankenversicherung sah die amerikanische Besatzungsmacht bei den Ärztekammern aber erheblichen Reformbedarf, da deren Strukturen mit grundlegenden demokratischen Prinzipien nicht vereinbar seien. Insbesondere die Zwangsmitgliedschaft und die quasi hoheitlichen Funktionen der Körperschaften waren in amerikanischen Augen nicht akzeptabel und nicht verhandlungsfähig.[154]

Aus diesem Grund verfügte die amerikanische *Manpower Division* am 12. Februar 1947, dass »*wirtschaftliche und professionelle Organisationen, die der Vertretung ökonomischer Interessen dienten*«[155], keine staatlichen Aufgaben wahrnehmen dürften, nur auf der Basis freiwilliger Mitgliedschaft arbeiten könnten und ihre Vertreter in demokratischen Wahlen bestimmen müssten. Da nach Auffassung der amerikanischen Militärregierung auch die Ärzteverbände unter diese Bestimmung fielen, wurden die bereits bestehenden *Landes-* und *Bezirksärztekammern* mit der Vorgabe aufgelöst, dass sie sich auf der Basis der freiwilligen Mitgliedschaft wiedergründen könnten. Die Niederlassungsgenehmigungen sollten künftig von den deutschen Innenministerien vergeben werden.

---

153 RG 260, 5/35-2/1, OMGUS Historical Branch, Historical Report for the OMG-Berlin District, Staffing of Health Departments and Denazification of the Medical Profession, S. 47.
154 Zur Eindeutigkeit amerikanischer Vorgaben siehe auch Gerst, 1998, S. 198ff.
Bieback rekonstruiert den für Deutschland relevanten historischen Hintergrund der Tradition aufgrund derer Ärzteverbände den Status von Körperschaften des öffentlichen Rechts innehatten. Bieback, Karl-Jürgen, *Die öffentliche Körperschaft. Ihre Entstehung, die Entstehung ihres Begriffs und die Lehre vom Staat und den innerstaatlichen Verbänden in der Epoche des Konstitutionalismus in Deutschland*, Berlin 1976; S. 335. Die Einrichtungen der Sozialversicherung charakterisiert er als »umfassendste und bedeutsamste öffentliche Körperschaften«. Zentral sei dabei vor allem, dass mit der Rechtskonstruktion der öffentlichen Körperschaft ausgedrückt werden sollte, dass die Ziele des (seit dem Kaiserreich neu definierten) Sozialstaates und der Sozialversicherung übereinstimmten, Ibid., S. 337-339.
Folgt man dieser Argumentation, so symbolisierte die Rechtskonstruktion der öffentlich-rechtlichen Körperschaft nachdrücklich ein spezifisches Staatsverständnis. Die Ablehnung der Besatzungsmacht eben dieser Rechtskonstruktion vor dem Hintergrund ihrer politischen Ambitionen war damit logisch und zwingend.
155 RG 260, OMGUS, 5/331-2/8, OMGUS: CAD PHB, OMG-Bremen: Medical Settlement System. Siehe ebenfalls RG 260, OMGUS, 5/349-2/4, OMGUS, Legal Division, Public Health Branch, CAD, Interpretation of MGR 11-111 as to Applicability to Aerztekammern. RG 260, 5/349-2/4, OMGUS: CAD PHB, Codification of MG Legislation on Exercise of Governmental Powers by Non-Governmental Association.

Das waren klare Vorgaben, die eigentlich kaum mehr Handlungsspielraum ließen. Trotzdem ermächtigte der württemberg-badische Ministerrat im August 1947 die Ärztekammern formal, die Aufgaben der früheren *Reichsärztekammer* weiterzuführen, und beauftragte die *Landesärztekammer,* insbesondere die Aufgaben der Niederlassungsgenehmigungen, der Zusammenarbeit mit der Krankenversicherung und der Berufsgerichtsbarkeit wahrzunehmen.

Diese widersprüchliche Situation führte zu einer fast zwei Jahre lang ungeklärten Sachlage, da die deutschen Innenministerien keine Initiative entwickelten, die Ärzteverbände einer staatlichen Kontrolle nach amerikanischen Vorstellungen zu unterstellen.[156] Auch innerhalb der deutschen Ärzteschaft wurde eine Reformdiskussion geführt. Diese bezog sich allerdings ausschließlich auf eine Veränderung des Studiums, um den Problemen der angeblichen *»Überfüllung«* der Universitäten und der vermeintlichen Ärzteschwemme zu begegnen.[157] Hinsichtlich ihrer Standesvertretungen sahen deutsche Funktionäre keinerlei Reformbedarf und versuchten, den Status quo zu erhalten.

## 3. Argumentationen zwischen Orientierung und Überzeugung 1947–1949

### 3.1 Debatte über die Struktur der deutschen Ärzteverbände

Angesichts der ungeklärten Lage suchte die Besatzungsmacht ab Sommer 1947 den Deutschen in einem intensiven Austausch amerikanische Anschauungen näher zu bringen. Zunächst verlangten die Offiziere der *Public Health Divisions* »genaue und

---

156 Siehe zu dieser von den Militärregierungen sehr wohl durchschauten deutschen Verschleppungstaktik z.B. RG 260, 5/331-2/8, OMGUS: CAD PHB, Report on Action Taken to Abolish Medical Settlement Systems and Quasi Governmental Functions of Aerztekammer. Vgl. außerdem Gerst, 1997, S. 210.

157 Die Reform des Medizinstudiums gehörte nach dem Zweiten Weltkrieg zu den viel diskutierten Themen der medizinischen Zeitschriften. Vgl. stellvertretend für viele z.B.: Bamberger, Ph., Über das Medizinstudium, in: *Deutsche Medizinische Wochenschrift* 71 (1946), S. 108-110; Siegmund, H., Zeitgemäße Betrachtungen zur Frage der Reform des Medizinstudiums, in: *Deutsche Medizinische Wochenschrift* 73 (1948), S. 541-545; Weizsäcker, Viktor, Zur Studienreform, in: *Deutsche Medizinische Wochenschrift* 74 (1949), S. 353-354. Alle Texte kreisen um das Problem der angeblichen Überfüllung des Ärztestandes, der durch eine Auswahl bereits unter den Studierwilligen begegnet werden sollte. Die Debatte um die Studienrefom wird an dieser Stelle nicht vertieft, da sie keinen deutsch-amerikanischen Diskussionspunkt darstellte. Sie illustriert indes, dass deutsche und amerikanische Reforminteressen völlig aneinander vorbei liefen und nicht nur unterschiedliche Maßnahmen favorisierten, sondern sich auch ganz verschiedenen Problemlagen und Sachgebieten zuwandten.
Zur Ärzteschwemme und der vermeintlich schwierigen Lebenssituation deutscher Mediziner siehe auch Franck/Heubner/Uexküll, 1946, S. 30-32.

*bindende Auskünfte über die [...] geltenden Approbation-, Zulassung- und Niederlassungsverfahren«*[158], die ihnen als Diskussionsgrundlage dienen sollten.

Die deutschen Ärztevertreter betonten stets, dass besondere ethisch-moralische, humanitäre und wissenschaftliche Aufgaben des Arztes, den Arztberuf von reinen Brotberufen unterscheide und eine daher besondere Ausgestaltung rechtfertige. Auf diese Argumentation erwiderte die Militärregierung, dass »*die ärztlich-ethische Funktion nicht von den wirtschaftlichen zu trennen sei*«, und resümierte lapidar: »*Die ethischen Aufgaben der Ärzteschaft [...] sind genügend bekannt, aber sie rechtfertigen nicht den Status einer Körperschaft des öffentlichen Rechts.*« Vielmehr dränge sich der Militärregierung zunehmend der Eindruck auf, dass die Ärzteschaft »*eigensinnig auf ihren vorgefassten Prinzipien verharrt und nicht bereit ist, den anderen Partnern [...] wie Sozialversicherung, LVA, Ministerialbehörden usw. Zugeständnisse zu machen. [...] nach amerikanischer Ansicht hat die rechtliche Form der ärztlichen Berufsorganisation mit der öffentlichen Gesundheitspflege nichts zu tun. Es wird vermutet, dass die Ärzteschaft im Geheimen Machttendenzen verfolgt, die auf eine Kartellierung wie in anderen Berufs- und Wirtschaftszweigen hinleiten müssen. Gerade das aber solle durch die vorgesehenen Verfügungen vermieden werden.*«[159]

Die Diskussion um die Neustrukturierung der ärztlichen Vertretungen lässt sich exemplarisch an den Gesprächen zwischen Lt. Col. Moseley von der hessischen Militärregierung und Dr. Carl Oelemann, seit 1946 Präsident der Landesärztekammer Hessens[160], nachvollziehen. Mehrere Jahre trafen sich Moseley und Oelemann wöchentlich, um sich gegenseitig zu informieren, Ansichten auszutauschen, Unterstützung einzuholen und nicht zuletzt Konflikte auszuräumen.

### Gesprächspartner: Lt. Col. Moseley und Dr. Carl Oelemann

Bereits im April 1947 hatte Moseley vorgeschlagen, bei der »*Neuorganisation der Ärztekammern die alte Organisationsform völlig zu verlassen und für jeden Kreis eine Ärztekammer zu errichten, die von den Ärzten frei gewählt werden soll.*«[161] Oelemann wehrte

---

158 Archiv der Bundesärztekammer, Nachlass Dr. Carl Oelemann, Besprechung Oelemann mit MG, Kurzbericht über eine Besprechung zwischen Colonel Moseley, Militärregierung, und Dr. Oelemann, Landesärztekammer Hessen, 27. Juni 1947.
159 Archiv der Bundesärztekammer, Nachlass Dr. Carl Oelemann, Besprechung Oelemann mit Militärregierung, 10. Juni 1947.
160 Siehe ausführlich zu Biographie Oelemanns: Kater, Hermann, *Politiker und Ärzte. 600 Kurzbiographien und Porträts*, Hameln 1968.
161 Archiv der Bundesärztekammer, Nachlass Dr. Carl Oelemann, Besprechung Oelemann mit Militärregierung, 29. April 1947.

dieses Ansinnen mit dem Verweis auf den »*geschichtlichen Werdegang der deutschen Ärztekammern*« und fehlenden »*Vorteilen dieser Neuorganisation*« ab.¹⁶²

Die Gespräche zwischen Oelemann und Moseley berührten immer auch den künftigen Status der Ärzteverbände. Dabei wurde der amerikanische Offizier nicht müde, beharrlich die amerikanische Perspektive zu erläutern.

Insbesondere hinsichtlich der Zwangsmitgliedschaft in den ärztlichen Vereinigungen vertrat er konsequent »*den in Amerika üblichen liberalen Standpunkt, dass sich Ärzte, die gegen die berufsethischen Pflichten verstossen, in kürzester Zeit selbst unmöglich machen würden und die öffentliche Meinung sich gegen sie richten müsse.*«¹⁶³

Ein derartiges Vertrauen in gesellschaftliche Selbstregulierungskräfte hatten deutsche Standesvertreter nicht, sie beharrten auf ihrem Standpunkt, dass der »*trostlosen Lage des Ärztestandes*« nur dadurch begegnet werden könne, dass die bisherigen Standesformationen in ihren alten Rechtskonstruktionen erhalten blieben, um die Ärzteschaft »*in diesem schweren Existenzkampf*« zu unterstützen.¹⁶⁴ Diese Position wiederholte Oelemann unermüdlich, auch wenn die Militärregierung bezüglich der Zulassung von Ärzten zur Kassenarztpraxis immer wieder monierte: »*This dictatorial sway [...] is intolerable in this new democratic state*«.¹⁶⁵

Ermüdet und frustriert von der über ein Jahr andauernden ergebnislosen Debatte teilte Moseley dem Vertreter der Landesärztekammer Hessen im Mai 1948 mit, dass die Militärregierung beabsichtige, alle Kammern aufzulösen, »*da man seit über einem Jahr vergeblich auf Vorschläge von Seiten der ärztlichen Organisationen [...] gewartet habe. Solche Umgestaltung ließe sich in weniger als 30 Tagen ausarbeiten.*¹⁶⁶«

Unbeeindruckt von solchen Feststellungen erläuterte Oelemann dem amerikanischen Offizier, dass ohne Zwangsmitgliedschaft eine »*Aufsplitterung der Ärzte in Gruppen politischer, sozialer u.a. Natur unvermeidlich*« sei, worauf dieser entgegnete: »*Ein paar Gruppen mit verschiedenen Meinungen schaden nichts. Es hat sich in den USA gezeigt, dass die Aufstellung mehrerer [...] Parteien [...] nur von Nutzen ist.*«

---

162 Ibid. Zur zentralen Rolle der Selbstverwaltung für das Selbstverständnis der deutschen Ärzteverbände siehe: Hörnemann, Gerd, *Die Selbstverwaltung der Ärztekammern. Spannungen und Wechselwirkungen von Fremd- und Selbstkontrolle des Arztberufs*, Konstanz 1989.

163 Archiv der Bundesärztekammer, Nachlass Dr. Carl Oelemann, Besprechung Oelemann mit Militärregierung, 25. Juli 1947, S. 2.

164 Archiv der Bundesärztekammer, Nachlass Dr. Carl Oelemann, Nr. 31, Niederschrift über die Sitzung des Vorstandes der Ärztekammer und Kassenärztlichen Vereinigung Gießen, 18. Juni 1949.

165 GLA, RG 260, 12/75-2/1, OMGWB, Public Health Branch, Admission to Ortskrankenkasse, 25 August 1949, S. 2. Bereits in anderen Kontexten hatten sich die Ärztekammern aus amerikanischer Sicht »*undemokratisch verhalten, [indem] sie ihre Machtbefugnisse überschritten*« hätten und versuchten die Militärregierung »*gröblich zu täuschen und diktatorische Manöver*« durchzuführen. Archiv der Bundesärztekammer, Nachlass Dr. Carl Oelemann, Nr. 31, Besprechungen mit der Militärregierung, 10. Oktober 1947.

166 Archiv der Bundesärztekammer, Nachlass Dr. Carl Oelemann, Nr. 31, Besprechungen mit der Militärregierung, 25. Mai 1948.

Auch auf das implizite Argument, dass die Zwangsmitgliedschaft einer freiheitlichen und demokratischen Gesellschaftsordnung widersprächen, mussten die Deutschen immer wider parieren. So erklärte Oelemann: »*Auch in Deutschland können sich die Ärzte frei und ungehindert äußern und in demokratischer Weise über ihre Leitung durch Wahl selbst verfügen. [...] Eine Urabstimmung in Württemberg habe von 2900 Stimmberechtigten 2300 Stimmabgaben mit nur 16 Stimmen gegen die alte Form der Ärztekammern ergeben. Das sei ein schlagender Beweis, wie die Ärzte über ihre eigenen Belange dächten.*« Ungerührt erwiderte Moseley: »*Mit einem solchen Wahlergebnis werden die Ärzte auch freiwillig* [Hervorhebung im Original] *der Ärzteorganisation beitreten. Diese Statsitik wende sich gegen Oelemann, wie immer die Ärzteorganisation aufgezogen wird, 80 % aller Ärzte werden mitmachen.*« »*Die übrigen 20 % bedeuteten eine Gefahr*« in den Augen des hessischen Standesvertreters. Der Amerikaner entgegnete darauf nur knapp: »*dann sollen die 80 % die restlichen 20 % überwachen*«, woraufhin Oelemann die dazu aus deutscher Sicht notwendigen Berufsgerichte einforderte. Entnervt schloss der amerikanische Offizier die Debatte und bemerkte abschließend, dass die »*Civil Administration über die Zukunft der Ärzteorganisation entscheiden*« werde »*und [...]. keinem Berufsstand Zwangsmitgliedschaft*« zugestanden werde, »*auch nicht den Rechtsanwälten, die ihre Argumente noch viel besser vorgebracht haben als die Ärzte.*«[167]

Trotz der gereizten Stellungnahme Moseleys versuchte Oelemann, die Zwangsmitgliedschaft nochmals mit einer anderen Argumentationslinie zu verteidigen. Er verwies auf die Witwen- und Waisenpensionen, die bei freiwilliger Mitgliedschaft nicht sicher aufzubringen seien. Auf Moseleys irritierte Rückfrage, warum ein Arzt vor seinem Tode nicht genügend Vorsorge für seine Familie treffen könne, stimmte Oelemann ein Lamento über zwei verlorene Weltkriege, Inflation und Währungsreform an, die verhindert hätten, dass »*Ärzte ein Vermögen anhäuften. [...] Ärzte sind nicht in der Lage, zu Lebzeiten [...] Reichtümer zu erwerben [...] den meisten Ärzten geht es schlecht, sie sind ihrer Ersparnisse beraubt worden, viele sind Flüchtlinge, viele ausgebombt, [...] ihre Söhne, die sie hätten unterstützen können, sind gefallen, darum ist es notwendig, dass die praktizierenden Ärzte gemeinschaftlich helfen.*«[168] Angesichts dieser Klagen entgegnete Moseley nur knapp, die »*Unterredung solle nicht in eine Wohlfahrtsdebatte abgleiten*«, und verwies seinerseits auf das schlechte Verhältnis zwischen deutschen Ärzten und den Gesundheitsbehörden. Der amerikanischen Militärregierung sei nur ein einziger Fall bekannt geworden, in dem die Ärztekammer einen ernsthaften Beitrag zu einer Zusammenarbeit geleistet habe. Das *Military Government Office* habe den Eindruck, dass die »*praktizierenden Ärzte eine enge Zusammenarbeit mit den Gesundheitsbehörden [...] verweigerten oder sogar blockierten. Die Ärzte hätten ihre wirkliche Aufgabe nicht erkannt, die Schwierigkeiten gingen von ihnen aus*«.[169]

---

167 Archiv der Bundesärztekammer, Nachlass Dr. Carl Oelemann, Nr. 31, Besprechungen mit der Militärregierung am 2. Juni 1948.
168 Ibid.
169 Ibid.

Im Juli 1948 stellte die *Public Health Branch* fest, »*the medical care program, health insurance plan, and chambers of physicians are in a serious state of confusion due to occupational directives and German lack of initiative which have curtailed the functions of the medical association.*«[170]

Trotz ihrer Frustration über die deutsche Verschleppungstaktik wurde die Militärregierung nicht müde, amerikanische Verhältnisse als Orientierungspunkt anzubieten. Noch im März 1949 beschrieb Moseley Vertretern der Ärztekammern und des hessischen Innenministeriums gegenüber ausführlich, wie die Approbation und Lizenzierung junger Ärzte in den USA vollzogen werde. Auf seinen Appell, Approbation und Lizenzierung strikt zu trennen und keinesfalls beides in die Hand der Ärztekammern zu legen, erhielt er von Carl Oelemann die inzwischen stereotype Antwort: »*Die amerikanischen Verhältnisse lassen sich nicht ohne weiteres auf die [...] deutschen Zustände übertragen.*«[171] Dass diese »*deutschen Zustände*« sich ohne Weiteres ändern ließen, zeigte sich wenige hundert Kilometer weiter östlich: In der SBZ wurden Approbation, Niederlassungsgenehmigung und Berufsgerichtsbarkeit auf Weisung der SMAD von der staatlichen Administration ausgeübt.[172]

Bei der angestrebten Reform der Ärzteverbände zeigte sich, dass die amerikanische Besatzungsmacht zwar bestimmte Vorstellungen favorisierte, aber auf Grund ihres spezifischen Demokratisierungsansatzes nicht um jeden Preis bestimmte Organisationsformen durchsetzen wollte.[173] Statt auf direkte Weisungen setzte die Militärregierung auf Information durch ihre *visiting experts* und auf Überzeugung durch ihr *Cultural exchange*-Programm. Wie in anderen gesundheitspolitischen Sektoren, sollte diese Neuorientierung durch den Austausch mit amerikanischen Experten angeregt werden.[174]

---

170 RG 260, OMGUS, 5/332-2/17, OMGUS, Memorandum: Request for Aid from Rockefeller Foundation to Dr. E. H. Lichtfield Director, CAD, 8 July 1948.
171 Archiv der Bundesärztekammer, Nachlass Dr. Carl Oelemann, Nr. 31, Besprechungen mit der Militärregierung.
172 Ernst, 1997, S. 73ff., 334f. Ausführlich zur strukturellen Veränderungen im Gesundheitssystem der SBZ bzw. der DDR: Naser, Gerhard, *Die Ärzte in eigener Praxis in der Sowjetischen Besatzungszone und in der DDR bis 1961. Ein Beitrag zu ihrem Rechtsstatus*, Berlin 1998; Moser, Gabriele, »Kommunalisierung« des Gesundheitswesens. Der Neuaufbau der Gesundheitsverwaltung in der SBZ/DDR zwischen Weimarer Reformvorstellungen und »Sowjetisierung«, in: Vögele/Woelk, 2002, S. 403-418; Schagen, Udo, Kongruenz der Gesundheitspolitik in der Sowjetischen Besatzungszone?, in: Vögele/Woelk, 2002, S. 379-404. Bei Schagen auch eine ausführliche Erörterung des aktuellen Forschungsstandes.
173 »*Die Militärregierung von Hessen möchte eine derartige Regelung nach Möglichkeit nicht als Befehl herausgeben. Sie hat seit 1 1/2 Jahren Vorschläge für eine Neuordnung der Ärztekammern gemacht.*« Archiv der Bundesärztekammer, Nachlass Dr. Carl Oelemann, Nr. 31, Besprechungen mit der Militärregierung.
174 Zur kritischen Auseinandersetzung mit dem amerikanischen System in deutschen Fachzeitschriften siehe z.B. Hornung, Heinrich, USA und die Sozialversicherung. Amerikanische Argumente im Widerstreit, in: *Der öffentliche Gesundheitsdienst*, 11 (1949/50), S. 219-222. Siehe außerdem S. 186 dieser Arbeit.

## September 1948, AMA vor Ort

Diesem Prinzip folgend fand im September 1948 in Wiesbaden eine ausführliche Konferenz zwischen Vertretern der *AMA* und Vertretern der deutschen Ärzteorganisationen statt. Angereist waren der Präsident der *AMA*, der Chairman of the *Board of Trustees of the AMA*, der zuständige Beauftragte für Niederlassungsfragen des *AMA* und Präsidenten der lokalen *AMA*-Landesgruppen. Ausführlich berichteten die amerikanischen Ärztevertreter über Zulassungsverfahren, Prüfungen, Ausbildung, Honorarfragen u.a. und informierten sich über die Regelungen im deutschen Gesundheitssystem. Dabei ging es jedoch nicht nur um Informationsaustausch und ideologische Überzeugungsarbeit, es ging vor allem um eine neue Rollenverteilung. Nach Auffassung der Amerikaner sei die deutsche Medizin zwar einmal außerordentlich bedeutsam gewesen, davon könne aber infolge der nationalsozialistischen Herrschaft und des Krieges keine Rede mehr sein, so dass deutsche Ärzte und Wissenschaftler sich durch unermüdliche Arbeit bemühen müssten, wieder auf ihren alten hohen Stand zurückzukommen.[175]

Bei diesem schwierigen Prozess boten die amerikanischen Ärzte ihre Unterstützung an. Diese Offerte implizierte neben Großzügigkeit klare hierarchische Rollen, da aus amerikanischer Perspektive das US-Modell überlegen war. Selbst deutsche Mediziner konstatierten amerikanischen Verfahren manche Stärken. So gestand Carl Oelemann gegenüber Col. Moseley, »*dass das [amerikanische] Prüfungssystem dem unseren überlegen und darum vorzuziehen*« sei, um aber sofort hinzuzufügen, dass es in Deutschland nicht einzuführen sei.[176]

Offenbar war die deutsche Überzeugung, auf alle gesundheitlichen Fragen die richtigen Antworten zu haben, mit dem Krieg verloren gegangen. Auch wenn die neuen Einsichten deutscher Ärztevertreter keine unmittelbaren institutionellen Konsequenzen zeitigten, so illustrieren sie die schon an anderen Beispielen beschriebene Etablierung des neuen Referenzpunktes USA auch für die Sektoren des institutionalisierten Gesundheitswesens.

---

175 So ging es aus dem Eröffnungswort des Präsidenten der *AMA*, Dr. Senzenik, hervor. Überliefert in: Archiv der Bundesärztekammer, Nachlass Dr. Carl Oelemann, Besprechung Oelemann mit Militärregierung, Bericht über eine Besprechung zwischen Vertretern der Ärzteorganisation der Vereinigten Staaten und Vertretern der deutschen Ärzteorganisation, 15. September 1948.

176 Archiv der Bundesärztekammer, Nachlass Dr. Carl Oelemann, Nr. 31, Besprechungen mit der Militärregierung, Kurzbericht über eine Besprechung zwischen Lt. Colonel Moseley, Public Health Branch, Wiesbaden, und Dr. C. Oelemann, Präsident der Landesärztekammer, 8. September 1948.

## 3.2 Reorientierung der Besatzungsmacht

Die intensive Diskussion hatte jedoch nicht nur auf deutscher Seite Begründungszwänge produziert, sondern löste auch auf amerikanischer Seite Unsicherheiten aus. *»Der Krieg verwirrt Sieger und Besiegte zugleich, seine Folgen sind überall spürbar«*, hatte Colonel Moseley 1948 gegenüber Carl Oelemann festgestellt.[177]

Daher orientierte sich die Besatzungsmacht 1948/49 erneut intensiv über die Situation. In zahlreichen Gesprächen und Konferenzen mit Vertretern der Versicherungen, der Ärzteschaft und der Gesundheitsämter versuchten amerikanische Offiziere und fachliche Berater sich einen Überblick über die Problemlage und das deutsche Meinungsbild[178] zur Lage des institutionellen Gesundheitswesens zu verschaffen und gleichzeitig eigene Vorgaben zu implementieren.

Zwar betonten die amerikanischen Militärregierungen den Ärzteverbänden und den Innenministerien gegenüber weiterhin die Notwendigkeit, die institutionelle Ausgestaltung der Ärzteverbände zu reformieren und insbesondere ihren öffentlich-rechtlichen Status abzuschaffen.[179] Intern fertigten die *Economic Division* und die *Manpower Division* jedoch Diskussionspapiere an, die ausführten, dass es in Deutschland eine klare Unterscheidung zwischen den öffentlich-rechtlichen Körperschaften selbstverwalteter Organisationen und anderen Wirtschafts- und Interessenverbänden gebe.[180]

Gegenüber deutschen Gesprächspartnern nach wie vor weiterhin eine Reformlinie bezüglich der Ärzteverbände verfechtend, beauftragte OMGUS, zunehmend verwirrt durch die wachsenden Einsichten in die komplexen Traditionslinien und institutionellen Interdependenzen des deutschen Gesundheitswesens, einen renommierten Kenner der Materie mit der Erstellung eines weiteren Gutachtens.

---

177 Archiv der Bundesärztekammer, Nachlass Dr. Carl Oelemann, Nr. 31, Besprechungen mit der Militärregierung, Besprechung Carl Oelemanns mit Public Health Officer, Lt. Colonel Moseley, 8. September 1948.
178 Vgl. z.B. RG 260, 390/42/32/4-5, Box 500, Militärregierung US Civil Affairs Division, Records of the Public Health and Public Welfare Branch, Reports Visiting Experts, Minutes of Conference on Social Insurance and Social Medicine, Wiesbaden 24 May 1949; RG 260, 390/42/32/4-5 Box 481, OMGUS, Records of the Civil Affairs Division, Public Health Advisor, Conference on Social Insurance with Dr. Sigrist, Director of Ortskrankenkasse Stuttgart, 11 August 1948; Ibid., Conference with Dr. Neuffer, President AK North Württemberg, Dr. Kahn, Chief Manager of the AK, and Mr. Stein, Manager of the Kassenärztliche Verein, 2 September 1948.
179 Archiv der Bundesärztekammer, Nachlass Dr. Carl Oelemann, Nr. 31, Besprechungen zwischen der Militärregierung, Innenminister Zinnkann, Ministerialrat v. Drigalski, Frau Dr. Daelen, Dekan Prof. Dr. Lauche, Dekan Prof. Dr. Benninghoff, Dr. Oelemann, 24.6.1948. Zur analogen Diskussion um die Apothekerkammern siehe: Puteanns, Udo, *Die Apothekerkammern in Westdeutschland (1945-1956) im Spannungsfeld der Kontroverse um die Heilberufskammern*, Stuttgart 1992.
180 RG 260, 5/331-2/8, OMGUS: CAD PHB, OMG-Bavaria, Economic Division: Policy regarding Vocational Self-Administration, Anlage 1: Development of Vocational Chambers in Germany.

## Herbst 1949, Goldmann-Gutachten

Die Entscheidung fiel auf Franz Goldmann, der durch seinen Lebenslauf und seine Veröffentlichungen ein ausgewiesener Sozialversicherungsspezialist war.[181] Goldmann bereiste ab Herbst 1949 die Länder der ehemaligen amerikanischen Besatzungszone und legte noch im gleichen Jahr ein ausführliches Gutachten über das deutsche Krankenversicherungssystem vor.

Ebenso wie die deutschen Ärztevertreter betonte auch Goldmann die Interdependenzen zwischen Ärzteverbänden und Krankenversicherung. Er beschrieb den zähen Machtkampf zwischen Krankenkassen und Ärzteverbänden während der Weimarer Republik, zeichnete die unterschiedlichen Argumentationslinien nach und stellte die Rolle des deutschen Staates bei der institutionellen Ausgestaltung des deutschen Gesundheitssystems dar. Insbesondere betonte er, dass vor allem die Krankenkassen unter den Nationalsozialisten gelitten hätten.[182] Zwar seien sie in ihrer institutionellen Struktur nicht stark verändert worden, die administrative Führung sei jedoch durch den nationalsozialistischen Personalaustausch diktatorischen Prinzipien unterworfen worden. Folgerichtig habe nach Ende des Krieges das größte Problem beim Wiederaufbau des deutschen Krankenversicherungssystems im Personalbereich gelegen. Unmittelbar mit der gesetzlichen Krankenversicherung verbunden sah Goldmann die Probleme, die sich beim Wiederaufbau der *Kassenärztlichen Vereinigungen* ergaben. Junge Ärzte seien mit demokratischen Praktiken selbstverwalteter Körperschaften nicht vertraut gewesen, und viele der älteren Ärzte hätten einer selbstverwalteten Krankenkasse ge-

---

181 Goldmann, Franz, *Benefits of the German sickness insurance system for the point of view of social hygiene*, Genf 1928. Ders., *Die Leistungen der deutschen Krankenversicherung im Lichte der sozialen Hygiene, mit einer Einführung des Internationalen Arbeitsamtes*, Berlin 1928. Ders., *Tod und Todesursachen unter den Berliner Juden*, Berlin 1937. Ders., *Voluntary medical care insurance in the United States*, New York 1948; Ders./Leavell, Hugh R. (Ed.), *Medical Care for Americans* (Annals of the American Academy of Political and Social Sciences, Vol. 273), Philadelphia 1951.
Goldmann war deutscher Emigrant. 1895 in Elberfeld geboren, hatte er in Heidelberg Medizin studiert und war 1920 in Berlin zum Dr. med. promoviert worden, wo er von 1922 bis 1929 als Magistratsmedizinalrat (seit 1927 Magistratsobermedizinalrat) im Berliner Gesundheitsamt arbeitete. Von 1929 bis 1933 war Goldmann Gesundheitsdezernent im preußischen Innenministerium, von 1932 bis 1933 Privatdozent an der Universität Bonn, von wo aus er 1933 in die Schweiz emigrierte. Bis 1937 betrieb er eine private Praxis in Genf, nach seiner Emigration 1937 in die USA wurde er Fakultätsmitglied der *Yale University School of Medicine*, arbeitete seit 1944 als ziviler Mitarbeiter für den OSS und war von 1947 bis 1958 *Associated Professor for Medical Care* an der *Medical School* der Universität Harvard. Vgl. Institut für Zeitgeschichte, München/Research Foundation for Jewish Immigration (Hg.), *Biographisches Handbuch der deutschsprachigen Emigration nach 1933*, New York 1980. Band II.
Siehe ausführlich zur Person Goldmanns: Antoni, Christine, *Sozialhygiene und Public Health. Franz Goldmann*, Husum 1997.

182 Zur stärkeren Betroffenheit der Krankenkassen durch die nationalsozialistische Gleichschaltungs- und Gesundheitspolitik siehe auch Alber, 1992, S. 40.

radezu feindlich gegenübergestanden. So sei es außerordentlich schwierig gewesen, politisch akzeptables Personal mit Verwaltungserfahrung zu finden. Goldmann stellte den Wiederaufbau der gesetzlichen Krankenversicherung und der *Kassenärztlichen Vereinigungen* in einen unmittelbaren Zusammenhang, der ihrer tatsächlichen Aufgabenteilung innerhalb der Selbstverwaltung des Sozialversicherungssystems entsprach. Da er in seinem Bericht weniger institutionelle als (personal)politische Probleme betont hatte, fiel seine Empfehlung entsprechend aus:

Franz Goldmann warnte in seinem Gutachten aus rechtlichen und ökonomischen Gründen nachdrücklich davor, die bestehende Struktur des deutschen Gesundheitssystems zu verändern und die verbindliche Mitgliedschaft in den *Kassenärztlichen Vereinigungen* durch eine freiwillige Mitgliedschaft zu ersetzen. Vielmehr müsse eine Reform darauf abzielen, die Art und Weise, in der die *Kassenärztlichen Vereinigungen* ihre gesundheitspolitischen und Verwaltungsaufgaben wahrnähmen, nach demokratischen Grundsätzen auszugestalten.[183]

Nach Ansicht Goldmanns traf das Verbot der Zwangsmitgliedschaft, das von der Militärregierung mit Blick auf Handel und Industrie unter dem Unterpunkt »*business and professional association of economic character*« verhängt worden war, auf die *Kassenärztlichen Vereinigungen* eigentlich gar nicht zu, da diese Vereinigungen nicht den ökonomischen Interessen ihrer Mitglieder dienten, sondern gemeinsam mit den Krankenkassen die administrativen Aufgaben innerhalb eines selbstverwalteten Sozialversicherungssystems wahrnähmen.[184]

Zu der amerikanischen Forderung, aufgrund der Prinzipien »*free trade*« und »*free competition*« alle Ärzte als Kassenärzte zuzulassen, merkte Goldmann an, dass die Zulassungsbeschränkung nicht einem eingeschränkten Wettbewerb gedient habe, sondern ein Steuerungsmechanismus zur gleichmäßigen Verteilung der Ärzteschaft gewesen sei, da jeder Arzt in Gebieten, in denen der Arzt-Patienten-Schlüssel noch nicht erreicht gewesen sei, eine Kassenzulassung habe erwerben können. Angesichts der aktuellen Beschränkung des »*freedom of movement*« laufe dieser Mechanismus momentan ins Leere. Trotzdem warnte Goldmann davor, von der Zulassungsbeschränkung abzugehen, da die Zulassung aller Mediziner, die inzwischen aus der Kriegsgefangenschaft entlassen oder aus der östlichen Zone in die westlichen Länder gewandert waren, sowohl für die Ärzteschaft als auch für die Krankenkassen, die durch den Krieg bereits alle finanziellen Rücklagen verloren hätten, zu einer ökonomischen Katastrophe führen würde.[185]

Auch Franz Goldmann optierte dafür, nicht an starren wirtschaftsliberalen Prinzipien festzuhalten, zumal deren Anwendbarkeit auf den Medizinsektor aus formalen

---

183 RG 260, 17/247-2/11, OMGUS, Organization of Physicians' Services under Compulsory Sickness Insurance in Germany, Franz Goldmann, M. D., Visiting Consultant, Associate Professor, Harvard School of Public Health, September 1949, S. 5.
184 Die ökonomische Vertretung der Ärzteschaft wurde durch den *Hartmannbund* wahrgenommen. Ibid., S. 4.
185 Ibid., S. 11ff., S. 7.

und inhaltlichen Gründen fraglich sei. Wie die deutschen Ärzte so unterstrich auch Goldmann, dass Medizin kein Gewerbe sei, und schlug statt dessen vor, auf die Stärkung der Berufsethik, die Erhöhung des ärztlichen Leistungsniveaus und auf demokratische Legitimation und Administration hinzuwirken.[186]

Goldmann, als anerkannter Experte, der mit dem deutschen System aus eigener Anschauung vertraut war, riet der Besatzungsmacht von jeglichen institutionellen Veränderungen ab. Zu Recht wies der Harvard-Professor auf die Komplexität des deutschen Gesundheitssystems hin und merkte an, dass Reformen gründlich durchdacht werden müssten, da sie in einem derartig verflochtenen System schnell unbeabsichtigte Folgen zeitigen könnten.

Damit vertrat Goldmann eine Argumentation, die auch in späteren Jahrzehnten unter dem Stichwort der »*Vielfachsteuerung*«[187] und der »*institutionellen Interdependenzen*«[188] mit der Reformunfähigkeit des deutschen Gesundheitswesens in Verbindung gebracht wurde.

Nach dem klaren Votum Goldmanns für eine Beibehaltung der bestehenden Struktur drängte die amerikanische Besatzungsmacht kaum noch auf institutionelle Veränderungen, so dass sich die These von der gescheiterten Reform angesichts einer gar nicht mehr bestehenden Reformabsicht erübrigt. Statt dessen hatte sich amerikanische Reformpolitik auch mit Blick auf die Ärzteverbände seit Sommer 1948 zunehmend auf eine Reform der politischen Praxis verschoben, worunter vor allem eine Neubewertung verstanden wurde.

## 3.3 The »German health insurance experience«: Gespräche über die deutsche Krankenversicherung

Nach den Ärztekammern geriet auch die gesetzliche Krankenversicherung ins Blickfeld der amerikanischen Militärregierung, zumal deutscherseits immer wieder auf die unmittelbare institutionelle Verkopplung verwiesen wurde.

Obwohl die Ausgestaltung des Krankenversicherungssystems als das zentrale politische Steuerungsinstrument von Gesundheitspolitik[189] gilt, hatte die amerikanische Militärregierung keine dezidierten Reformvorstellungen für das deutsche Krankenversicherungssystem.[190]

---

186 RG 260, 17/247-2/11, OMGUS, Franz Goldmann, M. D. Visiting Consultant, 26 July 1949, S. 4-6.
187 Alber, 1992, S. 63.
188 Rosewitz/Webber, 1990.
189 Murswiek, 1996, S. 213.
190 Auf den Diskussionsprozess um die Einheitsversicherung wird in diesem Kontext nicht eingegangen. Dieser war hinsichtlich der Kontrollratsdirektiven stark von sowjetischer Initiative getragen und hinsichtlich der Entwürfe der amerikanischen *Manpower Division* stark von den

Die Haltung der amerikanischen Sozialexperten zur Krankenversicherung war geprägt durch die in den USA seit den 1930er-Jahren wieder heftiger gewordene Diskussion um Reformen im amerikanischen Gesundheitssektor. In der amerikanischen Kontroverse hatte das deutsche Modell einerseits als Vorbild[191], andererseits als *»preußische Erfindung«* firmiert, die allein dazu diene, *»das Volk zu beherrschen«*.[192] Diese Debatte wirkte sich insofern auf die Wahrnehmung der deutschen Institutionen zwischen 1945 und 1949 aus, als die mit Gesundheitspolitik betrauten Offiziere dem deutschen Modell der gesetzlichen Krankenversicherung skeptisch, aber grundsätzlich offen gegenüberstanden. Ihre Position in dieser Frage war genauso unentschieden wie die Debatte in den USA.[193]

Somit begann die Besatzungsmacht 1948 damit, auch detaillierte Informationen über dieses Krankenversicherungssystem zu sammeln, das ihr in seiner Struktur ebenso fremd war, wie sie dessen breite Akzeptanz in der deutschen Bevölkerung ungewöhnlich fand. Nicht nur der Zwangscharakter einer gesetzlichen Versicherung war den *medical officers* suspekt, als ebenso irritierend empfanden sie die Eigenmächtigkeit, mit der die Krankenkassen ihre Beiträge und Bemessungsgrenzen festsetzen konnten.[194]

Um sich eine qualifizierte Meinung zum deutschen Krankenkassenwesen zu bilden, sollte William Bauer, M. D., einen Bericht anfertigen. Dieser war paradigmatisch für eine Vielzahl vergleichbarer Erhebungen:

---

Entwürfen deutscher Sozialversicherungsexperten geprägt und somit kein originär amerikanischer Reformbeitrag. Die Diskussion um die Einheitsversicherung wurde unmittelbar nach Besatzungsbeginn aufgenommen und im Juni 1948 zur innerdeutschen Angelegenheit erklärt. Die amerikanische Militärregierung entwickelte in den von mir oben dargestellten, aus ihrer Sicht relevanten Bereichen aber erst seit 1947/48 Reformanstrengungen, so dass die chronologische Verschiebung zwischen den unterschiedlichen Reformdiskussionen ebenfalls als Beleg dafür gewertet werden kann, dass die Einheitsversicherung kein Thema der Militärregierung war. Siehe detaillierter zum mehrheitlich von unterschiedlichen deutschen Parteien getragenen Diskussionsprozess um die Einheitsversicherung: Hockerts, 1980, S. 21-85. Zur auch von Hockerts betonten relativ neutralen Position der amerikanischen Militärregierung, der daran gelegen war, diese kontroverse, fachlich komplizierte und politisch brisante Debatte schnell in deutsche Verantwortlichkeit zu überführen: Ibid., S. 79-83. Siehe zur Orientierung des Reformentwurfs an gewerkschaftlichen Konzepten der Weimarer Republik: Hockerts, Hans Günter, Die historische Perspektive – Entwicklung und Gestalt des modernen Sozialstaates in Europa, in: Ders. (Hg.), *Sozialstaat – Idee und Entwicklung. Reformzwänge und Reformziele. 33. Kolloquium der Walter-Raymond-Stiftung*, Köln 1996, S. 27-62, hier S. 37. Entwürfe Weimarer Tradition waren für die amerikanische Besatzungsmacht nicht einschlägig.

191 Lubove, 1968, S. 83-89.
192 Doberschütz, Klaus, *Die soziale Sicherung des amerikanischen Bürgers*, Berlin 1966, S. 33.
193 Zur fortdauernden Diskussion um eine gesetzliche Krankenversicherung siehe z.B. Murswieck, Axel, *Sozialpolitik in den USA*, Opladen 1988, S. 65ff.
194 Vgl. dazu z.B. RG 260, 5/324-2/51, OMGUS, Public Health Practices in Germany, by William W. Bauer, M. D., Advisor to the Secretary of the Army, S. 12.

**Februar 1949, Bauer-Report**

William Bauer, Mediziner, Leiter des Büros für Gesundheitserziehung der *American Medical Association*[195] und in dieser Funktion *Advisor to the Secretary of the Army*, unternahm im Februar 1949 eine dreimonatige Reise, in deren Verlauf er alle Länder der US-Zone besuchte und Konferenzen und Einzelgespräche mit Repräsentanten des öffentlichen Gesundheitswesens, der Ärzteverbände sowie mit Vertretern der Ausbildungsstätten und Krankenkassen führte.[196] Ziel dieser Orientierungsreise war es, einen Bericht über »*die Einrichtungen und Durchführung der öffentlichen Gesundheitsfürsorge in der U.S. Zone*« für den *Secretary of the Army* abzufassen.[197]

Bauer traf im Frühjahr 1949 250 Deutsche und 150 Amerikaner, die in irgendeiner Form mit dem deutschen Gesundheitswesen befasst waren und von denen er sich Aufschluss über die »*Public health practices in Germany*« erhoffte.[198] Der von ihm erstellte Bericht umfasste das gesamte Spektrum deutscher Meinungen und Positionen, die er jeweils zunächst unbewertet wiedergab, bevor er sie kommentierte. Bemerkenswert ist die Ausführlichkeit, in der er auch abweichende Auffassungen zu Wort kommen ließ.

Bauer ergriff – wo sich ihm Gelegenheit bot – die Chance, die Ansichten und Wünsche der »Menschen auf der Straße« zu ergründen. Er versuchte die Deutschen, denen er begegnete, zu einer Stellungnahme zur Krankenversicherung zu bewegen. Kaufleute, Fahrer, Ober, Zimmermädchen und Fahrstuhlführer, sie alle wurden von ihm befragt. Ihre einhellige Bejahung des deutschen Versicherungssystems irritierte den Amerikaner. Notierte er anfänglich noch etwas arrogant: »*Patients have all grown up under this system, and are not critical of it, since they have never known free choice of doctors or any of the other advantages of medical care under a democratic system*«, so kam er bereits vier Tage später nach einem Gespräch mit Dr. Haedenkamp[199], dem Vertreter der Ärztekammern der US-Zone, zu einem deutlich moderateren Ergebnis:

---

195 Zur Person Bauers siehe auch RG 260, 12/229-1/7, sowie die Ankündigung im *J.A.M.A.*, vol. 139, No. 6, February 1949, S. 383.
196 Der hier resümierte Meinungsbildungsprozess entwickelte sich seit 1946. Mit einem späten Dokument von 1949 soll die abschließende Einschätzung der amerikanischen Besatzungsmacht dokumentiert werden, da hierin alle in der Diskussion befindlichen Aspekte berücksichtigt werden und dem vorliegenden Text durch seine Weitergabe an das Pentagon, Director of the Bureau of Health Education; American Medical Association, eine bedeutende meinungsbildende Funktion zukam.
197 RG 260, 12/229-1/7.
198 So der Titel des dieser Beschreibung zugrunde liegenden Berichts, RG 260, 5/324-2/51.
199 In der Quelle als »Haidenkamp« geschrieben, jedoch belegen die Angaben zur Person und Funktion, dass es sich um Karl Haedenkamp handelt. Vergleiche dazu die Informationen in RG 260, 5/324-2/51 S. 20, mit Gerst, 1997, S. 200f. Die hier vorliegende Beurteilung Haedenkamps vom 1949 geht nicht auf seine Position bis 1939 ein. Ausführlich zur Biographie Haedenkamps siehe vor allem Schwoch, 2001, S. 68ff., sowie Rüther, Martin, Ärztliches Standeswesen im Nationalsozialismus 1933-1945, in: Jütte, 1997, S. 143-194, hier S. 145-147.

»*Of course these men are defending the status quo because, in part, they are identified with it, but [...] patients [...] are satisfied with their insurance experience. [...] Of course, nothing in German experience, good or bad, can be transported into American terms as is, or vice versa.*«[200]


## »The best we can do is learn from each other«: Resumée amerikanischer Einsichten in das deutsche Krankenversicherungssystem

»*The best we can do is learn from each other*«[201] war die knappe und treffende Formel, auf die sich die amerikanische Haltung zur gesetzlichen Krankenversicherung im Frühjahr 1949 bringen lässt. Sie war das Ergebnis eines Meinungsbildungsprozesses, der hinsichtlich des Kassenwesens stets kritisch und skeptisch gewesen war, nie jedoch eine missionarische »Amerikanisierung«, Abschaffung oder unbedingte Reform der deutschen Krankenkassen zum Ziel gehabt hatte. William Bauer war als amerikanischer Ärztefunktionär durch seine tief verwurzelte, unversöhnliche Haltung gegenüber dem Modell einer gesetzlichen Krankenversicherung geprägt[202], die sich in seiner Missinterpretation der politischen Haltung der Militärregierung ausdrückte und aus der heraus er die »*Zwangsmitgliedschaft*« und den »*öffentlich-rechtlichen Status*« der gesetzlichen Krankenversicherung kritisierte[203], obgleich beide Aspekte von der Militärregierung ausschließlich gegenüber den Ärzteverbänden, nicht aber gegenüber den Krankenkassen beanstandet wurden. Doch selbst der skeptische AMA-Mann Bauer kam schließlich zu dem Ergebnis: »*[I]t will be impossible to suggest major changes unless we can clearly come up with better ideas [...] in Germany*«.[204]

Die amerikanische Haltung zum Problemfeld Krankenkassen hatte in den Besatzungsjahren das ganze Spektrum von Desinteresse über Skepsis bis hin zu einer Position der Offenheit durchlaufen. Die durchgängig defensive Haltung gegenüber grundlegenden Veränderungen auf dem Sektor der Krankenversicherung speiste sich dabei nicht unerheblich aus der Einsicht, dass die *medical officers* kein Modell anzubieten hatten, »*that suited the German situation*«, ein Umstand, um den William Bauer ebenso wusste

---

200 RG 260, 5/324-2/51, OMGUS, Public Health Practices in Germany, by William W. Bauer, M. D., Advisor to the Secretary of the Army, S. 24a.
201 Ibid.
202 Siehe zum erbitterten Widerstand der *AMA* gegen alle Modelle einer gesetzlichen Krankenversicherung: Lubove, 1968, S. 80. Burrow, 1963, S. 132-150, 329-353. Hirshfield, 1970. Derickson, Alan, Health Security for All? Social Unionism and Universal Health Insurance, 1935-1958, in: *The Journal of American History*, Vol. 80, No 4 (1994), S. 1333-1381; Duffy, 1992, S. 244-250.
203 RG 260, 5/324-2/51, OMGUS, Public Health Practices in Germany, by William W. Bauer, M. D., Advisor to the Secretary of the Army, S. 12.
204 Ibid., S. 24a.

wie seine deutschen Gesprächspartner, die ihre Referate über die deutsche Situation häufig mit der provokanten Frage schlossen: »*Could you suggest anything better?*«[205]

Die Institution der deutschen Krankenversicherung scheint auf den ersten Blick kein Transmissionsriemen amerikanischer Gesundheitsvorstellungen gewesen zu sein.[206] Deutsche Gesundheitsbeamte, Ärzte, Krankenschwestern und auch Patienten, sie alle verteidigten die Krankenversicherung mit Leidenschaft – handelte es sich doch um ein Kernstück deutschen Traditionsbestandes. Die insistierenden Fragen der Besatzungsmacht, ihre logisch treffenden Einwände, ihre Bedenken und Zweifel brachten die Deutschen in Begründungszwang. Zwei Jahre lang drehte die Besatzungsmacht die Deutschen auch in Fragen der Krankenversicherung durch eine Diskussionsmühle, in der jedes Beispiel gewogen, jedes Argument hin- und hergewendet und jede Selbstverständlichkeit hinterfragt wurde. Dass dies sogar in einem Sektor geschah, für den die Besatzungsmacht keine eigenen Reformkonzepte vorlegen konnte, verdeutlicht, dass es dabei primär um Erörterung und Verfahrensweisen und nicht um institutionelle Regelungen ging.

Waren die ersten deutschen Versuche, das Kassenwesen zu rechtfertigen, noch unbeholfen und teilweise gänzlich ohne Begründung gewesen, so hatte sich das Diskussionsniveau in fast zwei Jahren merklich gehoben. »*Dr. Haedenkamp, whose objectivity and shrewdness greatly impressed me, and who gave me [...] the clearest and most logical exposition of the Krankenkasse that I have heard, has a gift of metaphor and picturesque speech [...]*«[207], notierte Bauer im Februar 1949 in seinem Report.[208] Die analytische Stringenz seines deutschen Gesprächspartners beeindruckte ihn sichtlich; obwohl Haedenkamps Position als Vertreter der Ärztekammer Bauers Vorstellungen von freien Ärzteverbänden diametral entgegenstand, genoss der Amerikaner die Ausführungen des Deutschen, die »*intellectual fare*«, ebenso sehr wie »*coffee and cake [which] went with it*«.[209]

Dass es ausgerechnet Karl Haedenkamp war, der William Bauer von der Notwendigkeit überzeugte, bisherige Strukturen der gesetzlichen Krankenversicherung beizubehalten, entbehrt nicht der Ironie, hatte sich doch gerade Haedenkamp in der Weimarer Republik als Kritiker der angeblich zu einflussreichen Krankenkassen pro-

---

205 Ibid., S. 22.
206 In der östlichen Besatzungszone war dies anders. Siehe dazu: Hoffmann, Dierk, *Sozialpolitische Neuordnung in der SBZ/DDR. Der Umbau der Sozialversicherung 1945-1956*, München 1996; Spaar, Horst (Redaktion unter Mitarbeit von Dietmar Funke und Rudolf Wernicke), *Dokumentation zur Geschichte des Gesundheitswesens der DDR. Teil I: Die Entwicklung des Gesundheitswesens in der sowjetischen Besatzungszone (1945-1949)*, Berlin 1996.
207 Ibid.
208 Diese Einschätzung benennt eine offenbar zentrale Begabung Haedenkamps, die von verschiedenen Gesprächspartnern immer wieder genannt wird.
209 Ibid.

filiert und sich außerdem gegenüber strukturellen Eingriffen der Nationalsozialisten wenig zimperlich gezeigt.[210]

Für den Amerikaner Bauer spielte diese Vergangenheit 1949 keine Rolle mehr. Über die Gründe lässt sich nur mutmaßen: Einerseits war Bauer nicht mit der Entnazifizierung beauftragt, sondern ging davon aus, dass die Funktionsträger, auf die er 1949 traf, bereits überprüft worden waren. Zum anderen hatte Haedenkamp 1939 nach einem Konflikt mit dem Reichsgesundheitsführer Conti seine Ämter aufgegeben[211], ein Faktum, das bei seiner Entlastung eine große Rolle spielte.[212] Wesentlich war für Bauer der persönliche Eindruck, den er von seinem Gesprächspartner gewann, ein Kriterium, dem seit 1947 immer größere Bedeutung in den deutsch-amerikanischen Beziehungen zukam.

Es war vor allem die historische Herleitung der Krankenversicherung und der von Haedenkamp immer wieder beschworene vermeintliche ärztliche Existenzkampf gegen die mächtigen Krankenkassen, die William Bauer im Gespräch mit Haedenkamp davon überzeugten, dass mit der aktuellen Konstruktion ein Gleichgewicht zwischen Krankenkassen und Ärzteverbänden hergestellt sei, das durch institutionelle Veränderungen erheblich gestört werden würde. Diese komplizierten internen Regelungsmechanismen, so Haedenkamp, seien nur schwer zu verändern. Schließlich kam auch William Bauer zu der Überzeugung, dass die kulturelle und nationale Verwurzelung eines Modells mindestens so wesentlich für seinen Erfolg sei wie funktionale Logik und intellektuelle Brillanz.

## »Exchange of views«: Techniken der Modifikation

Auch wenn die amerikanische Besatzungsmacht mit Blick auf die Krankenkassen keine definitiven Reformpläne hatte, so war doch auch in dieser Frage ihre Haltung von der Einschätzung geprägt, dass Deutschland zwar einst ein Pionierland der Sozialversicherung gewesen sei, diesen Status aber längst verloren hatte. Grund dafür sei u.a. gewesen, dass der Diskussionsprozess über eine zeitgemäße Sozialversicherung praktisch zum Erliegen gekommen sei, es keine Auseinandersetzung mehr mit den Lösungsmodellen anderer Länder gegeben habe und »*the German experts themselves held practically no conferences since 1936*«.[213] Konferenzen, Informationsaustausch und

---

210 Siehe dazu Schwoch, 2001; Rüther, 1997, S. 147.
211 Siehe dazu: Gerst, 1997, S. 200.
212 Schwoch, 2001, S. 80-83.
213 »*To us in America Germany has been soncidered a pioneer country in the field of social policy but it has fallen behind somewhat since the first World War. The lack of contact with the social policy of other countries for many years has prevented the Germans from discussing mutual problems with experts of other countries and reaping the progressive benefits of such discussions.*« So Newton Friedman. RG 260, 390/50/1/1 box 236, OMGUS-WB General Records Public Health Advisor, Social

Diskussionen waren daher das Rezept, mit dem die Amerikaner auch die deutsche Krankenversicherung generalüberholen wollten.

Während der amerikanischen Besatzungsmacht für ihre Bemühungen um eine Neuorientierung der deutschen Ärzteverbände renommierte Vertreter des machtvollen und prestigereichen amerikanischen Ärztebundes als Partner zur Verfügung standen, gestaltete sich die Planung vergleichbarer Projekte für die gesetzliche Krankenversicherung schwieriger. Doch auch hier fand die amerikanische Besatzungsmacht eine bemerkenswert kreative Lösung.

Im Mai 1949 fand in Wiesbaden auf Einladung der Militärregierung eine Konferenz zur Sozialversicherung statt, an der Vertreter von OMGUS, der deutschen Länderregierungen, Repräsentanten der deutschen Ärzteverbände und *Kassenärztlichen Vereinigungen,* auch der norwegische Sozial- und Gesundheitsminister Dr. Karl Evang teilnahmen.

Der Direktor der hessischen Militärregierung, James Newman, eröffnete die Konferenz, indem er ausführte, dass in den USA eine Auseinandersetzung über die möglichen Vorteile eines staatlichen Gesundheitswesens und einer gesetzlichen Krankenversicherung geführt werde. Er persönlich denke, dass es Vorteile und auch Nachteile gebe und alle Aspekte sicherlich auf der Konferenz diskutiert würden.[214] Wenn die Haltung der Militärregierung auch, wie hier beispielhaft an den Ausführungen Newmans verdeutlicht, offen war, so verfolgte sie mit der Tagung doch ein Konzept und ein konkretes Ziel.

Dr. Evang erklärte in seinen Eingangsworten, worum es eigentlich ging, denn seiner Ansicht nach war es kein Zufall, dass die amerikanische Militärregierung gerade ihn, den norwegischen Sozial- und Gesundheitsminister, eingeladen habe. »*The reason the invitation was extended, I think was this: When Norway, in 1911 [...] introduced legislation on social insurance, it did in many ways copy the German system. For example, we started out with a compulsory system [...] and [...] you will find many expressions which remind you that in many ways a copy of the German legislation was made. Nevertheless, if you come to the practice in Norway today, you will find a situation which is completely different from that in Germany. [...] The American authorities, which had during the liberation of Norway in 1945, a chance to see this system operating in practice may have felt that it might be of some interest to arrange an exchange of view.*«[215]

Norwegens Gesundheitssystem hatte eine dem deutschen Modell ähnliche Rechtsetzung und eine vergleichbare institutionelle Ausgestaltung der Krankenversicherung.

---

Policy, Radio broadcast by Newton S. Friedman, Manpower Adviser, OMGWB, Ministerial-Director David Stetter, WB Labor Ministry and Karl Hof, Director of Social Insurance, WB, sent over Radio Stuttgart on 31 January 1949, S. 1. Dort auch das obige Zitat.

214 RG 260, 390/42/32/4-5, Box 500, Militärregierung US Civil Affairs Division, Records of the Public Health and Public Welfare Branch, Reports Visiting Experts, Minutes of Conference on Social Insurance and Social Medicine, Wiesbaden, 24 May 1949, S. 1.

215 Ibid.

Gleichzeitig wies es aber grundlegende Unterschiede auf. Norwegen hatte keine selbstverwalteten Körperschaften[216] und erfüllte in dieser Hinsicht die Vorstellungen der Besatzungsmacht. Andererseits war das norwegische System mit seinen Staats- und Kommunalzuschüssen deutlich sozialistischer als das rein beitragsfinanzierte deutsche Versicherungssystem. Das von der Besatzungsmacht gewählte Modell unterstreicht, dass es der amerikanischen Militärregierung nicht um die Implementierung identischer amerikanischer Strukturen ging, sondern dass sie wertrational motiviert war, und zwar aus der Überzeugung heraus, dass staatliche Funktionen nur von demokratisch legitimierten staatlichen Institutionen und nicht von semi-staatlichen Organen ausgeübt werden dürften.

Im norwegischen Beispiel glaubte die amerikanische Besatzungsmacht das gefunden zu haben, was ihr für die Besatzungszone vorschwebte: nämlich zum einen tradierte Institutionen in einen neuen demokratischen Wertekontext zu überführen und damit zum Zweiten eine neue politische Institutionsidentität zu konstituieren. Die Referenz auf ein im Vergleich zu Deutschland »sozialistischeres« System belegt, dass der Kalte Krieg auf die Reformdiskussionen im deutschen Gesundheitswesen bis 1949 noch keinen unmittelbaren Einfluss hatte.

## 4. Veränderte Perzeptionen: Ergebnisse, Erfolge und Fehlschläge amerikanischer Reformanstrengungen

Trotz aller Bemühungen, die die *medical officers* aufbrachten, um dem deutschen Gesundheitswesen Reformimpulse zu vermitteln, ging ihnen ein entscheidendes Argument verloren: Ein für deutsche Verhältnisse denkbares Alternativmodell lag weder im fernen Amerika noch im hohen Norwegen, sondern war in der deutschen Geschichte aufzufinden.

Bis zum Abschluss des *Berliner Abkommens* von 1913 hatte im deutschen Gesundheitssystem eben die von den Amerikanern seit 1947 geforderte Konstellation bestanden – die Mitgliedschaft in den ärztlichen Vereinigungen war freiwillig gewesen und die Verbände hatten noch nicht den Status einer öffentlich-rechtlichen Körperschaft besessen. Die deutschen Ärztevereinigungen waren innerhalb des bereits bestehenden Systems der gesetzlichen Krankenversicherung bis 1913 mit weit weniger Kompetenzen ausgestattet gewesen als 1947, ohne dass es zum Zusammenbruch der Gesundheitsversorgung gekommen war. Ein kurzer Blick in die deutsche Geschichte hätte somit belegen können, dass amerikanische Reformvorgaben auch mit dem deutschen Krankenversicherungssystem kompatibel gewesen wären.

Allerdings hätte die Umsetzung amerikanischer Reformvorhaben die starke standes- und machtpolitische Stellung der deutschen Ärzteverbände gefährdet. Diese Diskus-

---

216 Ibid., S. 3.

sion um Macht und Einfluss der weißen Lobby wurde in der Nachkriegszeit jedoch gar nicht erst geführt.

Damit ist das von der Forschung für Kontinuitäten im deutschen Gesundheitswesen bzw. für das vermeintliche Scheitern der von der Besatzungsmacht angestrebten Reformen der *Kassenärztlichen Vereinigungen* angeführte Argument der *path dependency* nicht einschlägig.

Der Einwand, dass das System ein so starkes strukturelles Eigengewicht besitzt, dass es seine weitere Entwicklung quasi selbstreferenziell vorherbestimmt, ist nur für eine Reform des Krankenversicherungswesens schlüssig. Nur die Veränderung des Versicherungssystems hätte pfadabhängige Probleme produziert, wie z.B. Schwierigkeiten bei der gerechten Überführung von Versicherungs- und Leistungsansprüchen, die in einem traditionellen Beitragssystem erworben worden waren, in ein anderes Beitragssystem. Bei der Veränderung der institutionellen Verfassung der Ärztekammern hätten vergleichbare Schwierigkeiten aber nicht bestanden.

Die Erklärung, dass die von den Amerikanern angestrebte Reform der Ärzteverbände aufgrund einer angeblichen »Pfadabhängigkeit« scheiterte, ist deshalb nicht einschlägig, weil die der Besatzungsmacht vorschwebende Konstruktion in einer vergleichbaren Form historisch bereits einmal bestanden hatte und somit quasi auf dem Pfad des deutschen Gesundheitswesens lag. Interessant ist, dass amerikanische Besatzungsoffiziere diese historische Parallelsituation niemals zu ihren Gunsten anführten. Die Überlegung, dass der Hinweis auf frühere deutsche Traditionslinien ihr Reformansinnen mehrheitsfähig gemacht hätte, kann hier nicht bewiesen werden. Auffällig ist jedoch, dass die amerikanische Besatzungsmacht zur legitimatorischen Untermauerung ihrer Reformvorstellungen stets ausschließlich amerikanische Beispiele zitierte. Aus amerikanischer Perspektive gründeten die *»restriktiven Praktiken im Gesundheitswesen«* in der Geschichte der deutschen Gesundheitsgesetzgebung.[217] Diese Gesetzgebung als Referenz für vermeintlich liberalere amerikanische Prinzipien anzuführen, kam amerikanischen Besatzungsoffizieren nicht in den Sinn.

Trotzdem zeitigte die Diskussion, die amerikanische Besatzungsoffiziere mit den Deutschen zwei Jahre lang über ihr Gesundheitssystem führten, einige durchaus bemerkenswerte Folgen:

Insbesondere wurden alte Konfrontationslinien durch aktuelle Diskursformationen und Politikinteressen umgeformt bzw. sogar ganz aufgegeben.[218] Die Vertreter der deut-

---

217 RG 260, OMGUS, 11/12-2/4, Governmental Health Insurance, Juni 1949. Anders war dies in der DDR. Dort wurden z.T. vermittelt über die Besatzungsmacht »alte« Weimarer Strukturen reimportiert. Dazu Ernst, 1997, S. 333f.

218 Diese These Thomsens lässt sich unmittelbar auch für die Nachkriegszeit bestätigen. Dass die Entwicklung des Sozialversicherungssystems keineswegs ausschließlich durch Klassenverhältnisse und Klassenkräfte determiniert wurde, sondern ebenso durch entsprechende Diskursformationen bestimmt wurde, lässt sich eindrücklich in den Gesprächen zwischen Haedenkamp

schen Ärzteschaft konnten ihr Recht auf Kollektivverträge und Niederlassungsbegrenzungen gegenüber amerikanischen Standesvertretern, die ihrerseits wirtschaftsliberale Argumente ins Feld führten, nicht mehr mit der Abwehr des »Krankenkassensozialismus« rechtfertigen, da nach amerikanischer Lesart gerade die institutionelle Form der Ärzteverbände selbst mit ihren Kollektivverträgen und Zulassungsbeschränkungen Ausdruck eben dieses »Gesundheitssozialismus« war.

Während die Ärzteschaft nach dem Ersten Weltkrieg noch unter dem Motto »*Los von den Kassen*«[219] grundsätzliche Kritik am Sozialversicherungssystem geübt hatte, Standesvertreter auf dem Eisenacher Ärztetag erklärt hatten, der »*Krieg erzeuge staatssozialistische Luft*«, und die Furcht vor einer allgemeinen Volksversicherung[220] umging, war 1947 der Erhalt des bestehenden Sozialversicherungssystems Ziel standesärztlicher Aktivitäten.[221]

1918 hatte der Herausgeber der *Ärztlichen Mitteilungen* Hellpach im Standesblatt der düsteren Vision einer kommenden Verstaatlichung des Gesundheitswesens die Freiberuflichkeit entgegengehalten.[222] Ganz anders 1947: Deutsche Standesvertreter lehnten die Umsetzung ärztlicher Freiberuflichkeit in der amerikanisch-liberalen Version, ohne die Absicherungen durch ärztliche Kollektivverträge und autonome Niederlassungskontrolle, dankend ab. Das strukturelle »Tandem« Krankenkassen/Ärzteverbände, das während des Kaiserreichs und der Weimarer Republik zu einer Ökonomisierung und Konsolidierung der Ärzteverbände als wirtschaftlich und politisch mächtige Körperschaften geführt hatte, war zu einem kostbaren und erhaltenswerten Gut geworden. Der scharfe Gegensatz zwischen Ärzteverbänden und Krankenkassen, der die Weimarer Republik dominiert hatte, war verblasst.

Auf den ersten Blick scheint es paradox, dass die deutsche Ärzteschaft das Prinzip der freien Arztwahl und der unbegrenzten »freien« Berufsausübung gegenüber der amerikanischen Besatzungsmacht teilweise zurücknahm, nur um weiterhin innerhalb des – einst doch so geschmähten – Kassensystems arbeiten zu können. Diese Argumentation stand in Kontinuität zur Anstrengung der deutschen Ärztevertreter, ihre Standesposition auszubauen.

Angesichts der starken Stellung, die die Ärzteschaft seit Ende der Weimarer Republik innehatte und die sie während des Nationalsozialismus konsolidieren und zum Teil sogar noch hatte ausbauen können, war 1947 von einer institutionellen Veränderung keine Verbesserung der standespolitischen und ökonomischen Lage zu erwarten. Die

---

und Bauer demonstrieren, in denen die Akteure angesichts der veränderten Situation von tradierten Standpunkten abgerückten. Thomsen, 1996, S. 75.
219 Ibid., 1996, S. 69.
220 Ibid., S. 65.
221 In diesem Sinne auch: Dobler, Thomas, Gemeinschaftsaufgaben der deutschen Ärzteschaft auf dem Gebiete des Gesundheitswesens, in: *Südwestdeutsches Ärzteblatt* (1948), S. 77-81, hier S. 77.
222 Thomsen, 1996, S. 65.

Ärzteverbände waren standespolitisch saturiert, eine Position, die sie schließlich mit dem »*Gesetz über das Kassenarztrecht*« vom 17. August 1955 auch legislativ durchsetzen konnten.[223]

Die argumentative Strategie, die die deutsche Ärzteschaft ab 1947 gegenüber der amerikanischen Besatzungsmacht verfocht, lag bereits auf dieser politischen Linie und war somit nicht überraschend, sondern diente dem gleichbleibenden Ziel, die Position der organisierten Ärzteschaft zu erweitern und zu festigen. Dieses standespolitische Ziel konnte unter den veränderten politischen Koordinaten der Nachkriegsjahre allerdings nur mit einer deutlich veränderten Argumentation verfolgt werden:

»*Wir kämpfen dafür, dass uns die Sozialversicherung in ihrer klassischen Form, wie sie seit Bismarcks Zeiten besteht, erhalten bleibt*«[224], erklärte Carl Oelemann gegenüber Abgesandten der *AMA*.[225] Solche entschiedenen Worte zugunsten der deutschen Krankenversicherung aus dem Munde eines Ärztefunktionärs waren bemerkenswert. Auch wenn Oelemann die »*klassische Form der Sozialversicherung*« vor allem zur Abwehr der »*Einheitsversicherung der Ostzone*«[226] bemühte, so war sein argumentativer Rückzug auf das traditionelle deutsche Sozialversicherungsmodell doch amerikanischen Interventionen geschuldet.[227] Damit wurde der tiefe politische Konflikt mit den Krankenkassen, der vor allem in der Weimarer Republik die Politik und das Selbstverständnis der deutschen Ärzteverbände bestimmt hatte, auf ein mittelbares Argument reduziert.

Waren seit dem Kaiserreich die argumentativen Gegenpositionen zur sozialistischen Einheitsversicherung stets »ärztliche Freiheit« und »liberale Selbstbestimmung« gewesen, so musste diese Position angesichts amerikanischer Liberalisierungsversuche

---

223 Dieses Gesetz übertrug den *Kassenärztlichen Vereinigungen* als Körperschaften des öffentlichen Rechts den Sicherstellungsauftrag für die kassenärztliche Versorgung der Bevölkerung. Damit besaß die deutsche Ärzteschaft seit 1955 ein Angebotsmonopol für die ambulante ärztliche Versorgung und hatte ihr bestehendes ökonomisches und politisches Instrumentarium um ein weiteres schlagkräftiges Element ergänzt. Deppe, 1987, S. 38.

224 Archiv der Bundesärztekammer, Nachlass Dr. Carl Oelemann, Besprechung Oelemann mit MG, Bericht über eine Besprechung zwischen Vertretern der Ärzteorganisation der Vereinigten Staaten und Vertretern der deutschen Ärzteorganisation, Teil I, S. 1.

225 Siehe zum einhelligen Protest der Ärzteschaft gegen eine Umstrukturierung der Sozialversicherung neben vielen anderen Belegen z.B. Entschließungen des 51. Deutschen Ärztetages, in: *Südwestdeutsches Ärzteblatt* (1948), S. 64-65; Husemann, Gisbert, Krankheitssymptome des sozialen Lebens. Von der Bedrohung des Gesundheitswesens durch die Sozialversicherung, in: *Südwestdeutsches Ärzteblatt* (1949), S. 216-218; Wasem, 2001, S. 493f.

226 Archiv der Bundesärztekammer, Nachlass Dr. Carl Oelemann, Besprechung Oelemann mit MG, Bericht über eine Besprechung zwischen Vertretern der Ärzteorganisation der Vereinigten Staaten und Vertretern der deutschen Ärzteorganisation, Teil I, S. 1.

227 Analog hatte auch Haedenkamp gegenüber Bauer argumentiert: »*The only way the doctors could fight the strong Krankenkasse and their political backing of the left, was to organize another corporation of public rights, with equally compulsory membership, the Ärztekammer […] would no longer have to please the Krankenkasse, but could unite to serve their patients and fight power with equal power*«. RG 260, 5/324-2/51, OMGUS, Public Health Practices in Germany, by William W. Bauer, M. D., Advisor to the Secretary of the Army, S. 22.

neu definiert werden und fand in der traditionellen Form der gesetzlichen Krankenversicherung ein »neues altes« Identifikationsmodell, das nun auch für die Ärzteschaft Integrationskraft gewonnen hatte.

Während deutsche Ärzteverbände 1919 gegen die Revolution gestreikt und stets eine innere Distanz zur Weimarer Republik und ihren vermeintlich sozialistischen Kassenvorständen gewahrt hatten, stand das System der Sozialversicherung nach 1945 von ärztlicher Seite aus nicht mehr zur Disposition. Der Status quo, die erkämpfte, verhandelte und historisch gewachsene Kooperation mit den Krankenkassen, fungierte im Gegenteil sowohl als Abwehr der Einheitsversicherung als auch als Gegenmodell zu amerikanischen Deregulierungsversuchen. In diesem Sinne konnte der Württembergische Ministerpräsident Dr. Reinhold Maier 1948 anlässlich der Eröffnung des 51. Deutschen Ärztetages *»die deutsche Sozialversicherung als das unantastbare Palladium des deutschen Volkes«* feiern, der es *»im Verein mit den pflichtbewussten deutschen Ärzten«* gelungen sei, *»den physischen und psychischen Zusammenbruch Deutschlands zu verhindern«*.[228]

Anstatt gemeinsam mit der amerikanischen Besatzungsmacht eben jene Forderungen nach Liberalisierung des Gesundheitssektors durchzusetzen – vor allem gegen die Krankenkassen –, die seit dem ausgehenden Kaiserreich die Rhetorik der deutschen Ärzteverbände geprägt hatten, entschieden sich die deutschen Standesvertreter 1947 für eine Verteidigung des traditionellen Systems.

## Reform und Restauration des institutionellen deutschen Gesundheitswesens im Licht der neueren Institutionentheorie

Analysiert man den hier präsentierten Prozess aus der Perspektive der neueren Institutionentheorie[229] und versteht Institutionen als kulturelle Vermittlungsinstanzen und Faktoren der symbolischen Ordnung[230], so waren die Besatzungsjahre für das deutsche Gesundheitswesen institutionell durchaus von Bedeutung.

---

228 Archiv der Bundesärztekammer, Nachlass Dr. Carl Oelemann, Nr. 31, Niederschrift über die Sitzung des Vorstandes der Ärztekammer und Kassenärztlichen Vereinigung Gießen vom 30. Oktober 1948, S. 6.
229 Siehe zum Forschungsstand der neueren deutschen Institutionentheorie: Göhler, Gerhard (Hg.), *Die Eigenart der Institutionen. Zum Profil politischer Institutionentheorie*, Baden-Baden 1994; Ders. (Hg.), *Institutionenwandel* (Leviathan Sonderheft 16/1996), Opladen 1997. Die seit den 1980er-Jahren neue Perspektive auf Institutionen wurde angestoßen durch Diskussionen des amerikanischen Neoinstitutionalismus. Vgl. dazu: Hall, Peter A./Taylor, Rosemary C.R., Political Science and the The New Institutionalism, in: *Political Studies* 44 (1996), S. 952-973; March, James G./Olsen, Johan P. (Ed.), *Rediscovering Institutions. The Organizational Basis of Politics*, New York 1989. Zum Stellenwert dieses Interpretationsansatzes für die vorliegende Studie siehe: S. 31 dieser Darstellung.
230 In diesem Sinne Rehberg, 1997 S. 101-103.

Nach Auffassung des Neo-Institutionalismus spielen Institutionen insbesondere in Zeiten von Systemumbrüchen und Umstrukturierungen eine große Rolle, da sie Ordnungs-, Orientierungs- und Integrationsleistungen erbringen.[231] Dabei ist weniger die Kontinuität von Bedeutung als das Spannungsverhältnis zwischen Beständigkeit und Wandel und die Verarbeitung von Deutungskonkurrenzen.[232]

Spezifische Geltung gewinnen Institutionen angesichts grundlegender Veränderungen dadurch, dass sie Diskontinuitäten überbrücken und Wandlungen abpuffern. Damit stehen Institutionen nicht nur im Kontext von Kontinuität, sondern weisen Bezüge zu Konflikt und Wandel auf.[233] In diesem Sinne vermag eine kulturgeschichtlich orientierte Institutionenanalyse, wie oben vorgeführt, Aufschlüsse darüber zu geben, welche Leitideen und Werte sich in Deutungskonflikten durchzusetzen vermochten.

Bezogen auf das vorliegende Beispiel von Ärzteverbänden und Krankenkassen, bedeutet dies, dass weniger das konkrete Regelwerk als vielmehr die Normen und Werte, die in der Diskussion zwischen Deutschen und Amerikanern zugrunde gelegt wurden, relevant waren. Obgleich, wie ausgeführt, am Regelwerk sowohl der Ärztekammern und Ärzteverbände als auch der Krankenkassen wenig verändert wurde und sich insbesondere die Vorgaben der Besatzungsmacht nach Aufgabe des Status einer öffentlich-rechtlichen Körperschaft nicht durchsetzen ließen[234], kann der Prozess, den die Ärzteverbände und Krankenkassen während der Besatzungsjahre durchliefen, sehr wohl als institutioneller Wandel begriffen werden. Dafür sprechen vor allem zwei Argumente:

Erstens wurde nach 1945 als neues Rationalitätskriterium der Bezug zur demokratischen Staatsordnung implementiert[235] und die Diskussion um Umstrukturierung der Ärzteverbände unter der Perspektive der Vereinbarkeit mit dem neuen Staats- und Gesellschaftssystem geführt.[236] De facto war damit für die Ärzteverbände kein Macht-

---

231 Göhler, 1994 S. 37-41.
232 Rehberg, Karl-Siegbert, Institutionen als symbolische Ordnungen. Leitfragen und Grundkategorien zur Theorie und Analyse institutioneller Mechanismen, in: Göhler, Gerhard (Hg.), *Die Eigenart der Institutionen. Zum Profil politischer Institutionentheorie*, Baden-Baden 1994, S. 47-84, hier S. 245, 251.
233 Steinbach, 1997, S. 229-232.
234 Die bisherige Forschung konzentrierte sich dagegen vor allem auf institutionelle Kontinuitäten im Sinne gleichbleibender Regelungen: Siehe z.B. Berger, Michael, Sozialversicherungsreform und Kassenarztrecht. Zur Verhinderung der Reform des Kassenarztrechtes in den Westzonen nach 1945, in: *Das Argument Sonderband* 4 (1974), S. 73-93.
235 Zum Begriff des Rationalitätskriteriums siehe: Lepsius, 1997, S. 57-69.
236 Neben vielen anderen Verweisen z.B. die Eröffnungsrede des Ehrenpräsidenten auf dem 51. Deutschen Ärztetag, der die Anerkennung der inzwischen nach demokratischen Grundsätzen organisierten ärztlichen Berufsvertretung forderte und darauf hinwies, dass der Kassenarzt innerhalb der Sozialversicherung neben anderen Akteuren stehe. Damit war die Konfliktstellung zwischen Krankenkassen und Kassenärzten zumindest partiell durch die Vorstellung ersetzt worden, gemeinschaftlich innerhalb eines von allen getragenen System zu arbeiten. Mielke, Fred, Bericht über den 51. Deutschen Ärztetag, in: *Südwestdeutsches Ärzteblatt* (1948), S. 61-64.

oder Statusverlust verbunden, sie konnten ihre Position ganz im Gegenteil im 1955 ratifizierten Kassenarztrecht noch ausbauen.[237] Ein Rückfall in den Argumentations- und Deutungsduktus des Kaiserreichs oder der Weimarer Republik, der z.T. extreme politische Entgleisungen und Staatsbeschimpfungen umfasst hatte, war indes nach dem Zweiten Weltkrieg undenkbar.

Zweitens verschob sich das Verhältnis bzw. das Konfliktpotenzial der beteiligten Institutionen untereinander.[238] Ärzteverbände und Krankenkassen rückten nach 1945 argumentativ näher zusammen, da klar war, dass nur gemeinsam tief greifende Struktureingriffe abzuwehren waren. Damit war die Oppositionsstellung der beiden großen Institutionen des deutschen Gesundheitssystems keinesfalls aufgehoben, die Diskussion hatte jedoch die ätzende Schärfe verloren, die die Auseinandersetzung seit den 1880er-Jahren bis zum Zweiten Weltkrieg geprägt hatte, und war von der grundsätzlichen Einsicht in die prinzipielle Daseinsberechtigung und Notwendigkeit beider geprägt.[239]

Institutionell bedeutsam war auch, dass der öffentliche Gesundheitsdienst seit den 1950er-Jahren an Bedeutung verlor. Statt der Behandlung besonders gefährdeter Gruppen wurden in der BRD dem Individuum medizinische und prophylaktische Versorgung angeboten, die selbstverantwortlich in Anspruch genommen werden mussten.[240] Inwieweit hier westlich-liberale Konzepte Pate standen, müssen weitergehende Forschungen erschließen. Ebenso kann der erfolglose Versuch, die Sozialhygiene in den 1950er-Jahren erneut als Leitwissenschaft einer starken prophylaktisch orientierten Gesundheitsfürsorge zu revitalisieren, als institutionelle Verschiebung interpretiert werden[241], die u.U. mit der strikten Weigerung der amerikanischen Besatzungsmacht, demokratietheoretisch an Weimarer Traditionen anzuknüpfen, in Verbindung stand.[242]

Zusammenfassend lässt sich sagen, dass die von den Amerikanern erzwungene Begründung die Deutschen aufforderte, neu über Vor- und Nachteile der gesetzlichen

---

237 Fehlemann, Silke, Die Standespolitik der Ärzteschaft in Westdeutschland – Ein Neubeginn? Das Beispiel des Kassenarztrechts, in: Ruzicka u.a. (Hg.), *Mensch und Medizin in totalitären und demokratischen Gesellschaften*, Essen 2001, S. 137-145; Pöpken, Jörg, *Die Entwicklung der gesetzlichen Krankenversicherung in der Bundesrepublik Deutschland von 1949 bis 1961 anhand der Stellungnahmen in den »Ärztlichen Mitteilungen«*, Diss. med. Hannover 1995, S. 3, S. 25ff.
238 Lepsius, 1997, S. 61ff.
239 Vgl. zu diesem Argument z.B. die Argumentation in den *Ärztlichen Mitteilungen*. Pöpken, 1995.
240 Woelk, Wolfgang, Der Weg der Medizin vom Ende des Nationalsozialismus in die Medizin der Deutschen Demokratischen Republik und der Bundesrepublik Deutschland, in: Ruzicka, 2001, S. 125-136, hier S. 135.
241 Vgl. zum Versuch, sozialhygienische Konzepte in der BRD erneut zu profilieren: Hagen, Wilhelm, *Vorbeugende Gesundheitsfürsorge*, Stuttgart 1953.
242 Inwieweit hier ein Zusammenhang bestand und wie dieser personell und konzeptionell vermittelt war, ist bisher in der Forschung ungeklärt.

Krankenversicherung und der Struktur der Ärzteverbände zu reflektieren. *»Democratizing the German health sector«* – auch im Hinblick auf den deutschen Gesundheitssektor, dessen institutionelle Mauern so fest standen wie eh und je, hatte dieser amerikanische Einfluss für Bewegung gesorgt. Auch wenn die institutionellen Säulen noch immer die Patina des Kaiserreichs trugen, hatte sich die Demokratieankündigung der Amerikaner doch als mehr erwiesen denn als bloße Platitude: Amerikanische Besatzungsoffiziere waren es gewesen, die der »ur-deutschen« Institution den Reiz einer *»intellectual fare«* zurückgegeben hatten.

Dabei konnte das bestehende System nicht einfach unter Verweis auf die Tradition restauriert werden, vielmehr mussten neue argumentative »Stützkonstruktionen«, wie Luckmann und Berger es nennen, gefunden werden, mit der das alte Gefüge in eine neue, demokratische Gesellschaft überführt werden konnte.

Das Beispiel Krankenversicherung zeigt, dass es weniger um organisatorische Reformen als um legitimatorische Änderungen ging.[243] Eben dieser Prozess der Neulegitimierung durch Erläuterung war es, den die Amerikaner den Deutschen abverlangten.[244] Die Deutschen erklärten dabei weniger der Besatzungsmacht als sich selbst, wie und warum tradierte Institutionen wie z.B. die Krankenversicherung in eine demokratische Gesellschaft einzupassen seien. Die Besatzungsmacht wusste um diesen Zusammenhang, sie führte in einem internen Papier mit Bezug auf die verschiedenen amerikanischen Expertenkommissionen, die die US-Zone besuchten, aus, dass *»German officials, in anticipation of the visit by […] committee[s],* **oriented themselves on the past & present situation**«.[245]

Dass es innerhalb dieses Neulegitimierungsprozesses gerade amerikanische Liberalisierungsbestrebungen waren, die mittelbar den deutschen Krankenkassen den Ruch des Sozialismusverdachts nahmen und sie zu einem wohlgelitteneren Partner im gemeinsamen Haus der deutschen Sozialversicherung machte, entbehrt nicht einer gewissen historischen Ironie.

Durch diesen Assimilierungsprozess konnte die Krankenversicherung ihre neue Rolle spielen: Brücke zu »ur-deutschen« Traditionen und damit Identitätsanker, gleichzeitig aber auch seit den 1950er-Jahren viel gepriesener Gestaltungsfaktor der neuen demokratischen Gesellschaft der BRD zu werden.

---

243 Zur Bedeutung der Legitimation für institutionelle Ordnungsgefüge siehe Berger/Luckmann: *»Legitimation erklärt die institutionale Ordnung dadurch, dass sie ihrem objektivierten Sinn kognitive Gültigkeit zuschreibt«*. Der Weg dahin war ein vertrauter, denn *»das Gebäude unserer Legitimation ruht auf der Sprache, und Sprache ist ihr Hauptinstrument«*. Siehe Berger/Luckmann, 1980, S. 100, 69. Zum Zusammenhang von Legitimation und Institution siehe auch: Göhler, Gerhard, Wie verändern sich Institutionen? Revolutionärer und schleichender Institutionenwandel, in: Eichler, 1997, S. 21-56, hier S. 34ff.

244 Ibid., S. 69.

245 RG 260, 8/62-2/3, Hessisches Hauptstaatsarchiv Wiesbaden, Abt. 649, OMG-Hesse, Public Health and Welfare Branch, Summary of Public Health Activites in Land Hesse for February 1949, S. 1-2. [Hervorhebung D. E.]

Vergleichbare Versuche der Neulegitimierung bestimmten die amerikanische Gesundheitspolitik, wie oben dargestellt, in allen Sektoren. Interessant ist, dass diese legitimatorische Umorientierung angestoßen werden konnte, obwohl es hinsichtlich praktischer Maßnahmen und institutioneller Regelungen nur wenig Veränderungen gab. Diese faktische Kontinuität konkreter gesundheitspolitischer Handlungen suggeriert bei oberflächlicher Betrachtung Kontinuität, die jedoch nur punktuell gegeben war und als *De-* und *Re*institutionalisierung ein dramatischer und umkämpfter Prozess war.[246]

---

246 So die Formulierung Steinbachs, 1997, S. 252.

# Kapitel 4
# »The Public Health miracle«

Auf den ersten Blick schien sich das Kriegsende vor allem auf das institutionalisierte Gesundheitswesen ausgewirkt zu haben. Die Gesundheitsämter mit ihren Gebäuden und Fürsorgestellen, die Krankenkassen mit ihren Konten, Vermögen und Verwaltungsapparaten, die Arztpraxen mit ihren Räumen, Geräten und Mitarbeitern mussten den Übergang vom Krieg in den Besatzungsfrieden finden. Oftmals entschied sich innerhalb weniger Tage, ob und wie eine Krankenkasse weiterarbeiten konnte, ein Krankenhaus neue Räumlichkeiten von der Besatzungsmacht zugewiesen bekam, einem Gesundheitsamt Röntgenfilme von der US-Army überlassen wurden.

Im Gegensatz dazu machte ihr fluider Charakter Krankheit, Gesundheit, »Diagnose« und »Behandlung« vom punktuellen Ereignis des Kriegsendes unabhängiger. Krankheit und Gesundheit unterlagen längeren Entwicklungsintervallen. Sie waren vom langjährigen Einfluss des Krieges wie auch von den Auswirkungen der Besatzungsjahre stärker tangiert als vom Moment des Besatzungsbeginns.

Während sich Krankheit, Gesundheit und Körperlichkeit im Vergleich zu institutionellen Strukturen von dem konkreten Moment des Regimewechsels unabhängiger erwiesen und partiell sogar Kontinuitäten zwischen Nationalsozialismus und Besatzungszeit repräsentierten, so kehrte sich diese Relation langfristig um. Krankheit, Gesundheit und Körperlichkeit schienen vom Politikprozess der Besatzungsjahre leichter gestaltbar zu sein als die überlebenden institutionellen Strukturen.

Die Aktivitäten der ersten Monate, der Wiederaufbau der Gesundheitsverwaltung und die schnell und effektiv anlaufenden Sofortmaßnahmen waren von tief gehenden Ängsten motiviert, die nachfolgend differenzierter analysiert werden. Dabei wird im Sinne der oben formulierten theoretischen Überlegungen ein Krankheitskonzept zugrunde gelegt, das eben gerade nicht nur eine »*durchdachte, systematisch formulierte und begründete Theorie von den Krankheitserscheinungen, ihrem Charakter, ihrer Verursachung und ihrer Regelmäßigkeit*«[1] darstellt, sondern darüber hinaus unterschied-

---

1 So noch die Definition von Rothschuh, R., *Konzepte der Medizin in Vergangenheit und Gegenwart*, Stuttgart 1978, S. 8.

lichste Deutungen, Assoziationen und Symbole des Krankheitsdiskurses umfasst.[2] Krankheitsdeutungen beinhalten somit Bezüge zu naturwissenschaftlichen Modellen, zu aktuellen Körpervorstellungen, Gesellschaftsentwürfen und Selbstbildern.[3] Krankheitsvorstellungen ändern sich daher aufgrund von technischen Innovationen[4] ebenso wie aufgrund von Verschiebungen innerhalb des gesellschaftlichen und politischen Koordinatensystems.[5] Somit kann eine Analyse, der es auch um den symbolischen Gehalt, die dominanten Perzeptionsmuster und sozialen Praktiken der Krankheitsbekämpfung geht, tiefe Einblicke in die Befindlichkeiten der Nachkriegsjahre offen legen. Dafür ist insbesondere zu klären, in welcher Form und in welchen Kontexten gesunde und kranke Körper in der Umbruchszeit nach 1945 eine Bedeutung erlangten.

---

2   Aus diesem Grund werden auch hier die im 19. Jahrhundert synomym verwendeten Bezeichnungen Tuberkulose, Schwindsucht, Phthisitis, Consuption sinngleich benutzt. Eine Beschränkung auf ein primär bakteriologisches Krankheitsverständnis, das sich seit Entdeckung des bakteriellen Erregers *(Mycobacterium Tuberculosis)* durchgesetzt hat, würde die Tuberkulose partiell ihrer vielfältigen Deutungszusammenhänge, die in dieser Studie im Mittelpunkt stehen, entkleiden. Detaillierter zur Begriffsgeschichte siehe Condrau, 2000, S. 15f.
3   Daher bedingen Veränderungen in einem Sektor mittelbar auch immer einen Wandel der Krankheitskonzeption. So folgte beispielsweise aus den technischen Neuerungen der Radiologie ein neuer Blick auf den Körper, der die Tuberkulose nun nicht mehr anhand schwindender Körperkräfte, nächtlicher Schweißausbrüche und blutiger Auswürfe identifizierte, sondern statt dessen auf den neuartigen Schwarzweißabbildungen nach »*Schatten*« und Infektions-»*Herden*« fahndete, die anhand ihrer scharf begrenzten oder »*verschwommenen [...] unmerklich abklingenden Ränder*« zu klassifizieren waren. Zitate aus: Holzknecht, G., *Die röntgenologische Diagnostik der Erkrankungen der Brusteingeweide*, Hamburg 1901, S. 99f., zitiert nach Ruhbach, Jens, *Die Anfänge der Radiologie in der Inneren Medizin von 1896 bis 1900*, Diss. med. Univ. Würzburg 1995.
4   So war z.B. die Entwicklung einer Hochvakuumröhre durch den amerikanischen Physiker W. D. Coolidge, die die Durchleuchtung großer Personengruppen ermöglichte, Voraussetzung für die sich in den folgenden Jahrzehnten als Standardmaßnahme der Tuberkulosebekämpfung etablierende Röntgenreihenuntersuchung. Dazu Ruhbach, 1995, S. 102.
5   Exemplarisch hat Paul Weindling dies am Beispiel der Fleckfieberbekämpfung während des Zweiten Weltkriegs illustriert und den Bezug zwischen Ideologie und Seuchenlehre erläutert. Vgl. Weindling, 1994, S. 129 und S. 134. Zu militärischen Metaphern der Krankheitsperzeption siehe auch Sontag, 1978, S. 79. Zur militärischen Semantik im Choleradiskurs des 19. Jahrhunderts vgl. Briese, Olaf, Defensive, Offensive, Straßenkampf. Die Rolle von Medizin und Militär am Beispiel der Cholera in Preußen, in: *MedGG* 16 (1997), S. 9-32. Als Beispiel militarisierter Sprachbilder im Tuberkulosediskurs: Doull, James A., Tuberculosis Mortality in England and Certain Other Countries During the Present War, in: *American Journal of Public Health* 35, 8 (1945), S. 783-787.

## Vom Krieg zum Frieden

Militärische Deutungsmuster stellen eine verbreitete Perzeptionsstruktur in der Seuchenbekämpfung dar.[6] Aus dem Kriegsalltag bekannte Szenerien werden dabei metaphorisch auf die Krankheitsbekämpfung übertragen, um auf diese Weise den unsichtbaren Feind – Cholera, Pocken, Fleckfieber oder Diphtherie – zu besiegen. Auch die US-Armeen versuchten ihre Krankheitsängste durch eine Militarisierung des Krankheitsdiskurses und entsprechend kriegerische Metaphern zu bekämpfen. Durch die logistische und strategische Planung der Krankheitsbekämpfung sollte die Seuche ihrer Subjektlosigkeit beraubt werden. Die Krankheit wurde wie ein Feind lokalisiert und verlor in der Personifizierung ihre diffuse Bedrohlichkeit.[7] Gleichzeitig ermöglichte die Personifizierung bedrohlicher Krankheiten eine Abgrenzung sowohl in geographischer als auch in psychologischer Hinsicht. Konkret wurde eine »*skandalisierte Krankheit*« (A. Labisch) personifiziert, indem sie an eine spezifische Personengruppe gebunden wurde. Auch in der Besatzungszone waren diese Mechanismen wirksam und als Verbindungselement zu traditionellen Krankheitsperzeptionen bedeutsam.

## 1. DDT-Passagen

### 1.1 Lausige Zeiten – zur Transformation der Soldatenkörper

»*That captured German soldiers were lousy was well known for many commanders, for as early as the Normandy campaign many of them were found infested with body lice.*«[8] Der verlauste Zustand der deutschen Soldaten bedeutete für die amerikanischen Streitkräfte nicht nur eine Ansteckungsquelle, er symbolisierte gleichzeitig den Zustand

---

6   Dieser Befund ist in der historischen Forschung vielfach konstatiert worden: Vgl. z.B. Briese, 1997, S. 9; Sontag, 1978, S. 79; Weindling, 1994, S. 130-135; Lerner, Paul, Ein Sieg deutschen Willens«: Wille und Gemeinschaft in der deutschen Kriegspsychiatrie, in: Eckard, Wolfgang/Gradmann, Christoph (Hg.), *Die Medizin und der Erste Weltkrieg*, Pfaffenweiler 1996, S. 85-108; Eckart, Wolfgang U./Cordes, Meike, »People too wild« – Pocken, Schlafkrankheit und koloniale Gesundheitskontrolle im Kaiserlichen Schutzgebiet Togo, in: Dinges, Martin/Schlich, Thomas (Hg.), *Neue Wege in der Seuchengeschichte*, MedGG-Beihefte 6, Stuttgart 1995, S. 175-206, Hier S. 175; Pulver, Marco, *Tribut der Seuche oder: Seuchenmythen als Quelle sozialer Kalibrierung – Eine Rekonstruktion des Aids-Diskurses vor dem Hintergrund von Studien zur Historizität des Seuchendispositivs*, Frankfurt/M. 1999.

7   Vgl. zur Substantivierung von Krankheiten: Barthes, Roland, Semiologie und Medizin, in: Ders., *Das semiologische Abenteuer*, Frankfurt/M. 1988, S. 210-220. Die Substantivierung der Krankheit und damit ihre Heraushebung waren Voraussetzung ihrer Bindung an besondere Personengruppen, da für eine nicht-skandalisierte Krankheit auch keine Trägergruppe gefunden werden musste.

8   Ibid., S. 20., S. 152. Zum Vorkommen von Fleckfieber in Deutschland während des Krieges und in den ersten Nachkriegsjahren siehe Binde, H./Kramer, S./Preuss, G., Über einen Fall von Fleckfieber (Brill'sche Krankheit) in Norddeutschland, in: *Deutsche Medizinische Wochenschrift*

der deutschen Streitkräfte, die eben nicht mehr wie die US-Army in der Lage waren, ihre Männer sauber und kampfbereit zu halten. Eine der ersten Maßnahmen, der die deutschen Kriegsgefangenen unterzogen wurden, war das Einsprühen mit *»special military fungination and [...] sterilization with DDT powder«*.

Die riesigen DDT-Pistolen waren die hygienische Waffe, die ebenso wie amerikanische Gewehre, Panzer und Flugzeuge zum Kriegsgewinn beitrugen. War kurz zuvor noch amerikanisches Kampfgerät auf deutsche Streitkräfte gerichtet gewesen, so zielten nun die DDT-Pistolen auf deutsche Soldaten. Nicht nur die analoge Benennung der DDT-Geräte stellte sie in einen militärischen Kontext, auch ihre Handhabung unterstrich die Nähe zu militärischem Kriegsgerät. Die deutschen Soldaten standen während der Entlausungsprozedur mit erhobenen Armen, gesenkten Köpfen und entblößten Oberkörpern vor den Hygieneoffizieren. Mit diesem Akt wurde einerseits die Kampfsituation bzw. die deutsche Niederlage perpetuiert, gleichzeitig erfuhr die Situation jedoch bereits eine Umwertung: Während militärische Waffen noch den deutschen Soldaten an sich bekämpft hatten, attackierten die DDT-Pistolen nur noch die Läuse auf den Soldatenkörpern.[9] Zwar wurde »der deutsche Soldat« so, wie er gefangen genommen worden war – verlaust, verdreckt, erkrankt – noch befehdet, der modifizierte Angriff galt indes nicht mehr dem ganzen Körper, sondern nur noch der Krankheit, die sich in ihm festgesetzt hatte, den Läusen, die auf ihm schmarotzten.

Läuse waren gefürchtet, weil sie Fleckfieber bzw. -typhus übertrugen. Fleckfieber galt als Krankheit geschlagener Armeen. Nicht nur Napoleons Truppen waren von diesem Feind zerrieben worden, auch die Soldaten Hitlers hatten Flecktyphus aus dem Osten, dort, wo ihre Niederlagen ihren Anfang genommen hatten, ins Reich getragen.[10] Angesichts dieser symbolischen Aufladung sollte die Entlausung der amerikanischen GIs sie gegen Fleckfieber und damit gleichzeitig gegen das Virus der Niederlage immunisieren und so der Gefahr einer (fleckfieber-)kranken Armee die Realität gesunder Streitkräfte entgegensetzen.[11]

Selbst in der Situation der militärischen Niederlage war der metaphorische Gehalt des Fleckfiebers als Krankheit einer geschlagenen Armee noch bedeutsam.[12] Die Ent-

---

77 (1952), S. 5-7; Leven, Karl-Heinz, Fleckfieber beim deutschen Heer während des Krieges gegen die Sowjetunion (1941-1945), in: Guth, E.; Militärgeschichtliches Forschungsamt, Freiburg (Hg.), *Sanitätswesen im Zweiten Weltkrieg*. Vorträge zur Militärgeschichte, 11, Herford, Bonn 1990, S. 127-165.

9  Siehe zum militärischen Sprachduktus der Krankheitsbekämpfung, S. 26 dieser Arbeit.

10  Der Berliner Professor Heinrich Kemper berichtet, dass der Läusebefall *»ab 1944 bei der Truppe sehr stark«* war. Kemper, Heinrich, Schädlingsbekämpfung, in: *Zentralblatt für Bakteriologie* 153 (1948/49), S. 217-225, hier S. 218.
Siehe zur Krankheitstopographie S. 388 dieser Arbeit.

11  Zur Fleckfieberprophylaxe der US-Army auch S. 89 dieser Darstellung.

12  Süß beschreibt Fleckfieber als deutsche Angstkrankheit. Vor allem aufgrund der Erfahrungen im Ersten Weltkrieg galt Fleckfieber als Kriegsseuche. Süß, 2003, S. 224. Auch in der deutschen Perzeption schien Fleckfieber somit die Krankheit der Niederlage zu symbolisieren.

lausung sollte die deutschen Soldaten zwar nicht mehr für einen Sieg stählen, statt dessen sollten die nun militärisch funktionslos gewordenen deutschen Soldatenkörper mit Hilfe von DDT-Pulver gewissermaßen in zivile Körper verwandelt werden. Mit den Läusen sollten auch die geschlagenen Soldaten verschwinden, hervortreten sollten geheilte deutsche Männer, die Dank amerikanischer Behandlung Fleckfieber zusammen mit ihren zerlumpten Uniformen abgelegt hatten. Auch für deutsche Soldaten sollte sich die Schreckensvision der verlausten Armee im DDT-Nebel auflösen und den Blick auf eine gesunde, zivile Zukunft frei machen.

Gleich einem nicht stillstehenden »Räderwerk« wurden die Einstäubungen in den Lagern wieder und wieder durchgeführt. Die kontinuierlich wiederholten Entlausungen machten deutlich, dass es sich um einen Prozess der Veränderung handelte, der durch stete Wiederholung sorgfältig eingeprägt werden musste. Einen vorläufigen Abschluss fand dieses Verfahren der Transformation in der Entlassungsentlausung. Unmittelbar bevor die Soldaten in eine ungewisse Zukunft entlassen wurden, mussten sie sich in den amerikanischen Lagern einer letzten Entlausung unterziehen. Die amerikanischen Streitkräfte gaben ihnen einen letzten DDT-Gruß mit in ein anderes, ein ziviles Leben.

## 1.2 Fremde

Ebenso verlaust wie die gefangen genommenen deutschen Soldaten waren die befreiten KZ-Insassen. Allein in Dachau zählte die 7. US-Armee über 1200 Fleckfieberfälle.[13]

Alliierte Soldaten, die von den vorrückenden US-Streitkräften befreit worden waren, waren so gut wie nie an Fleckfieber erkrankt. Zumindest galt dies für Amerikaner, Briten und Franzosen. Bei den befreiten russischen Soldaten dagegen sei Fleckfieber in epidemischen Ausmaßen aufgetreten, überliefern amerikanische Berichte.[14] Dabei ist es nicht erklärungsbedürftig, dass Angehörige der sowjetischen Streitkräfte verlaust waren, da – wie die amerikanischen Berichte ausführlich beschrieben – Läuse in Polen und Russland 1945 weit verbreitet waren.[15] Dass amerikanische, britische und französische Kriegsgefangene in Deutschland nicht an Fleckfieber erkrankten, ist zwar auffallend, da sie sich während ihrer Kriegsgefangenschaft durchaus andere Erkrankungen zuzogen, lässt sich aber durch den guten hygienischen und gesundheitlichen Zustand erklären, in dem Westalliierte ihre meist relativ kurze deutsche Kriegsgefangenschaft

---

13 *Medical Policies*, 1947, S. 153. Siehe ausführlicher zur Fleckfiebersituation in Dachau und zu den amerikanischen Gegenmaßnahmen: RG 331, SHAEF, Historical Section, Entry 54, Box 170, SHAEF, G-5 Section, 6th Army Group, Weekly Civil Affairs, Military Government Summary No. 30 for week ending 3 May 1945.
14 Erstaunlicherweise bildeten die Fleckfieberkurven im Sommer 1945 eine nationale Verschiedenartigkeit ab, die genau der späteren politischen Konstellation entsprach.
15 *Medical Policies*, 1947, S. 154.

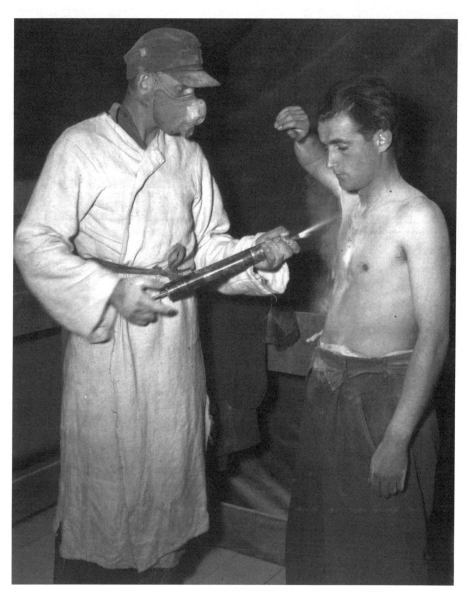

*März 1945: Entlausung eines deutschen Kriegsgefangenen*

antraten.[16] Viel bemerkenswerter ist, dass amerikanische Berichte diesen Unterschied wahrnahmen und ausdrücklich betonten. Im Frühjahr 1945 wurde diese Wahrnehmung noch nicht wertend konnotiert. Schon wenige Monate später aber wurde die körperliche Fremdheit und Andersartigkeit zur Ursache für Konflikte zwischen den alliierten Mächten.

Je länger die amerikanischen Truppen auf deutschem Boden kämpften, desto mehr ihrer Soldaten erkrankten an Fleckfieber. Die Ausbreitung von Fleckfieber seit dem Frühjahr 1945 sei, so die Interpretation der *medical doctors,* trotz aller Vorsorge und regelmäßiger Entlausung der GIs, von DPs und deutschen Zivilisten auf die amerikanischen Soldaten übertragen worden.[17] Die *medical branches* der G5-Stäbe reagierten darauf mit dem klassischen Bekämpfungsrepertoire: Quarantänemaßnahmen, *Cordon sanitaire,* Entlausungsstationen an den Grenzen, großzügige Anwendung chemischer Schädlingsbekämpfungsmittel.[18] Die Rationalität der Analysen, Vorkehrungsmaßnahmen und Bekämpfungsstrategien täuschte jedoch über den gleichzeitig bestehenden irrationalen Aspekt der Kampagne hinweg.

Zwar wussten die Militärärzte um die Erkrankungen deutscher Soldaten und die Erkrankungen der Fremdarbeiter und KZ-Insassen in Folge von deutschen Misshandlungen, trotzdem hoben ihre Berichte andere Zusammenhänge hervor: Statt um Gesundheit und Sauberkeit ging es vorrangig um Ordnung und um als sozial angemessen klassifiziertes Verhalten. Dass dieses von Fremden, von Anderen nicht in der erwarteten Weise gezeigt wurde, machte sie in quasi ontologischer Manier zur Quelle und zu Überträgern von Fleckfieber.[19]

Auch die »*Technical Instruction Public Health No. 2*« vom Oktober 1944, die sich mit Fleckfieberkontrolle befasste, unterschied ausdrücklich zwischen (deutschen) Flüchtlingen und (fremdländischen) DPs: Letztere seien immer zu entlausen, die Flüchtlinge nur bei Bedarf nach Einzelfallprüfung.[20] Die gesundheitliche Bedrohung durch

---

16 Vollständig lässt sich der relativ gute Gesundheitszustand alliierter Kriegsgefangener allerdings nicht mit ihrer guten körperlichen Ausgangsverfassung erklären, denn der Gesundheitszustand amerikanischer Soldaten, die in japanische Kriegsgefangenschaft geraten waren, war sehr schlecht. Siehe dazu: Dean, Larry M./Willis, Frank N./Obourn, Robert, Health Records of American Prisoners of the Japanese during World War II, in: *Military Medicine* 145 (1980), S. 838-841. Insgesamt besteht in diesem Bereich noch großer Forschungsbedarf.
17 Ibid., S. 20.
18 RG 260, 390/49/25/3, Box 1003, Records of the Civil Affairs Division Public Health Branch – Activities Military Government-Hesse, Measures to control spread of Typhus Fever; Leiby, 1985, S. 146.; Dinter, 1999, Seuchenalarm, S. 145-151.
19 »*The whole area seethed with foreign peoples, conscript laborers moving this way [...] Most of the typhus was within this group and they carried the disease with them. They moved along the highways and in country lanes [...]. They moved mostly on foot, halted, then gathered in great camps of sometimes 15,000 or more, extemporized, of primitive sanitation, crowded, and with all too little sense of order or cleanliness.*« United States Army, *Preventive Medicine in World War II*, S. 478.
20 RG 260, AG 45-46/111/7, Technical Public Health Instruction No. 2, Punkt 2 a. 1 und 2.

die Fremden nahm aus amerikanischer Perspektive fast apokalyptische Dimensionen an: »*The Rhineland in those days of March, 1945, could scarcely be believed by those who saw it, it is beyond the appreciation of those who did not. It was Wild West. The hordes of Genghis Khan, the Klondike gold rush, and Napoleon's retreat from Moscow all rolled up into one. Such was the typhus problem in the Rhineland.*«[21] Die hier als Vergleich genannten Beispiele sind weniger Exempel extremer gesundheitlicher Bedrohung als Fälle politischer Unordnung. In diesem Sinne dienten die enormen Anstrengungen sowohl der Armee als auch der G5-Stäbe in der Fleckfieberbekämpfung nicht nur der Krankheits-, sondern vor allem der politischen Kontrolle.[22] Die Besetzung und Befriedung des eroberten Landes war untrennbar mit seiner gesundheitlichen Sanierung verknüpft.

Erst vor diesem Hintergrund wird die volle Bedeutung der Sanierungsstationen offenbar. Diese befanden sich an den Grenzen des von den US-Truppen besetzten Gebietes entlang des Rheins, an der Nordsee, an der Schweizer Grenze.[23] Hier wurden die Personen erfasst, die das Gebiet verließen oder betraten, nicht jedoch Bevölkerungsbewegungen innerhalb der Zone gesundheitlich kontrolliert. Medizinisch war dieses Konzept somit nur von eingeschränkter Wirksamkeit, politisch war es sinnvoll vor dem Hintergrund der Vorannahme, dass Unruhe und Bedrohung von außen, von Fremden hereingetragen würden. Der Entwurf der Direktive des Oberkommandierenden zu *Public Health* sprach folgerichtig im Kontext von Quarantäne und Grenzkontrollen ausschließlich von »*Personen, die die Zone von außen*« beträten.[24] Im Kontext der amerikanischen Tradition der gesundheitlichen Inspektion der Einwanderer an den Häfen gewann das Modell des *Cordon sanitaire* mit seinen grenznahen Sanierungsstationen Sinn und Wirksamkeit.

Die in den Armeeberichten als dramatisch und bedrohlich geschilderte Situation ist auch mit Blick auf die Selbstdarstellung der Offiziere und ihrer Einheiten zu lesen. Erst in der gesundheitlichen Bedrohung konnte sich die Professionalität der Entlausungsteams beweisen. Der bereits zitierte Bericht von Simmons und Turner sprach im Zusammenhang mit der gebannten Fleckfiebergefahr von einem »*commendable job*«, den die Armeeeinheiten auch für die Gesundheit der Zivilbevölkerung geleistet hätten.[25] Die tonnenweise Versprühung von DDT-Pulver, die vielseitigen, detailver-

---

21 Gordon, J. E., Louse-Borne Typhus Fever in the European Theater of Operations, U.S. Army, 1945, in: Rickettsial, *Diseases of Man*. Washington D. C. American Association for the Advancement of Science, 1948 S. 20f.
22 In diesem Sinne auch Weindling, der von einem Zusammenhang zwischen Kriegsmentalität, Unterwerfung und dem Sieg über Krankheiten spricht. Weindling, 1994, S. 130.
23 United States Army, *Preventive Medicine in World War II*, S. 479.
24 RG 260, AGTS/88/1-9, Draft Directive to the US (UK) (USSR) Commander-in-chief, Control of Public Health, January 1945, Punkt 10.
25 RG 260, AG 45-46/111/5, U.S. Army Plans for German Public Health under the Allied Control Council, a report to the Surgeon General, of Oberservation made from 6 June to 12 July 1945, S. 2.

liebten *technical manuals* zur Anwendung der DDT-Pistolen waren somit indirekte Zeugen eines weiteren amerikanischen Sieges, der den amerikanischen Kriegsgewinn würdig umrahmte: des Sieges über die Fleckfiebergefahr.[26] In diesem Sinne entsprach das großzügige *dusting* sowohl militärischen Gepflogenheiten, wie es auch in seiner Technik-Betonung einen Aspekt des amerikanischen Selbstverständnisses widerspiegelte.[27]

Mit dem impliziten Versprechen, dass hinter den DDT-Wolken eine andere, gesündere, bessere Welt warte, symbolisierten amerikanische Entlausungsprozeduren wie nur wenige Praktiken den Übergang vom Krieg zum Frieden.[28] Zeitlich waren sie in der Phase zwischen Krieg und Frieden verortet[29], topographisch wiesen sie Ver-

---

26 Vgl. dazu auch Paul Weindling, der auf den ideologischen Kontext der Fleckfieberbekämpfung verweist, der sich u.a. in den unterschiedlichen Bekämpfungsstrategien, die von Amerikanern und Deutschen verfolgt wurden, zeige. Weindling, 1994, S. 130f. Die von Weindling hier angesprochenen Unterschiede sind weiter zu erforschen und zu begründen. Daneben gab es jedoch im Konzept der *»Gesundheitsgefahr aus dem Osten«* unübersehbare Gemeinsamkeiten zwischen deutschen und amerikanischen Krankheitswahrnehmungen.

27 Die technische Überlegenheit der DDT-Entlausungspistolen gegenüber allen bisherigen Bekämpfungskonzepten wird in den *manuals* immer wieder betont. Die enge Verknüpfung zwischen Fleckfieber und Kriegsgewinn blieb auch über die deutsche Kapitulation hinaus bestehen. Noch im Juni 1946 schrieb die württemberg-badische *Public Health Branch*: »*Almost certainly the conquering of typhus will have as great an influence on the course of history as the outcome of the war itself, and eventually its influence may be of even greater significance.*« RG 260, 390/49-50/ 35-1/6-1, Box 231, OMG-WB: Records of the PH-Advisor, Annual History of Public Health in Land Württemberg-Baden from Beginning of Occupation to 1 June 1946, S. 16.

28 In den 1940er- und 1950er-Jahren haftete dem DDT noch nicht das negative, todbringende Image späterer Jahrzehnte an. Zur positiven Rezeption von DDT in der deutschen medizinischen Fachpresse vgl. z.B. Kikuth, Walter, Neue Forschungsergebnisse und praktische Erfolge in der Seuchenbekämpfung, in: *Deutsche Medizinische Wochenschrift* 71 (1946), S. 161-164, hier S. 163; ebenso Horst Klingemann, der ausführt, dass *»von den Alliierten das Mittel im Kriege uneingeschränkt als Insektizid in jeder Form angewandt wurde, ohne daß Vergiftungsfälle bekannt geworden sind.* Klingemann, Horst, Die DDT-Vergiftung, in: *Ärztliche Wochenschrift* 4 (1949), S. 465-469, hier S. 466. Mamlok schreibt zum *»amerikanischen DDT-Pulver«*, dass es *»sich glänzend bewährte«*. Mamlok, E., Probleme der Seuchenbekämpfung in der Nachkriegszeit, in: *Ärztliche Wochenschrift* 1/2 (1946/1947), S. 410-413, hier S. 411. Kirchberg spricht von der *»praktischen Ungiftigkeit«* des DDT für den Menschen. Gelegentlich geäußerte Bedenken führt er auf *»unsachgemäße Anwendung oder Verquickung unglücklicher Umstände«* zurück. Kirchberg, E., Das DDT – ein zuverlässiger Helfer des Arztes im Kampf gegen Seuchenüberträger, in: *Berliner medizinische Zeitschrift* 1 (1950), S. 181-182, hier S. 182.
Kemper berichtet, dass DDT nicht nur zur Entlausung verwendet wurde, sondern *»1947 [...] in Kleinpackungen an die gesamte Bevölkerung ausgegeben wurde, mit der Weisung, es dünn auf Fensterbänke, Fensterquerleisten, Beleuchtungskörper u.a. zu verstäuben. Diese Anwendungsweise [...] zeitigte brauchbare Ergebnisse«* in der Fliegenbekämpfung. Kemper 1948/49, S. 220.

29 Seit August wurden fast keine Fleckfieberfälle mehr berichtet, obwohl die Entlausungen noch eine Weile fortgesetzt wurden. RG 260, 5/332-1/14, CAD PWB, Military Government Conference, Public Health Section, 29 August 1945, S. 3.

bindungen zu wichtigen Orten des Überganges, der Bewegung, der Grenzen auf: an Brücken und Bahnhöfen. In der Zeitenwende zwischen Krieg und Frieden waren an strategisch wichtigen Punkten keine Panzer mehr stationiert, statt dessen hielten an den Brückenköpfen *delousing teams* die Stellung. Zu den dort vollzogenen Säuberungen benutzten sie noch kein ziviles Reinigungsmittel. Statt mit Wasser reinigten sie noch mit medizinischem Kriegsgerät.

Obschon noch militärischen Hierarchien und soldatischen Praktiken verpflichtet, wurden in der Entlausungsprozedur bereits neue Rangordnungen eingeübt. Die DDT-Einstäubungen, die anfänglich ausschließlich von amerikanischen Spezialisten vorgenommen worden waren, wurden sukzessiv auf Kriegsgefangene übertragen. Unter der Anleitung der *delousing officers* führten ausgewählte Männer die Entlausungen ihrer Kameraden fort. Diese *trustees* waren »Vertraute« der amerikanischen Streitkräfte, und sie waren »Sachwalter«. Mit dem DDT-Pulver verwalteten sie ökonomisches und moralisches Kapital, denn die Prozedur der Entlausung symbolisierte die ökonomische Potenz der USA, für jeden Kriegsgefangenen mehrmals in seiner Lagerzeit eine Unze DDT-Pulver bereitstellen zu können, und unterstrich gleichzeitig die moralische Überlegenheit, die die US-Streitkräfte für sich beanspruchten: Sie ließen in Form von Entlausungen ihren Kriegsgefangenen eine medizinische Versorgung angedeihen, die das nationalsozialistische Deutschland zuerst seinen Gefangenen und schließlich auch seinen Soldaten vorenthalten hatte. Sichtbar, fühlbar, riechbar performierte die Entlausung die untrennbare Verknüpfung von militärischer Stärke der *US Army*, medizintechnischer Überlegenheit und vermeintlicher moralischer Dominanz der amerikanischen Besatzungsmacht. *»Power meant America's capacity to make, to do, to kill, to diagnose and to cure«*[30], schrieb der amerikanische Historiker Daniel Fox 1994. In keinem Symbol verdichtete sich dieser Zusammenhang stärker als in den *DDT-dustings*.[31]

Dass die Fremden vor allem in den ersten Besatzungsmonaten in erster Linie als Krankheitsüberträger betrachtet wurden, lag in der Anspannung und Unsicherheit darüber begründet, wie schnell und effektiv das Deutsche Reich zu besiegen und zu kontrollieren sei. Mit der Konsolidierung des besatzungspolitischen Alltags verschob sich folgerichtig auch das Augenmerk der *medical officers*. Als die Verlausungsrate von 5 % bei der Kapitulation bis Ende 1945 auf 27 % gestiegen war, verwies das *Office of the Theater Chief Surgeon, USFET* im März 1946 auf einen anderen Infektionsweg:

---

30 Fox, Daniel M., Peace, Health, and the National Purpose: Health Policy and the Cold War, in: *Bulletin of the New York Academie of Medicine. A Journal of Urban Health*, Vol. 71, No. 2 (Winter 1994), S. 281-293, hier S. 282.
31 Dass die heftige Kritik an der Nutzung von DDT bei der Produktion von Lebensmitteln und der Kampf um das Verbot von DDT in der BRD stets mit anti-amerikanischen Argumentationsstrukturen verbunden war, ist eine interessante (indirekte) Bestätigung dieses Zusammenhanges und wäre einer weitergehenden Untersuchung wert.

Deutsche Frauen seien es, die durch Fraternisierung amerikanische Truppen infizierten.[32] Da Läuse jedoch bei jeglichem sozialen Kontakt übertragen werden können und den Amerikanern außerdem keine geschlechtsspezifischen Statistiken vorlagen, nach denen deutsche Frauen stärker von Läusen befallen waren als Kinder oder Männer, mit denen die Soldaten gleichermaßen Umgang pflegten, war diese Schlussfolgerung wenig plausibel. Genauere Untersuchungen der Infektionsquellen ergaben in den folgenden Monaten auch, dass ein Großteil der Infektionen beim Transport der Truppen in Eisenbahnwaggons stattgefunden hatte, in denen vorher DPs transportiert worden waren.[33] So erwies sich die Verdächtigung deutscher Frauen als Fleckfieberrisiko als sachlich falsch. Auf der metaphorischen Ebene besaß diese Verdächtigung jedoch eine gewisse Plausibilität: Deutsche Männer waren als Kriegsgefangene mehrheitlich amerikanischen Entlausungsprozeduren unterzogen worden, die Besatzungsmacht hatte ihnen mit der DDT-Dosis eine erste »Dosis« Demokratisierung verabreichen können. Für deutsche Frauen gab es keine vergleichbaren standardisierten Behandlungsschemata, mit deren Hilfe die Besatzungsmacht sie in den Besatzungsalltag hätte einpassen können. Zwar wurden auch Zivilisten entlaust, jedoch garantierten diese punktuellen Maßnahmen keine vollständige Erfassung der weiblichen Bevölkerung. Ohnehin waren deutsche Frauen weder Gegenstand amerikanischer Kriegsstereotypen noch Zielgruppe gesundheitspolitischer Planungen gewesen. Amerikanische Besatzungsoffiziere standen deutschen Frauen somit bar ihrer wichtigsten Perzeptionsmuster gegenüber.[34] Diese Undeutbarkeit machte deutsche Frauen zu einer potenziellen Gefahr. Symbolisch wurde diese Angst durch die Befürchtung ausgedrückt, deutsche Frauen trügen genau die Krankheit in sich, die aus siegreichen Soldaten geschlagene Männer machte: Fleckfieber.

Obgleich die genaue Untersuchung der Infektionswege, auf denen die Soldaten sich angesteckt hatten, wie oben dargelegt, den Fleckfieberverdacht gegen deutsche Frauen rational widerlegten, bestanden unterhalb dieser Entlastung diffuse Krankheitsängste, die sich speziell gegen Frauen richteten, weiter. Im befriedeten Besatzungsalltag wurden deutsche Frauen nicht mehr mit der militärisch konnotierten Fleckfiebergefahr assoziiert. Das geschlechtsspezifische Bedrohungspotenzial verschob sich seit dem Frühjahr 1945 auf eine »Friedenskrankheit«: auf *venereal diseases*.[35]

---

32 *Medical Policies*, 1947, S. 124.
33 Ibid., S. 151.
34 Die stereotypen Frauenbilder der 1940er-Jahre analysiert Krauss, Marita, Kaleidoskop des Trümmeralltags. »… es geschahen Dinge, die Wunder ersetzten.« Die Frau im Münchner Trümmeralltag, in: Prinz, Friedrich (Hg.), *Trümmerzeit in München. Kultur und Gesellschaft einer deutschen Großstadt im Aufbruch 1945-1949*, München 1984, S. 283-302.
35 Siehe dazu ausführlicher S. 291ff. dieser Darstellung.

## 2. Kranke Freunde – fremde Freunde

Wenn auch die gesundheitliche Lage nicht zu gehetzten Aktivitäten der Besatzungstruppen zwang, so ergaben sich zumindest aus der gesundheitlichen Verfassung der DPs Probleme, die die Militärregierung nicht antizipiert hatte.[36] »Viele *Displaced Persons* und vor allem ehemalige russische Kriegsgefangene waren tuberkulosekrank.[37] Die Russen berichteten, dass sie »*von Lager zu Lager gebracht worden seien und schließlich in den Bergwerken und der Schwerindustrie des Ruhgebiets zwölf Stunden täglich arbeiten mußten, ohne ausreichend ernährt und menschenwürdig untergebracht zu sein*«.[38] Obwohl die amerikanischen Militärärzte wussten, dass vor allem die Mangelernährung Grund der Tuberkuloseerkrankungen der Gefangenen war[39], definierten sie Tuberkulose im Zusammenhang mit russischen Kriegsgefangenen und östlichen Fremdarbeitern als Hygienekrankheit: »*It was difficult to teach these men, however, the principles of hygiene; they had lived for years under prisoners-of-war camp conditions.*«[40] Dies war umso erstaunlicher, als amerikanische Tuberkulosebehandlung sich auf die Verbesserung der Ernährung konzentrierte und damit auch Erfolge erzielte.[41] Die konkreten Maßnahmen zur Krankheitsbekämpfung und die Deutung der Tuberkulose waren also nicht kongruent. Während Mangelernährung, Zwangsarbeit und Lagerleben als Ursachen erkannt und durch sorgfältige Versorgung kompensiert wurden, überdauerte gleichzeitig die Figur des »unreinlichen Tuberkulösen«[42], der durch seine Undiszipliniertheit erkrankt sei und zu sozial verträglichem Verhalten erzogen werden müsse.[43]

---

36 »*[T]he MG Public Health Officers have been spending so much time on health problem concerning DPs that they have been forced practically to ignore other matters which ordinarily would be considered as pressing. A reorganization [...] of the entire local Public Health system, both in regard to the degree of Nazi affiliation and efficiency of the Public Health officials, remains unattempted at the present time. MGOs have appointed some new German Public Health officials but in many cases have left incumbents in place, many of whom have not been carefully screened.* RG 331, SHAEF, Historical Section, Entry 54, Box 170, G-5 Section, 6th Army Group, Weekly Civil Affairs, Military Government Summary No. 28 for week ending 19 April 1945, S. 6, Punkt 9.
37 Siehe zur hohen Tuberkuloserate der DPs, die die Vernachlässigung in deutschen Lagern verdeutlichte: Herbert, Ulrich, *Fremdarbeiter. Politik und Praxis des »Ausländer-Einsatzes« in der Kriegswirtschaft des Dritten Reichs*, Bonn 1985, S. 293.
38 *Medical Policies*, 1947, S. 156.
39 Auch die Berichte der G5-Stäbe der Armeen nennen als Grund für die Tuberkuloseerkrankung »*The bad housing conditions to which the forced laborers had been by the Germans subjected, and [...] malnutrition.*« RG 331, SHAEF, Historical Section, Entry 54, Box 170, Historical Report G-5 Section, 6th Army Group for Period 1. through 31 May 1945, S. 20.
40 *Medical Policies*, 1947, S. 157.
41 »*When American forces liberated these prisoners and displaced persons all efforts were directed at improving their diet qualitatively. Soon patients [...] improved clinically.*« *Medical Policies*, 1947, S. 157.
42 Siehe zum Symbolfeld »Reinlichkeit« bei der Tuberkulosebekämpfung: Göckenjan, 1991, S. 125.
43 Ibid., S. 125-127.

Tuberkulose wurde 1945/46 in amerikanischen Gesundheitsberichten häufig in einem Atemzug mit Fleckfieber genannt.[44] Dadurch wurde eine traditionelle Interpretation, die Tuberkulose als »Schmutzkrankheit« rezipierte, reaktiviert.[45]

Medizinisch war die Verbindung von Fleckfieber und Tuberkulose, die nach Ende des Zweiten Weltkriegs immer wieder in den Berichten und Fachzeitschriften zu finden war, wenig sinnvoll, da es sich vom Typus der Infektion und von den Bekämpfungsmaßnahmen her um zwei völlig verschiedene Erkrankungen handelte. Verbunden waren Fleckfieber und Tuberkulose in den Berichten und auch in ihrem tatsächlichen Vorkommen durch die Trägergruppe, die eine vermeintliche Affinität zu beiden Krankheiten besaß, und durch den Schmutz, mit dem die Betroffenen behaftet waren und der zugleich Signum und Voraussetzung der Krankheit schien. Schmutz stellte die eigentliche Klammer zwischen Tuberkulose und Fleckfieber dar. Die Amerikaner bezogen diese Bedeutungsebene auf ihre russischen Patienten. Politische Opportunitäten vermochten dieses Deutungsmuster kaum abzuschwächen. Die russischen Tuberkulosekranken galten – ungeachtet militärischer Bündnisverhältnisse – als national Andere, als »schmutzige Tuberkulosekranke«.

In dieser Auffassung trafen sich deutsche und amerikanische Krankheitsperzeptionen. Bereits der Chefsekretär des *»Hauptkontrollamtes für Tuberkulose der Provinz Thüringen«* hatte entgegen anders lautender statistischer Evidenz die nach Thüringen verschleppten Russen als tuberkulös charakterisiert[46], eine Zuschreibung, die sich in den nächsten Jahren mit Blick auf unterschiedliche Fremdengruppen wie z.B. Flüchtlinge oder KZ-Entlassene wiederholte.

Deutsche und Amerikaner unterschieden sich weniger in den Maßnahmen, die sie aus dieser Zuschreibung ableiteten, als in den Deutungen, mit denen sie die vermeintlich kranken Fremden belegten: Für die Amerikaner unterstrich die Krankheit der Fremden ihre Andersartigkeit, war ein weiterer Indikator ihrer Differenz, der

---

44 Siehe dazu ausführlich S. 368f. dieser Darstellung.
45 Die Interpretation der Tuberkulose als »Schmutzkrankheit« war mit der klassenspezifischen Wahrnehmung der Tuberkulose verknüpft gewesen. Die Nationalisierung der Tuberkulose und die Ausdehnung der Krankheitsgefahr auf das gesamte deutsche Volk während des Ersten Weltkrieges hatte bereits zu Beginn der Weimarer Republik diese Rezeption abgeschwächt. Erziehung und Disziplinierung waren zwar noch immer notwendige Aufgabe Weimarer Fürsorgestellen, die potenzielle Betroffenheit des *»Volkes im großen und ganzen«* machte jedoch eine ursächliche Verknüpfung mit individuellem hygienischen Fehlverhalten unmöglich. Zitat nach Ranke, Karl Ernst, Richtlinien der Tuberkulosebekämpfung nach dem Krieg. Für beamtete Ärzte und Verwaltungsbeamte, in: *Würzburger Abhandlungen aus dem Gesamtgebiet der praktischen Medizin*, XIX. Band, Würzburg 1919, S. 24.
Der Auflösung des Bezuges zwischen Tuberkulose und Schmutz nach innen in der ersten Hälfte des 20. Jahrhunderts entsprach eine Verfestigung dieser Interpretation mit Blick auf andere Nationalitäten, die auch nach 1945 nochmals zu beobachten war.
46 RG 260, 390/42/33/4-5, OMG-Hesse Public Health and Public Welfare Branches, Miscellaneous Interview on Medical Practice and Research in Germany – Combined intelligence objectives sub-committee, S. 9.

man jedoch – mit der DDT-Pistole in der Hand – relativ gelassen gegenüberstand. Die Deutschen hingegen sahen sich durch die Krankheit der Fremden bedroht, sie fürchteten, dass die Krankheiten der Fremden auch in Deutschland endemisch, d.h. heimisch werden könnten.[47]

## 2.1 Amerikanisch-russische Differenzen: »The best of American methods« or »Russian-type food«?

Die festgefügten Krankheitsdeutungen provozierten z.T. handfeste Konflikte. Eine ernsthafte Auseinandersetzung wurde noch vor Ende des Krieges zwischen amerikanischen und russischen Ärzten ausgefochten. Viele ehemalige Fremdarbeiter befanden sich in westlichen Teilen Deutschland und waren so nach Kriegsende der Obhut der amerikanischen Streitkräfte anvertraut.

Zur Heilung der Tuberkulose der sowjetischen Soldaten verordneten die Ärzte der amerikanischen Streitkräfte ihnen die in den USA bewährten Maßnahmen: »*Attempts were made to establish absolute bed-rest – attempts that failed, for the simple reason that bed rest in the treatment of tuberculosis was unknown to these persons, particularly to the nationals of the Soviet Union. With the latter, it was against their established principles of treatment of tuberculosis, which commended exercise and sunshine.*«[48]

Trotz der Skepsis der russischen Patienten setzten die amerikanischen Mediziner ihre Therapievorstellung durch und konnten damit auch Erfolge erzielen: »*Nonetheless the men who had not died of the disease improved soon after treatment was instituted.*«[49] Obwohl die russischen Patienten sich erholten, »*kritisierten russische Militärärzte die amerikanischen Behandlungsmethoden.*«

Um den Konflikt beizulegen, beauftragten die Amerikaner den Chef ihres Tuberkulosestabes damit, die sowjetischen Ärzte über die durchgeführten Tuberkulosetherapien zu informieren und von der Qualität amerikanischer Maßnahmen zu überzeugen. Die Vorbehalte der russischen Ärzte schwanden dadurch jedoch nicht: »*Auf einer Inspektionstour durch das Krankenhaus mit dem Leiter der Tuberkuloseabteilung des Surgeon General's Office protestierte ein sowjetischer Armeearzt nachdrücklich dagegen, daß die Patienten kein Essen nach russischer Art bekommen hätten, [...] ungeachtet dessen, daß sie durchschnittlich 25 Pfund zugenommen hatten.*« Offenbar war nicht nur der Erfolg entscheidend dafür, ob eine Therapie akzeptiert wurde, ebenso wichtig war es, dass die Behandlung mit nationalen Gewohnheiten und Traditionen übereinstimmte.

---

47 Mamlok, 1946/1947, S. 413. Ausführlicher zur Verbindung deutscher Krankheitsangst mit Fremden und Flüchtlingen siehe S. 275 dieser Darstellung.
48 *Medical Policies*, 1947, S. 157.
49 Ibid.

Die russischen Mediziner erhoben auch Einwände »*to the prohibition against physical exercise and sunshine, although the best of American methods of treatment called for absolute bed rest and avoidance of sunshine.*« Insgesamt, so resumiert der amerikanische Bericht, sei es extrem schwierig gewesen, die Russen davon zu überzeugen, dass ihre Männer nach den modernsten Therapiemethoden behandelt würden.

Hintergrund der russischen Bedenken war der Verdacht, dass eine Abweichung von den bewährten Maßnahmen eine Schlechterbehandlung der Russen bedeutete, eine Mutmaßung, die durch die diffizile Konstellation der »transnationalen Behandlung« russischer Patienten durch amerikanische Ärzte gefördert wurde. Die Amerikaner reagierten auf diesen implizierten Vorwurf, indem sie darauf verwiesen, dass auch ihre eigenen Soldaten eben diese Therapie erhielten:

Amerikanische Bemühungen, den Konflikt beizulegen, endeten jedoch, wenn grundlegende therapeutische Ansichten in Frage gestellt wurden, und führten dazu, dass »*there was no other course left open but to return the Soviet nationals to their homeland at the earliest opportunity.*«[50] Somit war es wichtiger, elementare medizinische Praktiken beizubehalten als einem politisch-strategischen Kalkül zu folgen.

Aufgrund der nationalen Färbung der obigen Auseinandersetzung war es besonders wichtig, eigene Krankheitsdeutungen zu bestätigen. Ein Kompromiss in grundlegenden Krankheitsinterpretationen wäre einer Aufgabe nationaler Überzeugungen gleichgekommen, weshalb er weder von russischen noch von amerikanischen Medizinern vollzogen werden konnte. Auch wissenschaftliche Methoden und Beweise stellten kein Mittel dar, mit dem grundlegende Interpretationsdifferenzen hätten beigelegt werden können. Die Durchbrechung anerkannter Behandlungspraktiken durch die Ärzte einer anderen Nationalität barg die Gefahr, die jeweils »anderen« Patienten abzuwerten. Die russischen Mediziner intervenierten nicht, weil amerikanische Ärzte die russischen Männer schlecht behandelt hätten, sondern weil sie sie *anders* behandelten. »Anders« implizierte dabei eine potenzielle Benachteiligung. Diese Verdächtigung konnte noch nicht einmal dadurch widerlegt werden, dass es den Patienten besser ging. Da die unterschiedlichen Behandlungskonzepte entlang nationaler Linien verliefen, war der Konflikt so delikat, dass er nicht lösbar war, sondern lediglich durch eine Verlegung der russischen Tuberkulosekranken in die UdSSR und ihre Weiterbehandlung durch Ärzte der eigenen Nationalität vermieden werden konnte. Damit offenbarte sich im Kontext der Krankheit eine Fremdheit zwischen den Alliierten, die sich erst später in (bündnis)politischer Distanz manifestierte.

Die Umquartierung der russischen Patienten aufgrund national-differierender Krankheitsauffassungen war Ergebnis einer Auseinandersetzung *inter pares*. Wie aber wurden differente Krankheitsinterpretationen behandelt, die zwischen ungleichen Partnern bestanden und die nicht, wie im obigen Fall, vermieden werden konnten, sondern ausgetragen werden mussten? Hatte die Machthierarchie, die zwischen deut-

---

50 Alle Zitate ibid., S. 158.

schen Amtsärzten und amerikanischen *medical officers* bestand, Einfluss auf die Regelung ähnlicher Konflikte?

## Krankheit und Angst

Angst und Besorgnis waren auch nach Ende des Krieges die dominante Haltung gegenüber Krankheit und Gesundheit.

Ansteckungsängste und Angst vor Unruhe waren bereits in der amerikanischen Besatzungsdirektive JCS 1067, die auf »*prevention of disease and unrest*« zielte, zusammengeschmolzen. Die Direktive dokumentierte die enge Beziehung zwischen Krankheit und politischer Ordnung und belegte darüber hinaus, dass Krankheitsängste Politikprozesse bereits im Planungsstadium beeinflussten und ängstliche Besorgnisse die Erwartungen prägten, noch bevor es tatsächlich zu Krankheitserfahrungen gekommen war. Dieser frühzeitige Einfluss potenzierte die Wirkungsmächtigkeit von Krankheitsängsten.

Die angstvolle Erwartung, dass sich die Gesundheitsverhältnisse in Deutschland nach der Kapitulation dramatisch verschlechtern könnten, erschien angesichts der Verhältnisse überaus berechtigt.[51] In den zerbombten Städten, in deren Wohnungen Flüchtlinge und Einheimische unter desolaten sanitären Bedingungen eng zusammengedrängt leben mussten, schien es unausweichlich, dass die Infektionskrankheiten rapide ansteigen würden. Überdies drohte sich aufgrund der schlechten Versorgungslage und der mangelhaften Impfungen besonders der Kinder ein furchtbares Szenario anzubahnen. Um die vermeintlichen Gesundheitsgefahren genauer in den Blick zu bekommen, setzte die amerikanische Besatzungsmacht vor allem auf eine präzisere Beobachtung.

---

51 Siehe als Beispiel für diese Erwartungshaltung z.B. RG 260, POLAD 732/15, Office of the Political Advisor, State Department, Memo to State Department, ref.: Early post defeat period, No. 194, 7 March 1945, Public Welfare and Relief in Germany, Discussion Mr. Rainey, economic officer with CC and SHAEF. Vgl. auch S. 106/07 dieser Darstellung.
Die Medizin- und Krankheitsgeschichte ist sich einig darüber, dass die großen Seuchen des 18. und 19. Jahrhunderts vor allem durch drei Faktoren befördert wurden: durch schlechte sanitäre Verhältnisse in den Städten, Überbelegung der Wohnungen sowie durch die Unterernährung der Menschen. Diese Ursachen werden international zur Erklärung so verschiedenartiger Krankheiten wie Cholera, Typhus, Diphtherie, Ruhr und Tuberkulose herangezogen. Setzt man nun diese Verursachungsfaktoren zu den Verhältnissen im Nachkriegsdeutschland in Relation, so waren die Befürchtungen überaus berechtigt.

## 1. Bearbeitungsformen: Statistische Kurven als Fortschrittslinien im politischen »Feldversuch Demokratisierung«

Ein »*Initial Public Health Survey*« musste innerhalb von 72 Stunden nach der Besetzung vorliegen.[52] Diese erste Information musste durch kontinuierliche statistische Berichte ergänzt werden. Die an alle Bürgermeister und Landräte ausgegebene Direktive Nr. 3 verfügte, dass die deutsche Verwaltung so schnell wie möglich vier Überblicksstatistiken anzufertigen habe, die alle neuen Fälle ansteckender Krankheiten verzeichnen, eine Übersicht über die Krankenhäuser geben, die sanitäre Infrastruktur wie Wasserleitung, Müllabfuhr erfassen und alle Beschäftigten des Gesundheitsamts zusammenstellen sollte.[53] Dienten diese Statistiken in der Anfangsphase primär dazu, Informationen zu gewinnen, so wandelte sich ihre Funktion im Verlauf der Besatzung, denn obwohl weder in den ersten Wochen noch in den folgenden Monaten bedenkliche Krankheitswerte zu verzeichnen waren, ließen die Amerikaner in ihrem Eifer, Daten zu sammeln und Statistiken zu erstellen, nicht nach.

Die Besatzungsmacht rationalisierte nicht nur ihre Krankheitsängste, indem sie Daten und Belege für den Anstieg oder Rückgang einzelner Krankheiten forderte, sie demonstrierte auch ihre Machtposition, indem sie ihre statistischen Verfahren implementierte und damit die ihr bekannten Informationsverarbeitungsmechanismen als verbindliche Form durchsetzte.[54] Damit setzte die Militärregierung den deutschen Amtsärzten die eigene gesundheitspolitische Brille auf, sie zwang sie, die Situation so zu betrachten, wie die Besatzungsmacht es für sachlich angemessen hielt, die Zahlen gemäß den vorgegebenen amerikanischen Kategorien zu sammeln und in ihren Berichten nicht nur Argumente, sondern vor allem Belege, d.h. Zahlen, anzuführen.

Da die von der Besatzungsmacht eingeforderten Statistiken nicht der bisherigen Routine im deutschen Gesundheitswesen entsprachen, leuchtete den Deutschen die Nützlichkeit dieser ungewohnten Verfahren nicht unmittelbar ein. Sie sahen in erster Linie die Arbeit, die mit der Übersetzung der deutschen Erhebungen in ein nach anderen Relevanzkriterien und statistischen Normen strukturiertes Schema verbunden war.[55]

---

52 RG 260, 3/411-2/6, Civil Affairs – Initial Public Health Survey.
53 Siehe dazu die Formblätter PH-1 bis PH-4. RG 260, 5/332-1/13, OMGUS, Directive No. 3, Public Health immediate Actions, to Bürgermeister, Landrat and Amtsarzt.
54 Zu deutsch-amerikanischen Differenzen über Krankheitsstatistiken vergleiche ausführlich am Beispiel der Tuberkulose S. 405 dieser Arbeit.
55 Dies demonstrierte z.B. eindrucksvoll die Klage des Städtischen Krankenhauses Sachsenhausen: »Die beigegebenen Statistiken vermitteln in eindrucksvoller Weise, welche zusätzliche – und unnütze – Arbeit vom gesamten Personal des Städtischen Krankenhauses verlangt wird. Im Krankenhaus werden derartige Statistiken nicht etwa – wie es in Amerika üblich ist – auf Vorrat gehalten, sondern müssen jeweils auf Grund der hier geführten Bücher neu aufgestellt werden. Durch diese Arbeit wird nicht nur der einzelne Klinikdirektor und sein Personal in erheblichem Maße in Anspruch genommen und damit für Stunden von seiner ihm eigentlich

Da die spezifisch amerikanische Version der Professionalisierung der *Public-health*-Wissenschaften jedoch auf eben diese epidemiologischen und statistischen Verfahren besonderen Wert legte, war die Besatzungsmacht in dieser Frage zu keinem Einlenken bereit und verwies vier Jahre lang immer wieder auf die Mängel und den Modernisierungsbedarf der deutschen statistischen Verfahren.[56]

Im Verlauf der Besatzung veränderte sich die deutsche Einschätzung schrittweise, wie z.B. an den Einschätzungen deutscher Amtsärzte, die im Rahmen des *Cultural exchange*-Programms in die USA reisten, abzulesen war. So zeigte sich z.B. im April 1948 der Göppinger Amtsarzt Hans-Gerhard Busch nach einer Studienreise durch die USA besonders beeindruckt von den statistischen Verfahren. Die Gesundheitsbehörden, so berichtete Busch, machten weitreichenden Gebrauch von statistischen Erhebungen und seien in der Lage, in beeindruckender Schnelligkeit exakte statistische Daten über grundlegende Fragestellungen zu produzieren.[57] Busch, der vielen Aspekten des amerikanischen Gesundheitssystems durchaus kritisch gegenüberstand und vor allem auf die unterschiedlichen strukturellen Voraussetzungen beider Systeme hinwies, die eine direkte Übertragung schwierig machten, räumte mit Blick auf die große Rolle der präventiven Gesundheitspolitik, die ihre Grundlage in ausgedehnter epidemiologischer Forschung hatte, ein, dass das amerikanische System einige nachahmenswerte Vorzüge zeige.[58] Die Etablierung der Sozialmedizin in der BRD in den 1960er-Jahren machte schließlich die Rezeption moderner statistischer Instrumentarien US-amerikanischer Prägung zur Programmatik.[59]

---

obliegenden ärztlichen Tätigkeit ferngehalten, sondern es kann auch die schon mehr als überlastete Verwaltung diesen Anforderungen nur durch Nachtarbeit gerecht werden.« Stadtarchiv Frankfurt, Stadtkanzlei, Aktenzeichen 7200 Bd. 3, Brief des Direktorenkollegiums des Städtischen Krankenhauses Sachsenhausen an den amtierenden Bürgermeister der Stadt Frankfurt am Main, 11. Mai 1945.

56 Siehe zur Modernisierung statistischer Verfahren und deutscher *Public Health practices* auch S. 405 und S. 421 dieser Darstellung.

57 RG 260, 12/75-3/4, Office of Military Government for Württemberg-Baden, Preliminary Report on the Visit to the United States of Dr. Hans-Gerhard Busch, Medizinalrat, S. 10.

58 Ibid. Ähnlich wie Busch zeigte sich auch Maria Daehlen von der Medizinalabteilung des Hessischen Staatsministeriums des Innern beeindruckt. Hessisches Hauptstaatsarchiv Wiesbaden, Abt. 502, Staatskanzlei, Nr. 1232, Studienreise der Deutschen Ärztegruppe durch die Vereinigten Staaten 19. November 1948 – 11. Februar 1949; Bericht von Maria Daehlen, S. 6f., S. 16. Zur weitreichenden politischen Intention des Austauschprogramms siehe S. 188 dieser Arbeit.

59 Materialreich illustriert in dem Sammelband von Blohmke, 1976. Sozialhygienische Traditionslinien wurden zwar von der Sozialmedizin aufgegriffen, allerdings wurde das Verhältnis von Tradition und Neubeginn nicht explizit thematisiert. Siehe z.B. Steurer, Walter, *Sozialhygiene, öffentliches Gesundheitswesen, sozialmedizinische Grundlagen, Gesundheitsfürsorge und -vorsorge*, Stuttgart 1982; Schneble, Hansjörg, Was bedeutet uns heute Sozialmedizin? Versuch einer Standortbestimmung, in: *MMG* (1984) 9, S. 186-194.

Auch in der deutsch-amerikanischen Kommunikation fungierten Krankheiten und ihre statistische Bearbeitung als Steigerung und Modulation der Interaktion.[60] Außerdem war der Einfluss von Statistiken auf die Wahrnehmung von »Krankheit« groß.[61] Dabei bestimmten die Zahlen und Prozente nicht nur die Einschätzung der jeweiligen untersuchten Krankheit, sondern waren vor allem Grundlage für das Gesamturteil über die gesundheitspolitische Kompetenz der deutschen Amtsärzte. »*An overworked German Public Health staff continued to carry on the routine functions of gathering, sorting, and reporting of statistics but have performed this task without insistence on accuracy, without critical analysis of information obtained and without instituting effective measures*«[62], schrieben die hessischen *Public Health officers* 1947 und reihten sich damit ein in die bereits vielfach zitierten Klagen über die Defizite der deutschen Gesundheitsverwaltung. Maßgebliches Kriterium der Bewertung war dabei immer wieder die Frage, wie sorgfältig und wie erfolgreich die Deutschen den statistischen Vorgaben der Amerikaner nachkamen.[63] So wie Weimarer Sozialhygieniker statistische Kurven als »*Schicksalslinien [...] im [...] Rechenexempel Leben [...] entzifferten*«[64], so lasen amerikanische Besatzungsoffiziere statistische Kurven als Fortschrittslinien im politischen »Feldversuch Demokratisierung«.

## 2. Ansteckung und Abgrenzung

Die tradierte Vorstellung, dass mit den fremden Heeren Seuchen über das Land zögen, hatte angesichts der gesunden und wohlgenährten GIs seine Wirkungsmacht verloren. In sublimierter Form konnte jedoch die nationalsozialistische Darstellung, dass die

---

60 Beate Witzler hat in ihrer Studie über Krankheit in den sich industrialisierenden deutschen Großstädten des 19. Jahrhunderts festgestellt, dass Seuchen stets die innerstädtische Kommunikation intensivierten. Diese dichtere Kommunikation habe sich in der Erhebung statistischer Daten, der Forderung nach Berichten und der Aufklärung der Bevölkerung über die aktuellen Krankheitszahlen und nötigen Schutzmaßnahmen ausgedrückt. Witzler, 1995, S. 61.
61 Vgl. auch S. 405f.
62 RG 260, 8/62-2/3, OMG-Hesse, Public Health and Welfare Branch, Summary of Public Health Activities for Land Hesse, 1 April–30 June 1947.
63 Wie eine detaillierte Analyse des Konfliktes um die Tuberkulosestatistiken zeigen wird, beinhaltete der Streit um die Zahlen nicht nur Konfliktstoff, sondern eröffnete auch Kompromisswege. Als der Konflikt um die deutschen Tuberkulosekurven durch die teils erzwungene, teils freiwillige Aufgabe der deutschen Zählweise beigelegt war, zeigte sich, dass die Tuberkulosepolitik damit an einen Wendepunkt gekommen war. Nachdem in intensiven und teilweise scharfen Auseinandersetzungen gemeinsam ein neuer verbindlicher statistischer Standard erarbeitet worden war, ergaben sich fast automatisch neue gesundheitspolitische Kooperationsformen, die auf einer Neudefinition der jeweiligen Rolle gründeten. Dazu S. 405f. dieser Darstellung.
64 Hodan, Max, *Der Heidedoktor. Ein autobiographisches Kapitel*, zit nach Sachße/Tennstedt, 1988, S. 118f.

*»Asiatischen Seuchen«*⁶⁵, aus dem Osten kommend, das Reich bedrohen würden, weitergetragen werden. *»Jeder Flüchtling und Heimkehrer galt und gilt als seuchenverdächtig«* und musste sich daher nach Ankunft auf Reichsgebiet einer sanitären Behandlung unterziehen, an deren Ende der *»Gesundheitspaß«* stand, mit dem erst es möglich war, Unterkunft und Verpflegung zu erhalten.⁶⁶ Überall wurden die Flüchtlinge nach ihrer Identifizierung und Separierung in Sammellager und Quarantänestationen verbracht bzw. in den Krankenstationen kuriert.⁶⁷

Besonders zugespitzt stellte sich die Situation nach Auffassung der Amtsärzte in Berlin dar, das für unzählige Menschen – Soldaten, Flüchtlinge, Vertriebene, Ausgebombte, Rückkehrer – zum Durchgangstor von Ost nach West wurde.⁶⁸ Die Perzeption von Fremden als Krankheitsträgern stand dadurch in enger Verbindung zu topographischen Vorstellungen über die Krankheitsverbreitung.⁶⁹ Fleckfieber und Tuberkulose wurden nicht nur mit Kriegsgefangenen und DPs, sondern auch mit Fremden der eigenen Nationalität – mit Flüchtlingen, Vertriebenen und Übersiedlern – in Verbindung gebracht.⁷⁰ Krankheit und Fremdenangst blieben bis zur Gründung der BRD

---

65   Vgl. zur »Asiatischen Seuche« als Terminus der nationalsozialistischen Ideologie: Weindling, 1994, S. 129 und S. 134.
66   Mamlok, 1946/1947, S. 411; Dinter, 1999, Seuchenalarm, S. 29, 33. Auch die *Public-health Teams* berichten, dass es notwendig war nachzuweisen, dass man entlaust war, um eine Lebensmittelkarte zu erhalten. RG 260, 390/49-50/35-1/6-1, box 231, OMG-WB, Records of the PH-Advisor, Annual History of Public Health in Land Württemberg-Baden from Beginning of Occupation to 1 June 1946, S. 16. Tietze bezeichnet Flüchtlinge als *»mobile Infektträger«* bzw. *»vagabundierende Infektträger«.* Tietze, 1946, S. 345, 346.
67   Stadtarchiv Frankfurt, Gesundheitsamt, II/21-1992 Nr. 102, Der Regierungspräsident an die Gesundheitsämter des Bezirks. Weiterführend zur Flüchtlingsintegration: Schraut, Sylvia, *Flüchtlingsaufnahme in Württemberg-Baden 1945-1949. Amerikanische Besatzungsziele und demokratischer Wiederaufbau im Konflikt,* München 1995. Für zeitgenössische Überlegungen zur Quarantäne siehe Hubrich, Rosemarie, *Quarantäne, ihre Folgen und Entwicklung und ihre Erfolge,* Frankfurt u.a. 1949. Ausführlich zur Gesundheitspolitik gegenüber den Flüchtlingen in Württemberg-Baden: RG 260, 12/1-2/8, Office of Military Government for Württemberg-Baden, Record on the Meeting of the Main Public Health Referees of the US Occupied Zone, on 10 July 1946, Fugitives' affairs, S. 1-6.
68   Mamlok, 1946/1947. Dinter, 1999, Seuchenalarm, S. 24-25. Zur Affinität zwischen Infektiosität und Fremdheit siehe auch Pulver, 1999, S. 90f.
69   So explizit bei Curschmann: *»Für die echte bazilläre Ruhr hat sich meist nachweisen lassen, daß sie von [...] ausländischen Zivilisten nach Deutschland eingeschleppt war.« Curschmann, 1946/1947, S. 1009.* Für die Krankheitstopographie siehe auch S. 388 dieser Darstellung.
70   *»Die in großer Zahl zu erwartenden Flüchtlinge aus dem Osten bedingen eine erhebliche Gefahr der Seuchenausbreitung. Insbesondere ist mit dem Ausbruch von Fleckfieber, Unterleibstyphus, Ruhr und Geschlechtskrankheiten zu rechnen. Die Zahl der in den Kreisen eintreffenden sonstigen Kranken und Erschöpften dürfte bei der lange Zeit auf die Flüchtlinge einwirkenden Kälte, Durchnässung, Entbehrungen, Einschränkungen und unhygienischen Lebensweise sehr hoch sein«,* führte der Wiesbadener Regierungspräsident im Dezember 1945 in einem dringenden Brief an die Landräte und Oberbürgermeister aus. Stadtarchiv Frankfurt, Gesundheitsamt, II/21-1992 Nr. 102, Der Regierungspräsident an die Gesundheitsämter des Bezirks, S. 1. Curschmann behauptet eine Zunahme von Diphtherie, Scharlach und Masern aufgrund des *»allzu freizügigen Herumrei-*

eng verknüpft, obwohl sich faktisch kein unmittelbarer Zusammenhang feststellen ließ.[71] Auch in Bezug auf die Flüchtlinge war somit das Phänomen zu beobachten, dass selbst niedrige Krankheitsstatistiken das Gefühl der Gesundheitsbedrohung nicht mindern konnten.[72]

## 2.1 Grenzen und Orte in ihrer Bedeutung für die Krankheitsbekämpfung

Potenziert wurde die Gefahr, die von den Fremden ausging, durch ihr Umherwandern.[73] Um die Gefahr einzudämmen, sollte den umherziehenden Menschen ein Ort gegeben werden.[74] Wie die DPs von den amerikanischen Armeen, wurden die Ostflüchtlinge von den deutschen Behörden in Lager verbracht.[75] In den Sammellagern

    *sens der Flüchtlinge und Evakuierten«* ohne gesicherte Zahlen und Statistiken. Curschmann, 1946/1947, S. 1011; Kemper, 1948/49, S. 218-219; Dinter 1999, Seuchenalarm, S. 116-120. Zur Verknüpfung von Seuchen und Flüchtlingen vgl. auch die Diskussionen der Frankfurter Gesundheitsdeputation: Stadtarchiv Frankfurt, Gesundheitsamt, II/21-1992 Nr.20, Niederschrift über die Sitzung des Beirates des Stadtgesundheitsamtes 25. 6.46.

71 Selbst als aufgrund der Vertreibungen im Sommer 1946 die Flüchtlingsströme sprunghaft anstiegen, stellten die Gesundheitsreferenten der Länder der amerikanischen Besatzungszone fest: *»Contrarily to our expectations, greater epidemics have failed to occur. However the present health state of the Fugitives from the East shows a development apt to cause our most serious concern.«* RG 260, 12/1-2/8, Office of Military Government for Württemberg-Baden, Record on the Meeting of the Main Public Health Referees of the US Occupied Zone, on July 10th, 1946.

72 Besonders intensiv fahndeten die Behörden nach Tuberkulose. Für Württemberg-Baden berichtete das Innenministerium der Militärregierung im Frühjahr 1947, dass alle »Neubürger« systematisch auf Tuberkulose untersucht würden. In gleicher Weise führte der »Frankfurter Verein für Tuberkulosefürsorge e.V.« aus, dass *»der ständig zunehmende Flüchtlingsstrom diese Gefahr fortlaufend steigert«*, ohne für diese Behauptung jedoch einen Nachweis anzufügen. RG 260, OMGUS, 12/74-2/17, 390/49-50/35-1/6-1 Box 225, OMGUS-WB Public Health Advisor, Chief Public Health Branch Stuttgart, ausführlicher monatlicher Tätigkeitsbericht Nord-Württemberg, Nord-Baden, Monat April 1947, S. 2. Stadtarchiv Frankfurt, II/5-1990 Nr. 26, »Frankfurter Verein für Tuberkulosefürsorge e.V.«, 41. Bericht über das Jahr 1945, S. 2.

73 So für die DPs gleichermaßen wie für Flüchtlinge, Vertriebene und Übersiedler. Zur Behandlung der DPs durch die amerikanischen Armeen siehe z.B.: *» The very early post-hostilities health problem were complicated by the absence of control over the movements of these DPs«*. Medical Policies, 1947, S. 155.

74 *»As order emerged from confusion, wandering groups of people were halted at collecting points and directed into temporary camps where they were provided with food and shelter.«* Ibid.

75 Während deutsche Berichte immer wieder auf die Gesundheitsbedrohung durch Flüchtlinge verwiesen, konzentrierte sich die amerikanische Aufmerksamkeit auf die DPs. Auch deutsche Berichte erwähnten vereinzelt die DPs als Gesundheitsproblem, jedoch nicht annähernd so häufig, wie sie von den Ostflüchtlingen ausgehende Gefahren diskutierten. Dies scheint auf den ersten Blick ein marginaler Unterschied, und doch war er bedeutsam. Beide Gruppen stammten ursprünglich aus dem Osten und entsprachen damit der Topologie der Krankheitsperzeption, die DPs aber lebten als ehemalige Fremdarbeiter schon länger im Deutschen Reich und waren den deutschen Gesundheitsbehörden somit weniger fremd als die Ostflüchtlinge, die erst während der Besatzungszeit kamen. Für die amerikanische Besatzungsmacht hingegen

wurden sie zuerst gebadet, dann entlaust, gegen Typhus geimpft, anschließend einer ausführlichen medizinischen Untersuchung unterzogen und dann zehn Tage bis zwei Wochen in Quarantäne geschickt.[76] Die präzise Regelung der Lagerroutine vom Empfang der Flüchtlinge über die Anweisung, wie die verschiedenen Räumlichkeiten zu reinigen seien, die Küche beaufsichtigt werden müsse bis hin zur Absonderung, Lagersperre und Vorgaben zum Meldewesen unterstrich die Disziplinierungsabsicht.[77] Mit den Fremden sollte auch die Krankheit eingesperrt und durch strenge Regeln unschädlich gemacht werden.

Die Sammellager, in die die Menschen verbracht wurden, waren dabei einerseits ein weiterer Verweis auf die Militarisierung des Krankheitsdiskurses, andererseits dienten sie auch der Lokalisierung der Krankheit. Mit den Menschen wurden nicht nur die Bakterien an einem Ort zusammengefasst und eingesperrt, sondern der Krankheit wurde darüber hinaus ein mentaler Ort zugewiesen.

In seiner Studie für die *Veterans Administration* hatte Esmond Long[78] nach den »*places of infection*« geforscht, eine Frage, die zu erkennen suchte, wo die Gefahr lauerte. Vor diesem Hintergrund war das von Long zutage geförderte Ergebnis, dass die Tuberkulose innerhalb der amerikanischen Kasernen von Amerikanern auf Amerikaner übertragen werde, so erschreckend[79], wohingegen die Krankheitsprävalenz in

---

waren die DPs noch fremder als die Deutschen, da die Besatzungsmacht sie nach ihren Herkunftsländern kategorisierte: »*the acute Public Health problem was created by the displaced persons, especially those of eastern European origins.*« *Medical Policies*, 1947, S. 155. Auch Leiby erwähnt die spezielle Aufmerksamkeit der Besatzungsmacht für Fremde, ohne dieses Phänomen jedoch zu analysieren. Leiby, 1985, S. 149.

76 Ausführlich zu dieser Prozedur und den Unterschieden zwischen den einzelnen Ländern: Ibid. Zur Beschreibung der Prozedur aus medizinischer Perspektive: Mamlok, 1946/1947, S. 410-413.
Zur Tuberkulosefahndung bei Flüchtlingen siehe Griesbach, Rolf/Wunderwald, Alexander, Ergebnisse von 140.000 Röntgenreihendurchleuchtungen bei Flüchtlingen, in: *Der Tuberkulosearzt* 2 (1948), S. 633-636. Danach lagen die Tuberkuloseerkrankungen bei Flüchtlingen etwas höher als bei der einheimischen Bevölkerung. Weniger als 1% der Untersuchten hatten eine ansteckende Tuberkulose, ein Prozentsatz, der eine intensive gesundheitspolitische Betreuung nicht aber ein metaphorisch weit ausgeschmücktes Gefahrenszenario rechtfertigte.

77 RG 260, 390/49/31/5-6, Box 223, OMG-WB, Central Records, Personnel and Administration Division, 1945-49, Dienstanweisung für Lagerarzt bei den Flüchtlingsauffanglagern in Baden.

78 Esmond R. Long (1890-1979) hatte seine medizinische Ausbildung am *Rush Medical College* absolviert. Von 1919 bis 1932 lehrte er an der *University of Chicago* und von 1942 bis 1946 war er *Chief Consultant on Tuberculosis to the Army Surgeon General* und renommierter Tuberkuloseexperte der NTA. Von 1932 bis 1955 war er Professor für Pathologie an der *University of Pennsylvania* und Direktor des *Henry Phipps Institute for the Study, Treatment and Prevention of Tuberculosis*. Long war 1937 Leiter der amerikanischen Delegation bei der Tagung der IUAT in Lissabon gewesen. Shryock, 1957, S. 258ff.

79 Long, Esmond/Jablon, Seymour, *Tuberculosis in the Army of the United States in Word War II. An Epidemiological Study With an Evaluation of X-ray Screening*, Washington D.C. 1955, S. 81, 73.

Flüchtlingslagern keine beunruhigende Vorstellung war, da dies der Ort war, an dem die internierte Krankheit logisch folgerichtig auftauchen sollte. Während für viele amerikanische Soldaten die Kasernen den Weg in die Krankheit bedeuteten, war die Quarantäne für die Flüchtlinge im Allgemeinen die Durchgangsstation in ein (gesundes) Zivilleben. Die Wochen im Sammellager transformierten sie in der Rezeption der Gesundheitsbehörden von infektiösen Fremden in gesundheitlich ungefährliche Neubürger.

Diese Absonderung spiegelte sich auch institutionell wider, da »*für die Ostflüchtlinge eine eigene Abteilung [innerhalb der städtischen Gesundheitsverwaltung Pforzheims] eingerichtet ist. Sie erscheinen [...] als einzelne Familien, werden erfaßt, dem Gesundheitsamt bekannt gegeben, auf die Ortschaften verteilt und dort der besonderen ärztlichen Betreuung des Landarztes empfohlen.*«[80] Die scheinbar paradoxe Aufgabenstellung dieser Abteilung, die Menschen erst zusammenzufassen, nur um sie dann wieder zu verteilen, war vor allem durch die gesundheitspolitischen Zuschreibungen motiviert. Die Konzentration der vermeintlichen Gesundheitsgefahr an einem Ort ließ ihre Bekämpfung einfacher erscheinen. Die anschließende gleichmäßige Verteilung der Flüchtlinge auf die Dörfer sollte dagegen ihre Assimilation erleichtern, da sie dort nicht mehr als homogene fremde Gruppe erkennbar waren. Andererseits sollte die (gesundheitliche) Belastung durch zusätzliche Menschen, die versorgt und untergebracht werden mussten, dadurch gleichmäßig auf viele Schultern verteilt und damit möglichst gering gehalten werden.[81]

## 3. Angstkrankheiten

Symbolisch bedeutungsträchtig bzw. besonders »*skandalisiert*« und damit politisch aussagefähig wurden nicht alle Krankheiten. Typhus und Diphtherie wiesen zu Beginn der Besatzungszeit die höchsten akuten Steigerungsraten auf, trotzdem zogen andere Krankheiten mehr Emotionen auf sich.[82] Zu einer skandalisierten Krankheit konnte

---

80   Generallandesarchiv Karlsruhe, Gesundheitsämter, Abt. 446, Nr. 111, Monatlicher Gesundheitsbericht über die Zeit vom 20. Januar bis 19. Februar 1946, Gesundheitsamt Pforzheim. Siehe zur Verteilung der Flüchtlinge von den Lagern aus in die umliegenden Dörfer auch: Stadtarchiv Frankfurt, Gesundheitsamt, II/21-1992 Nr. 102, Der Regierungspräsident an die Gesundheitsämter des Bezirks.
81   »*From the moment on of their having settled, Fugitives are no more considered ›Fugitives‹, but have the same standing as the members of the normal population.*« RG 260, 12/1-2/8, Office of Military Government for Württemberg-Baden, Record on the Meeting of the Main Public Health Referees of the US Occupied Zone, on July 10th, 1946, S. 2.
82   Für das 19. Jahrhundert beschreibt Jörg Vögele den Typhus als skandalisierte Krankheit mit großer öffentlicher Bedeutung, die sich allerdings mit den Stadtassanierungen verlor. Vögele, 1998. Auch Fleckfieber hatte, wie oben beschrieben, ein gewisses Potenzial zur Angstkrankheit, das aber verglichen z.B. mit Tuberkulose gering und nur von kurzer Dauer war.

eine Erkrankung nur werden, wenn genügend Interaktionspartner diese Auffassung teilten. Bei welchen Krankheiten sich diese Entwicklung vollzog, welche Krankheiten nicht das symbolische Potenzial zur Angstkrankheit hatten und welche Faktoren zentral dafür waren, wird daher an drei kurzen Beispielen erläutert.[83]

## 3.1 Grippe

Wie alle anderen städtischen Dienststellen verfasste auch der Leiter des Stuttgarter Gesundheitsamtes und städtische Gesundheitsreferent, Robert Gaupp, nach detaillierten amerikanischen Vorgaben einen wöchentlichen Bericht über die Gesundheitslage der Stuttgarter Bevölkerung, der dem Oberbürgermeister und der Besatzungsmacht als Informationsquelle diente. Darin wurden penibel Erkrankungsziffern, Personalstand des Gesundheitsamts, besondere Tätigkeitsbereiche der Behörde, Belegung der Krankenbetten u.a. aufgelistet.

Wie oben dargestellt, sprach sich Gaupp vehement gegen die umfassende Entnazifizierung des Gesundheitssektors aus. Ein wichtiges Argument war für ihn »die Grippe«: »*Wir stehen heute in der gleichen Situation* wie am Ende des Ersten Weltkrieges. *Wir älteren Ärzte wissen, in wie furchtbarer Weise damals die Grippe [...] über die ganze Erde gekrochen ist und Hunderttausende von Menschen das Leben gekostet hat. Wir haben allen Grund, uns mit der Frage zu beschäftigen, wie wir diesen drohenden Gefahren ärztlich begegnen können. Die Voraussetzung ist eine [...] sorgfältige Tätigkeit des Gesundheitsamts. Dies aber hat aufgehört zu existieren.*«[84] Die Krankheiten und Anforderungen, die Robert Gaupp anführte, um die erwartete Gesundheitsbedrohung zu untermauern, waren Tuberkulose, Säuglingsfürsorge und Grippe.[85] Die Besonderheit der Gaupp'schen Berichte lag in ihrem häufigen Verweis auf eine drohende und in Kürze zu erwartende Grippeepidemie.[86] Unter Verweis auf die Grippegefahr bat

---

Zu den Steigerungsraten von Typhus und Diphtherie siehe: Stadtarchiv Stuttgart, Hauptaktei Gruppe 5, Reg. Nr. 5000-1, laufende Nr. 2, Bericht über den Gesundheitszustand der Stuttgarter Kinder in der Sozialen Abteilung des Gemeinderats von Obermedizinalrätin Schiller, November 1947, S. 1. Dass die Gesundheitsbedrohung sich durch diese Krankheit generell in Grenzen hielt, wird z.B. auch daran deutlich, dass selbst in einer so schwer zerstörten Stadt wie Pforzheim, deren Wasserleitungssystem noch etliche Monate nach Kriegsende stark beschädigt war, keine Typhusepidemie ausbrach. Vgl. Pforzheimer Kurier, (BNN) Nr. 7 vom 11.1.1949, Die letzte Typhusepidemie vor 30 Jahren.

83 Der Königin der Skandalkrankheit, der Tuberkulose, ist das folgende Kapitel gewidmet; da sie über Jahrhunderte ein ganzes Arsenal von Deutungen auf sich zog, wird sie detailliert für die Besatzungsjahre ausgeleuchtet.
84 Stadtarchiv Stuttgart, Hauptaktei Gruppe 5, Reg. Nr. 5020-2, laufende Nr. 49, Brief Gaupp an Oberbürgermeister, Betr. Entnazifizierung, 17. August 1945.
85 Ibid.
86 Siehe z.B. Stadtarchiv Stuttgart, Hauptaktei Gruppe 0, Bestand 14, Nr. 19, Brief Gaupps an Oberbürgermeister Klett.

Gaupp die Besatzungsmacht um Unterstützung. Gleichgültig, ob es sich um Kohlelieferungen für das Sophienstift, um Verbandsmaterial für das Gesundheitsamt oder um Seifenrationen für die Stuttgarter Bevölkerung handelte: All diese Dinge sollten zur Abwehr der Grippe dienen.[87]

Die von ihm selbst erstellte Krankenstatistik verzeichnete allerdings weder Grippeverdachtsfälle noch Grippeerkrankungen und schon gar keine Todesfälle aufgrund einer Grippeinfektion. Das von Gaupp gebetsmühlenartig fast wöchentlich wiederholte Lamento über die Grippegefahr war damit zumindest statistisch nicht zu belegen. Warum also bezog sich der Leiter des Stuttgarter Gesundheitsamts immer wieder auf diese vermeintliche Gefahr? Wollte er bei der Besatzungsmacht Krankheitsängste schüren? Wenn dies der Fall war, warum verwies er dann immer wieder auf eine Krankheit, die keine steigenden Erkrankungsraten aufwies? Diente die vermeintliche Grippegefahr als ein Topos zur Manipulation der amerikanischen Besatzungsmacht, um materielle Unterstützung zu erlangen? Wie waren die Gaupp'schen Grippewarnungen angesichts der Tatsache, dass kein anderer Amtsarzt von irgendwelchen Anzeichen einer Grippeepidemie berichtete, zu erklären?[88]

Gaupps Verweise auf die drohende Grippeepidemie waren umso rätselhafter, als im Winter 1946 in Hessen tatsächlich eine lokal begrenzte Grippeepidemie ausbrach. Im Gegensatz zu Robert Gaupp hatten die hessischen Amtsärzte diese Gefahr nicht im Voraus diskutiert, und selbst nach dem Ausbruch der Krankheit, die immerhin bis zum Frühjahr 1948 fast 5000 Menschen infiziert und 15 Todesopfer gefordert hatte, war Grippe in hessischen Gesundheitsberichten kein raumgreifendes Thema.[89]

Warum also betonte der Stuttgarter Amtsarzt die Grippegefahr so stark, wohingegen seine Kollegen, die in ihren Bezirken tatsächlich Grippekranke zu betreuen hatten, dieser Krankheit kaum Aufmerksamkeit widmeten? Diese Wahrnehmungsdifferenz lässt sich nur durch die unterschiedliche, generationsspezifische Grippeerfahrung, die Robert Gaupp von seinen deutlich jüngeren hessischen Kollegen trennte, plausibel erklären.

Während der verheerenden Grippeepidemien nach dem Ersten Weltkrieg hatte Deutschland 1917/18 innerhalb weniger Wochen ca. 200 000 Grippetote zu bekla-

---

87 Siehe z.B. Stadtarchiv Stuttgart, Hauptaktei Gruppe 5, Reg. Nr. 5051-2, laufende Nr. 128, Brief Robert Gaupps an die amerikanische Militärregierung.
88 Dinter spricht davon, dass die gesundheitspolitischen Planungen 1946/47 angeblich von der drohenden Grippegefahr bestimmt wurden. Für die Amtsärzte der amerikanischen Besatzungszone lässt sich dies so pauschal nicht sagen. Dinter, 1999, Seuchenalarm, S. 215.
89 RG 260, 8/59-1/9, OMG-Hesse, Abt. 649, Public Health Division, Summary of Public Health Activities in Land Hesse, 1 January 1948-31 March 1948, S. 2. Für die extrem fragmentarische Berichterstattung über die Grippefälle in Hessen siehe z.B. RG 260, 5/332-1/14, OMGUS: CAD PHB, Briefing for Editor, Public Health Branch. RG 260, 8/59-1/9, OMG-Hesse, Abt. 649, Public Health Division, Monthly Narrative Report, November 1946 (Übersetzung eines Berichts des IM, Abt. V, Medizinalabteilung), 28. Dezember 1946.

gen. Weltweit forderte die Epidemie mehr Tote als der Krieg.[90] Dieses Massensterben muss sich dem damals etwa 40jährigen Robert Gaupp so nachhaltig eingeprägt haben, dass er alles daransetzte, nach dem Zweiten Weltkrieg für eine derartige Katastrophe gerüstet zu sein. Während diese Krankheitserfahrung im kollektiven Gedächtnis nicht mehr präsent war, erinnerte sich Robert Gaupp an die von ihm selbst miterlebte Grippeepidemie offenbar noch lebhaft. Er insistierte auf einer vermeintlichen Bedrohung durch die Grippe aufgrund einer realen Erfahrung. Diese war allerdings nicht in den statistischen Daten, sondern in seiner Lebenserfahrung präsent, die für Gaupp, was ihre Plausibilität betraf, mit allen aktuellen Fakten konkurrieren konnte. Bei der Übersetzung seines Erfahrungswissens in die aktuelle Nachkriegssituation modifizierte Gaupp jedoch das tatsächliche Krankheitsereignis.

Die Grippeepidemie nach dem Ersten Weltkrieg hatte vor allem unter den 20- bis 30-jährigen, wohlgenährten und gesunden Menschen Todesopfer gefordert[91], ein Zusammenhang, dem Gaupp mit seiner Forderung nach Lebensmittel-, Heizungs- und Kleidungszulagen nicht Rechnung trug. Er passte eine Krankheitserinnerung an die aktuelle Notsituation an und übersetzte Krankheitsprophylaxe in die Behebung bestehender Mangelzustände.

Dass die Grippeerfahrung sich nicht im kollektiven Gedächtnis niedergeschlagen hatte, war kein deutsches Phänomen, sondern weltweit zu beobachten. In der Forschung werden verschiedene Gründe diskutiert, warum die Grippe trotz der hohen Zahl an Todesopfern, die sie forderte, kaum in der Erinnerung bewahrt wird. Zum einen wird dafür der Weltkrieg verantwortlich gemacht, der die Aufmerksamkeit der Menschen fesselte, zum anderen wird darauf verwiesen, dass andere Epidemien, wie Cholera und Pocken, nur wenige Jahrzehnte zuvor vergleichbar große Opfer gekostet hatten und die Erinnerung überlagerten. Auch die Geschwindigkeit, mit der die Grippe wütete und wieder verschwand, wird als Erklärung für die schnell verblassende Erinnerung angeführt.[92] Diese Frage kann an dieser Stelle nicht geklärt werden, bemerkenswert ist jedoch, dass offensichtlich allein ein – demographisch noch so einschneidendes – Krankheitserlebnis nicht ausreichte, um aus einer Erkrankung eine auch symbolisch mächtige Krankheit zu machen.

Bemerkenswert erscheint indes die Bereitwilligkeit, mit der die Besatzungsmacht die Gaupp'sche Interpretation als plausibel akzeptierte und sie trotz offensichtlich mangelnder statistischer Beweise zu keinem Zeitpunkt in Frage stellte. Eine mögliche Erklärung dafür mag die Erfahrung der USA im Ersten Weltkrieg sein, als die Ame-

---

90 Vgl. zu den Zahlen: Vasold, Manfred, Die Grippepandemie in Nürnberg 1918 – eine Apokalypse, in: *1999*, Nr. 4 (1995), S. 12-37.
91 Ibid., S. 30. Siehe zur altersspezifischen Schichtung der Todesfälle auch die Statistik bei Müller, Jürgen, Die Spanische Influenza 1918/1919, in: Eckart/Gradmann, 1996, 321-342, hier S. 341.
92 Diese Gründe diskutieren sowohl Müller, 1996, S. 342, wie auch Vasold, 1995, S. 38.

rikaner mehr Grippe- als Kriegstote zu beklagen hatten.[93] Wenn auch die amerikanischen *medical officers* diese Epidemie im Gegensatz zu Gaupp nicht mehr persönlich miterlebt hatten und auch die kollektive amerikanische Erinnerung nicht mehr lebendig genug war, als dass die amerikanischen Offiziere von sich aus Grippe zu einem zentralen Punkt ihrer statistischen Erhebungen gemacht hätten, so reichten Gaupps Verweise auf diese auch die USA betreffende Krankheitserfahrung offenbar aus, um eine Gegenargumentation zu unterbinden. Damit wurde die Grippe als Symbol einer geteilten kollektiven Krankheitserfahrung nach 1945 handlungsleitend, obwohl sie eigentlich nach dem Zweiten Weltkrieg gesundheitspolitisch nicht relevant war.

Anders als die hochgradig symbolisch und politisch aufgeladene Tuberkulose konnte »Grippe« nur innerhalb des begrenzten Stuttgarter Handlungsrahmens eine Verknüpfung historischer Krankheitserfahrungen mit gesundheitspolitischen Maßnahmen produzieren.

**Erinnerungszeiträume**

Beate Witzler hat für die Hochindustrialisierungsphase eine Differenz zwischen Statistik und Wahrnehmung beschrieben. Dabei hinkte die Wahrnehmung der Statistik insofern hinterher, als dass Krankheiten erst, nachdem sie ihren Höhepunkt bereits überschritten hatten, als gefährlich wahrgenommen wurden. Krankheitsstatistik und Wahrnehmung befanden sich somit in einer gegenläufigen Bewegung. Besonders ausgeprägt war dieses Missverhältnis laut Witzler bei der Tuberkulose, deren Erkrankungszahlen parallel zur wachsenden Aufmerksamkeit sanken.[94] Aufgrund dieses Missverhältnisses zwischen Krankheitswahrnehmung und statistischen Fakten ergab sich seit Mitte des 19. Jahrhunderts eine Überbewertung von Epidemien.[95]

Für die Besatzungsjahre war genau die umgekehrte Entwicklung zu beobachten. Die Krankheitsängste eilten der Statistik voraus – ebenso wie Robert Gaupp einen Ausbruch der Grippe lange vor den ersten hessischen Krankheitsfällen befürchtete, antizipierte die Mehrheit der deutschen Amtsärzte eine steigende Tuberkuloserate. Mit dem von Beate Witzler entwickelten Modell sind die Krankheitsängste nach 1945 nicht zu verstehen. Die Witzler'sche Beobachtung der gegenüber der Statistik verzögerten Krankheitswahrnehmung kann jedoch auch die Krankheitsängste nach dem Zweiten Weltkrieg erklären, wenn ein längerer Betrachtungszeitraum zugrunde gelegt wird. Die Grippeängste Gaupps indizieren ebenso wie die historischen Verweise der deutschen Tuberkuloseärzte, dass die gesundheitsbezogene Erinnerungsperiode mindestens bis zum Ersten Weltkrieg zurückreicht. Setzt man – wie deutsche Amtsärzte

---
93  Vasold, 1995, S. 35.
94  Witzler, 1995, S. 39f.
95  Ibid.

dies taten – die Situation nach dem Ersten Weltkrieg als Bezugspunkt, dann waren die Krankheitsängste nach 1945 analog dem Modell von Witzler eine Wahrnehmung, die in gleicher Verzögerung wie bereits im ausgehenden 19. Jahrhundert auf sinkende Krankheitsraten mit steigender Krankheitsangst antwortete.

Die bis zum Ersten Weltkrieg zurückreichende Erinnerungsperiode unterstreicht, dass Erfahrungsmomente wichtig für die Krankheitsperzeptionen sind, und verdeutlicht, dass gesundheitliche Zäsuren und Einschnitte in der Erinnerung von politischen Periodisierungen abweichen können. Die Differenz zwischen gesundheitssymbolischen und politischen Periodisierungen bedeutet jedoch nicht, dass kollektive »Krankheitserinnerungen« apolitisch sind. Ganz im Gegenteil ist das Krankheitsereignis zwar ein entscheidender, aber, wie oben dargestellt, kein hinreichender Grund, um Krankheiten als politisch bedeutsam im kollektiven Gedächtnis zu bewahren.

Um aus einer Krankheit eine symbolisch bedeutsame Angstkrankheit zu machen, ist stets eine explizite politische Kontextualisierung notwendig, ein Zusammenhang, der wiederum die rein funktionale Konzeption von Gesundheitspolitik theoretisch unmöglich macht. Eine formale Brücke zwischen Krankheitsereignis, Erinnerung und Politisierung stellt die Statistik dar, die die Krankheitserfahrung in politisch gefärbten Kategorien aufbewahrt und eine im politischen Diskurs zitier- und tradierbare Form der Erfahrungskodierung darstellt.

### 3.2 Zukunftsangst – Zukunftshoffnung: Säuglingssterblichkeit

Gaupps Kollegin und spätere Amtsnachfolgerin Dr. Maria Schiller sah nicht die Grippegefahr, sondern ein anderes gesundheitliches Problem als besonders vordringlich an. Ihre Sorge galt besonders den Jüngsten. Die erhöhte Säuglingssterblichkeit war in den Augen der Amtsärztin, *»der feinste Indikator für den Stand der Volksgesundheit«*.[96] Deshalb gebühre ihr eine besondere Beachtung.[97]

---

96 Stadtarchiv Stuttgart, Hauptaktei Gruppe 5, Reg. Nr. 5000-1, laufende Nr. 2, Bericht über den Gesundheitszustand der Stuttgarter Kinder in der Sozialen Abteilung des Gemeinderats von Obermedizinalrätin Schiller, November 1947, S. 1. Zur diachronen Entwicklung der Säuglingssterblichkeit siehe: Vögele, Jörg/Woelk, Wolfgang, Public Health and the Development of Infant Mortality in Germany, 1875-1930, in: *The History of the Family*, 7 (2002) 4, S. 585-599; Vögele, Jörg, Urban infant mortality in imperial Germany, in: *Social history of medicine* 7 (1994) 3, S. 401-426.

97 Wie sehr der Schutz der Kinder der Stuttgarter Amtsärztin am Herzen lag, lässt sich u.a. an ihrem Sprachduktus ablesen: Die Zahl, die den Tod der kleinsten Menschen angebe, so erklärte sie, sei vor »*allen anderen Zahlen*« der Statistik »*am ehesten zu verletzen.*« Ibid.
Die Klassifizierung der Säuglingssterblichkeitsrate als allgemeiner Indikator der Volksgesundheit war allgemein anerkannt. Vgl. dafür z.B., Stöckel, 1996; Stadtarchiv Karlsruhe, Hauptregistratur 2162, Vortrag des Medizinalrats Dr. Kappes über die Säuglingssterblichkeit in Karlsruhe, 33. Sitzung des Stadtrates, 1. September 1947; Müller-Voigt, F., 75 Jahre Säuglingssterblichkeit in

Noch im Mai 1943 habe die Säuglingssterblichkeit in Stuttgart nur bei 3,8 % gelegen und damit einen »*unglaublichen Tiefstand*« erreicht gehabt.[98] »*Seit den ersten schweren Angriffen auf Stuttgart*« im Juli 1943 sei sie aber »*aus ihrer alten Ruhelage emporgestiegen und hat ihren Höchstwert im Dezember 1944 erreicht.*«[99] In der Formulierung der Ärztin stieg die Säuglingssterblichkeit, einem Racheengel gleich, aus den Ruinen der Stadt empor. »*Wenn wieder ganze Stadtbezirke in Schutt und Asche gesunken waren [ ...,] [waren] die Säuglinge in Bunkern und Stollen der Feuchtigkeit und den Infektionen ausgesetzt [...].*«[100] In keinem anderen Symbol drückte sich die Zerstörung unmittelbarer aus als in den sterbenden Kindern.[101]

Kurz vor Kriegsende, als Verzweiflung und Hoffnungslosigkeit am größten waren, erreichte auch die Säuglingssterblichkeit ihren Höhepunkt: 20,3 % Säuglingssterblichkeit bedeutete, dass im Dezember 1944 jedes fünfte Kind innerhalb des ersten Jahres nach der Geburt verstarb. Mit dem Ende des Krieges endete auch das große Sterben unter den Kleinsten. Innerhalb des ersten Besatzungsjahres, bis zum Mai 1946, hatte sich die Säuglingssterblichkeit auf 6 % reduziert.[102]

Die Bestimmtheit, mit der Frau Dr. Schiller immer wieder auf die Säuglingssterblichkeit zurückkam, scheint in der Höhe der Sterblichkeitsrate zu liegen, die, wie

---

der Stadt Duisburg, in: *Der öffentliche Gesundheitsdienst*, 13. Jg. (1951/52), S. 111-124. Müller-Voigt relativierte jedoch die allgemein bereitwillig vorausgesetzte Eindeutigkeit des Indikators Säuglingssterblichkeit, indem er ausführte, dass die Säuglingssterblichkeit einzelner Städte 1945 zum Teil beträchtlich voneinander abwich. In Neuss und Aachen war unmittelbar nach Kriegsende eine starke Zunahme zu beobachten, zum Teil um bis zu 100 %, ebenso in Oldenburg und Lübeck, wohingegen Remscheid und Bielefeld eine auch während des Zweiten Weltkrieges anhaltende Rückläufigkeit aufwiesen. Ibid., S. 113.

98 Etwas andere Zahlen nennt Schiller ein Jahr später. Im Februar 1948 berichtet sie, dass die Säuglingssterblichkeit bereits ab 1935 gestiegen sei. Von einem Tiefstand von 4 % im Jahre 1933 stieg sie auf 6 % im Jahre 1939 und lag 1944 bereits über 8 %. 1946 fiel sie auf durchschnittlich 8 %. Stadtarchiv Stuttgart, Hauptaktei Gruppe 5, Reg. Nr. 5000-1, laufende Nr. 2, Bericht über den Gesundheitszustand der Stuttgarter Bevölkerung im Jahr 1947, Obermedizinalrätin Schiller, Sitzung des Sozialausschusses am 16. Februar 1948, S. 1.

99 Stadtarchiv Stuttgart, Hauptaktei Gruppe 5, Reg. Nr. 5000-1, laufende Nr. 2, Bericht über den Gesundheitszustand der Stuttgarter Kinder in der Sozialen Abteilung des Gemeinderats von Obermedizinalrätin Schiller, November 1947, S. 1. Auch Beil und Wagner berichten über die »*verheerende Säuglingssterblichkeit in den letzten beiden Kriegsjahren*«, die z.B. in Berlin und Stuttgart 1944/45 infolge der Luftangriffe um 100 % angestiegen sei. Beil/Wagner 1951, S. 375.

100 Stadtarchiv Stuttgart, Hauptaktei Gruppe 5, Reg. Nr. 5000-1, laufende Nr. 2, Bericht über den Gesundheitszustand der Stuttgarter Bevölkerung im Jahr 1947, Obermedizinalrätin Schiller, Sitzung des Sozialausschusses am 16. Februar 1948, S. 1.

101 In diesem Sinne auch Krieger, der ausführte: »*Die Säuglingssterblichkeit zählte zu den am meisten beunruhigenden Erscheinungen der Nachkriegszeit.*« Krieger, Konrad, Geburt, Krankheit und Tod der Nachkriegszeit, im Ablauf des Säkulums gesehen, in: *Der öffentliche Gesundheitsdienst*, 12. Jg. (1950/51), S. 161-168, hier S. 166.

102 Stadtarchiv Stuttgart, Hauptaktei Gruppe 5, Reg. Nr. 5000-1, laufende Nr. 2, Bericht über den Gesundheitszustand der Stuttgarter Kinder in der Sozialen Abteilung des Gemeinderats von Obermedizinalrätin Schiller, November 1947, S. 1.

Schiller nicht müde wurde zu betonen, mit über 10 % noch immer doppelt so hoch liege wie 1933. Die Obermedizinalrätin ergriff jede Gelegenheit, um über die Vorzüge des Stillens und das Gefahrenpotenzial der Kuhmilch aufzuklären, für die Arbeit der Fürsorgerinnen und Mütterberatungsstellen zu werben und vor den tödlichen Gefahren von Infekten, besonders von Grippe und Diphtherie, zu warnen.

Auch andere Städte kämpften mit hoher und teilweise sogar steigender Säuglingssterblichkeit. Nirgendwo jedoch war so ein nachdrücklicher Einsatz für die Kinder zu erkennen wie in Stuttgart.[103] Frau Dr. Schiller, so könnte man vorsichtig vermuten, fühlte sich als Frau den Sorgen der Mütter näher, bemühte sich energischer, der Trauer ihrer Geschlechtsgenossinnen abzuhelfen, als die männlichen Amtsärzte dies versuchten. Dieser Interpretation trat sie jedoch selbst resolut entgegen, nannte sie doch als wichtigste Leitlinie ihrer Berufsauffassung, die Aufgabe erfüllen zu wollen »*wie ein Mann*«.

Bei näherem Hinsehen wird deutlich, dass die Sorge der Obermedizinalrätin auch gar nicht von einer übermäßig hohen Säuglingssterblichkeit geleitet war. Stuttgart habe vielmehr, so legte sie 1947 stolz dar, eine der niedrigsten Raten der Säuglingssterblichkeit überhaupt. Dies zu belegen, addierte sie eine lange Liste deutscher Großstädte von Karlsruhe bis Magdeburg, deren Säuglingssterblichkeitsrate teilweise bis zu 20 % betrage. Stuttgart sei dagegen »*eine der Großstädte mit der niedrigsten Säuglingssterblichkeit [...]. – Nicht nur der Stuttgarter weiß, daß die Säuglings- und Kleinkinderfürsorge hier seit Beginn des Jahrhunderts in einer mustergültigen Weise aufgebaut worden ist und daß Stuttgart weitherum im ganzen deutschen Land und sogar im Ausland als Vorbild betrachtet wurde. Unser Ehrgeiz ist es, diese Vorzugsstellung zu halten.*«[104]

Sowohl Prestigestreben als auch lang zurückreichende Traditionslinien bestimmten hier die Handlungspräferenzen. Bei der Säuglingsfürsorge, ebenso wie in anderen Bereichen kommunaler Leistungen, war städtische Konkurrenz auch nach dem Zweiten Weltkrieg ein wesentlicher Antriebsfaktor.[105] Eine geringe Säuglingssterblichkeit galt

---

103 Siehe für eine vergleichende Perspektive der kommunalen Aktivitäten hinsichtlich der Bekämpfung der Säuglingssterblichkeit: Landesarchiv Berlin, Gesundheitsausschuss des deutschen Städtetages, 5/23 Kleinkinderfürsorge.
104 Stadtarchiv Stuttgart, Hauptaktei Gruppe 5, Reg. Nr. 5000-1, laufende Nr. 2, Bericht über den Gesundheitszustand der Stuttgarter Bevölkerung im Jahr 1947, Obermedizinalrätin Schiller, Sitzung des Sozialausschusses am 16. Februar 1948, S. 1. Mit 6 % belegte Stuttgart in der Tat einen der vordersten Plätze (west)deutscher Großstädte. Deutlich besser schnitt nur noch Bielefeld mit 3,6 % ab. Siehe dafür die 1946 erhobene Statistik des deutschen Städtetages über die Säuglingssterblichkeit in den Städten der britischen Besatzungszone. Zit. in: Müller-Voigt, 1951/52, S. 124. Zu den hohen Werten z.B. für Leipzig siehe Gramm, Hermann, Säuglingssterblichkeit seit Kriegsende in Leipzig, in: *Ärztliche Wochenschrift* 3 (1948), S. 535-538.
105 Zum Wettbewerb zwischen den Städten während des Kaiserreichs siehe Witzler, 1995, S. 13, S. 95f., sowie zu den ehrgeizigen städtischen Selbstdarstellungen auf Tagungen und Ausstellungen Matzerath, 1985, S. 341. Für das 20. Jahrhundert beschreibt Rainer Gries die komparative Perspektive als konstitutiv für die Kommunalpolitik der Nachkriegsjahre. Gries, 1991.

nicht nur »*als besonderes Ruhmesblatt*«[106] städtischer Gesundheitsfürsorge, sondern sie war in spezifischer Form mit Hoffnung und Zukunft verknüpft.[107] Dass überdies das Kosten-Nutzen-Verhältnis bei der Säuglingsfürsorge besonders günstig ausfiel, d.h., »*daß eine große Zahl von Menschen [...] unter möglichst geringen Opfern von Seiten der Kommune zu vollwertigen kräftigen Kindern*«[108] aufgezogen werden konnte, machte sie als Einsatzfeld städtischer Gesundheitspflege umso attraktiver.

Obwohl in Frankfurt die Säuglingssterblichkeit ca. 5 % höher lag als in der schwäbischen Vergleichsstadt, konzentrierte man sich dort auf ein anders akzentuiertes Gesundheitsproblem. Nicht die Säuglingssterblichkeit an sich wurde in der Frankfurter Gesundheitsdeputation diskutiert, sondern die Säuglingssterblichkeit aufgrund von Tuberkuloseerkrankungen.[109] Dank der angeblich besonderen Frankfurter Tradition der Tuberkulosefürsorge gerieten die Kinder vor allem als Tuberkulosekranke in den Blick des Gesundheitsamtes[110], während die Kindertuberkulose in Stuttgart immer explizit in den Kontext der erfolgreichen Stuttgarter Säuglings- und Kinderfürsorge gestellt war. Dabei ist interessant, dass in Stuttgart, wo man sich immer wieder einer glorreichen Tradition der Säuglingsfürsorge rühmte, eine der Hauptinfektionsquellen für Tuberkulose, nämlich infizierte Milch, die die so genannte »Fütterungstuberkulose« verursachte, kaum Beachtung fand. Die Stuttgarter Amtsärztin Maria Schiller

---

106 So die Formulierung eines Vertreters des Bonner Gesundheitsamtes. Landesarchiv Berlin, Gesundheitsausschuss des deutschen Städtetages, 5/00-00, Gesundheitsfürsorge und die neue Währungsreform, Gesundheitsamt des Stadtkreises Bonn, Juli 1948, S. 2.

107 »Ihre Ziele beschränken sich nicht auf die Gegenwart, sondern sind in erster Linie auf die Zukunft gerichtet«, resümierte der Bonner Kollege Maria Schillers diesen Zusammenhang. Stadtarchiv Stuttgart, Hauptaktei Gruppe 5, Reg. Nr. 5000-1, laufende Nr. 2, Bericht über den Gesundheitszustand der Stuttgarter Bevölkerung im Jahr 1947, Obermedizinalrätin Schiller, Sitzung des Sozialausschusses am 16. Februar 1948, S. 8. Zur Säuglingsfürsorge in der BRD: Lindner, Ulrike, Gesundheitsvorsorge für Schwangere und Säuglinge 1949-1965: Pläne, Maßnahmen, Defizite, in: Vögele/Woelk, 2002, S. 347-378.

108 Stadtarchiv Stuttgart, Hauptaktei Gruppe 5, Reg. Nr. 5000-1, laufende Nr. 2, Bericht über den Gesundheitszustand der Stuttgarter Bevölkerung im Jahr 1947, Obermedizinalrätin Schiller, Sitzung des Sozialausschusses am 16. Februar 1948, S. 3. Dort auch die Kostenangabe von 7000,- Mark pro Jahr pro 100.000 Einwohner.

109 Die hohe Letalität von Säuglingen und Kleinkindern bei ansteckender Lungentuberkulose war ein gesamtdeutsches Problem. Siehe dazu: *Tuberkulose-Jahrbuch* (1950/51), S. 32. Auch Kirchmair sprach im Zusammenhang mit der Tuberkulose von der Notwendigkeit der »*Beseitigung des nationalen Notstandes*« und der »*gerade bei den Säuglingen in den letzten Jahren seit Kriegsende beunruhigend gestiegenen Sterblichkeit.*« Dieses »*große Sterben*« sei noch immer nicht zum Stillstand gekommen. Kirchmair, Heinrich, Zur Tuberkulose im Kindesalter, in: *Ärztliche Wochenschrift* 3 (1948), S. 570-572.

110 Im Oktober 1947 berichtete das Frankfurter Gesundheitsamt über die Resultate der Röntgenreihenuntersuchung bei Kindern: »*1 % der Kinder litten an schwerer Tuberkulose, weitere 3 % Aktivfälle, bedingt durch die außerordentlich engen Wohnverhältnisse und die nicht zureichende Ernährung. Tuberkulosekranke Kinder schlafen in überbelegten Wohnungen mit Gesunden zusammen, häufig haben sie kein eigenes Bett*«. Stadtarchiv Frankfurt, Magistratsakten, Aktenzeichen 7110, Bd. 2, Niederschrift über die Sitzung der Gesundheitsdeputation am 24.10.47.

qualifizierte die Meinung, dass »*die hohe Säuglingssterblichkeit [...] von der Nahrung [komme]*«, als »*Laienvorstellung*« ab. »Gewiss« – so Schiller 1948 – »*ist die Milch, auf die der Säugling ganz angewiesen ist, nicht mehr das, was sie nach Einführung das Milchgesetzes 1930 war. Wir haben keine Vorzugsmilch mehr aus tierärztlich überwachten Ställen und auch keine Markenmilch, nur Sammelmilch, die noch dazu nach dem Pasteurisieren offen verteilt werden muss. Immerhin haben wir die Gewissheit, dass sie nunmehr frei von Typhus- und Tuberkelbazillen ist.*«[111]

Was Maria Schiller hier quasi nebenbei erwähnt, war eine entscheidende Verbesserung gegenüber der Situation von 1930. Erst die Pasteurisierung der Milch nach dem Zweiten Weltkrieg machte diese infektionssicher. Implizit führte die Stuttgarter Amtsärztin die seit vielen Jahrzehnten zwischen Deutschen und Amerikanern schwelende Debatte um die Infektiosität von tuberkelinfizierter Milch weiter.[112] Dass sie sich als Leiterin eines Gesundheitsamts, das sich einer besonders sorgfältigen Säuglingsfürsorge rühmte, nicht mit dieser massiven Gesundheitsbedrohung beschäftigte, konnte Maria Schiller nur mit dem (falschen) Argument rechtfertigen, dass die Milch nicht die Ursache für Säuglingserkrankungen sei.

Ganz anders wurde dieser Zusammenhang in Karlsruhe beurteilt. Karlsruhe hatte 1947 mit 11,9 % eine fast doppelt so hohe Säuglingssterblichkeitsrate wie Stuttgart (6,2 %). Anders als das Stuttgarter Amt listete Medizinalrat Kappes die einzelnen Ursachen detailliert auf und führte Tuberkulose als explizite Ursache der Säuglingssterblichkeit an. Zwar gebe es in Karlsruhe noch immer neun Säuglingsberatungsstellen, aber die zunehmende Tuberkulosesterblichkeit sorge in der Bevölkerung für Unruhe. Neben anderen Gründen wurde in der sich an den Vortrag anschließenden Debatte ausdrücklich die »*mangelhafte Ernährung*« genannt, »*die Milchablieferung erfolge nicht mit der nötigen Sorgfalt; zum Teil käme sie in unsauberen Gefäßen zur Ablieferung, so daß die Milch sehr häufig in sauerem Zustand hier ankäme.*«[113]

Im Gegensatz zu Schillers Argumentation war die Fütterungstuberkulose in Deutschland zu diesem Zeitpunkt weitgehend anerkannt.[114] Mangelhafte Milch

---

111 Stadtarchiv Stuttgart, Hauptaktei Gruppe 5, Reg. Nr. 5000-1, laufende Nr. 2, Bericht über den Gesundheitszustand der Stuttgarter Bevölkerung im Jahr 1947, S. 2.
112 Siehe dazu ausführlicher S. 354.
113 Stadtarchiv Karlsruhe, Haupt-Registratur, Hauptregistratur 2162, Vortrag des Medizinalrats Dr. Kappes über die Säuglingssterblichkeit in Karlsruhe, 33. Sitzung des Stadtrates 1. September 1947. Die Übertragung der Tuberkulose vom Rind auf den Menschen war auch auf den Amtsarztbesprechungen unumstritten. Vgl. z.B. Stadtarchiv Karlsruhe Haupt-Registratur, A 3004, Niederschrift über die Amtsarztbesprechung, 29.1.1951.
114 Siehe z.B. Ferlinz, Rudolf, Die Tuberkulose in Deutschland und das Deutsche Zentralkomitee zur Bekämpfung der Tuberkulose, in: Ders., 100 Jahre Deutsches Zentralkomitee zur Bekämpfung der Tuberkulose, *Pneumologie* 49, Sonderheft 3, Stuttgart 1995, S. 617-632, hier S. 624; nach Wagner gehörte »*Deutschland mit 63 % verseuchten Rinderbeständen zu den stärkst verseuchten Ländern der Welt*«. Wagner, K., »Das Problem der Rindertuberkulose, in: *Zentralblatt für Bakt. Org.* 3 (1949), S. 143. Auch Dobler konstatierte 1946, dass »*die Rinderbestände heute weitgehend Tuberkulose verseucht [sind und] die Fütterungstuberkulose der Säuglinge und*

wurde von den meisten Ärzten als Ursache der hohen Säuglingssterblichkeit angeführt.[115] Hinsichtlich der Kindertuberkulose war somit in Stuttgart ein ganz ähnliches Argumentationsmuster zu erkennen wie in Frankfurt hinsichtlich der Tuberkulosefürsorge. Die Konzentration auf bestimmte Gesundheitsprobleme war vielfach durch Traditionslinien bestimmt, die einerseits zu einem besonderen Engagement und zu beachtlichen Erfolgen in der Gesundheitsfürsorge führten, andererseits aber auch zu einer Fehlperzeption der Situation beitrugen.

Die in allen Städten geknüpfte Verbindung der beiden herausragenden Gesundheitssymbole »Tuberkulose« und »Kinder« war symbolisch wirkungsmächtig. Die Besatzungsmacht reagierte darauf in Frankfurt z.B. durch die Ausgabe einer *»reichlichen Abendmahlzeit«* für die Frankfurter Kinder, eine Geste, die von den Deutschen ausdrücklich als *»zusätzliche vorbeugende Fürsorge«*[116] gewürdigt wurde.

Die wirkungsvolle Verknüpfung von »Kindern« und »Tuberkulose« bestätigte auch der dänische Tuberkuloseexperte Johannes Holm. Er bekannte, dass ihn während der ganzen Zeit, die er sich mit dem Tuberkuloseproblem in Europa beschäftigt habe, die große Zahl tuberkulöser Kinder und vor allem derjenigen Kinder mit tuberkulöser Meningitis am tiefsten berührt habe.[117] In der Kindertuberkulose potenzierten sich zwei symbolisch hochbedeutsame Krankheitsängste. Politisch relevant wurde die Kindertuberkulose, weil deutsche Politiker immer wieder mit erschreckenden Zahlen argumentierten, die sie nicht kontextualisierten.[118]

---

*Kleinkinder in einem bisher unbekannten Maße zugenommen hat«*. Dobler, Thomas, Bericht über eine Tuberkulose-Tagung in Wangen im Allgäu, in: *Württembergisches Ärzteblatt* 9/12 (1946), S. 91-92, hier S. 91. Vgl. dazu auch S. 354 dieser Darstellung.

115 Siehe z.B. Krieger, Konrad, Krankheit und Tod nach dem Zusammenbruch (Teil 2), in: *Bayerisches Ärzteblatt* 19/20 (1948), S. 117-140, hier S. 118.

116 Stadtarchiv Frankfurt, Magistratsakten, Aktenzeichen 7110, Bd. 2, Niederschrift über die Sitzung der Gesundheitsdeputation am Dienstag, 21.10.48.

117 Holm, 1948, S. 121. Siehe zu den Schwierigkeiten, die Kindertuberkulose nach dem Zweiten Weltkrieg im Vergleich zur Vorkriegzeit genau zu verfolgen: *Tuberkulose-Jahrbuch* (1950/51), S. 32.

118 So wie z.B. der Stuttgarter Polizeipräsident Schumm, der von einen Anstieg der Kindertuberkulose um fast 100 % in nur einem Jahr sprach, ohne die tatsächlichen Steigerungsraten der Kriegsjahre in Betracht zu ziehen. Stadtarchiv Stuttgart, Hauptaktei Gruppe 0, Bestand 14, Nr. 27, Tagesberichte Kripo an CIC Juli 1945-März 1950, Situationsbericht Nr. 109, Februar 1948, S. 2.
Die Mehrzahl der Kinder hatte sich bereits während des Krieges infiziert. Auch wenn dieser Zusammenhang erst nach 1950 statistisch belegt werden konnte, spielte er während der Besatzungsjahre noch nicht einmal als mögliches Szenario eine Rolle. Zur Ansteckung der Kinder während der Kriegsjahre siehe die – auch 1950 noch immer kurzen – Ausführungen des *Tuberkulose-Jahrbuchs* (1950/51), S. 78. Auch Ebers datiert den stärksten Anstieg der Kindertuberkulose auf die Jahre 1939-1945 und dokumentiert nach 1947 ein Absinken. Ebers, Norbert, Über die Primärtuberkulose bei Kindern in den Kriegs- und Nachkriegszeiten, in: *Der Tuberkulosearzt*, 3. Jahrgang 1949, Heft 5, S. 1, 3 (1949), S. 247-253.

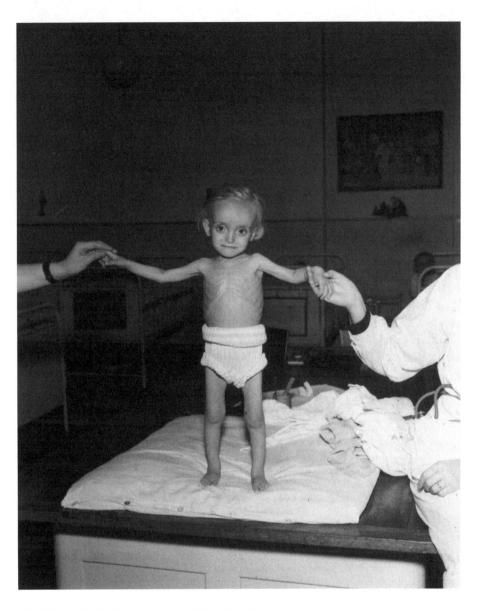

*Heidelberg 1947: Unterernährtes Flüchtlingskind*

So wie die hohe Säuglingssterblichkeit unmittelbar nach Ende des Krieges Ausdruck für Angst, Verzweiflung und Niederlage gewesen war, wurde die sinkende Säuglingssterblichkeit zum Symbol für Aufbruch, Hoffnung und Zukunft. Im Bereich der Säuglingsfürsorge konnte in spezifischer Form zukünftige Politikgestaltung mit der Vergangenheit verbunden werden. Die deutschen Amtsärzte zitierten immer wieder ihre städtischen Traditionen der Säuglingsfürsorge als Motor für einen energischen Kampf gegen die aktuelle Säuglingssterblichkeit. Die Tradition, auf die in diesem Kontext Bezug genommen wurde, war eine unverfängliche, unbelastete Tradition. Das hehre Ziel, Kinderleben zu retten, das Vergangenheit, Gegenwart und Zukunft verband, galt als unbefleckt von schuldhaften nationalsozialistischen Erbschaften.[119] Die »Reinheit«, »Unschuld« und »Hilflosigkeit« der Kinder färbten auf die Gesundheitspolitik von gestern und die gesundheitspolitischen Akteure der Gegenwart ab.

Mit Verweis auf die steigende Säuglingssterblichkeit, auf Tuberkulose und Grippe war immer wieder gegen die Entnazifizierung argumentiert worden; Säuglingssterblichkeit und Tuberkulose wurden immer wieder angeführt, um auf die »*verzweifelte Lage*« der Deutschen zu verweisen, und der Hinweis auf sinkende Säuglingssterblichkeit und Tuberkulose repräsentierte schließlich die Konsolidierung der gesundheitlichen, mentalen und politischen Situation. »Säuglingssterblichkeit« und »Tuberkulose« waren die beiden herausragenden deutschen Gesundheitssymbole der Nachkriegsjahre. »*Unsere ganze Hoffnung geht dahin*«, schloss Frau Dr. Schiller im Februar 1948 ihren rückblickenden Bericht, »*daß es insbesondere gelingen möge, die Tuberkulose einzudämmen [und] die Kinder gesund zu erhalten oder zu machen.*«[120]

Die Säuglingsfürsorge besaß das Potenzial eines politisch unverfänglichen Berührungspunktes zwischen Amerikanern und Deutschen. Auffällig ist jedoch, dass das Thema Säuglingssterblichkeit im gesundheitspolitischen Diskurs der Besatzungsmacht nicht präsent war. Warum die Militärregierung sich nicht mit diesem Problem beschäftigte, kann nur gemutmaßt werden. Naheliegend ist, dass Säuglingssterblichkeit in den ersten Nachkriegsmonaten keine Rolle spielte, da die Besatzungstruppen durch dieses Problem nicht unmittelbar tangiert waren. In der Folgezeit, als sich der gesundheitspolitische Fokus der Militärregierung auch über die direkte eigene Betroffenheit hinaus erweitert hatte, hatte die deutsche Gesundheitsverwaltung sich bereits so intensiv dieser Problematik angenommen, dass die Amerikaner offensichtlich keinen Handlungsbedarf mehr sahen.[121]

---

119 Auch die Traditionslinien der deutschen Säuglingsfürsorge waren politisch nicht so unproblematisch, wie deutsche Amtsärzte es nach 1945 darstellten. Siehe dafür: Schabel, Elmer, *Soziale Hygiene zwischen sozialer Reform und sozialer Biologie. Fritz Rott (1878-1959) und die Säuglingsfürsorge in Deutschland*, Husum 1995.
120 Ibid., S. 9.
121 Im Gegensatz zu Säuglingen waren Kinder, vermittelt über das Themenfeld Ernährung, sehr wohl Gegenstand gesundheitspolitischer Überlegungen der Militärregierung.

## 3.3 Alter und Leid

Auch wenn die großen Seuchen ausblieben, so waren die Menschen trotzdem krank und in vielfältiger Weise durch die Nachkriegsjahre belastet. Jede Form von Krankheit bedeutete individuelles Leid, das in der politischen und medizinischen Bearbeitung nur unzureichend erfasst werden kann.

Die kranken Menschen verschwanden hinter den Statistiken, ihre körperlichen Beschwerden mutierten zu medizinischen Fachausdrücken. Alltäglich mit kranken Menschen konfrontiert und darüber hinaus in stetigen Diskussionen mit der Besatzungsmacht beschäftigt, fanden auch deutsche Amtsärzte nur in Ausnahmefällen Zeit, das Leiden an der Krankheit in Worte zu fassen.

Auch in dieser Arbeit, die ihren Fokus auf die politische Interaktion zwischen Deutschen und Amerikanern legt, verschwindet das Leid der Menschen oft hinter den Argumenten. Dies ist umso häufiger der Fall, als sich »Leiden« gegen eine explizite Benennung zu sperren scheint. Nur an einigen wenigen Stellen blitzt die durch Krankheiten und Not beeinträchtigte Befindlichkeit der Menschen auf. Lautstarke Verweise auf Krankheit und Qual haben hingegen häufig den Beigeschmack, strategisch eingesetzt zu werden, und scheinen kaum emotionale Authentizität zu besitzen. Den wenigen Überlieferungen vom leisen Leiden soll daher hier eine kurze Referenz erwiesen werden.

Im April 1947 berichtete der württemberg-badische Innenminister an den Leiter der *Public Health Branch,* Philip Beckjord: »*In Schwäbisch-Gmünd wurde eine Frau untersucht, die bei einer Größe von 1,40 m noch 28,5 Kilo wog und 71 Jahre alt war! Gewiß war diese Frau nie eine Amazone, aber nach ihren eigenen Angaben wog sie früher über 45 Kilo.*«[122]

Besonders litten alte Menschen und Kinder.[123] Zwar sei, wie die Stuttgarter Amtsärztin Dr. Maria Schiller erläuterte, die Zahl der an Altersschwäche gestorbenen Menschen nicht gestiegen, trotzdem seien aber gerade Alte von der Mangelernährung besonders betroffen. Dass dies nicht zu einer Übersterblichkeit alter Menschen geführt habe, zeige, dass der alte Mensch zwar viel ertragen könne, aber nicht mehr die Möglichkeit habe, »*neu aufzubauen [...]. Selbst bei [...] einem Überangebot an*

---

122 RG 260, OMGUS, 12/74-2/17, 390/49-50/35-1/6-1, Box 225, OMGUS-WB Public Health Advisor, Chief Public Health Branch Stuttgart, ausführlicher monatlicher Tätigkeitsbericht Nord-Württemberg, Nord-Baden, Monat April 1947, S. 5.
123 Redeker berichtete, dass »*das Sterben der alten Leute im Juni 1945 das 17fache der Vorkriegszeit*« betrug, »*aber dann relativ schnell abgesunken ist*«. Redeker, F., Entwicklung der allgemeinen Sterblichkeit in Berlin nach dem Krieg, in: *Ärztliche Wochenschrift* 1 (1946), S. 26-30. Zutt spricht ohne Zahlen von der besonderen Betroffenheit alter Menschen. Zutt, 1946/1947, S. 249.

*Nahrung [...] kann der alte Mensch [...] seinen kolossalen Gewichtsschwund nicht mehr ausgleichen«.*[124]

Maria Schiller beschrieb die besondere Tragik, die gerade im Leiden der Alten lag, die den Verlust an Körper- und Lebenskraft niemals mehr kompensieren konnten. Da alte Menschen nur noch eine beschränkte Teilhabe an der neu zu errichtenden demokratischen Gesellschaft haben würden, gewann das Leid der alten Menschen keinen Symbolcharakter und war in der politischen Diskussion der Besatzungsjahre nicht bedeutsam. Es wurde nur am Rande erwähnt, in einer Endgültigkeit, die keine Handlungsoptionen mehr eröffnete, so wie beispielsweise in einem Bericht des Frankfurter Gesundheitsamtes von 1948, der ausführte, dass noch immer einige tausend Tuberkulosebetten fehlen würden. Dies sei vor allem deshalb der Fall, weil viele Betten »*wesensfremd verwendet«* würden. Unter »wesensfremd« verstand das Gesundheitsamt, dass diese Betten »*seit Jahr und Tag von Alten [und] Siechen [...] belegt sind, die damit für die Unterbringung [...] behandlungsbedürftiger Tuberkulosekranker verloren gehen.«*[125] Offensichtlich gab es eine Hierarchie der Krankheiten und eine Hierarchie der Kranken. Alte und Sieche standen in dieser Rangfolge ganz unten, während Tuberkulosekranke die ersten Plätze der Liste besetzten. Betten, die nicht für sie zur Verfügung standen, galten als »*verloren«*. Angesichts der Beschwerden der Tuberkulösen rückten die Leiden anderer in den Hintergrund. Dabei waren alte Menschen auch von der Tuberkulose besonders betroffen, ohne dass ihnen indes – wie den Heimkehrern und Kindern – besondere Aufmerksamkeit gewidmet wurde.[126]

## 3.4 Geschlechtskrankheiten: »Being the peacetime armed forces of a democracy, we are no longer in the saddle«

»*This one problem overshadowed all others and challenged all attempts at a solution*«[127], bewerteten die US-Armeen im April 1945 den Anstieg der Geschlechtskrankheiten.[128] Anders als die steigende Tuberkuloserate zogen *venereal diseases* (V.D.) umgehend die medizinische, politische und öffentliche Aufmerksamkeit der amerikanischen Institutionen auf sich.

---

124 Stadtarchiv Stuttgart, Hauptaktei Gruppe 5, Reg. Nr. 5000-1, laufende Nr. 2, Bericht über den Gesundheitszustand der Stuttgarter Kinder in der Sozialen Abteilung des Gemeinderats von Obermedizinalrätin Schiller, November 1947, S. 8.
125 Stadtarchiv Frankfurt, Gesundheitsamt, II/5-1990 Nr. 36, Wochenberichte an den Oberbürgermeister 1945-1947, 5.3.1948.
126 Erstmals 1949 verlangte Herold »*eine intensivere Unterstützung und Fürsorge der Alterklassen [über 50]«*, vertrat aber mit dieser Forderung eine kaum gehörte Position. Herold, Karlheinz, Die Tuberkulose der Fünfzigjährigen nach dem Kriege, in: *Der Tuberkulosearzt* 3 (1949), S. 155-159. Zur Aufmerksamkeit gegenüber kranken Heimkehrern siehe S. 384-388 dieser Darstellung.
127 *Medical Policies*, 1947, S. 23.
128 Siehe zur Position der US-Army zu Geschlechtskrankheiten auch S. 291 dieser Darstellung.

Dabei waren es kaum die körperlichen Symptome, die diese Besorgnis hervorriefen, sondern die Indikatorfunktion, die den Geschlechtskrankheiten für mangelhafte Disziplin und Moral der Truppe zugesprochen wurde. Insbesondere zu Beginn der Besatzung wurde die Erkrankung an V.D. unmittelbar mit verbotenen Beziehungen zur deutschen Zivilbevölkerung gleichgesetzt. *»Contact as measures by the venereal disease rates«*[129] lautete die einfache Formel, die ein komplexes Bedeutungsgeflecht beinhaltete. Kontakt zu Fremden bedeutete, wie oben dargestellt, (Infektions-)Gefahr. Kontakt zum ehemaligen Kriegsgegner intensivierte dieses Gefahrenmoment, Kontakt entgegen dem ausdrücklichen militärischen Befehl potenzierte das Risiko. Vor diesem Hintergrund repräsentierten *venereal diseases* weniger eine gefürchtete Krankheit als ein militärisch nicht zu kontrollierendes Bedrohungspotenzial.

Da Geschlechtskrankheiten der Maßstab waren, an dem die Verbindungen zwischen Besatzungsmacht und Zivilbevölkerung gemessen wurden, gerieten jegliche Beziehungen zwischen amerikanischen Soldaten und deutschen Frauen zu krankhaftem und krank machendem Umgang. Dies galt umso mehr, als junge deutsche Frauen von amerikanischen Sicherheitsexperten als *»the most nazified section of the population«* eingestuft wurden.[130] Trotz ihrer politischen Fragwürdigkeit beinhaltete diese Einschätzung eine eigene »Krankheitslogik«: Die Körper der in Deutschland stationierten GIs waren im Krieg unverletzt geblieben. Jung und gesund hatte sich die Besatzungsmacht den Deutschen präsentiert. Die Aggression der Nationalsozialisten hatte ihre Körper nicht erreichen können. Statt dessen aber schien ihre Gesundheit nun durch deutsche Frauen bedroht. Diese Konstellation ließ deutsche Frauen als noch gefährlicher erscheinen als die Nationalsozialisten, was sie – übersetzt in die politische Terminologie der Zeit – zu der »nazifiziertesten« Bevölkerungsgruppe machte.

Amerikanische GIs teilten diese Einschätzung nicht. Bedauernd schrieb Major General J. M. Bevans: *»There is no longer the patriotic fever of victories.«*[131] Statt dessen wurden die GIs im besetzten Deutschland angeblich von ihrer Leidenschaft für deutsche Fräuleins getrieben und dann von syphilitischen Fieberschüben geschüttelt. Ein Bild des Jammers: Die höchstbezahlte Armee der Welt *»have here in Europe the cheapest prize ever placed on morals«*.[132]

---

129 Long/Jablon, 1955, S. 81.
130 Engler, R., The Individual and the Occupation, in: *Annals* 267 (1950), S. 77-86, hier S. 85. Siehe als Beispiel für übertriebene Geschlechterstereotypen einen Artikel in der Chicago Sun: *»There will be snipers from every window once the Americans push Germany [...]. There will be German women anxious to inveigle U.S. soldiers into their homes and then put knives into their backs [...] the talk before entering Germany was filled with bereaved German mothers sniping from their second-story windows«,* Chicago Sun, 23. März 1945, zitiert nach Hermes, F. A., The Danger of Stereotype in Viewing Germany, in: *Public Opinion Quarterly* (Winter 1945/46), S. 420.
131 RG 260, OMGUS, 5/333-2/2, 390/42/33/4-5, OMG-H Public Health and Welfare Division, Indoctrination Meeting, S. 2.
132 Ibid.

In dieser Betrachtungsweise stellten nicht Krieg oder Nationalsozialismus die eigentliche Herausforderung der amerikanischen Armee dar, sondern Geschlechtskrankheiten. »*Over our immediate horizon we have the greatest training job we have ever confronted*«[133], referierte Major S. A. Martin 1947 vor Offizieren der *US-Army*. »*Being the peacetime armed forces of a democracy, we are no longer in the saddle. We are wholly dependent upon a favorable public opinion for every [...] soldier we recruit [...] and for every nickel we spend. [...] Our present venereal disease rate is not the reflection of the soldier that John Taxpayer, USA, would consider as good insurance.*«[134]

War im deutschen Krankheitsdiskurs Tuberkulose die Krankheit, die stets in Beziehung zur Demokratie gesetzt wurde, so konstruierte der amerikanische Diskurs einen Zusammenhang zwischen *venereal diseases* und Demokratie. Die moralisch konnotierten Geschlechtskrankheiten stellten eine Anfechtung des amerikanischen Demokratiemodells dar. Pathetische Kriegsrhetorik und moralische Legitimation des Kampfes hatten ein Demokratiekonzept entworfen, das nicht nur als politisch überlegenes, sondern vor allem als moralisch überlegenes Gesellschaftssystem galt. Das amerikanische Selbstverständnis, Bollwerk dieser vorbildlichen Demokratie zu sein, wurde durch die syphilitischen Körper der GIs empfindlich gekränkt.

Dass die deutsch-amerikanischen Intimbeziehungen zwangsläufig politische Gefahren in sich bargen, wie amerikanische Sicherheitsoffiziere befürchteten, war nicht zwingend. Vielmehr lag es nahe, dass körperliche Attraktivität ebenso wie moderne attraktive *Public-health*-Konzepte positive Effekte aufweisen werde. Warum also vertrauten amerikanische Besatzungsoffiziere, die im politischen Sektor auf das Modell »Demokratisierung durch Kontakt« setzten, nicht darauf, dass ihre Soldaten auch im direkten Kontakt mit deutschen Frauen eine politische Botschaft im Sinne der Demokratisierung vermitteln würden, und befürchteten statt dessen, dass die GIs ihrerseits von deutschen Frauen nazifiziert würden?

War die Angst vor Krankheit der entscheidende Grund für ihre Besorgnis? Angesichts der Tatsache, dass der amerikanischen Besatzungsmacht mit Penicillin ein wirksames Therapeutikum in ausreichender Menge zur Verfügung stand, um ihre Männer schnell und ohne Nebenwirkungen kurieren zu können, scheinen Krankheitsängste nicht geeignet, um die operationale Energie, die in die Bekämpfung von Geschlechtskrankheiten floss, zu erklären.[135] Amerikanische Generäle waren der Ansicht, steigende V.D.-Raten seien ein Ausdruck der »*unsettled social and economic conditions*«.[136]

---

133 Ibid., S. 4.
134 Ibid.
135 Ab Sommer 1944 stand Penicillin für Militärangehörige in ausreichender Menge zur Verfügung. Nach Kriegsende war die Massenproduktion des Medikaments so ausgereift, dass auch die Kriegsrationierung an der amerikanischen *home front* aufgehoben werden konnte. Adams, 1991, S. 121-123; 132. Seit 1947 produzierten Höchst, Schering und Bayer in Lizenz bzw. in Kooperation mit amerikanischen Firmen Penicillin. Grundmann, 2001, S. 102.
136 RG 260, 12/75-2/5, 390/49-50/35-1/6-1, Box: 231, Records of the PH-Advisor, Quarterly Report, OMG-WB Public Health Branch, January – March 1947, S. 5.

Auch der Karlsruher Oberbürgermeister war der Überzeugung, dass »*der alle sittlichen Schranken lockernde Krieg [...] sich bei einem Teil der Bevölkerung so katastrophal ausgewirkt [hat], daß es geradezu beschämend ist, wie weit die Grenzen des Anstandes und der Sitte überschritten werden. Es müßten deshalb [...] umfassende und sogar strengste Maßnahmen ergriffen werden, um besonders Frauen und Mädchen, die wegen ihres unsittlichen Lebenswandels bekannt sind, wieder auf den rechten Weg zu bringen.*«[137]

Anlass der Kritik war somit, dass weder die amerikanische Besatzungsmacht[138] noch deutsche Behörden ausreichende Kontrolle über deutsche Frauen auszuüben vermochten. Der »*Wirbel hat in ruhigen Zeiten nur die Schwächsten mitgerissen, die typisch Asozial-Haltlosen. Der Sog diese Wirbels wurde verhängnisvoll nach 1945, als weltanschaulicher und gleichzeitig wirtschaftlicher sowie sozialer Zusammenbruch gemeinsam wirkend die Anfälligkeit vergrößerten, die Haltlosigkeit vermehrten und das 10–20fache der Friedenszeit in diesen Wirbel hineinrissen*«[139], erläuterte der Amtsarzt Otto Schmith rückblickend 1951. Besonders der eigenmächtige Aufbruch deutscher Frauen aus den ihnen vorgegebenen Verhaltensnormen war beunruhigend, drohte er doch, die tradierte Geschlechterordnung durcheinanderzuwirbeln und vereinte daher amerikanische Generäle und Besatzungsoffiziere in gemeinsamer Sorge mit deutschen Politikern. Unter der Überschrift »*Volksgesundheit in Gefahr*« berichtete die Zeitschrift *Der öffentliche Gesundheitsdienst* im Frühjahr 1950 von einer Tagung der »Landesarbeitsgemeinschaft gegen die Geschlechtskrankheiten in NRW«. »*Die Ausbreitung der Geschlechtskrankheiten*«, so wurde dort festgestellt, »*kommt nicht von einer Zunahme der Prostitution als Beruf, sondern von einem hemmungslosen freien Geschlechtsverkehr. [...] Die wertvollsten Helfer im Kampf um die Volksgesundheit sind die beiden großen Erziehungsmächte Familie und Schule. Die Zahl der wirklich gesunden Familien ist viel zu gering. Weithin ist die Ehe, die den Kern der Familie bildet, zum Liebesverhältnis entartet, das aus Laune geknüpft und aus ebensolcher Laune wieder gelöst wird.*«[140]

Diese »*zum Liebesverhältnis entarteten*« Beziehungen zwischen deutschen Frauen und Amerikanern waren umso schmerzhafter, als in diesen Verbindungen auch Männer zur Disziplinlosigkeit und Geschlechterunordnung beitrugen. Die verantwortlichen

---

137 Stadtarchiv Karlsruhe, Haupt-Registratur, A 2961, Brief des Oberbürgermeisters der Stadt Karlsruhe an die Militärregierung für den Stadtkreis Karlsruhe, betr. Kontrolle der Geschlechtskranken. Der Verdacht, dass weibliche Promiskuität für den Anstieg der Geschlechtskrankheiten verantwortlich war, war bereits während des Krieges immer wieder von deutschen Amtsärzten geäußert worden. Vgl. Süß, 2003, S. 396f.
138 Briefwechsel General Huebner und General Keating, betr. V.D.-Rate der 3. US-Armee, RG 260, AG 47/193/2.
139 Schmith, Otto, Sozialhygienische Kriterien zur Zwangsbehandlung Geschlechtskranker, in: *Der öffentliche Gesundheitsdienst*, 13. Jg. (1951/52), S. 434-437, hier S. 437.
140 Volksgesundheit in Gefahr. Tagungsbericht der »Landesarbeitsgemeinschaft gegen die Geschlechtskrankheiten in NRW« vom 15. März 1950, in: *Der öffentliche Gesundheitsdienst*, 12. Jg. (1950/51), S. 77-78, hier S. 77.

amerikanischen Offiziere wussten, dass die erkrankten Soldaten prototypisch waren: »*They are typically American, were raised in a more or less straight laced urban, or rural community [...] these boys in Germany, [...] they were not promiscuous at home because of [...] the ever present fear of public opinion. By the time they arrived in Germany this fear is largely nonexistent. Hicksville, or Chicago are a long way from Munich; and what you do in Germany has little chance of reaching Mom and Pop.*«[141]

Angesichts der Reichweite des Problems entschieden sich Armee und Besatzungsverwaltung für eine duale Bekämpfungsstrategie. Auf Seiten der GIs sollten Erziehung, Training und Drill die *venereal disease rates* endlich senken. »*The sex hygiene problem of the new Army then, is not that of teaching old dogs new tricks, but of training young dogs to run, point, stand and retrieve in course [...] the impulse to promiscuous sexual intercourse is not stronger than the impulse to run from danger. You train him out of the impulse to run from danger and you can train him out of the impulse to be promiscuous.*«[142]

Die Kriegsgefahr war durch die nicht minder bedrohliche Gefahr der Geschlechtskrankheiten abgelöst worden. Wie vordem der Fluchtreflex, so galten nun Geschlechtskrankheiten als Beleg körperlicher Instinkte und Widerständigkeit. Ihre Beherrschung sollte zur Grundlage einer bürgerlichen Geschlechterordnung werden und männlicher Dominanz eine feste körperliche Verankerung geben.

Gleichzeitig konzentrierte sich das Repertoire schmerzhafter Sanktionen auf deutsche Frauen. In weit ausgreifenden Razzien wurden sie festgenommen, eingesperrt und zwangsuntersucht. Diese Art der Krankheitsbekämpfung war nicht durch medizinische Vorgaben, sondern durch politischen Machtanspruch geleitet. Geschlechtskrankheiten als Angriff auf die Integrität und damit Identität der (männlichen) Körper sollten durch die Befestigung traditioneller Geschlechteridentitäten bekämpft werden.

Vor allem die Razzien, die die Amerikaner auf öffentlichen Plätzen, in Zügen und Gaststätten durchführten, um vermeintlich geschlechtskranke Frauen festzunehmen und zwangsweise zu untersuchen, führten dazu, dass »*seitens der Bevölkerung laufend Klagen eingingen über das wahllose Festnehmen von Frauenspersonen durch die M.P.*«[143] Aus diesem Grund, so erklärte Kriminalsekretär Morlock in einem Schreiben an den Karlsruher Oberbürgermeister, würden seit Februar 1947 die Streifen »*gemeinsam mit Angehörigen der deutschen Kriminalpolizei*« durchgeführt.[144] Dabei kam es über die Kriterien, nach denen die Festsetzung zu erfolgen hatte, häufig zu Unstimmigkeiten zwischen Amerikanern und Deutschen. Der Karlsruher Polizeipräsident berichtete,

---

141 RG 260, 5/333 2/2, 390/42/33/4-5, Box 555, OMG-H, Public Health and Welfare Division, Command Responsibility, (künftig zitiert als Command Responsibility) S. 8.
142 Ibid., S. 9.
143 Stadtarchiv Karlsruhe, Haupt-Registratur, A 2961, Brief der Karlsruher Kriminalpolizei an den Oberbürgermeister, Bekämpfung der Geschlechtskrankheiten, 9. Mai 1947.
144 Ibid.

dass der anfangs aus zwei Militärpolizisten und zwei deutschen Kripobeamten bestehenden Streife bereits ein Dolmetscher zugeordnet wurde, der die Aufgabe habe, zumindest bei groben Missverständnissen vermittelnd einzugreifen.[145]

Um einen solchen offensichtlichen Fehlgriff handelte es sich auch im Fall der Ilse S., die, am Karlsruher Bahnhof auf eine Freundin wartend, von der M.P. festgesetzt wurde. Ihr verdächtiges Verhalten bestand nach Aussage des anwesenden Dolmetschers darin, dass »*sie einen großen Fehler dadurch begangen habe, daß sie sich mit dem unbekannten amerikanischen Soldaten in ein längeres, zirka 20 Minuten andauerndes Gespräch eingelassen habe, so daß der Soldat [...] annehmen mußte, daß es sich bei dieser Frau um eine leicht zugängliche Frau handeln müsse, die einer Prüfung notwendig erachtet werde*«.[146]

Der Fall der Ilse S. wirbelte deshalb Staub auf, weil sie als Beschäftigte des Wohlfahrtsamtes Karlsruhe nach deutscher Lesart *per definitionem* nicht zu dem Kreis der sittlich verdächtigen Personen gehören konnte. Eine Intervention ihres Vorgesetzten bei der M.P. und eine persönliche Vorsprache der Ilse S. bei der Militärregierung entbanden sie dann auch schließlich von der geforderten Untersuchung. Dass eine medizinische Untersuchung aufgrund persönlicher Fürsprache erlassen wurde, illustriert die außermedizinischen Zuschreibungen, die bei der Bekämpfung der Geschlechtskrankheit wirksam waren.

Deutsche Proteste richteten sich immer dann gegen amerikanische Maßnahmen, wenn bürgerliche, d.h. nach deutscher Interpretation moralisch einwandfreie Frauen betroffen waren. Da dies »*unbescholtene und harmlose Mädchen*«[147] waren, die eben gerade nicht gegen die geltende Geschlechterordnung verstießen, erschien den deut-

---

145 Konkret lief die Festsetzung laut den Schilderungen der Dolmetscher nach einem immer ähnlichen Muster ab: »*Die beiden Militärpolizisten gehen voraus, beobachten die einzelnen Frauen auf ihr Verhalten und lassen sich bei vorliegendem Verdacht in ein Gespräch ein. Gewinnen sie dabei den Eindruck, daß eine angesprochene Frau Verkehr mit amerikanischen Soldaten sucht, geben sie den auf ihre Anordnung wartenden deutschen Kripobeamten ein Zeichen, auf das hin diese verpflichtet sind, die in Frage kommende Frauensperson festzustellen und sie zur Untersuchung in das städtische Krankenhaus vorzuladen [...] Bei dieser Art der Feststellung geschlechtskrankverdächtiger Frauen hat die mit den örtlichen Verhältnissen vertraute deutschen Kriminalpolizei keinerlei Einwirkungen auf die Auswahl. Wenn offensichtliche Fehlgriffe eintreten, bemüht sich der eigens hierfür eingeteilte Dolmetscher, die Angehörigen der M.P. über ihren Irrtum aufzuklären. Jedoch hat dies nur in Ausnahmefällen Erfolg. In der Regel beharrt die M.P. auf ihrer Anordnung. Und so ist es nicht zu vermeiden, daß häufig Frauen zur Untersuchung vorgeladen werden und erscheinen müssen, die in sittlicher Hinsicht einwandfrei sind.*« Stadtarchiv Karlsruhe, Haupt-Registratur, A 2961, Brief des Oberbürgermeisters an die Militärregierung, z. Hd. des Herrn Stadtkommandanten Karlsruhe, betr. Überwachung geschlechtskranker und geschlechtskrankverdächtiger Frauenspersonen, 14. April 1947.
146 Stadtarchiv Karlsruhe, Haupt-Registratur, A 2961, Bericht Dolmetscher Daum, 24. März 1947.
147 Stadtarchiv Karlsruhe, Haupt-Registratur, A 2961, Bericht des Kriminalsekretärs Morlock an den Polizeipräsident Karlsruhe, betr. Beschwerde des Bauingenieurs Friedrich Oehler, 8. April 1947.

schen Behörden in diesen Fällen ein derartig rigoroses Vorgehen unangemessen. Dies führte dazu, dass der Protest gegen die amerikanischen Maßnahmen zur Bekämpfung der Geschlechtskrankheiten primär von deutschen Medizinern kam, die sich gegen den abfälligen moralischen Unterton amerikanischer Ausführungen verwahrten.

Vor allem Dr. Alois Geiger, Chefarzt der städtischen Karlsruher Hautklinik, von den Nationalsozialisten aufgrund seiner »*jüdischen Versippung*« fortwährend drangsaliert und der Verhaftung durch die Gestapo nur durch das Vorrücken der französischen Armee entgangen, widersetzte sich jeglichem Einmischungsversuch in seinen Kompetenzbereich.[148] Auf den Vorwurf des Wohlfahrtsoffiziers der Karlsruher Militärregierung, dass die »*verabreichte Kost für die Geschlechtskranken, meist minderwertigen Personen, viel zu gut*« sei, führte Alois Geiger aus:

»*Ich bin gezwungen anzunehmen, daß diese Ausführungen [...] auf einem Mißverständnis beruhen. Alle Geschlechtskranken sind Kranke und werden von uns Ärzten nur nach diesem Gesichtspunkt betrachtet und behandelt. Beim Einrichten der jetzigen Geschlechtskrankheitsabteilung war es der Wunsch der zuständigen amerikanischen Ärzte (Major Marshall, Major Winebrenner), daß genau wie in Amerika die Geschlechtskranken in jeder Weise gut behandelt werden, was für mich stets eine Selbstverständlichkeit war und ist. Man sprach sogar von Unterhaltungsabenden, Vorträgen und Kinovorführungen.*«[149]

Auf die Anordnung der Militärregierung, die Fenster und Türen seiner Hautklinik zu vergittern, erwiderte Geiger freundlich, ein Krankenhaus sei kein Gefängnis.[150] Doch auch in der unter Geigers Leitung stehenden Hautklinik wurden Frauen, die den Eindruck machten, als wollten sie sich der Zwangsuntersuchung entziehen, für die Zeit ihres Krankenhausaufenthalts »*die Oberkleider abgenommen, um dadurch ihr Entweichen zu erschweren. Auch werden sie geschlossen in einem Zimmer untergebracht, das nötigenfalls unter Verschluß gehalten wird. [...] Die Eingangstüre [des Krankenhauses wird] geschlossen gehalten und [...] durch zwei Wachmänner überwacht.*«[151]

---

148 Alois Geiger wurde am 20. August 1893 in Weidenthal in der Rheinpfalz geboren. Er studierte in München, Heidelberg, Würzburg und Freiburg Medizin. Im Ersten Weltkrieg war er Feldhilfsarzt. Seit 1922 war Geiger als Facharzt für Haut- und Geschlechtskrankheiten in Karlsruhe in eigener Praxis niedergelassen. Geiger wurde nach dem Zweiten Weltkrieg Präsident der Ärztekammer Nordbadens und erhielt 1952 das Verdienstkreuz am Bande. Biographische Angaben zu Geiger in: Stadtarchiv Karlsruhe, Personalakten, 1/POA 1 Nr. 877, Ergänzung zum Fragebogen Dr. Geiger, Karlsruhe, darin auch ein handschriftlicher Lebenslauf Alois Geigers, 14.7.1945; Arzt und Ärztekammer-Präsident, Chefarzt Dr. Alois Geiger heute 65 Jahre in: *Badische Neueste Nachrichten* vom 20.8.1958.
149 Stadtarchiv Karlsruhe, Haupt-Registratur, A 2961, Brief des Chefarztes der Hautklinik des Städtischen Krankenhauses Karlsruhe an den Wohlfahrtsoffizier der Militärregierung, 29. Juli 1946.
150 Stadtarchiv Karlsruhe, Haupt-Registratur, A 2961, Brief des Polizeipräsidiums Karlsruhe an den Oberbürgermeister der Stadt Karlsruhe vom 3. Dezember 1946, betr. Sicherheitsmaßnahmen auf den Geschlechtskrankenabteilungen.
151 Ibid.

Die Proteste gegen einzelne Maßnahmen führten zu unterschiedlichen – auch deutsch-amerikanischen – Koalitionen. In der Frage der Vergitterung der Krankenhausfenster standen sich politische und medizinische Akteure gegenüber. Der Karlsruher Oberbürgermeister, sein Polizeipräsident und auch die örtliche Militärregierung optierten für einen Umbau des Krankenhauses, wohingegen Chefarzt Geiger in einem »Kollegengespräch« die *medical officers* Marshall und Winebrenner überzeugte, dass dies nicht notwendig sei. Bei Fragen, die die Razzien der amerikanischen M.P. betrafen, verliefen die Oppositionslinien häufig entlang nationaler Fronten.

Bei aller Kritik an der Schärfe amerikanischer Maßnahmen wurden die zugrunde liegenden Kategorien bürgerlichen Rollenverständnisses jedoch von keinem der beteiligten Akteure grundsätzlich in Frage gestellt.

*»Alle diese Fälle haben zwar gemeinsam das Auffälligwerden wegen asozial erscheinenden Verhaltens und wegen gleichzeitig bestehender venerischer Erkrankungen. Sie führen alle zumindest nach spezifisch bürgerlichen Begriffen einen unsittlichen Lebenswandel. Sie rechtfertigen hiernach Zwangsmaßnahmen zur Behandlung«*[152], fasste Amtsarzt Dr. Schmith 1951 in der Zeitschrift *Der öffentliche Gesundheitsdienst* die dominierende Einschätzung der Besatzungsjahre zusammen.

Aufgrund dieser Beurteilung hatte der württemberg-badische Innenminister in einer Verordnung vom 8. Januar 1946 verfügt, dass Personen, die einen »*unsittlichen Lebenswandel*« führten, festzunehmen und zwangsweise zu untersuchen seien.[153] Als »*zum Kreis der einen unsittlichen Lebenswandel führenden Personen*« gehörend definierte die Verordnung »*insbesondere Frauenspersonen, welche ohne Prostituierte zu sein Umgang mit Männern pflegen, bei denen der Verdacht geschlechtlicher Erkrankungen begründet ist, [oder] Beziehungen zu Männern unterhalten, die selbst einen unsittlichen Lebenswandel führen.*«[154]

Insbesondere die letztere Definition war tautologisch und trug damit nicht zur Klärung der Begrifflichkeit bei. Entscheidend war jedoch, dass die Verordnung eine bereits existierende Rechtswirklichkeit sanktionierte und nochmals definitorisch untermauerte, dass »*insbesondere Frauenspersonen*« Ziel der Verfolgung und Objekt der Kriminalisierung waren, und dies, obwohl sich ihre Unsittlichkeit selbst normativ aus männlicher Unsittlichkeit und Geschlechtskrankheit ableitete. Auch faktisch wurde die Geschlechtskrankheit häufig von Männern auf Frauen übertragen, ein Umstand, um den die deutschen Gesundheitsbehörden wussten, mahnten sie doch vereinzelt die notwendige Untersuchung auch der Männer an und führten in ihren Fachzeitschriften aus, dass es »*bereits ab 1936 in Zusammenhang mit der Zusammenballung von Männern*

---

152 Schmith, 1951/52, S. 436.
153 Stadtarchiv Karlsruhe, Haupt-Registratur, A 2961, Verordnung des Innenministers zur Ergänzung des Gesetzes zur Bekämpfung der Geschlechtskrankheiten vom 18. Februar 1927, 8. Januar 1946, §1.
154 Ibid., § 2.

*in Wehrmacht, Arbeitslager, Westwall, Krieg zu einem gewissen Anstieg [gekommen sei], der bis 1944 das etwa Drei- bis Vierfache betrug.*«[155] Die Stimmen, die auch für deutsche Männer Festnahmen und Zwangsuntersuchungen forderten, blieben jedoch in der Minderheit und konnten die soziale und medizinische Praxis der Besatzungsjahre nicht beeinflussen.[156]

Deutsche Frauen gerieten während der Besatzungsjahre fast ausschließlich aus gesundheitspolitischen Gründen ins Blickfeld amerikanischer Besatzungsoffiziere, und zwar im Kontext der Geschlechtskrankheiten. In diesem Politikfeld wurden Frauen diskriminiert, stigmatisiert und kriminalisiert. Während die Asylierung im Kontext der Tuberkulose kontrovers diskutiert und äußerst zurückhaltend angewandt wurde, stieß die Zwangsbehandlung geschlechtskranker Frauen keine vergleichbaren Überlegungen an.[157] Diese unterschiedliche medizinische und polizeiliche Praxis setzte sich bis in die BRD fort und hatte eine Entsprechung in der Gesetzgebung und Rechtsprechung. Am 14. Oktober 1954 stellte der BGH in einem Urteil zur Zwangsasylierung von Tuberkulösen fest, dass es kein förmliches Gesetz gebe, dass die Zwangsasylierung von Tuberkulösen zulasse. Auch die Verordnung zur Bekämpfung übertragbarer Krankheiten vom 1. Dezember 1938 könne nicht als rechtliche Handhabe angesehen werden.[158] Im Gegensatz dazu gab es für die Festsetzung und Zwangsuntersuchung Geschlechtskranker seit 1927 eine Gesetzesgrundlage, die in der Novellierung des »*Ge-*

---

155 Schmith, 1951/52, S. 434; Auch der Berliner Arzt Albrecht Tietze berichtet, dass Geschlechtskrankheiten bereits seit 1933 kontinuierlich zugenommen hätten. Tietze, 1946, S. 344-347, hier S. 344.
156 Alois Geiger führte in einem Schreiben an die Militärregierung aus, dass auch »*erkrankte männliche Personen*« mit den entsprechenden Maßnahmen zu behandeln seien. Stadtarchiv Karlsruhe, Haupt-Registratur, A 2961, Brief des Chefarztes der Hautklinik des Städtischen Krankenhauses Karlsruhe an den Wohlfahrtsoffizier der Militärregierung, 29. Juli 1946. Partiell wurde von der Militärregierung eine »*Untersuchung der heimkehrenden Soldaten angeordnet und von der Meldung zur Untersuchung [...] die Ausgabe von Lebensmittelkarten abhängig gemacht*«. Stadtarchiv Karlsruhe 1/Bezirkshauptverwaltungsamt, A 36, Städt. Bezirkshauptverwaltung, Protokoll der Sitzung vom 20. Juli 1945 mit den Bezirksvorstehern. Zu der Forderung, auch deutsche Männer regelmäßig auf Geschlechtskrankheiten zu untersuchen siehe: RG 260, 8/58-3/2, OMG-Hesse, Abt. 649, Public Health Division, Arbeitsgemeinschaft für Gesundheitswesen; Hauptstaatsarchiv Stuttgart, EA 2/009 Innenministerium, Abt. Gesundheitswesen 1945-1973, Bü. 2410, Neuzugänge an Geschlechtskranken, Bericht an Dr. Hagen, Geschäftsführer des württemberg-badischen Städtetages. Teilweise wurden diese Forderungen auf bestimmte Gruppen, z.B. Landstreicher, eingeschränkt. Derartige Spezifizierungen gab es bei Frauen nicht. Sie galten potenziell alle als sittlich gefährdet. Die Forderung, Landstreicher regelmäßig auf Geschlechtskrankheit zu untersuchen, ist dokumentiert in: Stadtarchiv Stuttgart, Hauptaktei Gruppe 5, Reg. Nr. 5042-5, laufende Nr. 156, Rundschreiben des Innenministeriums an Gesundheitsämter, vom 30.9.1947.
157 Siehe zu den desolaten hygienischen Zuständen in den Gefängnissen, denen die Frauen ausgesetzt wurden, z.B. Hessisches Hauptstaatsarchiv Wiesbaden, Abt. 458 a, Generalstaatsanwaltschaft, Nr. 554, Strafanstalt Preungesheim. Vgl. dazu auch S. 394.
158 BGH, IV ZB 52/54, 851/54

*setzes zur Bekämpfung der Geschlechtskrankheiten*« von 1954 bestätigt wurde. Vor dem Gesetz gleich, ergaben sich für Männer und Frauen aufgrund ihrer unterschiedlichen Betroffenheit durch verschiedene Krankheiten drastische Unterschiede.

Im Gegensatz zur Tuberkulosebekämpfung gab es bei der Bekämpfung der Geschlechtskrankheiten keine politische Dynamik. Die Veränderung der politischen Koordinaten zwischen 1945 und 1949 führte nicht zu einer Modifizierung der diskursiven Konstruktion von Geschlechtskrankheit.

Die Verschiebung politischer Stereotype, die vielfältige gesundheitspolitische Auswirkungen hatte, besaß für die Bekämpfung von Geschlechtskrankheiten keine Relevanz, da dieses Politikfeld von klar konnotierten Geschlechterstereotypen strukturiert war, die amerikanische *medical officers* und deutsche Amtsärzte teilten.

Somit lässt sich am Beispiel der Bekämpfung der Geschlechtskrankheiten zeigen, dass Frauen trotz anderslautender Lippenbekenntnisse niemals wirklich zu Adressatinnen amerikanischer Demokratisierungs- und Modernisierungsbemühungen avancierten.[159] In dem Politikfeld, in dem Frauen dezidert Gegenstand amerikanischer Politik waren – im Sektor Gesundheitspolitik – wurden demokratische Anliegen hinter dem vorrangigen Ziel, eine bürgerliche Geschlechterordnung wieder zu errichten, zurückgestellt.[160]

Amerikanische Besatzungspolitik verfolgte das Ziel, die deutsche Gesellschaft zu modernisieren und zu demokratisieren. In vielen Gesellschaftsbereichen war damit eine Liberalisierung traditioneller Strukturen verbunden. An den deutschen Frauen

---

159 So die These von Rupieper, Hermann-Josef, Bringing Democracy to the Frauleins. Frauen als Zielgruppe der amerikanischen Demokratisierungspolitik in Deutschland 1945-1952, in: *GG* 17 (1991), S. 61-91. Rebecca Boehling hat in ihrer Replik bereits auf die Mängel der Argumentation verwiesen. Vgl. Boehling, Rebecca, »Mütter« in die Politik: Amerikanische Demokratisierungsbemühungen nach 1945. Eine Antwort an Hermann-Josef Rupieper, in: *GG* 19 (1993), S. 522-529.

160 In diesem Sinne kann die Argumentation Boehlings, dass Frauen erst sehr spät Gegenstand amerikanischer Demokratisierungsbemühungen wurden und die zuständige Women's Affairs Section mit zu wenig Angestellten ausgestattet war, um eine grundlegende Demokratisierungspolitik betreiben zu können, nachdrücklich unterstützt werden. Boehling, 1996; Boehling, Rebecca, Geschlechterpolitik in der US-Besatzungszone unter besonderer Berücksichtigung der Kommunalpolitik, in: Clemens, Gabriele (Hg.), *Kulturpolitik im besetzten Deutschland 1945-1949*, Stuttgart 1994, S. 69-83.
Innerhalb eines traditionellen geschlechterpolitischen Rahmens sollte die Arbeit der Women's Affairs Section allenfalls kleine demokratische Farbtupfer setzen. Eine Aufsprengung weiblicher Geschlechtsrollen war jedoch schon deshalb konzeptionell unmöglich, weil sich auch im Bereich amerikanischer »Frauenpolitik« Politikoptionen stets am Modell USA orientierten. Diese Orientierung stellt auch Rupieper fest, ohne allerdings daraus analytische Folgerungen für das zugrunde liegende Demokratisierungskonzept abzuleiten. Vgl. Rupieper, Hermann-Josef, *Die Wurzeln der westdeutschen Nachkriegsdemokratie. Der amerikanische Beitrag 1945-1952*, Opladen 1993, S. 205ff.

ging dieser Aufbruch in eine demokratische Moderne zwischen 1945 und 1949 vorbei, für sie wurde die Besatzungsmacht zu einem restaurativen Modernisierer.[161]

Gesundheitspolitik besaß für Frauen damit im Gegensatz zu Männern kein Emanzipationspotenzial. Die zwischen 1945 und 1949 praktizierte Gesundheitspolitik offerierte Frauen konservative Politikentwürfe und stellte in dieser Ausprägung einen wichtigen Integrationspunkt zwischen deutschen Gesundheitspolitikern und amerikanischen Besatzungsoffizieren dar.[162]

## 4. Das große Sterben: Ängste und Realitäten

Nichts symbolisierte die Krankheitsängste unmittelbarer als die Befürchtung, dass die Sterblichkeit nach Ende des Krieges weiter ansteigen werde. Das große Sterben, so war die von Vielen geteilte Sorge, könnte auch nach Ende der Kämpfe weitergehen, zwar leiser und weniger dramatisch, aber keineswegs weniger bedrohlich.[163] Der ängstliche Blick auf die Statistik schien erwartungsgemäß dramatische Verhältnisse preiszugeben: Einzelne Gruppen waren von einer 21fachen Sterblichkeit betroffen, bestimmte Krankheiten stiegen um das Drei- bis Vierfache der Vorkriegszahlen an und vor allem die Männer starben nach Angaben der Mediziner schneller und häufiger, was noch immer als Folge der Entbehrungen und Überbelastungen des Krieges interpretiert wurde.[164]

Weil diese angstgeprägte Wahrnehmung von Gesundheit und Krankheit bis 1947 dominierte, wurde das tatsächliche »*Fehlen der ansteckenden Krankheiten*« systematisch erst seit 1947 diskutiert.

Erst im Herbst 1949 setzten die Ärzte des Frankfurter Gesundheitsamtes den systematischen Vergleich des Gesundheitszustandes der Bevölkerung vor 1938 und nach dem Krieg auf die Tagesordnung. Nach vier Jahren Besatzung formulierten sie erstmals das überraschende Ergebnis, dass »*die Zahl der Sterbefälle 1946 und 1947 geringer war als in normalen Zeiten, daß seit 1936 keine Massenepidemie in Frankfurt aufgetreten*«

---

161 Ellerbrock, Dagmar, Die restaurativen Modernisierer. Frauen als gesundheitspolitische Zielgruppe in der amerikanischen Besatzungszone zwischen 1945 und 1949, in: Niehuss, Merith/Lindner, Ulrike (Hg.), *Ärztinnen – Patientinnen. Frauen im deutschen und britischen Gesundheitswesen des 20. Jahrhunderts*, Frankfurt 2002, S. 243-266.
162 Die von Frevert 1991 aufgeworfene Frage nach der Position von Frauen in der Umbruchszeit nach 1945 ist von der Forschung noch immer nicht systematisch bearbeitet worden und kann auch hier nur angerissen werden. Frevert, Ute, Frauen auf dem Weg zur Gleichberechtigung – Hindernisse, Umleitungen, Einbahnstrassen, in: Broszat, Martin (Hg.), *Zäsuren nach 1945. Essays zur Periodisierung der deutschen Nachkriegsgeschichte*, München 1990, S. 113-130, bes. S. 115f.
163 In dieser Formulierung Redeker, 1946, Entwicklung, S. 26. In diesem Sinne auch Curschmann, 1946/1947, S. 1008.
164 Redeker, 1946, Entwicklung, S. 26.

sei und die ansteckenden Krankheiten eigentlich vollständig fehlten. »*Die Ursachen dafür*«, so Dr. Reinbacher, seien »*nicht bekannt*«.[165] Stadtrat Dr. Prestel ergänzte jedoch umgehend, dass der »*Gesundheitszustand der Bevölkerung [ein] Aktivum sei, das aber sehr rasch in das Gegenteil umschlagen kann. [Daher ... ] darf in der Sorge um die Gesunderhaltung der Bevölkerung nicht nachgelassen werden.*«[166] Nochmals ein Jahr später, 1950, stellte der Referent des bayerischen statistischen Landesamtes fest: »*Weder Typhus noch Grippe, Diphtherie, Scharlach oder Poliomyelitis konnten trotz sporadischen Aufflackerns so an Boden gewinnen, daß sie die Sterblichkeitsziffer maßgeblich hätten beeinflussen können.*«[167] Auch in der *Deutschen Medizinischen Wochenschrift* wurden die »*günstigen, kaum für möglich gehaltenen Mortalitätsziffern*« erstaunt und erleichtert zur Kenntnis genommen. Auch die *DMW* resümierte, dass es überraschend sei, dass die Erkrankungen in den Nachkriegsjahren kaum zugenommen hätten und »*wir vor größeren Seuchen in den Westzonen glücklicherweise bewahrt*« geblieben sind.[168]

So ergab eine kritische Analyse der Statistiken, dass von einem grundlegenden Anstieg der Krankheits- und Sterbeziffern nicht geredet werden konnte, bzw. dass die zugrunde liegenden Zahlen zu begrenzt waren, um weitreichende Aussagen stützen zu können.[169] Erschwerend kam hinzu, dass steigende Krankheitsziffern mit unter Kriegs- und Nachkriegsbedingungen seltener werdenden Krankheiten hätten kontrastiert werden müssen[170], um zu zuverlässigen Einschätzungen zu kommen.

Da dies nirgendwo ernsthaft betrieben wurde, meinte das Reden über Krankheit eigentlich ein Reden über politische Befindlichkeiten. Und so verdichtet sich das deutsche Leid der Nachkriegsjahre im Krankheitsdiskurs. Ursachen für die Zunahme von Krankheit waren der »*unendliche Hunger, grauenhaftes Wohnungselend und furchtbarer Schmutz*«[171]. Leid und Verzweiflung wurden dem Krankheitsdiskurs adjektivisch zugeordnet. Damit konnten auch die Deutschen, die ansonsten alle Legitimität verspielt

---

165 Stadtarchiv Frankfurt, Magistratsakten, Aktenzeichen 7110, Bd. 2, Stadtgesundheitsamt: Niederschrift über die Sitzung der Gesundheitsdeputation am Dienstag, 24.10.49, S. 3.
166 Ibid. Zur komplizierten Entwicklung hinsichtlicher der Zu- und Abnahme von Erkrankungen unter Einfluss des Krieges und der Besatzung siehe bereits Fromme, Albert/Zimmermann, Blandine, Über in der Kriegs- und Nachkriegszeit eingetretene Änderungen im chirurgischen Krankengut und ihre Ursachen, in: *Ärztliche Wochenschrift* 1 (1946), S. 233-243.
167 Krieger, 1950/51, S. 163.
168 Grafe, E., Unterernährung und Krankheit, in: *Deutsche Medizinische Wochenschrift* 75 (1950), S. 440-445, hier S. 442.
169 In diesem Sinne z.B. Graeve, Klaus/Herrnring, Günther/Jores, Arthur, Statistische Betrachtungen über die Häufigkeit der an der medizinischen Universitätspoliklinik Hamburg-Eppendorf diagnostizierten Erkrankungen vor, während und nach dem Krieg, in: *Ärztliche Wochenschrift* 3 (1948), S. 646-651, ebenso Grafe, 1950.
170 Dies war u.a. bei der Diabetes der Fall. Vgl. dazu: Rausch, F., Der Einfluss der Kriegs- und Nachkriegszeit auf den Diabetes Mellitus, in: *Ärztliche Wochenschrift* 1/2 (1946/1947), S. 681-687.
171 Tagung der Tuberkulose-Vereinigung Nordrhein-Westfalen am 16. Oktober 1946 in Düsseldorf, in: *Ärztliche Wochenschrift* 1/2 (1947), S. 632-636.

hatten, über »*Kummer, Sorgen und übergroße Strapazen jammern*«[172] bzw. »*in ihrer Qual verstummen und der Welt das stumme Antlitz des leidenden Menschen*« präsentieren.[173]

Die verzögerte Diskussion darüber, dass es keinen Krankheitsanstieg gab, hatte eine klare Funktion. Krankheitsängste waren, wie oben dargestellt, eigentlich politische Ängste. In der fortgesetzten Konzentration auf die Bedrohung der Gesundheit, in der auch angesichts des positiven Gesundheitszustandes »*nicht nachgelassen werden*« durfte, fanden die politischen Ängste ein Ventil und wurden auf ein unproblematisches Politikfeld umgeleitet.

Angesichts der moralischen Diskreditierung der Deutschen, angesichts der Machthierarchie zwischen Militärregierung und deutschen Verwaltungen und auch in Anbetracht der kulturellen und nationalen Differenzen zwischen Besetzten und Besatzungsmacht war die Begegnung auf dem Gebiet der Krankheitsdiskussion leichter als in anderen politischen Bereichen. Die scheinbar offensichtliche Interessenkongruenz zwischen Deutschen und Besatzern, Krankheit zu vermeiden, erleichterte die Interaktion. Dass es auch hinsichtlich der Krankheitsbekämpfung zu deutsch-amerikanischen Differenzen kam, widerspricht diesem Konnex nicht. Vielmehr wurde das Argument der Gesundheitsgefahr umso nachdrücklicher bemüht, je mehr sich auch hinsichtlich der Krankheitsbekämpfung deutsch-amerikanische Konfliktlinien abzeichneten, so als müsse die Gesundheitsgefahr nur groß genug sein, um das gemeinsame Interesse wiederzubeleben. Auch wegen dieser politischen Brückenfunktion spielten Gesundheitsgefahren mental und argumentativ während der Besatzungsjahre eine immer größere Rolle.

Die politische Motivation der Zeitgenossen, immer wieder die großen gesundheitlichen Gefahren zu betonen, lag darin, dass sich auf diese Weise politisches Konfliktpotenzial minimieren und eine integrationsfördernde deutsch-amerikanische Interessenkongruenz schaffen ließ. Die Ängste, die den Schilderungen der bedrohlichen Gesundheitssituation zugrunde lagen, waren real, auch wenn sie sachlich nicht durch steigende Erkrankungsraten motiviert waren. Psychologisch boten Gesundheitsgefahren also einen Bezugspunkt für die vielfältigen politischen, sozialen, ökonomischen und auch persönlichen Ängste. Der Verweis auf die allgemeine gesundheitliche Bedrohung war eine der wenigen legitimen, auch von der Besatzungsmacht und der Nachwelt geteilten »ehrenhaften« Ausdrucksformen für diese Ängste.

Die Verantwortung für steigende Krankheitswerte wurde nach zeitgenössischem deutschen Verständnis nicht den Nationalsozialisten angelastet. In dieser Hinsicht war die mentale gesundheitspolitische Zäsur fest an das Jahr 1945 geknüpft[174], und auch die Amerikaner begannen erst drei Jahre später – vereinzelt – auf den Zusammenhang

---

172 Tagung der Tuberkulose-Vereinigung Nordrhein-Westfalen, 16. Oktober 1946.
173 Zutt, 1946/1947, S. 249.
174 Zu abweichenden gesundheitspolitischen Zäsuren, die an das Ende des Ersten Weltkrieges gebunden waren, siehe S. 281 dieser Darstellung.

zwischen steigenden Erkrankungszahlen und nationalsozialistischer Gesundheitspolitik zu verweisen.

Die bemerkenswerte Diskrepanz zwischen Krankheitsängsten und Krankheitsstatistik bestand auch auf amerikanischer Seite: »*One of the brightest sides of life in this community is the Health report*«[175], hatte die Stuttgarter Militärregierung noch im November 1945 in ihrem Wochenbericht geschrieben, eine Erleichterung, die sich seltsamerweise im Verlauf der folgenden Monate verflüchtigte.

Zwar stellte auch Col. Beckjord, der Leiter der *Public Health Division* der württemberg-badischen Militärregierung, noch im Juni 1946 fest, »*Public Health is in a reasonably satisfactory condition, evaluated in the light of all the circumstances*«. Allerdings, fuhr Beckjord einschränkend fort, »*what the result of a health catastrophe would be is impossible to predict. It is very doubtful that the civilian organization is as yet capable of adequately meeting such a situation, and equally dubious that Military Government in its present emasculated condition would be able to cope with such an eventuality.*«[176] Wie kam es, dass die Gesundheit trotz aktuell stabiler Krankheitsraten noch immer als gefährdet galt?

Offensichtlich wurde die amerikanische Angst vor Krankheiten wesentlich von der Befürchtung getragen, einer eintretenden gesundheitlichen Notsituation nicht gewachsen zu sein. Diese Befürchtung war einerseits im Personalnotstand der Militärregierung begründet und speiste sich andererseits aus der tiefsitzenden Angst, die Kontrolle zu verlieren, und zwar nicht nur in medizinischer, sondern auch in militärischer und politischer Hinsicht. Die Verkopplung von politischer Kontrolle und medizinischer Kontrolle, die in der Fleckfieberbekämpfung während der Rheinlandoffensive eine Rolle gespielt hatte, bestand also auch noch im Sommer 1946 fort, vierzehn Monate nach Besatzungsbeginn.

Krankheitsängste bedurften augenscheinlich keiner aktuell steigenden Krankheitsziffern, allein die Angst vor zukünftigen Steigerungen, egal wie wenig wahrscheinlich diese waren, war bereits handlungsleitend. Gleichzeitig waren Krankheitsängste jedoch nur begrenzt mobilisierbar und produzierbar. Wie oben am Beispiel der Entnazifizierung dargestellt, vertrieb eine allzu offensichtliche Funktionalisierung von Krankheiten die Angst vor diesen. Die argumentative Nutzung von Gesundheitsgefahren rückte diese in einen rational kalkulierbaren und analysierbaren Bereich, ein Klima, das dem Gedeihen vorrationaler Krankheitsängste nicht zuträglich war.[177]

---

175 RG 260, 390/41/14/5-6, Box 682, OMGUS-WB, Public Health Adviser, Monthly Narrative Historical Report, Detachment F 10, 15 November 1945, S. 3.
176 RG 260, OMGUS, 12/75-2/5, 390/49-50/35-1/6-1, Box: 231, Annual History of Public Health in Land Württemberg-Baden from Beginning of Occupation to 1 June 1946, S. 5.
177 Dass die Angst vor Krankheiten stark irrational geprägt war, zeigte sich jedoch nicht nur in der fehlenden statistischen Entsprechung, sondern auch in den Bekämpfungsmaßnahmen. So achteten die Amerikaner beispielsweise noch im August 1945 penibel darauf, dass es in jedem Kreis Fachpersonal gab, das in der Lage war, *DDT-Dustings* durchzuführen, obgleich in der

Krankheitsängste waren also nicht auf die Deutschen beschränkt. Sie bedrängten Sieger und Verlierer gleichermaßen. Verschieden waren die Krankheiten, an die die Ängste gebunden waren. Motivierte die Amerikaner vor allem ihre Angst vor Geschlechtskrankheiten zu massiven Interventionen, so manifestierten sich deutsche Krankheitsängste in der Erwartung, dass die »*Schwere der Tuberkuloseerkrankungen kriegsbedingt [und durch die] katastrophalen Ereignisse*« zunehmen werde.[178]

Krankheitsängste verbanden damit Deutsche und Amerikaner und trennten sie gleichzeitig. Beide stimmten grundsätzlich darin überein, dass es notwendig und sinnvoll sei zu kooperieren, um Krankheiten abzuwehren, verstrickten sich aber mit fortschreitender Besatzung in Konflikte über einzelne Probleme und grundsätzliche Einschätzungen.

Die hier am Beispiel der Krankheitsängste in aller Kürze erläuterte hohe emotionale Prägung des Gesundheitsdiskurses und die starke traditionelle Kodierung gesundheitspolitischer Wahrnehmungen machten eine rein funktional agierende, rationale Gesundheitspolitik undenkbar. Die vielfältigen Ängste in der Situation unmittelbar nach Ende des Krieges kumulierten in der Angst vor Krankheiten, und zwar auch deshalb, weil dies eine Angstform war, die sowohl gesellschaftlich akzeptiert als auch von den Alliierten geteilt wurde. Während die Angst vor dem Feind ehrenrührig war, galt die Angst vor der Infektion als ein sozial akzeptiertes Angstmuster.

Gleichzeitig zeigt sich auch, dass Krankheiten im Aspekt ihrer Körperlichkeit ein mediales und konzeptionelles Eigengewicht besaßen, das sich schließlich doch gegen die Krankheitsängste durchzusetzen vermochte: »*Die Sozialschäden der Nachkriegszeit (Hunger, Kälte, Mangel an allgemeinen Bedarfsgegenständen und Medikamenten, Wohndichte) wurden als Ursachen rascher Sterblichkeit überschätzt. Der Volkskörper reagierte auf die äußeren Einwirkungen mit überraschend starkem Selbstschutz*«[179], schrieb der bayerische Landesstatistiker Krieger 1950. Krieger illustrierte nicht nur die zwischen Volkskörper und individuellen Körpern bestehende Analogie, sondern beschrieb vor allem die Neubewertung des »deutschen Volkskörpers«, die sich aus dem Krankheitsgeschehen ergab. Der deutsche Volkskörper hatte nach 1950 endlich die Schwächlichkeit, die ihn seit 1918 plagte und die auch von arischer Rassenhybris nur notdürftig verdeckt worden war, überwunden.

---

amerikanischen Zone zu diesem Zeitpunkt keine Fleckfieberfälle mehr dokumentiert waren. RG 260, 5/332-1/14, CAD PWB, Military Government Conference, Public Health Section, 29 August 1945, S. 3.
178 Siebert, Werner W., Beobachtungen über den jetzigen Verlauf der Tuberkulose, in: *Ärztliche Wochenschrift* 1 (1946), S. 134-137.
179 Krieger, 1950/51, S. 163.

# Symbole und Praktiken

## 1. Symbolkörper

Die Metaphern des »Volkskörpers« und, damit in Zusammenhang stehend, der »Volkskrankheit« stellten in Deutschland seit dem Kaiserreich eine Aktualisierung der Körpermetaphorik dar. Der Erste Weltkrieg fokussierte die Aufmerksamkeit auf den verletzten, geschwächten Volkskörper, dessen Regeneration mit der Saturierung politischer Ansprüche verbunden wurde.[180] Krankheiten vermochten dabei eine besondere Verbindung zwischen individuellen Körpern und dem »Volkskörper« herzustellen. Dies ergab sich nicht nur daraus, dass wichtige Symbolkrankheiten, wie z.B. »Tuberkulose«, »Geschlechtskrankheiten« und »Säuglingssterblichkeit«, seit Beginn des 20. Jahrhunderts stets mit Referenz auf den imaginären »Volkskörper« diskutiert worden waren, sondern vor allem dadurch, dass der »Volkskörper« in der Krankheit direkt »erlitten« wurde. Vermittelt über die »Volkskrankheit« gewann der »Volkskörper« eine unmittelbare Erfahrungsdimension. Im Politikfeld »öffentliche Gesundheit« bewirkte vor allem die Krankheitserfahrung und weniger die bewusste Inszenierung des »Volkskörpers« eine Verinnerlichung der angekoppelten Deutungen.[181]

### 1.1 Amerikanische Soldaten: tolle, gesunde Kerle

Wie oben dargestellt, war bereits das bloße körperliche Erscheinungsbild der amerikanischen GIs Symbol für ein besseres, gesünderes, vom Krieg verschontes Leben in den USA. Dieser Effekt war nicht nur im ersten Moment des Einmarsches und der Besetzung zu beobachten gewesen, sondern wiederholte sich immer wieder bei deutsch-amerikanischen Begegnungen. Immer wieder hinterließen gesunde und kranke Körper einen Eindruck, der aufgrund des Kontrasts zwischen deutscher und amerikanischer Körperverfassung umso imponierender war.

*»An einem Nachmittag klopfte [...] es an unserer Haustür [...] Da stand vor der Tür ein amerikanischer Offizier und sagte nicht Guten Tag oder sonstwas, sondern starrte mich nur stumm an. Ich staunte aber noch viel mehr, denn so einen Mann hatte ich seit Jahren nicht mehr gesehen. So fein und ordentlich gekleidet, schwarze gewienerte Schuhe und so*

---

180 Zur Politisierung und Nationalisierung von Krankheitsdiskursen siehe ausführlicher S. 331 dieser Darstellung.
181 Besonders eindrücklich hatte sich seit dem Ersten Weltkrieg dieser Zusammenhang im Symbol der Säuglingssterblichkeit manifestiert, da der zahlenmäßig schwindende Volkskörper konkret und symbolisch mit dem sterbenden Kinderkörper endete.

*richtig gesund und vor allem satt. Die Männer, die ich in den letzten Jahren gesehen hatte, waren alle heruntergekommen ...«*[182]

Hier bedurfte es keiner verbalen Kommunikation. Das Erscheinungsbild an sich vermittelte bereits wichtige Botschaften und Eindrücke. Besonders der Gegensatz im Erscheinungsbild zwischen amerikanischen und deutschen Männern war einfach zu verstehen und wurde auch von Kindern begriffen: »*Männer kamen in den Köpfen der Kinder nur als blasse Erinnerung vor, getrübt von der Anschauung kranker und alter oder bettelnder und häufig entstellter junger Männer. Die alliierten Soldaten, das waren tolle Kerle, denen wollten alle Jungs unbedingt nacheifern. So war das liebste Spiel von Helenes Sohn und seinen Freunden ›Nazis besiegen‹.*«[183] Körperliche und politische Anziehung standen dabei in direkter Relation zueinander. Das »mediale Eigengewicht« der physisch und – daraus folgend – auch politisch dominanten Körper vermittelte nicht nur Botschaften, sondern konnte darüber hinaus ganz einfach in Praxis übersetzt werden: »Nazis besiegen«! Die Körper der Soldaten hatten in kurzer Zeit einen Effekt bewirkt, den sich die ausgeklügelsten amerikanischen Umerziehungskonzepte niemals erträumt hatten.

## 1.2 Gewichtige Körper

Ebenso wie Säuglingssterblichkeit galt besonders das Körpergewicht der Menschen als Indikator der Volksgesundheit.[184] 92 % der männlichen Patienten seiner Klinik seien unterernährt, berichtete der Direktor der Medizinischen Universitätsklinik Frankfurt Prof. Volhard der Frankfurter Medizinischen Gesellschaft im Juni 1946.[185] Auch wenn nicht alle Untersuchungen zu so erschreckenden Ergebnissen kamen, so war doch klar, dass der Ernährungszustand der Deutschen kritisch war und in sinkenden Körpergewichten augenfällig wurde.[186]

---

182 Jenk, Gabriele, *Steine gegen Brot. Trümmerfrauen schildern den Wiederaufbau in der Nachkriegszeit*, Bergisch Gladbach 1988, S. 66.
183 Ibid., S. 43.
184 Ernährungsfragen waren eine eingeführte sozialhygienische Problemstellung. Dazu Hirschfeld, Felix, Die Ernährung in ihrem Einfluss auf Krankheit und Sterblichkeit, in: Mosse, Max/ Tugendreich, Gustav (Hg.), *Krankheit und soziale Lage*, München 1913, S. 121-153.
185 Volhard, Franz, 1946, S. 191. Zur Persons Volhards siehe Bock, H. E., Franz Volhard zur Vollendung seines 75. Lebensjahres, in: *Deutsche Medizinische Wochenschrift* 72 (1947), S. 233. Auch hinsichtlich der Unterernährung gab es ein geschlechts- und generationsspezifisches Gefälle: Männer waren stärker betroffen als Frauen, »am allerwenigsten die Jugendlichen, wobei die Mädchen noch etwas günstiger abschnitten«. Brock, Joachim, Erhöhte Hungerresistenz der Jugendlichen?, in: *Ärztliche Wochenschrift* 1 (1946), S. 200-202, hier S. 200.
186 Ernährung war ein stetiges Thema der Amtsarztbesprechungen. Siehe z.B. RG 260, 390/49/ 31/5-6, box 235, OMG-WB, Central Records, Personnel and Administration Division 1945-49, Protokoll über die Amtsärztetagung in Stuttgart am 11.2.1947. Zur umfassenden Erhe-

Körpergewichte stellten vor allem deshalb einen wichtigen gesundheitspolitischen Indikator dar, weil sie, anders als Krankheitsziffern, auch über einen noch gesunden Körper, dessen Gesundheit jedoch bedroht war, medizinisch Auskunft geben konnten. Außerdem waren Angaben über Körpergewichte relativ schnell zu erheben und anhand lang zurückreichender Statistiken einfach zu vergleichen.

Der Zusammenhang erschien einfach: Das Untergewicht der Menschen resultierte aus mangelnden Kalorien und schmalen Rationen, für die auch die Besatzungsmacht verantwortlich war, die sich folglich der Bitte um Nahrungsmittel schon aus humanitären Gründen nicht verschließen konnte.

Die Argumentation mit der Unterernährung der Menschen setzte jedoch voraus, dass diese klar zu bestimmen war, was sich als schwieriger als erwartet erwies: Die *»Übergänge von optimaler Ernährung zu Unterernährung sind fließend [...]. Wir sind nicht in der Lage, ein Normalgewicht festzulegen. [...] da man rassische, soziale, versorgungsmäßige, alters- und geschlechtsmäßige (bei Frauen auch modische) Unterschiedlichkeiten berücksichtigen muß, ist eine objektive Erfassung der Gewichtsänderungen nur möglich, wenn man die Gewichtsprofile der Bevölkerung aus ›normaler‹ und heutiger Zeit miteinander vergleicht.«*[187] *»Tatsache ist, daß die Menschen in den letzten Jahren größer und schwerer geworden sind. Aus ihr ergibt sich, daß man der Bestimmung des Über- bzw. Untergewichts die Durchschnittswerte der vergangenen 30 Jahre nicht mehr in vollem Umfange zugrunde legen kann.«*[188] Die *DMW* widmete sich damit 1949 einem breit diskutierten Thema: Bezugspunkte und Maßstäbe, Gewichtstabellen und Bewertungsskalen für die Körpergewichte mussten verändert werden. Mit diesem Problem schlugen sich deutsche Amtsärzte bereits seit Jahren herum, wollten sie doch die Besatzungsmacht auf die Unterernährung der Menschen aufmerksam machen und brauchten dafür handfeste Beweise:

---

bung der Körpergewichte siehe z.B. Bunse, Wilhelm, Ergebnis einer Studentenuntersuchung in Würzburg, in: *Ärztliche Wochenschrift* 3 (1948), S. 26-28; Schmith, Otto, Zur Körpergewichtsbeurteilung bei Männern von 16-69 Jahren, in: *Medizinische Klinik,* 44. Jg. (1949), S. 214. Ebenfalls ausführliche Analysen zu den Körpergewichten und den paradoxen Effekten der Mangelernährung für die britische Zone bei: Thienhaus, 1948, S. 48-51. Die große symbolische Bedeutung von Ernährung und Körpergewicht erschließt sich auch bei Eicke, Werner-J., Zur Frage des Hungerödems, in: *Ärztliche Wochenschrift* 3 (1948), S. 241-242; Overzier, Claus, Zur Klinik und Pathologie des Hungerödems, in: *Ärztliche Wochenschrift* 3 (1948), S. 392-398. Zu Stellenwert und Praxis der Versorgungspolitik siehe Gries, 1991. Zur Ernährungssituation der Nachkriegsjahre ausführlich: Trittel, Günter J., *Hunger und Politik. Die Ernährungskrise der Bizone (1945-1949),* (Historische Studien 3), Frankfurt/M. 1990; Erker, Paul, Ernährungskrise und Nachkriegsgesellschaft. Bauern und Arbeiterschaft in Bayern 1943-1953, (Industrielle Welt 50), Stuttgart 1990.

187 Gillmann, Helmut, Über die Schwierigkeit der vollständigen Erfassung der Unterernährungsschäden, in: *Deutsche Medizinische Wochenschrift* 74 (1949), S. 259-264, hier S. 260f.

188 Egen, Karl/Hosemann, Hubert, Die Bedeutung der Gewichtsprozentbestimmung in der Praxis und ihre Anwendung zur Feststellung des Untergewichts aller Altersklassen beiderlei Geschlechtes, in: *Deutsche Medizinische Wochenschrift* 74 (1949), S. 434-437.

Für dieses Ansinnen war es problematisch, dass seit 1947 die Gewichte deutscher Jugendlicher und Erwachsener »*zum Teil erheblich ü b e r [im Original gesperrt] dem amerikanischen Standard*« lagen.[189] Die Stuttgarter Medizinalrätin Maria Schiller versuchte diesen Widerspruch dadurch aufzulösen, dass sie darauf hinwies, dass es sich bei den Angaben nur um »*rohe Zahlen*« handle, weil die Wiegung in Kleidern stattgefunden habe. Auch Frau Dr. Schiller gestand jedoch zu, dass der Vergleich mit amerikanischen Standardgewichten kein Untergewicht für 20- bis 39Jährige ergebe und für ältere Menschen nur geringe Untergewichtigkeit ausweise. Bei einem Vergleich mit den Gewichten der deutschen Bevölkerung des Jahres 1932, so Maria Schiller, ergebe sich aber ein ganz anderes Bild. Bei diesem Vergleichsmaßstab wiesen 20 bis 30 % der 20–39-jährigen Deutschen ein durchschnittliches Untergewicht von 12 % auf, in der Gruppe der 40–59-Jährigen sei ein durchschnittliches Untergewicht von ca. 19 % festzustellen, und von den über 60-Jährigen seien ca. 20 % untergewichtig. Maßstäbe verschoben sich. Problematisch war in dieser Übergangsphase, dass die alten deutschen Maßstäbe nicht mehr akzeptiert waren, die neuen jedoch die Erfahrung der Unterernährung nicht zu erfassen und abzubilden vermochten.

Aus diesem Grunde lavierte Frau Dr. Schiller zwischen den beiden verschiedenen Skalen hin und her. Zu Recht verwies sie darauf, dass doch nicht einfach der alte Maßstab bruchlos durch einen neuen ersetzt werden könne, ohne dass sich dadurch das Bild verzerre. »*Freilich wird man sagen können, daß die Deutschen im Jahr 1932 zuviel gewogen haben, aber man muß doch auch den Konstitutionstyp berücksichtigen, […] daß für das körperliche Wohlbefinden gewisser untersetzter Typen – wie wir sie in Schwaben besonders häufig sehen – ein gewisses Übergewicht erforderlich ist. Wenn das heutige Gewicht gewisser Altersstufen eine durchschnittliche Abnahme von 12–20 % zeigt, so ist hier bestimmt die Grenze des normalen Gewichts wesentlich unterschritten.*«[190]

Ihr Argument war zunächst ein konstitutionelles – für die untersetzten Schwaben müsste die alte Gewichtsskala noch gelten. Der Verschiebung der Legitimationsgrundlage versuchte jedoch auch die Stuttgarter Amtsärztin gerecht zu werden. Sie argumentierte und verglich bereits mit amerikanischen Standardgewichten. Gleichzeitig definierte sie die höheren Gewichte von 1932 als Normalgewichte, um die Werte von 1947 als Untergewichte zu klassifizieren. So schwangen deutsche Körpergewichte gewissermaßen im freien Raum der Umorientierung hin und her, waren nicht mehr deutsche Normalgewichte und noch nicht amerikanische Standardgewichte. Sprachlich bildete sich die politische Situation in dem Problem der Bewertung der deutschen

---

189 Stadtarchiv Stuttgart, Hauptaktei Gruppe 5, Reg. Nr. 5000-1, laufende Nr. 2, Bericht über den Gesundheitszustand der Stuttgarter Bevölkerung im Jahr 1947, Obermedizinalrätin Schiller, Sitzung des Sozialausschusses am 16. Februar 1948, S. 4-6.
190 Ibid., S. 6-7.

Körpergewichte zielgenau ab. Die deutsche Normalität war nach 1945 nicht mehr der Maßstab des Standards.[191]

Ähnlich wie bei den Krankheitsraten erwiesen sich auch die Ängste bezüglich der Mangelernährung als übertrieben. »*Man muß wohl annehmen, daß die Unterernährung wahrscheinlich gar nicht so hochgradig gewesen ist*«, resümierte rückblickend E. Graf 1950 in der *Deutschen Medizinischen Wochenschrift*, um dann sogar festzustellen, dass die »*überaus günstigen Mortalitäszahlen [...] eine Unterernährung überhaupt nicht erkennen lassen«*.[192]

Körpergewichte manifestierten sich indes in der Einschätzung von Frau Dr. Schiller nicht nur in abstrakten Zahlen, sondern drückten sich im gesamten Erscheinungsbild aus.[193] Davon ausgehend nahm die Stuttgarter Amtsärztin eine starke Akzentuierung der augenscheinlichen Fakten vor: »*die hohen Gewichte [sind] zum Teil auch als Folge der Kohlenhydratmast anzusehen [...], so daß das blühende Aussehen mehr durch eine Scheinblüte bedingt ist als durch eine wirklich gute, gesundheitliche Situation.*«[194]

Auch andere Amtsärzte berichteten von »*Fettsucht trotz Unterernährung*« bzw. »*paradoxer Fettsucht*«[195] und davon, dass es »*bei Mädchen in den Nachpubertätsjahren unter dem Einfluß langdauernder Unterernährung [...] nicht zu Abmagerung und Hungerödem, sondern zu ausgesprochener Fettleibigkeit*« komme.[196]

---

191 Zur Veränderung und Anpassung der Gewichtstabellen siehe: Bartels, H./Laue, D., Zwei Nomogramme zur Bestimmung von Körpergewichtsabweichungen bei Männer und Frauen, in: *Deutsche Medizinische Wochenschrift* 74 (1949), S. 619-621.
192 Grafe, 1950, S. 442.
193 Die Konsequenzen der Mangelernährung sind im zeitgenössischen ärztlichen Schrifttum ausführlich dokumentiert. Neben den Hungerödemen wurden vor allem die »*Abnahme der körperlichen und geistigen Leistungsfähigkeit*« beklagt. »*Schon nach kleineren körperlichen Arbeiten tritt eine Erschöpfung ein. Die Beine sind schwer wie Blei, ein kurzes Treppensteigen macht Schwierigkeiten, [...] der Puls steigt schnell an, [...] Herzklopfen, [...] Flimmern vor Augen, verschwommenes Sehen, Ohrensausen. [...] Die Haut hat eine blaßfahle, schmutziggraue Farbe, [...] mit einem Stich ins Gelbbräunliche, [...] die Haut ist trocken, schuppen und kühler.*« Problematisch seien auch die Charakterveränderungen, innere Haltlosigkeit und Depression. Ströder, Ulrich, Hungerschäden und Mangelödeme, in: *Ärztliche Wochenschrift* 1/2 (1947), S. 724-736, hier S. 725f. und S. 728; Dost, F. H., Zur Frühdiagnose des Hungerödems, in: *Ärztliche Wochenschrift* 1/2 (1947), S. 486-489.
»*Daß Mangelernährung deutlich Auswirkungen auf die geistigen Kräfte und die Psyche hat, ist bekannt. Sie lassen sich auch bei unserer Bevölkerung nachweisen, sind aber nicht sicher gegen Auswirkungen der allgemeinen Lage (in politischer, wirtschaftlicher, sozialer Hinsicht) abzugrenzen.*« Gillmann, 1949, Unterernährungsschäden, S. 263.
194 Stadtarchiv Stuttgart, Hauptaktei Gruppe 5, Reg. Nr. 5000-1, laufende Nr. 2, Bericht über den Gesundheitszustand der Stuttgarter Bevölkerung im Jahr 1947, Obermedizinalrätin Schiller, Sitzung des Sozialausschusses am 16. Februar 1948, S. 6
195 Overzier, 1948, S. 396. Zur überraschenden Konstanz der Körpergewichte auch Krieger, 1950/1951, S. 163.
196 Thienhaus, Gerhart, Über die Hungerfettsucht junger Mädchen, in: *Ärztliche Wochenschrift* 3 (1948), S. 48-51.

Damit war also auch hinsichtlich der Körpergewichte eine ähnliche Irritation der deutschen Wahrnehmung zu beobachten, wie hinsichtlich der Krankheits- und Mortalitätszahlen – Angst, Sorge und das subjektive Katastrophen- und Bedrohungsgefühl deutscher Amtsärzte ließen sich statistisch kaum verifizieren.

## 2. Gesundheitspraktiken

Vom Wiederaufbau der Gesundheitsämter über die Kinderspeisung bis zu den Razzien nach geschlechtskranken Frauen bediente sich die Militärregierung vielfältiger Praktiken, um ihre Gesundheitspolitik ins Werk zu setzen. Hier sollen nun drei weitere Interaktionsmuster aufgegriffen werden, die besonders bedeutsam waren:

### 2.1 Wiegungen

Mit der großen symbolischen Bedeutsamkeit des Körpergewichts korrespondierte eine gesundheitspolitische Praxis der *medical branches:* Sie führten auf zentralen »*Plätzen und Straßen, in Warenhäusern etc.*«[197] öffentliche Wiegungen durch. Medizinisch waren die so gewonnenen Ergebnisse wertlos: aufgrund der ungünstigen Umstände – die Menschen trugen dicke Mäntel und schwere Winterschuhe – nicht aussagefähig, befanden die Statistiker. General Stayer, 1945 Chef der *Public Health and Welfare Branch* von Württemberg-Baden, erklärte zu dieser Aktion, »*the best way to find out [...] is to go into their homes, because the sick are in the homes and usually the well are on the streets.*«[198] Sowohl die amerikanische Besatzungsmacht als auch die deutschen Gesundheitsämter hatten vielfältige Möglichkeiten, deutsche Menschen zu wiegen und sich einen Überblick über die Ernährungssituation zu verschaffen. Dass die öffentlichen Wiegungen trotzdem weitergeführt wurden, unterstreicht, dass es gerade ihr öffentlicher Charakter war, der für wichtig erachtet wurde. Auf diese Weise konnte die Besatzungsmacht Präsenz zeigen, so konnte sie demonstrieren, dass die amerikanische Militärregierung sich kümmerte und die Gesundheit der Deutschen ihr am Herzen lag. In dieser Funktion standen die öffentlichen Wiegungen für den politischen Charakter der amerikanischen *medical mission.*

Wie in anderen statistischen Fragen gab es auch hinsichtlich der Körpergewichte Differenzen zwischen alliierten und deutschen Berichten. Anlässlich des Besuchs einer

---

197 Stadtarchiv Stuttgart, Hauptaktei Gruppe 5, Reg. Nr. 5000-1, laufende Nr. 2, Bericht über den Gesundheitszustand der Stuttgarter Bevölkerung im Jahr 1947, Obermedizinalrätin Schiller, Sitzung des Sozialausschusses am 16. Februar 1948, S. 6.
198 RG 260, 5/332-1/14, CAD PWB, Military Government Conference, Public Health Section, 29 August 1945.

*Frankfurt 1947: Medizinische Untersuchung deutscher Mädchen*

Gesundheitskommission von amerikanischen, englischen und französischen Ärzten in Frankfurt musste der deutsche Referent für das Gesundheitswesen erklären, warum die deutschen Angaben niedriger gelegen hatten. Die Abweichungen hätten sich dadurch ergeben, dass »*das Wiegen vorher ohne Schuhe und ohne Jacketts stattgefunden hat, während die Kommission mit Schuhen [...] die Wiegung vornahm*«.[199] Wenn auch, wie in diesem Fall, die Abweichungen leicht geklärt werden konnten, so illustriert diese Nachfrage das stetige amerikanische Misstrauen hinsichtlich der deutschen statistischen Angaben.[200]

Als mit zunehmend besserer Nahrungsmittelversorgung die politische Brisanz des Themas »Ernährung« wich und die deutschen Gewichte sich längst verbessert hatten, wurde das Straßenwiegungsprogramm am 31.12.1948 eingestellt.[201]

## 2.2 Präsenz

Präsenz zeigten die *Medical Teams* der Militärregierung nicht nur bei den Strassenwiegungen, sondern auch durch regelmäßige Gesundheitsinspektionen. Auch nachdem die deutschen Gesundheitsämter wiederaufgebaut waren, informierte sich die Besatzungsmacht zusätzlich immer wieder aus eigenen Quellen. Mit Hilfe dieser Gesundheitsinspektionen sollten die Informationen der deutschen Behörden ergänzt oder korrigiert werden. Eine solche »Gesundheitsinspektion« wurde im Oktober 1945 im Auftrag von USFET in Karlsruhe durchgeführt. Drei Tage vor Beginn der Untersuchungen erhielt der Karlsruher Oberbürgermeister eine Benachrichtigung, dass 600 Personen auf ihren Gesundheitszustand geprüft würden und sich daher »*Bewohner aller Volksschichten*« zwischen Donnerstag und Samstag morgen in der Leopoldschule einzufinden hätten. Wichtig sei, dass ca. 200 Kinder, 50 Schwangere und 50 Flüchtlinge unter den Personen seien, ansonsten sollte es sich um »*Frauen handeln, die normale Lebensmittelzuteilungen erhalten*«. Menschen über 65 Jahre würden von den amerikanischen Ärzten nicht untersucht.[202]

---

199 Magistratsakten, Aktenzeichen 7110, Bd. 2, Niederschrift über die Sitzung der Gesundheitsdeputation am 24.10.47.
200 Zur kontroversen Debatte um die Körpergewichte und dem amerikanischen Verdacht, die Ärzteschaft würde ihre Kompetenz, Unterernährtenkarten auszustellen, missbrauchen siehe auch: Archiv der Bundesärztekammer, Nachlass Dr. Carl Oelemann, Nr. 31, Besprechungen mit der Militärregierung am 2. Juni 1948. Siehe ausführlich zu einem weitreichenden deutsch-amerikanischen »Statistikstreit« S. 405 dieser Darstellung.
201 RG 260, 8/189-2/6, OMG-Hesse, Historical Division, Historical Report 1948 by William R. Karsteter, Historian, OMGH, Chap. III: »Public Health«, S. 476.
202 Stadtarchiv Karlsruhe, 1/Bezirkshauptverwaltungsamt, A 43a, Überwachung der öffentlichen Gesundheit, Brief Military Government, Stadtkreis Karlsruhe, Detachment G-47, an den Oberbürgermeister der Stadt Karlsruhe.

Einer der Mitarbeiter der Bezirksverwaltung Südstadt schickte seine Frau und seinen 11-jährigen Sohn zu dieser Untersuchung und berichtete anschließend, dass der »*Andrang zu der Untersuchung [...] äußerst stark*« und »*die Behandlung von Seiten der amerikanischen Ärztinnen und Ärzte äußerst höflich und zuvorkommend*« gewesen sei. Frauen und Kinder seien »*auf den allgemeinen Gesundheitszustand hin untersucht [...] die Größe und das Gewicht der einzelnen Personen aufgenommen [worden]. Anschließend ging es dann in einen Nebenraum zu einer amerikanischen Ärztin. Diese fragte jede Person nach dem Beruf. Die Oberkleider mußten geöffnet werden, die Strümpfe ausgezogen [werden, dann wurde] eine Untersuchung durch Abtasten einzelner Körperteile [...] und eine Reflexprüfung vorgenommen.*«

Weiter wurden die Frauen nach Krankheiten in ihrer Familie bzw. der Nachbarschaft befragt und gegebenenfalls die Anschriften der Kranken notiert. Nach einer Blutuntersuchung wurden »*einzelne [...] in einen vierten Raum [vor] ein Gremium gerufen. [...] Auf dem [Tisch] in dem Raum [...] befanden sich folgende Lebensmittel: 3 Scheiben Brot (1 dicke, 2 dünne), etwa 5 Äpfel und die gleiche Anzahl Kartoffeln, sowie 1 Suppenteller. Auf Befragen eines der Amerikaner mußte jede Person angeben, was sie an dem Untersuchungstage bisher gegessen hatte und noch essen wird.*«[203]

Die auf diese Weise gewonnenen Erkenntnisse waren kaum dazu geeignet, weitergehende Informationen zu erlangen, die der Militärregierung bisher noch nicht bekannt waren. Angaben zu Größe und Gewicht waren den *Public Health teams* seit einem halben Jahr regelmäßig von deutschen Gesundheitsämtern übermittelt worden, so dass dieser Besuch offensichtlich eher der Kontrolle als der Information diente. Dabei wurden nicht nur die Angaben der deutschen Gesundheitsämter überprüft, sondern auch die Auskünfte der Bevölkerung, die im letzten Untersuchungszimmer aufgereihten Lebensmittel sollten zur Veranschaulichung der Angaben dienen. Berichtete eine Frau, mittags habe man Kartoffelsuppe gegessen, so wurde sie gebeten anhand des bereitstehenden Suppentellers die Größe der Portion genauer zu beschreiben. Mochte die Intention der Besatzungsmacht auch darin bestanden haben, durch die konkrete Demonstration fehlerhafte Angaben auszuschließen und so zu einer exakteren Einschätzung der Situation zu gelangen, so funktionierte dieser Demonstrationseffekt in beide Richtungen. Nicht nur die deutsche Bevölkerung wurde zu einer präziseren Beschreibung gezwungen, auch die Besatzungsmacht erlangte ein wirklichkeitsnahes Bild. »*[...] [F]ast alle erschienenen Frauen und Kinder machten einen kränklichen Eindruck und trugen durch ihr Aussehen dazu bei, die Kommission davon zu überzeugen, daß die z. Zt. ausgegebene Menge an Lebensmitteln nicht ausreicht*«.[204]

---

203 Stadtarchiv Karlsruhe, 1/Bezirkshauptverwaltungsamt, A 43a, Untersuchungsaktion der Karlsruher Bevölkerung, Bericht der Bezirksverwaltung Südstadt an die Städt. Bezirkshauptverwaltung Karlsruhe. Zu den unterschiedlichen Lebensbedingungen für Frauen, Kinder und Männer in den unmittelbaren Nachkriegsjahren siehe auch Niehuss, 2001.
204 Ibid.

Allerdings sollte man diesen Demonstrationseffekt nicht überbewerten. Wenn auch die Untersuchung von 600 deutschen Frauen und Kindern den amerikanischen Blick für deren Gesundheitszustand geschärft haben dürfte, so sahen die Ärzte und Offiziere doch hier nichts, was ihnen nicht aus dem täglichen Anblick der Deutschen auf den Straßen ohnehin bekannt gewesen wäre. Nicht alltäglich war indes die Art der Interaktion zwischen Besatzungsmacht und deutscher Bevölkerung in dieser Situation. Während der durchschnittliche Besatzungssoldat und Offizier deutschen Menschen entweder sachbezogen im Kontext der Besatzungsverwaltung gegenübertrat oder sie als Teil des Alltags auf den Straßen, in den Läden und Ämtern wahrnahm, produzierte die Untersuchung einen anderen Kontakt:

Sie konzentrierte sich auf Gesundheit und Krankheit der Menschen. Amerikanische Offiziere und deutsche Bevölkerung, amerikanische Ärzte und deutsche Frauen standen sich direkt gegenüber, traten unmittelbar in Beziehung, sprachen miteinander, um den Gesundheitszustand dieser Menschen zu ermitteln. Vermittelt über das Interesse, das die Besatzungsmacht der Gesundheit der Deutschen entgegenbrachte, demonstrierte sie eine tiefgehende symbolische Präsenz.

Die Militärregierung, so lautete die Botschaft, sorgt sich um die deutsche Bevölkerung, sie wendet sich den Menschen in ihren Sorgen und Nöten, in ihren Krankheiten zu. Die Deutschen verstanden diese Nachricht. »*Die Anwesenden hatten den Eindruck, daß diese Kommission es mit der Untersuchung sehr ernst nahm und bestrebt war, objektive Aufzeichnungen über den Gesundheitszustand der Bevölkerung zu machen*«. Dieser Eindruck verstärkte sich noch dadurch, dass »*am Schluß dieser Untersuchung […] noch höhere amerikanische Offiziere, wahrscheinlich Generäle [erschienen], die sich über den Stand der Untersuchung unterrichten ließen.*«[205] Eine Information der amerikanischen Offiziere wäre auch auf schriftlichem Wege möglich gewesen. Dass sich die vorgesetzten Militärs dennoch selbst in der Leopoldschule einfanden, unterstreicht die symbolische Demonstration, die diese Untersuchung leisten sollte.

Dass die hier beschriebenen Untersuchungen primär symbolischen und erst in zweiter Hinsicht medizinischen Wert hatten, offenbart sich an einem weiteren Indiz. In Karlsruhe wurde im Oktober 1945 nicht eine repräsentative Gruppe der deutschen Bevölkerung untersucht, sondern Kinder und Frauen bis 65 Jahre.[206] Warum wollte sich die Besatzungsmacht nur ein Bild von einem Teil der deutschen Bevölkerung machen? Ein Grund mag darin gelegen haben, dass die Amerikaner aus den Untersuchun-

---

205 Ibid.
206 Anders dagegen die ärztliche Untersuchung der Frankfurter Bevölkerung im Januar 1946. Dort mussten einer amerikanischen Untersuchungskommission durch die »*Ordnungspolizei Personen beiderlei Geschlechts vom Säugling bis zum Alter von 65 Jahren*« vorgeführt werden. Stadtarchiv Frankfurt, Gesundheitsamt, II/21-1992 Nr. 174, Brief Kommando der Ordnungspolizei an Gesundheitsamt, betr. Sonderbefehl der Militärregierung.

gen ihrer Kriegsgefangenen bereits einen Eindruck von der körperlichen Verfassung deutscher Männer hatte. Wichtiger erscheint jedoch, dass durch diese Untersuchung einige im Besatzungsalltag wichtige Kontaktformen bearbeitet werden konnten, für die es kaum andere Formen gab, sie einzuordnen:

Obwohl die Militärregierung, um ihre politischen und verwaltungstechnischen Aufgaben zu erfüllen, überwiegend mit deutschen Männern interagierte – Politiker, Pfarrer, Journalisten, Mediziner und andere professionelle Spezialisten waren fast immer männlichen Geschlechts –, konstituierte sich der Besatzungsalltag aus vielen Kontakten zwischen deutschen Frauen, Kindern und Besatzungssoldaten.

Für viele Alltagssituationen gab es somit keine Bearbeitungs- und Klassifizierungsform – mit Ausnahme der gesundheitspolitischen Behandlung. Diese bot sich insbesondere an, da Säuglinge, Kinder und Frauen – speziell Schwangere – von jeher gesundheitspolitisch besonders intensiv beachtete und beobachtete Gruppen waren. Die von der Militärregierung initiierten gesundheitspolitischen Maßnahmen betrafen häufig ausschließlich Frauen. Dies war nicht nur bei der Bekämpfung von Geschlechtskrankheiten der Fall, sondern auch bei scheinbar geschlechtsneutralen Untersuchungen wie der Gesundheitsinspektion einer deutschen Großstadt, und stellte in dieser Form eine medizinische Bearbeitungsstrategie des Kontaktes zwischen (mehrheitlich männlicher) amerikanischer Besatzungsmacht und (mehrheitlich weiblicher) deutscher Bevölkerung dar.

Offensichtlich war eine medizinische Behandlung und damit symbolische Überformung dieses Kontakts umso notwendiger, als diese Form der Interaktion psychologisch nicht vorbereitet gewesen war. Amerikanische Kriegsstereotypen hatten unabhängig von ihrer ideologischen Ausrichtung und politischen Zielsetzung stets den deutschen Mann vor Augen gehabt. Dass die amerikanische Armee auf eine deutsche Zivilbevölkerung traf, die mehrheitlich aus Frauen, Kindern, Alten und Fremden bestand, war aus der Situation des Krieges zwar völlig selbstverständlich, aber trotzdem niemals reflektiert worden. Dass amerikanische Gesundheitspolitik sich in der ersten Zeit exakt diesen von Kriegspropaganda und Besatzungspolitik nicht thematisierten Gruppen widmete, war daher kein Zufall, sondern eine folgerichtige Kompensation.

## 2.3 Technisierung

Die Entlausungsprozeduren, die oben bereits in ihrem militärischen Kontext dargestellt wurden, waren ebenfalls ein wichtiger Bestandteil der gesundheitspolitischen Maßnahmen für die Zivilbevölkerung. Auch im zivilen Leben wurde das großzügige Einsprühen der Menschen mit DDT zu einem alltäglichen Bild und bald zu einem Symbol gesundheitlicher Vorsorge. Ebenso wie die Wiegungen fand auch die Entlausung der Menschen öffentlich, an markanten Plätzen, Straßen und Brücken, statt. Symbolisch sollten die Zugänge zu einer Stadt, zu einem Bezirk, zur amerikanischen

*Heidelberg 1945: Entlausung*

Zone insgesamt saubergehalten werden.²⁰⁷ Auch im zivilen Kontext unterstrichen die DDT-Pistolen die vermeintliche technische Überlegenheit amerikanischer Gesundheitspraktiken, und die großzügige, mehrfache Anwendung betonte die ökonomische Überlegenheit dieser Militärregierung, die es sich leisten konnte, die Menschen vielfach zu entlausen.

In der Entlausungsprozedur wurde die jeweils aktuelle gesundheitliche Zuständigkeit demonstriert. In den ersten Wochen entlausten die amerikanischen Truppen alle diejenigen Deutschen, die innerhalb der Zone reisten. Dann entlausten deutsche Teams unter Anleitung der Militärregierung, und schließlich arbeiteten die Deutschen in Eigenverantwortung.

Ab Sommer 1945 wurden nicht mehr alle Menschen, die in eine Stadt kamen oder eine Brücke überquerten, entlaust, sondern nur noch spezielle Gruppen: DPs, Flüchtlinge und Soldaten, die aus russischer Kriegsgefangenschaft entlassen worden waren.

Läuse verkörperten dabei ein bestimmtes Verhältnis zur Normalität: Je weniger eine Gruppe in die Normalität eingegliedert war, desto häufiger wurde sie den Entlausungen unterzogen. Umgekehrt galt: Je normaler das Leben wurde, desto weniger Läuse waren aufzuspüren. »*The high incidence of Scabies [...] has begun to decline. [...] It seems that return to normal life [...] is helping*«.²⁰⁸ Die Fortschritte bei der Rückkehr ins normale Leben waren täglich auf den Brücken und Bahnhofsvorplätzen zu beobachten. Dort sprühten seit Sommer 1945 deutsche Amtsärzte neu ankommende Ostflüchtlinge und rückkehrende Soldaten²⁰⁹ mit DDT ein und demonstrierten auf diese Weise ihre eigene geglückte Rückkehr und soziale Reintegration im Gegensatz zu der sozial und politisch noch unbestimmten Position der Neuankömmlinge.

## 2.4 Wunderdrogen – »made in America«

Noch stärker als DDT repräsentierte das neue Medikament Penicillin die Potenz anglo-amerikanischer Forschung und Heilkunde.²¹⁰ Selbst Mediziner bezeichneten das Medikament als »Wunderdroge« und waren den Militärregierungen zutiefst dafür ver-

---

207 Siehe zur Entlausung z.B. am Karlsruher Bahnhof: Generallandesarchiv Karlsruhe, Gesundheitsämter, Abt. 446, Nr. 11, Staatliches Gesundheitsamt, Wöchentliche Berichte an Militärregierung, z. Hd. von Herrn Captain Arant, Karlsruhe, Bericht vom 20. Februar 1946.
208 Ibid., S. 7.
209 Stadtarchiv Frankfurt, Gesundheitsamt, II/21-1992, Nr. 102, Stadtgesundheitsamt an Oberbürgermeister; Hauptstaatsarchiv Stuttgart, EA 2/009, Bü X 8102, Brief des Regierungspräsidenten an die staatl. und städt. Gesundheitsämter.
210 Dies war nicht nur aus deutscher Perspektive so, sondern auch im amerikanischen Selbstbild. Zur engen Verbindung von amerikanischem Patriotismus und der amerikanischen Presseberichterstattung über Penicillin siehe: Adams, David P., The Penicillin Mystique and the Popular Press, 1935-1950, in: *Pharmacy in History* 26 (1984), S. 134-142, hier besonders S. 138.

bunden, dass sie ihnen das Mittel kostenlos zur Verfügung stellte.[211] Dadurch konnten die Versorgungsprobleme der ersten beiden Nachkriegsjahre überwunden werden.[212] Deutsche Ärzte waren begierig darauf, an amerikanischen Forschungsergebnissen zu partizipieren und das neue Medikament endlich auch in ihren Kliniken einzusetzen.

Ebenso aufmerksam und hoffnungsvoll wurde die Streptomycinforschung beobachtet, die endlich eine Heilung der Tuberkulose versprach.[213]

## 3. Konsolidierung und Mystifizierung: »The Public Health miracle«[214]

Die angstvoll erwarteten großen Seuchen waren ausgeblieben. Trotz zerbombter Städte, Flüchtlingen und desolater sanitärer Bedingungen war im ersten Besatzungsjahr kein bedrohlicher Anstieg der Infektionskrankheiten zu verzeichnen, der den Erwartungen auch nur im entferntesten entsprochen hätte.[215] Einzelne Krankheitsraten stiegen zwar kurzfristig an, konnten jedoch schnell unter Kontrolle gebracht werden, andere sanken sogar unter den Vorkriegsstand, und selbst die vieldiskutierte Tuber-

---

211 Küstner, Heinz, Kritische Bemerkungen zum Thema: Über die Behandlung mit grossen Penicillingaben in der Geburtshilfe und Gynäkologie, in: *Ärztliche Wochenschrift* 3 (1948), S. 590f.

212 Während Mamlok noch 1947 über einen schwarzen Markt für Penicillin berichtete, war das Medikament nach Angaben der Redaktion der *Ärztlichen Wochenschrift* im Oktober 1948 bereits seit einigen Monaten in den Apotheken der Westzonen frei verkäuflich. Mamlok, E., Die Penicillinverteilung in Berlin, in: *Ärztliche Wochenschrift* 1/2 (1947), S. 864; Redaktionsnotiz, *Ärztliche Wochenschrift* 3 (1948), S. 591. Vgl. auch Pieroth, 1992. Untersuchungen zum Schwarzmarkt mit Medikamenten bzw. zur Verfügbarkeit medizinischer Güter liegen bisher nicht vor.

213 Ausführlich unter Verweis auf amerikanische Versuchsreihen: Auersbach, Karl, Die Wirkung des Streptomycins auf die Tuberkulose des Menschen. Ausführliches Referat der bisherigen amerikanischen Ergebnisse, in: *Ärztliche Wochenschrift* 3 (1948), S. 428-433. Domagk hatte in den 1950er-Jahren erstaunt festgestellt, wie viele Wissenschaftler in den USA an der Streptomycinforschung arbeiteten, wohingegen er sich in Deutschland nahezu alleine diesem Thema widmete.
Für die breite amerikanische Streptomycinforschung siehe: Riggins, H./McLeod, H./Hinshaw, C., The Streptomycin – Tuberculosis Research Project, in: *American Review of Tuberculosis* 56 (1947), S. 168-173.

214 RG 260, OMGUS, 5/324-2/51, 390/42/32/4-5, Box 500, Militärregierung US Civil Affairs Division, Records of the Public Health and Public Welfare Branch, Reports Visiting Experts, Public Health Practices in Germany under U.S. Occupation.

215 Siehe dafür neben vielen anderen Belegen z.B. das Resümee des Stuttgarter Oberbürgermeisters zum ersten Besatzungsjahr in: Klett, Arnulf, *Bürger, Gemeinde, Staat. Aus dem Wirken einer Stadtverwaltung in den Jahren nach dem Zusammenbruch*, Stuttgart 1948, S. 119. In diesem Tenor auch Beil/Wagner 1951, S. 382.

kulose sank in ihrer Mortalität.²¹⁶ Für Bayern berichtete der Referent des Bayerischen Statistischen Landesamtes, Konrad Krieger, dass die Sterblichkeitskurve des Jahres 1947 »*mit einer Ziffer von 11,9 % tiefer als im Jahre 1939*« liege. Laut Krieger war die positive Gesundheitsbilanz der Nachkriegsjahre vor allem dadurch bedingt, dass »*akute Seuchen wie Grippe, Diphtherie, Typhus*« ausgeblieben waren.²¹⁷

Zu dieser Einschätzung kamen auch die *Public Health officers*, die betonten: »*no epidemics of any importance have occurred, and the health of occupation troops has never been seriously threatened. [...] The health of the population generally has been preserved and maintained at a level which is surprisingly high in view of the staggering difficulties and almost impossible situation encountered.*«²¹⁸

Damit aber hatte sich die Frage nur verschoben. Warum waren die Seuchen entgegen allen Erwartungen ausgeblieben? Krieger und auch die amerikanischen Besatzungsoffiziere führten dies auf die gute Arbeit der Gesundheitsbehörden zurück.²¹⁹

---

216 Dazu: Freudenberg, Karl Oskar Ludwig, Kritische Statistik der Tuberkulose, in: *Ärztliche Wochenschrift* 5 (1950), S. 119-122; Küster, Fritz/Kamp, Annemarie, Die Tuberkulosedurchseuchung der Jugend in der Nachkriegszeit, in: *Ärztliche Wochenschrift* 4 (1949), S. 691-693; Beil/Wagner 1951, S. 382.

217 Krieger, Konrad, Krankheit und Tod nach dem Zusammenbruch (Teil 1), in: *Bayerisches Ärzteblatt*, 3. Jg., Nr. 17/18 (September 1948), S. 99-102, hier S. 101. Krieger nannte verschiedene Hypothesen, »*warum die Kurve wider alle Vermutungen und öffentliche Diskussion seit 1945 so weit zurückgegangen ist*«. Der Kriegseinfluss habe eine »*vorweggenommene Sterblichkeit durch Militärsterbefälle, Mangel an ärztlicher Versorgung, geminderter Resistenz der Zivilbevölkerung, vermehrte übertragbare Krankheiten*« verursacht. Daneben führte er den günstigen Witterungseinfluss 1946/47, »*die Abnahme der Sterbefälle, die früher durch Alkohol, Nikotin [...] sowie durch überhöhte Nahrungszufuhr [...] bedingt waren*«, und insbesondere die nach dem Zweiten Weltkrieg ausgebliebenen Seuchen an. Auch der Göttinger Obermedizinalrat Erich Schröder berichtete 1950, dass »*die TBC-Sterblichkeit in den Westzonen bereits zu den Verhältnissen der letzten Vorkriegsjahre zurückgekehrt*« sei. Schröder, 1950, S. 190.

218 RG 260, 390/49-50/35-1/6-1, Box 231, OMG-WB, Records of the PH-Advisor, Annual History of Public Health in Land Württemberg-Baden from Beginning of Occupation to 1 June 1946, S. 2.

219 »*Es ist der Gesundheitsverwaltung gelungen, Krankheitsherde lückenlos einzudämmen und zu ersticken. Eine spätere Zeit wird ermessen, welche überragende und volkserhaltende Leistung die Gesundheitsabteilung des Bayerischen Staatsministeriums des Innern in der Nachkriegszeit vollbracht hat, trotz aller Schwierigkeiten. Und dieser Schwierigkeiten waren, bei Aeskulap!, Legion.*« Krieger, 1948, Krankheit und Tod (Teil 1), S. 101. Grafe nennt eine vorweggenommene Sterblichkeit in den Jahren 1939-1944 und günstige Witterungseinflüsse. Grafe, 1950, S. 442.

Auch wenn man zugesteht, dass die Gesundheitsbehörden einen gewissen Anteil an der positiven Entwicklung hatten, so reicht ihre Arbeit als alleiniger Erklärungsfaktor nicht aus. Warum also die gefürchteten Seuchen nicht eintraten, kann auch im Rahmen dieser Untersuchung nicht geklärt werden, zumal die Antwort auf diese Frage für den hier zu analysierenden Zusammenhang von »Krankheit« und Wahrnehmung keine Relevanz besäße. Interessant ist jedoch, welche Konsequenzen sich aus dem relativ guten Gesundheitszustand der Bevölkerung für die Krankheitsperzeptionen der folgenden Jahre ergaben.

Trotzdem war die Angst vor Krankheit relevant, denn erinnert wurde, was alles unternommen werden musste um die Gesundheitsgefahren einzudämmen[220]: »*Our Military Government Teams were staffed with Public Health specialists [...] and their work in restoring conditions conducive to Public Health was little short of the miraculous.*«[221] In diesem Kontext gewannen die Klagen über die personelle Unterbesetzung der Medical Branches der Militärregierung plötzlich eine ganz andere Akzentuierung. Denn »*the Medical Units of the tactical troops*« wurde darin dafür gedankt, daß sie »*Chaos und Seuchen in der amerikanischen besetzten Zone verhindert hätten, denn die Medical Officers, die für diese Aufgabe abgestellt waren, waren zum einen viel zu wenige, zum anderen waren sie schlecht ausgestattet. In dieser Situation hatten die tactical medical troops allzeit hilfreich bereit gestanden und die Medical Officers auf bewundernswerte Weise unterstützt.*«[222] Die Mängel in Planung und Ausstattung der Militärregierung wurden so zu einem Ruhmesblatt der Armee umgedeutet. Auf diese Weise wurde die Legende der siegreichen US-Armee über den Krieg hinaus fortgeführt. Nicht nur im Felde siegreich, sondern auch später weiterhin zur Stelle, um selbstlos und auf bewundernswerte Weise zu helfen und zu heilen. Kein Wort mehr von der überraschend guten gesundheitlichen Verfassung der deutschen Zivilbevölkerung, von der meist ausreichenden Anzahl deutscher Ärzte und Krankenschwestern, von denen die ersten reports unmittelbar nach der Eroberung noch berichtet hatten. Im retrospektiven Bild wird die Hilfe der *medical doctors* verzweifelt und dringend benötigt und großherzig gewährt. Auf diese Weise wird eine Vorstellung von Chaos und Not konserviert, die in dieser Form nicht bestand, um das Bild einer segensreichen hilfsbereiten Armee zu zeichnen, die als Retter auftrat. Unklare Direktiven, schleppende Entnazifizierung und ungleiche medizinische Versorgung von Stadt und Region traten in den Hintergrund. Was blieb, war die Überlieferung, dass amerikanische Ärzte und Soldaten heldenhaft und effektiv der Seuchengefahr getrotzt und die medizinische Misere der ersten Monate bewältigt hatten. Dabei handelte es sich keineswegs um eine Einzeldarstellung. Durch die zum Teil wortgleiche Wiederholung dieser Beschreibung in vielen Berichten[223] wurde die Schilderung in den Rang eines Mythos erhoben, der sich durch eifriges Weitererzählen wieder und wieder selbst bestätigte.

»*Always, it seemed as if we were just staving off disaster*«[224] war die angstgeleitete Perzeption, die bis 1948 fortbestand. Als die Besatzungszeit sich dann dem Ende nä-

---

220 Redeker, 1946, Entwicklung, S. 26-30.
221 RG 260, 5/350-1/13, OMGUS: CAD PHB, Public Health in Germany under U.S. Occupation (1945-1949) – Historical Review, S. 1.
222 RG 260, 390/49-50/35-1/6-1, Box 231, Experiences in and Impressions of Military Government Public Health Operations in Germany, May 1945 – May 1946, S. 3. [Übersetzung: D.E.]
223 RG 260, 390/49-50/35-1/6-1, Box 231, Annual History of Public Health in Land Württemberg-Baden from Beginning of Occupation to 1 June 1946, S. 2. Dieser Bericht stammt aus der Feder Beckjords, hatte jedoch einen anderen Verteilerzirkel.
224 RG 260, 5/350-1/13, OMGUS: CAD PHB, Public Health in Germany under U.S. Occupation (1945-1949) – Historical Review, S. 6.

herte, das amerikanische Demokratisierungsexperiment in Deutschland zu gelingen schien, die deutsche Wirtschaft wieder Fuß fasste, die USA sich in ihrer neuen Rolle als westliche Führungsmacht eingerichtet hatten und die Konstellation des Kalten Krieges klare politische Linien, klare Feindbilder und – trotz gegenseitiger atomarer Bedrohung – sichere Wahrnehmungskoordinaten bot, verschwanden schließlich auch die Krankheitsängste.

Die Betonung der erfolgreichen Bewältigung einer schwierigen gesundheitlichen Lage fand und findet sich auch in historischen Analysen. In einer katastrophalen gesundheitlichen Lage habe sich die Bevölkerung nach Ende des Zweiten Weltkrieges befunden. Die Verhältnisse seien so desolat gewesen, dass gesundheitspolitische Notstandsmaßnahmen erforderlich gewesen seien, um sich der Bedrohung durch um sich greifende Seuchen wehren zu können, schrieben deutsche Historiker 1996.[225]

Diese Verweise waren verdienstvoll, weil sie die historiographisch noch immer unzureichend erforschte Bedeutung von Gesundheit und Krankheit hervorhoben. Die gesundheitlichen Probleme der Besatzungsjahre veranschlagen sie allerdings zu hoch.[226]

Bemerkenswert ist die zum Teil wörtliche Übereinstimmung der Beschreibungen amerikanischer Besatzungsoffiziere, deutscher Amtsärzte und Politiker nach 1945 mit den Darstellungen, die deutsche Historiker noch 50 Jahre später von der Situation gaben. Offenbar handelt es sich hierbei um einen nie hinterfragten, aber erfolgreich tradierten Topos. Was aber machte die Vorstellung der gesundheitlichen Bedrohung nach 1945 so eingängig, und wodurch gewann dieses Bild seine bis heute andauernde Überzeugungskraft?

Für die Besatzungszeit kann bestätigt werden, was auch für andere Seuchendiskurse gilt: Über drohende Seuchen wird gesprochen, um gesellschaftliche oder religiöse Krisen zu bewältigen und soziale Normen zu festigen.[227]

De facto hatte es während der Besatzungsjahre kein »Gesundheitswunder« gegeben. Die erfolgreiche Eindämmung der Gesundheitsgefahren der Nachkriegsjahre war ein Gründungsmythos, der die gelungene deutsch-amerikanische Interaktion als

---

225 In diesen Formulierungen noch Labisch/Woelk, 1996, S. 3.
  Auch Wolfgang Eckart schrieb 1989 von der starken Beeinträchtigung der Lebensbedingungen durch die hygienischen Verhältnisse, von Gesundheitsstörungen durch Mangelernährung, Tuberkulose, Diphtherie, Typhus, Paratyphus und Ruhr und verwies auf den fast völligen Zusammenbruch der Krankenhausversorgung und der öffentlichen Gesundheitspflege, die am Anfang der Besatzung eine pragmatische Krisenintervention notwendig gemacht habe. Eckart, 1989, S. 213-221, hier S. 218.
226 In diesem Sinne auch Otto Schmith, der bereits 1949 feststellte: »*Der Mensch ist nicht, wie uns die Friedensjahre Glauben machten, verweichlicht und abhängig von seiner Zivilisation, sondern viel robuster und widerstandsfähiger, als wir früher jemals zu hoffen wagten.*« Schmith, Otto, Körperliche und seelische Folgen der Wohnungsnot, in: *Zeitschrift für Hygiene* 130 (1949), S. 42-66, hier S. 55.
227 Pulver, 1999, S. 112f.

Fundament der zweiten deutschen Demokratie in den Mittelpunkt stellte.[228] Anders als die Weimarer Demokratie, die noch lange Jahre die (gesundheitlichen) Lasten des verlorenen Weltkrieges zu tragen hatte, war die bundesdeutsche Demokratie – nach dieser Lesart – mit gestärkter Widerstandskraft aus den gesundheitlichen Anfechtungen der Nachkriegszeit hervorgegangen. In diesem metaphorischen Sinne hatten die Gesundheitsgefahren, die es während der Besatzungszeit zu überwinden galt, eine kathartische und politisch stabilisierende Funktion.

---

228 Diese Bedeutung konnte erreicht werden, weil wichtigen amerikanischen Repräsentanten diese Wahrnehmung zugeschrieben wurde. »*In general Clay's words, the work [of the public health teams] in restoring conditions conducive to public health was little short of miraculous.*« RG 260, OMGUS, 5/324-2/51, 390/42/32/4-5, Box 500, Brief Historical Review by Lieutnant deForest, Chief Public Health Section HICOG, S. 1.

# Kapitel 5
# Tuberkulose: »Vom Schwinden der Kräfte in schweren Zeiten«

Die bereits dargelegten vielfältigen symbolischen Bezüge von Gesundheit und Krankheit werden nun mit Blick auf die Tuberkulose vertieft.[1] Die Tuberkulose[2] wurde als zentrale Bespielkrankheit gewählt, da sie, wie Dirk Blasius dargelegt hat, »*im Kontext der deutschen Geschichte [...] eine Art Signalkrankheit*«[3] sei und somit »*großen geschichtlichen Zeigewert*« besitzt. Dies gilt insbesondere für die Besatzungsjahre, denn »*von allen Seuchen, die uns [...] noch immer [...] umlauern*«, so schrieb der Berliner Amtsarzt Dr. Schröder im Oktober 1946, »*ist [...] die Tuberkulose die gefahrvollste und zugleich die dunkelste*«. Wie die Mehrheit seiner deutschen Kollegen glaubte auch Schröder, dass »*[...] das entscheidende Schicksal unseres Volkes [...] davon*« abhänge, die Tuberkulose zu besiegen.[4] Die Tuberkulose symbolisierte die Probleme, Hoffnungen, Ängste und Zukunftserwartungen der Nachkriegsjahre, die Entwicklung der Krankheit geriet zum »*Tuberkuloseschicksal*«, das entscheidend von den »*Umweltbedingungen*« abhing.[5]

---

1   Eine dichte Beschreibung, wie sie für eine symbolische Deutungsanalyse notwendig ist, kann nur eine begrenzte Anzahl von Texten bearbeiten. Aus diesem Grund wurden für eine detaillierte Analyse, die der argumentativen Schrittfolge der Vorlage eng folgt und einzelnen Sprachbildern und Deutungskontexten differenziert nachspürt, Quellen und Verfasser ausgewählt, die einen großen normativen bzw. meinungsbildenden Einfluss besaßen, wie dies z.B. für Richtlinien für Amtsärzte, Herausgeber von Tuberkuloselexika, öffentliche Kongressvorträge u.a. zutrifft. Die Repräsentativität der untersuchten Texte wurde durch Verweis auf analoge Argumentationen in der Fachpresse belegt.
2   Mit »Tuberkulose« ist nachfolgend ausschließlich Lungentuberkulose gemeint. Schwindsucht und Tuberkulose werden nachfolgend synonym gebraucht. Zur etymologischen Korrektheit einer analogen Begriffsverwendung vgl. Seeliger, Wolfgang, *Die Volksheilstättenbewegung in Deutschland um 1900. Zur Ideengeschichte der Sanatoriumstherapie für Tuberkulöse*, Diss. med. Univ. Münster 1987, S. 3. Zur Entwicklung des medizinischen Tuberkulosebegriffs siehe Hähner-Rombach, 2000, S. 20-25.
3   Blasius, Dirk, Die Tuberkulose im Dritten Reich, in: Konietzko, N. (Hg.), *100 Jahre Deutsches Zentralkomitee zur Bekämpfung der Tuberkulose (DZK). Der Kampf gegen Tuberkulose*, Frankfurt/M. 1996, S. 77.
4   Schröder, Erich, Ist die Tuberkulosebekämpfung gegenwärtig eine vorwiegend ärztliche oder soziale Aufgabe, in: *Ärztliche Wochenschrift* 1 (1946), S. 215-217.
5   In dieser Formulierung Koch, 1947, S. 162. Auch Franz Redeker sieht in der Tuberkulose – und vor allem in der Geschlechterdifferenz der Erkrankung – eine »*Schicksalsfrage*«. Redeker, Franz, Wie steht es um die Tuberkulose, in: *Ärztliche Wochenschrift* 1 (1946), S. 181-186, hier, S. 185.

Die zentrale Analyseperspektive auch dieses Kapitels ist die Interaktion zwischen Deutschen und Amerikanern. Wiederum stehen die Verhandlungen, Konflikte und Übereinstimmungen zwischen Siegern und Besiegten, die den Umgang mit dieser Krankheit prägten, im Mittelpunkt der Betrachtung. Dabei zeigt sich, dass sich im Verlaufe der Besatzung Krankheitswahrnehmungen, Bedeutungen und Legitimation verschoben. Dieser Prozess wird im deutsch-amerikanischen Koordinatensystem nachgezeichnet.

## Traditionen der Tuberkulosebekämpfung

Aus den unterschiedlichen nationalen Traditionslinien der Tuberkulose ergeben sich viele Fluchtpunkte, die für die Interaktion der Besatzungszeit wesentlich waren. Aus diesem Grunde werden nationale Deutungstraditionen einleitend kursorisch skizziert.

## 1. Deutsche Tuberkulosedeutungen im 19. und frühen 20. Jahrhundert

### 1.1 Arbeiterkrankheit des Kaiserreichs

Bereits zur Jahrhundertwende war Tuberkulose die bedeutendste Volkskrankheit in Deutschland, die durch Urbanisierung, Industrialisierung und zunehmende Mobilität der Bevölkerung stark gestiegen war und deren Sterblichkeitsrate 1877 bei 3,72‰ lag.[6] Tuberkulin-Tests zeigten, dass über 90 % aller Erwachsenen infiziert waren.[7] Tuberkulose war eine Massenerkrankung. Trotzdem konzentrierte sich die gesundheitspolitische Aufmerksamkeit während des Kaiserreiches primär auf akute Infektionskrankheiten, wie z.B. Cholera.[8] Die Meldepflicht für Todesfälle durch Tuberkulose

---

6   Diese Sterblichkeitsrate bedeutet, dass jährlich 372 von 100 000 Menschen an Tuberkulose verstarben. Die Zahlen sind nachfolgend auf Promillemaßstab je 1000 Einwohner umgerechnet, da dies die Einheit ist, in der amerikanische Akten Sterblichkeit und Infektion angeben. Vgl. zu der angegebenen Sterblichkeitsrate Witzler, 1995, S. 169.
    Ausführlich zum Zusammenhang zwischen Tuberkulose und Urbanisierung z.B. Voigt, Jürgen, Zur Sozialgeschichte der Tuberkulose, in: Konietzko, 1996, S. 52f.
7   Zit. nach Otto u.a., 1990, S. 301. Zur Tuberkulinbegeisterung und den therapeutischen Enttäuschungen Hähner-Rombach, 2000, S. 146-159.
8   Otto u.a., 1990, S. 301, Witzler, 1995, S. 169f. Hähner-Rombach charakterisiert den schleppenden gesundheitspolitischen Eingriff mit dem treffenden Schlagwort der »vernachlässigten Krankheit«, Hähner-Rombach, 2000, S. 84ff.

wurde in Baden erst 1898 eingeführt, in Preußen mussten verdächtige Todesfälle ab 1903, in Württemberg sogar erst ab 1910 gemeldet werden.[9]

Mit der Entdeckung des Tuberkelbazillus 1882 durch Robert Koch wurde die Tuberkulose als Infektionskrankheit identifiziert.[10] Anders als bei den akuten Infektionskrankheiten erwiesen sich jedoch im Falle der Tuberkulose traditionelle städtetechnische und städtehygienische Bekämpfungsstrategien als erfolglos. Als sich 1890 die von Koch entwickelte Tuberkulinkur als therapeutisch nicht wirksam erwies, setzte Ende des 19. Jahrhunderts eine intensive Diskussion um neue Maßnahmen ein, mit denen auch chronische Krankheiten wie die Tuberkulose bekämpft werden könnten.[11]

## Heilstättenbehandlung

Eines der neuentwickelten Konzepte war die seit den 1880er-Jahren entwickelte Sanatoriumstherapie.[12] Institutionell konsolidierte sich die Heilstättenbewegung 1896 mit der Gründung des »*Deutschen Central-Komitees zur Errichtung von Heilstätten für Lungenkranke*«.[13] Die Heilstättenbewegung erfreute sich um die Jahrhundertwende großer Popularität.[14] Aus der Perspektive des Auslandes schien sich die deutsche Tuberkulosebekämpfung ausschließlich auf den Heilstättengedanken bzw. das Klinikkonzept zu konzentrieren.[15]

Diese ursprünglich für eine bürgerliche Klientel entwickelte Heilstättenbehandlung sollte in Form der Volksheilstättenbewegung auch der tuberkulosekranken Arbeiterschaft zur Verfügung stehen.[16]

---

9 Seeliger, 1989, S. 84. Siehe zur statistischen Entwicklung der Tuberkulose in Württemberg Hähner-Rombach, 2000, S. 36-38; 56-83.
Für offene Tuberkulose schrieb das preußische Seuchengesetz selbst 1905 noch keine Anzeigepflicht vor. Zur Entwicklung der Anzeigepflicht: Teleky 1950, S. 57.
10 Ausführlicher zu den Auswirkungen der Koch'schen Entdeckung, Hähner-Rombach, 2000, S. 23f.
11 Siehe zur Verzögerung zwischen der hohen Sterblichkeit der 1870er und 1880er-Jahre und der vermehrten kommunalen Tuberkulosebekämpfung seit den 1890er-Jahren Witzler, 1995, S. 170.
12 Siehe für einen kurzen Überblick über die Entwicklung Voigt, 1996, S. 66f.; Hähner-Rombach, 2000, S. 160-196; S. 319-333; S. 348-350. Ausführliche Innenansichten der Institution auch bei Condrau, 2000.
13 In dieser Entwicklungslinie der Tuberkulosebekämpfung standen der 1892 gegründete »*Frankfurter Verein für Reconvalescenten-Anstalten*« und die beiden im Taunus von Frankfurter Ärzten gegründeten Lungenheilanstalten, die sich u.a. mit Mitteln Frankfurter Bürger finanzierten und zu den ersten derartigen Einrichtungen des Reiches zählten. Siehe dazu Witzler, 1995, S. 174.
14 1904 bestanden 26 Polikliniken und Fürsorgestellen für Tuberkulöse, bis 1913 war ihre Anzahl bereits auf 776 gestiegen. Sachße/Tennstedt, 1988, S. 31.
15 Zur Rezeption des Auslandes indirekt Seeliger, 1987, S. 119.
16 Castell Rüdenhausen, 1988, S. 43.

Der Grundgedanke, durch die Behandlung Tuberkulöser zukünftige Renten- und Invaliditätszahlungen hinausschieben zu können, führte dazu, dass die Volksheilstättenbewegung[17] erhebliche Unterstützung erhielt.[18] Die Finanzierung der Volksheilstätten durch die Alters- und Invalidenversicherung stellte diese auf eine solide Grundlage und führte zu einem reichsweiten Bau von Heilstätten in großem Umfang.[19] Strukturell, organisatorisch und materiell löste sich damit die Tuberkulosebekämpfung aus der Privatwohltätigkeit.

Obwohl es sich also bei der Volksheilstättenbewegung um »Palliativmittelchen« im Bebel'schen Sinne handelte, wurde sie von den Protagonisten der Bewegung als Beitrag zur Lösung der sozialen Frage präsentiert und von der Sozialdemokratie unterstützt.[20]

Dem Heilstättenkonzept waren jedoch nur eingeschränkte Erfolge beschieden. Bereits um die Jahrhundertwende waren Zweifel laut geworden, die 1903 durch eine Untersuchung des RVA indirekt bestätigt wurden.[21] Die Untersuchung zeigte, dass die Quote erfolgreicher Reintegration und Wiederherstellung der Arbeitsfähigkeit bei den Entlassenen sehr viel geringer war als erhofft.[22] Somit wurde das, was das Heilstättenkonzept zwei Jahrzehnte lang so attraktiv gemacht hatte – die Ausblendung

---

17 Siehe zur Heilstättenbewegung in Deutschland auch Ferlinz, 1995, S. 619ff.; sowie Voigt, 1996, S. 68f. und Condrau, Flurin, Tuberkulose und Geschlecht: Heilbehandlungen für Lungenkranke zwischen 1890 und 1914, in: Meinel/Renneberg1996, S. 159-169. Ein international vergleichender Forschungsüberblick zur Heilstättengeschichte findet sich bei: Condrau, Flurin, Lungenheilstätten im internationalen Vergleich. Zur Sozialgeschichte der Tuberkulose im 19. und frühen 20. Jahrhundert, in: *Historia Hospitalium* (1993/1994), S. 220-234.

18 Nach Veröffentlichung der Invaliditätsursachenstatistik 1898 des RVA, die die Tuberkulose als häufigste Ursache der Berufsunfähigkeit identifizierte. Seeliger, 1987, S. 78. Zur Verbindung zwischen Tbc und Rentenzahlungen auch Hähner-Rombach, 2000, S. 196-203.

19 Siehe dazu ausführlicher Seeliger, 1987, bes. S. 44f., S. 51f. Zur Konzentration auf die Heilstätten vgl. desweiteren: Helm, F., Geschichtliche Betrachtungen, in: *Tuberkulose-Jahrbuch* (1950/51), S. 4-16, hier S. 4f.
Die Behandlungen »heilbarer« Tuberkulöser wurde durch die Landesversicherungsanstalten (LVA) finanziert, die sich auf diese Weise eine Verringerung ihrer Rentenlasten erhofften. Sie ging nach dem Zweiten Weltkrieg in die Kostenträgerschaft der Krankenkassen über. Dazu ausführlich Castell Rüdenhausen, 1988, S. 43.

20 Sommerfeld, Th., *Zur Geschichte der Lungenheilstättenfrage in den letzten drei Jahren*, Berlin 1899, S. 90, zitiert nach Seeliger, 1987, S. 52; Weindling, Paul, *Health, Race, and German politics between national Unification and Nazism, 1870-1945*, Cambridge 1989, S. 166; ebenso Seeliger, 1987, S. 58.
Erhebliche Dynamik erhielt die Volksheilstättenbewegung, weil sie – ähnlich wie die gesetzliche Krankenversicherung – eine Möglichkeit offerierte, auf gesellschaftlich-soziale Probleme, wie sie sich im Fall der Tuberkulose in der hohen Erkrankungsrate vor allem der Arbeiterschaft manifestierten, zu antworten, ohne bestehende gesellschaftlich-ökonomische Verhältnisse ändern zu müssen. In dieser Weise argumentiert sehr überzeugend Seeliger, 1987, S. 124.

21 Siehe die zeitgenössische Zusammenfassung der Debatte bei Holten, Kurt von, Heilstättenerfolge und ihre Kritik, in: *Zeitschrift für Tuberkulose* 13 (1909), S. 57-67.

22 Ausführlicher zu dieser Diskussion Seeliger, 1987, S. 92ff.

des sozialen Kontextes der Tuberkulösen und der ökonomischen und sozialen Ursachen vieler Erkrankungen –, zur Ursache für seine therapeutische Erfolglosigkeit. Ein Therapiekonzept, das bei bürgerlichen Patienten nach monatelangen Kuren und nach der Umstellung der häuslichen Lebensgewohnheiten zum Erfolg führte, erbrachte bei Patienten aus Arbeiterkreisen, die in proletarische Wohn-, Lebens- und Arbeitsverhältnisse zurückkehren mussten, kaum Heilungsergebnisse.[23] Besonders problematisch war außerdem die gemeinsame Unterbringung von Offentuberkulösen und tuberkulinpositiven Menschen ohne jede Krankheitssymptome.[24] Je fraglicher die Erfolge der Heilstätten wurden, desto intensiver wurden Alternativkonzepte diskutiert.[25]

### Fürsorge

Aufgrund des »*Heilstättenrausches*«[26] konnte sich das Konzept der Fürsorge in Deutschland nur langsam durchsetzen. Erst 1911 konstituierte sich innerhalb des Zentralkomitees eine eigene Fürsorgestellenkommission, deren Aufgabe u.a. in der Koordinierung und Förderung der Tuberkuloseforschung bestand, wozu die 1913 gegründete Zeitschrift *Tuberkulosefürsorgeblatt*, später in *Reichstuberkuloseblatt* umbenannt, dienen sollte.[27]

Die Städte reagierten auf chronische Krankheiten durch die Errichtung von Fürsorgestellen.[28] Frankfurt am Main errichtete als zweite deutsche Großstadt 1900 eine

---

23 So auch Seeliger, 1987, S. 126. Zur »*Tuberkulosefürsorge in den minderbemittelten Schichten*« siehe Helm, (1950/51), S. 6.
24 Ferlinz, 1995, S. 622.
25 Gleichzeitig blieben die Heilstätten in der Erinnerungsgeschichte der Tuberkulose positiv besetzt. Vgl. z.B.: *Die Entwicklung der Tuberkulosebehandlung seit 100 Jahren: akademischer Festakt anläßlich der Einweihung der »Robert Koch«-Tuberkuloseklinik der Medizinischen und Chirurgischen Universitätsklinik Freiburg i. Br. am 10. Februar 1958*, Stuttgart 1958, S. 27.
   Neben Entwürfen zur dauerhaften Asylierung Tuberkulöser wurden Vorschläge zu einer intensiveren Fürsorge, die u.a. eine Wohnungs- und Sozialreform sowie umfassende Aufklärung anstrebte und sich am englischen Vorbild der *dispensaries* orientierte, diskutiert. Siehe zu diesen Konzepten ausführlicher Seeliger, 1987, S. 95ff.; Tennstedt, 1976, S. 454f.
26 So 1995 der Vorsitzende des DZK, Rudolf Ferlinz, der angesichts der Dimensionen auch von der »*Irrationalität der Heilstättenbewegung*« spricht. Ferlinz, 1995, S. 622.
27 Ibid., S. 622. Zur Geschichte des 1895 gegründeten Deutschen Zentralkomitees zur Bekämpfung der Tuberkulose, siehe z.B. Helm, (1950/51), S. 4-11.
28 Bedeutsam waren während des Kaiserreichs neben den Kommunen die freien Vereine als Träger von Fürsorge- und Beratungsstellen. Bürgerliche Vereine boten einen Organisationsrahmen, in dem sich viele verschiedene gesellschaftliche Gruppierungen mit ihren jeweiligen gesundheitspolitischen Anliegen zusammenfanden. Labisch/Tennstedt, 1985, S. 32, 36; Hähner-Rombach, 2000, S. 203-219. Zur bedeutsamen Rolle dieser intermediären Instanzen bei der Tuberkulosebekämpfung siehe Condrau, 2000, S. 103.
   Diese Form der Fürsorge konzentrierte sich dabei vor allem auf Risiken, die von der gesetzlichen Krankenversicherung nicht abgedeckt wurden, wie z.B. Säuglingsfürsorge, Wöchnerinnenpro-

kommunale Fürsorgestelle für Tuberkulose, die eng mit dem 1905 gegründeten Frankfurter Verein zur Bekämpfung der Schwindsuchtgefahr zusammenarbeitete. Damit hatte die Tuberkulosebekämpfung in Frankfurt eine besondere Bedeutung, die die Frankfurter Gesundheitspolitik ihrem Selbstverständnis nach positiv von anderen Städten unterschied – eine Einschätzung, die auch nach 1945 in der gesundheitspolitischen Auseinandersetzung mit der amerikanischen Besatzungsmacht noch handlungsleitend war.[29]

Insgesamt waren die Frankfurter Aktivitäten prototypisch für das kommunale Engagement bei der Tuberkulosebekämpfung.[30] Vor allem städtische Tuberkulosefürsorgestellen wurden nach der Jahrhundertwende vermehrt eingerichtet, eine Entwicklung, die sich in der Weimarer Republik noch beschleunigte.[31] Die Zusammenarbeit von ärztlichen und nicht-ärztlichen Gruppen mit karitativen Zielsetzungen prägte auch die Gesundheitsfürsorge dieser Zeit in amerikanischen Städten.[32]

---

gramme, aber auch Aufklärung über Tuberkulose und Geschlechtskrankheiten, da die hiervon Betroffenen häufig nicht zum Kreis der Krankenversicherten gehörten. Sachße/Tennstedt, 1988, S. 28.

29 Zur mentalen Konstruktion des innerstädtischen gesundheitspolitischen Wettbewerbs vgl. Witzler, 1995, S. 177, sowie für die Besatzungszeit am Beispiel der Lebensmittelversorgung Gries, 1991.

30 Das besondere Engagement der Städte entstand aus einem vermehrten gesundheitspolitischen Problemdruck auf kommunaler Ebene. Für einen Überblick über die städtischen Gesundheitsverhältnisse während des Kaiserreichs sowie die methodische Problematik dieser Fragestellung vgl. Vögele, Jörg, Die Entwicklung der (groß-)städtischen Gesundheitsverhältnisse in der Epoche des demographischen und epidemiologischen Übergangs, in: Reulecke, Jürgen/Castell Rüdenhausen, Adelheid Gräfin zu (Hg.), *Stadt und Gesundheit. Zum Wandel von »Volksgesundheit« und kommunaler Gesundheitspolitik im 19. und frühen 20. Jahrhundert*, Stuttgart 1991, S. 21-36; sowie Labisch, Alfons/Vögele, Jörg, Stadt und Gesundheit. Anmerkungen zur neueren sozial- und medizinhistorischen Diskussion in Deutschland, in: *Archiv für Sozialgeschichte* 37 (1997), S. 396-424. Vgl. auch Fußnote Nr. 501 auf Seite 443 dieser Darstellung.

31 Geprägt waren die gesundheitspolitischen Aktivitäten der Vereine durch Mäzenatentum und Philanthropie, was zu einer starken Verknüpfung mit moralischen Erziehungsanliegen führte. Sachße/Tennstedt, 1988, S. 35. So wurde z.B. die in Arbeiterkreisen verbreitete Vermietung von Betten an Schlafgänger zum Kernpunkt einer Kritik, die mit hygienischen Argumenten ein moralisch angeblich zweifelhaftes Handeln attackierte. Weindling, 1989, S. 165.
Auch bei der Tuberkulosebekämpfung war die für das deutsche Gesundheitswesen typische Mischung verschiedener Traditionsstränge zu beobachten: Die Tuberkulosefürsorge bestand Anfang des 20. Jahrhunderts aus einer Mischung von kommunaler Gesundheitsfürsorge, Privatwohltätigkeit und Arbeiterversicherung, wobei die Krankenversicherungen weniger als direkte Träger der Tuberkulosefürsorge denn als Zuschussgeber auftraten. Auf diese Weise wurden hygienische und wirtschaftliche Fürsorge nach französischem Vorbild kombiniert. Sachße/Tennstedt, 1988, S. 30f.

32 In den USA wie in Deutschland ermöglichte sie neue Rollen und Handlungsspielräume für bürgerliche Frauen und dachte Konzepte vor, die in Deutschland während der Weimarer Republik von städtischer Gesundheitspolitik aufgegriffen werden sollten. Ibid., S. 36f.

## Maßnahmenkatalog

Die Tuberkulosefürsorge umfasste ein breites Spektrum von Maßnahmen, die von den Fürsorgestellen wahrgenommen wurden: von Aufklärung über Wohnungsdesinfektion und materieller Unterstützung tuberkulöser Patienten bis zur Erhebung statistischer Daten.[33]

Eine vorherrschende These des ausgehenden 19. Jahrhunderts hatte die Tuberkulosefrage vor allem als eine »*Wohnungsfrage*«[34] definiert. Damit war die Tuberkulosebekämpfung zum zentralen Argumentationspunkt in Reformkonzepten zum Wohnungs- und Städtebau geworden.[35]

Im Tuberkulosediskurs verbanden sich somit gesundheitliche und technische Diskussionsräume, wie auch medizinische und moralische Anliegen verknüpft wurden.

Bis zur Jahrhundertwende hatte sich in Deutschland eine breite Antituberkulose-Bewegung entwickelt, die verschiedenste gesellschaftliche Reformbestrebungen unter dem Anliegen der Tuberkulosebekämpfung bündelte und ein breit gefächertes Spektrum an Bekämpfungsstrategien entwickelte, das sowohl kurative als auch präventive Maßnahmen umfasste.[36]

---

33 Detaillierter zum Maßnahmenkatalog der Tuberkulosefürsorge Witzler, 1995, S. 178f.
Bei der Tuberkulosebekämpfung vor Ort wurde offensichtlich, dass fundierte Daten über diese Krankheit zu Beginn des 20. Jahrhunderts noch immer fehlten. Die daraufhin von kommunalen Stellen erhobenen Statistiken unterstrichen die soziale Bedingtheit der Tuberkulose. Siehe zur Referenz auf kommunale Tuberkulosedaten in der sozialmedizinischen, sozialhygienischen und auch sozialdemokratischen (Fach-)Presse Witzler, 1995, S. 180.

34 Siehe dazu z.B. Seeliger, 1987, S. 103; Witzler, 1995, S. 181f.; Voigt, 1996, S. 61; Hähner-Rombach, 2000, S.43-47. Zum zeitgenössischen Diskussionsstand vgl. Wernike, E., Die Wohnung in ihrem Einfluss auf Krankheit und Sterblichkeit, in: Mosse, Max/Tugendreich, Gustav (Hg.), *Krankheit und soziale Lage*, München 1913, S. 45-120.

35 Die Verbindung zwischen diesen Reformbewegungen und der Krankheitsbekämpfung offenbarte sich nicht zuletzt in der medizinischen Begrifflichkeit neuer Städtebaukonzepte, die in den neu zu schaffenden Anlagen die »grünen Lungen« der Städte sahen. Weindling, 1989, S. 165f.; Witzler, 1995, S. 181. Zum Zusammenhang zwischen Gesundheits- und Städtebaudebatten vgl. auch Rodriguez-Lores, Juan, Stadthygiene und Städtebau. Am Beispiel der Debatten im Deutschen Verein für öffentliche Gesundheitspflege 1869-1911, in: Reulecke/Castell Rüdenhausen 1991, S. 63-76.
Saubere Luft und helle, leicht zu reinigende Wohnungen sollten ebenso zu einer Verminderung der Tuberkuloseinfektionen führen wie die vermehrte Einrichtung von öffentlichen Badeanstalten, die Erholung in Parks und Grünanlagen und die »Ertüchtigung« der Menschen auf städtischen Sportplätzen.

36 Siehe für eine zeitgenössische Darstellung der Konzeption der Tuberkulosebekämpfung: Fränkel, B. (Hg.), *Der Stand der Tuberkulose-Bekämpfung in Deutschland*, Berlin 1905; Mosse, Max, Der Einfluss der sozialen Lage auf die Tuberkulose, in: Mosse/Tugendreich 1913, S. 551-607.

## 1.2 Politisierung der Tuberkulosedeutung nach dem Ersten Weltkrieg

Der Erste Weltkrieg hatte die Tuberkuloserate so hoch getrieben[37], dass die Tuberkulösen ein unübersehbarer Teil des Volkes geworden waren und nicht mehr als randständige Patientengruppe wahrgenommen werden konnten. »*Welcher Beamte, welcher Arbeiter kann seine Kinder heute noch genügend ernähren?*«[38], fragte 1924 Dr. Oswald Geissler, der Karlsruher Tuberkulosearzt und Leiter der städtischen Tuberkulosefürsorgestelle. Tuberkulose war von der Arbeiterkrankheit zur Krankheit auch der Beamten, der Kinder, der Deutschen schlechthin geworden.

Tuberkulosebekämpfung galt fortan als eine »*Kulturaufgabe, die sich das deutsche Volk gestellt hatte*« und »*auf die es vor dem Kriege mit Recht stolz war, die der ganzen Welt zum Vorbild gedient hatte*«.[39]

Nach 1918 waren Gesundheit und Krankheit politisiert worden: »*Die Zusammenhänge zwischen der erneuten Tuberkulosenot und den Folgen des sog. Versailler Friedens und der Bedrängungspolitik des Feindbundes in den letzten Jahren [...] sind so augenscheinlich, daß jeder sie ohne weiteres einsieht*«[40], so Dr. Oswald Geissler. »*Wir fragen an*«, so Geissler weiter, »*mit welchem Recht das deutsche Volk mitten im Frieden erneut hinabgestoßen wird in Elend und Krankheit, nachdem erwiesen ist, daß die angebliche Kriegsschuld nichts war als bewußte Lüge und Verleumdung.*« Damit war die Tuberkulose fest in das Argumentationsnetz der 1920er-Jahre verwoben und fungierte als Basis von Anklage und internationaler politischer Diffamierung.

Demgegenüber trat die Politisierung der Krankheit nach innen und die damit verbundene Klassenbezogenheit in den Hintergrund.[41] Die deutsche Niederlage und die weite Verbreitung der Tuberkulose in allen Schichten und Altersgruppen führten dazu, dass die Erkrankung, die während des Kaiserreiches als »*soziale Krankheit schlechthin*«[42] gegolten hatte, seit dem Ersten Weltkrieg zunehmend als Bedrohung des ganzen Volkes interpretiert[43] und nicht mehr nur auf die Arbeiterklasse bezogen wurde[44]: »*Die gesamte*

---

37 Sachße/Tennstedt, 1988, S. 115. C. Hamel errechnete 1919, dass sich zwischen 1913 und 1917 die Zahl der Tuberkulosetoten verdoppelt habe, und zwar von 15.000 auf ca. 30.000 pro Jahr. *Tuberkulose-Jahrbuch* (1950/51), S. 7; wohingegen Martin Kirchner 1921 von einer Zunahme der Tuberkulose um 68 % sprach.
38 Geissler, Oswald, Die erneute Zunahme der Tuberkulose in Deutschland, in: *Beiträge zur Klinik der Tuberkulose* 59 (1924), S. 32.
39 Stadtarchiv Karlsruhe, Haupt-Registratur, Nr. 2046, Bericht über die Tätigkeit der städtischen Tuberkulosefürsorgestelle Karlsruhe für das Jahr 1923, S. 1.
40 Geissler, 1924, S. 32.
41 Sachße/Tennstedt, 1988, S. 117.
42 Ibid., S. 126.
43 Auch während des Kaiserreichs wurde die Tuberkulose bereits partiell als »Volkskrankheit« benannt. Die Konzeptionierung dieser Krankheit orientierte sich jedoch noch immer an der Klassenspezifität. Zur Rezeption der Tbc als Arbeiterkrankheit auch Hähner-Rombach, 2000, S. 32.
44 Sachße/Tennstedt, 1988, S. 117.

*Lebensweise des Tuberkulosebedrohten, und* **damit unseres ganzen Volkes***, muß deshalb in den Kreis unserer Tuberkulosebekämpfung bezogen werden*«[45], führte der Münchner Tuberkulosearzt und Privatdozent Ranke 1919 aus. Er zog nationale Identitätsfiguren heran, um eine deutsche Herleitung der Tuberkulosebekämpfung zu entwerfen: »*Der Weg, den uns Fichte, Gutsmuths, Arndt und Jahn gewiesen haben, ist auch heute noch der richtige [...] im besonderen Hinblick auf die Tuberkulose.*«[46] In diesem Sinne hatte die Tuberkulose einen Bezug zu allen Lebensbereichen aller Deutschen: »*Deshalb ist die Tuberkulosebekämpfung eine so ganz ungeheuer umfassende Aufgabe [...] Eine wirksame Tuberkulosebekämpfung ohne gleichzeitige Verbesserung unserer heutigen Wohngewohnheiten ist demnach nicht denkbar, ebensowenig aber ohne Hebung des wirtschaftlichen Niveaus des Durchschnitts. [...] Es gibt also schlechthin keine soziale Maßregel, die nicht in das Gebiet der Tuberkulosebekämpfung hinüberspiele.*«[47]

Diese allumfassende Bezüglichkeit[48] verdeutlicht, dass Tuberkulose im Diskurs der Weimarer Zeit zu einem mächtigen Symbol für die soziale und ökonomische Lebenssituation der Republik wurde. Der tuberkulöse Körper war zum »öffentlichen Leib« des Staates geworden, gleichermaßen zur Chiffre für die Lage des deutschen Beamten wie des deutschen Arbeiters.

Die starke Konzentration der Weimarer Gesundheitsfürsorge auf das Tuberkuloseproblem und die dadurch bedingte Gegenwärtigkeit der Tradition im politischen, sozialen, ökonomischen und gesundheitlichen Diskurs der ersten deutschen Demokratie hatten die Tuberkulose zum deutschen Sinnbild von Weltwirtschaftskrise, Hunger und Arbeitslosigkeit werden lassen. Die vielfältige Kritik an der neuen deutschen Republik fand somit in der Tuberkulose ein willkommenes Symbol. Dabei war es unerheblich, dass die Demokratie mit der Heilung von Schäden des Kaiserreiches und des Weltkrieges beschäftigt war. Das Bezugssystem, das Demokratiekritik, nationale Niederlage, Not, Verarmung und Zukunftsangst verband, wurde nach 1945 unmittelbar aktiviert.

## 1.3 Sozialhygienische Fürsorge: Tuberkulosebekämpfung der Weimarer Republik

In der Weimarer Republik wurde die Tuberkulose als einer der Hauptindikatoren der Volksgesundheit definiert und war ein wichtiger Motor für den Ausbau des kommu-

---

45  Ranke, 1919, S. 29.
46  Ibid., S. 32.
47  Ibid.
48  Diese allumfassende Bezüglichkeit wurde von Ranke anhand konkreter Beispiele vom Krankenhauswesen über Wohnungsbau, Bodenreform und Schulwesen bis zur allgemeinen ökonomischen Situation ausgeführt.

nalen Gesundheitswesens.[49] Die Gesundheitsfürsorge wurde unter der Leitwissenschaft der Sozialhygiene ausgeweitet und von der staatlichen auf die kommunale Ebene verlagert, was zur Neugründung vieler Tuberkulosefürsorgestellen in der Weimarer Republik bzw. zum Ausbau der bereits bestehenden städtischen Tuberkulosefürsorge führte.[50]

Sozialhygienische Maßnahmen sollten dazu dienen, die Volksgesundheit zu heben, indem krankmachende Faktoren durch Prävention minimiert wurden. Dies bezog sich auf individuelle Verhaltensänderungen, wie z.B. das Abkochen der Milch für Säuglinge, um Tuberkuloseinfizierung und Darmerkrankungen zu verhindern, ebenso wie auf die Aufklärung, wie mit einem tuberkulösen Familienmitglied umgegangen werden sollte, um Ansteckung zu vermeiden. Gleichfalls im Fokus der Sozialhygiene stand die Verbesserung von negativen Umweltfaktoren, die vor allem die Arbeiterschicht betrafen, wie z.B. kleine, nasse, dunkle Wohnungen, überlange Arbeitszeiten junger Mütter, die verhinderten, dass die Säuglinge gestillt werden konnten, und anderes.[51]

Städtische Berichte aus den 1920er-Jahren betonten dabei vor allem die kommunale Kooperation.[52] Anders als während des Kaiserreiches oder nach 1945, als vor allem Differenzen betont und die eigenen Leistungen hervorgehoben wurden, schien die Tuberkulosefürsorge der Weimarer Republik eine Vereinheitlichung kommunaler Anstrengungen hervorgebracht zu haben. Gemeinsam wollten die Städte die Volkskrankheit besiegen. Einzelne kommunale Tuberkulosefürsorgestellen standen nicht mehr für sich, sondern »*gaben Richtung und Fingerzeig*« für ganz Deutschland.[53]

Unter dem Vorzeichen der Sozialhygiene gewann der Zusammenhang zwischen Tuberkulose, Wohnungsbau, Arbeitsverhältnissen usw. kontinuierlich größere Beachtung.[54] Trotz der Betonung sozialer Faktoren waren in sozialhygienischen Konzepten

---

49 Castell Rüdenhausen, 1991, S. 70.
50 Siehe zur großen sozialhygienischen Bedeutung der Tuberkulosefürsorgestellen in der Weimarer Republik Eckart, 1989, S. 217.
51 Eines der Glanzlichter Weimarer Sozialpolitik war die Wohnungspolitik, da die junge deutsche Demokratie hier erstmalig Bedarf zur Intervention sah und trotz angespannter wirtschaftlicher Lage beträchtliche Subventionen bereitstellte. Zu den Leitlinien der sozialen Wohnungspolitik gehörte auch der sozialhygienische Forderungskatalog. Gesunde, saubere Wohnungen sollten Tuberkulose und andere Infektionskrankheiten zurückdrängen und auch die hohe Säuglingssterblichkeit senken.
52 So beschrieb z.B. die Stadt Karlsruhe 1924 ihre Fürsorgestelle als »*eine Kombinationsform von mehreren in irgendeiner Hinsicht vorbildlichen Arbeitsmethoden [...]. In klinisch-diagnostischer Hinsicht arbeiten wir nach dem Vorbild von Mannheim (Harms), aus dessen Schule der Leiter der Karlsruher Fürsorgestelle hervorgegangen ist; hinsichtlich der Seuchenbekämpfung ist uns Stettin (Bräuning) der Wegweiser, in wirtschaftlicher Fürsorge ist auch das Berliner und Frankfurter System, wo die Tuberkulosefürsorge ein Teil des Gesundheitsfürsorgeamtes ist, nachgeahmt.*« Stadtarchiv Karlsruhe, Haupt-Registratur, Nr. 2046, Bericht über die Tätigkeit der städtischen Tuberkulosefürsorgestelle Karlsruhe für das Jahr 1923, S. 4.
53 Ibid., S. 6.
54 Vgl. dazu z.B. Weindling Paul, Degeneration und öffentliches Gesundheitswesen 1900-1930: Wohnverhältnisse, in: Reulecke/Castell Rüdenhausen, 1991, S.105-113; oder auch den Sammelband von Kähler, Gert (Hg.), *Geschichte des Wohnens 1918-1945. Reform, Reaktion, Zerstörung*,

der Weimarer Republik weiterhin eugenische Komponenten präsent.[55] Ungeachtet aller insgesamt positiven Effekte der sozialhygienisch orientierten Tuberkulosebekämpfung Weimarer Prägung wurden diese Maßnahmen auch deshalb durchgeführt, weil es keine anderen effektiven individuellen Behandlungsmöglichkeiten gab.[56] Da Tuberkulose medikamentös nicht zu heilen war, blieb als gesundheitspolitische Strategie nur mehr eine »soziale Therapie« durch kollektive Prophylaxe.

Ein sozialhygienisch ausgerichtetes Fürsorgekonzept setzte sich erst in den 20er Jahren vollständig durch und etablierte mit obligatorischen Röntgenuntersuchungen neue diagnostische Verfahrensweisen. Der Abschied von alten Diagnosepraktiken war nicht unumstritten und traf vor allem auf den Widerstand der Heilstättenärzte.[57] Auseinandersetzungen um Diagnostik und Bewertung der gewonnenen Daten begleiteten die Tuberkulose durch das 20. Jahrhundert. Trotz vielfacher Widerstände etablierte sich die neue Röntgentechnik während der Weimarer Republik.[58]

Obwohl sich die Tuberkulosefürsorge damit vor allem im technisch-diagnostischen Bereich schnell weiterentwickelt hatte, fehlte weiterhin ein detailliertes, durch Reichsgesetze rechtlich einheitlich umgesetztes Fürsorgekonzept.[59] Auch ohne verbindliche einheitliche Regelungen zeitigte die Arbeit der Tuberkulosefürsorgestellen Erfolge. Seit der Inflationszeit sanken die Mortalitätskurven, und überdies näherten sich proleta-

---

Stuttgart, 1996. Zur Betonung sozialpolitischer Maßnahmen und besonders der Wohnverhältnisse nach 1920 siehe auch Woitke, 1992, S. 9.

55 So schrieb Alfred Grotjahn über die Beziehung zwischen Tuberkulose und Sozialhygiene: »*Der Konflikt, in dem die Sozialhygiene bei der Lungentuberkulose [steht], [...] wenn sie sowohl helfen als auch der Entartung vorbeugen wolle, ist nur von einer sorgfältigen sexuellen Hygiene zu lösen.*« Grotjahn, Alfred, *Soziale Hygiene und Entartungsproblem*, Jena 1904, S. 789.

56 In diesem Sinne auch Sachße/Tennstedt, 1988, S. 127.

57 Dazu: Ferlinz, 1995, S. 622. Die Verankerung der Krankheitsperzeption in Traditionen und die Prägung selbst diagnostischer Verfahren durch Gewohnheiten lassen sich am Beispiel des Konflikts zwischen Karl-Ernst Ranke und dem Direktor der medizinischen Klinik der Universität München, Friedrich von Müller, illustrieren. Rankes Vorschlag, bei der Immatrikulation der Münchner Studenten Röntgenreihenuntersuchungen durchzuführen, scheiterte am Widerspruch Müllers, der zu bedenken gab, dass man »*die Tuberkulose nicht sieht, die Tuberkulose hört man*«. Zitiert nach Ferlinz, 1995, S. 623.

58 Seit 1925 waren Einweisungen in Heilstätten nur noch aufgrund eines pathologischen Röntgenbefundes möglich. Der 1926 diskutierte Vorschlag, ein Volksröntgenkataster einzuführen, scheiterte zwar, jedoch wurden seit 1931 systematische Röntgenreihenuntersuchungen in der deutschen Armee vorgenommen und auf diese Weise eine große Bevölkerungsgruppe durchleuchtet. Zur Forderung eines Röntgenkatasters von Redeker siehe Ferlinz, 1995, S. 623. Zu Reihenuntersuchungen im NS-Arbeitsdienst bei so genannten »*gefährdeten Volksgruppen*« und dem SS-Röntgensturmbann siehe Teleky, 1950, S. 58f.

59 Trotz der Besorgnis erregenden Krankheitsraten und der oben dargelegten nationalen Bezüge der Tuberkulose scheiterte ein einheitliches Reichstuberkulosegesetz aus Kostengründen, woraufhin in Preußen am 4. August 1923 ein separates Tuberkulosegesetz verabschiedet wurde, das eine Meldepflicht für offene Tuberkulose, also für ansteckende Erkrankungsfälle, festschrieb.

risches und bürgerliches Krankheitsrisiko einander an, so dass seit Mitte der 1920er Jahre eine »*Dissoziation von Armut und Krankheit*«[60] zu beobachten war.

Die Interpretation der Tuberkulose als Arbeiterkrankheit bestand in der Weimarer Republik zwar fort, die klassenspezifische Perzeption wurde aber dadurch abgeschwächt, dass mit dem Ersten Weltkrieg – wie oben dargestellt – ein weiteres Interpretationsmuster hinzugekommen war. Tuberkulose war durch den Krieg potenziell eine Krankheit des ganzen Volkes geworden. Dass Arbeiter noch immer häufiger erkrankten, wurde nun nicht mehr primär individuellen Hygieneverfehlungen zugeschrieben, sondern durch die Belastungen des Krieges und der Niederlage erklärt, die Not, Armut, Krankheit und Demokratie über das Volk gebracht hatten und die Arbeiterklasse in besonderem Maße betrafen.

Mit Blick auf den Maßnahmenkatalog lassen sich bei der Tuberkulosebekämpfung weder 1919 noch 1933 prinzipielle Brüche ausmachen. Zwar gab es im Nationalsozialismus diskursive Neuakzentuierungen und institutionelle Änderungen, besonders in der Tuberkulosefürsorge aber war die Zeitspanne von Weimarer Republik und Nationalsozialismus durch Kontinuitätslinien geprägt.[61] Gleichwohl sollten Ähnlichkeiten im Maßnahmenkatalog nicht blind machen für entscheidende Unterschiede hinsichtlich der gesundheitspolitischen Intention und der politischen Einbettung.[62] Die Gesundheitskontrollen der Weimarer Fürsorgestellen sind aber, bei aller augen-

---

Die kommunalen Fürsorgestellen der Gesundheitsämter wurden Kontrollinstanzen und Meldestellen im Sinne des »Preußischen Gesetzes zur Bekämpfung der Tuberkulose«. Die Ausführungsbestimmungen verwiesen hinsichtlich der Fürsorgemaßnahmen auf die Kompetenz der Gemeinden. Das *GVG* dehnte diese Regelung 1934 auf das gesamte Reichsgebiet aus.

Das preußische Gesetz von 1923 hatte die traditionellen sanitätspolizeilichen Interventionsstrategien nur unzureichend weiterentwickelt. Zwar wurde durch die frühzeitige Meldung erkrankter Personen eine umfassende Ansteckungsprophylaxe möglich, die gerade bei chronischer Tuberkulose notwendigen Fürsorgemaßnahmen wurden jedoch aus finanziellen Gründen nicht weiter geregelt. Sachße/Tennstedt, 1988, S. 127; Castell Rüdenhausen, 1988, S. 43; 67-80; Ferlinz, 1995, S. 624.

60 So die treffende Formulierung bei Sachße/Tennstedt, 1988, S. 126.
61 Blasius, 1996, S. 80. Zur organisatorischen Kontinuität auch Hähner-Rombach, 2000, S. 129-133.
62 Castell Rüdenhausen argumentiert, dass eine totale Gesundheitsüberwachung zumindest potenziell schon in der Weimarer Republik angelegt gewesen sei, da bereits während der Weimarer Republik in der Bezirks- bzw. Familienfürsorge ein Zugriff auf die ganze Familie stattgefunden habe. Fast jede Arbeiterfamilie habe unter behördlicher Gesundheitsüberwachung gestanden, und kein Tuberkulosesterbefall sei den kommunalen Fürsorgestellen vorher unbekannt gewesen. Castell Rüdenhausen, 1991, S. 71f. Dem widerspricht Teleky, der ausführt, dass 1933 in Preußen 16,4 % der städtischen und 20,3 % der ländlichen Tuberkulosetodesfälle den Behörden vorher nicht bekannt gewesen seien. Teleky, 1950, S. 57. Außerdem müssten diese Aussagen der Weimarer Amtsärzte quellenkritisch interpretiert werden. Die Aussagen der Amtsärzte wären dann eher als positive Selbstdarstellung, die ihre fachliche Kompetenz unterstreichen sollte, zu lesen, denn als Beschreibung eines tatsächlichen Zustandes.

scheinlichen Ähnlichkeit, nur sehr bedingt mit späteren nationalsozialistischen Gesundheitskarteien gleichzusetzen.

### 1.4 Nationalsozialistische Tuberkulosebekämpfung

Zentral für den nationalsozialistischen Tuberkulosediskurs war die Parole der »*Rassentuberkulose*«.[63] »*Der Jude wird und wurde durch Jahrtausende hindurch in seinem Wirken zur Rassentuberkulose der Völker*«[64], hatte Hitler bereits in den 20er-Jahren ausgeführt. Die Metapher der »*Rassentuberkulose*« implizierte bereits das Vernichtungsprogramm und legitimierte den Völkermord durch eine Verbindung von Infektionsängsten mit Ausgrenzungs- und Asylierungskonzepten.[65]

Auch nationalsozialistische Tuberkulosepolitik verlief analog der bereits für die Entwicklung des Gesundheitswesens genannten Aspekte: Staatsdominanz und Gleichschaltung, Betonung eugenischer und rassenhygienischer Interpretationen, Implementierung parteiamtlicher Gesundheitsinstitutionen sowie Unterordnung der Tuberkulosefürsorge unter rüstungs-, kriegs- und rassenpolitische Ziele des Regimes.

Institutioneller Ausgangspunkt war auch in der Tuberkulosebekämpfung das »*Gesetz zur Vereinheitlichung des Gesundheitswesens*« (GVG) von 1934, mit dem eine einheitliche »*nationalsozialistische Gesundheitsführung*« durchgesetzt werden sollte. Für die Tuberkulosefürsorge meinte dies, dass die bereits bestehenden Fürsorgestellen weiterhin genutzt, durch Eingliederung in die Gesundheitsämter jedoch staatlich kontrolliert werden sollten.[66] Durch die ausschließliche Zuständigkeit der Gesundheitsämter für die Tuberkulosebekämpfung erlangte staatliche Tuberkulosepolitik quasi eine Monopolstellung[67], private Initiativen und Vereine, die sich bisher der Tuberkulosebekämpfung gewidmet hatten, wurden an den Rand gedrängt.

---

Argumentationen, die ausführen, dass die Nationalsozialisten das bestehende Weimarer Fürsorgesystem einfach übernehmen und um ihre rassenhygienischen und bevölkerungspolitischen Ziele hätten ergänzen können, übersehen, dass neben der faktischen Kontinuität die ideologische Einbettung des jeweiligen Maßnahmenkataloges relevant für die politische Wirkung und damit auch die historische Beurteilung ist. Siehe dazu die Ausführungen zu den amerikanischen Demokratisierungsabsichten innerhalb des Gesundheitswesens und die dafür zentrale politische Kontextualisierung auf S. 167 dieser Darstellung.

63 Zur Verbindung zwischen Tuberkulose und Rassekonzepten Hähner-Rombach, 2000, S. 353-358.
64 Jäckel, Ernst/Kuhn, Anette (Hg.), *Hitler. Sämtliche Aufzeichnungen 1905-1924*, Stuttgart 1980, S. 155f. Noch allgemeiner erklärte er später: »*Das Judentum bedeutet Rassentuberkulose der Völker*«, ibid., S. 918.
65 Vgl. zu dieser Argumentation Blasius, 1996, S. 79.
66 Woitke, 1992, S. 36. Zu den Auswirkungen des Vereinheitlichungsgesetzes auf die Tuberkulosebekämpfung Hähner-Rombach, 2000, S. 133-143.
67 So auch die Wertung von Sachße/Tennstedt, 1992, S. 170.

Parallel zu dieser institutionellen Vereinheitlichung fand auch in der Tuberkulosebekämpfung eine »Arisierung« und Gleichschaltung bereits bestehender Institutionen statt. Im Mai 1933 trat das Präsidium des »*Deutschen Zentralkomitees zur Bekämpfung der Tuberkulose*« zurück. Die nun in »*Reichstuberkuloseausschuß*« (RTA) umbenannte Institution[68] wurde bereits im April 1934 in den »*Reichsausschuß für Volksgesundheitsdienst*« (RAV) eingegliedert.[69] Mit dem Anschluss des Reichstuberkuloseausschusses an den RAV nahm der Einfluss nationalsozialistischer Parteiorganisationen auf die Tuberkulosebekämpfung deutlich zu.[70]

Auch nach dem Vereinheitlichungsgesetz von 1934 bestand die multiinstitutionelle Zuständigkeit in der Tuberkulosefürsorge fort[71] und führte gerade in der Frage, wer im Einzelfall für die Kostenübernahme zuständig sei, oft zu Streitigkeiten, die den Beginn der Heilbehandlung häufig um Monate verzögerten, bis die Finanzierung geklärt war.[72] Diese Regelungsdefizite der Tuberkulosefürsorge nutzte die »Nationalsozialistische Volkswohlfahrt« (NSV) für ihre Interessen. Mit ihrem 1934 gegründeten »*Tuberkulose-Hilfswerk*« übernahm sie bis zur endgültigen Klärung der Zuständigkeit die Kosten. Außerdem schuf sie »*Kurfreiplätze*« für verdiente NSDAP-Mitglieder. Damit war die NSV bewusst in Konkurrenz zu den traditionellen Fürsorgeträgern getreten und versuchte, in der Tuberkulosebekämpfung weitere Kompetenzen an sich zu ziehen.

Die Landesversicherungsanstalten und der Deutsche Gemeindetag reagierten auf diese Rivalität 1938 mit den »*Saarbrücker Richtlinien*«[73], die eine Heilstättenschnelleinweisung ermöglichten und damit die parteiamtliche Tuberkulosefürsorge wieder in eine periphere Position drängten.[74] Insgesamt unterschied sich die Tuberkulosepolitik des nationalsozialistischen Staates bis zum Kriegsausbruch nicht sehr von der

---

68  Blasius, 1996, S. 80. Zu den Personalien siehe Woitke, 1992, S. 19f.
69  Woitke, 1992, S. 20; Kelting, Kristin, *Das Tuberkuloseproblem im Nationalsozialismus*, Diss. Univ. Kiel 1974, S. 51. Das *Deutsche Zentralkomitee zur Bekämpfung der Tuberkulose* wurde für die drei Westzonen und Westberlin am 17.7.1949 in Bad Neuenahr wiedergegründet. Erster Präsident des neuen Zentralkomitees wurde Min.-Dir. Prof. Dr. Redeker, Geschäftsführer bzw. Generalsekretär Prof. Dr. Ickert. Siehe dazu: Die Geschichte und Entwicklung des Deutschen Zentralkomitees zur Bekämpfung der Tuberkulose in: *Tuberkulose-Jahrbuch* (1950/51), S. 11.
70  Das Organ des RTA, das seit 1913 bestehende *Tuberkulose-Fürsorge-Blatt* bzw. nachfolgend *Reichstuberkuloseblatt*, wurde zunächst eingestellt und ab April 1935 als *Der öffentliche Gesundheitsdienst* neugegründet. Woitke, 1992, S. 23, 30.
71  Die Krankenversicherung und die Landesversicherungsanstalten finanzierten Heilbehandlungen für die kranken- bzw. rentenversicherte Bevölkerung, die Gesundheitsämter waren mit Kontrolluntersuchungen, Anzeigepflicht und Aufklärung betraut, die Bezirksfürsorgeverbände finanzierten Leistungen für Bedürftige, d.h. nichtversicherte Kranke. Hansen, Eckhard, *Wohlfahrtspolitik im NS-Staat. Motivationen, Konflikte und Machtstrukturen im »Sozialismus der Tat« des Dritten Reiches*, Bremen 1991, S. 289.
72  Dazu ausführlicher ibid., S. 292.
73  Sachße/Tennstedt, 1992, S. 171; Hansen, 1991, S. 294.
74  Durch diese Neuregelung wurden ab 1938 85% der Tuberkulosebehandlungen wieder von den Landesversicherungsanstalten erfasst, die restlichen 15% verteilten sich auf NSV und die kommunale Tuberkulosefürsorge. Hansen, 1991, S. 294f.

Krankheitsbekämpfung während der Weimarer Republik. Weimarer Fürsorgekonzepte waren zu erfolgreich und das institutionelle Eigengewicht der traditionellen Tuberkulosebekämpfung war zu groß, als dass es schnelle grundlegende Änderungen zugelassen hätte.[75]

Innerparteilich kam es hinsichtlich der Tuberkulosefürsorge zu Kompetenzstreitigkeiten zwischen der NSV und den Gauen.[76] Die Verständigungsformel bestand schließlich in der Gründung eines »*Reichs-Tuberkulose-Rates*«.[77]

Die Besetzung des *Reichs-Tuberkulose-Rates* mit Vertretern aller konkurrierenden Institutionen lähmte seine Arbeitsfähigkeit von Anfang an so stark, dass noch nicht einmal eine Einigung über allgemeine Richtlinien, geschweige denn eine konsistente, reichseinheitliche Tuberkulosepolitik zustande kam.[78] Die Blockierung des *Reichs-Tuberkulose-Rates* führte in logischer Konsequenz zu einer Stärkung der Position des RMdI und drängte den Einfluss parteiamtlicher Stellen zurück. Das RMdI demonstrierte seine neu konsolidierte Zuständigkeit mit einer »*Verordnung über Tuberkulosehilfe*«, die die Kostenübernahme für nichtversicherte Tuberkulöse regelte. Damit war das Tuberkulosehilfswerk der NSV überflüssig geworden und wurde am 1.4.1943 aufgelöst.[79]

Auch international versuchte die nationalsozialistische Regierung sich von bisherigen Institutionen zu distanzieren und mit neu ins Leben gerufenen Gremien ihre gesundheitspolitischen Vorstellungen ins Werk zu setzen. In diesem Sinne gründeten die Achsenmächte am 16.11.1941 eine »*Vereinigung gegen die Tuberkulose*« als Konkurrenzorganisation zur »*International Union against Tuberculosis and Lung Disease*« (IUATLD), in die Deutschland erst 1951 wieder aufgenommen wurde.[80]

Ungeachtet dieser institutionellen Verschiebungen und Konflikte ließ sich nach 1933 zunächst eine relativ große Kontinuität beobachten. Die Tuberkulosebekämpfung konzentrierte sich weiterhin auf Prophylaxe durch Aufklärung, wirtschaftliche Unterstützung Tuberkulöser, Erfassung und Betreuung Erkrankter sowie Heilstätten und Krankenhausbehandlung.[81]

Innerhalb dieser Maßnahmenkontinuität wurden allerdings zugrunde liegende Werte umakzentuiert und auch für den Bereich der Tuberkulosefürsorge das neue,

---

75 In dieser Argumentation auch Blasius, 1996, S. 79, S. 81.
76 Die NSV versuchte in dieser Situation im Oktober 1937 eine Ausdehnung ihrer Zuständigkeiten durch Bildung eines zentralen Gremiums zur Tuberkulosebekämpfung zu erreichen, scheiterte aber am Widerstand des RMdI, das einen Zuständigkeitsverlust der ihm unterstehenden Gesundheitsämter befürchtete. Hansen, 1991, S. 294, 297.
77 Dazu ausführlich Kelting, 1974, S. 53f.
78 Vgl. Hansen, 1991, S. 297.
79 Ibid., S. 298.
80 Ferlinz, 1995, S. 622.
81 Vgl. dazu die Antrittsrede des Leiters des RTA, F. Bartels, 1933, zitiert bei Woitke, 1992, S. 24.

an der Rassenhygiene orientierte Paradigma der Volksgesundheit formuliert.[82] Die Nationalsozialisten knüpften an die bereits in der Weimarer Republik partiell bevölkerungspolitisch motivierte Fürsorge an und stellten diese nach 1933 in den Dienst der »*biologischen Aufrüstung*«.[83]

Obwohl der Reichstuberkuloseausschuss die Tuberkulose auch nach 1933 noch immer als Infektionskrankheit klassifizierte, wurden wieder vermehrt Theorien von ihrer Erblichkeit und konstitutionellen Disposition debattiert.[84] Im Kontext dieser Erörterungen wurden eugenische Bekämpfungskonzepte mit Zwangssterilisation für Tuberkulöse[85], Eheverbote für Tuberkulöse und Zwangsasylierung in Erwägung gezogen.[86] Versuche, ein rassenhygienisches Krankheitskonzept zu etablieren, scheiterten jedoch am Widerstand der im *RTA* vertretenen Tuberkuloseärzte, die sich entschieden gegen diesen Paradigmenwechsel zur Wehr setzten und nach wie vor den Infektionscharakter der Tuberkulose betonten.[87]

Eine klare Zäsur stellte 1938 die »*Verordnung über die Bekämpfung übertragbarer Krankheiten*«[88] dar, die verfügte, dass jede Erkrankung sowie jeder Krankheitsver-

---

82 So führte z.B. das Reichstuberkuloseblatt 1934 aus: »*Nicht Fürsorge für das Schwache, im Lebenskampf Versagende, sondern Pflege des wertvollen Erbgutes soll jetzt die Losung sein. Der alte, oft mißdeutete Begriff der ›Fürsorge‹ hat vielfach von unserem Kampf gegen die Tuberkulose das falsche Bild erweckt, als wäre die Hauptaufgabe die Betreuung des einzelnen Kranken. An erster Stelle hat der Schutz der Gesunden zu stehen.*« Reichstuberkuloseblatt 21, 1934, S. 1, zitiert nach Woitke, 1992, S. 24f.
 In diesem Sinne z.B. auch der Artikel von Benninghof, F., Unfruchtbarmachung – ein Mittel im Kampf gegen die Tuberkulose, in: *Deutsches Tuberkulose Blatt* 8 (1934), S. 120-123.
83 In dieser Formulierung Hansen, 1991, S. 288; ebenso Woitke, 1992, S. 4f.
84 So das *Tuberkuloselexikon* 1933 wie auch noch 1939 F. Redeker auf der XI. Konferenz der Internationalen Vereinigung zur Bekämpfung der Tuberkulose. Ausführlicher dazu Woitke, 1992, S. 11.
85 Zu dem gescheiterten Versuch, die Tuberkulose im Kontext des Sterilisationsgesetzes als Erbkrankheit zu definieren, siehe Blasius, 1996, S. 79.
86 Zwar war der »Erbeinfluss« der Tuberkulose bereits Anfang der 1930er-Jahre in der Weimarer Republik diskutiert worden – so neben anderen auch von Grotjahn, der ausführte, die Tuberkulosesterblichkeit sei »*nur auf dem Wege der Eugenik*« zu bekämpfen. Trotzdem stießen Forderungen nach Eheverbot und Sterilisation auch nach 1933 auf heftigen Widerstand deutscher Tuberkuloseärzte. Gleichzeitig waren aber rassenhygienische Überlegungen nach 1933 im Zusammenhang mit der Tuberkulose deutlich häufiger zu hören. Grotjahn, 1912, S. 463.
 Vgl. ausführlicher die detaillierte Darstellung des Tuberkulosediskurses während des Nationalsozialismus bei Kelting, 1974. Tuberkulose wurde entgegen zum Teil anders lautender Darstellungen *nicht* in das »Gesetz zum Schutze der Erbgesundheit des deutschen Volkes« aufgenommen und war daher auch kein Sterilisationsgrund. Vgl. in diesem Sinne auch Kelting, 1974, S. 8. Auch bei Bock, Gisela, *Zwangssterilisation im Nationalsozialismus. Studien zur Rassenpolitik und Frauenpolitik*, Opladen 1986, findet sich kein Hinweis auf Tuberkulose als Sterilisationsgrund. Woitke, 1992, S. 48, behauptet, Sterilisationen bei Tuberkulose hätten stattgefunden, weist dies aber nicht nach.
87 Blasius, 1996, S. 80f.; Kelting, 1974, S. 60.
88 Dazu Hansen, 1991, S. 293; Sachße/Tennstedt, 1992, S. 172. Für geschlossene Lungentuberkulose sah die Verordnung keine Anzeigepflicht vor. Dazu ausführlicher *Tuberkulose-Jahrbuch*

dacht und jeder Tuberkulosetodesfall innerhalb von 24 Stunden anzuzeigen seien. Diese Verordnung drohte uneinsichtigen Offentuberkulösen mit Zwangseinweisung in ein Krankenhaus[89] und schuf damit reichseinheitlich eine gesetzliche Grundlage zur Zwangsasylierung.[90] Damit fanden eugenische Überlegungen zur »*Volksaufartung*« mittels Tuberkulosebekämpfung[91] indirekt Eingang in die Tuberkulosebekämpfung, da sich Zwangsasylierung und Differenzen in Behandlung und Einweisungspraxis auch an biologischer, d.h. »*rassischer Wertigkeit*« der Kranken orientierten.[92] Die Abteilungen für »*asoziale*« oder »*unwürdige*« Tuberkulöse zeichneten sich teilweise dadurch aus, dass Schwerkranken die medizinische Behandlung vorenthalten wurde, sie nur unzureichend mit Nahrung versorgt wurden und teilweise in Gefängniszellen der Anstalten diszipliniert wurden.[93] Die schlimmen Zustände der besonders berüchtigten Anstalt Stadtroda in Thüringen gingen in das bereits ausführlicher beschriebene Alliierte Handbuch zur Charakterisierung nationalsozialistischer Tuberkulosebehandlung ein.[94]

Neben dem Versuch, die Tuberkulosefürsorge zu vereinheitlichen und Tuberkulosebekämpfung mit nationalsozialistischer Gesundheitsführung zu verknüpfen, versuchten die Nationalsozialisten, neue Wege in der Erkennung Tuberkulosekranker zu gehen, und intendierten eine umfassende »*Durchleuchtung*« der deutschen Bevölkerung. Das anvisierte »*Volksröntgenkataster*« war schon während der Weimarer Republik ein gesundheitspolitisches Ziel gewesen, konnte indes auch nach 1933 aus personellen, organisatorischen und vor allem finanziellen Gründen nicht verwirklicht werden.

Zwar hatten SA und SS bereits 1933 und 1934 Röntgenreihenuntersuchungen vorgenommen[95], und auch andere Parteigliederungen wie der nationalsozialistische Arbeitsdienst, die HJ, BDM und DAF wandten die technisch weiterentwickelten Röntgenverfahren an, jedoch waren dies nur partielle Untersuchungsreihen. Motiviert waren diese Röntgenuntersuchungen vor allem durch die steigende Infektionsgefahr in den NS-Massenorganisationen.[96] Der Wandel des sozialen Lebens hatte das Infektionsrisiko von der Familie in den (partei-)öffentlichen Raum verlagert. Eine

---

(1950/51), S. 51. Da in vielen anderen Ländern, z.B. England, auch nicht ansteckende, aktive Tuberkulose anzeigepflichtig war, ergeben sich hieraus große Probleme hinsichtlich der statistischen Vergleichbarkeit.

89 Ferlinz, 1995, S. 624.
90 Ausführlich zur Diskriminierung von Tuberkulosekranken durch das NS-Regime Hähner-Rombach, 2000, S. 264-288; S. 350.
91 So bereits 1933 Griesbach, R., Tuberkulosebekämpfung und Volksaufartung, in: *Münchner medizinische Wochenschrift* 80 (1933), S. 1459f.
92 Vgl. dazu Woitke, 1992, S. 45ff.
93 Ibid.
94 Siehe dazu S. 359 dieser Darstellung. Detailliert zur Zwangsanstalt Stadtroda Hähner-Rombach, 2000, S. 272-279.
95 Ibid., S. 53.
96 In dieser Argumentation auch Sachße/Tennstedt, 1992, S. 170.

Veränderung des Fürsorgekonzepts, das sich, Weimarer Traditionen folgend, noch immer auf den »Infektionsraum Familie« konzentrierte, wäre folgerichtig gewesen. NS-Massenorganisationen wurden jedoch als neuer Infektionsort niemals systematisch in die Tuberkulosebekämpfungskonzepte einbezogen, statt dessen wurden ökonomische, soziale oder rassische Faktoren als ausschlaggebend diskutiert. Die Politisierung der Tuberkulose zeigte sich somit nicht nur im Maßnahmenkatalog, sondern prägte bereits die Analyse der auslösenden Faktoren.

Der Ausbruch des Krieges trieb die Röntgenfrüherfassung voran.[97] Die intensivierte Fahndung nach Tuberkuloseinfektionen brachte jedoch das paradoxe Ergebnis, dass die zahlreichen neu entdeckten Erkrankungen medizinisch nicht versorgt werden konnten. Besonders seit 1939 waren weder ausreichend Ärzte noch ausreichend Krankenhaus- und Heilstättenplätze verfügbar.[98] Somit standen dem seit Kriegsbeginn nochmals gestiegenen Infektionsrisiko ein wachsender Ärztemangel, sinkende Krankenhauskapazitäten und ein steigender Arbeitskräftebedarf gegenüber, der dazu führte, dass selbst Offentuberkulöse in den Arbeitsmarkt gedrängt wurden.[99] Diese Situation wurde keinesfalls durch intensivierte Aufklärung und Infektionsprophylaxe kompensiert, sondern war ganz im Gegenteil von einer Einschränkung der Information über die sich erneut ausbreitende »Volkskrankheit« Tuberkulose begleitet.[100]

»*Während die Tuberkulose gleichmäßig [...] im ganzen Land ihre Todesernte hielt [und] [...] die Folgen für die Nation entsetzlich waren, vermochte man sich nicht zu entscheidenden Maßnahmen dagegen aufzuraffen*«[101], hatte Hitler über die Tuberkulosefürsorge der Weimarer Republik geschrieben. Sein Staat zwang Offentuberkulöse zur Arbeit, bei der sie gesunde Mitmenschen ansteckten, setzte kranke Soldaten weiterhin an den Fronten ein und hatte nicht genügend Krankenhausplätze, um Infizierte zu isolieren, denn die deutsche Tuberkulosepolitik war seit 1942 endgültig in den Sog des Krieges geraten. Sie wurde zum einen in den besetzten Ostgebieten – ähnlich wie Fleckfieber – direkt zur Vernichtung eingesetzt[102], zum anderen orientierte sich die Tuberkulosebekämpfung im »*Altreich*« nicht mehr an den Vorgaben der Seuchenbekämpfung, sondern wurde einem militarisierten Kampfkonzept, das ganz im Dienste des Endsieges stand, untergeordnet.[103]

---

97 Woitke, 1992, S. 80.
98 Ebenso Hansen, 1991, S. 299; Woitke, 1992, S. 80f.
99 Zur Einschaltung der Arbeitsämter sofort nach der Heilstättenentlassung siehe Sachße/Tennstedt, 1992, S. 171; Blasius 1996, S. 83.
100 So warnte der Reichstuberkuloseausschuß 1938/39 vor einer übertriebenen Seuchenpropaganda und erklärte: »*Volksaufklärung [...] soll keine übergroße und unberechtigte Furcht vor der Tuberkulose erzeugen. [...] Eine mit viel Fleiß betriebene Volksaufklärung hat vielerorts zu einer Tuberkulosefurcht geführt.*« Reichstuberkuloseausschuß, Bericht über das Geschäftsjahr 1938/1939, S. 9. Zitiert nach Woitke, 1992, S. 82.
101 Zitiert nach Kelting, 1974, S. 1.
102 Schmuhl 1987, S. 447; Blasius, 1996, S. 84.
103 Blasius, 1996, S. 81.

Der nationalsozialistische Staat reduzierte die Aufklärung darüber, wie sich seine Bürger vor einer Ansteckung schützen könnten, und stellte auch die statistische Erfassung zunehmend ein.[104] Aus den nur lückenhaft vorliegenden und unglaubwürdigen Statistiken lässt sich der Tuberkuloseanstieg bis 1945 nicht exakt bestimmen, so dass zwar von einer Steigerung der Tuberkuloserate während des Krieges ausgegangen werden kann[105], der exakte Umfang aber nicht offenbar wurde.[106] Statistische Mängel und nationalsozialistische Verdrängungspolitik trugen auf diese Weise dazu bei, dass auch nach 1945 die Kriegstuberkulose nur diffus wahrgenommen wurde. Die zunehmende Tuberkulosemorbidität wurde nach 1945, ähnlich wie bereits nach dem Ersten Weltkrieg, von den Deutschen vor allem als ein Nachkriegsphänomen begriffen.[107]

## 2. Amerikanische Tuberkuloseperzeptionen des 20. Jahrhunderts

In den USA war Tuberkulose lange Zeit eine kaum beachtete Krankheit. Erst ab den 1930er Jahren nahmen sich öffentliche und private Gesundheitsorganisationen vermehrt ihrer an. Auch danach konnte die Tuberkulose jedoch niemals die öffentliche Aufmerksamkeit an sich binden, mit der die Amerikaner die Verbreitung anderer Krankheiten verfolgten.

---

104 Woitke, 1992, S. 1; Kelting, 1974, bezeichnet schon die statistischen Angaben seit 1934 als unzureichend und unglaubwürdig, S. 57. Obwohl keine zuverlässigen statistischen Daten vorliegen, deutet ein Erlass des RMdI vom 31. Januar 1944 auf einen starken Kriegsanstieg hin. Ausführlicher: Teleky, 1950, S. 61.

105 So erläuterte Leonardo Conti gegenüber Bormann bereits 1941 den kriegsbedingten Anstieg der Tuberkulose, vgl. dazu Hansen, 1991, S. 297. Die letzte offizielle deutsche Tuberkulosestatistik erschien 1941/42. Vgl. dazu das erste nach dem Zweiten Weltkrieg publizierte *Tuberkulose-Jahrbuch 1950/51*, Hg. vom Deutschen Zentralkomitee zur Bekämpfung der Tuberkulose, Berlin u.a. 1952, S. III. Ausführliche Überlegungen zur Tuberkulosestatistik zwischen 1939 und 1946 im *Tuberkulose-Jahrbuch* (1950/51), S. 57ff.

106 Zu fehlerhaften NS-Krankheitsstatistiken z.B. Curschmann, 1946/47, S. 1008: »*Im Reiche Adolf Hitlers durfte es keine Seuchen geben!*«

107 Siehe als Beispiel für eine unkritische Betrachtung der Tuberkulosesituation unter Ausblendung der spezifisch nationalsozialistischen Tuberkulosepolitik z.B. Voigt, der schreibt: »*Ab 1943 füllten sich in Deutschland die Sanatorien und Heilanstalten wieder mit Abertausenden von Tuberkulösen, infiziert durch eingeatmete Tröpfchen und verseuchte Milch, für deren Therapie noch lange kein Antibiotikum zur Verfügung stand – die Alliierten reklamierten die verfügbaren Medikamente für den eigenen Bedarf, aus verständlichen Gründen. Die Chronik 1946 berichtet für November 1946:* ›*Eine der wichtigsten Ursachen für den [...] Anstieg der Tuberkulosefälle ist die körperliche Schwächung der Bevölkerung aufgrund der schlechten Ernährungslage. Ein weiterer Grund sind die schlechten Wohnverhältnisse.*‹« Voigt, 1996, S. 72f. Verbindungen zwischen steigenden Tuberkuloseraten und dem Zweiten Weltkrieg wurden, wenn überhaupt, erst nach Gründung der BRD gezogen. Siehe als Beispiel dieser seltenen Verweise: *Tuberkulose-Jahrbuch* (1950/51), S. 58, 78.

James Miller beschrieb vor der *New York Society of Medical History* rückblickend die Anfänge der amerikanischen Anti-Tuberkulosebewegung: Anfang des Jahrhunderts – so Miller – sei die medizinische Ausbildung in den USA »*in a parlous state*« gewesen. »*So no wonder it is that tuberculosis, too, continued its devastating way, undiagnosed, uncontrolled and largely untreated.*«[108] Durchschnittlich 200, in den größeren Städten bis zu 400 Todesopfer, habe die Tuberkulose je 100. 000 Einwohner in diesen Jahren gefordert. »*Although the infectious nature of tuberculosis had been known for fifteen years, there were no efforts of nay moment either to segregate the diseased or to protect the well. As a Public Health responsibility tuberculosis was ignored and, though suspected to be a social and economic problem, little was done about it.*«[109]

Jenseits dieser weit verbreiteten öffentlichen Gleichgültigkeit[110] ergibt die Tuberkulosebekämpfung der USA ein uneinheitliches Bild.[111] Einerseits existierten frühzeitig öffentliche Kontrollen, erhoben Amtsärzte Forderungen nach Anzeigepflicht[112], andererseits bestanden eine Diffusität öffentlich-staatlicher Verantwortlichkeit[113], ein erhebliches Stadt-Land-Gefälle und eine Vielzahl von Institutionen, die mit der Tuberkulosebekämpfung befasst waren, fort.[114] Die Entwicklung der amerikanischen Tuberkulosefürsorge stand in engem Kontext zur allgemeinen Entwicklung des öf-

---

108 Miller, James Alexander, The Beginnings of the American Antituberculosis Movement, Vortrag vom April 1943 abgedruckt in: *American Review of Tuberculosis,* Vol. XLVIII (1948), S. 363.
109 Ibid.
110 Diese Einschätzung teilen u.a.: Feldberg, Georgina, *Disease and Class. Tuberculosis and the Shaping of Modern North American Society,* New Brunswick 1995; Shryock, Richard H., *National Tuberculosis Association 1904-1954: A Study of the voluntary Health Movement in the United States,* New York 1957; Rothman, Sheila M., *Living in the Shadow of Death. Tuberculosis and the Social Experience of Illness in American History*, Baltimore/London 1994.
111 Zu der Schwierigkeit, ein kurzes, treffendes und trotzdem umfassendes Bild der amerikanischen Tuberkulosebekämpfung zu zeichnen, vgl. z.B. die Probleme, die Teleky in seinem Überblickswerk über die Gesundheitsfürsorge in Deutschland, England und den USA hatte. Obwohl Teleky, 1950 bereits in den USA lebend und arbeitend, Zugang zu allen wesentlichen Quellen hatte und die amerikanische Tuberkulosefürsorge aus eigener Anschauung kannte, umfasst sein Kapitel zur Tuberkulosefürsorge in den USA kaum mehr als fast wahllos aneinander gereihte Zahlen und Daten, es unterscheidet sich damit signifikant von seiner Darstellung der deutschen und englischen Tuberkulosefürsorge. Vgl. dazu Teleky, 1950, S. 66ff. Für einen ersten Überblick siehe: Grigg, E. R. N., The Arcana of Tuberculosis, Part I-IV, in: *American Review of Tuberculosis* 78 (1958), S. 151-172, 426-453, 583-603.
112 Zur Anzeigepflicht siehe Teleky, 1950, S. 69. Diese wurde in einigen Staaten teilweise auch sehr früh verwirklicht, so z.B. 1842 in Massachusetts. Vgl. dazu Rosenkrantz, 1994, S. XVII. Insgesamt repräsentierten diese Forderungen aber Ausnahmefälle. Für die frühzeitige und vorbildliche Tuberkulosebekämpfung in New York siehe: Fox, Daniel M., Social Policy and City Politics: Tuberculosis Reporting in New York, 1889-1900, in: *Bulletin of the History of Medicine* 49 (1975), S. 169-195.
113 Dazu z.B. Feldberg, 1995, S. 177.
114 Shryock, 1957, S. 146ff. Miller nennt für 1942 eine Zahl von 1 700 Assoziationen und Komitees, die mit der Bekämpfung der Tuberkulose befasst waren und organisatorisch mit der NTA verbunden sowie auf diese Weise zu ermitteln waren. Miller, 1948, S. 368.

fentlichen Gesundheitswesens, die nicht uniform und staatlich koordiniert war.[115] Vorangetrieben wurde die Tuberkulosebekämpfung vor allem in den großen Ostküstenstädten, deren Tuberkuloseraten durch Urbanisierung und Immigration[116] in die Höhe geschnellt waren.[117]

Ähnlich wie in Deutschland war es auch in den USA die Tuberkulosefürsorge der Großstädte[118], allen voran die von New York City[119], die eine modellhafte Konzeptionierung der Tuberkulosebekämpfung leistete. Anders als in Deutschland breiteten sich die dort erprobten Konzepte nur langsam aus, und noch Mitte des 20. Jahrhunderts gab es keine Vereinheitlichung oder Koordinierung der Tuberkulosebekämpfung.

Ebenso wie in anderen Bereichen des Gesundheitswesens war auch in der Tuberkulosebekämpfung die karitative Trägerschaft weit verbreitet und die Rolle privater Vereine sehr groß.[120] Dies traf insbesondere auf die Tuberkulosebekämpfung zu. Richard Shryock beschreibt die *National Tuberculosis Association* (NTA) als erste große, für die USA paradigmatische *voluntary health movement*.[121]

Die regionalen Unterschiede erschweren eine allgemeine Beschreibung.[122] Trotzdem lässt sich feststellen, dass die amerikanische und die deutsche Tuberkulosebekämpfung viele Ähnlichkeiten besaßen.

---

115 Feldberg, 1995, S. 8.
116 Zur Verknüpfung der Tuberkulose mit Einwanderern bzw. zur spezifischen Belastung der Immigranten vgl. Bates, 1992, S. 322f. Zur gleichen diskursiven Verknüpfung in Kanada vgl. Wherrett, George J., *The Miracle of the Empty Beds: A History of Tuberculosis in Canada*, Toronto 1977, S. 5. Nach dem Zweiten Weltkrieg wurde die Röntgenuntersuchung für Einwanderer nach Kanada obligatorisch. Ibid., S. 134-136.
117 Bis zum Ende der 1930er-Jahre lag die städtische Tuberkulosesterblichkeit höher als die Sterblichkeit auf dem Land. Shryock, 1957, S. 232.
118 1904 wurde das erste städtische Tuberkuloseambulatorium errichtet. Teleky, 1950, S. 69.
119 Siehe dazu die ausführliche Darstellung bei Duffy, John, *A History of Public Health in New York City, 1866-1966*, Bd 1. und Bd. 2, New York 1974; ebenso auch Teleky, 1950, S. 69, der ausdrücklich die gut ausgebaute Tuberkulosefürsorge New Yorks hervorhebt. Zur Vorreiterrolle von New York City ebenso Shryock, 1957, S. 60ff.; ebenso auch Miller, 1948, S. 365f. Auch zeitgenössische deutsche Handbücher verweisen immer wieder auf das Beispiel New York. Vgl. Stadtarchiv Frankfurt, Magistratsakten, Aktenzeichen 1496 I, Heilstätten für Lungenkranke, 1901, S. 62f.; 1902, S. 98f.
120 Zur Rolle privater Initiativen und Institutionen siehe Feldberg, 1995, S. 123, S. 143ff. Zu den vielfachen Konflikten zwischen privaten und staatlichen bzw. lokalen Institutionen siehe Shryock, 1957, S. 118f.
121 Die Ignoranz gegenüber dem Gesundheitsproblem Tuberkulose – sowohl von staatlichen Institutionen als auch vonseiten der medizinischen Profession, die nicht nur gegen die Anzeigepflicht polemisierte, sondern auch die Tuberkuloseaufklärung kaum unterstützte – erklärt, warum gerade die Tuberkulose Gegenstand der ersten großen nationalen Gesundheitsbewegung wurde. Shryock, 1957, S. 56ff.
122 Diese bestanden sowohl hinsichtlich der allgemeinen Gesundheitsversorgung als auch bezüglich der Beachtung, die der Tuberkulose zuteil wurde. Shryock bemisst den Stellenwert der Tuberkulosebekämpfung anhand der finanziellen staatlichen Unterstützung für die *National Tuberculosis Association*. So finanzierte die NTA in New York 60 % ihrer Ausgaben aus öffentlichen Mitteln, in Pennsylvania waren es sogar 75 %, wohingegen in Californien nur 15 %, in

Ausgangspunkt der öffentlichen Aufmerksamkeit für Tuberkulose war auch in den USA die hohe Mortalitätsrate. Auch in der »Neuen Welt« zählte Tuberkulose noch zu Beginn des 20. Jahrhunderts zu den »*leading causes of death*«[123] und tötete »*more Americans than any other disease*«.[124] Trotzdem wurden Robert Kochs Veröffentlichungen in den USA zunächst nur zögerlich registriert. Anders als in England, Frankreich oder Kanada hegten amerikanische Ärzte lange Zeit große Skepsis gegenüber den von Koch vorgelegten Untersuchungsergebnissen.[125]

Edward L. Trudeau, Vater der amerikanischen Sanatoriumsbewegung[126], resümierte: »*It is curious, how slow physicians were in this country to accept Koch's discovery or realize its practical value in the detection of the disease.*«[127] Ungeachtet der schleppenden Akzeptanz von Kochs Entdeckungen entfachten seine Veröffentlichungen auch

---

Colorado 1 % und in Arizona gar nichts aus öffentlichen Geldern bestritten werden konnte. Shryock, 1957, S. 118.

123 Siehe dazu U.S. House of Representatives, Select Committee on Population, 1978, Report of »Ten leading causes of death in the United States, 1900, 1940, and 1976« in: Domestic Consequences of United States Population Changes, in: Rosenkrantz, 1994, S. 3. Siehe ebenso die Angaben von Cressy L. Willbur, Tuberculosis in the United States, in: U.S. Department of Commerce and Labor for the International Congress on Tuberculosis (Ed.), Washington, D.C. 1908, abgedruckt in: Rosenkrantz, 1994, S. 6.

124 Rosenkrantz, 1994, S. XIII.

125 Zur unterschiedlichen Rezeption in England und Kanada siehe Feldberg, 1995, S. 40f.
Bereits am 7. Mai 1882 hatte die New York Times die amerikanische Ärzteschaft scharf dafür angegriffen, dass sie »*the news item of the highly important results of Professor Koch's discovery of the parasitical source of tubercular disease not recognized*«. New York Times, 7 May 1882, zitiert nach Feldberg, 1995, S. 39.
1885 kritisierte Charles V. Chapin, Leiter des Gesundheitsamtes in Providence, Rhode Island, die Zurückhaltung, mit der amerikanische Mediziner den neuen Infektionstheorien begegneten, und die zutiefst provinzielle Haltung der amerikanischen Ärzteschaft, die in einer Mischung aus Skeptizismus gegenüber fremden Erkenntnissen und der Unfähigkeit zur Lektüre nichtenglischer Fachliteratur bestehe: »*The American doctor is practical, ingenious and observing, and these qualities have served to make him the most successful of physicians [...] But this practical bias of mind has caused him to avoid speculation, and his busy life has prevented him from entering upon scientific investigations. Hence it is not surprising that when the germ-theory was first brought into notice it met with small favor in the United States. For the knowledge of the facts which lie at the basis of the germ-theory, [...] Americans were obliged to rely upon foreign literature, not readily accessible. The investigators were unknown to them and it was not easy to distinguish at a distance the competent from the incompetence [...] But ten years have brought great changes, and what was theory has become fact, the investigators in this department of knowledge are now well known to us, and a vast amount of literature upon the subject has been placed in our hand.*« Charles V. Chapin, The Present State of the Germ-Theory, Fiske Fund Prize Dissertation No. 33, Providence Rhode Island 1885, zitiert nach Rosenkrantz, 1994, S. 225.

126 Zu deutschen Einflüssen in der amerikanischen Sanatoriumsbewegung siehe Feldberg, 1995, S. 52.

127 Trudeau, Edward Livingston, *An Autobiography*, Philadelphia 1915, S. 184, zitiert nach Feldberg, 1995, S. 37. Ausführlich zur langsamen Durchsetzung der Infektionstheorie Ott, Kathleen, *Fevered Lives. Tuberculosis in American Culture since 1870*, Cambridge 1996, S. 54-57.

in den USA eine breite, der deutschen Debatte sehr ähnliche Diskussion um das Verhältnis von Konstitution, sozialen Faktoren und Infektion.[128]

Die *medical officers* der *Public Health boards* der großen Städte plädierten für eine Anzeigepflicht von Tuberkuloseerkrankungen und klassifizierten die Tuberkulose damit als Infektionskrankheit.[129] Gleichzeitig schwang in dieser Forderung die Vorstellung mit, dass es »*a special species of mankind*«[130] sei, die an Tuberkulose erkranke. Damit waren ethnische Faktoren weiterhin präsent, auch wenn amerikanische Ärzte den Zusammenhang zwischen Urbanisierung, gewachsener Infektionswahrscheinlichkeit und Tuberkulose sehr wohl erkannten.[131] Die amerikanische Interpretation der Infektionskrankheit Tuberkulose blieb stets an den Blick auf die fremde Herkunft der Menschen gebunden, die in den Einwandererquartieren lebten.[132]

---

128 Siehe zu dieser Diskussion: Rosenberg, Charles E., The Bitter Fruit: Heredity, Disease, and Social Thought in Nineteenth-Century America, in: *Perspectives in American History* No. 8 (1994), S. 189-235. Zugunsten einer starken konstitutionellen Komponente argumentierten z.B. Austin Flint, Verfasser eines Lehrbuchs der Tuberkulose, Herman Biggs, Pathologe und Direktor des bakteriologischen Labors des städtischen Gesundheitsamtes in New York City, und William Henry Welch, Professor an der *Medical School* at *Johns Hopkins University*. Dazu ausführlicher Feldberg, 1995, S. 46f.; ausführlichere Angaben zur Person und Tätigkeit Biggs' bei Shryock, 1957, S. 49f.; Rosenkrantz, 1994, S. XVIII; zur Opposition der Ärzteschaft vor allem Shryock, 1957, S. 53; Dubos, René and Jean, *The White Plague. Tuberculosis, Man and Society*, New Brunswick 1987(1952), S. 28-43.

129 Die obligatorische Meldepflicht für Tuberkulose wurde zuerst in Massachusetts eingeführt, wo die Bürger die hohe Tuberkulosemortalität mit der hohen Rate irischer Einwanderer in Verbindung brachten und auf diese Weise Infektionskonzepte mit rassischen Vorstellungen kombinierten. Ausführlich zur Anzeigepflicht: Rosenkrantz, 1994, S. XVIII. Vgl. z.B. Biggs, Hermann M., The Registration of Tuberculosis, in: *The Philadelphia Medical Journal*, December 1 (1900), S. 1023-1029. Biggs war *medical officer* in New York City und argumentierte mit ausführlichen Straßenkarten, in die er die Tuberkulosefälle nach einzelnen Häuserblocks eingetragen hatte, für eine Anzeigepflicht. Ebenso sprach sich auch Chapin für eine Anzeigepflicht aus. Vgl. dazu Rothman, 1994, S. 181.

130 Feldberg 1995, S. 45.

131 Anders als in Deutschland, wo rassenhygienische Konzepte der Tuberkulose, die behaupteten, dass die Konstitution für den Ausbruch der Krankheit entscheidend sei, zwar zeitweise lebhaft diskutiert wurden, aber Anfang des 20. Jahrhunderts eine primär theoretische Debatte darstellten, ließen sich »rassische« Unterschiede der Tuberkuloseanfälligkeit im Einwandererland USA statistisch scheinbar klar belegen. Zum Verhältnis zwischen Tuberkuloseinterpretation und Rassismus siehe auch: Hödl, Klaus, Die Tuberkulose bei Juden und Schwarzen in den USA. Zur medizinisch-anthropologischen Debatte über rassendifferente Krankheitsneigungen, ca. 1850-1920, in: *MedGG* 20 (2001), S. 73-98.

132 John Billings, einer der renommiertesten Statistiker des Landes, beschrieb dieses Phänomen 1890 sehr bildlich: »*In a beautiful residential section on the Upper West Side, the death rate from tuberculosis was 49 per 10 000, but in the crowded tenement sections of lower Manhattan it was 776 per 100 000*«. Zitiert nach Rothman, 1994, S. 184. So war es besonders die Gruppe der Neueinwanderer – um die Jahrhundertwende waren dies vor allem Iren, Deutsche, Juden und Italiener –, die sich, in den Armutsbehausungen der Städte zusammengepfercht, mit Tuberkulose infizierten. Ibid., S. 183f.; Grigg, 1958, S. 593ff.

## 2.1 »The Anti-Toxin of Self-Respect«[133]

Das diskursive Konglomerat Erblichkeit, Konstitution, Rasse, soziale Faktoren und Infektiosität prägte den amerikanischen Tuberkulosediskurs zwischen 1885 und 1920.[134] Das Konzept der rassischen Degeneration verband sich dabei mit calvinistisch-puritanischen Vorstellungen, die Krankheit als Zeichen von Sünde und Verdammung[135] sahen und Gesundheit als Ergebnis körperlicher und seelischer Reinheit und als Indikator moralischer Überlegenheit verstanden.[136] »*Ignorance or carelessness*« seien ebenso für die Erkrankung an Tuberkulose verantwortlich wie Alkoholismus »*and other intemperate habits*«.[137] Die Verbreitung von Aufklärungsbroschüren in den Sprachen der Neuankömmlinge[138] diente einerseits dazu, diese hochgefährdeten Gruppen aufzuklären, bestätigte in selbstreferenzieller Weise jedoch gleichzeitig kulturelle Vorurteile, die die »unamerikanischen« Lebensgewohnheiten dieser Fremden für die Verbreitung der Tuberkulose verantwortlich machten.[139]

Während diese eigentümliche Mischung von puritanisch geprägten Krankheitsvorstellungen und rassenhygienischen Konzepten in anderen Krankheitsdiskursen bis weit ins 20. Jahrhundert fortbestand[140], schwächte sich dieser Deutungsstrang im Zusammenhang mit Tuberkulose seit dem Ersten Weltkrieg ab. In den Vordergrund trat nun ein stark sozial geprägtes Erklärungsmuster.[141] Anders als sozialhygienische

---

133 Easton, Christopher, The Anti-Toxin of Self-Respect. The Educational and Social Work which can be carried on at a Public Institution, in: *Charities* Nr. 12 (1904), S. 330-333, zitiert nach Rosenkrantz, 1994, S. 413ff.
134 Siehe paradigmatisch für die große Anzahl vergleichbarer Argumentationen den Artikel des deutschstämmigen Statistikers Hoffman, Frederick L., *Race traits and tendencies of the American Negro*, New York 1896, der behauptete, die rassische Unterlegenheit der schwarzen Rasse erkläre ihre höhere Tuberkulosemortalität. Zur Diskussion von Erblichkeit, Konstitution und Prädisposition innerhalb der *National Tuberculosis Association* vgl. Shryock, 1957, S. 107, S. 156. Grigg, 1958, S. 151-157. Auch Ott belegt, dass Erblichkeit bis ins 20. Jahrhundert ein wichtiger Faktor amerikanischer Tuberkulosevorstellungen war. Ott, 1996, S. 136f.
135 Rosenberg, 1994, S. 169ff.
136 Ibid., S. 173. Ähnlich wie bei der Diskussion um die Anzeigepflicht wurden auch hinsichtlich der Rassebedeutung englische und französische Theoretiker breit rezipiert. Zur Verknüpfung sozialer und moralischer Faktoren siehe auch Rothman, 1994, S. 184.
137 So Dr. S. Adolphus Knopf, einer der Wortführer der amerikanischen Anti-Tuberkulosebewegung, in einem Aufsatz von 1907. Zitiert nach Rothman, 1994, S. 184.
138 So veröffentlichte das städtische Gesundheitsamt von New York City 1894 eine Aufklärungsschrift »*Information for Consumptives and Those Living with Them*«, die u.a. in deutscher, italienischer und jiddischer Sprache erschien bis 1912 waren u.a. finnisch, polnisch, slowakisch, schwedisch, armenisch, spanisch und chinesisch hinzugekommen. Rothman, 1994, S. 187.
139 Allgemein zur städtischen Tuberkuloseaufkärung siehe Shryock, 1957, S. 52f.
140 So z.B. bei den *venereal diseases*, siehe dazu S. 291ff. dieser Studie.
141 Die vergleichsweise starke Betonung sozialer Faktoren, die innerhalb amerikanischer Krankheitsdeutungen so bemerkenswert ist, dass sie Georgina Feldberg zu der These führt, Tuberkulose sei als »*different disease*« zu betrachten, muss jedoch vor dem Hintergrund der Tatsache betrachtet werden, dass Tuberkulose, vor allem im Vergleich mit Geschlechtskrankheiten, Polio,

Krankheitsrezeptionen in Deutschland beinhalteten diese Deutungen aber keine gesamtgesellschaftlichen Reformforderungen, sondern setzten auf individuelle Erziehung.[142] Auch unter den Vorgaben einer sozialbetonten[143] Interpretation bestanden rassische Zuweisungen fort. Tuberkulose galt auch im 20. Jahrhundert noch immer als Krankheit der Iren, Immigranten, Schwarzen und *Native Americans*[144], eine Zuordnung, die sich statistisch scheinbar immer wieder plausibel belegen ließ.

Rassische Konzepte strukturierten auch die amerikanische Praxis der Tuberkulosebekämpfung. Tuberkulosekranke Einwanderer wurden seit der Jahrhundertwende an den Häfen abgewiesen.[145] Ganz selbstverständlich galten ethnische Quotierung und Segregation auch für die Sanatorien.[146]

Die soziale Verankerung der Tuberkulosebekämpfung in der amerikanischen Mittelschicht, die überproportionale Erkrankungshäufigkeit von Einwanderern und die Verknüpfung gesundheitlicher Aufklärung mit gesellschaftlich/calvinistischen Werten machten die Tuberkuloseaufklärung zu einer nationalen Assimilationsbewegung. In den amerikanischen Sanatorien wurden nicht nur einfach das Spucken verboten,

---

Fleckfieber und Typhus, eine wenig beachtete Krankheit war. Mit zunehmender Aufmerksamkeit für die Tuberkulose vor allem seit dem Zweiten Weltkrieg setzt sich auch in Bezug auf diese Krankheit eine primär bio-medizinische Interpretation durch. Die These von der sozialen Interpretation der Tuberkulose muss daher in vielfältiger Hinsicht stark relativiert werden. Ihre Besonderheit lag vor allem in der insgesamt schwachen Rezeption und weniger in der dominant sozialen Interpretation. Zum *ranking* der Tuberkulose im Vergleich zu Geschlechtskrankheiten und Polio siehe Feldberg, 1995, S. 2f.

142 Zum Wertekanon »Erziehung«, »Individualität« und »private Institution« in der Tuberkulosebekämpfung der USA siehe Feldberg, 1995, S. 122.

143 Mit sozialbetont ist nicht – wie bereits oben aufgeführt – gemeint, dass eine grundsätzliche Veränderung der gesellschaftlichen, der Tuberkulose förderlichen Bedingungen wie starke körperliche Belastung der Arbeiterschaft, feuchter, beengter Wohnraum, unzulängliche Kleidung und Ernährung usw. gefordert wurde.

144 Feldberg, 1995, S. 8. Die *National Tuberculosis Society* erstellte 1916 eine Statistik, nach der »*Italians, Irish, Jewish and ›other‹ nationalities were often twice the rate for ›Americans‹*«. Vgl. dazu Feldberg 1995, S. 105; Rosenkrantz, 1994, S. XVIII. Zur Verknüpfung von Immigrantengruppen und Tuberkulose siehe auch Wilson, Leonard G., The Rise and Fall of Tuberculosis in Minnesota: The Role of Infection, in: *Bulletin of the History of Medicine* 66 (1992), S. 16-52.

145 Diese Verfahrensweise wurde – wie eine zeitgenössische deutsche Beschreibung irritiert feststellte – auch auf »*tuberkulöse Kinder, die in Begleitung gesunder Eltern ankommen, [angewandt, sie] müssen zurückgewiesen werden*«. Stadtarchiv Frankfurt, Magistratsakten, Aktenzeichen 1496 I, Heilstätten für Lungenkranke, 1902, S. 99. Siehe ausführlicher United States, Public Health Service, *Book of Instruction for the Medical Inspection of Aliens*, Washington, Govt. print. off., 1910; United States, Public Health Service, *Regulations Governing the Medical Inspection of Aliens*, Washington, Govt. print. off., 1917.

146 Da diese Praxis sich nicht an den Erfordernissen der Krankheitsbekämpfung orientierte, sondern eine Referenz an Gesellschafts- und Rassenmodelle darstellte, beförderte sie zum Teil die Tuberkuloseausbreitung, da häufig eine Einweisung ansteckend Kranker verschoben werden musste, weil bereits alle für diese ethnische Gruppe zur Verfügung stehenden Betten belegt waren. Rosenkrantz, 1994, S. XIX; Bates, 1992, S. 288-310; Ott, 1996, S. 100-190.

Hygiene gelehrt und mittelständische Verhaltensnormen vermittelt, sondern persönliche Sauberkeit in den Dienst der Amerikanisierung gestellt: »*Effort is made of meet all the demands of common decency in personal matters according to **ordinary American standards**.*«[147]

Somit stand die Tuberkulosebekämpfung sowohl in Deutschland als auch in den USA im Dienst einer sozialen Assimilation, wobei eine unterschiedliche Akzentuierung zu beobachten war.[148] Während es in Deutschland um eine Verbürgerlichung der Arbeiterschaft ging, die sowohl von bürgerlichen Sozialreformern als auch von sozialdemokratischen Sozialhygienikern und Kassenpolitikern angestrebt wurde, ging es in den USA vor allem um die Akkulturierung neuer Einwanderergruppen. Daraus ergab sich, dass der Maßnahmenkatalog der Tuberkulosebekämpfung in beiden Ländern sehr ähnlich war und vor allem Aufklärung, Erziehung[149], individuelle Verhaltensmodifikation, Sanatoriumsaufenthalte u.a. umfasste, hinsichtlich der theoretischen Herleitung und ideologischen Begründung jedoch differierte.

Die liberale Grundierung der amerikanischen Tuberkulosebekämpfung[150] band die Tuberkulose in den USA in anderer Form an die Nation, als dies in Deutschland der Fall war. Die Nationalisierung des deutschen Tuberkulosediskurses war mit dem Verlust des Ersten Weltkriegs verbunden, die Tuberkulosebekämpfung sollte folglich u.a. der symbolischen Heilung der ganzen Nation und der Gesundung des kollektiven Selbstbildes dienen.

Demgegenüber wurde im Tuberkulosediskurs der USA vor allem das Individuum an die Nation gebunden. Die Tuberkulosebekämpfung sollte einzelne kranke, fremde und schmutzige Tuberkulöse in würdige, gesunde und saubere Amerikaner umwandeln. Das amerikanische Stereotyp des Tuberkulösen fungierte dabei als Antipode zum

---

147 So Eastons Beschreibung und Begründung der hygienischen Erziehungsaktivitäten in einem Sanatorium. Easton, 1904, zitiert nach Rosenkrantz, 1994, S. 417. [Hervorhebung D.E.]
148 Vermittelt und kontrolliert wurden die Erziehungskonzepte mehrheitlich von Frauen, die als Krankenschwestern in den Sanatorien und als Fürsorgerinnen in den Städten diese Aufgabe gerne und freiwillig wahrnahmen. Feldberg, 1995, S. 119. Damit eroberten sich vor allem weiße bürgerliche Frauen ein neues Berufsfeld, das ihnen genau wie ihren deutschen Schwestern in Konformität mit bürgerlichen Rollenvorstellungen ein neues professionalisiertes Berufsprofil und damit einhergehend einen erweiterten außerhäuslichen Bewegungsradius bescherte. Zur analogen deutschen Entwicklung siehe Sachße, 1986, S. 203-207. Siehe für einen Forschungsüberblick zum Verhältnis Fauen und Fürsorgepolitik: Schröder, Iris, Wohlfahrt, Frauenfrage und Geschlechterpolitik. Konzeptionen der Frauenbewegung zur kommunalen Sozialpolitik im Deutschen Kaiserreich, in: *GG* 3 (1995), S. 368-390 und Dies., Soziale Frauenarbeit als bürgerliches Projekt. Differenz, Gleichheit und weiblicher Bürgersinn, in: Tenfelde, Klaus/Wehler, Hans-Ulrich (Hg.), *Wege zur Geschichte des Bürgertums*, Göttingen 1994, S. 209-230.
149 Zur besonderen Betonung von Aufklärung und Erziehung im amerikanischen Kontext vgl. Teleky, 1950, S. 68. Den besonderen Wert der Gesundheitserziehung betont auch Gebhard, 1949/1950.
150 Zum Liberalismus als grundlegender Legitimationsideologie amerikanischer Tuberkulosebekämpfung siehe Feldberg, 1995, S. 120ff.

Image des Pioniers[151], wohingegen in Deutschland besonders seit dem Ersten Weltkrieg der Tuberkulöse geradezu als Verkörperung der geschlagenen und leidenden Nation galt. Damit konstruierte der amerikanische Tuberkulosediskurs den Tuberkulosekranken als nationalen Außenseiter, wohingegen er in Deutschland nach dem Ersten Weltkrieg zum nationalen Prototyp geworden war.

Seit der Jahrhundertwende wurde Tuberkulose in den USA in einer weiteren Form mit »Nation« verknüpft: Die hohen Krankheitszahlen wurden als Vergeudung von Ressourcen und als Bedrohung des nationalen Wohlstands gesehen.[152] Diese liberalkapitalistische Perspektive, die allgemein in der Diskussion um die soziale Sicherheit eine wichtige Rolle spielte[153], verhalf auch der Tuberkulose zu einem – wenn auch hinteren – Platz im kollektiven Bewusstsein.

Analog zur diskursiven Konstruktion des Tuberkulösen als Gegentypus des *American pioneer* sollte die Lebensführung der Siedler die Tuberkulose der Städter heilen.

Trotz der Vorbehalte gegen das deutsche Sanatorienkonzept[154] setzte sich schließlich eine dem deutschen Modell vergleichbare geschlossene Institution durch. Wesentlich

---

151 Ibid., S. 7; Grigg, 1958, S. 436ff. Samuel Fisk, President der *Colorado State Medical Society*, erläuterte: »*I have been a consumptive invalid myself and I appeal to you, [...] that as a consumptive you would rather live as a man, under the plan pursued in Colorado, than be caged with a crowed of hollow coughing consumptives in any sanatorium, even though it might have covered walks and a winter garden, suitable warmed and ventilated.*« Fisk, Samuel A., The Cottage Plan of Treating Consumption in Colorado, in: *Medical News* 54 (May 1889), S. 480-483, zitiert nach Rothman, 1994, S. 198; Zur Popularität klimatologischer Behandlungskonzepte bis zur Jahrhundertwende siehe auch Bates, 1992, S. 25-28.

152 Shryock, 1957, S. 99. In diesem Sinne auch William Shepard, der Vizepräsident der Metropolitan Life Insurance und President der National Tuberculosis Association war und mit Blick auf die Tuberkulose ausführte: »*Good health is good business*« bzw. Präventionsmaßnahmen vorrangig unter der Frage beurteilte: »*How much would it cost?*« Shepard, William P., Some Unmet Needs in Tuberculosis Control- A Challenge for the Future, in: *American Journal of Public Health* 38, October (1948), S. 1371-1380.

153 Auf dieses Moment verweist immer wieder Doberschütz, 1966.

154 Die Unterschiede in der Krankheitsperzeption beider Länder lassen sich besonders prägnant am Beispiel der Diskussion um die Sanatorien verdeutlichen. Die in Deutschland seit Mitte des 19. Jahrhunderts gegründeten Sanatorien und Heilstätten galten in den USA als *closed institutions*. Ihre Therapie mit Hilfe von Liegekuren, streng disziplinierten Tagesroutinen sowie Klima- und Ernährungstherapien schien der amerikanischen Behandlungsform, die Reisen, Bewegung und Naturerfahrung empfahl, entgegengesetzt.
Dr. Paul Kretzschmar, ein ehemaliger Patient Peter Dettweilers, der durch eine Behandlung in Dettweilers Heilanstalt Falkenstein bei Frankfurt genesen war, versuchte in den 1890er-Jahren das deutsche Sanatorienmodell in den USA zu etablieren. Beflügelt von seiner Heilung, war Kretzschmar nach New York City übergesiedelt, hatte eine Praxis in Brooklyn eröffnet, in der er die Tuberkulose verarmter deutscher Auswanderer behandelte und versuchte, seine amerikanischen Kollegen von den Vorzügen der deutschen Sanatorien zu überzeugen. Die Mehrheit der amerikanischen Ärzteschaft tat sich jedoch schwer damit, deutsche Therapiekonzepte für die Heilung amerikanischer Patienten zu akzeptieren. Stellvertretend für viele seiner Kollegen antwortete Samuel Fisk, President der *Colorado State Medical Society*, Kretzschmar: »*Sanatoriums*

dafür waren die Ansteckungsängste in Öffentlichkeit und Ärzteschaft und das Engagement Edward Trudeaus, der die für die amerikanische Gesellschaft maßgeblichen und auch in der Gesundheitsbewegung einflussreichen philanthropischen Traditionen zugunsten der Sanatoriumsbewegung zu bündeln verstand.[155] Somit wies letztendlich auch die Anstaltsbehandlung Tuberkulöser in den USA viele Berührungspunkte mit deutschen Praktiken auf.[156]

Die verschiedenartigen Bekämpfungsformen wurden 1904 von der in Chicago gegründeten *National Tuberculosis Association* unterstützt[157], die sich explizit an europäischen Vorbildern orientierte[158] und insbesondere die Idee der Aufklärung via Gesundheitsausstellungen aus Deutschland übernahm.[159] Die *National Tuberculosis Association* finanzierte sich als nicht-staatliche Bewegung überwiegend aus Schenkungen, Sammlungen und Spenden.[160] 1906 wurde innerhalb der *National Tuberculosis Association* eine Debatte über die Einführung einer Krankenversicherung nach deutschem Vorbild geführt. Dr. Klebs aus Chicago argumentierte, dass eine reguläre Krankenversicherung einen besseren Schutz gegen Tuberkulose biete als private Wohltätigkeit. In diesem Sinne sei die deutsche gesetzliche Krankenversicherung »*the most powerful factor in tuberculosis prevention in that country*« geworden.[161] Dies waren jedoch Ausnahmestimmen, insgesamt fand das Konzept der gesetzlichen Krankenversicherung auch in der NTA keine Zustimmung. Die Mehrheit der Mitglieder vertrat die Auf-

---

*did not fit with the American ethos.*« Rothman, 1994, S. 194f.; Siehe zur amerikanischen Sanatoriengeschichte u.a. Miller, 1948, S. 365ff.; Fisk, wie Fußnote 151. Auch Wilson beschreibt, dass das Klima der Südstaaten vielen Tuberkulösen als Heilmittel anempfohlen wurde. Wilson, 1992, S. 20f.

155 Dazu Rothman, 1994, S. 199ff. Zur Orientierung Trudeaus an den Konzepten Dettweilers und der Infektionslehre Kochs siehe ibid., S. 199-203. Auch Bates, 1992, betont den Einfluss Brehmers und Dettweilers auf Trudeau, S. 39f. Zur analogen englischen Orientierung am deutschen Modell siehe Condrau, 2000, S. 123.

156 Auch Teleky eröffnete seine Darstellung der Tuberkulosebekämpfung in den USA mit der Sanatorienfrage. Vgl. Teleky, 1950, S. 66f. Deutsche Darstellungen der amerikanischen Tuberkulosebekämpfung stellten die dortige Heilstättenbewegung ausführlich dar. Siehe als Beispiel: Stadtarchiv Frankfurt, Magistratsakten, Aktenzeichen 1496 I, Heilstätten für Lungenkranke, 1902, S. 98. Zur Erfahrung dieser Institutionen durch die Patienten siehe Bates, 1992, S. 97ff., 197ff. Für den deutschen Kontext Condrau, 2000.

157 Siehe zur Gründungsgeschichte Shryock, 1957, S. 69ff.

158 Shryock, 1957, S. 55. So auch Miller, der ausdrücklich betonte: »It must not, of course, be imagined that this American Movement was in any sense an original New World idea.« Miller, 1948, S. 361.

159 Ibid., S. 100.

160 Shryock, 1957, S. 81. Somit gab es in den USA noch einen weiteren Bezug zwischen Industrialisierung und Tuberkulose. Die Industrialisierung hatte u.a. die Verbreitung der Tuberkulose verursacht, gleichzeitig wurde der industrielle Wohlstand in Form von großzügigen Spendengeldern der philanthropischen Anti-Tuberkulosebewegung gespendet. Zu dieser Verbindung ausführlicher Shryock, 1957, S. 49.

161 Ibid., S. 98.

fassung, dass die paternalistische Protektion der Deutschen mit amerikanischen Traditionen unvereinbar sei.[162]

Nach dem Zweiten Weltkrieg wurde als internationales Organ die *International Union Against Tuberculosis* (IUAT) gegründet, die der bisher national isoliert arbeitenden NTA wertvolle internationale Kontakte ermöglichte. Shryock schildert am Beispiel der Kongresse der IUAT das zunehmende internationale Interesse an den Beiträgen der amerikanischen Delegierten. Seit den 1930er-Jahren hatte die amerikanische Tuberkuloseforschung Ergebnisse vorzuweisen, die von internationalem Interesse waren. Die IUAT und auch die NTA unterstützten die Tuberkuloseforschung finanziell. Insbesondere die Weiterentwicklung der Tuberkulintests, Forschungen über Nutzen und Risiko der BCG-Impfung und Untersuchungen zur Verbesserung der Röntgentechnik wurden gefördert.[163]

In den USA war der Zweite Weltkrieg ein wichtiger Katalysator, der eine Intensivierung der Tuberkulosebekämpfung bewirkte.[164] Bereits im ersten und zweiten Jahrzehnt des 20. Jahrhunderts war die Einrichtung einer speziellen Tuberkulosedivision innerhalb des *National Health Service* (USPHS) diskutiert[165] worden, aber an den vielfältigen Widerständen innerhalb und außerhalb der Institution gescheitert. Auch der Versuch, 1939 per Gesetz Grundlagen für eine Bundesverantwortung in der Tuberkulosebekämpfung zu etablieren, schlug fehl. Wortführer der Opposition gegen eine Ausweitung und Zentralisierung der Tuberkulosekontrolle war der Leiter des USPHS selbst, Thomas Parran. Parran, der sich außergewöhnlich intensiv für eine Zentralisierung und Intensivierung der Bekämpfungsmaßnahmen gegen Geschlechtskrankheiten einsetzte, hielt vergleichbare Anstrengungen im Falle der Tuberkulose nicht für notwendig. Er sehe »*keine Notwendigkeit für eine spezielle Tuberkulosedivision*«[166], argumentierte er lapidar.

Erst im Krieg brach diese Oppositionslinie. Zwar fielen die amerikanischen Mortalitätskurven auch während des Zweiten Weltkrieges weiter[167], allerdings verlangsamte sich der Rückgang der Tuberkulose unter den Bedingungen des Krieges.[168] Außerdem ließen die Rekrutierungsuntersuchungen[169] den ganzen Umfang der Tuberkuloseinfek-

---

162 Ibid., S. 98f.
163 Ibid., S. 249ff. BCG steht für Bacillus-Calmette-Guérin-Impfung und bezieht sich auf einen Stamm des Mycobacterium bovis, mit dem geimpft wurde.
164 Feldberg, 1995, S. 177.
165 Für die nachfolgend skizzierte Entwicklung vgl. Feldberg, 1995, S. 178f. Zur Diskussion einer nationalen Tuberkulosedivision während des Ersten Weltkriegs siehe Shryock, 1957, S. 175.
166 Zitiert nach Feldberg, 1995, S. 178.
167 Teleky, 1950, S. 79.
168 Feldberg, 1995, S. 177.
169 Bereits während des Ersten Weltkrieges hatte es Massenuntersuchungen gegeben, dieses Screening war jedoch aufgrund der noch nicht entwickelten Röntgenuntersuchungen unpräzise. Shryock, 1957, S. 176.

tionen erahnen[170], die in Friedensjahren aufgrund fehlender Krankheitszeichen nicht entdeckt worden waren.[171] Die seit 1939 schrittweise landesweit initiierten Maßnahmen wiesen große Ähnlichkeiten mit den in anderen Ländern installierten Bekämpfungsprogrammen auf: Bestehende Infektionen sollten mittels Röngtendiagnostik und Umgebungsuntersuchungen ausfindig gemacht und registriert, bestehende Tuberkulosefälle isoliert und behandelt, die Öffentlichkeit und speziell die betroffenen Familien aufgeklärt werden. Mit Blick auf diesen Maßnahmenkatalog lässt sich für die Tuberkulosebekämpfung der USA feststellen, dass Amerika »*was just late but not different*«.[172]

Ähnlich wie in Deutschland existierten auch in den USA bis weit in die Mitte des 20. Jahrhunderts massive Widerstände gegen eine Tuberkuloseimpfung. Während die USA fieberhaft nach einem Impfstoff gegen Polio suchten und Präsident Roosevelt selbst, als prominentestes Opfer dieser Krankheit, diese Anstrengungen unterstützte, gab es kaum Wissenschaftler, die in amerikanischen Laboratorien nach einem Impfstoff gegen Tuberkulose forschten, obgleich mit der Präsidentengattin Eleanor Roosevelt eine ebenso prominente Kranke und potenzielle Schirmherrin bereitgestanden hätte. Seit den 1920er-Jahren hatten sich sowohl die ATS als auch der PHS immer wieder öffentlich gegen eine Impfung ausgesprochen, ein Widerstand, den sie bis in die 1960er-Jahre aufrechterhielten.[173] Feldberg unterstreicht, dass sich die USA mit dieser Haltung von der internationalen Entwicklung der Tuberkulosebekämpfung abkoppelten und auf einer anti-modernen Position verharrten.[174] Vergleichbar große Impfwiderstände gegen BCG gab es seit den 1920er-Jahren nur noch in Deutschland.[175]

---

170 Zu den Massenröntgenuntersuchungen in den USA im Zusammenhang mit dem Zweiten Weltkrieg siehe Teleky, 1950, S. 69; Swisher, William Porter, Tuberculosis in Discharged Soldiers, in: *American Review of Tuberculosis* LV (1947), S. 481-487; Barnwell, John B., Veterans Administration Tuberculosis Division, 1945-1947, in: *American Review of Tuberculosis* LVIII (1948), S. 64-76; Long/Jablon, 1955.
171 Seit den 1940er-Jahren waren sowohl in der Industrie als auch innerhalb der Armee Massenröntgenuntersuchungen verbreitet. Shryock, 1957, S. 237.
172 So in Abwandlung der Formulierung von Glazer, Nathan, The American Welfare State: Incomplete or Different?, in: Ders., *The Limits of Social Policy*, Cambridge 1988. Grundlegend zur These des American Exceptionalism: Lipset, Seymour Martin, *American Exceptionalism: A D Double Edged Sword*, New York 1996.
173 Feldberg, 1995, S. 3, S. 176ff. Zur allgemeinen Zurückhaltung der USA in Fragen der BCG-Impfung siehe auch Teleky, 1950, S. 71. Anders die kanadische Position, die sich an England orientierte und schon frühzeitig eine Wirksamkeit der BCG-Impfung akzeptierte. Vgl. Wherrett, 1977, S. 150ff.
174 Feldberg, 1995, S. 2. Zur Kritik der Argumentation Feldbergs siehe Daniel, Thomas M., *Captain of Death. The Story of Tuberculosis*, Rochester 1997, S. 139. Daniel führt aus, dass es sich nicht um einen generellen Impfwiderstand gehandelt habe, sondern dass andere Therapien als wirkungsvoller erachtet worden seien. Dies schwächt jedoch die Argumentation Feldbergs nicht, da die USA sich mit ihrer Haltung deutlich von der internationalen Einschätzung unterschieden. Führende Tuberkuloseforscher in Dänemark, England und Kanada gingen von einer Wirksamkeit der BCG-Impfung aus und belegten diese wissenschaftlich. Vor diesem Hintergrund kann sehr wohl von einer US-amerikanischen Sonderposition gesprochen werden.

Neben diesen vielfältigen Ähnlichkeiten lassen sich Unterschiede vor allem hinsichtlich der Präventionskonzepte der Anti-Tuberkulosebewegung beider Länder feststellen. Die in den USA im Vergleich zu Europa niedrigere Tuberkuloserate[176] lässt sich vor allem dadurch erklären, dass die Gefahr der Infektion durch Milch von tuberkulösen Rindern sehr viel früher erkannt, ernst genommen und mit obligatorischer Pasteurisierung der Milch wirksam bekämpft wurde.[177] In den USA war die Rindertuberkulose schon vor 1900 als möglicher Infektionsweg akzeptiert. 1900 verlangten bereits 17 Staaten negative Tuberkulinproben für Importrinder. 1908 führte Chicago die obligatorische Pasteurisierung von Milch ein. Seit 1917 wurde ein Tuberkulintest auch für Rinder aus heimischen Beständen verlangt.[178] In Deutschland hingegen hatte u.a. die Vehemenz, mit der Koch eine Krankheitsübertragung vom Rind auf den Menschen ausgeschlossen hatte, dazu beigetragen, dass die Rindertuberkulose in der allgemeinen Tuberkulosebekämpfung eine weit geringere Rolle spielte.[179] Erst seit den 1930er Jahren wurde dieser Infektionsweg intensiver diskutiert,[180] und nach dem Zweiten Weltkrieg wurde im DZK ein Ausschuss »Milch und Rindertuberkulose« eingesetzt. Noch Anfang der 1950er Jahre wurden in Deutschland 10 % aller Tuberkulosefälle durch infizierte Milch verursacht. Während in Deutschland noch nach dem Zweiten Weltkrieg die Mehrzahl der Rinderbestände tuberkulös und für einen großen Teil der Kindertuberkulosefälle verantwortlich waren, bestand diese Infektionsquelle in den USA bereits seit längerem nicht mehr.[181]

---

175 F. B. Smith führt aus, dass in deutsch- und englischsprachigen Nationen die Sanatoriumstherapie vor der BCG-Impfung favorisiert wurde. Smith, F. B., Tuberculosis and bureaucracy. Bacille Calmette et Guérin: Its troubled path to acceptance in Britain and Australia, in: *Medical Journal of Australia*, Vol. 159 (1993), S. 409.
176 Teleky, 1950, S. 79. Teleky spricht von einer »*auffallend niedrigen Tuberkulosesterblichkeit*«.
177 Siehe zur amerikanischen Debatte um die Rindertuberkulose Shryock, 1957, S. 109.
178 Ferlinz, 1995, S. 625.
179 Inwieweit das Konfrontationsverhältnis, das zwischen Koch und amerikanischen Medizinern bestand, dazu beigetragen hatte, dass Letztere die Wahrscheinlichkeit einer Infektion vom Rind auf den Menschen sehr viel bereitwilliger und frühzeitiger akzeptierten als ihre deutschen Kollegen, ist bisher nicht erforscht. Zur amerikanischen Debatte um die Rindertuberkulose siehe Rosenkrantz, Barbara Gutmann, The Trouble with Bovine Tuberculosis, in: *Bulletin of the History of Medicine* 59 (1985), S. 155-175.
180 Zum Diskussionsverlauf über die Rindertuberkulose in Deutschland vgl. Teleky, 1950, S. 81f. Auch Grotjahn und Kaup erläutern, dass die Rindertuberkulose bis zur Jahrhundertwende als übertragbar gedacht wurde, nach Koch jedoch als »*Quelle der Verbreitung der Tuberkulose*« in den Hintergrund trat. Grotjahn, Alfred/Kaup, Ignatz (Hg.), *Handwörterbuch der sozialen Hygiene*, 2 Bd., Leipzig 1912, S. 618f.
Noch für 1939 errechneten Statistiker für Kiel eine Quote von 30 %, für Berlin 10 % aller Tuberkulosefälle, die als so genannte »Fütterungstuberkulosen« auf Rindertuberkulose zurückzuführen seien; Ferlinz, 1995, S. 624.
181 Ferlinz, 1995, S. 625. In Deutschland begann erst ab 1952 gegen massive Widerstände die systematische Schlachtung tuberkulöser Rinderbestände. Siehe zur intensiven Diskussion der Rindertuberkulose seit 1948 z.B. die Tagung der Deutschen Tuberkulosegesellschaft 17.-19. September 1951 in Kissingen. Tagungsbericht in: *Der öffentliche Gesundheitsdienst*, 13. Jahrgang

Durch die Pasteurisierung war ein wichtiges Infektionsrisiko in den USA frühzeitig eingeschränkt worden.[182] Die geringe Infektionswahrscheinlichkeit führte in Kombination mit der gruppenspezifischen Begrenzung der Tuberkulose dazu, dass die Tuberkulose in den USA niemals eine »*skandalisierte Krankheit*« wurde.[183] Tuberkulose besaß, anders als Geschlechtskrankheiten, Polio oder Fleckfieber, nicht die Fähigkeit, kollektive Ängste zu mobilisieren. In diesem Sinne bestätigt die amerikanische Tuberkulosegeschichte die These des »*American exceptionalism*«.[184]

Die Tuberkuloserate der USA war stets niedriger gewesen als die europäische. Weder die Weltkriege noch die Depression hatten den stetigen Rückgang der Tuberkulose unterbrechen können.[185] Trotz des Elends der Depressionsjahre rangierte die Tuberkulose in den 1930er-Jahren in den USA nur noch an siebter Stelle der Todesursachen, ein Platz, von dem aus sie offensichtlich nur sehr begrenzte öffentliche Aufmerksamkeit an sich binden konnte.

---

1951/52, S. 332; Weyl, A., *Neue Wege zur Bekämpfung der Tuberkulose des Rindes*, Hannover 1951; Ickert, Franz, Die bovine Tuberkulose beim Menschen, in: Deutsches Zentralkomitee zur Bekämpfung der Tuberkulose, *Tuberkulose-Jahrbuch 1950/51*, S. 113-115; Griesbach, Rolf/Holm, Johannes, Der Anteil boviner Infektion an der Lungentuberkulose Erwachsener, in: *Der Tuberkulosearzt* 2 (1948), S. 449-453; Hofmeier, K., Vermeidung der Fütterungstuberkulose durch Ernährung der Säuglinge mit Trockenmilch, in: *Deutsche Medizinische Wochenschrift* 73 (1948), S. 522-524. Zur Dringlichkeit, das deutsche Pasteurisierungsverfahren zu verändern, plädierten unter Verweis auf die »*Tbc-freie Milch in den USA und den nordischen Ländern*« Kröger, E./Möhlenkamp, H., Untersuchungen zu den gegenwärtigen Möglichkeiten der menschlichen tuberkulösen Infektion durch Milch und Milchprodukte, in: *Ärztliche Wochenschrift* 5 (1950), S. 785-794, hier S. 790 und 792. Siehe zu den Positionen deutscher Amtsärzte zur Fütterungstuberkulose auch S. 286 dieser Darstellung.

182 Zur analogen Entwicklung in Kanada, wo 1907 ebenfalls in dezidierter Abgrenzung gegen Koch bewiesen wurde, dass Rindertuberkulose für Menschen infektiös ist. 1909 wurde eine US-amerikanisch/kanadische Konferenz der *American Veterinary Medical Association* in Chicago abgehalten, die ausführlich zu dem Problem der Rindertuberkulose, ihrer Infektiosität und der Bekämpfung durch Testung der Rinderbestände und Pasteurisierung der Milch Stellung nahm. Siehe dazu Wherrett, 1977, S. 140. Das *Tuberkulose-Jahrbuch* (1950/51), S. 22 schätzte, dass 1949 40 % des westdeutschen Rinderbestandes positiv waren, in den USA zur gleichen Zeit nur 0,01 %, in Schweden 3 %, in Dänemark 1-2 % der Rinder tuberkulinpositiv waren und die BRD »*zu den am meisten mit Rindertuberkulose durchseuchten zivilisierten Ländern*« gehörte. Differenzierte Krankheitszahlen finden sich bei Griesbach/Holm, 1948.

183 Zur geringeren öffentlichen Aufmerksamkeit, die die Tuberkulose im Vergleich zu Diphtherie oder Fleckfieber auf sich zog, siehe Rosenkrantz, 1984, S. 162f.; zur relativen Vernachlässigung der Tuberkulose im Vergleich zu Polio und Geschlechtskrankheiten siehe Feldberg, 1995, S. 3f.

184 So auch Feldberg, 1995, S. 83. Drolet, Godias R., World War I and Tuberculosis, in: *American Journal of Public Health* 35, 7 (1945), S. 689-697, bes. S. 690f. Zum kontinuierlichen Rückgang auch Mikol, Edward X./Plunkett, Robert E., Recent Trends in the Early Diagnosis of Tuberculosis, in: *American Journal of Public Health* 35, 12 (1945), S. 1260-1270.

185 Zur Rückläufigkeit der Tuberkulose selbst noch unter den Bedingungen der Depression siehe Shryock, 1957, S. 229. Darüber hinaus war die Sterblichkeit der an Tuberkulose erkrankten Menschen in den USA sehr viel niedriger. *Tuberkulose-Jahrbuch* (1950/51), S. 83.

Unter dem Gesichtspunkt der Tuberkulosebekämpfung war das Verhältnis zwischen den USA und Deutschland von einer ambivalenten Mischung aus Adaption und Abwehr geprägt. Konkurrenz und Bewunderung hatten nicht nur die Rezeption Kochs und die Behandlung der Rindertuberkulose geprägt[186], sondern waren auch in den Forschungsreisen zum Ausdruck gekommen, die amerikanische Tuberkuloseforscher und Tuberkuloseärzte zu Beginn des 20. Jahrhunderts immer wieder nach Deutschland unternommen hatten.[187]

Für die Besatzungsjahre war zentral, dass die Tuberkuloseperzeption der Amerikaner sich im eigenen Land bisher auf Frauen[188], Kinder und Immigranten[189] als potenziell Betroffene konzentriert hatte.[190] Amerikanische Männer schienen durch diese Krankheit weniger gefährdet, woraus sich offensichtlich auch die Einschätzung ableitete, dass amerikanische GIs durch die Tuberkulose nicht bedroht seien. Auch Mitte des 20. Jahrhunderts schien die Tuberkulose aus amerikanischer Perspektive eine europäische Krankheit zu sein, durch europäische Ursachen hervorgerufen und im amerikanischen Leben nur indirekt durch europäische Immigranten präsent. Ebenso wenig wie sich die USA und ihre Armeen durch den Hunger, die Kälte, den Mangel und die Zerstörung Europas direkt bedroht fühlten, ängstigte sie die Tuberkulose der »Alten Welt«.[191]

Alle diese Faktoren bestimmten sowohl amerikanische Analysen der Tuberkulose während des Krieges als auch die amerikanische Tuberkulosepolitik im besetzten Deutschland.

---

186 Zur »Konkurrenzthese«, die das Verhältnis zu Koch und die Behandlung der Rindertuberkulose bestimmte, siehe Rosenkrantz, 1984, S. 166f.
187 Feldberg, 1995, S. 40f.; Rothman, 1994, S. 199-203.
188 Dazu mit ausführlichen Quellenbelegen Feldberg, 1995, S. 113ff.
189 Rothman, 1994, S. 181.
190 Siehe zur vermeintlichen Beschränkung der Tuberkulose auf besondere Gruppen Rothman, 1994, S. 181; Feldberg, 1995, S. 7.
191 In ihrem Essay-Review über neuere Studien zur Tuberkulosegeschichte verwies Nancy Tomes noch 1989 darauf, dass es bisher weder Analysen zur metaphorischen Bedeutung der Tuberkulose in den USA gibt, noch Untersuchungen, die sich mit Tuberkulose als Symbol sozialer Degeneration oder dem Bild des »Seelenfiebers«, das französische Historiker inspiriert habe, beschäftigen. Tomes, Nancy J., Essay Review, in: *Bulletin of the History of Medicine* 63 (1989), S. 467-480. Diese historiographische Abstinenz ist leicht aus der metaphorischen Marginalität der Tuberkulose im amerikanischen Kontext zu erklären. Im Vergleich zu Europa besaß Tuberkulose in den USA keine nennenswerten symbolischen Implikationen, ein Zusammenhang, der jedoch bisher in der Forschung nicht thematisiert wurde. Partiell wurde dieses Defizit inzwischen durch die Studien von Bates, Rothman und Ott aufgearbeitet.

# Voraussetzungen amerikanischer Tuberkulosepolitik 1944/45

## 1. 1944: Informationen der German Country Unit

Auch für die amerikanischen Tuberkuloseeinschätzungen ist das Handbuch der *German Country Unit* eine wichtige Quelle. In der Ausgabe vom April 1944 wurde Tuberkulose nicht als »*chief noticeable disease*«, sondern als »*specially important peace-time disease*« an zweiter Stelle hinter Krebserkrankungen behandelt. Bei der detaillierteren Beschreibung der deutschen Tuberkulosebekämpfung konzentrierte sich das Handbuch auf die Weimarer Republik und betonte, dass aufgrund eines »*great fight against tuberculosis, [...] the death rate was brought down from 15,1 per 10,000 in 1923 to 6,2 in 1933.*« Doch nicht nur diese Zahlen fanden die Autoren bemerkenswert, auch hinsichtlich des Stadt-Land-Gefälles der Tuberkuloseerkrankungen hatte die Weimarer Republik mit ihren vielen städtischen Fürsorgestellen nach Einschätzung des Handbuchs besser dagestanden als andere Länder. Ebenso wurde die flächendeckende Einrichtung von Sanatorien und Erholungsheimen bis 1933 positiv vermerkt. Probleme lagen aus Sicht der Autoren in der uneinheitlichen Tuberkulosebekämpfung der verschiedenen deutschen Länder, in der teilweisen Unterversorgung der nichtkrankenversicherten Bevölkerung und in der unzureichenden Abstimmung zwischen Krankenversicherung und Invalidenversicherung, durch die auch krankenversicherte Patienten in eine Versorgungslücke rutschen konnten.[192]

Für die Jahre nach 1933 stellte das Handbuch im April 1944 lapidar fest, dass die Nazis die Defizite der Tuberkulosebekämpfung nicht behoben hätten[193], allerdings hätten sie die Tuberkulosebekämpfung in anderer Hinsicht beeinflusst: Die Tuberkuloseerkrankungen seien zwischen 1937 und 1942 um über 33 % gestiegen. Trotz mangelhafter Statistiken hatten die Nationalsozialisten also auch vor dem Ausland nicht verbergen können, dass sich die Tuberkulosesituation in Deutschland während des Krieges dramatisch zugespitzt hatte.

Die Gefahr, sich im nationalsozialistischen Deutschland mit Tuberkulose zu infizieren, sei – so die *German Country Unit* – aufgrund der vielen erkrankten Menschen und der schwierigen Lebenssituation gestiegen. Vor allem der rücksichtslose Arbeitseinsatz von Kranken[194] habe dazu geführt, dass 60 % der an offener, d.h. infektiöser Tuberkulose Leidenden nach Angaben von nationalsozialistischen Ärzten arbeiten müssten.[195]

---

192 Alle Zitate RG 260, 390/50/22/5, *Germany Basic Handbook*, April 1944, Chapter X: »Public Health«, S. 242.
193 »*The Nazis do not appear to have remedied fundamental defects in the organization of the treatment of tuberculosis.*« Ibid.
194 Siehe dazu Kelting, 1974, S. 48f.
195 Zur direkten Einschaltung der Arbeitsämter nach der Heilstättenentlassung vgl. Sachße/Tennstedt, 1992, S. 171.

Zudem habe sich die Infektionsgefahr dadurch erhöht, dass 61 % aller nach Deutschland verbrachten Zwangsarbeiter an Tuberkulose litten. Der auch schon vor den Luftangriffen bestehende Wohnungsmangel trage zur Verbreitung der Krankheit bei.

Insgesamt beschrieben die alliierten Autoren einen starken kriegsbedingten Tuberkuloseanstieg. Dass die nationalsozialistische »Gesundheitsführung« diese Entwicklung zu verantworten hatte, wurde im April 1944 nicht explizit erwähnt.[196]

Erst die Ausgabe vom Oktober 1944 stellte die Nazifizierung der Tuberkulosefürsorge stärker in den Mittelpunkt. Während in der April-Version der Nationalsozialismus fast gar keine Rolle gespielt hatte, konzentrierte sich die Darstellung in der Ausgabe vom Oktober 1944 fast ausschließlich auf nationalsozialistische Eingriffe. Vor allem die Vereinheitlichung des deutschen Gesundheitswesens schien wichtig. Tuberkulose wurde nun nicht mehr in einem separaten Krankheitsteil abgehandelt, sondern im Zusammenhang mit den institutionellen Veränderungen, die seit 1933 vorgenommen worden waren, beschrieben.

Besonders erläutert wurde die »*Verordnung über ansteckende Krankheiten*« *(Infectious Diseases Decree)* von 1938, die eine Meldepflicht auch im Fall des bloßen Krankheitsverdachts verfügt und Regeln für Zwangsisolation, Desinfektion, amtsärztliche Untersuchung u.ä. festgelegt hatte. Die Verordnung habe die bereits im April 1944 beschriebene Finanzierungslücke allerdings nicht geschlossen. Erst das Tuberkulosehilfegesetz von 1942 habe die Kostenübernahme für alle an Tuberkulose Erkrankten, egal ob krankenversichert oder nicht, garantiert. Trotz dieser finanziellen Verbesserungen seien auch die Tuberkulosekranken nicht von nationalsozialistischen Diskriminierungen verschont geblieben.[197]

Auch mit Blick auf die Tuberkulose lässt sich ein weitgehender Kontrast zwischen den beiden Handbuchausgaben konstatieren, der sich unmittelbar aus den im Sommer 1944 vom *State Department* ausgegebenen ideologischen Vorgaben erklären lässt. Damit oszillierte auch die Perzeption einzelner Krankheiten zwischen den beiden weltanschaulichen Positionen der *Outlaw*-Schule einerseits und den Vansittartisten andererseits. Innerhalb von wenigen Monaten hatte sich die amerikanische Perspektive von der Konzentration auf Weimarer Fürsorgekonzepte fast ausschließlich auf so genannte nationalsozialistische »Tuberkulosegefängnisse« *(health prisons)* verschoben.

---

196 Die Inhumanität nationalsozialistischer Tuberkulosepolitik wurde im April 1944 lediglich in einem kurzen Verweis darauf, dass Menschen mit einer unheilbaren offenen Tuberkulose und »asozialen« Tuberkulösen erhöhte Lebensmittelrationen verweigert würden, berührt. RG 260, 390/50/22/5, *Germany Basic Handbook*, April 1944, Chapter X: »Public Health«, S. 243.

197 »*The Reichstuberkuloseausschuß, whose decrees, orders and circulars constitute a sort of Reich Tuberculosis Statute with legal force [...] has used these powers with the utmost energy and ruthlessness, establishing inter alia the ill-famed Tuberculosis Prison for recalcitrant or careless patients attached to mental hospitals [...] in which the ›obstinate‹ patient is kept under armed guard and is to be ›left to his fate without further medical attention‹ should he resist the severe hygienic rules and attention given in the more ordinary wards of these ›health prisons‹«.* Ibid., S. 233.

Die beschriebene Anstalt Stadtroda war ein Extrembeispiel und bildete nicht die Lebenswirklichkeit der Mehrzahl der Tuberkulösen im nationalsozialistischen Deutschland ab.[198] Das gewählte Beispiel charakterisierte jedoch in zutreffender Weise die Ausgrenzung von Menschen, die für die Volksgemeinschaft als »wertlos« erachtet wurden. Dass die *German Country Unit* sich stark auf diese Institution konzentrierte, illustriert ihre Absicht, die Unmenschlichkeit nationalsozialistischer Gesundheitspolitik zu betonen.

Für die Einschätzung der Tuberkulosegefahr, der die Besatzungstruppen ausgesetzt sein würden bzw. für die Entwicklung eines Konzepts zur Bekämpfung der Tuberkulose während der Besatzungszeit, ließen sich aus den Informationen des Handbuchs keine unmittelbaren Folgerungen ableiten. Tuberkulose spielte in amerikanischen Besatzungsplanungen im Frühjahr 1945 keine explizite Rolle. Als »Friedenskrankheit« bedeutete sie in alliierten Augen keine unmittelbare Gefahr, für die Vorsorge zu treffen war.

## 2. US-Army und Tuberkulose: Dezember 1944 – Juli 1945

Diese (fehlenden) Planungen korrespondierten mit der Tuberkulosestatistik der amerikanischen Streitkräfte. »*Exzellent*« sei der Gesundheitszustand der Besatzungstruppen[199], führten die Berichte der amerikanischen Armee aus, der Krankenstand sei nach dem Höhepunkt vom Dezember 1944 wieder rückläufig und abgesehen von der seit Frühjahr ansteigenden Zahl der Fleckfiebererkrankungen deute nichts auf gesundheitliche Probleme[200] hin. Tuberkulose tauchte in den Statistiken der *medical officers* nur als Krankheit auf, die sich einige wenige amerikanische Soldaten in deutscher Kriegsgefangenschaft zugezogen hatten.[201]

Auch Wochen nach Kriegsende berichteten die *reports* noch immer von einem vortrefflichen Gesundheitszustand der amerikanischen Streitkräfte. Ansteckende Krankheiten kämen, mit Ausnahme von *venereal diseases*, überhaupt nicht in nennenswertem Ausmaß vor.[202] Ausdrücklich vermerkten die Berichte für Mai bis September 1945: »*Remarkably low was the incidence of tuberculosis […]. Although […] the disease was widespread in the German population, it did not show its reaction on United States troops.*«[203] Erst im Herbst und Winter 1945 wandelte sich das Bild etwas: Von einer

---

198 Erläutert wurde die nationalsozialistische Tuberkulosepolitik am Beispiel der Anstalt Stadtroda. Vgl. dazu S. 340 dieser Darstellung.
199 *Medical Policies*, 1947, S. 38.
200 United States Army, *Preventive Medicine in World War II*, S. 469.
201 *Medical Policies*, 1947, S. 19.
202 Ibid., S. 38.
203 Ibid., S. 39.

Erkrankungsziffer von 0,06 % im August 1945 sei die Tuberkuloserate auf 0,04 % im Oktober 1945 gesunken, um dann bis zum April 1946 auf 0,12 % anzusteigen.[204] Trotz dieses Anstiegs maßen die Ärzte der amerikanischen Armee der Tuberkulose noch immer keine besondere Bedeutung zu.[205]

Noch im Juli 1945 wurde Tuberkulose auch in dem bereits oben zitierten Memorandum, das James Simmons und Thomas Turner für den *Surgeon General* der US-Armee erstellt hatten, nicht als aktuelles Gesundheitsproblem gewertet.[206] Allerdings wurde die Tuberkulose nun in den »*Plans for the Future Health of Occupied Germany*« berücksichtigt, da die Amerikaner zu diesem Zeitpunkt realisiert hatten, dass die Tuberkulose in den Konzentrationslagern weit verbreitet gewesen war. Deshalb befürchteten sie, dass sich die Tuberkulose, ausgehend von »*befreiten erkrankten Personen*«, zu einer Gesundheitsgefahr entwickeln könnte. Simmons und Turner empfahlen daher dem USGCC, Pläne für die Eindämmung des von ihnen erwarteten Tuberkuloseanstiegs zu machen.[207] Weitergehende Ratschläge vermochten auch die Professoren Simmons und Turner nicht zu formulieren.

## 3. Herbst 1945: Erste Orientierung der Militärregierung über das »Tuberkuloseproblem«

### 3.1 Medical intelligence: Befragung deutscher Ärzte

Mit Beginn der Eroberung des Reiches wurden, wie in allen Gesundheitsangelegenheiten, auch die bisherigen Informationen über Tuberkulose durch »Abschöpfung« deutscher Quellen ergänzt. Je weiter die amerikanischen Armeen vorrückten, desto mehr deutsche Tuberkuloseexperten konnten befragt werden. Auf diese Weise ließen

---

204 Ibid., S. 122.
205 Dass diese Einschätzung zumindest partiell eine Fehlwahrnehmung war, zeigte sich 10 Jahre nach Kriegsende, als die Folgekosten für die Behandlung und die Pensionen tuberkulosekranker Angehöriger der amerikanischen Armee die *Veterans Administration* dazu veranlassten, die bisherige Tuberkulosediagnostik der US-Armee einer genauen Prüfung zu unterziehen. Vergleiche Long, Esmond/Jablon, Seymour, *Tuberculosis in The Army of the United States in World War II. An Epidemiological Study With an Evaluation of X-ray Screening*, Washington D.C. 1955 (nachfolgend zitiert als Long/Jablon, 1955). Nach diesem Report wurden zwischen 1942 und 1945 17 500 Amerikaner aufgrund von Tuberkuloseerkrankungen als wehruntauglich aus der Armee entlassen, S.1. Über die Erkrankungszahlen dort keine Angaben.
206 Siehe ausführlicher zu diesem Memorandum S. 105 dieser Darstellung.
207 RG 260, OMGUS, AG 45-46/111/5, Military Government US, Adjutant General 1945-1946, U.S. Army Plans for German Public Health under the Allied Control Council, a Report to the Surgeon General of Oberservations made from 6 June to 12 July 1945, S. 7. Report in Kopie an Lucius Clay, General Stayer und General Hildering. Die publizierte Version dieses Berichts ist abgedruckt in: J.A.M.A., vol. 19, no. 17, December 1945, S. 1225.

sich die bisherigen, oft ungenauen Angaben von deutschen Kriegsgefangenen um Auskünfte der Spezialisten ergänzen.

Zur Tuberkulose wurde u.a. Dr. Peter Beckmann, Stabsarzt im Luftwaffenlazarett in Gauting bei München, interviewt. Da Gauting das einzige Luftwaffen-Krankenhaus gewesen war, in dem Tuberkulosekranke behandelt worden waren, erhofften die Amerikaner sich von Beckmann Einblicke in die Behandlung erkrankter Elitesoldaten.

Beckmann beschrieb, dass Tuberkulose bei Angehörigen der Luftwaffe vor allem auf physische und mentale Erschöpfung zurückgeführt wurde und die Soldaten daher auf die traditionelle Behandlung mit Bettruhe und kalorienreicher Kost sehr gut angesprochen hätten. Von Beckmann erfuhren die Offiziere der *Medical Intelligence Division*, dass in Gauting alle Arten von Medikamenten, u.a. auch Sulfonamide, angewandt worden seien und sich als wirkungslos erwiesen hätten. Inwieweit Peter Beckmann die guten Behandlungserfolge der konventionellen Tuberkulosetherapie besonders betont hatte, weil die Deutschen keine effektive medikamentöse Alternativtherapie vorzuweisen hatten, wurde von den Amerikanern nicht problematisiert.[208] Über die wirklich innovativen Forschungen zur Tuberkulosebekämpfung, die in Deutschland bereits während des Krieges von Gerhard Domagk durchgeführt wurden, wusste Beckmann damit nichts zu berichten.[209] Inwieweit der amerikanischen Besatzungsmacht Domagks Tuberkuloserforschungen bereits zu diesem Zeitpunkt bekannt waren, geht aus den Dokumenten nicht hervor.

Peter Beckmann bestätigte die Informationen der *German Country Unit* über den kriegsbedingten Anstieg der Tuberkulose: Von 3,6‰ im Jahre 1939 sei die Rate innerhalb von drei Jahren auf 13‰ gestiegen. Die aktuelle Krankheitsrate schätzte Beckmann auf 22‰.[210] Damit wichen die Angaben des Münchner Stabsarztes deutlich von den Aussagen des Chefsekretärs des »*Hauptkontrollamtes für Tuberkulose der*

---

208 RG 260, 390/42/33/4-5, Military Government-Hesse Public Health and Public Welfare Branches, Miscellaneous Interview on Medical Practice and Research in Germany – Combined intelligence objectives sub-committee, S. 7f.
209 Domagk testete während des Krieges verschiedene Sulfonamide im Tierversuch und konnte 1946 erste dauerhafte Heilerfolge beim Menschen erreichen. 1952 war schließlich die Wirkung des Isonikontinsäurehydrazids (IHN) belegt und damit das erste deutsche Tuberkulostatika auf dem Markt. Ausführlicher dazu Grundmann, 2001, S. 107, 177. Diese Forschungen und Erfolge Domagks sind in der deutschen Literatur überliefert, während amerikanische Darstellungen nichts über diese Traditionslinie berichten. Der amerikanische Arzt Walsh McDermott, der 1949 beauftragt wurde, diese Forschungen zu evaluieren, berichtet, dass die Besatzungsmächte während der vier Besatzungsjahre nicht registriert hatten, dass Domagk 7000 Patienten erfolgreich mit Sulfonamidpräparaten behandelt hatte. McDermott, Walsh, The story of INH, in: *Journal of Infecitous Diseases* 119 (1969), S. 678-683, hier S. 678; Hinshaw, H. C./McDermott, Walsh, Thiosemicarbazone Therapy of Tuberculosis in Humans, in: *American Review of Tuberculosis* 61 (1950), S. 145-157.
210 RG 260, 390/42/33/4-5, Military Government-Hesse Public Health and Public Welfare Branches, Miscellaneous Interview on Medical Practice and Research in Germany – Combined intelligence objectives sub-committee, S. 7f.

*Provinz Thüringen«* ab. Dieser hatte den Amerikanern zu Protokoll gegeben, dass in Thüringen seit 1938 in der deutschen Zivilbevölkerung kein Anstieg der Tuberkulose zu verzeichnen sei. Tuberkulose sei eine Krankheit der Fremden, speziell der Russen. Obwohl diese Aussagen sich eher mit nazistischer Krankheitspropaganda deckten als mit der Tuberkulosewirklichkeit in Thüringen, wurden auch sie von den Amerikanern nicht kommentiert. Allerdings stellten die *intelligence officers* ihnen eine Statistik der absoluten Tuberkuloseerkrankungsfälle gegenüber, die für 1942 bei 922 Neuerkrankungen 106 nicht-deutsche Patienten verzeichnete, für 1943 von 1153 Krankheitsfällen nur 350 Fremde angab und für 1944 von 1570 Tuberkulösen 572 als Ausländer aufführte. Diese Zahlen zogen indirekt die Angaben des deutschen Tuberkulosearztes in Zweifel. Kritik wurde von den Nachrichtendienstoffizieren an der nachlässigen Erfassung tuberkulöser Rinder geübt, die nicht wie in den USA obligatorisch mit Tuberkulin getestet, sondern nur bei *»offensichtlichen Krankheitszeichen«* gemeldet würden.[211]

## 3.2. Long-Report, Oktober 1945: »Tuberculosis is a grave Public-health problem in Germany«

Da die Befragung deutscher Tuberkuloseexperten nur punktuelle und, wie oben gezeigt, widersprüchliche Informationen erbracht hatte, wollte sich die Militärregierung ein eigenes Urteil bilden. Dafür sollte Dr. E. Long, seit 1945 Berater der amerikanischen Streitkräfte in Tuberkulosefragen und Vorsitzender der National Tuberculosis Association[212], im Oktober 1945 einen ausführlichen Report für die amerikanische Armee erarbeiten. Neben einer aktuellen Bestandsaufnahme sollte Long zugleich ein Tuberkulosekontrollprogramm für die US-Zone entwickeln.[213]

Um einen ersten Eindruck von der aktuellen Situation zu gewinnen, wertete Long die deutsche Fachliteratur aus, führte Interviews mit ehemaligen deutschen Funktionären durch, vor allem mit J. E. Kayser-Petersen, dem 1. Generalsekretär des Reichstuberkuloseausschusses nach der Gleichschaltung[214], und unternahm eine Informationsreise durch alle Landes- und Regierungsbezirke der US-Zone. Ergänzend zu diesen Informationen wurden die Angaben zahlreicher *health officers* der jeweiligen Armeen

---

211 Ibid., S. 8f.
212 Vgl. Long, Esmond/Cameron, Virginia (Hg.), *National Tuberculosis Association 1904-1955*, New York 1959.
213 RG 260, OMGUS, 5/333-1/7, Headquarters U.S. Forces, European Theater, Office of Military Government (U.S. Zone), Memorandum: Tuberculosis Control in U.S. Zone of Germany, prepared by E. Long, to Director Public Health and Welfare Division OMGUS, 9 October 1945. Siehe für biographische Informationen zu Long S. 276 dieser Darstellung.
214 Woitke, 1992, S. 32. Kayser-Petersen war Mitglied des Stahlhelm und NSDAP-Mitglied gewesen. Zur Person Kayser-Petersen siehe Süß, 2003, S. 105, S. 469.

und örtlichen Militärregierungen herangezogen, die Long in die örtlichen Tuberkulosefürsorgestellen, Tuberkulosekrankenhäuser und Heilstätten begleitet hatten.

Während das Bild der aktuellen Tuberkulosesituation, die Long aufgrund der von ihm selbst in Augenschein genommenen Verhältnisse vor Ort beschrieb, auf einer soliden fachlichen Grundlage ruhte, war die Darstellung der Tuberkulosesituation während des Nationalsozialismus im Vergleich zum Handbuch der German Country Unit eine dürre 20-zeilige Beschreibung[215], die im Wesentlichen die Darstellung Kayser-Petersens resümierte und sich wie die deutsche Vorlage ausschließlich mit institutionellen Regelungen befasste. Im Gegensatz zur Tuberkulosedarstellung des Handbuchs verzichtete Long ebenso auf eine kritische Einschätzung der Schilderungen Kayser-Petersens, wie er es unterließ, wesentliche Defizite oder die rassenhygienischen Aspekte nationalsozialistischer Tuberkulosepolitik zu nennen.

Ausführlicher ging er dagegen auf die aktuelle Organisation der Tuberkulosebekämpfung unter amerikanischer Verantwortung ein. Wie die Berichte der US-Armeen nannte auch Long an erster Stelle die POW[216] und *Displaced Persons* als Hauptbetroffenengruppen. Deren Erkrankungen würden jedoch von den zuständigen Armeen und Militärkrankenhäusern gut bewältigt.[217]

»*U.S. Chief Public Health Officers all recognized tuberculosis as a major Public Health problem and are vitally interested in its control*«[218], betonte Long immer wieder. Diese besondere Hervorhebung, die sich weder bei anderen Krankheiten wie Fleckfieber, Typhus, Diphtherie oder venereal diseases findet noch der Tuberkulosebekämpfung bei den *Displaced Persons* vorangestellt war, lässt Zweifel aufkommen, ob diese Einschätzung die amerikanische Tuberkuloseperzeption wirklich zutreffend beschrieb. Wahrscheinlich war sie eher ein Appell Longs an seine Kollegen, Tuberkuloseerkran-

---

215 RG 260, OMGUS, 5/333-1/7, Headquarters U.S. Forces, European Theater, Office of Military Government (U.S. Zone), Memorandum: Tuberculosis Control in U.S. Zone of Germany prepared by E. Long, to Director Public Health and Welfare Division OMGUS, 9 October 1945, s.v. 3.a. »Previous German organization«, S. 2.
216 Im Gegensatz zu anderen Annahmen über Tuberkulose, die sich später als falsch erwiesen, bestätigte sich diese Aussage, dass unter den amerikanischen Soldaten die GIs, die in deutscher Kriegsgefangenschaft gewesen waren, das höchste Infektionsrisiko trugen. Vgl. dazu Long/Jablon, 1955, S. 75f.
217 Allerdings, so räumte Long ein, gebe es für die Behandlung tuberkulosekranker DPs und die Verteilung der Verantwortlichkeiten für diese Patienten zwischen der Armee und OMGUS »*no clear cut program*«. Vielmehr werde erwartet, dass die UNRA die Hauptlast dieser Verantwortung schultere, zumal schon viele UNRAS-Teams in den DP-Camps seien, um die Erkrankten zu versorgen. Somit wurden amerikanische Defizite, die sowohl hinsichtlich der gesundheitlichen Planung, in der die DPs nicht berücksichtigt worden waren wie auch hinsichtlich der Behandlung tuberkulöser *Displaced Persons* weiterhin bestanden, durch die Hoffnung kompensiert, dass UNRA diesen Sektor bald übernehmen werde. RG 260, OMGUS, 5/333-1/7, Tuberculosis Control in U.S. Zone of Germany, s.v. 3.b. (1) »Prisoners of war and DPs«, S. 2f.
218 RG 260, OMGUS, 5/333-1/7, Tuberculosis Control in U.S. Zone of Germany, s.v. 3.b. (2) »Military Government and civilian tuberculosis control«, S. 3.

kungen auch bei den Deutschen ernster zu nehmen. Auch die relative Zurückhaltung amerikanischer Offiziere hinsichtlich der Tuberkulosebekämpfung in den folgenden 18 Monaten unterstützt eher die Vermutung, dass Esmond Long im Oktober 1945 mit seiner Tuberkuloseeinschätzung eine Mindermeinung vertrat.

Während Long für seine amerikanischen Kollegen lediglich konstatieren konnte, dass sie Tuberkulose als Gesundheitsproblem ernst nähmen, beschrieb er, dass deutsche Amtsärzte bereits praktische Konsequenzen aus ihren Tuberkulosesorgen gezogen und spezielle Tuberkuloseärzte eingestellt hätten, um das Bekämpfungsprogramm personell zu stärken.[219] Trotz dieser deutschen Bemühungen, die Tuberkulose effizienter zu bekämpfen, schilderte Long bereits im Oktober 1945 die Unzufriedenheit der Amerikaner mit deutschen Tuberkulosereporten[220], die sich im Laufe der Besatzung zu einem handfesten Streit über die deutsche Tuberkulosestatistik ausweitete.

Bemerkenswert ist, dass Esmond Long bereits im Oktober 1945 festgestellt hatte, dass die deutschen Angaben über Tuberkulosetodesfälle »*are in general much too low to be in accord with known facts*«.[221] Der Tuberkuloseanstieg der Jahre 1946 und 1947, auf den deutsche Amtsärzte so sorgenvoll verwiesen, wurde vom amerikanischen Tuberkulosefacharzt Long aufgrund seiner nüchternen Analyse bereits 1945 erwartet bzw. durch mangelhafte Angaben zur Tuberkulosesterblichkeit bis 1945 relativiert.

Dass die amerikanischen Besatzungsoffiziere auf die steigenden deutschen Tuberkuloseraten überwiegend gleichmütig reagierten, war daher keine Bagatellisierung der Situation, sondern gründete vor allem darin, dass sie mit einem gewissen Anstieg der Tuberkuloseraten gerechnet hatten, den Long als ihr Fachmann und Berater für Tuberkulosefragen nicht als dramatisch einschätzte.

Long beschrieb, dass die Tuberkulosebekämpfung auf Ebene der Stadt- und Landkreise ebenso effektiv funktioniere wie vor der US-Besatzung. Einschränkungen ergäben sich durch Personalmangel, Raumnot, Beschlagnahmungen durch die Besatzungstruppen und Mangel an Motorisierung. Bezüglich der empfohlenen Anzahl von Tuberkulosebetten orientierte sich Long am US-Schlüssel. Gemessen daran, wies die amerikanische Besatzungszone aktuell nur etwa 50 % des als notwendig erachteten Bestandes auf.[222]

Als gravierendstes Problem der Tuberkulosebekämpfung stufte Long die fehlende Asylierungsmöglichkeit für offene Tuberkulosefälle ein. Diese stellten, so der amerikanische Tuberkulosespezialist, »*an obvious severe health hazard*«[223] dar. Diese Gefahr werde dadurch verstärkt, dass aufgrund des Wohnungsmangels die verbliebenen

---

219 Ibid., S. 3.
220 Ibid.
221 Ibid.
222 Ibid., S. 4.
223 RG 260, OMGUS, 5/333-1/7, Tuberculosis Control in U.S. Zone of Germany, s.v. 3.b. (2) (d) »Open cases in homes«, S. 5.

Wohnungen überbelegt seien, wodurch die Gefahr der Ansteckung erheblich verstärkt werde.

Die von Long vorgeschlagenen Kontrollmaßnahmen unterschieden sich nicht wesentlich vom Gesamtprogramm der amerikanischen Besatzungsmacht für den deutschen Gesundheitssektor: Das bestehende deutsche System sollte möglichst schnell wieder aufgebaut werden. Bis die deutschen Institutionen der Tuberkulosebekämpfung wieder voll funktionsfähig seien, sollten medical officers die notwendige Unterstützung und Überwachung leisten. Vor allem sollte ein zuverlässiges und einheitliches Berichtssystem aufgebaut werden. Immer wieder strich Long die grundlegende Relevanz der Tuberkulosestatistik heraus[224] – ein Hinweis, den sich die Besatzungsoffiziere offensichtlich zu Herzen nahmen, entwickelten sich 1947/48 doch genau in diesem Bereich grundlegende Konflikte zwischen Deutschen und Amerikanern.

Für die konkrete Umsetzung des von ihm entwickelten Bekämpfungsprogramms wollte Long drei herausragende Mediziner der US-Armee einsetzen, die er für geeignet hielt, »*to speed up the machinery of organization*«.[225] Mit diesen amerikanischen Medizinern sollte auf deutscher Seite ein ziviler Tuberkuloseberater arbeiten, der aufgrund herausragender Kompetenzen und Erfahrungen im Bereich der Tuberkulosebekämpfung die deutschen Behörden beim Wiederaufbau des Gesundheitswesens beraten konnte. Für diese Aufgabe hatte er Kayser-Petersen vor Augen.[226] Etwaige Interferenzen mit anderen Besatzungszielen der USA, etwa der Entnazifizierung, thematisierte Long nicht.

Dieser ausführliche Report Esmond Longs ist eines der wenigen amerikanischen Dokumente, das sich zu einem so frühen Zeitpunkt der Besatzung mit Tuberkulose beschäftigte. Long analysierte aufgrund umfangreichen Datenmaterials nüchtern die vorliegende Situation, prognostizierte die dann auch in der Tat einsetzende Steigerung der Tuberkulosemortalität und benannte mit Mangelernährung, Wohnungsnot und Personalmangel auch bereits die Hauptursachen. Bemerkenswert ist, dass Esmond Long im Oktober 1945 noch ausdrücklich einen Bezug zu nationalsozialistischer Tuberkulosepolitik herstellte[227] und damit nationalsozialistische Tuberkulosepolitik als ursächlich für den zu erwartenden Tuberkuloseanstieg benannte. Diese 1945 noch präsente Verbindungslinie spielte in der Folgezeit keine Rolle mehr.

---

224 »*It should be recognized that proper reporting is the first essential of a successful antituberculosis campaign*«. Ibid., S. 8. Zum deutsch-amerikanischen Statistikkonflikt siehe S. 405 dieser Darstellung.
225 RG 260, OMGUS, 5/333-1/7, Tuberculosis Control in U.S. Zone of Germany, s.v. 5.a. »*Military government organization*«, S. 7.
226 »*Kayser-Petersen, formerly General Secretary of the Reichs-Tuberkulose-Ausschuss, is recommended as predominantly qualified.*« Ibid., S. 7.
227 »*Patients with open tuberculosis to work in factories and other industrial plants, must have led to a definite spread of the disease, which will become evident with the passage of time.*« RG 260, OMGUS, 5/333-1/7, Tuberculosis Control in U.S. Zone of Germany, s.v. 4.b. »*Expected future incidence*«, S. 6.

Ebenso einmalig wie dieses Dokument für die Jahre 1945/46 war auch Longs Gesamteinschätzung der Tuberkulosesituation: »*Tuberculosis is a grave Public Health problem in Germany at the present time. There is unmistakable evidence that the incidence of the disease, and its mortality, are rising, and that the German antituberculosis machinery, while not completely disrupted, is functioning in an inferior manner.*«[228] Diese Wertung der Tuberkulose als ernst zu nehmendes Gesundheitsproblem trennte Esmond Long zu diesem Zeitpunkt noch von der Mehrheit seiner medizinischen Kollegen innerhalb der amerikanischen Armee und auch innerhalb von OMGUS.

Long nahm die Tuberkulose offensichtlich schon allein aufgrund seiner professionellen Identität ernster: Als Tuberkulosearzt wäre es für ihn abwegig gewesen, steigende Tuberkuloseraten anders zu gewichten denn als ernstes Gesundheitsproblem. Die meisten der amerikanischen *medical officers* folgten ihm in dieser Einschätzung erst ca. 18 Monate später. Longs Memorandum ist daher nicht repräsentativ, seine Bedeutung liegt in der Professionalität, die Long zu einer abweichenden Gewichtung der Tuberkulose geführt hatte.

Aufgrund seiner fachlichen Qualifikation hatte Long ein Tuberkuloseszenario entworfen, das sich in den folgenden Jahren fast bis ins Detail bestätigen sollte, und zwar sowohl hinsichtlich seiner analytischen als auch hinsichtlich seiner prognostischen Aussagen. Die hier von Long erarbeiteten Inhalte und Beurteilungen deckten sich im Wesentlichen mit amerikanischen und auch deutschen Einschätzungen ab Ende 1948. Vor diesem Hintergrund ist der geringe Einfluss dieses Reports, mit dem die amerikanische Besatzungsmacht über eine zutreffende und scharfsinnige Analyse der Tuberkulosesituation bereits im Oktober 1945 verfügte, umso bemerkenswerter.

Für die anfänglich geringe öffentliche Wirkung der Long'schen Analyse waren zwei Faktoren verantwortlich: Erstens wurde Tuberkulose bis dahin, wie oben dargestellt, nicht als Gefährdungsfaktor wahrgenommen. Weder in den USA selbst noch in der amerikanischen Kriegsplanung, weder mit Blick auf die Besatzungskonzeption noch hinsichtlich der Erkrankungsraten der Armee stellte Tuberkulose ein gesundheitliches Problem dar. Tuberkulose war damit zweitens aus amerikanischer Perspektive keine symbolisch negativ aufgeladene Krankheit. Diese Perzeptionslinie vermochte der sachlich-nüchterne Report Longs nicht zu durchbrechen. Außerdem erschwerte auch der Stil des Memorandums eine weiterreichende Wirkung. Die nüchterne Wissenschaftlichkeit des um Ausgewogenheit bemühten Textes ließ eben jene Dramaturgie vermissen, derer es offensichtlich bedurft hätte, um politische Aufmerksamkeit zu wecken.

Obgleich die amerikanische Besatzungsbürokratie Longs Evaluierung der Tuberkulose nicht teilte, wurden die von ihm entwickelten praktischen Vorschläge weitestgehend umgesetzt. In Abweichung von ihrem Tuberkuloseexperten Esmond Long kamen Armee und OMGUS jedoch zu dem Ergebnis, dass Tuberkulose kein bedroh-

---

228 RG 260, OMGUS, 5/333-1/7, Tuberculosis Control in U.S. Zone of Germany, s.v. 4. »Gravity of Tuberculosis Problem«, S. 6.

liches Gesundheitsproblem sei. Trotz ihrer unterschiedlichen Analyse der Tuberkulosesituation favorisierten sie jedoch ebenso wie Long eine frühzeitige Übertragung aller Kompetenzen an deutsche Stellen. Voraussetzung dafür war es, die Seuchengefahr sorgfältig zu evaluieren und sich vor allem einen Überblick darüber zu verschaffen, ob die institutionelle Tuberkulosebekämpfung noch funktionierte und auf welchen Grundlagen sie beruhte.

Dafür griffen die Amerikaner auf den letzten Jahresbericht des deutschen Reichstuberkuloseausschusses für 1944 und 1945 zurück, der als gesetzliche Grundlage der Tuberkulosebekämpfung fünf Gesetze auflistete.[229] In allen Gesetzen wurden explizit nationalsozialistische bzw. rassistische Regelungen gestrichen. In dieser modifizierten Form blieben sie Grundlage der deutschen Tuberkulosebekämpfung.[230] Institutionell hatte nationalsozialistische Gesundheitspolitik, wie oben bereits dargestellt, nur geringen Einfluss auf die Tuberkulosebekämpfung gewonnen. Nach 1945 wurden die mit Tuberkulose befassten Parteiorganisationen aufgelöst.[231] Da das *GVG* von 1934 weiter galt, waren auch, wie darin festgelegt, weiterhin die Tuberkulosefürsorgestellen der Gesundheitsämter die Zentralinstanzen der Tuberkulosebekämpfung.[232] Damit bestand in der Tuberkulosebekämpfung auch nach Kriegsende eine große institutionelle und rechtliche Kontinuität.

---

[229] Genau waren dies erstens das »*Gesetz zur Vereinheitlichung des Gesundheitswesens*« vom 3. Juli 1934, zweitens das »*Ehegesundheitsgesetz*« vom 18. Oktober 1935, drittens die »*Verordnung zur Bekämpfung übertragbarer Krankheiten*« vom 1. Dezember 1938, viertens den »*Schulseuchenerlaß*« vom 30. April 1942 und fünftens die »*Verordnung über Tuberkulosehilfe*« vom 8. September 1942. RG 260, 5/333-1/7, Headquarters U.S. Forces, European Theater, Office of Military Government (U.S. Zone), A Report concerning the Activities of the Reichstuberkuloseausschuss for the Year 1944-1945, by Dr. Kayser-Petersen, Vizepräsident and 1st Generalsekretär.

[230] Dies geht indirekt aus der Referenz deutscher Gesundheitsbehörden auf diese Gesetze nach 1945 hervor. Siehe dafür z.B. RG 260, 390/49-50/35-1/6-1, Box 298, OMGUS-WB – Public Health Adviser, Innenministerium Württemberg-Baden an die staatlichen Gesundheitsämter betr. Zwangsasylierung von Tuberkulosekranken, Anlage 1 zum Monatsbericht November 1948, Teil 2. a) Tuberkulose: dort Referenz auf die Verordnung zur Bekämpfung übertragbarer Krankheiten vom 1. Dezember 1938; Generallandesarchiv Karlsruhe, Gesundheitsämter, Abt. 446, Nr. 3, Niederschrift über die Amtsärztebesprechung am 17. Oktober 1949 in Heidelberg.

[231] RG 260, AGTS/88/1-9, Draft Directive to the US (UK) (USSR) Commander-in-chief, Control of Public Health, January 1945, Punkt 7.

[232] Das Deutsche Zentralkomitee zur Bekämpfung der Tuberkulose wurde für die drei Westzonen am 17. Juli 1949 wiedergegründete *Tuberkulose-Jahrbuch* (1950/51), S. 11. Ausführlicher zum Wiederaufbau der Gesundheitsverwaltung siehe S. 118ff. dieser Darstellung.

## Politisierung der Tuberkulose im Koordinatensystem der Besatzungsjahre: 1945-1947

Die Tuberkulosepolitik der Besatzungsjahre lässt sich in zwei Phasen untergliedern.

Die deutsch-amerikanischen Auseinandersetzungen drehten sich 1945/46 vor allem um die Frage, ob überhaupt ein Tbc-Problem bestehe. Seit 1947 beschäftigte sich auch die amerikanische Besatzungsmacht intensiver mit Tuberkulose. Strittig war nun nicht mehr, dass eine gesundheitliche Gefährung der Menschen durch die Tuberkulose existierte. Gerungen wurde darum, wie groß die Gefahr sei und wie man ihr begegnen müsse.

Mit dieser Periodisierung war eine Entwicklung der Perzeptionsmuster verbunden: Die Monate unmittelbar nach Kriegsende waren stark vom Rekurs auf traditionelle, etablierte Tuberkuloseinterpretationen geprägt, die die jeweiligen Positionen stützen sollten, während die zweite Phase von einer Eigendynamik der Interaktion charakterisiert war, die eigene Deutungen und neue Bezüge schuf. Im Laufe der Besatzung näherten sich deutsche und amerikanische Sichtweisen an, Tuberkulosepolitik entwickelte sich ab 1947 zunehmend zu einem deutsch-amerikanischen Kooperationsfeld.

### 1. Traditionelle Tuberkulosewahrnehmungen

In den ersten Monaten war Tuberkulose im Wesentlichen eine Leerstelle des amerikanischen gesundheitspolitischen Diskurses.[233] Erst ab Herbst 1945 erwähnten die Gesundheitsberichte Tuberkulose häufiger und verknüpften sie als »*Krankheit der Kriegsgefangenen*« mit den ebenfalls häufig vorkommenden Fleckfiebererkrankungen.[234] Kriegsgefangene und Lagerinsassen waren in der Tat häufig an Fleckfieber und/oder Tuberkulose erkrankt, anders als im Fall der Tuberkulose hatte sich die amerikanische Armee jedoch schon während des Krieges von Fleckfieber unmittelbar bedroht gefühlt.[235] Über die Verbindung mit dem als große Gesundheitsgefahr eingestuften Fleckfieber gelangte schließlich auch die Tuberkulose ins Bewusstsein amerikanischer Gesundheitspolitiker, zwar nicht als unmittelbare Bedrohung, aber als ernst zu nehmende Krankheit, die in den Gesundheitsberichten der amerikanischen Armee zumindest zu erwähnen war.

---

233 »*Public Health [...] is in a good state*«, wiederholten die Berichte der amerikanischen Militärregierung erst wöchentlich dann monatlich in immer ähnlichen Formulierungen, fast so, als könne diese stetige Wiederholung eine gleich bleibend niedrige Krankheitsrate auch für die Zukunft sicherstellen. Siehe z.B. RG 331, SHAEF, Historical Section, Entry 54, Box 169, G-5 Section, 7th Army Group, Weekly Report for week ending 31 May 1945, S. 9. Vgl. zur stabilen gesundheitlichen Lage auch S. 319 dieser Darstellung.

234 RG 331, SHAEF, Historical Section, Entry 54, Box 169, G-5 Section, 7th Army Group, Weekly Report for week ending 31 May 1945, S. 20.

235 Dazu ausführlich S. 90 ff. dieser Darstellung.

## 1.1 Stadtkrankheit Tuberkulose

Dass die Tuberkulosebekämpfung lange Zeit so wenig amerikanische Aufmerksamkeit auf sich zog, ist insofern verwunderlich, als sich amerikanische Gesundheitspolitik nach 1945 auf deutsche Städte konzentrierte und Tuberkulose als »Krankheit der Stadt« schlechthin galt.[236] Gesundheitspolitiker hatten in ihr viele Jahrzehnte lang eine Krankheit gesehen, die vor allem in den übervölkerten Arbeiterquartieren der boomenden Metropolen zu finden war.[237] Auch in den USA lag die Tuberkulosemortalität der Städte bis Ende der 1930er Jahre höher als auf dem Land.[238] Trotzdem fehlte das Deutungsmuster der Stadtkrankheit Tuberkulose in amerikanischen Berichten der Nachkriegszeit.[239]

Auch deutsche Berichte griffen die eingeführte Verbindung zwischen Tuberkulose und Stadt nicht auf.[240] Die Präsentation der Tuberkulose als »städtische Krankheit« hätte die amerikanische Gesundheitspolitik, deren Schwerpunkt in den Städten lag,

---

236 Vgl. allgemein zur Übersterblichkeit der Städte und der »Schädlichkeit des Stadtlebens als [...] medizinische Doktrin«: Bleker, Johanna, Die Stadt als Krankheitsfaktor. Eine Analyse ärztlicher Auffassungen im 19. Jahrhundert, in: *Medizinhistorisches Journal* 18 (1983), S. 118-136; zur höheren Tuberkuloseinfektion und -mortalität der Städte siehe Witzler, 1995, S. 44ff. Bis zum Ausgang des 19. Jahrhunderts hatten sich sowohl der Ausbau der hygienischen Infrastruktur als auch die Ärztedichte und Krankenhausversorgung zugunsten der Städte verlagert. Matzerath, 1985, S. 93f., S. 341f. Zum problematischen, methodisch noch immer nicht klar erforschten Zusammenhang zwischen städtischem Sterblichkeitsrückgang und sanitären Reformen siehe Vögele, Jörg, Sanitäre Reformen und der Sterblichkeitsrückgang in deutschen Städten, 1877-1913, in: *Vierteljahrschrift für Sozial- und Wirtschaftsgeschichte* 80 (1993), S. 345-365. Zur Tuberkulose als Stadtkrankheit auch Teleky, 1950, S. 73. Siehe auch S. 329 dieser Darstellung. Die von Zeitgenossen häufig beklagte Übersterblichkeit in den Großstädten war seit der Jahrhundertwende nicht mehr gegeben, so dass ab 1900 bereits eine Diskrepanz zwischen statistischen Fakten und subjektiver Wahrnehmung von Gesundheitsgefahren nachweisbar ist. Vgl. Witzler, 1995, S. 39f. Diese Wahrnehmungsdifferenz begleitete die Gesundheitspolitik des 20. Jahrhunderts kontinuierlich. Zum politischen Kontext und den Vorbedingungen dieser Wahrnehmungsabweichungen gibt es bisher keine Untersuchung. Besonders heftig diskutiert wurde städtische Übersterblichkeit im Kontext von Tuberkulose und Säuglingssterblichkeit. Beide Diskurse erreichten Relevanz und politische Bedeutung erst zu Beginn des 20. Jahrhunderts, als ihre statistischen Höhepunkte bereits überschritten waren.
237 Zur Rezeption der Tuberkulose als Arbeiterkrankheit vgl. z.B. Sachße/Tennstedt, 1988, S. 126.
238 Shryock, 1957, S. 232.
239 Für die amerikanischen GIs bestätigte eine 1955 von der *Veterans Administration* durchgeführte Untersuchung, dass »*Soldiers who came from urban and rural backgrounds seemed not to differ with respect to the probability of developing clinical tuberculosis.*« Long/Jablon, 1955, S. 82; ebenso ibid., S. 65. Erst ab 1947 wurde die Interpretationsfigur der »Stadtkrankheit Tuberkulose« durch die Amerikaner reaktiviert. Siehe dazu S. 400f. dieser Darstellung.
240 Als einzige Ausnahme berichtete das Karlsruher Gesundheitsamt gelegentlich über die höhere Tuberkuloserate innerhalb der Stadt Karlsruhe im Vergleich zum Landesbezirk. Generallandesarchiv Karlsruhe, Gesundheitsämter, Abt. 446, Nr. 6, Tuberkulosefürsorgestelle Karlsruhe, Tuberkulosebekämpfung.

im Zentrum ihrer Bemühungen attackieren können. Was also hätte näher gelegen, als auf die städtische Prävalenz der Tuberkulose zu verweisen und damit deutschen Beschwerden besonderen Nachdruck zu verleihen. Warum verzichteten deutsche Amtsärzte darauf, diesen Konnex herzustellen?

Die Aufgabe des urbanen Bezugsrahmens in den Berichten deutscher Amtsärzte machte die Tuberkulose ubiquitär. Sie war nun nicht mehr auf bestimmte Wohnviertel, bestimmte soziale Klassen oder besonders exponierte Menschen beschränkt, sondern hatte sich diskursiv zu einer allgegenwärtigen Krankheit gewandelt. Durch Auslassung der städtischen Komponente war Tuberkulose nun auch jenseits der Stadtgrenzen präsent, dies steigerte ihr Bedrohungspotenzial – zumindest diskursiv – ins Unbegrenzbare. Die regionale Entgrenzung führte nicht nur zur Auflösung der sozialen Gebundenheit der Tbc, sondern zwang auch zur Aufgabe analytischer Abgrenzungskategorien, hätte doch die präzise statistische Beschreibung schnell die potenzielle Betroffenheit der ganzen deutschen Bevölkerung relativiert.

Diese Neubewertung der Tuberkulose hatte deutschen Amtsärzten anfänglich die Möglichkeit eröffnet, großen politischen Druck auf die Besatzungsmacht auszuüben, barg gleichzeitig aber auch das Risiko, als unwissenschaftlich und unkorrekt kritisiert zu werden, ein Bumerang, der 1947/48 als amerikanische Kritik an deutschen Tuberkulosestatistiken auf die Deutschen zurückschlug.[241]

## 1.2 Schmutzkrankheit Tuberkulose

»Schmutz« und »Tuberkulose« bildeten auch im Nachkriegsdeutschland ein Paar, weniger in amerikanischen Akten als in deutschen. Die Deutschen variierten diese Verbindung jedoch wie schon nach dem Ersten Weltkrieg auch nach dem Zweiten Weltkrieg. Für die Amtsärzte stand nach 1945 fest, dass nicht unhygienisches Verhalten des Einzelnen zum Schmutz führte, sondern die Mängel der Nachkriegszeit; vor allem Mangel an Seife und Bademöglichkeiten.[242] Als verantwortlich für diese Mängel

---

241 Dazu ausführlich S. 405ff.
242 Neben vielen anderen Belegen z.B. Stadtarchiv Frankfurt, Gesundheitsamt, II 75-1990 Nr. 31, Bericht über die Bekämpfung der Tuberkulose an den kommandierenden Offizier, Military Government, Public Health Section, 25 September 1945; Stadtarchiv Frankfurt, Magistratsakten, Aktenzeichen 7110, Bd. 2, Niederschrift über die Sitzung der Gesundheitsdeputation am Dienstag, 6.4.48. In diesem Sinne auch Schröder 1949/1950, S. 273. Die Erinnerung, dass die Tuberkulose der Besatzungsjahre vornehmlich eine Mangelkrankheit gewesen sei, bestand bis in die 1950er-Jahre fort. Vgl. dazu Bericht über den Tuberkulose-Fortbildungslehrgang für Ärzte der Gesundheitsämter in Göttingen vom 13. bis 18. Februar 1950, in: *Der öffentliche Gesundheitsdienst*, 12. Jg. (1950/51), S. 117-119, hier S. 118. Die Konstruktion der Tuberkulose als Mangelkrankheit war nicht auf die amerikanische Besatzungszone beschränkt. Für eine analoge Verbindung zu Hunger und Mangel in der Französischen Zone siehe Dobler, 1946.

galt die Besatzungsmacht. Sie verfügte nicht nur über diese Dinge, sondern enthielt sie den Deutschen vor oder entzog ihnen das Wenige, was geblieben war, noch durch Demontage. Medizinalrat Dr. Kappes aus Karlsruhe empfahl »*den Herrn Stadträten, sich einmal in die Warteräume der Tuberkulosefürsorgestelle zu begeben, dann erübrigt sich jedes Wort über den ›hygienischen‹ Betrieb. Es fehlt hier zum größten Teil an allem, was zur Bekämpfung der Tuberkulose notwendig ist.*«[243] In anderen Städten herrschten ähnliche Zustände. »*Ein sauber gewaschenes Volk ist doch keine Gefahr für die Welt!*«[244], schleuderte der Stuttgarter Polizeipräsident dem amerikanischen Nachrichtendienst im November 1947 entgegen, um die vermeintliche Absurdität amerikanischer Demontagepläne zu brandmarken. »*Die Veröffentlichung der Demontageliste [...] hat jedoch in weitesten Kreisen der Bevölkerung eine psychische Erschütterung zur Folge gehabt.*«[245] Eben diese »*psychische Erschütterung*« wurde von den Deutschen immer wieder genannt, denn »*gerade die Tuberkulose reagiert auf Noteinflüsse, körperliche und seelische Überbeanspruchung besonders rasch und schwer.*«[246] So wurden »Demontage«, »Tuberkulose« und »Schmutz« unmittelbar miteinander verknüpft:

»*Seife dürfte wahrscheinlich wichtiger als irgend ein anderes Mittel sein, um einer Epidemie Einhalt zu gebieten. Diese ungesunden Bedingungen hätten schon sehr viel dazu beigetragen, Epidemien und Sterblichkeit in Deutschland zu erhöhen. [...] Die Zerstörung einer für die Hygiene und Gesundheit eines Volkes sehr wichtigen Industrie konnte man schlecht mit dem Vorwand der Entwaffnung rechtfertigen, sondern es sei sehr wohl die Absicht dieser Zerstörung, den deutschen Wettbewerb auf dem Weltmarkt zu vernichten. [...] Wenn dahinter eine Politik stehe, so meint man weiter, so sei diese nicht human, weil sie einem hilflosen Volke und nicht zuletzt dessen Kindern gegenüber angewandt werde.*«[247]

---

243 Stadtarchiv Karlsruhe, Haupt-Registratur, 2162, Vortrag des Medizinalrats Dr. Kappes über die Säuglingssterblichkeit in Karlsruhe, 33. Sitzung des Stadtrates, 1. September 1947.
244 Stadtarchiv Stuttgart, Hauptaktei Gruppe 0, Bestand 14, Nr. 27, Berichte Polizeipräsident Schumm an CIC, Situationsbericht Nr. 104, 10. November 1947, S. 5. Zur Beziehung zwischen dem »Mangel an Sauberkeit« und Tuberkulose siehe auch Krieger, 1948 (Teil 2), S. 118.
245 Stadtarchiv Stuttgart, Hauptaktei Gruppe 0, Bestand 14, Nr. 27, Berichte Polizeipräsident Schumm an CIC, Situationsbericht Nr. 101, 20. Okt. 1947, S. 1.
246 Hauptstaatsarchiv Stuttgart, EA 2/009 Innenministerium, Abt. Gesundheitswesen 1945-1973, Bü. 2310, Bericht über Tuberkulosesituation nach dem Krieg, Obermed.-Rat Schrag an Innenministerium, S. 1. Eugen Schrag hatte sich während und auch nach dem Krieg durch Veröffentlichungen in einschlägigen Tuberkuloselehrbüchern profiliert und trat nach 1945 kontinuierlich als Redner auf den Tagungen der Deutschen Tuberkulosegesellschaft auf. Aus diesem Grund wurden seine Ausführungen nachfolgend als Quellenmaterial mit einem hohen repräsentativen Wert interpretiert. Siehe zur zeitgenössischen fachlichen Einschätzung Schrags z.B. Tagung der Deutschen Tuberkulosegesellschaft 17.-19. September 1951 in Kissingen. Tagungsbericht in: *Der öffentliche Gesundheitsdienst*, 13. Jg. (1951/52), S. 334. Rezension von Tuberkuloselehrbüchern zur Röntgenreihenuntersuchung in: Ibid., S. 239.
247 Stadtarchiv Stuttgart, Hauptaktei Gruppe 0, Bestand 14, Nr. 32, Tagesberichte Kripo an CIC Juli 1945–März 1950, Situationsbericht Nr. 112, S. 3f.

Der »schmutzige Tuberkulöse« wandelte sich so vom Schuldigen zum Ankläger. Krankheit war nicht mehr länger Zeichen von Versagen, sondern Zeichen von Benachteiligung. In dieser Funktion war sie ein effektiver Weg, deutsche Kritik an der Besatzungsmacht zu äußern.[248] Darin lässt sich bereits eine Politisierung und Neuakzentuierung traditioneller Krankheitsdeutungen erkennen, die besonders augenfällig mit Blick auf die »Mangelkrankheit Tuberkulose« wurde.

## 2. Umakzentuierung tradierter Tuberkulosedeutungen

Deutsche Gesundheitsämter leiteten ihre Tuberkuloseberichte bereits im September 1945 mit der Vorbemerkung ein: »*The fight against tuberculosis has always been a very urgent problem to the German Public Health Office.*«[249] Nicht die Krankheitsstatistik wurde hier als Argument für die Beschäftigung mit Tuberkulose eingebracht, sondern der Verweis auf ein traditionelles Tätigkeitsfeld deutscher Gesundheitsämter. Mit dem alten Aufgabenkatalog wurden gleichzeitig alte Deutungsmuster wieder belebt. Die Verknüpfung von Demokratiekritik, nationaler Niederlage, Not, Verarmung und Zukunftsangst hatte sich nach 1918 so stark in die deutsche Tuberkuloseinterpretation eingegraben, dass das Bezugssystem »Tuberkulose«, »Niederlage« und »Mangel« nach 1945 unmittelbar reaktiviert und wiederum auf die politische Ordnung bezogen wurde.

### 2.1 Volk ohne Zukunft: Zur Periodisierung mittels der Tuberkulose

So wie nach dem Ersten Weltkrieg die *»Bedrängungspolitik des Feindbundes«, »feindliche Erpressung und feindliche Bedrückungspolitik« die »Hungerwelle in Deutschland«*[250] und damit die Tuberkulose hervorgerufen hätten, galt nach 1945 alliierte Besatzungspolitik als Ursache für Mangel und damit für Tuberkulose.

*»Der Krieg 1914-1918 und die Nachkriegsjahre haben uns die erschütternden Folgen der Unzulänglichkeit vor Augen geführt«*[251] und zu einem Anstieg der Krankheit

---

248 Tuberkulose hatte eine Geschichte als Kritikplattform und Kampfparole in ganz unterschiedlichen Kontexten, vor allem aber als »Proletarierkrankheit« im Kampf gegen den Kapitalismus. Ausführlicher Hähner-Rombach, 2000, S. 33f.
249 RG 260, 8/59-1/1, General Food Condition for Tbc Hospitals, Ursprungstext deutsch, Übersetzung eines dt. Briefes.
250 Geissler, 1924, S. 32.
251 Auch in den USA wurden die beiden Nachkriegsphasen miteinander verglichen. Anders als in Deutschland drängten sich die Jahre nach 1919 jedoch nicht als stets präsente Katastrophe der kollektiven Erinnerung auf, sondern wurden erst auf der Suche nach Vergleichszahlen und einem Orientierungspunkt wieder entdeckt. Doull, 1945, S. 787.

geführt, erläuterte Dr. Oxenius vom »*Frankfurter Verein für Tuberkulosefürsorge e. V.*« im Juni 1945.[252]

Am Beginn der deutschen Tuberkulosewahrnehmung stand der Erste Weltkrieg, am Ende standen die Mängel der Besatzungsjahre. Dieses Perzeptionsmuster vereinte deutsche Tuberkulosespezialisten aller Couleur bis zum Ende der 1940er-Jahre.[253]

Deutsche Tuberkuloseärzte waren sich darin einig, dass »*die Tuberkulosewelle mit außerordentlicher Vehemenz auf das deutsche Volk hereinbrach. Noch bis Kriegsende war die Steigerung der Morbidität und Mortalität geringfügig geblieben, aber mit dem äußeren Zusammenbruch zerbrach auch die Widerstandskraft gegen die Tuberkulose. Der Schrecken der Zerstörung der deutschen Städte durch die Bombenangriffe und die Kriegsnöte aller Art hatten ihr nicht viel anzuhaben vermocht; aber der unerhörten neuen Belastung durch Hungersnot und Flüchtlingselend ist die [...] Widerstandskraft des Individuums nicht mehr gewachsen.*«[254] Ähnlich wie bereits nach dem Ersten Weltkrieg spielten auch in der Tuberkuloseperzeption nach 1945 die krankheitsfördernden Jahre des Krieges und des Nationalsozialismus fast keine Rolle.[255]

Die Probleme der Nachkriegsjahre warfen in Gestalt der Tuberkulose bedrohliche Schatten auf die Zukunft: »*Bei den derzeitigen Verhältnissen wird befürchtet, daß der ›weiße Tod‹ viele Millionen deutscher Menschen aller Altersklassen fordern wird. Im Jahre 1939 starben in Deutschland 42 000 Menschen an Tuberkulose; heute sind es bereits 200 000*« sorgte sich der Stuttgarter Polizeipräsident Schumm[256] gegenüber der

---

252 Stadtarchiv Frankfurt, Gesundheitsamt, II/5-1990 Nr. 30, Dr. med. R. Oxenius, Obermedizinalrat, Frankfurt am Main, Bericht an Gesundheitsamt, April 1947.
253 Neben den Tuberkuloseärzten der untersuchten Städte siehe für diese Argumentation z.B. Hagen, Wilhelm, Zur Epidemiologie der Tuberkulose, in: *Der öffentliche Gesundheitsdienst*, 13. Jg. (1951/52), S. 102-110; hier S. 106.
254 Ulrici, H., Die Tuberkulosegefahr, in: *Ärztliche Wochenschrift* 1 (1946), S. 246-248; Redeker, 1946, Tuberkulose, S. 181.
255 Wenn sie Erwähnung fanden, dann nur in den ersten Monaten der Besatzungszeit, fast so, als wollten deutsche Amtsärzte ihre politische Zuverlässigkeit durch ein Lippenbekenntnis über die Fehlerhaftigkeit nationalsozialistischer Tuberkulosebekämpfung unter Beweis stellen. Oxenius fuhr in der oben zitierten Darstellung damit fort zu erklären, »*der Nationalsozialismus hat auch hier auf dem Gebiet der öffentlichen Gesundheitspflege falsche Wege beschritten. Es wurde Raubbau an unserem Volkskörper getrieben [...] Schäden wie [...] Wohnungsnot, Ernährungsschwierigkeiten*« entstanden. Damit war Oxenius eine Ausnahme. Kaum ein deutscher Amtsarzt ging während der Besatzungsjahre auf den Zusammenhang zwischen nationalsozialistischer Tuberkulosepolitik und steigenden Tuberkuloseraten nach 1945 ein. Obwohl Oxenius als Leiter des von den Nationalsozialisten aufgelösten Frankfurter Vereins eher als andere Amtsärzte geneigt war, auf nationalsozialistische Verantwortlichkeit zu verweisen, streifte selbst er diesen Zusammenhang nur am Rande. Stadtarchiv Frankfurt, Gesundheitsamt, II/5-1990 Nr. 30, Dr. med. R. Oxenius, Obermedizinalrat, Frankfurt am Main, Bericht an Gesundheitsamt, April 1947.
256 Polizeirat Julius Schumm war 1920 Sekretär des Landesverbandes der katholischen Arbeiter- und Arbeiterinnenvereine, trat 1923 in die Polizei ein, war seit 1945 Chef der Präsidialabteilung der Stuttgarter Polizei, ab 1948 Sozial- und Gesundheitsreferent Stuttgarts. Diese Angaben bei Neidiger, 1995, S. 133.

Besatzungsmacht.[257] Nicht nur Politiker sahen die Zukunft des Volkes bedroht, auch Tuberkuloseärzte schlossen sich den düsteren Prognosen an: »*[Die Tuberkulose] unterhöhlt die Gesundheit des Einzelnen und des ganzen Volkes, bis die körperliche und seelische Abwehrkraft dieser Zerreißprobe nicht mehr standhält.*«[258] Für den Berliner Tuberkuloloearzt Franz Redeker stellte sich die Zukunft so düster dar, dass er davon ausging, »*eine zivilisatorische Lebensform wie vor dem Krieg werde die heutige Generation sicherlich nicht mehr erleben. [...] Die [...] großen Ursachen des Tuberkuloseanstiegs sind mit Beendigung des Krieges nicht in Fortfall gekommen.*«[259]

Dabei wurden die Deutschen als zu schwach beschrieben, die Krise, die die Tuberkulose auslöste, alleine zu meistern: »*Geht die Ausbreitung der Tuberkulose so weiter, so werden in Deutschland im Jahre 1950 gut 2,2 Millionen an Tuberkulose schwer krank sein. [...] In der Bevölkerung ist man der Meinung, daß die Besatzungsmacht durch Lieferungen von Arzneien, durch hilfsbereite Unterstützung und Einrichtung von Krankenhäusern und Erholungsstätten dieser großen Not, in die das Volk wie in einen Sog wehrlos hineingezogen werde, entgegenwirken könne.*«[260] Unfähig, das Problem allein zu bewältigen, Opfer und Spielball unbeherrschbarer Entwicklungen, wandten sich deutsche Beamte Hilfe suchend an die Besatzer, die zur Schutzmacht vor der zukunftsraubenden Tuberkulose werden sollten. Damit wurden im Diskurs über die Tbc symbolisch die Koordinaten zukünftiger politischer Konstellationen vorweggenommen.

## 2.2 Mangelkrankheit Tuberkulose als Kritikforum

Als wesentlich für den Anstieg der Tuberkulose erachteten die deutschen Amtsärzte »*unzureichende Ernährung, übermäßige Arbeitsbelastung und zusammengedrängtes Wohnen*«.[261] Der Mangel schien allgegenwärtig und grenzenlos: Es fehlte an Wasch-

---

257 Stadtarchiv Stuttgart, Hauptaktei Gruppe 0, Bestand 14, Nr. 27, Tagesberichte Kripo an CIC Juli 1945–März 1950, Situationsbericht Nr. 109, Februar 1948, S. 4f.
258 Roloff, Wilhelm, Tuberkulose und Persönlichkeit, in: *Beiträge zur Klinik der Tuberkulose,* Bd. 102 (1949), S. 567-572, hier S. 571 in seinem Eröffnungsreferat auf der ersten Nachkriegstagung der Deutschen Tuberkulosegesellschaft.
259 Redeker, 1946, S. 184.
260 Stadtarchiv Stuttgart, Hauptaktei Gruppe 0, Bestand 14, Nr. 27, Tagesberichte Kripo an CIC Juli 1945–März 1950, Situationsbericht Nr. 109, Februar 1948, S. 4f. Auch in der Fachpresse war die Einschätzung vorherrschend, dass die Tuberkulose seit Kriegsende stark angestiegen war. Siehe neben vielen anderen z.B. Blittersdorf, Friedrich, Reaktivierung und akute Verschlechterung der Lungentuberkulose in und nach dem Kriege, in: *Ärztliche Wochenschrift* 3 (1948), S. 77-80.
261 Schröder, Erich, Entwicklung und Bekämpfung der Tuberkulose in sozialhygienischer Schau (Forts. u. Schluß), in: *Der öffentliche Gesundheitsdienst,* 11. Jg. (1949/50), S. 268-275; hier S. 268. Ebenso Krieger, Konrad, Geburt, Krankheit und Tod der Nachkriegszeit, im Ablauf des Säkulums gesehen, in: *Der öffentliche Gesundheitsdienst,* 12. Jg. (1950/51), S. 161-168; hier S. 163. Auch der Düsseldorfer Pathologe Koch betonte die »*Bedeutung der Umweltbedingungen*«

mitteln, Kleidung, Nahrung, Wohnungen und Krankenhausbetten. »Mangel« schien der Tuberkulose somit nicht nur kausal[262], sondern in einer sehr viel weitergehenden Bedeutung inhärent zu sein. »Mangel« war die Essenz der Tuberkulose schlechthin.[263] Befestigt worden war diese symbolische Kongruenz zwischen Mangel und Tbc durch die Erfahrung der Weimarer Republik, fortgeführt wurde sie in den Jahren nach dem Zweiten Weltkrieg. Ebenso wie während der Weimarer Republik wurde auch nach 1945 der Mangel politisiert und als Form der Kritik an der Besatzungsmacht etabliert. Neben unzureichenden Kalorienzahlen wurde vor allem der Wohnungsmangel angeprangert. »*Die Tuberkulose ist eine Krankheit der schlechten Ernährung, der schlechten Wohnungs- und sonstigen Lebensverhältnisse*«[264], war eine Überzeugung, die deutsche Amtsärzte mit Politikern und Gewerkschaftlern teilten. »*Mit großer Sorge wird über die sich unaufhaltsam ausbreitende Tuberkulose gesprochen. Die Verhältnisse, unter denen die Menschen [...] zu leben haben, seien geradezu Brutstätten der Tuberkulose. Diese Krankheit als Auswirkung schlechter Ernährungs-, Wohnungs- und Lebensverhältnisse hatte sich zu Zeiten guter Arbeits- und Lebensbedingungen nie so ausgebreitet.*«[265]

Der Verweis auf gesundheitliche Not war eine Position, von der aus die Deutschen nicht nur Anklage gegen die Besatzungsmacht erhoben, sondern auch Forderungen an sie stellten, galt OMGUS doch als mitverantwortlich für alle die schmerzlich drücken-

---

und insbesondere der Ernährung für die Ausbildung der Tuberkulose. Koch, O., Über Kriegs- und Nachkriegseinflüsse auf den Tuberkuloseverlauf, in: *Deutsche Medizinische Wochenschrift* 72 (1947), S. 158-163, hier S. 162.

262 »*Erschreckend ist [...] die Zunahme der [...] als Folge der anhaltenden Unterernährung zu verzeichnenden Krankheiten. Alarmierend wirkt vor allem die Zunahme der Tuberkuloseerkrankungen*«. Stadtarchiv Stuttgart, Hauptaktei Gruppe 0, Bestand 14, Nr. 27, Berichte Polizeipräsident Schumm an CIC, Situationsbericht Nr. 82, Juni 1947, S. 3. Zur Verursachung der Tuberkulose durch »Ernährungsprobleme« auch: Müller-Voigt, F., 75 Jahre Säuglingssterblichkeit in der Stadt Duisburg, in: *Der öffentliche Gesundheitsdienst*, 13. Jg. (1951/1952), S. 111-124, hier S. 111; Hagen 1951/52, S. 110; ebenso auch Schröder, Erich, Entwicklung und Bekämpfung der Tuberkulose in sozialhygienischer Schau (1. Teil), in: *Der öffentliche Gesundheitsdienst*, 11. Jg. (1949/50), S. 225-233, hier S. 228.

263 Zur weitreichenden Bedeutung der Tuberkulose als »Mangelkrankheit« und zur symbolischen Ordnung der Schwindsucht als Krankheit der Entmaterialisierung siehe Öhring, Andrea, *Die Schwindsucht als Sinnbild. Studie zur symbolischen Ordnung einer Krankheit des 19. Jahrhunderts*, Diss. med. Univ. Freiburg i. Br. 1981, S. 10, S. 95.

264 »*Die Tuberkulose ist eine Krankheit der schlechten Ernährung, der schlechten Wohnungs- und sonstigen Lebensverhältnisse.*« Aus: »Reiche Ernte des weißen Todes, in: *Württemberg-Badische Gewerkschaftszeitung* 23 (1.12.47). Für den Bezug zwischen Tuberkulose und Wohnen siehe auch Krieger, 1950/51, S. 163; Liese, W., Wohnungswesen und das Gesundheitsamt, in: *Der öffentliche Gesundheitsdienst*, 13. Jg. (1951/52), S. 413-424, hier S. 418; Bürgers, Th. J., Wohnung und Tuberkulose, in: *Der öffentliche Gesundheitsdienst*, 11. Jg. (1949/50), 158-161; Ickert, Franz, Die Umwelt und die Tuberkulose: Die Wohnung, in: Deutsches Zentralkomitee zur Bekämpfung der Tuberkulose, *Tuberkulose-Jahrbuch 1950/51*, S. 115-117; Schröder, 1949/50, S. 233, S. 268.

265 Stadtarchiv Stuttgart, Hauptaktei Gruppe 0, Bestand 14, Nr. 27, Tagesberichte Kripo an CIC Juli 1945–März 1950, Situationsbericht Nr. 109, Februar 1948, S. 4f.

den Mängel: »*So wird immer wieder die Bitte und der Wunsch sowohl von den Ärzten wie auch von der Bevölkerung zum Ausdruck gebracht, daß die Besatzungsmacht durch die Einfuhr und Zuteilung von [...] [Lebensmitteln] helfen möge, die gesundheitliche Notlage breitester Schichten der Bevölkerung zu überbrücken.*«[266]

Seit 1947 verschärfte sich die Tonlage, in der die Deutschen mit Hilfe der »Mangelkrankheit« Tuberkulose Kritik an der Besatzungsmacht übten, zusehends: »*Verärgert*« seien die Menschen, führte Schumm in seinen Berichten an den amerikanischen CIC aus, und fuhr fort, »*daß es bei der großen Notlage und im Namen der Menschlichkeit kein unbilliges Verlangen gegenüber der Besatzungsmacht wäre, [...] vielen frierenden und in gesundheitlicher Not befindlichen Familien zu helfen.*«[267] Die augenfällige materielle Überlegenheit der USA, die die amerikanische Besatzungsmacht einerseits so attraktiv machte und gute Beziehungen so erstrebenswert erscheinen ließ, provozierte im Kontext der Tuberkulose Empörung und Verbitterung: »*Allerdings ist die Ansicht weit verbreitet, daß es gerade Amerika bei einem einigermaßen guten Willen möglich sein müßte, auch durch die Lieferung von anderen lebenswichtigen Nahrungsmitteln der deutschen Bevölkerung noch weit mehr unter die Arme greifen zu können als dies in den vergangenen Wochen und Monaten der Fall gewesen ist. [...] Man weist darauf hin, daß es hier um die Gesundheit und das Leben Tausender von Kindern und erwachsenen Personen geht*«.[268]

Neben unzureichenden Lebensmittelrationen gab insbesondere die großzügige Beschlagnahmungspraxis der Amerikaner Anlass zu Kritik.[269] Als die Besatzungsmacht ab 1947 begann, sich intensiver mit Tuberkulose zu beschäftigen, rezipierte auch sie die Krankheit ausschließlich als »Mangelkrankheit«.[270] 1949, unmittelbar vor Ende des Besatzungsstatus, benannten ihre Berichte »*housing as inextricably tied in with the high tuberculosis rate*«.[271] Da inzwischen fast alle von den Amerikanern beschlagnahm-

---

266 Stadtarchiv Stuttgart, Hauptaktei Gruppe 0, Bestand 14, Nr. 27, Berichte Polizeipräsident Schumm an CIC, Situationsbericht Nr. 65, 8. Februar 1947, S. 3.
267 Ibid., S. 2.
268 Stadtarchiv Stuttgart, Hauptaktei Gruppe 0, Bestand 14, Nr. 27, Berichte Polizeipräsident Schumm an CIC, Situationsbericht Nr. 97, 22. September 1947, S. 1.
269 Diese Praxis gründete in den Erfahrungen der Rheinlandbesetzung nach dem Ersten Weltkrieg. Damals waren amerikanische GIs in privaten Wohnhäusern, die auch weiterhin von Deutschen bewohnt wurden, einquartiert gewesen. Infolge dieses engen Kontakts war es zu vielfältigen Fraternisierungen gekommen, die nach dem Zweiten Weltkrieg dadurch verhindert werden sollten, dass die von Amerikanern genutzten Häuser von allen deutschen Bewohnern geräumt werden mussten.
270 »*The origin is the great shortage of living space and the bad conditions under which a great amount of the German population has to live*«, RG 260, 8/59-1/1, General Food Condition for Tbc Hospitals. RG 260, 390/49-50/35-1/6-1 Box 231, OMG-WB,: Records of the PH-Advisor, Quarterly Report, Jan.–March 1947; ebenso RG 260, 5/332-1/14, CAD PWB, Report on U.S. Occupation of Germany, Public Health, dort die Beurteilung im Vergleich zu anderen Krankheiten: »*Other communicable diseases [...] do not present the large economic problem as does tuberculosis.*«
271 RG 260, 8/62-2/3, OMG-Hesse, Public Health Division, Summary of Public Health Activities in Land Hesse for the Second Half of 1949, S. 7.

ten Gebäude und Krankenhäuser wieder freigegeben worden waren, war dies keine überraschende Haltung mehr, war die Besatzungsmacht doch für die Wohnungsnot 1949 nicht mehr verantwortlich.

Bis 1947 und in abgemilderter Form auch noch länger blieb die »Mangelkrankheit Tuberkulose« Grundlage deutscher Kritik an der Besatzungsmacht, Basis moralischer Anklagen und Fundament deutscher Forderungen an die Amerikaner.

## 2.3 Tuberkulose und Demokratie

Krankheit trägt die an sie geknüpften politischen Deutungen und die mit ihr verwobenen gesellschaftlichen Stereotypen direkt in die Leiber. Vor diesem Hintergrund gewannen die steigenden Tuberkuloseziffern der Besatzungsjahre eine eigene Bedeutung: Weimarer Gesundheitspolitiker hatten die erfolgreiche Bekämpfung der Mangelkrankheit Tuberkulose zur Messlatte demokratischer Chancengleichheit, Integration und Zukunftsoptionen gemacht.

In unmittelbarer Anwendung dieser Gleichung waren die steigenden Erkrankungszahlen nach 1945 in deutschen Augen wiederum ein Beleg dafür, dass demokratische Systeme deutscher Genese nicht in der Lage seien, dieser Probleme Herr zu werden. *»Der hungernde Mensch ist antriebslos, reizbar, überkritisch und untauglich für den Aufbau und staatsbürgerliche Betätigung«*, erklärten die deutschen Ärzte in einer Resolution des Nauheimer Ärztetages im Juni 1947.[272] Vermittelt über die Krankheit, wurde so implizit der Hinweis formuliert, dass mit diesen Menschen kein demokratischer Staat zu machen sei.

Die Tuberkulose führe zur *»Entkräftung«*, zum *»körperlichen und geistigen Verfall der Schaffenden«*, und zum *»Verlust von Lebensmut und Lebensfreude«*[273] der Deutschen. Um dem Konstitutionsverfall sowohl der Menschen wie auch der demokratischen Idee abzuhelfen, gab es nur einen Weg: Die mangelhafte Ernährungslage musste mit Hilfe der Amerikaner verbessert werden. *»Die deutsche Ärzteschaft ist der Ansicht, daß [...] eine großzügige Lebensmittellieferung von außen die bereits verlorene Arbeitsfähigkeit wieder herstellen muß.«*[274] So bewegte sich die Tuberkulosedebatte Ende 1947 in immer enger werdenden Kreisen um das Thema Ernährung.[275]

---

272 Resolution der Nauheimer Ärztetagung, in: *Bayerisches Ärzteblatt* 14 (1947), S. 2. In diesem Sinne auch die Entschließung des II. Bayerischen Ärztetages vom März 1947, abgedruckt in: *Bayerisches Ärzteblatt* 4 (1947), S. 4.
273 Stadtarchiv Stuttgart, Hauptaktei Gruppe 0, Bestand 14, Nr. 27, Berichte Polizeipräsident Schumm an CIC, Situationsbericht Nr. 101, 20. Okt. 1947, S. 2.
274 Resolution der Nauheimer Ärztetagung, in: *Bayerisches Ärzteblatt* 14 (1947), S. 2.
275 Vgl. dazu neben vielen anderen z.B. Stadtarchiv Stuttgart, Hauptaktei Gruppe 0, Bestand 14, Nr. 27, Berichte Polizeipräsident Schumm an CIC, Situationsbericht Nr. 82, Juni 1947, S. 3; Stadtarchiv Stuttgart, Hauptaktei Gruppe 0, Bestand 14, Nr. 27, Berichte Polizeipräsident Schumm an CIC, Situationsbericht Nr. 97, 22. September 1947, S. 1. Die primäre Deutung

Die erbetenen amerikanischen Lebensmittel sollten die Tuberkulosekranken gesunden lassen und damit gleichzeitig »Lebens-Mittel« für die neue deutsche Demokratie sein. Die Bitte um amerikanische Hilfe war in diesem Sinne der Wunsch nach medizinischer als auch nach politisch-ideologischer Hilfe. Der deutsche Tuberkulosediskurs der Besatzungsjahre hatte also eine zweifache Bedeutung: Zum einen stand er für Rückzug vom politischen Geschehen, Apathie[276] und Kritik an amerikanischen Konzepten, gleichzeitig war er aber auch ein Hilferuf. So repräsentierte Tuberkulose einerseits deutsche Demokratievorbehalte und die Angst, dass diese Staatsform wiederum Mangel und Krankheit bringen und deshalb scheitern werde, gleichzeitig schwang in den Sorgen deutscher Amtsärzte und Polizeibeamter auch immer die Hoffnung mit, dass eben gerade die amerikanische Besatzungsmacht, die sich so entschlossen für eine umfassende Demokratisierung einsetzte, auch die Tuberkulose energisch bekämpfen und letztlich heilen werde.

Der Verweis auf gesundheitliche Not im Zusammenhang mit der Demokratisierung hatte noch eine weitere Funktion: Eine kranke deutsche Bevölkerung, so wurden deutsche Politiker nicht müde zu betonen, sei nicht nur nicht in der Lage, eine demokratische Regierungsform aufzubauen, sondern sie wäre überdies für dieses – krankheitsbedingte – Versagen nicht verantwortlich zu machen. In diesem Sinne erläuterte der Stuttgarter Polizeipräsident dem amerikanischen Geheimdienst, dass »*ein Land, wo nach wie vor Hunger, Elend, soziale Not und wirtschaftliches Chaos herrschen, niemals als aktiver Gegner in die kommunistische Abwehrfront eingereiht werden kann. Vielmehr wird ständig die Gefahr bestehen, daß das Gegenteil eintritt und das Land somit zu einem günstigen Nährboden für die kommunistische Ideologie wird.*« Schumm betonte weiter, dass »*die bisherigen drei Nachkriegsjahre [...] in erheblichem Maße die seelischen und körperlichen Kräfte der deutschen Bevölkerung vermindert [haben]. Wenn 1938/39 die Vereinigten Staaten von Amerika und Großbritannien in gleicher Weise, wie sie es heute Rußland gegenüber tun, Hitler entgegengetreten wären und ihre ganze militärische und wirtschaftliche Macht mobilisiert hätten, so wäre es nach Meinung weiter Kreise fraglich gewesen, ob Hitler diesen unglückseligen zweiten Weltkrieg so leichtfertig vom Zaune gebrochen hätte. Die Bevölkerung erwartet, daß auch weiterhin Amerika und England [...] friedliche Demokratien*« schützen.«[277]

---

der Tuberkulose der Nachkriegsjahre als Hungertuberkulose zog sich bis weit in die 1950er-Jahre vgl. dazu Die Hungertuberkulose, in: *Ergebnisse der Gesamten Tuberkuloseforschung* XI (1953), S. 229-265.

276 »*Erschöpfung und Mutlosigkeit, Kritiksucht und Streit, Verbitterung und Haß bestimmen die lethargische Stimmung weitester Kreise.*« Stadtarchiv Stuttgart, Hauptaktei Gruppe 0, Bestand 14, Nr. 27, Berichte Polizeipräsident Schumm an CIC, Situationsbericht Nr. 101, 20. Okt. 1947, S. 2.

277 Stadtarchiv Stuttgart, Hauptaktei Gruppe 0, Bestand 14, Nr. 32, Tagesberichte Kripo an CIC Juli 1945–März 1950, 30.3.1948, S. 1f.

Damit kehrten sich die Verantwortlichkeiten und Schuldzuweisungen plötzlich um. In dieser Argumentation waren nicht mehr die Deutschen für den Zusammenbruch der Weimarer Demokratie verantwortlich, sondern die zögerliche Haltung der USA.

Auch der Wohnungsmangel, der die Tuberkulosesituation verschärfte, wurde in Bezug zur politischen Ordnung gesetzt: Polizeipräsident Schumm monierte in diesem Kontext: »*Die ständigen Besichtigungen und Beschlagnahmen von Wohnungen durch die Besatzungsmacht lösten in der Bevölkerung immer wieder neue Beunruhigungen aus. Verantwortliche Kreise weisen darauf hin, daß die steigende Wohnungsnot nicht nur eine große Gefahr für die [...] gesundheitliche Verfassung der Bevölkerung ist, sondern daß diese mißlichen Zustände auch auf die [...] Demokratie nachteilige Folgen haben und [...]. das Verhältnis der Bevölkerung zur Besatzungsmacht*« stören könnten.[278]

Die Bekämpfung der Tuberkulose sei damit – so legen die Ausführungem deutscher Politiker und Ärzte nahe – gleichzeitig ein Dienst an der Demokratie: Tuberkulose implizierte als Metapher der erfolglosen Weimarer Demokratie einerseits, dass die Deutschen am Scheitern des demokratischen Staatssystems unschuldig seien und unterstrich andererseits, dass sie unfähig seien, aus eigener Kraft eine demokratische Gesellschaftsordnung aufzubauen.

Die enge Verknüpfung, die zwischen gesundheitlicher und staatlicher Ordnung bestand, offenbarte sich deutlich in der Personifizierung Deutschlands in deutschen Berichten.[279] Nicht nur die Deutschen waren krank und kurzatmig, auch die Demokratisierungsbemühungen kränkelten. Solange Schwindsucht und tuberkulöser Konstitutionsverfall die Deutschen quälten, so lange blieb auch der demokratische Gedanke nur eine Ideologie und damit kommunistischen Ordnungsmodellen gleichgesetzt.[280]

---

278 Stadtarchiv Stuttgart, Hauptaktei Gruppe 0, Bestand 14, Nr. 27, Berichte Polizeipräsident Schumm an CIC, Situationsbericht Nr. 69, März 1947. Ebenso thematisierte den Einfluss der Wohnungsnot auch Schrag: Hauptstaatsarchiv Stuttgart, EA 2/009 Innenministerium, Abt. Gesundheitswesen 1945-1973, Bü. 2310, Bericht über Tuberkulosesituation nach dem Krieg, Obermed.-Rat Schrag an Innenministerium, S. 2. Zur expliziten Akzentuierung der Tuberkulose als »Wohnungskrankheit« vgl. z.B. Bürgers, 1949/50.

279 »*Wenn der Welt und insbesondere den großen westlichen Staaten an einer politischen und wirtschaftlichen Gesundung Deutschlands gelegen ist, dann sollte man jetzt damit beginnen, wirklich zu handeln und nicht nur immer debattieren und beraten, denn sonst stirbt der Patient, ehe ihm durch die beratenden Ärzte Heilung durch Verabreichung stärkerer Medikamente widerfährt.*« Stadtarchiv Stuttgart, Hauptaktei Gruppe 0, Bestand 14, Nr. 32, Berichte Polizeipräsident Schumm an CIC, Situationsbericht Nr. 119, April 1948, S. 3.

280 »*Mit ernster Besorgnis weisen besonders die Ärzte auf den fortschreitenden Konstitutionsverfall der arbeitenden Bevölkerung hin. [...] Das Vertrauen, das ein großer Teil der gutwilligen Bevölkerung der demokratischen Entwicklung [...] entgegengebracht hatte, schwindet immer mehr und macht einem wachsenden Mißtrauen gegenüber der demokratischen Ideologie Platz. Die Kreise, denen eine ruhige demokratische Neuordnung am Herzen liegt, hoffen, daß auch die amerikanische Besatzungsmacht diese wachsende Gefahr für die künftige politische Entwicklung Deutschlands, die aus der zunehmenden Not geboren wird, erkennen möge. Sie sehen in der Sicherstellung der Ernäh-*

Nicht irgend eine akute Krankheit wurde zur Ausdrucksform deutscher Schwierigkeiten bei der Demokratisierung, sondern die schleichende, nicht immer tödlich verlaufende Tuberkulose. Um erfolgreich eine neue Staatsform aufbauen zu können, galt es weniger, eine akute Krise zu lösen, als grundsätzliche strukturelle Voraussetzungen zu verändern. Wie Tuberkulosekranke Verhaltensanleitungen, wirtschaftliche Unterstützung, Sicherheit und eine sonnige und saubere Umgebung brauchten, so schien auch die deutsche Demokratisierung auf günstige ökonomische Vorbedingungen, funktionstüchtige Institutionen und politischen Optimismus angewiesen. In diesem Sinne enthielt der Tuberkulosediskurs gleichzeitig Momente von Kritik und von Akzeptanz amerikanischer Demokratisierungspolitik.

Deutsche und Amerikaner unterschieden sich vor allem hinsichtlich des Grades an Zuversicht, was den Erfolg der Tuberkulosebekämpfung betraf. Deutsche Tuberkuloseängste waren dabei, wie sich 1948 herausstellte, übertrieben gewesen. »*Wir haben demnach eine Tuberkulosesterblichkeit, die [...] viel geringer ist, als wir erwartet hatten*«, berichtete Obermedizinalrat Dr. Schrag der Sozialabteilung der Stuttgarter Stadtverwaltung im Februar 1948.[281] Motiviert gewesen war diese übertriebene Angst auch von der Befürchtung, dass das Projekt der Demokratisierung durch steigende Tuberkulosestatistiken von vornherein gefährdet würde. Amerikanische Ärzte stuften im Gegensatz dazu die Tuberkulose von 1945 bis Herbst 1947 als wenig bedrohlich ein.

---

*rung [...] die einzige Chance, durch die die deutsche Bevölkerung von dem schleichenden Gift des Nihilismus und Radikalismus, von dem ständig neue Bevölkerungskreise infiziert werden, bewahrt werden kann.*« Stadtarchiv Stuttgart, Hauptaktei Gruppe 0, Bestand 14, Nr. 27, Berichte Polizeipräsident Schumm an CIC, Situationsbericht Nr. 85, 28. Juni 1947, S. 1f.
Die hier benutzte Krankheitsmetaphorik enthielt noch einen weiteren Bezug zur Tuberkulose. Tuberkulose wurde in der medizinischen Literatur unter den toxischen Noxen subsumiert, der tuberkulöse Körper galt als von Toxinen vergiftet. Siehe zur Wirkungsweise der »Tuberkeltoxine« Öhring, 1981, S. 87.
Sollte in Zukunft ein deutsches Demokratiemodell erfolgreich sein, so musste dieser Vergiftung Einhalt geboten werden. In diesem Sinne umfasste die Tuberkulosemetaphorik den dringenden Appell an die Besatzungsmacht, bei der »Entgiftung« der Gesellschaft durch Demokratisierung substanzielle Hilfe zu leisten.

281 Stadtarchiv Stuttgart, Hauptaktei Gruppe 5, Reg. Nr. 5052-0, laufende Nr. 150, Die Tuberkulose und ihre Bekämpfung in Stuttgart, nach dem Stand vom 1. Jan 1948, Berichterstatter Obermedizinalrat Dr. Schrag, Sitzung der Sozialabteilung vom 2. Februar 1948, S. 1. Ebenso wurde für Frankfurt bereits 1946 berichtet, dass die »*Sterblichkeit an Tuberkulose auch jetzt noch unter der Zahl des Jahres 1914 und ganz erheblich unter der des Jahres 1919*« liege. Stadtarchiv Frankfurt, II/5-1990 Nr. 26, Frankfurter Verein für Tuberkulosefürsorge e.V., 41. Bericht über das Jahr 1945, S. 3. Zum schnellen Rückgang der Tuberkulose, die in Bayern bereits 1949 »*zu einem bisher nicht erreichten Tiefstand gekommen ist*«, siehe Hagen, 1951/1952, S. 109. Ebenso Lydtin, Kurt, Übersicht über das Tuberkulose-Geschehen in Deutschland während des 2. Weltkriegs und in der Nachkriegszeit, in: *Beiträge zur Klinik der Tuberkulose*, Band 102 (1950), S. 487-502. Auch Krieger führt aus, dass es »*insbesondere gelungen ist, die Tuberkulosesterblichkeit unter dem befürchteten Stand zu halten.*« Krieger, 1950/51, S. 163.

Vor diesem Hintergrund war die amerikanische Tuberkuloseinterpretation als Entkräftung deutscher Deutungsmuster zu sehen. Die hartnäckige Weigerung amerikanischer Ärzte, eine umfassende Bedrohung durch Tuberkulose zu sichten, sprengte den engen Konnex zwischen Demokratie und Tuberkulose. Die sich dezidiert als demokratisch charakterisierende Besatzungsmacht sah in der Anzahl der Tuberkulosefälle eben keine Bedrohung für »Demokratie«, »Zukunft« oder auch »Nation«, sondern beschäftigte sich gelassen und pragmatisch mit der Ausstattung von Tuberkulosehospitälern.[282] Sie vertraute voller Überzeugung darauf, dass die praktizierte Tuberkulosebekämpfung erfolgreich sein und damit zugleich das dominante Perzeptionsmuster der Gleichsetzung der Tuberkulose mit ökonomischer Not, politischem Radikalismus und Demokratieversagen widerlegt werde.

## 2.4 Geschlechterkrankheit Tuberkulose: »hier wirken sich die schicksalhaften Umwälzungen unserer Zeit aus, die in manchem deutschen Mann eine Welt zusammenbrechen ließen«

Tuberkulosekranke in der US-Besatzungszone waren Männer. Ist dieses Phänomen auch aus der Statistik leicht ersichtlich[283], so wurde es in der politischen Debatte über Tuberkulose doch selten direkt benannt. Daraus jedoch zu schließen, dass im Fall Tuberkulose geschlechtsspezifische Implikationen keine Rolle spielten, wäre vorschnell. Die Relevanz der Kategorie »Geschlecht« offenbart sich bei einem Vergleich nationaler

---

282 RG 260, OMGUS, 5/333-1/7, Report on Tuberculosis in Germany (U.S. Zone) by A Mission appointed by the Secretary of the Army, S. 8.
283 Während des 19. Jahrhunderts waren Frauen unter den Tuberkulosekranken überrepräsentiert. Vgl. dazu z.B. Voigt, 1996, S. 54f. Ebenso Shorter, Edward, *Der weibliche Körper als Schicksal*, München 1984, der für England im 19. Jahrhundet eine weibliche Übersterblichkeit bei den Tuberkulosetodesfällen ermittelte. Warum und wann genau sich das Geschlechterverhältnis umkehrte, ist bisher nicht untersucht.
Für Deutschland bestätigte der dänische Tuberkulosespezialist Johannes Holm: »*Among adults, the increase is greatest for the young, and particularly for males. From the figures on tuberculosis after the first World War, it is known that the increase was especially high among young adults, but at that time it was mainly the women who were affected.*« Holm, Tuberculosis in Europe, 1948, S. 122. Wie oben ausgeführt, war auch in den USA die weibliche Tuberkulosemorbidität höher. Die deutsche männliche Überrepräsentanz nach dem Zweiten Weltkrieg war also bemerkenswert. Zur männlichen Überrepräsentanz unter den deutschen Tuberkulosekranken und Tuberkuloseterbefällen siehe auch Hagen, 1951/52, S. 102-110, hier S. 109. Auch ein Bericht des Stuttgarter Innenministeriums an die Besatzungsmacht bestätigte dieses Geschlechterverhältnis: »*Es fällt auf, daß besonders bei den schweren Formen im Gegensatz zu der Zusammensetzung der Bevölkerung die Zahl der tuberkulosekranken Männer wesentlich höher ist als die der Frauen.*« RG 260, 390/49-50/35-1/6-1 Box 225, OMGUS-WB Public Health Advisor, Ausführlicher monatlicher Tätigkeitsbericht Nordwürttemberg und Nordbaden Monat März 1947, S. 3. Detaillierte Statistiken zur männlichen Überrepräsentanz in allen Altersgruppen in: *Tuberkulose-Jahrbuch* (1950/51), S. 59f., S. 67, S. 78, S. 91-96, S. 128.

Tuberkulosedeutungen, die vor allem in der Wahrnehmung männlicher und weiblicher Patienten differierten:

Im amerikanischen Gesundheitsdiskurs der Besatzungsjahre kamen deutsche Männer im Gegensatz zu deutschen Frauen, die in den »Anti-VD«-Kampagnen der Besatzungsmacht eine zentrale Rolle spielten, nicht explizit vor. Abgesehen von dem Verweis auf die schlechte gesundheitliche Verfassung der deutschen Kriegsgefangenen, waren deutsche Männer in amerikanischen Krankheitsdeutungen nicht präsent. Diese »Abwesenheit« der Männer im Gesundheitsdiskurs hatte zur Folge, dass sie nicht wie deutsche Frauen zu Objekten amerikanischer Krankheitsbekämpfung, Verfolgung und Disziplinierung wurden.[284] Das Feld, auf dem die amerikanische Besatzungsmacht deutsche Männer disziplinierte, hieß Entnazifizierung.

Auch deutsche Ausführungen über das Tuberkuloseproblem scheinen zunächst geschlechtsneutral zu sein. Dieser Eindruck relativiert sich allerdings bereits beim Blick auf deutsche Statistiken, die explizit auf geschlechtliche Unterschiede verwiesen: Die Mehrzahl der deutschen Tuberkulosekranken nach dem Zweiten Weltkrieg war männlichen Geschlechts.[285] Der stete deutsche Verweis auf die vielen Tuberkulosekranken bezog diese Männer indirekt immer wieder in die gesundheitspolitische Diskussion ein. Hinter dem immer wieder ins Feld geführten »*wachsenden Krankenstand*«[286] verbargen sich reale Kranke. In diesem Falle, so erschließt der Kontext der Tuberkulose, waren es kranke Männer.

Tuberkulose war aber nicht nur statistisch eine männlich dominierte Krankheit. Seit Jahrzehnten hatten Ärzte den explizit männlichen »*jungen Phthisiker*«[287] herangezogen, um den Charakter der Krankheit zu beschreiben, und fanden auf den »*Männerstationen*«[288] Beispiele zur Illustration ihrer Thesen. Die ausdrückliche Anerkennung der Tuberkulose als Wehrdienstbeschädigung unterstreicht die besondere Verbindung zwischen »Tuberkulose« und »Männlichkeit«[289] ebenso wie Berichte der Fürsorgestellen,

---

284 Ellerbrock, Modernisierer, 2002.
285 In medizinischen Fachzeitschriften wurde explizit über die »*erheblichen Verschiedenheit zwischen den Geschlechtern*« publiziert. Siehe z.B. Ickert, Franz, Die Bedeutung der Tuberkulose im Rahmen der übrigen Krankheiten, in: *Medizinische Klinik* 1949, S. 1525; Redeker spricht von der »*erschreckenden Übersterblichkeit der Männer*«. Redeker, 1946, S. 184; Schröder verweist auf die Geschlechterdifferenz in der Tuberkulosemortalität als herausragende Beobachtung der Nachkriegstuberkulose. Schröder, 1950.
Zur Relevanz der Kategorie Geschlecht hinsichtlich der Morbidität und Mortalität sowie auch hinsichtlich der Tuberkulosebekämpfung bis Mitte des 20. Jahrhunderts siehe Hähner-Rombach, 2000, S. 289-305.
286 Stadtarchiv Stuttgart, Hauptaktei Gruppe 0, Bestand 14, Nr. 27, Berichte Polizeipräsident Schumm an CIC, Situationsbericht Nr. 65, 8. Februar 1947, S. 3.
287 So z.B. Haase, Ernst, Die Seelenverfassung des Tuberkulösen, in: *Die Therapie der Gegenwart* 1925, S. 278-284, hier S. 278. Zur Sprachregelung siehe, Condrau, 2000.
288 Ibid., S. 279.
289 Lehmann, E., Tuberkulose und Wehrdienstbeschädigung, in: *Deutsche Medizinische Wochenschrift* 1951, S. 56.

die Tuberkulosekranke als (männliche) Ernährer konzipierten, von deren »*Tatkraft*« das »*Schicksal der ganzen Familie abhängig*« war.[290]

**Priviligierung der Männerkrankheit Tuberkulose**

Die von deutschen Gesundheitsämtern zur Bekämpfung der Tuberkulose geforderten Maßnahmen, wie z.B. Erhöhung der Lebensmittelrationen, wirtschaftliche Unterstützung durch Leistungen der Tuberkulosefürsorge, bevorzugte Zuweisung von Wohnraum an Tuberkulosekranke, waren keine Disziplinierungsmaßnahmen, sondern stellten Tuberkulosekranke im Vergleich zur deutschen Restbevölkerung besser.[291] Welche praktischen Auswirkungen hatte nun diese Bevorzugung angesichts des von den deutschen Tuberkuloseärzten immer wieder beschworenen Mangels? Konnten Tuberkulosekranke tatsächlich eine Privilegierung erwarten? »*Die finanzielle Betreuung des einzelnen Tuberkulösen ist in weitestem Umfange gesichert. Jeder als tuberkulös Bekannte wird [...] sofort der [...] notwendigen Behandlung zugeführt; die Kostenfrage ist für jeden Fall gesichert. Das diesbezügliche Versorgungswesen zeigt hier keine nennenswerte Lücke*«, führte der badische Medizinalreferent Dr. Hamacher 1946 aus.[292] Damit privilegierte die Tuberkulosefürsorge – wie andere institutionelle »Bearbeitungsformen« von Krankheit auch – vor allem Männer.[293]

Gerechtfertigt wurden diese Maßnahmen durch die Bedürftigkeit und Auszehrung der Tuberkulosekranken. »*Körperliche und seelische Überbeanspruchung*« hätten zur Verbreitung der Tuberkuloseerkrankungen in besonders »*rascher und schwerer Form*« geführt, erläuterte der Stuttgarter Polizeipräsident Schumm dem amerikanischen Geheimdienst CIC.[294] Auch Hagen führte aus, dass »*seelische Erschütterungen [...] zu rasch fortschreitenden tödlichen Tuberkulosen führen*« könnten und »*in Katastrophenfällen*

---

290 Stadtarchiv Frankfurt, II/5-1990 Nr. 26, Frankfurter Verein für Tuberkulosefürsorge e.V., 41. Bericht über das Jahr 1945, S. 2.
Auch wenn in der sozialen Realität der Nachkriegsgesellschaft viele Frauen und Mütter die tatsächlichen Ernährerinnen der Familie waren, so wurde offiziell doch nur Männern diese Rolle zugestanden. War also das Schicksal der Familie durch eine Tuberkuloseerkrankung bedroht, so handelte es sich folglich vornehmlich um einen männlichen Kranken.
291 Zur Praxis der bevorzugten Wohnraumzuweisung z.B. *Tuberkulose-Jahrbuch* (1950/51), S. 19f. Zur Besserstellung allgemein z.B. Schrag, Eugen, Die Tuberkulose-Häufigkeit und -Bekämpfung in Württemberg-Baden im Jahre 1946, in: *Der Tuberkulosearzt* 1 (1947/48), S. 96-101, hier S. 100; Küpper, 1947, S. 225.
292 Generallandesarchiv Karlsruhe, Präsident Landesbezirk/Baden, Abt. 481, Nr. 587, Tuberkulose-Kontrolle in Baden (US Zone).
293 So waren Männer z.B. nicht nur früher und umfassender krankenversichert, sondern für die männlich konnotierte Tuberkulose bestand ein dichteres Netz finanzieller Regelungen und Versorgungen.
294 Stadtarchiv Stuttgart, Hauptaktei Gruppe 0, Bestand 14, Nr. 27, Berichte Polizeipräsident Schumm an CIC, Situationsbericht Nr. 65, 08. Februar 1947, S. 3.

*[...] das Aufflackern und Offenwerden der Alterstuberkulosen vermehrte und massive Infektion der jüngeren Lebensalter mit sich«* brächten.²⁹⁵ Dass der *»Anteil der Angst [...] und Verzweiflung offenbar auch Schrittmacher der Tuberkulose sein kann«*, war eine verbreitete Überzeugung unter deutschen Tuberkuloseärzten.²⁹⁶

**Seelische Not der erkrankten Männer**

War in den ersten Jahren die männliche Prävalenz im Tuberkulosediskurs nur indirekt thematisiert und der Bezug zur Entnazifizierung nur mittelbar geknüpft worden, so machte Wilhelm Roloff diesen Zusammenhang in seinem Referat auf der ersten Nachkriegstagung der *»Deutschen Tuberkulosegesellschaft«* im Oktober 1948 klarer.

Der nachfolgend detailliert analysierte Text besaß als Referat, das auf der ersten Nachkriegstagung der Deutschen Tuberkulosegesellschaft gehalten wurde, besondere Bedeutung. Die Aussagen Roloffs hatten außerdem weitgehend repräsentativen Charakter, da Roloff als Herausgeber des Tuberkuloselexikons meinungsbildend für viele Tuberkulosefachärzte und deutsche Amtsärzte war.

*»Der auffällig überwiegende Anteil der Männer ist nicht allein nur durch die primäre Resistenzschwäche [...] und durch die körperlichen Strapazen des Berufes und des Krieges bedingt, sondern hier wirken sich sicher auch die schicksalhaften Umwälzungen unserer Zeit aus, die in manchem deutschen Mann eine Welt zusammenbrechen ließen.«*²⁹⁷

*»Die Not unserer Zeit«*, die *»das Zusammenspiel zwischen Tuberkulose und seelischen Dingen deutlicher«* werden ließ, wurde von Roloff erstmals genauer analysiert. Als einer der wenigen Tuberkuloseärzte benannte Roloff den Krieg als Faktor der gestiegenen Tuberkulosemorbidität. *»Bei jedem länger dauernden Krieg ist es außer der vermehrten körperlichen Leistung bei gleichzeitig herabgesetzter Ernährung die gesteigerte seelische Beanspruchung, die [...] unablässig an der Widerstandskraft des gesamten Volkes [...] zehrt.«*

Anders als seine Kollegen, die den Anstieg der Tuberkuloseerkrankungen nach dem Ersten Weltkrieg pauschal mit der Zunahme der Tuberkulose nach 1945 gleichgesetzt hatten, differenzierte Roloff zwischen den beiden Nachkriegsperioden. *»An die seelische Not nach diesem Kriege reichen die Auswirkungen des verlorenen Ersten Weltkrieges bei weitem nicht heran.«* Die verschiedenen für die Tuberkulose verantwortlich gemachten Faktoren wurden von ihm hierarchisiert: *»Wurde damals für den Anstieg der Tuberkulose in Deutschland in erster Linie die ungenügende Ernährung verantwortlich gemacht, nach*

---

295 Hagen, 1951/1952, S. 110. Hagen und Schumm beziehen sich in diesem Kontext beide ausdrücklich auf die männlichen Übersterblichkeit.
296 Schröder, 1949/1950, S. 232.
297 Roloff, 1949, Persönlichkeit, S. 572. Vgl. Roloff, Wilhelm, *Tuberkuloselexikon für Ärzte und Behörden*, Stuttgart 1949, hier S. 570.

*deren Behebung die Todeszahlen bald wieder absanken, sind durch den Zweiten Weltkrieg alle Grundlagen unseres Lebens ins Wanken geraten und müssen erst wieder neu gefügt und gefestigt werden.«*

In dieser Interpretation war die Tuberkulose keine Mangelkrankheit mehr, sondern vor allem Indikator der kranken deutschen Seele, Zeichen für Desorientierung und Zusammenbruch. »*Wir dürfen auf dieser ersten Tagung der Deutschen Tuberkulose-Gesellschaft nach dem Kriege nicht daran vorübergehen, daß die Tuberkulose nicht nur durch Unterernährung und Wohndichte, sondern kaum weniger durch seelische Not ausgelöst wird!*« Der immer wieder genannte Bezug zwischen der Tuberkulose und den »*seelischen Kräften*« bzw. »*der Wandlung des Schicksals*« wurde von Roloff genauer erörtert: »*Beim Mann rufen Beschränkungen der persönlichen Freiheit [...], berufliche Zurücksetzung, Gefangenschaft, Haft oder andere Einengung der individuellen Entfaltung, namentlich wenn sie als ungerecht und unverdient empfunden werden, seelische Konflikte hervor und können tuberkulose Schübe [...] einleiten.*«

Mit der »*ungerechten*« »*beruflichen Zurücksetzung*«, der »*unverdienten*« »*Gefangenschaft*« war eine direkte Verbindung zur Entnazifizierung geknüpft.[298] Noch in einem Rückblick Anfang der 1950er-Jahre zog ein Darmstädter Ministerialrat eine ausdrückliche Verbindung zwischen Krankheit und Entnazifizierung. Dr. Koch führte aus:

»*Alle sozialpolitischen Maßnahmen bedeuten einen Eingriff in die Beziehungen der Menschen untereinander. Wir haben inzwischen erfahren, daß solche Eingriffe in die Beziehungen von Mensch zu Mensch die Gesamtsituation des Menschen so ändern können, daß er dadurch in eine Not gerät, die sich schließlich in Krankheit offenbart. Wir haben das gerade erfahren, je mehr wir gelernt haben, daß Krankheit ein nicht zufälliges Ereignis ist, sondern ein Ereignis, das irgendwie sinnvoll vom Kranken erfaßt wird [...] Krankheit kann aber einen völlig neuen Sinngehalt erfahren, wenn die sozialen Bedingungen, unter denen der Mensch lebt, durch [...] politische Maßnahmen geändert werden. [...] Wir haben [...] [das] erfahren bei der Denazifizierung.*«[299]

Auch der Stuttgarter Polizeipräsident Schumm sprach von »*der seelischen Überbeanspruchung unserer Tage*«[300] als Ursache der vielen Tuberkulosefälle. Dabei bezog er

---

298 Alle Zitate ibid., S. 570-572.
299 Koch, Friedrich, »Soziale Medizin«. Begriff und Aufgabe, in: *Der öffentliche Gesundheitsdienst*, 13. Jahrgang 1951/52, S. 90-93. Koch nannte außer der Entnazifizierung die Sozialversicherung, Änderungen des Arbeitsrechts und die Vertreibung. Auch Huebschmann spezifiziert die psychischen Belastungen, die zu einem Ausbruch der Tuberkulose führen könnten genauer und erläutert, dass häufig ein seelischer Konflikt der Pathogenese der Tbc zugrunde liege bzw. noch genauer ein verdrängter Konflikt. Huebschmann, H., Psychische Faktoren bei der Pathogenese der Tuberkulose, in: *Zeitschrift für Tuberkulose* 95 (1950), S. 156-166, hier S. 163.
300 Stadtarchiv Stuttgart, Hauptaktei Gruppe 0, Bestand 14, Nr. 27, Berichte Polizeipräsident Schumm an CIC, Situationsbericht Nr. 65, 08. Februar 1947, S. 3. Zum großen Einfluss »*emotionaler Erlebnisse*«, insbesondere von »*Furcht*« auf den Tuberkuloseverlauf siehe: Stern, Erich, *Die Psyche des Lungenkranken*, Berlin 1954, S. 42. Stern war 1933 nach Frankreich emigriert und während des Krieges in einer Heilstätte in Südfrankreich tätig. Seine Perspektive umfasst

sich ausdrücklich nicht auf den Nationalsozialismus, den Weltkrieg und die allgemeine Notlage.³⁰¹ Was aber war seelisch so außerordentlich beängstigend, wenn es nicht der vergangene Krieg oder die aktuelle Not war?

Oberstes Ziel amerikanischer Besatzungspolitik war die Entnazifizierung der deutschen Gesellschaft. Die Last, die in deutschen Berichten immer wieder beklagt wurde, bestand in der politischen Säuberung durch die Amerikaner. Das »Joch« der Entnazifizierung trug in den Augen deutscher Ärzte und Politiker wesentlich dazu bei, deutsche Männer zu psychisch angeschlagenen, seelisch überbeanspruchten Kranken zu machen.³⁰² Durch die auf diese Weise quasi provozierte Tuberkulose wurden deutsche Männer zu siechen Menschen und »verkörperten« damit die Antipoden zu aggressiven Nationalsozialisten. Dass es gerade der tuberkulosekranke Mann war, der als Gegenpol fungierte, lag nicht nur an seiner nummerischen Präsenz, sondern ergab sich aus einer spezifischen Beschreibung tuberkulöser Patienten, die seit Jahrzehnten tradiert wurde: Sie galten als *»zart und grazil gebaut, für ihr Alter etwas dürftig erscheinend, [...] deren Züge [...]. scharf geschnitten [sind]. [... Mit] blasser, durchscheinender Haut, [...] glänzenden, im ganzen eher etwas tief liegenden Augen [...], mit weiten Pupillen*

---

somit den französischen Tuberkulosediskurs, hat aber ebenso – wie Beispiele und Literaturangaben dokumentieren – umfassende Kenntnisse der deutschen Debatte nach 1945. Stern hatte sich bereits 1925 in einer ersten Ausgabe seine Monographie mit dieser Problematik befasst. Übergreifend zum psychosomatischen Moment aus zeitgenössischer Perspektive: Schultz, J. H., Der seelische Faktor im Krankheitsgeschehen, in: *Zeitschrift für Psychotherapie und medizinische Psychologie* 1 (1951), S. 2-13. Auch der Heidelberger Tuberkuloseärzt Huebschmann betonte, »*daß der Krankheitsbeginn überraschend oft mit der kritischen Entwicklung zwischenmenschlicher Beziehungen zusammenfiel.*« Zwar entwickelt Huebschmann seine Thesen ausgehend von privaten Verhältnissen, entwickelte daraus aber den ausdrücklich verallgemeinernden Schluss, dass »*für Pathogenese und Verlauf [...] der Tuberkulose die psychische Situation [...] eine wesentliche, eine entscheidende Rolle spielt*« und dass »*eine lebensgeschichtliche Wende zeitlich mit der Wende eines Krankheitsprozesses koinzidiere*«. Huebschmann, H., Psyche und Tuberkulose, in: *Deutsche Medizinische Wochenschrift* 76 (1951), S. 605-608.

Der Bedeutung psychischer Momente für den Verlauf einer Tuberkuloseerkrankung war ein Deutungsmuster, dass seit Jahrzehnten akzeptiert und nicht nur von deutschen Tuberkuloseärzten sondern international diskutiert wurde, wobei die Relevanz psychischer Momente für den Tuberkuloseverlauf von den Autoren unterschiedlich eingeschätzt wurde. Felix Wolf, *Lungenschwindsucht*, Wiesbaden 1894; Strandgaard, N. J., Die Bedeutung der psychischen Momente für den Verlauf der Lungentuberkulose, in: *Zeitschrift für Tuberkulose* 25 (1916), S. 401-408 (Dänemark); Barglowski, D., Die Bedeutung psychischer Faktoren für Ausbruch und Heilungsverlauf der Lungentuberkulose, in: *Zeitschrift für Tuberkulose* 75 (1936), S. 162-167 (Schweiz); Brown, Lawrence, The mental aspect in the etiology and treatment of pulmonary tuverculosis, in: International Clinic 43 (1933), S. 149-174 (USA); Breuer, Miles J., The Psychic Element in the Aetiology of Tuberculosis, in: *American Review of Tuberculosis* 31 (1935), S. 233-239.

301 Schumm hatte dargelegt, dass der nervliche Druck »*neben*« Krieg und allgemeiner Notlage bestehe.

302 Explizit mit Verweis auf den Zusammenhang zwischen den politischen Schwierigkeiten und der Tuberkulose Stern, 1933, S. 130.

*[...], [mit] einem Mangel an Stetigkeit [ausgestattet] [...], schwankend und schillernd.«*[303] Dieser dem völkermordenden, kriegerischen Deutschen diametral entgegenstehende Charakter des Tuberkulosekranken musste nicht erst erfunden werden, sondern war seit Jahrzehnten grundlegender Bestandteil des Tuberkulosediskurses und diente der »Gegentypik« deutscher Ärzte somit als verbürgter Beleg.[304]

Die hier dargestellte Bezüglichkeit zwischen Entnazifizierung und Tuberkulosedeutung behauptet keinesfalls, dass dies die zentrale Praxis gewesen sei, um sich der Entnazifizierung zu entziehen. Sondern sie fragt umgekehrt, welche Rolle die Entnazifizierung im Kontext der Tuberkulosebekämpfung spielte.

Männer erkrankten nicht nur häufiger an Tuberkulose, sie starben auch öfter an dieser Krankheit[305], was selbst deutsche Tuberkuloseärzte *»überraschte«* und an der *»biologischen Wertigkeit der Männer«* zweifeln ließ.[306] Im Gegensatz zu Hitlers Soldaten waren diese sterbenden und unterernährten Männer keine Bedrohung mehr, sondern erregten Mitleid. Diese symbolische Metamorphose des deutschen Mannes musste jedoch argumentativ untermauert werden. Schließlich hatten sich die Millionen deutscher Soldaten, die Angst und Zerstörung über Europa gebracht hatten, nicht in Luft aufgelöst, auch wenn sie einen Krieg verloren hatten. So wurde die *»Sonderform der Soldatentuberkulose«* entdeckt[307], die die Verwandlung deutscher Männer(körper)

---

303 Haase, 1925, S. 278f.
304 Auch Melzer hatte den Tuberkulösen als unsicher, schwach, entmutigt, von herabgesetzter Lebenskraft und einem Minderwertigkeitskomplex beherrscht charakterisiert. Melzer, 1933, S. 123.
305 Die männliche Sterblichkeitsrate war fast doppelt so groß wie die der Frauen. Vgl. dazu die Zahlen bei Stralau, S. 21, der von einem *»wesentlich größeren Anteil der Sterbefälle männlicher Tuberkulosekranker«* spricht. Stadtarchiv Stuttgart, Hauptaktei Gruppe 5, Reg. Nr. 5052-0, laufende Nr. 150, Stand der Tuberkulose, Koreferat, gehalten vor dem Gesundheitsausschuss des Deutschen Städtetages am 7. und 8.5.1948 in Stuttgart von Stadtmed. Rat Dr. Stralau, Oberhausen. Kröger und Reuter führten aus, dass sich in Deutschland *»bei dem Verlauf der Tuberkulosesterblichkeit eine auffallende Erhöhung der Sterbeziffer bei den jungen Männern [zeigt], die in anderen Ländern nicht festzustellen ist«*. Kröger, E./Reuter, H., Entwicklung und gegenwärtiger Stand der Tuberkulose in deutschen und anderen Ländern, in: *Deutsche Medizinische Wochenschrift* (1949), S. 721. Ebenso zur »erheblichen Übersterblichkeit der Männer«: Schröder, Erich, Entwicklung und Bekämpfung der Tuberkulose in sozialhygienischer Schau (1. Teil), in: *Der öffentliche Gesundheitsdienst*, 11. Jg. (1949/50), S. 225-233, hier S. 232; Blittersdorf, Friedrich, Über die statistische Erfassung der Verlaufsarten der Lungentuberkulose nach dem Kriege, in: *Der Tuberkulosearzt* 3 (1949), S. 12-33. Vgl. auch die erste Nachkriegstagung der Deutschen Tuberkulosegesellschaft, auf der Ickert (Hannover) belegte, dass die Tuberkulosesterblichkeit für Männer doppelt so hoch sei wie für Frauen. Dokumentiert in: *Der Tuberkulosearzt* 3 (1949), S. 102f.
306 *Tuberkulose-Jahrbuch* (1950/51), S. 96.
307 In dieser Formulierung Staemmler, M., Kriegs- und Nachkriegsbeobachtungen über Tuberkulose, in: *Deutsche Medizinische Wochenschrift* (1949), S. 34. Zum Zusammenhang von Tuberkulose und Kriegsverletzungen siehe Lauber, H. J., Trauma und Tuberkulose, in: *Medizinische Klinik* (1949), S. 162. Auch Scholz betonte besonders die Tuberkulose bei Kriegsteilnehmern,

von kriegerischen Nationalsozialisten in hilflose Kranke plausibel erklärte. Anders als Fleckfieber war Tuberkulose jedoch keine Krankheit geschlagener Armeen, sondern eine »ehrenhafte« Erkrankung, eine Krankheit, die sich mit der Kultur, mit der Urbanisierung von West nach Ost ausgebreitet hatte.[308]

**Verbindungen zwischen Kindertuberkulose und Soldatentuberkulose**

Deutsche Statistiken betonten nicht nur, dass viele Tuberkulosekranke männlich waren, sie verwiesen auch immer wieder auf die große Zahl kranker Kinder.[309] Dadurch, dass das Bild des tuberkulosekranken deutschen Mannes in unmittelbarer Nähe zu den ausgezehrten tuberkulösen Kindern stand, widersprach es dem Männlichkeitsbild, das der amerikanischen Entnazifizierungpolitik zugrunde lag. Der Hinweis auf die große Zahl tuberkulosekranker Kinder sollte Mitleid erwecken und betonte indirekt die Harmlosigkeit Männer.

Die Analogie zwischen männlicher und kindlicher Tuberkulose war nicht nur eine sprachliche, sondern ließ sich angeblich auch klinisch beobachten, da die »*Sonderform der Soldatentuberkulose [...] die als nachgeholter Primärkomplex [...] bei den Soldaten [...] oft in die tödliche Form übergeht*«, eigentlich eine Tuberkuloseform war, die die Medizin bisher nur bei kleinen Kindern kannte. »*Die tödliche Tuberkulose der Säuglings- und Kleinkinder in der Form des frühen käsischen Primärkomplexes [...] zeigt sich im Kriege im verstärkten Maße bei den Soldaten.*«[310] Die Verknüpfung zwischen Kindern und erwachsenen Patienten flankierte den indirekten Appell um Mitleid für die tuberkulösen deutschen Männer mit einer impliziten Anklage der Besatzungsmacht, da die Amerikaner einen derartigen Verfall der Kinder zuließen.

Der Verweis auf die steigende Kindertuberkulose hatte damit drei Effekte: Er unterstrich erstens die Bedrohlichkeit und Heimtücke dieser Krankheit; er motivierte zweitens die Amerikaner zu Hilfsmaßnahmen, da die Bekämpfung der Kindertuberkulose nicht nur aus allgemeinen Gründen der Menschlichkeit geboten schien, sondern

---

siehe Scholz, Harry, Ergebnisse der Tuberkuloseforschung der letzten Jahre, in: *Südwestdeutsches Ärzteblatt* 9 (1949), S. 164.
308 Hagen, 1951/52, S. 104: »*Man stellt sich die Tuberkuloseepidemie als eine von Westen nach Osten rollende Welle vor [...].*« Analoge topografische Vorstellungen äußerte Hans Curschmann zu Ruhr und Grippe. Curschmann, 1946/1947, S. 1009. Zur offensichtlich für Krankheitsdeutungen wesentlichen topographischen Konzeption der Infektion gibt es bisher keine Untersuchungen. Im Gegensatz zur West-Ost-Bewegung der Tuberkulose wurden, wie oben dargestellt, Fleckfieber und Typhus als in Gegenrichtung von Ost nach West wandernde Krankheiten angesehen. Dazu Mamlok, (1946/1947), S. 410-413. Ebenfalls dem topographischen Muster, wonach sich Krankheiten von Ost nach West verbreiten, folgt Schmidt, 1947, S. 150.
309 Dieser Verweis auf die Kindertuberkulose hatte eine eigene, geschlechtsunspezifische Motivation, siehe dazu S. 282.
310 Staemmler, 1949, S. 34.

auch einem unmittelbaren humanitären Impuls der Besatzungsmacht entsprach, der nicht durch politische Vorbehalte gezügelt wurde; drittens ermöglichte die mit Hilfe der Kindertuberkulose eingeführte Interpretationsfigur des »unschuldigen, hilflosen Tuberkulosekranken« die Ent-Schuldung aller Tuberkulosekranken, d.h. vor allem der kranken deutschen Männer, deren nationalsozialistische Vergangenheit in diesem Kontext nicht mehr diskutiert wurde.

Der scheinbar geschlechtsneutrale Verweis auf den Anstieg der Tuberkulose entzog deutsche Männer potenziell dem Diziplinierungsfeld Entnazifizierungspolitik, da schwächliche, kranke Tuberkulöse das amerikanische Nazistereotyp sprengten, und beugte gleichzeitig einer Disziplinierung Tuberkulosekranker vor, indem die deutsche Tuberkulosekontrolle Kranke vornehmlich privilegierte. Da der Tuberkulosediskurs fast zwei Jahre lang von den Deutschen dominiert wurde, hatten sich die von ihnen gesetzten Parameter bereits durchgesetzt, als sich die Besatzungsmacht ab Ende 1946 maßgeblich an Überlegungen zur Tuberkulosebekämpfung beteiligte.

Die meist indirekte Thematisierung der Kategorie »Männlichkeit« entzog diese einer ausdrücklichen Debatte, ohne sie ihrer Implikationen zu berauben. Ganz im Gegenteil scheint diese unauffällige Form der Thematisierung »deutscher Männlichkeit« eine effektive Strategie gewesen zu sein, die Gebrochenheit deutscher Männer zu unterstreichen. Von kranken Kriegern ging keine Gefahr mehr aus. Der deutsche Tuberkulosediskurs der Besatzungszeit negierte deutsche Schuld und thematisierte politische Verantwortung einzig mit Blick auf die Alliierten. Schwächliche, kranke Männer konnten *per definitionem* keine Schuldigen mehr sein. In diesem Sinne war das Nicht-Reden über deutsche Schuld keine Auslassung im Sinne der Ausklammerung. Die spezifische Konstruktion des männlichen Tuberkulosepatienten der deutschen Nachkriegszeit machte eine Verbindung zu »Schuld« strukturell undenkbar.

### Reintegration der deutschen Männer in die neue politische Ordnung

Die Reintegration deutscher Männer in die deutsch-amerikanische Interaktion hatte sich schrittweise vollzogen. Die Politikvorgabe der amerikanischen Besatzungsmacht, dass Nationalsozialisten zu identifizieren und auszusondern seien, war zu Beginn der Besatzung so stark, dass deutsche Opposition gegen dieses Diskriminierungsgebot aussichtslos schien. Statt also direkt eine Abschaffung oder Milderung der Entnazifizierung zu fordern, wurde die negative Diskriminierung der Entnazifizierung im Bereich der Tuberkulosebekämpfung zu einer Bevorzugung umgeformt. In einem zweiten Schritt wurde mit Hilfe einer weiteren »neutralen« Betroffenengruppe, der deutschen Kinder, die Aufgabe jeglicher Diskriminierungsvorgaben – ob positiv oder negativ – erreicht. Effektiv war diese Strategie, da sie die eigentliche Zielgruppe, die deutschen Männer, nicht als solche benannte, sondern sich hinter dem scheinbar neutral-objektiven Terminus des »Tuberkulosekranken« verbarg.

Die Erkrankung fungierte in dieser Konstellation nicht als Strafe, sondern als reinigende Buße: »*Drei Jahre sind nun vorbei, aber soziale und wirtschaftliche Not, Hunger, Unterernährung und Krankheiten haben die Menschen furchtbar büßen lassen.*«[311] Nach dieser Läuterung war es nun sogar möglich, die Besatzungsmacht moralisch zu kritisieren, ihre Hilfsbereitschaft und humanistische Überzeugung in Zweifel zu ziehen: »*Die Stimmung der Bevölkerung gegenüber der Besatzungsmacht, der Glaube an deren Hilfsbereitschaft, der zu Beginn und in den ersten Monaten der Besatzung in fast allen Kreisen der Bevölkerung vorhanden war, ist ständig im Abnehmen begriffen und macht immer mehr einer Verbitterung Platz.*«[312]

Diese kritische Haltung gegenüber der Besatzungsmacht erfuhr ein halbes Jahr später nochmals eine Steigerung. Die vom Stuttgarter Polizeipräsidenten beschriebene »*Verelendung*« der deutschen Bevölkerung, deren Sinnbild die Tuberkulose war, wurde für den »*kleinen Mann immer spürbarer und unerträglicher [...] und scheint [...] sich zunächst in einer neuen ›Schuldfrage‹ Luft zu machen.*«[313] Einige Deutsche, so Schumm weiter, seien »*geneigt, einen Teil der Schuld an dem Übel den Besatzungsmächten zuzuschieben*«.[314] Damit war das ursprüngliche politische Koordinatensystem umgekehrt worden. Der »Mann auf der Straße« machte nun seinerseits der Militärregierung Vorwürfe, »*daß wiederholte Zusagen auf Kalorienerhöhung einfach nicht eingehalten [...] würden*«, und sah »*darin eine ungenügende Bereitschaft [der Amerikaner], dem deutschen Volk zu helfen*«.[315] So diente die Tuberkulose, vermittelt über Ernährungsdefizite, dazu, die Schuldfrage umzukehren: »*Die deutsche Ärzteschaft ist überzeugt, daß dem deutschen Volk der Anspruch auf Leben als primitivstes Menschenrecht zuerkannt wird. Eine gesunde und ausreichende Ernährung darf keinem Volk vorenthalten werden. Die Humanität gebietet, entgegenstehende Interessen diesem unabdingbaren und unwandelbaren Menschenrechte unterzuordnen*«, erklärten die deutschen Ärzte in einer öffentlichen Resolution 1947.[316] So waren es bereits zwei Jahre nach Kriegsende die Deutschen, die die Alliierten über Menschenrechte und Humanität aufklärten. Diese Form der »Umschuldung« wurde möglich, weil die Amerikaner es versäumt hatten, die Verantwortung der Nationalsozialisten für die hohe Zahl der Tuberkuloseerkrankungen hervorzuheben, wie dies noch im *Handbuch*[317] und auch im Long-Memorandum von

---

311 Stadtarchiv Stuttgart, Hauptaktei Gruppe 0, Bestand 14, Nr. 27, Tagesberichte Kripo an CIC Juli 1945–März 1950, Situationsbericht Nr. 72, 29.3.1947, S. 1.
312 Ibid.
313 Stadtarchiv Stuttgart, Hauptaktei Gruppe 0, Bestand 14, Nr. 27, Berichte Polizeipräsident Schumm an CIC, Situationsbericht Nr. 94, 1. 9. 1947, S. 1.
314 Ibid., S. 2.
315 Ibid., S. 4.
316 Resolution der Nauheimer Ärztetagung, in: *Bayerisches Ärzteblatt* 14 (1947), S. 2.
317 RG 260, 390/50/22/5, *Germany Basic Handbook*, April 1944, Chapter X: »Public Health«, S. 243.

1945 geschehen war.[318] Dadurch, dass sich die Amerikaner bis Mitte 1946 kaum am Tuberkulosediskurs beteiligten, geriet nationalsozialistische Gesundheitspolitik als Ursache steigender Tuberkulosezahlen bald in Vergessenheit.[319]

Die Konzentration auf den Ernährungsaspekt der Tuberkuloseerkrankungen bot damit neben der Möglichkeit, die Besatzungsmacht zu kritisieren, gleichzeitig auch die Gelegenheit, um Beistand zum physischen Überleben, aber auch zum Überleben in einer neuen politischen Ordnung zu bitten. In der Sprache der Krankheit wurde damit nicht nur der Protest, sondern auch die Bedürftigkeit des (kranken) deutschen Volkes und besonders des (kranken) deutschen Mannes formuliert. Die neue Realität anderer körperlicher Zustände und Bedürfnisse war ein erster Schritt zur Akzeptanz anderer politischer Realitäten: »*Du bist krank, die Krankheit gibt dir Freiheit*«, konstatiert Thomas Manns Protagonist Hans Castorp im »*Zauberberg*«.[320] Genau in diesem Sinne sah der Mediziner Roloff die Aufgabe des Tuberkulosearztes darin, dem Kranken zu »*helfen, innerlich frei zu werden, damit er in seiner Unruhe und Verwirrung wieder Halt findet und zu einer neuen Lebensordnung kommt, aus der er den Glauben an die Krankheitsüberwindung schöpft.*«[321] Dass es dabei nicht nur um medizinisch-organische Zustände ging, belegt die von Roloff selbst angeführte Relativierung der verschiedenen Therapieformen. »*Dabei macht es keinen Unterschied, ob wir an die Tuberkulose mit der Reiz- und Chemotherapie allgemein oder mit der Kollapsbehandlung örtlich herangehen.*«[322]

Hatten amerikanische und russische Mediziner noch über die verschiedensten Therapieformen gestritten, so war das »*deutsche Tuberkuloseelend*«[323] so groß, dass es erst einmal darum ging, wieder »*neuen Glauben [...] zu schöpfen*«.[324] Therapeutische Feinheiten traten demgegenüber in den Hintergrund.[325] Die Tuberkulosekranken mussten lernen, »*Hemmnisse und Disharmonien beiseite [zu] räumen*« und »*an ihrer Gesundung selber mitzuhelfen*«.[326] In diesem Sinne war die Bekämpfung der Tuberkulose die Suche

---

318 RG 260, OMGUS, 5/333-1/7, Tuberculosis Control in U.S. Zone of Germany, s.v. 4.b. »*Expected future incidence*«, S. 6.
319 Siehe auch S. 342 dieser Darstellung.
320 Mann, Thomas, *Der Zauberberg*, Frankfurt/M. 1976, S. 629; Auch Stern erläutert ausführlich, dass dem Patienten schrittweise Freiheit zugestanden werden müsse, um »*seinen Übergang ins normale Leben vorzubereiten*«. Stern, 1933, S. 134, S. 138.
321 Roloff, 1949, Persönlichkeit, S. 572.
322 Ibid.
323 Stadtarchiv Frankfurt Magistratsakten, Aktenzeichen 7110, Bd. 2, Der Stand der Tuberkulosebekämpfung in Frankfurt am Main, April 1948, S. 1.
324 Roloff, 1949, Persönlichkeit, S. 572.
325 An anderer Stelle hatte Roloff bereits dargelegt: »*Es gibt heute kein spezifisches Heilmittel gegen die Tuberkulose! Aber alles was bei dem Kranken eine Steigerung seiner Abwehrkraft herbeiführt kann zu einem Heilmittel werden, [...] wie die Lenkung der Lebensführung und das Freimachen der seelischen Kräfte.*« Roloff, Wilhelm, Die Behandlung der Lungentuberkulose, in: *Ärztliche Wochenschrift 1* (1946), S. 305-310.
326 Roloff, 1949, Persönlichkeit, S. 572.

nach einer neuen Realität, die Ermittlung eines Modus der Einpassung in eine andere, neue Welt, da »*fast alle, bei denen die Tuberkulose eine längere Zeit hindurch besteht, ihre Lebenshaltung umstellen müssen.*« Dabei wirkte sich die »*Tuberkulose freilich nicht immer hemmend auf den Lebenslauf [aus. Vielmehr waren] die Fälle [...] keineswegs selten, in denen die Tuberkulose [...] zu einer Bereicherung führt[e]*«.[327] Diese neue Welt war nicht nur bedrohlich und fremd, sie schien gleichzeitig die einzige Hoffnung, die Krankheit zu heilen. »*Zur erfolgreichen Abwehr der andrängenden Tuberkulosewelle brauchen wir aber ein festes Bollwerk: die Neuordnung einer befriedeten Welt, die das Recht der Persönlichkeit [...] wiederherstellt!*«[328] So gab die Tuberkulose deutschen Männern Freiheit vom amerikanischen Kollektivschuldvorwurf und machte sie »frei« für eine neue politische Ordnung.

Symbolisch wurde dieser Wunsch nach Reintegration in die neue, von der amerikanischen Besatzungsmacht definierte politische Ordnung in der Bitte um amerikanische Lebensmittel formuliert. Ernährung symbolisiert nach Öhring Austausch und die Überschreitung der Grenze zwischen innen und außen. Nahrung symbolisiert dabei den Vorgang der Vermittlung und ist außerdem der Garant für die Aufrechterhaltung der Körperfunktionen.[329] Ernährungsstörungen waren lange Zeit als Disposition zur Tuberkulose betrachtet und als verweigerte Anpassung interpretiert worden.[330]

Deutsche Männer wiesen in den Nachkriegsjahren – nach Ansicht ihrer Ärzte – aufgrund innerer Konflikte eine Tuberkulosedisposition auf und waren außerdem aufgrund äußerer Verhältnisse mangelernährt. Auf die scheinbar geschlechtsneutrale Mangelernährung reagierten sie heftiger, hatten doch »*die Mütter die schwere chronische Unterernährung 1945-1948 leicht ertragen [...], während die Männer durch die hohe Übersterblichkeit an Tuberkulose überraschten*«.[331] Das Verlangen nach Nahrung kann in diesem Kontext damit sowohl als Verweigerung und Entziehung als auch gleichzeitig als ein Wunsch nach Ver-Innerlichung der neuen Verhältnisse gelesen werden. Die Verbindung zwischen Nahrung und psychischer Integration war deutschen Amtsärzten sehr wohl bewusst. So betonte z.B. Robert Gaupp: »*Der Weg aus dem Wirrsal führt nicht nur durch die Provinzen reichlicher Nahrung, sondern auch durch die Länder geistigen Trostes, seelischer Erhebung*«.[332]

Die angestrebte Anpassung sollte allerdings unter der Voraussetzung erfolgen, dass alle Schuld geleugnet wurde. Tuberkulose als Krankheit des körperlichen Schwindens,

---

327 Stern, 1954, S. 38f.
328 Roloff, 1949, Persönlichkeit, S. 572.
329 Öhring, 1981, S. 43f.
330 Ibid., S. 44.
331 *Tuberkulose-Jahrbuch* (1950/51), S. 95. Bereits Anfang der 1950er-Jahre hatte sich das Morbiditätsverhältnis bereits wieder zugunsten der Männer gewandelt. Die Sterblichkeitskurve glich sich einige Jahre später ebenfalls an. *Tuberkulose-Jahrbuch* (1952/53), S. 91f., S. 93.
332 Stadtarchiv Stuttgart, Nachlass Gaupp, Nr. 56, Teil eines Manuskripts einer unvollendeten Geschichte der Stuttgarter Gesundheitspflege: »Nach dem Zusammenbruch 1945«.

der körperlichen Metamorphose, symbolisierte in diesem Bezugsrahmen die Option einer politischen Metamorphose. Tuberkulose eröffnete mit dem Schwinden des alten Leibes, des alten Seins, die Chance auf eine Veränderung. Diese Veränderung sollte indes nicht nach den Vorgaben der Besatzungsmacht vollzogen werden, sondern wurde von deutschen Ärzten, Politikern und Kranken umformuliert. Das Ziel der von deutschen Ärzten und Gesundheitspolitikern konzipierten Form der Tuberkulosebekämpfung war die Gesundung der Tuberkulosekranken in der neuen Umgebung der Besatzungszeit. Dass dieser Adaptionsprozess gerade für Männer schwer war, zeigt ihre überproportionale Erkrankungshäufigkeit und der stete Hinweis auf die seelischen Belastungen, die für deutsche Männer, die aus einem militärisch geprägten Kriegsalltag in eine zivil ausgerichtete Gesellschaft unter amerikanischer Besatzung zurückkehrten, besonders ausgeprägt waren.[333] Trotz dieser Probleme, die eine Erkrankung begünstigten, bedeutete die Krankheit für Männer aufgrund der spezifischen Struktur der Tuberkulosebekämpfung auch eine Chance. Während für Frauen die Krankheiten, die ihnen explizit zugeschrieben wurden, nämlich die Geschlechtskrankheiten, die Zementierung alter Normen und Rollenerwartungen bedeutete[334], eröffnete Tuberkulose den Erkrankten zumindest potenziell die Möglichkeit einer Integration. Tuberkulose stellte diskursiv eine mögliche Protestform dar und bot einen Rahmen, in dem materielle und politische Forderungen an die Besatzungsmacht gestellt und deren politische Konzepte umformuliert werden konnten.

Auch für die deutschen Amtsärzte war die spezifische Verbindung von Tuberkulose und politischer Verantwortung, die zwischen 1945 und 1947 dominierte, vorteilhaft: Eine effektive Tuberkulosefürsorge galt seit dem 20. Jahrhundert als Ausweis der Zugehörigkeit zum Kreise der Kulturnationen.[335] In diesem Sinne stellte der stetige Verweis deutscher Amtsärzte auf die Bedeutung der Tuberkuloseerkrankungen auch den Nachweis der eigenen Kultiviertheit dar. In diesem Kontext hatte die Tuberkulose eine zweifache Bedeutung. Einerseits wertete sie deutsche Amtsärzte gegenüber den

---

333 Vgl. dazu die offensichtlichen Analogien, die zwischen militärischer Kasernierung und der Unterbringung in einer Heilanstalt dahingehend bestanden, dass die Insassen beider Institutionen Probleme hatten, ins Leben draußen zurückzukehren. Stern, 1954, S. 130ff., S. 145ff. Stern spricht selbstredend von »*Heimkehr*« aus der Heilstätte anstatt von Entlassung. In diesem Sinne kann der Heilstättenaufenthalt durchaus als Übergangsform zwischen Kasernen- und Zivilleben verstanden werden.
334 Dazu ausführlicher: Ellerbrock, 2002, Modernisierer.
335 Geissler, 1924, S. 31. Zur Konzeption der Tuberkulosebekämpfung als »*Kulturaufgabe des deutschen Volkes*« auch Stadtarchiv Karlsruhe Haupt-Registratur, Nr. 2046, Bericht über die Tätigkeit der städtischen Tuberkulosefürsorgestelle Karlsruhe für das Jahr 1923, S. 1. In diesem Konzept bezeichnet der Stuttgarter Tuberkulosearzt Hofmeier die Verteilung von nicht pasteurisierter, d.h. evtl. mit Tbc-Bazillen verseuchter, Milch als »*Kulturschande*«. Fragen aus der Praxis, Interview mit K. Hofmeier über den Gehalt von Tbc-Bazillen in der Kuhmilch, in: *Deutsche Medizinische Wochenschrift* 75 (1950), S. 1412.

amerikanischen *medical officers* auf, die der Tuberkulose keine besondere Bedeutung beimaßen, andererseits fungierte sie als Beleg der Zivilisiertheit deutscher Tuberkuloseärzte, die sich somit dem Verdacht einer Mitschuld an nationalsozialistischer Gesundheitspolitik entzogen. In dieser Form unterstrich die Verbindung zwischen Tuberkulosebekämpfung und Kultur auch die politische Unschuld der deutschen Amtsärzte. Wer über Tbc debattierte, vermied es, über Zwangssterilisation und Euthanasie reden zu müssen. Als Angehörige einer überproportional politisch belasteten Berufsgruppe profitierten sie symbolisch von der professionellen Beschäftigung mit Tuberkulose.

**Antworten der Besatzungsmacht auf den Geschlechterdiskurs zur Tuberkulose**

Wie reagierte nun die amerikanische Besatzungsmacht auf den Geschlechterdiskurs zur Tuberkulose? Die Besatzungsmacht hatte sich, wie bereits dargestellt, erst ab Oktober 1945 an der Debatte über das Tuberkuloseproblem beteiligt. Das heißt, dass die Militärregierung den deutschen Tuberkulosediskurs mit seinen Gegenentwürfen in der Hochphase der Entnazifizierung nicht rezipierte. Dies bedeutete, dass keine moralische Entschuldigung, aber auch keine Zurückweisung der deutschen Gegeninterpretation erfolgte. Für die amerikanische Besatzungsmacht wurde die Debatte um Schuld und Verantwortung auf dem Feld der Entnazifizierung geführt, und zwar in so eindeutiger Weise, dass eine Auseinandersetzung mit der Verantwortungsfähigkeit deutscher Männer in anderen Bereichen nicht stattfinden musste.

Als sich die Besatzungsmacht schließlich ab 1946 mit Tuberkulose zu beschäftigen begann, rezipierte sie diese eindeutig und ausschließlich als Mangelkrankheit.[336] Damit akzeptierte sie die Bedürftigkeit der erkrankten deutschen Bevölkerung, ging jedoch auf Leid und seelische Zerrüttung, die in deutschen Betrachtungen eine so zentrale Rolle spielten, überhaupt nicht ein. Zwar bestätigten auch amerikanische

---

336 Siehe neben vielen anderen Belegen z.B. den *Wiesbadener Kurier* über die hessische Situation: *»Das gewaltige Anwachsen dieser Krankheit führte Oberst Moseley auf die Überfüllungen der Wohnungen, die schwierige Brennstoffversorgung und die unzureichende Ernährung zurück.« Wiesbadener Kurier*, 16.10.1946; Long verweist besonders auf Vitaminmangel: Long, Esmond R., The Tuberculosis Situation in Germany, in: *Journal of the American Medical Association*, Vol. 136, No. 3 (17 January 1948), S. 200. Die Tuberkuloseuntersuchungskommission der Armee betont den engen Zusammenhang zur ökonomischen Gesamtsituation in Deutschland: RG 260, OMGUS, 5/333-1/7, Report on Tuberculosis in Germany (U.S. Zone) by A Mission appointed by the Secretary of the Army, S. 21. Allgemein wurde *»food and nutrition […] considered as one fo the important therapeutic aids in the disease«*, Sedwick, Jane, Dietaries in Tuberculosis Sanatoria, in: *American Review of Tuberculosis* LIV (1946), S. 128-132, hier S. 131. Ebenso Pottenger: *»treating tubercolous patients have been working to combat malnutrition«*, Pottenger, Francis M., Adequate Diet in Tuberculosis, in: *American Review of Tuberculosis* LIV (1946), S. 213-217, hier S. 231.

Berichte, dass »*the increase in mortality appears to have affected [...] to an even greater degree, adult males. Females above the age of one year showed little increase [...] This is in contrast with the rise in World War I, in which both sexes participated. The reason for the difference is not apparent*«, schloss der Bericht jedoch lapidar.[337]

Die amerikanische Bekämpfungsstrategie der materiellen Unterstützung knüpfte an die oben erläuterte Konstruktion der Reintegration an. Die Besatzungsmacht hatte ihrerseits den Kontext dieser Integration definiert, wodurch deutsche Neukonzeptionierungen und Umformulierungen beschränkt wurden. Der von Deutschen immer wieder proklamierte Mangel wurde durch Korrektur der Statistiken eingegrenzt, durch öffentliches Wiegen konkretisiert und durch Vergleiche mit amerikanischen Normgewichten kontextualisiert. Deutschen Tuberkuloseklagen wurde in eingeschränkter Form stattgegeben. Sie wurden allerdings von einem pauschalen Leiden, das potenziell das ganze deutsche Volk bedrohte, auf begrenzte, definierbare Krankheitsfälle reduziert. In Form materieller Unterstützung praktizierte auch die amerikanische Besatzungsmacht eine positive Diskriminierung und Bevorzugung. Die rechtlich noch immer mögliche Sanktionierung Tuberkulöser mittels Zwangsasylierung wurde von den Amerikanern nicht aufgegriffen.

Anders als deutsche Frauen, deren Präsenz im gesundheitspolitischen Diskurs offensichtlich war und negative Konsequenzen zur Folge hatte, blieb die Anwesenheit deutscher Männer implizit und mit vielen Vorteilen verknüpft. Die geschlechtskranke Frau wurde von amerikanischer Militär- und deutscher Kriminalpolizei verfolgt, zwangsuntersucht und sogar interniert, der tuberkulöse Mann wurde gehaltvoller ernährt, besser gekleidet, bevorzugt mit Brennstoffen versorgt, von Arbeit freigestellt und bei Wohnungszuweisungen privilegiert.[338] Die Tuberkulose war somit eine hochgradig geschlechtlich strukturierte Krankheit, die nach 1945 dazu beitrug, tradierte Geschlechterrollen zu manifestieren und deutsche Männer an attraktiverer Position in den politischen Diskurs der Nachkriegsjahre einzupassen.[339]

## 2.5 Verantwortung und Schuld

Sollte über die Chiffre der Hilflosigkeit und Zerbrechlichkeit eine politische Entlastung deutscher Männer erreicht werden, so stand die Tuberkulose darüber hinaus in einem weiteren sehr spezifischen Bezug zu Schuld und Moral. Tuberkulosekranke gal-

---

337 RG 260, 5/333-1/4, OMG-Hesse, CAD, Memorandum about Tuberculosis in the German Population, US Zone Germany, by Sartwell, Moseley and Long, December 1948.
338 Vgl. dazu die Selbstbeschreibung der Frankfurter Tuberkulosefürsorgestelle. Stadtarchiv Frankfurt, Gesundheitsamt, II 75-1990 Nr. 31, Bericht über die Bekämpfung der Tuberkulose an den kommandierenden Offizier, Military Government, Public Health Section, 25 September 1945.
339 Siehe dazu auch S. 291ff..

ten, vor allem im Gegensatz zu Geschlechtskranken, als unverschuldet krank.[340]

Im Juni 1947 hatte die württemberg-badische Militärregierung vom Innenministerium gefordert, die Öffentlichkeit endlich intensiver über Tuberkulose aufzuklären. Orientierungspunkt sollte dabei die von der Militärregierung initiierte Aufklärung über Geschlechtskrankheiten sein.

Die Tuberkulosekampagne nach diesem Vorbild zu gestalten, war in den Augen Eugen Schrags, Tuberkulosereferent der Abteilung Gesundheitswesen des württembergisch-badischen Innenministeriums, allerdings wenig sinnvoll, denn anders als Geschlechtskranke seien Tuberkulöse ohne ihr eigenes Verschulden von dieser Krankheit betroffen und eigentlich »*anständige und sittsame Leute*«[341], die alles dafür täten, ihre Umwelt zu schützen. Vor diesem Hintergrund sei es nicht sinnvoll, die gesamte Öffentlichkeit wieder und wieder über die Gefahren von Tuberkulose zu informieren, da dadurch nur eine kontraproduktive Angst geschürt werde, die dazu führe, dass sich erkrankte Menschen nicht mehr freiwillig bei den Gesundheitsbehörden meldeten und in die Anonymität abtauchten. Anders als bei den Geschlechtskrankheiten, vor denen nicht eindringlich genug gewarnt werden könne, solle die Tuberkuloseaufklärung so wie bisher weitergeführt werden. Sie solle sich vor allem an die Erkrankten wenden, denn diese könnten durch einfache Vorbeugemaßnahmen leicht eine Infektion ihrer Mitmenschen verhindern.[342] Abgesehen davon, dass sich Schrag in seiner eigenen Argumentation widersprach, wenn er einerseits behauptete, dass Tuberkulosekranke anständige Menschen seien, die ihre Umgebung vor einer Ansteckung schützen wollten, und andererseits darauf verwies, dass eine zu umfassende Aufklärung dazu führen könne, dass sich Tuberkulöse aus Angst vor Diskriminierung nicht mehr freiwillig bei den Fürsorgestellen melden und der ärztlichen Behandlung entziehen würden, trafen seine Schilderungen weder die soziale Wirklichkeit noch das Verhalten vieler Tuberkulosekranker.[343] Die Wohnungsnot machte eine Isolierung der Kranken in ihren Wohnungen auch bei bestem Willen unmöglich, die Bettennot verzögerte eine

---

340 So fomulierte z.B. Alfred Rainer vom Gesundheitsamt Bielefeld paradigmatisch: »*Die Geschlechtskrankheiten halten sich nur wegen des bodenlosen Leichtsinns und der Verantwortungslosigkeit einer großen demoralisierten Gruppe [...] auf einer beängstigenden Höhe, bei der Tuberkulose wirken viele soziale Faktoren ein, die wir z. Zt. mit bestem Willen nicht beseitigen, ja nicht einmal deutlich verringern können.*« Rainer, Alfred, Zum Tuberkuloseproblem, in: *Ärztliche Wochenschrift* (1947), S. 822f., hier S. 822.
341 »*decent people*«, RG 260, OMGUS, 5/333-1/7, OMG-WB, Tuberculosis Report by Dr. Schrag, TB specialist, Public Health Department, Württemberg-Baden, submitted to OMG-WB, 17 June 1947, S. 3.
342 Ibid.
343 Die Tatsache, dass zwischen 1947 und 1950 den Tuberkulosefürsorgestellen 10-30 % der Erkrankten nicht bekannt waren, also von Aufklärungsmaßnahmen, die sich überwiegend direkt an die Betroffenen wandten, nicht erreicht wurden, macht offensichtlich, wie unzulänglich das vorgeschlagene deutsche Konzept war. Siehe zu den unerkannten Tuberkulosefällen *Tuberkulose-Jahrbuch* (1950/51), S. 81.

Absonderung der Patienten mit offener Tuberkulose in Krankenhäusern oft um viele Monate, und häufig führte gerade das Nichtwissen um eine Tuberkuloseerkrankung zur Ansteckung anderer; schließlich weigerten sich auch manche Tuberkulosekranke, sich den Behandlungsmaßnahmen oder einer Asylierung zu unterziehen.[344]

Erst im April 1947 hatte der Innenminister der Militärregierung berichtet, dass *»in Waiblingen die Wohnraumbeschaffung für Tuberkulöse wegen geringen Verständnisses eines Teils der Bürgermeister auf Schwierigkeiten«* stoße, dass *»die Gemeinden wegen Wohnungsmangel den Wünschen der Gesundheitsämter und Ärzten über Unterbringung von offen Tuberkulösen nicht mehr gerecht werden können«* und dass die *»Asylierung [...] oft auf Schwierigkeiten stößt, weil die Kranken sich weigern«*. Angesichts der aufgrund von Kohlenmangel geschlossenen öffentlichen Badeanstalten bemerkte das Ministerium lakonisch: *»Von einer persönlichen Hygiene kann kaum noch gesprochen werden.«*[345] Einen Monat später, im Mai 1947, berichtete das Innenministerium, dass *»in einem evangelischen Kindergarten im Kreise Gmünd [aufgrund] [...] der Ansteckung durch eine tuberkulosekranke Kinderschwester [...] 62 Kinder an Tuberkulose erkrankt seien. [Darunter seien] ein Todesfall an Meningitis, 2 schwere und 59 mittlere und leichte Fälle.«* Die Kinderkrankenschwester sei *»zuletzt am 4.7.1945 im Gesundheitsamt geröntgt worden«*, damals habe sich kein Anhalt für aktive Tuberkulose ergeben. Eine Folgeuntersuchung am *»21.3.1947 ergab eine schwere doppelseitige offene Tuberkulose, die Kranke ist am 2. Juni schon gestorben.«*[346] Die Frage war also nicht, wie moralisch integer die Erkrankten waren. Das Problem bestand vielmehr im Ausmaß der Tuberkulose und der dadurch hervorgerufenen Ansteckungsgefahr bzw. möglichen Vorkehrungsmaßnahmen. Vermehrte Information war also dringend notwendig, ganz so wie die Militärregierung dies forderte.

Zweifellos waren auch Schrag diese Zusammenhänge, die der Innenminister erst wenige Monate zuvor der Militärregierung geschildert hatte, bekannt. Warum redete er weiterhin von unschuldigen, sittsamen Tuberkulösen?

Die unmittelbare Intention seiner Ausführungen liegt auf der Hand: Der deutsche Tuberkuloseexperte wollte die Tuberkuloseaufklärung in ihrer bisherigen Form weiterführen. Dem amerikanische Ansinnen, die Tuberkuloseinformation analog der Aufklärung über Geschlechtskrankheiten zu konzipieren, lag der Eindruck der Militärregierung zugrunde, dass die Tuberkulose entgegen den bisherigen Einschät-

---

344 Selbst 1950 gab es noch einige Hundert ansteckend Tuberkulosekranke, die kein eigenes Bett besaßen. Vgl. dazu die Statistik im *Tuberkulose-Jahrbuch* (1950/51), S. 118.
345 RG 260, 390/49-50/35-1/6-1 Box 225, OMGUS-WB Public Health Advisor, Chief Public Health Branch Stuttgart, ausführlicher monatlicher Tätigkeitsbericht Nord-Württemberg, Nord-Baden, Monat April 1947, S. 3, S. 8.
346 Ibid., Monat Mai 1947, S. 3. Siehe zu dieser »Kindergartenepidemie« auch den Bericht Maria Schillers. Stadtarchiv Stuttgart, Hauptaktei Gruppe 5, Reg. Nr. 5000-1, laufende Nr. 2, Bericht über den Gesundheitszustand der Stuttgarter Bevölkerung im Jahr 1947, Obermedizinalrätin Schiller, Sitzung des Sozialausschusses am 16. Februar 1948, S. 3.

zungen eben doch ein gesundheitliches Problem darstelle. Offenbar in Ermangelung anderer Konzepte war daraus der amerikanische Vorschlag erwachsen, sich an eben der Gesundheitskampagne zu orientieren, die die Militärregierung bisher beschäftigt hatte. Vor diesem Hintergrund bestand die Strategie Schrags darin, zu betonen, dass Geschlechtskrankheiten und Tuberkulose zwei unterschiedliche Krankheiten seien, die einer je eigenen Aufklärungskampagne bedürften, um von dieser Position aus die deutsche Form der Tuberkulosebekämpfung fortführen zu können. Interessant ist, dass dabei »Schuld« zum zentralen Punkt wurde, an dem sich die Differenzen zwischen beiden Erkrankungen angeblich offenbarten. So fungierte der »unschuldige« Tuberkulosekranke als Gegenpol zum »schuldigen« Geschlechtskranken. Schrag griff mit der Figur des »schuldigen« Geschlechtskranken – taktisch geschickt – die Perzeption der Militärregierung auf und konstruierte gleichzeitig einen idealisierten Tuberkulösen.[347] Sein Bild vom unschuldigen, verantwortungsbewussten Tuberkulosekranken teilten augenscheinlich auch die Heilstättenärzte, die Patienten mit offener Tuberkulose noch im Oktober 1947 wieder nach Hause in ihre überfüllten Wohnungen entließen.[348] Die Bettennot allein konnte solche Entscheidungen nicht erklären, schließlich waren die Patienten bereits aufgenommen und wurden nun entlassen. Tuberkulose war offensichtlich keine Krankheit, die moralisch infizierte. Selbst offener Widerstand gegen die Asylierung, die überdies nur in sehr schweren Fällen überhaupt angeordnet wurde, konnte die Vorstellung, Tuberkulosekranken seien *per se* moralisch integer, nicht trüben. Auch aus diesem Grund war Tuberkulose die ideale Krankheit, um die charakterliche Unbescholtenheit deutscher Männer zu belegen.

Überlegungen zur »Asylierung« wurden in den ersten Nachkriegsjahren nur sehr selten bzw. gar nicht angestellt. Wie bereits in den 1920er-Jahren[349] waren deutsche Gesundheitspolitiker auch nach dem Zweiten Weltkrieg sehr zögerlich, Zwangsmaßnahmen gegen Tuberkulosekranke einzuleiten. Statt dessen sprach der badische Medizinalreferent Dr. Hamacher im Mai 1946 lieber von der »*Unterbringung offen Tuberkulöser*« und stellte in seinen Ausführungen dazu unmissverständlich klar, dass es ihm nicht um Strafe und Sanktion, sondern um Versorgung und Heilung gehe.[350] 1947 betonte

---

347 Die Indifferenz vieler deutscher Tuberkuloseärzte gegenüber der Ansteckung offenbarte sich z.B. auch in der pauschalen Annahme, dass alle Erwachsenen über 40 tuberkulinpositiv, d.h. zwangsläufig irgendwann mit dem Tuberkuloseerreger in Kontakt gekommen seien. Siehe zur Kritik dieser ärztlichen Haltung *Tuberkulose-Jahrbuch* (1950/51), S. 38.
348 Hessisches Hauptstaatsarchiv Wiesbaden, Abt. 509, Nr. 11, Wiederaufbau medizinischer Abteilung, Juli–August 1947.
349 Siehe dazu die oben erörterte Ablehnung der Asylierung durch Karl Ernst Ranke. Auch Hähner-Rombach berichtet für das 20. Jahrhundert vom Widerstand der Tuberkuloseärzte gegen Anzeigepflicht und Zwangsasylierung. Hähner-Rombach, 2000, S. 240-248.
350 Stadtarchiv Karlsruhe, Haupt-Registratur, A 2968, Der Präsident des Landesbezirks Baden, Brief an die Landräte und Oberbürgermeister der Stadtkreise, betr. Unterbringung offen Tuberkulöser, 13. Mai 1946.

die Medizinalabteilung des hessischen Staatsministeriums ausdrücklich, dass »*für die Zwangsasylierung nur solche Offentuberkulösen in Frage kommen, welche infolge einer psychischen Abartung asozial*« seien.[351] Auch das Innenministerium von Württemberg-Baden betonte noch im November 1948, dass »*die Einweisung Tuberkulosekranker in eine Zwangsasylierungsstation einen besonders schwerwiegenden Eingriff in die persönliche Freiheit der Kranken bedeute. Immer wieder werden von diesen Beschwerden darüber erhoben, daß die Absonderung [...] ohne hinreichenden Grund erfolgt. Damit von vornherein begründete Beschwerden möglichst vermieden werden, macht das Innenministerium den Gesundheitsämtern hiermit zur Pflicht, künftig in jedem Fall mit ganz besonderer Sorgfalt zu prüfen, ob es unerläßlich ist, Antrag auf Zwangsasylierung [...] zu stellen. Besteht auch nur der leiseste Zweifel an der Notwendigkeit der Zwangsasylierung, so ist, bevor der Antrag gestellt wird, beschleunigt ein Gutachten des [...] Fachberichterstatters für Tuberkulose im Innenministerium, Obermedizinalrat Dr. Schrag einzuholen. Sämtliche Unterlagen für den Antrag, besonders auch die Röntgenaufnahmen, sind beizufügen.*«[352]

Dies war nicht nur politische Rhetorik, auch praktisch wurde die Zwangsasylierung kaum umgesetzt. Aus dem Protokoll der Amtsarztbesprechung in Heidelberg geht hervor, dass im Mai 1947 in Württemberg-Baden ganze 14 Männer zwangsasyliert waren[353] – keine große Anzahl, wenn man die Bedeutung der Tuberkulose, ihr Ansteckungspotenzial und die große Zahl zwangsinternierter geschlechtskranker Frauen bedenkt. Während bei Tuberkulosekranken (Männern) bereits »*leiseste Zweifel*« ausreichten, um von einer Zwangsasylierung Abstand zu nehmen, wurden Frauen aufgrund geringfügiger Verdachtsmomente zwangsuntersucht.[354] Während bei einem Eingriff aufgrund einer Tuberkuloseerkrankung die Krankheit zweifelsfrei bestehen und ihr Schweregrad durch Röntgenaufnahmen präzise dokumentiert sein musste, um den Zwang rechtfertigen zu können, ereilte Frauen Festnahme, erzwungene Untersuchung und manchmal sogar Gefängnis, lange bevor eine definitive Krankheitsdiagnose überhaupt gestellt war.[355]

---

351 Stadtarchiv Frankfurt, Gesundheitsamt, II/5-1990 Nr. 28, Brief hessisches Staatsministerium – Der Minister des Innern – Medizinalabteilung an Regierungspräsident Wiesbaden, 24. Februar 1947.
352 RG 260, 390/49-50/35-1/6-1 Box 298, OMGUS-WB – Public Health Adviser, Brief Innenministerium Württemberg-Baden an staatliche Gesundheitsämter betr. Zwangsasylierung von Tuberkulosekranken, Anlage 1 zum Monatsbericht November 1948 Teil 2. a) Tuberkulose. Vgl. ebenso die Beispiele bei Liebknecht, 1948, die verdeutlichen, dass eine Zwangsasylierung erst bei groben Verfehlungen und nach mehrmaliger Aufklärung eingeleitet wurde.
353 Stadtarchiv Karlsruhe, Haupt-Registratur, A 3004, Niederschrift über die Amtsarztbesprechung am 17.5.1947 in Heidelberg.
354 Vgl. in diesem Sinne auch die Debatte darüber, wie lange Tuberkulosekranke überhaupt als ansteckend betrachtet werden müssten. *Tuberkulose-Jahrbuch* (1950/51), S. 17ff. Eine vergleichbare Diskussion wurde mit Blick auf als geschlechtskrank verdächtige Frauen überhaupt nicht geführt.
355 Hessisches Hauptstaatsarchiv Wiesbaden, Abt. 458 a, Generalstaatsanwaltschaft, Nr. 592, Gerichtsvorführung geschlechtskranker Frauen, März 1946.

Die Debatte um die Zwangsasylierung bestätigt, dass der prototypische Tuberkulosepatient männlich gedacht war und dass diesen kranken Männern nur im äußersten Notfall mit Zwangsmitteln entgegengetreten werden sollte. Erst ab Ende 1948 wurde die Asylierung Tuberkulosekranker wieder breiter diskutiert.[356] Die Asylierungsdebatte war jedoch noch immer gebrochen. Während deutsche Amtsärzte im Oktober 1949 in Heidelberg die »*Zwangsasylierung Tuberkulosekranker, die sich disziplinlos verhalten [als] ein bedeutungsvolles Mittel bei der Bekämpfung der Tuberkulose*«[357] einstuften, hielten sich deutsche Politiker bedeckter. Sie unternahmen von sich aus keine Schritte, um Asylierungen voranzutreiben. Stadt- und Landräte scheuten sich, »*auf diesem Gebiet [...] der Gemeinde Anordnungen zu erteilen*«.[358]

Erst seit Beginn der 1950er-Jahre wurde die Diskussion um die Asylierung von Kranken mit offener Tbc intensiver. Dies war zum einen dadurch bedingt, dass sich die Wohn- und Krankenhaussituation langsam entspannte und so die Trennung kranker und gesunder Menschen praktisch überhaupt erst wieder möglich wurde. Gleichzeitig verschob sich mit dem Rückgang der Tuberkuloseerkrankungen auch das Sozialprofil der Patienten. Nicht mehr »jedermann« war krank.[359] Auch war 1948 die offizielle Entnazifizierungs- und Schulddebatte erst einmal beendet. Eine moralische Rehabilitierung deutscher Männer im Tuberkulosediskurs war zu diesem Zeitpunkt nicht mehr notwendig.

### 3. Konfliktkrankheit Tuberkulose

Seit 1947 rückte Tuberkulose zunehmend auch ins Blickfeld der *medical officers*. Mit deutschen Amtsärzten stimmten sie zwei Jahre nach Besatzungsbeginn dahingehend überein, dass die steigende Zahl Tuberkulosekranker ein interventionsbedürftiges Gesundheitsproblem sei. The slow disease, die »langsame Krankheit« Tuberkulose, hatte die Sensibilitätsschwelle der amerikanischen Besatzer nach mehrjährigem Anlauf endlich überspringen können.

---

356 Liebknecht, Wilhelm, Zur Frage der Zwangsabsonderung Offentuberkulöser, in: *Der Tuberkulosearzt* 2. (1948), S. 271-278, hier S. 275; Stadtarchiv Frankfurt Magistratsakten, Aktenzeichen 7110, Bd. 2, Niederschrift über die Sitzung der Gesundheitsdeputation am 18.2.1949; Bengestrate, Helmut, Die Wohnungsverhältnisse des Offentuberkulösen in einer Großstadt des Ruhrkohlenreviers, in: *Der öffentliche Gesundheitsdienst*, 12. Jg. (1950/51), S. 152-154.
357 Generallandesarchiv Karlsruhe, Gesundheitsämter, Abt. 446, Nr. 3, Der Präsident des Landesbezirks Baden, Niederschrift über die Amtsarztbesprechung am 17. Oktober 1949 in Heidelberg.
358 Generallandesarchiv Karlsruhe, Gesundheitsämter, Abt. 446, Nr. 3, Niederschrift über die Amtsarztbesprechung am 20. März 1948 in Heidelberg.
359 Zur Asylierung seit Beginn der 1950er-Jahre siehe: Amtliche Mitteilungen, Bayern: Zwangsabsonderung asozialer Offentuberkulöser, in: *Der Tuberkulosearzt* 5 (1951), S. 111-113.

Seit 1946 hatten sich die Tuberkuloseraten mehr und mehr der gesundheitspolitischen Wahrnehmungsgrenze der Amerikaner genähert, um sie 1947, mit Steigerungsraten, die zum Teil bei 60 % lagen, endlich passieren zu können.[360] Wenn sich jetzt auch amerikanische und deutsche Mediziner darüber einig waren, dass die Tuberkulose eine ernst zu nehmende Volkskrankheit sei, so provozierten ihre unterschiedlichen Ansichten darüber, wie die Tuberkulose angemessen zu bekämpfen sei, handfeste Konflikte.

## 3.1 Kompetenzen und Divergenzen

Im Zuge des Wiederaufbaus des deutschen Gesundheitswesens war die Tuberkulosefürsorge erweitert worden.[361] Die amerikanische Besatzungsmacht hatte diese Entwicklung wohlwollend beobachtet, aber nicht von sich aus auf einen Ausbau der Tuberkuloseversorgung gedrängt. Tuberkulose als anfänglich fast immer latente Krankheit mit langer Inkubationsphase war von den Amerikanern offensichtlich unterschätzt worden. Die deutschen Tuberkuloseängste hingegen, die wesentlich in den Erfahrungen aus der Zeit nach dem Ersten Weltkrieg wurzelten, bewahrheiteten sich zumindest teilweise, auch wenn sie insgesamt übertrieben gewesen waren.[362]

---

360 Zeitgleich erschien im August 1947 im *J.A.M.A.* ein Bericht über den Tuberkuloseanstieg in Deutschland: Tuberculosis Increase in Germany, in: *J.A.M.A.* 134 (August 1947), S. 1188f.

361 »*Zur Beherrschung des Tuberkuloseproblems erschien es notwendig, die peripheren Organe zu stärken und neue Tuberkulosefürsorgestellen zu errichten. [...] Dementsprechend wurden in den Stadt- und Landkreisen Mannheim und Karlsruhe bereits je eine zweite Tuberkulosefürsorgestelle eingerichtet.*« Generallandesarchiv Karlsruhe, Präsident Landesbezirk/Baden, Abt. 481, Nr. 587, Tuberkulose-Kontrolle in Baden (US-Zone). Auch in Frankfurt am Main war die bisherige Tuberkulosefürsorge ausgebaut und eine zweite Fürsorgestelle errichtet worden. Stadtarchiv Frankfurt, Gesundheitsamt, II 75-1990, Nr. 31, Brief Großhessisches Staatsministerium, Minister des Innern, an den Herrn Oberbürgermeister Kolb, Frankfurt am Main, 20.3.1947. Zur institutionellen Gliederung der Tuberkulosebekämpfung in allen westlichen Besatzungszonen vgl. *Tuberkulose-Jahrbuch* (1950/51), S. 40f. Eine Auflistung der bayerischen und württembergischen Tuberkuloseamtsärzte findet sich in: Amtliche Mitteilungen, Die Tuberkulose-Anstalten und -Ärzte in den deutschen Ländern, in: *Der Tuberkulosearzt* 2 (1948), S. 548-550; alle hessischen Tuberkuloseamtsärzte sind verzeichnet in ibid., S. 718-721.

362 Definitive Krankheitszahlen sind für die Besatzungsjahre kaum zu ermitteln. Statistische Probleme ergeben sich insbesondere aus den großen Bevölkerungsverschiebungen seit 1938, der unterschiedlichen und sich verändernen Aufnahme von aktiver, aber nicht ansteckender Tuberkulose, diagnostischen Unsicherheiten im Zusammenhang mit neuen medizintechnischen Verfahren und vielen fehlerhaften Selbstmeldungen bis zur Währungsreform. Vgl. dazu die ausführliche Diskussion im *Tuberkulose-Jahrbuch* (1950/51). Grob kann für den Zeitraum 1938 bis Frühjahr 1948 von einer Steigerung um das Drei- bzw. Vierfache ausgegangen werden. Siehe dazu *Tuberkulose-Jahrbuch* (1950/51), S. 57-59. Seit Sommer 1948 verzeichnen sowohl deutsche als auch amerikanische Statistiken einen Rückgang für alle Altersgruppen und beide Geschlechter, von dem jedoch insbesondere die Kinder profitierten, deren Morbiditätszahlen überproportional schnell abfielen. Dazu *Tuberkulose-Jahrbuch* (1950/51), S. 63-66. Definitiv

Der Tuberkuloseanstieg nach dem Ersten Weltkrieg hatte deutsche Gesundheitspolitiker zunächst mit einem Erfahrungs- und damit Kompetenzvorsprung in der Tuberkulosebekämpfung vor amerikanischen Offizieren ausgestattet.[363] Da in den USA häufig Neueinwanderer von Tuberkulose betroffen waren, hatte sich das Augenmerk der *medical officers* auch in Deutschland lange Zeit fast ausschließlich auf die DPs konzentriert. Nachdem die Offiziere jedoch ab Sommer 1947 die weitreichende gesundheitliche Bedeutung des Tuberkuloseproblems erkannt hatten, hielten sie sich nicht mit ihren Fehleinschätzungen vergangener Tage auf, sondern konzentrierten sich umgehend auf die neu erkannte Tuberkulosegefahr.

Nachdem die Gesundheitsgefahr Tuberkulose einmal geortet worden war, ließen amerikanische Berichte seit Ende 1947 keine Möglichkeit aus, die *medical teams* der Militärregierung als von Anfang an mit diesem Problem befasst erscheinen zu lassen: »*The control of tuberculosis in the U.S. Zone has been, and continues to be, a matter of concerns to the Public Health staff of ›Military Government‹ and German health authorities.*«[364] Immer wieder verwiesen amerikanische Stellen nun auf die Notwendigkeit, die Effizienz der deutschen Tuberkulosekontrolle zu steigern und die Tuberkulosebekämpfung zu modernisieren.

Kritik kam indes nicht nur von amerikanischen Stellen, auch deutsche Amtsärzte kritisierten die Städte dafür, dass sie nur schleppend Räumlichkeiten für die Tuberkulosefürsorgestellen zur Verfügung stellten[365]; sie warfen den Innenministerien vor, dass sie notwendige Gesetze, die beispielsweise für die Durchleuchtung der Bevölkerung notwendig seien, nicht verabschiedeten, und bemängelten, dass kaum neue Unterbringungsmöglichkeiten für Tuberkulosekranke geschaffen würden und die Gesundheitsverwaltung sich überhaupt nicht für die Zwangsasylierung interessierte.[366] Inhaltlich

---

lässt sich sagen, dass die Tuberkulosesterblichkeit 1950 mit 394 auf 10 000 Einwohner unter dem Vorkriegsniveau lag. *Tuberkulose-Jahrbuch* (1950/51), S. 84-86, S. 107. Auch Condrau, der die Epidemiologie der Tuberkulose immerhin zur Grundlage seiner Studie macht und dabei den Verlauf bis 1951 berücksichtigt, kann für 1939-1948 keine Zahlen vorlegen, so dass statistisch der Zweite Weltkrieg und die Nachkriegsjahre aus seiner Betrachtung fallen. Condrau, 2000, S. 40. Näherungswerte und Krankheitszahlen für einzelne deutsche Großstädte sind indes vom Zentralkomitee ermittelt und im *Tuberkulose-Jahrbuch* (1950/51) ausführlich dokumentiert. Siehe speziell für Württemberg-Baden die Erörterungen bei Schrag, 1947/48, S. 96-101.

363 Siehe zum kontinuierlichen Rückgang amerikanischer Tbc-Zahlen während des 20. Jahrhunderts, S. 355 dieser Darstellung.
364 RG 260, 390/42/33/4-5; Tuberculosis correspondence, OMG-Hesse, Public Health and Welfare Branch, Department of the Army, Tuberculosis Mission, S. 1.
365 »*Die Städte gewähren hier unerklärlicherweise nicht die notwendige Unterstützung und es ist nicht gerade erfreulich, dass sich die Militärregierung schon mehrmals zur Intervention genötigt sah.*« Generallandesarchiv Karlsruhe, Gesundheitsämter, Abt. 446, Nr. 3, Niederschrift über die Amtsarztbesprechung am 20. März 1948 in Heidelberg, S. 2.
366 Stadtarchiv Karlsruhe, Haupt-Registratur, A 3004, Niederschrift über die Amtsarztbesprechung am 17.5.1947 in Heidelberg. Auch der Rottenburger Kreisarzt forderte ein, dass sich lokale Verwaltungen endlich ihrer Verantwortlichkeit in der Tuberkulosebekämpfung bewusst

begannen sich nationale Positionen zu verwischen, institutionell und hierarchisch fächerten sich ehemals geschlossene Fraktionen auf.

Die Rezeption der Tbc als Krankheit der Städte, einst eine selbstverständliche Zuschreibung, im Tuberkulosediskurs der Jahre 1945/46 aber, wie oben erläutert, nicht mehr präsent, tauchte nun erstmals in amerikanischen Berichten wieder auf.[367] Mit der Replazierung der Tuberkulose in einen urbanen Kontext wehrten amerikanische Offiziere nicht nur die Wucht einer allgegenwärtigen Tuberkulose ab, sondern versuchten, die Tuberkulosegefahr zu präzisieren. Nachdem die medical officers zwei Jahre lang die Tbc-Bekämpfung überwiegend in deutschen Händen belassen und sich auf eine sporadisch reaktive Position beschränkt hatten, eroberten sie sich nun auch in Tuberkulosefragen Kompetenz zurück. Die diskursive Wiederbelebung der »Stadtkrankheit Tuberkulose« war der erste Schritt zur »Entdeckung« der Tbc als tatsächliches gesundheitliches Problem in den deutschen Nachkriegsstädten, dem Haupteinsatzgebiet amerikanischer Gesundheitspolitik. Indem die Amerikaner die städtische Komponente der Tuberkulose betonten, unterstrichen sie gewissermaßen selbstreferenziell ihre gesundheitspolitischen Aktivitäten, die sich im Wesentlichen auf die Städte konzentrierten. Die Möglichkeit, die vielen Tbc-Kranken in den Städten als Beleg für die Unzulänglichkeit bisheriger amerikanischer Gesundheitspolitik heranzuziehen, wog dabei offensichtlich weniger schwer als die Selbstinszenierung der *medical officers* als wissenschaftlich zuverlässige Krankheitsbeobachter.

Das erwachte Interesse der Militärregierung hatte einen kritischen Blick auf die deutsche Tuberkulosebekämpfung mit sich gebracht: Da amerikanische Offiziere besonderes Augenmerk auf die Krankenhausbehandlung der Tuberkulose richteten, konzentrierten sich viele Tadel auf die mangelhaften Asylierungsmöglichkeiten.

Besonders erzürnte die Amerikaner, dass viele von ihren Streitkräften geräumte Kasernen und Hospitäler, die den Deutschen ausdrücklich zur Isolierung von Tuberkulosekranken übergeben worden waren, zweckentfremdet wurden. So veröffentlichte z.B. *The Stars and Stripes* im Mai 1947, dass der Leiter der Abteilung Public Health, OMG-WB Lt. Col. Beckjord, in einem Krankenhaus, »*das vor mehr als einem Jahr durch die Behörden der U.S. Armee der Deutschen Abteilung für Öffentliche Gesundheit in Baden übergeben worden war, [...] bei einer allgemeinen Prüfung [...] weder Ärzte noch Schwestern*« angetroffen habe und dass »*die Aufzeichnungen klar ergaben, daß die*

---

werden sollten. RG 260, 5/333-1/4, OMGUS, Internal Affairs and Communications Division, Tuberculosis in Landkreis Rottenburg. Nochmals sehr scharfe Kritik übten die Amtsärzte zehn Monate später. Offensichtlich hatte sich noch immer nicht viel geändert. Generallandesarchiv Karlsruhe, Gesundheitsämter, Abt. 446, Nr. 3, Niederschrift über die Amtsarztbesprechung am 20. März 1948 in Heidelberg.

367 »*Reports from metropolitan areas indicate that the prevalence of positive reactors to tuberculin tests of children will be markedly higher than in rural Kreise.*« RG 260, 8/59-1/9, OMG-Hesse, Abt. 649, Public Health Division, Summary of Public Health Activities in Land Hesse, 1 January 1948–31 March 1948, S. 2.

*sogenannten Patienten mit Hilfe sehr zweifelhafter ärztlicher Atteste zugelassen worden waren. Viele der Zulassungsatteste enthielten überhaupt keine Diagnose und sehr wenige der Gäste schienen an Tuberkulose zu leiden.«* Die Privatpatienten zahlten 14 RM und genossen dafür besten Küchen- und Frisörservice. Statt dergestalt für das Wohlbefinden der Patienten zu sorgen, legte Beckjord »*dem deutschen Beauftragten für Öffentliche Gesundheit in einem scharfgehaltenen Schreiben*« nahe, ein Röntgengerät anzuschaffen und einen medizinischen Stab einzustellen. Danach müsse das Krankenhaus Tuberkulosekranken, und zwar sowohl Kassen- als auch Privatpatienten, offen stehen.[368]

Bereits 1945 hatten sich die wenigen amerikanischen Berichte, die sich überhaupt mit Tuberkulose beschäftigten, auf die Möglichkeiten der Krankenhausunterbringung konzentriert und 1500 zusätzliche Betten gefordert, um wenigstens die schwersten Fälle isolieren zu können.[369] Bis 1948 schien sich an dem grundsätzlichen Bettenmangel nicht viel geändert zu haben, das Frankfurter Stadtgesundheitsamt berichtete im März 1948, dass in Hessen noch immer 6 000 Tuberkulosebetten fehlten.[370] Angesichts der Emphase, mit der deutsche Stellen seit nun fast drei Jahren die Tbc bekämpften, war dies in den Augen der *medical officers* eine dürftige Bilanz, an der jedoch auch die Militärregierung nicht so unschuldig war, wie ihre Appelle an die deutsche Gesundheitsverwaltung dies glauben machen wollten, da die Militärregierung bis Mai 1947 keine der »*zahlreichen Kasernen [...] zur Verfügung gestellt*« hatte.[371]

---

368 »Missbrauch eines deutschen Krankenhauses entdeckt«, aus: *The Stars and Stripes*, 2.5.1947.
369 »*At present 7153 cases of tuberculosis are carried in the Gesundheitsregister. Of this number 2822 have been declared sanatoria cases and ordered quarantined. [...] POW continued to occupy the majority of sanatoria beds available [...] 1500 more beds are critically needed to adequately isolate open cases not now properly segregated.*« RG 260, 8/59-1/5, Monthly Narrative Report on Public Health Land Baden for Month of October 1945, to Surgeon, G-5, PH-Section, Seventh US Army, S. 3.
370 Stadtarchiv Frankfurt, Gesundheitsamt, II/5-1990 Nr. 36, Wochenberichte an den Oberbürgermeister 1945-1947, 5.3.1948. M. Daniels M. D., DPH und P. D'Arcy Hart hatten in einem Report für die britische Besatzungsmacht, gemessen am englischen Standard, der 2 Tuberkulosebetten pro Tuberkulosesterbefall vorsah, keinen Bettenmangel festgestellt. RG 260, 5/333-1/4, OMGUS, CAD, Tuberculosis in the British Zone of Germany, Report of an Inquiry made in September–October 1947. In der deutschen Debatte setzte sich jedoch zunehmend der US-Maßstab durch, der 10 Tuberkulosebetten pro Sterbefall forderte. Vgl. dazu Bogen, Emil, Ten Beds per Death or Eradication, not Reduction, of Tuberculosis, in: *American Review of Tuberculosis* 59 (1949), S. 707-709. Zur deutschen Debatte *Tuberkulose-Jahrbuch* (1950/51), S. 112f. Siehe für den amerikanischen Standard: Horton, Ralph, American Trudeau Society, Minimal Medical and Administrative Standards for Tuberculosis Hospitals and Sanatoria. A Report of the Committee on Sanatorium Standards, in: *American Review of Tuberculosis* VI (1945), S. 481-487.
371 So deutsche Amtsärzte auf einer Besprechung in Heidelberg. Stadtarchiv Karlsruhe, Haupt-Registratur, A 3004, Niederschrift über die Amtsarztbesprechung am 17.5.1947 in Heidelberg.

## Statistikstreit: »proper reporting is the first essential of a successful antituberculosis campaign«[372]

Bei ihrem Bemühen, bisheriges Desinteresse durch eine besonders intensive Aufmerksamkeit zu kompensieren, stieß die Militärregierung auch auf Unregelmäßigkeiten der deutschen Tuberkulosestatistik:

Die deutsche Kritik an der Besatzungsmacht hatte sich bis 1946 das Mäntelchen steigender Tuberkulosezahlen umgehängt. Genau diese Statistiken wurden nun Gegenstand langer und heftiger Auseinandersetzungen zwischen Deutschen und Amerikanern. Mit wachsendem Engagement der Amerikaner in Tuberkulosefragen intensivierte sich die Kommunikation über diese Krankheit, wodurch die Mängel der deutschen Berichte schnell offenbar wurden. Die zuständigen Gesundheitsbeamten der Militärregierung lasen deutsche Tuberkuloseberichte seit 1947 genauer und erkannten schnell, dass deutsche Statistiken so fehlerhaft waren, dass sie nicht als brauchbare Diskussionsgrundlage dienen konnten. Bereits im Juli 1947 behaupteten die *medical officers* der hessischen Militärregierung, dass der Tbc-Anstieg vor allem ein statistischer Effekt sei. Vor allem ein besseres Berichtssystem täusche einen immensen Anstieg der Tuberkuloseerkrankungen vor, der in Hessen im Sommer 1947 bei über 60 % lag. Zwar hätten sich im letzten Winter viele *»beim gemeinsamen Wärmen am Ofen«* angesteckt und auch Wohnungsknappheit, Mangel an Heizmaterial und fehlende Isolierstationen in den Krankenhäusern forcierten den Tbc-Anstieg. Trotzdem sei äußerst fraglich, ob der Anstieg wirklich so dramatisch sei, wie in den deutschen Berichten dokumentiert.[373]

Im Januar 1948 gestand Dr. Schrag für Württemberg-Baden zu, dass die Tuberkulosesterblichkeit sehr viel geringer sei als erwartet.[374] Allerdings – so relativierte er

---

[372] Dieses Motto hatte Esmond Long bereits im Oktober 1945 für die amerikanische Tuberkulosebekämpfung ausgegeben. Zwei Jahre später begannen amerikanische Besatzungsoffiziere diesem Credo ernsthaft zu folgen. RG 260, OMGUS, 5/333-1/7, Tuberculosis Control in U.S. Zone of Germany, s.v. 3.b. (2) »Military Government and civilian tuberculosis control«, S. 8.

[373] RG 260, 8/62-2/3, OMG-Hesse, Public Health and Welfare Branch, Summary of Public Health Activities for Land Hesse 1 April–30 June 1947, S. 2. Amerikanische Kritik an deutschen Statistiken wurde auch immer wieder gegenüber den Ärztekammern geäußert, siehe z.B. Archiv der Bundesärztekammer, Nachlass Dr. Carl Oelemann, Besprechung Oelemann Landesärztekammer Hessen mit Militärregierung, 14. Juli 1948, Punkt 3.

[374] Stadtarchiv Stuttgart, Hauptaktei Gruppe 5, Reg. Nr. 5052-0, laufende Nr. 150, Die Tuberkulose und ihre Bekämpfung in Stuttgart, nach dem Stand vom 1. Jan 1948, Berichterstatter Obermedizinalrat Dr. Schrag, Sitzung der Sozialabteilung vom 2. Februar 1948, S. 1. Der Tuberkuloserückgang für Württemberg-Baden wurde ein Jahr später auch offiziell statistisch bestätigt: Dürrenberger, Die Tuberkulose in Württemberg-Baden im Jahre 1949, in: *Statistische Monatshefte Württemberg-Baden* (1950), S. 391-396. Auch für andere deutsche Großstädte konnte diese Einschätzung bestätigt werden. So stellte Gillmann im Rückblick für Düsseldorf fest, dass *»die Mortalität [...] nur geringfügig durch die jetzigen Umstände angestiegen«* sei. Gillmann, Helmut, Kritische Betrachtung über die Auswirkung der Nachkriegsverhältnisse auf die Tuberkulose anhand des Düsseldorfer Zahlenmaterials, in: *Der Tuberkulosearzt* 3 (1949), S. 288-294.

diese Angabe umgehend –, sei dafür bei den Erkrankungsfällen eine enorme Steigerung festzustellen.³⁷⁵ Über eine ähnliche Entwicklung berichteten auch die hessischen Ärzte der zuständigen Abteilung beim OMG Hessen: Um 2,3 % sei die Mortalität der Tuberkulose im ersten Quartal 1948 gegenüber 1947 gesunken, die Rate der Neuinfektionen sei aber seit Dezember 1947 um 49 % gestiegen.

Diese Angaben hatten die Public Health Officers skeptisch gemacht. Zu intensiveren Nachforschungen hatten sie sich veranlasst gesehen, weil der berichtete Tuberkuloseanstieg ungewöhlich plötzlich gewesen war. Bei ersten Kontrollen seien dann Unregelmäßigkeiten besonders bei aktiver geschlossener (d.h. nicht ansteckender) Tuberkulose und bei Kindertuberkulose aufgefallen. Im Laufe des Jahres hatte sich der Konflikt immer weiter zugespitzt, so dass im Juli von der Militärregierung nur noch Todesfälle aufgrund von Tuberkulose als statistisch relevanter Beleg akzeptiert wurden.³⁷⁶ Nach fortdauernden Auseinandersetzungen, die sich das ganze Jahr lang hinzogen, bahnte sich Ende 1948 endlich eine Annäherung an. Die deutschen Fürsorgestellen hatten zugestimmt, ihre Statistiken komplett zu überarbeiten. Dabei ging es nicht nur um die aktuelle Tuberkuloserate, die amerikanische *medical officers* noch immer für zu hoch erachteten, sondern darum, die fehlerhaften Erhebungen durch solide Daten zu ersetzen. Tatsächlich waren in den deutschen Statistiken viele Tuberkulosefälle z.T. überhaupt nicht erfasst, dafür aber immer noch gesunde Menschen als tuberkulös verzeichnet, »*who had registered themselves in the days when extra food rations were given for tuberculosis ›sufferers‹.*«³⁷⁷

Einzelne Deutsche hatten somit auf individueller Ebene vollzogen, was deutsche Amtsärzte seit 1945 auf dem politischen Parkett vollführten: Tuberkulose als effektives Argument zur besseren Versorgung mit Lebensmitteln zu nutzen. Bis Ende 1948 bestand auf deutscher Seite offenbar wenig Neigung, die auf diese Weise verzerrten Statistiken zu berichtigen.

Bereits im September und Oktober 1947 hatte die britische Besatzungsmacht eine vergleichbare Evaluierung in ihrer Zone vorgenommen, weil auch sie die deutschen Tuberkulosezahlen für überhöht hielt. Die beiden englischen Ärzte Daniels und D'Arcy waren zu dem Ergebnis gekommen, dass die deutsche Tuberkulosesituation »*compared favourably with those in parts of Great Britain and other European countries*«.³⁷⁸ Dieser

---

375 Stadtarchiv Stuttgart, Hauptaktei Gruppe 5, Reg. Nr. 5052-0, laufende Nr. 150, Die Tuberkulose und ihre Bekämpfung in Stuttgart, nach dem Stand vom 01. Jan 1948, Berichterstatter Obermedizinalrat Dr. Schrag, Sitzung der Sozialabteilung vom 2. Februar 1948, S. 1.

376 »*By July statistical information provided [...] by Germans was subject to such suspicion by MG Public Health officials that death rates were the only index of TB trends accepted by Hesse ›Military Government‹ as reliable.*« RG 260, 8/189-2/6, Hessisches Hauptstaatsarchiv Wiesbaden, Abt. 649, OMG-Hesse, Historical Division, Historical report 1948 by William R. Karsteter, Historian, OMGH, Chap. III: »Public Health«, S. 478.

377 Ibid., S. 479.

378 RG 260, 5/333-1/4, OMGUS, CAD, Tuberculosis in the British Zone of Germany, Report of an Inquiry made in September–October 1947 by M. Daniels M. D., DPH and P. D'Arcy Hart,

britische Untersuchungsbericht lag amerikanischen *medical officers* vor[379] und verstärkte ihren Verdacht, dass den Deutschen eine »*tendency for exaggeration*«[380] eigen sei.

Um die bestehenden Unklarheiten prinzipiell zu beseitigen, hatte die amerikanische Armee im Februar 1948 eine Tuberkulosekommission nach Deutschland geschickt. Sie sollte auf Zonenebene fortführen, was die einzelnen *Public Health Branches* bereits für ihre Zuständigkeitsbereiche begonnen hatten: deutsche Angaben überprüfen und vor allem zu eigenen, verwertbaren Zahlen und Einschätzungen kommen.

Unter Vorsitz von Dr. E. Long, der bereits 1945 die ersten Tuberkuloseprogramme der Besatzungsmacht in seiner Funktion als Berater der amerikanischen Streitkräfte mit ausgearbeitet hatte, stellte die Kommission fest, dass die Tuberkulosesterblichkeit nach einem kriegsbedingten Anstieg bereits wieder falle und fast in der gesamten Zone schon wieder Vorkriegsniveau erreicht habe. Insgesamt sei die Tuberkuloserate in Deutschland etwa so hoch wie in Großbritannien und weit niedriger als in Frankreich oder anderen Teilen Europas.[381] Dieser deutliche Verweis auf andere europäische Nationen[382], denen es nicht besser ging, sollte die deutsche Wehleidigkeit und Selbstbezogenheit relativieren.[383]

---

M.D., F.R.C. P., S. 2. Siehe zur Auseinandersetzung der britischen Besatzungsmacht mit dem »Deutschen Zentralkomitee zur Bekämpfung der Tuberkulose«, das seinerseits die britischen Ergebnisse als »*völlig abweichende Zahlen*«, die aufgrund »*falscher statistischer Angaben und falscher Gegenüberstellungen*« zustande gekommen seien wertete: Hauptstaatsarchiv Stuttgart, EA 2/009 Innenministerium, Abt. Gesundheitswesen 1945-1973, Bü. 2310, Sitzung des Zentralkomitees zur Bekämpfung der Tuberkulose 25.5.1948 in Hamburg, S. 4. Auch deutsche Tuberkuloseärzte konnten sich mit dem britischen Bericht nicht anfreunden, sondern entgegneten: »*Die Tbc-Zahlen der Nachkriegszeit müssen als Tatsache hingenommen werden, die nicht durch [...] falsche [...] Erfassung bedingt ist, [...] sondern der Ausdruck für unsere große Not in sozialer, physischer usw. Hinsicht ist. Daran ändern auch nichts die statistischen Erhebugen von Daniels, Hart usw.*« Leserbrief abgedruckt in: *Der Tuberkulosearzt* 3 (1949), S.165f.

379 Hauptstaatsarchiv Stuttgart, EA 2/009 Innenministerium, Abt. Gesundheitswesen 1945-1973, Bü. 2398, amerikanischer Tuberkulosebericht, S. 17.

380 RG 260, 5/333-1/7, Report on Tuberculosis in Germany (U.S. Zone) by A Mission appointed by the Secretary of the Army, S. 13.

381 Bestätigt wurden die amerikanischen Ergebnisse durch eine Erhebung der WHO, die im Oktober 1950 die bundesdeutsche Tuberkulosesterblichkeit für das Jahr 1949 auf 4,9 ‰ (1937: 6,2 ‰) bezifferte. Für England und Wales hatte die WHO einen Wert von 4,5 ‰ (1937: 6,8 ‰), ermittelt, für Frankreich 6,8 ‰ (1937: 11,9 ‰), für die USA 2,8 ‰ (1937: 5,4 ‰). An der Spitze der Statistik lag Dänemark mit 1,9 ‰ (1937: 4,4 ‰). Aus: Tuberkulosesterblichkeit in der Welt 1937-1949, in: *Der öffentliche Gesundheitsdienst*, 13. Jg. (1951/52), S. 249.

382 Diese international vergleichende Perspektive war seitdem etabliert. Siehe für spätere gleich argumentierende Berichte z.B. RG 260, 5/333-1/4, OMG-Hesse, CAD, Memorandum about Tuberculosis in the German Population, US Zone Germany, by Sartwell, Moseley and Long, December 1948.

383 Auch die britischen Ärzte hatten durch nationale Gegenüberstellungen und durch Städtevergleiche immer wieder demonstriert, dass es den Menschen in Glasgow, London, Rom und Paris nicht besser gehe als in Hamburg. RG 260, 5/333-1/4, OMGUS, CAD, Tuberculosis in the

Die Zahl der offiziell gemeldeten Fälle, so führte Long aus, steige zwar an, und deutsche Ärzte führten dies immer wieder als Beleg für die ernste Situation an. Die Kommission kam aber – wie bereits die hessischen *medical officers* – zu dem Ergebnis, dass es sich bei diesem Anstieg primär um ein statistisches Phänomen handle, das auf verbesserten Erfassungsmethoden und vermehrten Selbstmeldungen, ausgelöst durch erhöhte Lebensmittelzuteilungen für Tuberkulosekranke, beruhe. »*The tuberculosis problem appears well in hand*«[384], schloss Esmond Long seinen Bericht. Dem »Argument Tuberkulose« war damit die statistische Grundlage entzogen worden.[385]

Dass der Vorwurf, dass die deutsche Tuberkulosestatistik leichtfertig aufgebläht worden sei, berechtigt war, bestätigte im Oktober 1948 auf deutscher Seite auch der Referent des bayerischen Statistischen Landesamtes. Er erklärte, dass aufgrund von Sprach-, Übersetzungs- und Klassifizierungsproblemen viele Tuberkulosefälle mehrfach erfasst worden seien.[386] Selbst wenn man die von Krieger angeführten Probleme ernst nimmt, so ist doch festzuhalten, dass den Deutschen sehr wohl bewusst war, dass ihre Angaben nicht korrekt waren. Deutsche Ärzte waren der »*Versuchung*« erlegen, die Statistik in ihrem Sinne zu gestalten.

Die deutschen Amtsärzte bewerteten ihr Vorgehen nicht als unlautere Fälschung. Sie sahen z.B. im großzügigen Ausstellen von Lebensmittelattesten »*einen großen Vorteil [...] für die Überwachung [...] der Patienten, [...] da [sie] sich in regelmäßigen*

---

British Zone of Germany, Report of an Inquiry made in September – October 1947 by M. Daniels M.D., and P. D'Arcy Hart, M. D. Siehe für die britischen Tuberkulosezahlen: Logan, W. P. D./Benjamin, B., *Tuberculosis Statistics for England and Wales 1938-1955* – General Register Office. Studies on Medical and Population Subjects No. 10, London 1957.

384 RG 260, 5/333-1/4, OMGUS, Tuberculosis in Germany, Summary Draft, Dr. E. Long to OMGUS, Commanding General, Tuberculosis in U.S. Zone, Germany, S. 2.

385 RG 260, 5/333-1/4, OMGUS, CAD-PHBr, TB Statistics for Department of Army TB Mission; ebenso: RG 260, 5/333-1/4, OMG-Hesse, CAD, Tuberculosis in the German Population, US Zone Germany, by Sartwell, Moseley, and Long. RG 260, OMGUS, 5/333-1/7, Office of the United States High Commissioner for Germany, Office of Public Affairs, Education and Cultural Relation Division, Tuberculosis death rate in Germany.

386 »*Die Tuberkulose-Meldungen haben viel Unruhe und Wirrwarr gestiftet. Es kommt hinzu, daß man in der britischen Zone von der Begriffsbestimmung ›übertragbare‹ Krankheiten bei den Wochenmeldungen abging und auch die aktiv geschlossenen Fälle, also die nicht übertragbaren, in die Statistik aufnahm. Auch innerhalb der amerikanischen Zone wurde diese Übung Brauch, da das Tuberkuloseformblatt der amerikanischen Besatzungsbehörde ›sämtliche aktiven Fälle‹ zu erfassen wünschte. Den deutschen Gesundheitsbehörden standen jedoch für ihre Meldung zunächst nur die offen aktiven Fälle aus der Statistik der ansteckenden Krankheiten zur Verfügung; die Versuchung lag nahe und die meisten Länder erlagen ihr, kurzerhand auch die nicht ansteckenden aktiven Tuberkulosefälle in die Statistik aufzunehmen. Welche Verwirrung aber draußen bei den Fürsorgestellen und bei den meldenden Ärzten!*« Krieger, 1948 (Teil 2), S. 137f.

*Abständen immer wieder freiwillig vorstellen und damit der Kampf [...] um die erneute Vorstellung sehr erleichtert«* werde.[387]

Die Erkrankungsziffern wurden erst auf amerikanischen Druck hin überarbeitet, wohl auch, weil die nun unglaubwürdig gewordenen deutschen Statistiken der Bitte um amerikanische Unterstützung und Nahrungsmittel keinen Nachdruck mehr verleihen konnten. *»During the last quarter of 1948 Military Government won a significant battle with German Public Health officials when they were persuaded, to revised their old reports and initiate new ones in the interest of accurate information on tuberculosis«*[388], resümierten die amerikanischen Gesundheitsoffiziere Ende 1948. Wenige Monate später führte Karl Oskar Ludwig Freudenberg vor der Südwestdeutschen Tuberkulosegesellschaft aus, dass die Tuberkulosesteigerung *»weit niedriger als [...] während des ersten Weltkrieges war«* und sich die Sterblichkeit für die Männer zwischen 20 und 60 Jahren erhöht habe, aber *»die Sterblichkeit der Kinder, der alten Männer und die der weiblichen Personen [...] sich fast gar nicht verändert hat.«*[389]

Während die Tuberkulose so nummerisch reduziert wurde, wuchs gleichzeitig ihre Bedeutung in der deutsch-amerikanischen Interaktion. Diese paradoxe Wirkung gründete in dem durch die statistische Reevaluierung erbrachten Beweis amerikanischer Kompetenz, durch die es in der folgenden Zeit möglich war, den Tuberkulosediskurs in veränderter Rollenverteilung fortzuführen. *»The recommendations of specialists in the epidemiology and control of tuberculosis will undoubtedly be of value to the German health authorities.«*[390] Tuberkulose fungierte damit nicht mehr als deutsche Anspruchs-

---

[387] Stadtarchiv Frankfurt, II/5-1990 Nr. 26, Frankfurter Verein für Tuberkulosefürsorge e.V., 41. Bericht über das Jahr 1945, S. 3. Vier Jahre später sprachen allerdings auch hessische Ärzte in internen Diskussionen rückblickend von der *»Überdiagnose«* aufgrund der Forderung nach Lebensmittelattesten. Archiv der Bundesärztekammer, Nachlass Dr. Carl Oelemann, Nr. 31, Besprechungen mit der Militärregierung, Sitzung des Vorstandes des Landesverbandes zur Bekämpfung der Tuberkulose in Hessen, am 3.3.1949. Auch der Essener Tuberkulosearzt Gürich berichtete von *»einem großen Zustrom zu den Beratungsstellen«* aufgrund der *»Aussicht auf Lebensmittelzulagen«*. Gürich, Walter, Gegenwartsfragen zur Epidemiologie der Tuberkulose, in: *Deutsche Medizinische Wochenschrift* 72 (1947), S. 545-547.

[388] Ibid. Den Einfluss der amerikanischen Besatzungsmacht auf die Modifikation der deutschen Tuberkulosestatistik betont auch das Hessische Statistische Landesamt: Hessisches Statistisches Landesamt, (Hg.), *Die Tuberkulose in Hessen 1948-1950*, (Beiträge zur Statistik Hessens Nr. 43), Wiesbaden, 1951, S. 5.

[389] Freudenberg, 1950, S. 121. Siehe auch die als Reaktion auf die Auseinandersetzung mit der Militärregierung die 1949 publizierte kritisch evaluierte Tuberkulosestatistik: Freudenberg, Karl, Erfahrungen der Tuberkulosestatistik in Hessen, in: *Der Tuberkulosearzt* 3 (1949), S. 81-87; auch das statistische Landesamt Hessen resümierte: *»die Tuberkulosesterblichkeit ist seit 1946 um mehr als die Hälfte zurückgegangen. Die Zahl der Neuerkrankungen ist seit 1948 bei allen Tuberkuloseformen zurückgegangen. [...] die tödliche Wirkung der Tuberkulose hat in den letzten Jahren wesentlich an Schärfe verloren.«* Hessisches Statistisches Landesamt, 1951, S. 41f.

[390] RG 260, 390/42/33/4-5; Tuberculosis correspondence, OMG-Hesse, Public Health and Welfare Branch, Department of the Army, Tuberculosis Mission, S. 1.

grundlage, sondern bestätigte auf der Ebene der Gesundheitspolitik die Führungsrolle der Besatzungsmacht.[391]

Der Streit um Statistiken sollte jedoch nicht nur die deutsche Kompetenz in Tuberkulosefragen und damit auch die immer wieder behauptete Tuberkulosegefahr relativieren, er initiierte auch eine Verschiebung bisheriger Konstellationen des Tuberkulosediskurses.

Die Debatten über das Ausmaß der Tbc stellte nur den ersten Schritt einer allgemeinen Auseinandersetzung dar, in deren Verlauf grundlegende Krankheitsvorstellungen, Behandlungsmethoden etc. in Frage gestellt würden.[392] Die Auseinandersetzung über die Tuberkulosestatistiken leitete somit eine neue Phase der deutsch-amerikanischen Tuberkuloseinteraktion ein.[393] Bevor diese Periode analysiert wird, soll ein kurzer Blick hinter die Linien der Militärregierung, die sich im deutsch-amerikanischen Streit über die Tuberkulosezahlen so uniform präsentiert hatte, geworfen werden.

---

391 Das *Tuberkulose-Jahrbuch 1950/51* bestätigte die Defizite der deutschen Tuberkulosestatistik und führte aus, dass es für die Jahre 1942-1950 keine zuverlässigen Tuberkulosedaten gebe, da die zum großen Teil in den letzten Kriegsjahren vernichteten und außerdem durch die Bevölkerungsverschiebungen unsicher gewordenen Daten »*in zahlreicher Hinsicht different geworden und nur schwer miteinander vergleichbar seien*«, S. IIIff. Aus diesem Grund war der erste Jahrgang des *Tuberkulose-Jahrbuchs* nach dem Krieg fast ausschließlich Fragen der Statistik gewidmet und trug Daten und Definitionen aus allen Regionen zusammen, um auf diese Weise eine glaubwürdige Datengrundlage zu erstellen. Siehe für detaillierte Mortalitäts- und Morbiditätsstatistiken in regionaler, geschlechtlicher und altersmäßiger Differenzierung: *Tuberkulose-Jahrbuch 1950/51*, S. 122ff. Vgl. für eine kritische deutsche Stellungnahme zu den »*Meinungsverschiedenheiten*« in der »*ausländischen Fachliteratur*«: Kröger, E./Reuter, H., 1949, S. 271. Vgl. zu den überarbeiteten Richtlinien der Tuberkulosestatistik: Erläuterungen zur Führung der Tuberkulosestatiskik, in: *Der öffentliche Gesundheitsdienst*, 13 Jg. (1951/52), S. 292-293.

392 Ein ähnliches Phänomen in der Tuberkulosegeschichte war die Diskussion um die statistische Heilungsrate der Heilstätten, die die Kritik dieser Behandlungsform eröffnete. Dazu ausführlicher Seeliger, 1987, S. 91f.

393 Darüber hinaus führte sie auch zu einer Umstrukturierung der deutschen Tuberkulosebekämpfung. So wurde auf Drängen der Militärregierung die Anzeigepflicht auf alle Formen aktiver Tuberkulose ausgedehnt; Baden Verordnung vom 28.4.1949, Bremen Verordnung vom 6. August 1948, Württemberg-Baden Verordnung vom 28.4.1948, *Tuberkulose-Jahrbuch 1950/51*, S. 51f. Außerdem erfolgte eine grundlegende Überarbeitung der deutschen Tuberkulosestatistik, dokumentiert in *Tuberkulose-Jahrbuch 1950/51*, S. 40ff.

## 3.2 Blick hinter die Kulissen:
Innenansichten amerikanischer Besatzungspolitik

Auseinandersetzungen über Krankheitsstatistiken waren kein Spezifikum der amerikanischen Besatzungszone, sondern wurden auch inneramerikanisch geführt.[394]

Im Mai 1955 veröffentlichte die *Veterans Administration* die Ergebnisse einer 1946 begonnenen Studie über »*Tuberkulose in der amerikanischen Armee während und nach dem Zweiten Weltkrieg*«. Federführend bei der Durchführung und Auswertung war wiederum Esmond R. Long.[395] Motiviert worden sei diese Untersuchung, so Long im Vorwort, vor allem aufgrund epidemiologischer Interessen und der Tatsache, dass hinsichtlich der Tuberkulose noch immer viele Fragen unbeantwortet seien und intensive medizinische Forschung daher dringend notwendig sei[396] – eine bemerkenswerte Feststellung in einer offiziellen Studie der Veterans Administration, hatte die amerikanische Besatzungsmacht doch, was das Tuberkuloseproblem in Deutschland betraf, weder offene Fragen noch Forschungsbedarf gesehen.[397]

Der hier von Long proklamierte Forschungsbedarf bestand in mehrfacher Hinsicht: Erstens sollten moderne medizinische Diagnostika wie die Röntgenuntersuchung anhand einer großen Patientengruppe auf ihre Aussagekraft untersucht werden, dies war zweitens vor allem deshalb notwendig, weil die Tuberkuloserate in der amerikanischen Armee offenbar höher gewesen war, als die Reihenuntersuchungen während des Krie-

---

394 Der nachfolgend skizzierte Diskurs vermag einen kurzen Blick auf eine vor den Deutschen verborgene Seite amerikanischer Medizinalstatistik und Tuberkulosewahrnehmung zu gewähren und auf diese Weise die Diskussion zwischen deutschen Amtsärzten und amerikanischen *medical officers* in eine weitergehende Perspektive zu setzen. Zur internen, ebenfalls problemorientierten Diskussion um statistische Methodik siehe Whiteman, Ellen B., Uses of Statistical Data in State Health Departments, in: *American Journal of Public Health*, Vol. 37, (October 1947), S. 1267-1272.
395 Long hatte seit Mitte der 40er-Jahre intensiv zu diesem Problemfeld geforscht. Vgl. dazu Long, Esmond/Lew, Edward, Tuberculosis in the Armed Forces, in: *American Journal of Public Health* 35 (1945), S. 469-479. Long, Esmond R., Tuberculosis in Europe, in: *American Review of Tuberculosis* LVII (1948), S. 420f.; ders., The Tuberculosis Experience of the United States Army in World War II, in: *American Review of Tuberculosis* LV (1947), S. 28-37; ders., Tuberculosis as a military problem, in: *American Review of Tuberculosis* LI (1945), S. 489-504; Long, Esmond R., Tuberculosis and War, in: *American Review of Tuberculosis* L (1944), S. 401; Long, Esmond/Hamilton, Eugene E., A Review of Induction and Discharge Examinations for Tuberculosis in the Army, in: *American Journal of Public Health* 37, (April 1947), S. 412-420. Zur breiten Rezeption der Long'schen Studien vgl. *J.A.M.A.* 134 (May 1947), S. 18-20; *American Jounal of Public Health*, vol. 37, (April 1947), S. 353-498; *American Review of Tuberculosis* 55 (April 1947), S. 301-384.
396 Long/Jablon, 1955, S. iii.
397 Abgesehen von dem Bedarf, deutsche Tuberkulosestatistiken zu reevaluieren.

ges nahe gelegt hatten, und nun in Form von Invalidität und Pensionsansprüchen enorme Folgekosten verursachte.[398]

Die unerwartet hohe Erkrankungsrate amerikanischer Veteranen diskreditierte die bisherigen amerikanischen Krankheitsstatistiken.

Um aufzuklären, wie es zu diesem Missverhältnis gekommen war, hatten Long und Jablon die Röntgenbilder der Soldaten mehrmals interpretieren lassen. Dabei war es zu gravierenden Abweichungen in der Diagnose von Tuberkuloseerkrankungen gekommen, und zwar sowohl zwischen verschiedenen Ärzten als auch zwischen Diagnosen, die ein und derselbe Arzt in zeitlichem Abstand gestellt hatte.[399] Besonders diese Abweichungen von früheren Selbstdiagnosen, die immerhin in 33-45 % aller Fälle aufgetreten waren, machten die vorliegenden Tuberkulosestatistiken zu einer dürftigen Diskussionsgrundlage.[400] Dies wog umso schwerer, weil es sich bei den diagnostizierenden Medizinern nicht um irgendwelche Anfänger gehandelt hatte, sondern Spezialisten, »*all of them recognized leaders in their profession*«[401], am Werk gewesen waren.

Aufgrund dieser Unstimmigkeiten kamen Long und Jablon zu der bemerkenswerten Feststellung, dass Krankheitsstatistiken weniger eine Aussage über das tatsächliche Vorhandensein einer Krankheit machten, sondern primär etwas über die Wahrnehmung einer Krankheit aussagten.[402] In diesem Sinne äußerten die Autoren Kritik daran, dass die Armee der Tuberkulose so geringe Aufmerksamkeit entgegengebracht habe. Die erkrankten GIs hatten nach Ansicht der Mediziner eine sorgfältigere Untersuchung verdient, »*for their own welfare and that of their families and society, failed to receive sufficient consideration in the Army's rapid demobilization*«.[403]

Inwieweit die Interaktionen mit den Deutschen dafür ausschlaggebend waren, dass amerikanische Tuberkulosestatistiken reevaluiert wurden, lässt sich nur vermuten. Dass die intensive Diskussion deutscher Statistiken zu einer Sensibilität gegenüber möglichen Defiziten auch der amerikanischen Tuberkulosestatistik führte, ist jedoch wahrscheinlich. Sicher ist, dass die große Zahl tuberkulosekranker Veteranen zu einer

---

398 Long spricht von Schätzungen von ca. 175 Millionen $, nur für Pensionen. Nicht berechnet waren Kosten für medizinische Behandlung, Unterbringung usw. Long/Jablon, 1955, S. 1. Long selbst hatte 1945 behauptet: »*The discovery and rejection of cases of tuberculosis [...] now in effect, have made the tuberculosis programs of the armed forces an outstanding contribution to the national program of tuberculosis control.*« Long/Lew, 1945, S. 479. Angesichts der Nachkriegsdaten war dies eine eklatante Fehleinschätzung gewesen.
399 »*The investigators found a surprising extent of self-disagreement, even among distinguished radiologists of wide experience.*« Ibid., S. 20.
400 Ibid., S. 21.
401 Ibid., S. 9.
402 »*We tend naturally to think of such a rate as measuring the incidence of disease, but actually it measures the rate of **recognition** of disease*« [Hervorhebung im Original.] Long/Jablon, 1955, S. 47.
403 Ibid., S. 40.

Modernisierung der amerikanischen Tuberkulosebekämpfung führte[404] und sich der Zweite Weltkrieg und die Besatzungszeit in diesem Sinne mittelbar auf die amerikanische Tuberkulosepolitik in den USA auswirkten.

Dass die von Long und Jablon angestoßene Differenzierung der amerikanischen Tuberkulosediskussion auch durch die Auseinandersetzung mit deutschen Tuberkuloseärzten angeregt wurde, liegt aufgrund personeller, zeitlicher und struktureller Analogien nahe.

Die durch die fehlerhaften amerikanischen Statistiken neu aufgeworfene Frage nach Reichweite und Präzision der Röntgendiagnostik[405] fachte gleichzeitig in den USA die Diskussion um Infektionsrisiken erneut an. Während die in Deutschland nach 1933 verstärkt geführte Debatte um das Verhältnis von Erblichkeit und Infektion nach 1945 nicht wieder aufgenommen[406] wurde und sich die These der »rassischen« Prädisposition zur Tuberkuloseerkrankung selbst im Nationalsozialismus nicht hatte durchsetzen können, wurden in amerikanischen wissenschaftlichen Untersuchungen noch bis in die 1950er-Jahre »*race*« und »*resistance*« als »*background characteristics*«[407] dieser Krankheit diskutiert.

Wenn diese Kategorien auch teilweise dazu dienten, die Einberufungsuntersuchung vor dem Hintergrund unterschiedlicher Vorerkrankungsrisiken bei weißen und schwarzen GIs zu bestätigen, wurde konstitutionellen Überlegungen in dieser Diskussion sehr viel Raum gegeben.[408] Gleichzeitig dokumentierte die Untersuchung von

---

404 Vgl. dazu z.B. Edwards, Herbert R., The National Tuberculosis Association and its Interest in the Tuberculous Veteran, in: *American Review of Tuberculosis* LV (1947), S. 8-16, der schreibt: »*In retrospect, it was obvious that the previous system had not functioned adequately, and there was every reason to believe that the application of present-day-concepts could not only reduce the cases that would need care, but could also assure a much higher degree of permanent arrest and cure.*« Ibid., S. 13.

405 Siehe zur Konstruktion von Krankheiten durch darstellende Technologien z.B. Hess, Volker, Gegenständliche Geschichte? Objekte medizinischer Praxis – die Praktik medizinischer Objekte, in: Paul, Norbert/Schlich, Thomas (Hg.), *Medizingeschichte: Aufgaben, Probleme, Perspektiven*, Frankfurt/M. 1998, S. 130-152.

406 Als Ausnahme Hagen, 1951/52, S. 106, S.110. Hagen hatte während des Krieges in Warschau gearbeitet. Der Unterschied zwischen Polen und Juden hinsichtlich der Tuberkuloseerblichkeit hatte bei ihm die Vorstellung verfestigt, dass »*das andersartige Verhalten der westlichen Bevölkerung gegenüber der östlichen [...] zum größten Teil eine Folge der Auslese ist.*« Diese Vorstellung tradierte Hagen auch nach dem Zweiten Weltkrieg weiter. Vgl. auch Caumanns, Ute/Esch, Michael G., Fleckfieber und Fleckfieberbekämpfung im Warschauer Ghetto und die Tätigkeit der deutschen Gesundheitsverwaltung 1941/42, in: Vögele/Woelk, 2002, S. 225-264.
Zu den Auswirkungen der rassenhygienischen Prägung der gesundheitspolitischen Vorstellungswelt des Referenten im Bundesgesundheitsministerium liegt bisher keine Studie vor.

407 Long/Jablon, 1955, S. 60f., 65f.

408 »*Sociological variables [...] seem more remarkable for the weakness of their association with the development of tuberculosis, the same is not true of the factor of body-build. [...] An association between (body)-build and tuberculosis has long been noted and we are impressed with the very great strength of this association.*« Ibid., S. 68; ebenso S. 82: »*The data indicate clearly that tall, thin*

Long und Jablon, dass nach dem Zweiten Weltkrieg traditionell diskutierte Kriterien wie sozioökonomischer Status, städtische bzw. ländliche Bevölkerung, Alter und anderes wieder größeren Raum in der inneramerikanischen Diskussion einnahmen.

Damit wies der inneramerikanische Tuberkulosediskurs weit mehr Ähnlichkeit mit deutschen Traditionslinien besonders der Weimarer Republik – aber auch des Nationalsozialismus – auf, als der Verlauf der amerikanisch-deutschen Tuberkuloseinteraktionen ab 1945 dies vermuten lassen würde. Offensichtlich führte die spezifische Situation der Besatzung dazu, dass im Sinne der Vereinfachung bestimmte Aspekte zurückgestellt wurden, um im komplizierten Beziehungsgeflecht mit dem deutschen Diskussionspartner eine praktikablere Position zu gewinnen.

Insgesamt zeichnete die von der *Veterans Administration* veröffentliche Untersuchung ein fragwürdiges Bild von der Tuberkulosekompetenz der amerikanischen Armee und ihrer *medical officers*. Mindestens 50 % der erkrankten Männer[409] – so Long und Jablon – hatten sich in der Armee infiziert. Besonders tragisch war, dass es sich dabei mehrheitlich um Infektionen handelte, die von Kameraden übertragen wurden. Anders als im Fall der Geschlechtskrankheiten, die gemeinhin als Krankheiten galten, die von außen kamen[410], konnten Long und Jablon beweisen, dass Tuberkulose eine hausgemachte Erkrankung war. Tausende von Männern, die bereits an Tuberkulose erkrankt gewesen seien, seien von den amerikanischen Streitkräften eingezogen worden, um dann in den Unterkünften ihre »*barracks mates*« anzustecken.[411]

Diese Daten unterstrichen in dramatischer Weise das bereits von deutschen Amtsärzten kritisierte Wahrnehmungsdefizit der amerikanischen Armee gegenüber Tuberkulose. Auch relativierten diese Ergebnisse die gegenüber den Deutschen so vollmundig behauptete Fachkompetenz der Amerikaner. Allerdings waren die *medical officers*, die ab 1947 ein offenes Ohr für deutsche Tuberkulosesorgen zeigten und auf eine Modernisierung der deutschen Tuberkulosebekämpfung drangen, keine Armeeärzte mehr, sondern standen im Dienst von OMGUS. Viele von ihnen waren zivile Mediziner und sogar teilweise Tuberkulosespezialisten. Ähnlich wie Long konstatierten diese Ärzte ein höheres Gefahrenpotenzial der Tuberkulose, als die *medical doctors* der *Veterans Administration* dies getan hatten.

---

*men developed tuberculosis more frequently than men of other physical types. […] educational background and premilitary occupation exerted no well defined effect with reference to the development of tuberculosis […] Soldiers who came from urban and rural backgrounds seemed not to differ with respect to the probability of developing clinical tuberculosis.«*

409 »[…] *half of the tuberculosis that appeared […] and led to medical discharge was service-aquired.«* Ibid., S. 55.
410 Siehe zu dieser Konstruktion und der damit verknüpften Bedeutung der »Fremden« das folgende Kapitel.
411 Long/Jablon, 1955, S. 81. Bereits 1947 hatte Swisher festgestellt, dass 62 % aller tuberkulösen Veteranen in ihrer Krankenakte keinerlei Hinweise auf eine Vorerkrankung hatten, sich also während ihrer Militärzeit angesteckt haben mussten. Swisher, 1947, S. 485.

Die sich gegenüber deutschen Amtsärzten als einheitliche Front präsentierenden amerikanischen Mediziner waren also eine durchaus heterogene Gruppe, die intern zu divergierenden Interpretationen kam. Dass amerikanische Ärzte und Offiziere zu ihren deutschen Partnern mit einer Stimme sprachen, ergab sich aus der Logik der Besatzungssituation und den Zwängen einer klaren Machthierarchie. Die hochkontroverse Debatte, die hinter der uniformen Außenfassade geführt wurde, unterstreicht die historische Spezifität des Redens über Krankheit. Sie illustriert, wie stark politische Faktoren Krankheitswahrnehmungen prägten, und belegt vor allem, dass amerikanische Besatzungspolitik, obgleich vielfach chaotisch, hinter eigenen Ansprüchen zurückbleibend und zwischen hohen Idealen und leidenschaftslosem Pragmatismus schwankend, geschlossener und akteursorientierter war, als eine Betrachtung, die lediglich abstrakte Besatzungsziele und vollzogene Besatzungsmaßnahmen kontrastiert, dies zu erfassen vermag.

## 4. Skandalkrankheit Tuberkulose: Deutsch-amerikanischer Rollentausch

Auch wenn die Rolle der Besatzungsmacht zu einer möglichst uniformen Außenposition zwang und damit viele Standpunkte festlegte, bleibt zu erklären, wie es 1946/47 zu dem deutsch-amerikanischen Rollentausch gekommen war. Was führte dazu, dass amerikanische Offiziere begannen, die Ineffizienz der deutschen Tuberkulosebekämpfung zu kritisieren?

Festzuhalten bleibt zunächst: Auch wenn die Militärregierung deutsche Statistiken und auch die bisher ergriffenen deutschen Maßnahmen zur Tuberkulosebekämpfung 1947 als mangelhaft und unzureichend bewertete, so waren es doch deutsche Stellen gewesen, die zweieinhalb Jahre immer wieder auf eine intensiven Tuberkulosekontrolle gedrängt hatten.

Nachdem die erste Phase, die sich auf den Wiederaufbau des deutschen Gesundheitswesens und die Kontrolle der ansteckenden Krankheiten konzentriert hatte, vorbei war, verschob sich der Fokus amerikanischer Gesundheitspolitik seit Mitte 1946 auf die Reform der deutschen Gesundheitsverwaltung. Vor allem organisatorische Mängel und die angebliche Ineffizienz der deutschen Gesundheitsbürokratie waren in die Kritik geraten.[412] Aus amerikanischer Perspektive lag es nahe, diese Mängel mit dem Ver-

---

412 Siehe z.B. RG 260, OMGUS, 5/331-1/11, Office of Military Government Land Württemberg-Baden, Weakness of the Public Health system of Land Württemberg-Baden, Letter Office of Military Government Land Württemberg-Baden to Minister President, Dr. Reinhold Maier; 390/49/31/5-6, Box 222, OMG-WB: Central Records, Personnel and Administration Division 1945-49, Deficiencies of Baden Public Health System; RG 260, 12/75-2/5, 390/49-50/35-1/6-1 Box: 231, OMG-WB: Records of the PH-Advisor, Deficiencies of Baden Public Health System.

weis auf ein konkretes gesundheitliches Problem zu verknüpfen, dem auch von deutschen Gesundheitspolitikern höchste Priorität zugemessen wurde. Die Notwendigkeit der Reorganisation musste deutschen Politikern als unmittelbar plausibel erscheinen, wenn sie mit einer Verbesserung der Tuberkulosebekämpfung einherginge.

Zweitens lag die neue Aufmerksamkeit, die die *medical officers* der Tuberkulosekontrolle schenkten, nicht nur in der unterschiedlich hohen Toleranzschwelle der *Public Health teams* der Militärregierung einerseits und der deutschen Gesundheitsbehörden andererseits begründet, sondern stand im Zusammenhang mit dem Absinken der Geschlechtskrankenrate.[413] Den *venereal diseases* hatte bisher das Hauptaugenmerk der *medical officers* gegolten. Mit Abnahme der Erkrankungszahlen bei Geschlechtskrankheiten wurden auf amerikanischer Seite Kapazitäten freigesetzt, die die Amerikaner nun in die Tuberkulosebekämpfung einbringen konnten.[414]

Drittens führte die intensive Zusammenarbeit, Auseinandersetzung und Diskussion zwischen deutschen Amtsärzten und amerikanischen *medical officers* zu einer Angleichung der Perspektiven.

Viertens erleichterte auch die Übertragung der Zuständigkeit für Tuberkulosefragen an die Deutschen den Amerikanern die Akzeptanz des Tuberkuloseproblems, da nun nicht mehr die Militärregierung, sondern deutsche Gesundheitsämter für steigende Erkrankungsziffern verantwortlich waren.

Fünftens harmonisierten personelle Engpässe die Tuberkulosedeutung: Die *Public Health teams* der Militärregierung waren bis Juli 1948 um bis zu 80 % ihres Personalbestandes reduziert worden.[415] Angesichts dieses herabgesetzten Mitarbeiterstabes war es unrealistisch, abweichende amerikanische Vorstellungen durchsetzen zu wollen. In der verbliebenen beratenden Funktion war es unumgänglich, sich mit deutschen Analysen auseinander zu setzen, um nicht die Tuberkulosebekämpfung an sich zu gefährden.

Trotz der Personalreduktion hatte die Militärregierung den Austausch mit der deutschen Gesundheitsbürokratie über Tuberkulose ab Sommer 1947 überraschend schnell intensiviert. Gegenüber dem hessischen Innenminister drang die Militärregierung darauf, die Gesundheitsverwaltung endlich so zu strukturieren und auszustatten, dass eine effiziente Tbc-Kontrolle gesichert werden könne.[416] Im Gegensatz

---

413 Vgl. RG 260, 8/59-1/9, Summary of Public Health Activities in Land Hesse, for February 1948, vgl. bes. S. 1: »*Increase of venereal diseases during the past two years.*«

414 Auch nach 1948 wurden *venereal diseases* noch immer als dringlicher eingeschätzt als Tuberkulose. Dies ergibt sich u.a. daraus, dass die Zuständigkeit für *venereal diseases* bei der Militärregierung verblieb, während alle anderen Gesundheitsbereiche in deutsche Verantwortlichkeit übergingen. RG 260, 8/59-1/9, OMG-Hesse, Abt. 649, Public Health Division, Summary of Public Health Activities in Land Hesse, 1 January 1948-31 March 1948, S. 1.

415 Ibid., S. 1.

416 »*The lack of a concerted and planned effort in attacking the problem of tuberculosis control [...]. The Minister of the Interior expressed a desire to establish a Public Health Service which will be so organized, staffed and equipped that he and this office can be assured that adequate levels of health*

zu deutschen Absichtserklärungen war die Art und Weise, in der die *medical officers* die Tuberkulosebekämpfung angingen, vor allem von Pragmatismus gekennzeichnet. Während Dr. Daelen, im hessischen Innenministerium zuständig für Tuberkulosebekämpfung, plante, dass jeder Kreis eine provisorische Tuberkulosekaserne einrichten solle, in der jeweils ca. 100 Fälle aufgenommen werden könnten, war der Landesmilitärregierung dieses Vorgehen viel zu umständlich. *»This office feels that 4–10 large kasernes released by occupation forces and properly equipped and staffed could do the job much better and far more economically from the standpoint of funds, administrative overhead, equipment, and specialists.«*[417] Die Tbc-Bekämpfung war aus amerikanischer Sicht ein Job, der so gut und schnell wie möglich erledigt werden sollte – eine Haltung, die die Tuberkulosebekämpfung in der Besatzungszone in unterschiedlicher Hinsicht veränderte:

Zum einen folgte daraus ein Pragmatismus, der Gemeinsamkeiten in den Vordergrund stellte und deutsche Verfahren vielfach effizienter gestaltete, zum anderen entwickelte sich aus dem amerikanischen Engagement der Zwang, sich umzuorientieren und die deutsche Tuberkulosebekämpfung zu modernisieren. Die seit 1947 in immer engerer deutsch-amerikanischer Kooperation erfolgende Tuberkulosepolitik wies als herausragendes Kennzeichen eine permanente Ambivalenz von Gemeinsamkeiten und Differenzen, traditionellen Verfahren und neuen Praxisformen auf. Getragen war sie – wie andere Felder der Gesundheitspolitik ab 1948 auch – von der klaren amerikanischen Intention der Demokratisierung.

## Modernisierung der deutschen Tuberkulosebekämpfung 1947-1949: Schlagwort oder Reformkonzept?

Die Annäherung zwischen Deutschen und Amerikanern in der Tuberkulosepolitik erfolgte schrittweise. In der oben beschriebenen ersten Phase bis Herbst 1946 war – bei weiter bestehenden Differenzen hinsichtlich der Behandlungsstrategien – Übereinstimmung darüber erzielt worden, dass Tuberkulose als Gesundheitsproblem ernst zu nehmen sei. In einem zweiten Schritt wurde die noch immer national unterschiedliche symbolische Aufladung dieser Krankheit zunehmend durch eine nüchterne Betrachtungsweise ersetzt. Dann wurde drittens der pragmatisierte und damit zentraler deutsch-amerikanischer Differenzen entkleidete Tuberkulosediskurs wieder re-ideologisiert. Die ab 1947 vollzogene symbolische Neuaufladung der Tuberkulose erfolgte in

---

*are maintained at all times.«* RG 260, 8/59-1/9, Summary of Public Health Activities in Land Hesse, 1 July 1947-30 September 1947, S. 1.
417  RG 260, 8/62-2/3, OMG-Hesse, Public Health and Welfare Branch, Summary of Public Health Activities for Land Hesse 1 April–30 June 1947, S. 2.

deutsch-amerikanischer Kooperation und diente somit u.a. der Repräsentation eines veränderten Interaktionsverhältnisses.

Unterstützt wurde dieser Transformationsprozess dadurch, dass auf deutscher Seite die neuen Länder ab 1947 als Interaktionspartner an Bedeutung gewannen. Als sich die deutsch-amerikanische Interaktionsebene mit fortschreitendem Wiederaufbau von den Kommunen auf die Länder bzw. auf bi- und gesamtzonale Institutionen verschoben hatte und die örtlichen *Public Health teams* aufgelöst worden waren, bildeten die *Public Health officers* der Ländermilitärregierungen den zentralen Bezugspunkt. Sie agierten überwiegend kontrollierend, beratend und beobachtend. Die frühe Kompetenzübertragung auf deutsche Stellen wurde häufig als Defizit amerikanischer Gesundheitspolitik beklagt.[418] In der Tuberkulosepolitik führte sie zu einer Versachlichung und positiven Dynamik.

Mit den überregionalen Zuständigkeiten wurde die Tuberkulosebekämpfung zunehmend von städtischen Identitäten und unmittelbaren Nützlichkeitserwägungen abgekoppelt, da Vorteile, die sich aus der direkten Krankheitsbekämpfung ergaben, nun nur noch mittelbar, gebrochen durch die unterschiedlichen Verwaltungsebenen, erzielbar waren. Demzufolge war die Tuberkulosebekämpfung seit 1947 durch unterschiedliche, widersprüchliche Interessen geprägt und wurde zunehmend auch auf deutscher Seite durch eine divergierende Diskussion ergänzt. Wortführer der Kritik war nicht die politische, sondern die fachliche Elite: die deutschen Amts- und Tuberkulosefachärzte.

Dass interne deutsche Kritik erst mit fast zwei Jahren Verspätung einsetzte, obwohl deutsche Stellen seit Kriegsende auf die Bedeutung des »Tuberkuloseproblems« gedrängt hatten, erklärte sich aus der starken ideologischen Aufladung des »Tuberkulosediskurses« unmittelbar nach Kriegsende. Offensichtlich konnte die Diskussion um eine Verbesserung der Tuberkulosebekämpfung erst in ein konstruktives Stadium eintreten, nachdem die deutsch-amerikanische Auseinandersetzung darüber, ob denn überhaupt eine Tuberkulosebedrohung bestehe, weggefallen war.

Erst das gemeinsame Interesse deutscher und amerikanischer Stellen an einer wirksamen Bekämpfung der Tbc machte es möglich, über Verbesserungen und praktische

---

418 »*My chief criticism of the Public Health program is that the officers trained in Public Health and qualified for this job have long since gone home. Subsequently, the job was unloaded on a few of us MO's who were unfortunate enough to be drafted into Military Government. I think I speak for most of the young MC's when I say we aren't interested in Public Health as a profession and we are anxious to get back to something more to our liking*«, beurteilten die Offiziere der hessischen Militärregierung die Situation. RG 260, 8/59-1/1, OMG-Hesse, Abt. 649, Public Health Division, Impression concerning the Public Health Organisation and operation (MG). Dieser zeitgenössische Kritikpunkt wurde vielfach von Historikern aufgegriffen. Siehe z.B. Leiby, Richard A., *Public Health in occupied Germany 1945-49*, PhD. Univ. Delaware, Dover 1985, S. 98f. Ausführlich zur Debatte um die schnelle Kompetenzübertragung an die deutsche Verwaltung siehe S. 84, 125ff.

Maßnahmen in der Tuberkulosebekämpfung nachzudenken. Damit versachlichte sich seit 1947 angesichts sinkender Krankheitszahlen die Debatte, was dazu führte, dass der Tuberkulosediskurs der Nachkriegszeit seine abgrenzende Funktion in der deutsch-amerikanischen Auseinandersetzung zunehmend verlor und eine Rückkehr zu »alten«, enger auf die Krankheit bezogenen Positionen zu beobachten war.[419]

## 1. Traditionelle Praxis der Krankheitsbekämpfung: »Tatkräftige Hilfe der Militärregierung«

So waren die ab 1947 wieder vermehrt durchgeführten Röntgenreihenuntersuchungen eine Rückkehr zum Alltag der Tuberkulosefürsorge und zu einer Praxis, die bereits in der ausgehenden Weimarer Republik diskutiert, während des Nationalsozialismus partiell angewandt, nun wieder aufgegriffen wurde.

Auch für amerikanische Tuberkuloseärzte stellten die Röngtenuntersuchungen ein eingeführtes Verfahren dar, so dass deutsche und amerikanische Ärzte gleichermaßen die medizintechnische Identifizierung und Erfassung der Tuberkulose favorisierten. Verzögerungen erfolgten nun nicht mehr aufgrund unterschiedlicher Einschätzungen deutscher und amerikanischer Gesundheitspolitiker und Tuberkulosespezialisten, sondern nur noch aufgrund unzureichender räumlicher und begrenzter technischer Möglichkeiten.

Diese organiatorischen und materiellen Schwierigkeiten machten es notwendig, den Personenkreis zu begrenzen. Aus pragmatischen Erwägungen wurden vordringlich Personengruppen geröntgt, die leicht zu erfassen waren bzw. ein hohes Infektionsrisiko trugen, also vor allem medizinisches Personal, Lehrer, aber z.B. auch Studenten, bei denen die Immatrikulation an eine Reihenuntersuchung gebunden war.[420] Die be-

---

419 Siehe als Bespiel der Versachlichung RG 260, 390/49-50/35-1/6-1, Box 225, OMGUS-WB, Public Health Advisor, Chief Public Health Branch Stuttgart, ausführlicher monatlicher Tätigkeitsbericht Nord-Württemberg, Nord-Baden, Monat Mai 1947, S. 4, dort wird auch eine gesetzliche Neuregelung der Zwangsasylierungsbestimmung diskutiert. Amerikanische Anstöße schlugen sich insbesondere in der Praxis der Impf- und Aufklärungskampagnen nieder.
420 RG 260, OMGUS, 12/74-2/17, 390/49-50/35-1/6-1, Box 225, OMGUS-WB, Public Health Advisor, Chief Public Health Branch Stuttgart, ausführlicher monatlicher Tätigkeitsbericht Nord-Württemberg, Nord-Baden, Monat Mai 1947, S. 3, über die Untersuchung der Studenten der TH Stuttgart. Ausführliche Darstellung der zweiten Volksröntgenuntersuchung im amerikanisch besetzten Württemberg mit Vergleich zu nationalsozialistischen Reihenuntersuchungen, dokumentiert in: Schrag, Eugen, Organisation, Durchführung und erste Ergebnisse der 2. Volksröntgen-Untersuchung in Nord-Württemberg, in: *Der Tuberkulosearzt* 3 (1949), S. 396-404. Ergebnisse einer Reihenuntersuchung Würzburger Studierender mit ausführlichen Vergleichszahlen anderer Reihenerhebungen sind abgedruckt in: Bunse, 1948, S. 26-28. Dokumentation der hessischen Untersuchung mit einer kritischen Evaluierung der so gewonnenen statistischen Ergebnisse, in: Determann, A., Über die Ergebnisse der Röntgenschirm-

sondere medizinische Aufmerksamkeit, die Zuwanderern zuteil wurde, lieferte einen weiteren Berührungspunkt zu amerikanischen Traditionen, die ebenfalls die besondere medizinische Sondierung von Einwanderern kannten. Somit stellten die praktischen Maßnahmen der Tuberkulosefürsorge seit 1947 zunehmend einen Bereich dar, in dem eine erfolgreiche deutsch-amerikanische Zusammenarbeit praktiziert wurde.[421]

Die erfolgreiche deutsch-amerikanische Kooperation schlug sich nicht nur im Konsens über notwendige Maßnahmen, sondern auch in materieller Unterstützung nieder. Bereits hier offenbarte sich jedoch, dass die Zusammenarbeit mit den Amerikanern nur um den Preis einer deutschen Neuorientierung gelingen konnte:

Dr. Long hatte in seinem Tuberkulosebericht ausführliche Überlegungen angestellt, mit welchen Mitteln die Tuberkulosebekämpfung in Deutschland unterstützt werden könne.[422] In diesem Sinne erging seit 1947 immer wieder die Aufforderung an die Deutschen, detailliert aufzulisten[423], was sie konkret zur Verbesserung der Tuberku-

---

bilduntersuchungen im Vergleich zur Tuberkulosehäufigkeit, in: *Der Tuberkulosearzt* 2 (1948), S. 574-580. Auf der Grundlage dieser Erfahrungen wurden 1948 überregional Ergebnisse und notwendige gesetzliche Regelungen in Bad Nauheim diskutiert: Erste Arbeitstagung über Organisation, Durchführung und Ergebnisse der Röntgenschirmbilduntersuchung in Bad Nauheim, 24.4.1948, in: *Der Tuberkulosearzt* 2 (1948), S. 592-594.

421 Auch in der institutionellen Einbettung der Tuberkulosebekämpfung gab es seit dem Zweiten Weltkrieg neue Parallelen zwischen Deutschland und den USA. In beiden Ländern geriet die Tuberkulose aufgrund der durch sie verursachten Kosten in den Blickpunkt. Dieser Zusammenhang konnte jeweils erst dann wirksam werden, als es eine große Institution gab, die für einen Großteil der Krankheits- und damit der Kostenfälle zuständig war. Erst in dieser Konstellation wurde die Aufmerksamkeit auf die kostenverursachende Krankheit gerichtet und nach Möglichkeiten der Kostensenkung, d.h. der Therapie und Prophylaxe, gesucht. In Deutschland bestanden mit den Landesversicherungsanstalten bereits seit dem ausgehenden Kaiserreich zentrale zuständige Institutionen, die für Heilstättenaufenthalte, Rekonvaleszenzmaßnahmen usw. zuständig waren. In den USA nahm seit dem Zweiten Weltkrieg die *Veterans Administration* diese Aufgabe für einen Großteil der erkrankten Menschen wahr. Wenn es auch weiterhin bedeutsame strukturelle Unterschiede gab, so bestand doch in beiden Ländern jetzt eine zentrale Institution, die für Versorgung und Versicherung der Mehrheit der Tuberkulosekranken zuständig war. Damit war, vermittelt über diese Institutionen, in beiden Ländern die Tuberkulosebekämpfung von ähnlichen Interessen geprägt. Sowohl LVA als auch *Veterans Administration* zielten auf eine frühzeitige Erkennung und Behandlung der Tuberkulose, um Infektionsketten in den Familien und an den Arbeitsplätzen zu durchbrechen und kostspielige Rehabilitationsmaßnahmen und Invaliditätsrenten zu vermeiden. Die Ähnlichkeiten in den Tuberkulosebekämpfungsmaßnahmen beider Länder ergaben sich ab den 1950er-Jahren u.a. auch aus dieser analogen institutionellen Verankerung. Weitere Kooperationsfelder lagen im Wiederaufbau deutscher Tuberkulosekrankenstationen, in Impfprogrammen, Aufklärungskampagnen usw.

422 RG 260, OMGUS, 5/333-1/4, OMGUS, Tuberculosis in Germany Summary Draft, Dr. E. Long to OMGUS, Commanding General, Tuberculosis in U.S. Zone, Germany.

423 Siehe als Beispiel einer solchen Bedarfsliste die Auflistung des Innenministeriums Stuttgart, die neben kompletten Holzhäusern zur Isolierung über Handbürsten, Luftkissen, Petrischalen, Spiegeln, Lampen, und Glühbirnen bis zu Röntgenfilmen fast das gesamte Inventar einer Krankenstation aufführte. Hauptstaatsarchiv Stuttgart, EA 2/009 Innenministerium, Abt.

losebekämpfung brauchten. Zum einen wurde auf diese Weise der undifferenzierten Klage über »Mangel« als Ursache der hohen Tuberkuloseerkrankungsrate Einhalt geboten, zum anderen besiegelten diese Listen die pragmatische Unterstützung durch die amerikanische Besatzungsverwaltung. Die Aufzählung der benötigten Röntgenfilme, Medikamente, Krankenhausbetten, Decken und Labormaterialen zwang die Deutschen, die vorhandenen Kapazitäten genau zu analysieren. Ihr diffuses Gefühl, der »Bedrohung« Tuberkulose ohnmächtig ausgeliefert zu sein, schmolz auf diese Weise auf überschaubare Listen zusammen. Die Amerikaner wussten um diesen Zusammenhang, denn Long betonte in seinem Bericht, dass »*this makes it possible to attack the problem on a less emotional and more objective basis*«.[424]

Mit der Erstellung dieser deutschen Bedarfslisten wurde die Tuberkulosewahrnehmung neu konzeptionalisiert: als beherrschbares, handhabbares Problem. Die aus amerikanischen Armeebeständen überlassenen Bettlaken und Röntgenfilme, die von privaten Organisationen gestifteten Arzneimittel und Impfstoffe, die von OMGUS freigegebenen Gebäude, Heizmittel und Transportmöglichkeiten waren einerseits Symbol für die »*tatkräftige Hilfe der Militärregierung*«[425] bei der Tuberkulosebekämpfung und gleichzeitig empirische Entmythologisierung der Tuberkulose. Die pragmatische Bekämpfungsstrategie der amerikanischen Besatzungsmacht entkleidete die Tuberkulose ihrer tradierten Bedeutungen und reduzierte sie zu einer unspektakulären, weil beherrschbaren Krankheit. In diesem Sinne war amerikanische Tuberkulosepolitik in Deutschland seit 1947 eine unmittelbare Umformung der Tuberkuloseperzeption. Die offerierte Hilfe beinhaltete direkte materielle Hilfeleistungen und implizierte gleichzeitig eine ideelle Neuinterpretation. Ganz nebenbei befestigten die Medikamenten- und Warenlieferungen das Image der ökonomisch potenten Supermacht USA.

## 2. Modernisierungsfeld Tuberkulose – Etablierung der neuen Führungsmacht USA

Obgleich es inzwischen gegenseitige Unterstützung und partielle Gemeinsamkeiten gab, waren *medical officers* und deutsche Amtsärzte auch nach 1947 noch immer hinsichtlich vieler Details – insbesondere im Bereich der Prophylaxe – uneins.

Die amerikanische Kritik an deutschen Maßnahmen war umso schmerzhafter, als Tuberkulosefürsorge bei Amtsärzten und Landespolitikern bisher als Glanzstück deut-

---

Gesundheitswesen 1945-1973, Bü. 2310, Bedarfsliste vom 3. Juni 1938, erstellt vom Innenministerium Stuttgart.
424 RG 260, OMGUS, 5/333-1/7, Report on Tuberculosis in Germany (U.S. Zone) by A Mission appointed by the Secretary of the Army, S. 13.
425 Hauptstaatsarchiv Stuttgart, EA 2/009 Innenministerium, Abt. Gesundheitswesen 1945-1973, Bü. 2310, Mängel in der Tuberkulosebekämpfung in Württemberg, S. 1.

scher Gesundheitspolitik gegolten hatte. Die Möglichkeit, an Traditionslinien der Weimarer Gesundheitsfürsorge, zu deren Kernbereich die Tuberkulosebekämpfung gehört hatte, anzuknüpfen, hatte diese Einschätzung gestützt. Der Verweis auf die einstmals moderne und international anerkannte Tuberkulosefürsorge richtete den Blick deutscher Gesundheitspolitiker nach 1945 zurück, statt ihn in die Zukunft zu lenken. Dies zu verändern, hatten sich amerikanische *medical officers* zur Aufgabe erkoren.

## 2.1 Impfungen: Überwindung rückständiger Positionen

Bereits im September 1946 hatte der leitende Generalarzt Schwedens, Dr. Lindsjo, bei einem Besuch in Deutschland die amerikanische Besatzungsmacht auf die Möglichkeit hingewiesen, das deutsche Tuberkuloseproblem mit Hilfe der BCG-Impfung zu lösen.[426] Durch die Impfung sollten die noch gesunden Deutschen und vor allem die Kinder gegen die Tuberkulose geschützt werden und auf diese Weise die Ausbreitung der Krankheit in der Zukunft grundsätzlich verhindert werden.

Drei Monate später, im Januar 1947, schrieb Dr. Johannes Holm, leitender Arzt im staatlichen dänischen Institut für Serumsforschung in Kopenhagen, seinem amerikanischen Kollegen Dr. Herman E. Hilleboe, dass das Tuberkuloseproblem in Europa so drängend sei, dass dänische Ärzte planten, in verschiedenen Ländern BCG-Impfungen durchzuführen.[427] In Jugoslawien, Ungarn und Polen seien bereits dänische Impfteams unterwegs. Gleichzeitig seien Ärzte aus diesen Ländern zur Information und Fortbildung über BCG in Kopenhagen.

Zwei Wochen später sandte Holm einen weiteren Brief an Hilleboe. Er habe dem Amerikaner ja bereits über die Impfkampagnen in verschiedenen osteuropäischen Ländern berichtet, schrieb der Däne, nun wolle sich das Dänische Rote Kreuz den Deutschen zuwenden. Seiner Einschätzung nach sei Deutschland das europäische Land mit der schlimmsten Tuberkulosesituation. Bisher sei es aufgrund dänischer Ressentiments gegen die Deutschen nicht möglich gewesen zu helfen, diese Vorbehalte schwänden allerdings langsam, so dass man nun endlich auch in Deutschland aktiv Hilfe leisten wolle. Problematisch seien allerdings die Zuständigkeiten. Souveräne nationale deutsche Gesundheitsbehörden gebe es nicht, so dass die Entscheidung bei den Militärregierungen liege. Mit britischen Offizieren sei man bereits im Gespräch gewesen, diese hätten sich zwar sehr interessiert gezeigt, sähen allerdings Probleme, in ihrer Besatzungszone eine solche Impfaktion zu genehmigen, da BCG in Großbri-

---

426 RG 260, 390/42/33/4-5; Tuberculosis-correspondence, OMG-Hesse, Public Health and Welfare Branch, Brief Colonel Marshall an General Parran, 6 March 1947.
427 *Assistant Surgeon General* beim *U.S. Public Health Service*.

tannien nicht zugelassen sei.[428] »But what about beginning in the American zone? [...] I am ready to fight against tuberculosis everywhere in the world, paying exactly the same attention to nationality, political opinions etc., as do the tubercle bacilli. And I feel sure that you are on the same line«, schloß Holm seinen Brief pathetisch und suggestiv.[429]

Schließlich erging am 28. Mai 1947 ein offizielles Angebot des Dänischen Roten Kreuzes an die amerikanische Militärregierung: In der US-Zone sollte ein kostenloses Impfprogramm gegen Tuberkulose durchgeführt werden.[430] Impfstoffe und Spezialisten würden von dänischer Seite gestellt. Die ersten Impfungen würden von dänischen Fachärzten durchgeführt, die ihre deutschen Kollegen dabei ausbilden sollten, damit diese das Programm dann eigenständig fortsetzen könnten. Die Militärregierung solle ihrerseits Flugzeuge, Autos, Unterkünfte, Verpflegung und Telefone zur Verfügung stellen und vor allem den Deutschen das dänische Angebot unterbreiten.[431]

Bereits für den 9. Mai hatte die Militärregierung eine Sitzung des Gesundheitsausschusses des Länderrates anberaumt, auf der Dr. Holm das Impfprogramm vorstellen konnte. Auf dieser Länderratssitzung führte Holm aus, dass die BCG-Impfung seit vielen Jahren vor allem in Skandinavien, aber auch in Frankreich, den USA und Russland getestet worden sei und erfolgreich angewandt werde. In Dänemark, wo man seit 1936 mit BCG impfe, erreiche man einen 80-90%igen Schutz gegen Tuberkulose. Das Dänische Rote Kreuz führe eine derartige Impfkampagne, wie sie für die US-Zone geplant sei, bereits in Polen, Ungarn, Jugoslawien und Schleswig-Holstein durch und habe in allen Ländern nur positive Erfahrungen gemacht.[432] Die Nachfragen der deutschen Teilnehmer konzentrierten sich – eingedenk eines Impfunfalls in Lübeck[433] – vor allem auf den Impfstoff: Wie frisch er sei, wie schnell er transportiert

---

428 Vgl. zur innerenglischen Diskussion und zur Skepsis britischer Ärzte gegenüber BCG: Smith, F. B., *The retreat of Tuberculosis 1850-1950*, London 1988, S. 175-194. Weniger polemisch, aber auch in dezidierter Betonung des Widerstandes englischer Ärzte gegen BCG siehe Bryder, Linda, *Below the Magic Mountain: A Social History of Tuberculosis in Twentieth-Century Britain*, Oxford 1988, S. 240ff., zum wachsenden Widerstand der englischen Arbeiterklasse gegen die Tuberkuloseimpfung ibid., S. 140.
429 RG 260, 390/42/33/4-5; Tuberculosis-correspondence, OMG-Hesse, Public Health and Welfare Branch, Letters to Dr. H. E. Hilleboe from Dr. Johannes Holm.
430 Siehe den Vertragstext in: RG 260, 390/42/33/4-5; Tuberculosis-correspondence, OMG-Hesse, Public Health and Welfare Branch, Agreement between OMGUS and the Danish Red Cross.
431 RG 260, 390/42/33/4-5; Tuberculosis-correspondence, OMG-Hesse, Public Health and Welfare Branch, offer by Danish Red Cross to aid Germans in Tuberculosis control, Briefwechsel vom 28th May 1947.
432 Holm erläuterte weiter, die Impfung werde von einem dreiköpfigen Team vorgenommen. Am Anfang bestünden die Teams ausschließlich aus Dänen, dann arbeite man eine Weile mit national gemischten Gruppen, und am Ende arbeiteten die Ärzteteams des Gastlandes eigenständig. RG 260, 5/333-1/7, OMG-WB, Laenderrat, Meeting of Experts on TB held upon Invitation of the Public Health Commitee on 9 May 1947, Stuttgart.
433 Vgl. dazu ausführlich S. 428 dieser Arbeit.

und verfügbar gemacht werden könne, wie lange er haltbar sei und wer die Produktion kontrolliere. Johannes Holm anwortete geduldig und ausführlich auf alle Fragen: Der Impfstoff werde sofort nach der Produktion in Kopenhagen nach Deutschland verbracht. Geplant sei, jede Woche eine frische Charge in Frankfurt anzuliefern, obwohl das Vakzin fünf Jahre haltbar sei. Die Produktion werde in Dänemark nur von einem einzigen staatlich kontrollierten und lizenzierten Institut vorgenommen. Für Deutschland plane man, das »*Staatliche Institut für Experimentelle Therapie*« in Frankfurt am Main zur autorisierten Behörde zu machen.

Die Impfung – so Holm abschließend – werde in Hessen bereits erwogen. Sollte sich eines der anderen deutschen Länder für die BCG-Impfung entscheiden, werde Dr. Amundsen vom Dänischen Roten Kreuz die entsprechenden Schritte umgehend in die Wege leiten. Das amerikanische Protokoll berichtet abschließend, dass man den Dänen für ihre Unterstützung und ihr großzügiges Angebot gedankt habe; kritische oder ablehnende Kommentare der deutschen Teilnehmer verzeichnet es nicht.[434] Vier Wochen später, am 11. Juni, berieten die Länder die dänische Offerte und entschieden sich in expliziter Abgrenzung zu skeptischen amerikanischen Einschätzungen, die den deutschen Amtsärzten aus der Fachpresse bekannt waren, für die freiwillige Schutzimpfung aller deutschen Kinder bis zum vierten Lebensjahr.[435]

### Amerikanische Impfvorbehalte

Am 24. Juli folgte eine zweite Tuberkulosekonferenz in Frankfurt/M. Diese Veranstaltung zielte primär auf die Information amerikanischer Ärzte. Die nachmittägliche Hauptveranstaltung fand im *U.S. Army 97th General Hospital* statt, anwesend waren Dr. H. E. Hilleboe vom *U.S. Public Health Service,* die Ärzte des *Army medical corps* und wiederum Dr. Johannes Holm vom Dänischen Roten Kreuz. Nur die Abendveranstaltung in der städtischen Kinderklinik war auch für deutsche Tuberkulosespezialisten zugänglich. Hatte die Zusammenkunft vor dem Länderrat der Information über die geplante BCG-Impfung in Deutschland gedient, so schien diese zweite Veranstaltung eher eine Konferenz über den Wert von BCG allgemein und die Einschätzung der Tuberkuloseschutzimpfung in den USA im besonderen zu sein, denn nicht Holm, sondern Hilleboe hielt das Eingangsreferat.

---

434 RG 260, 5/333-1/7, OMG-WB, Laenderrat, Meeting of Experts on TB held upon Invitation of the Public Health Commitee on 9 May 1947, Stuttgart.
435 Tagungsberichte, Einführung der BCG-Schutzimpfung in Deutschland. Bericht über die Sitzungen vom 9. Mai und 11. Juni 1947 des Ausschusses für Gesundheitswesen im Länderrat in Stuttgart, in: *Der Tuberkulosearzt* 1 (1947), S. 46-49. Expizit ablehnend diskutiert wurden die New Yorker Schutzimpfungsversuche. Siehe Fußnote 437 dieses Kapitels. Hier war eine deutliche Entwicklung innerhalb der deutschen Position zu beobachten, da z.B. Auersbach die Impfung noch 1946 unter Verweis auf Levine und Sacket abgelehnt hatte. Auersbach, Karl, Zur Einführung der Calmette Impfung in Deutschland, in: *Ärztl. Wochenschrift* 19/20 (1946), S. 314-317.

Herman Hilleboe eröffnete die Sitzung mit einem Vortrag über die Tuberkulosebekämpfung in den USA. Daran schloss sich eine Sektion über die Finanzierung der Tuberkulosebekämpfung durch soziale und staatliche Institutionen in den USA an, und erst in der letzten Einheit wurde die BCG-Impfung diskutiert, allerdings wiederum im Kontext der US-Tuberkulosebekämpfung. Hilleboe berichtet über eine Konferenz, die auf Einladung des *U.S. Public Health Service* im September 1946 stattgefunden habe.[436] Vor allem habe man damals »*tuberculosis authorities who were thought to be opposed to the use of B.C.G vaccination*« eingeladen. Ob dies der Veranstaltung einen kritischen Impetus verleihen sollte oder vielmehr die Einschätzung des USPHS widerspiegelte, ließ Hilleboe offen. Das abschließende Resümee der US-Tagung vom September 1946 sei gewesen, dass die BCG-Schutzimpfung die Immunität gegen Tuberkulose zu erhöhen *scheine,* der Wissensstand aber noch so defizitär sei, dass weitergehende Forschungen notwendig seien[437] – insgesamt also kein dezidiertes Ergebnis und vor allem kein amerikanisches Plädoyer für die Impfung. Statt das Zusammentreffen mit den Dänen zur Information zu nutzen, funktionalisierte Hilleboe die Tagung um, um vor internationalem Publikum die amerikanische Skepsis gegenüber BCG zu bekräftigen.[438]

### Deutsch-dänische Verständigung

Im November 1947 folgte eine weitere Informationsveranstaltung, die die amerikanische Militärregierung auf Bitten des Dänischen Roten Kreuzes in Wiesbaden

---

436 Bereits auf dieser Konferenz im September 1947 hatte Holm in Washington über die positiven Erfahrungen mit BCG in Dänemark referiert, ohne allerdings seine amerikanischen Kollegen überzeugen zu können. Diese lehnten es ab, dass BCG in den USA verkauft werde, und forderten weitergehende medizinische Forschung. Ebenfalls anwesend auf der Konferenz war Esmond Long. Siehe für Details die ausführliche Dokumentation in: Office of the Chief, Tuberculosis Control Division, Bureau of State Services, U.S. Public Health Service, Report of a conference on BCG vaccination, in: *Public Health Reports* (1947), S. 346-350.
437 RG 260, 5/333-1/7, OMG-WB, Conference on Tuberculosis, 30 July 1947; [Hervorhebung D.E.] Zu diesem Ergebnis kamen fast wortgleich auch Levine und Sackett, die eine umfangreiche BCG-Impfung an New Yorker Kindern wissenschaftlich ausgewertet hatten. Levine, Milton I., An Evaluation of the Use of BCG in the Prevention of Tuberculosis in Infants and Children, in: *American Journal of Public Health* 37 (September 1947), S. 1089-1096, hier S. 1096; Levine, Milton I./Sackett, Margaret F., Results of BCG Immunization in New York City, in: *American Review of Tuberculosis* LIII (1946), S. 517-532. Gleichzeitig wurden die dänischen Maßnahmen in den USA jedoch interessiert beobachtet: BCG Vaccination in Denmark, in: *J.A.M.A.* 131 (June 1946), S. 550; Twenty Years of BCG Vaccination in Scandinavia, in: *J.A.M.A.* 132 (May 1947), S. 19f.
438 Zur Einschätzung, dass »*BCG Vaccination [...] is not 100 % effective*«, siehe eine offizielle Stellungnahme des USPHS: Notice, USPHS on BCG, in: *American Review of Tuberculosis* LV (1947), S. 105f.

arrangierte.[439] Das *Dezernat Tuberkulose* der Medizinalabteilung des hessischen Innenministeriums, das der amerikanischen Militärregierung über diese Veranstaltungen berichtete, betonte das große Interesse der deutschen Ärzte, die sich interessiert an den anschließenden Fachdiskussionen beteiligt hätten.[440] Auch Holm berichtete: »*physicians are very eager to obtain as much information as possible from abroad. I have experienced this personally, through the lectures I have given in Europe.*«[441] Das *Südwestdeutsche Ärzteblatt* hob hervor, dass sogar der frühere Impfgegner von Drigalski, inzwischen Leiter des Gesundheitsreferats im hessischen Innenministerium, der »*1930 in Berlin die BCG-Impfung ablehnte [...] sich in der Zwischenzeit von der Wirksamkeit der Methode überzeugt hat und warm für sie eintritt*«. Auch der württemberg-badische Tuberkulosereferent Schrag habe sich im Anschluss an den Wiesbadener Kongress »*positiv*« und »*bejahend*« ausgesprochen.[442] Somit konnten die Bedenken der deutschen Ärzte offensichtlich durch die Vorträge der dänischen Ärzte ausgeräumt werden.[443]

---

439 »*The Medical Statistician of Military Government Dr. Freudenberg [...] lectured about Tbc-statistics with various meetings of the medical officers and physicians of Land Hesse on the occasion of the BCG-protective vaccination [... Other] lectures were held concerning the enlightment of the physicians about the BCG-protective vaccination.*« RG 260, 8/59-1/8, OMG-Hesse, Abt. 649, Public Health Division, Report Concerning Tuberculosis in November 1947 (Übersetzung eines Berichts des Innenministeriums, Abt. V Medizinalabteilung), S. 1.
Daneben gab es vielfältigere kleinere Informationsveranstaltungen und Artikel über skandinavische Tuberkulosebekämpfung in deutschen Fachzeitschriften. Siehe z.B. Holm, Johannes, Tuberkulosebekämpfung in Dänemark und Tuberkuloseschutzimpfung. Vortrag im Verein Praktischer Ärzte Bayerns vom 6. Oktober 1947, abgedruckt in: *Bayerisches Ärzteblatt* 1/2 (1948), S. 11-12. Nelson, Arne, Die Schirmbilduntersuchung in Schweden, in: *Der öffentliche Gesundheitsdienst*, 12. Jg. (1950/51), S. 1-6.
440 RG 260, 8/59-1/8, OMG-Hesse, Abt. 649, Public Health Division, Report Concerning Tuberculosis in November 1947 (Übersetzung eins Berichts des Innenministeriums, Abt. V Medizinalabteilung), S. 1.
441 Holm, Tuberculosis in Europe, 1948, S. 125.
442 »BCG-Schutzimpfung gegen Tuberkulose«. I. Vortrag von Dr. Jensen, Dänemark, vor der Stuttgarter Ärzteschaft am 9. Februar 1949 im Robert-Bosch-Krankenhaus, abgedruckt in: *Südwestdeutsches Ärzteblatt* 3 (1949), S. 43-44.
Auch die Ärzteschaft sprach sich auf dem 51. deutschen Ärztetag für die Impfung aus und verwies dabei ausdrücklich auf den Informationsbeitrag der schwedischen Tuberkuloseärzte, vgl. Dobler, 1948. Zum einstigen breiten Widerstand deutscher Tuberkuloseärzte gegen eine Impfung siehe Wolter, Friedrich, *Zur Frage der Ursachen des Rückgangs der Tuberkulosesterblichkeit in den Kulturländern* (Würzburger Abhandlungen aus dem Gesamtgebiet der Medizin, 27, H. 9), Leipzig 1932, bes. S. 302ff. Sorgfältig abwägend befürwortet der Göttinger Tuberkulosearzt Kleinschmidt die Impfung unter ausführlicher Gewichtung der positiven schwedischen Erfahrungen. Kleinschmidt, H., Die Tuberkuloseschutzimpfung nach Calmette (inbesondere auf Grund der Erfahrungen in Schweden), in: *Deutsche Medizinische Wochenschrift* 73 (1948), S. 105-109.
443 RG 260, OMGUS, 5/333-1/7, OMG-WB, Conference on Tuberculosis; OMG-WB, Laenderrat, Meeting of Experts on TB held upon Invitation of the Public Health Committee on 9 May 1947, Stuttgart; RG 260, OMGUS, 5/333-1/7, OMG-WB, Tuberculosis Report by Dr. Schrag, TB specialist, Public Health Department, Württemberg-Baden, submitted to

Zwar hatte es einer gewissen Information der deutschen Amtsärzte bedurft, um sie von der Gefahrlosigkeit der Impfung zu überzeugen, allerdings gab es von Seiten deutscher Amtsärzte und Gesundheitspolitiker keinen Widerstand gegen die Impfung. Die Frankfurter Stadtverordnetenversammlung erachtete im Januar 1948 die Schutzimpfung, die das Hessische Innenministerium dringend empfohlen habe, für unbedingt erforderlich.[444] Das Innenministerium Württemberg-Baden berichtete im November 1948, dass die freiwillige BCG-Impfung in den Kindergärten einiger Kreise bereits abgeschlossen sei, und »*auf Grund der bis jetzt gemachten Erfahrungen und der Tatsache, daß bei der Tuberkulosetagung in Wiesbaden am 6. Oktober 1948 von keinem der Referenten und Diskussionsredner die Notwendigkeit und Unschädlichkeit der Impfung angezweifelt wurde, beabsichtigt ist, in allen Kreisen, in denen die dänischen Impfteams noch nicht tätig waren, im Laufe der kommenden Monate [...] die freiwillige Impfung der Kinder durchzuführen.*«

Gleichzeitig dachte das Ministerium darüber nach, den Kreis der Impflinge zu erweitern. Zusätzlich zu den Kindergärten sollten zukünftig auch in der ersten und achten Klasse sowie bei allen tuberkulosegefährdeten Personen wie Krankenschwestern, technischen Assistentinnen, Lehrern usw. Impfungen durchgeführt werden. Außerdem werde überlegt, ob, wie in Schweden, zukünftig alle Neugeborenen schon in den Entbindungskliniken geimpft werden sollten.[445] Auch das *Bayerische Ärzteblatt* äußerte sich positiv über das dänische Impfprogramm und druckte in seiner Januarausgabe einen Vortrag von Johannes Holm im Wortlaut ab. Bemerkenswert ist der Kontext, in den das bayerische Standesorgan dieses internationale Impfprogramm stellte:

»*Es darf als Symptom eines beginnenden Gesundungsprozesses betrachtet werden, wenn [sich] heute auf vielen Gebieten langsam die Erkenntnis Bahn bricht, daß die Probleme der Zeit nur auf einer Ebene gelöst werden können, die oberhalb des Niveaus nationaler Gebundenheiten liegt und daß der Versuch um so eher gelingt, je weniger er von den Ressentiments einer abgelaufenen Epoche belastet wird. Wohl für kein anderes Lebensgebiet gilt dies so sehr, wie für das Gebiet der ärztlichen Wissenschaft, wo der Gedanke der Humanität in gleicher Weise wie das Prinzip der Nützlichkeit eine Zusammenarbeit aller*

---

OMG-WB, 17 June 1947. Zur Änderung ihrer Haltung bezgl. der Tuberkulose-Schutzimpfung angesichts der Nachkriegsverhältnisse siehe auch: Interview mit Prof. H. Kleinschmidt zur Tuberkulose-Schutzimpfung, in: *Deutsche Medizinische Wochenschrift* 76 (1951), S. 187.

444 Magistratsakten, Aktenzeichen 7105, Bd. 2, Vortrag des Magistrats an die Stadtverwaltung-Versammlung betr. Tuberkuloseschutzimpfung. Zur breiten Akzeptanz der BCG-Impfung siehe auch die »*Vorschläge für die Länderregierungen über die Weiterführung der BCG-Schutzimpfung*«, in: *Tuberkulose-Jahrbuch* (1950/51), S. 20f.

445 Generallandesarchiv Karlsruhe, Gesundheitsämter, Abt. 446, Nr. 10, Innenministerium Württemberg-Baden an die staatl. Gesundheitsämter im Landesbezirk Württemberg, betr. BCG-Schutzimpfung gegen Tuberkulose. Außerdem: Hoschek, Rudolf, Die Tuberkulose als Berufskrankheit – Vermeidbare Sünden – in: *Südwestdeutsches Ärzteblatt*, Nr. 3, (1949), S. 36-38. Zur anhaltend positiven Rezeption der BCG-Impfung in Deutschland nach 1947 siehe auch Hagen, 1951/1952, S. 110.

*erfordert. Es darf daher mit Genugtuung begrüßt werden, daß schon im vergangenen Jahr eine Reihe namhafter ausländischer Wissenschaftler Deutschland besucht und über Forschungsergebnisse ihrer Disziplin vor deutschen Ärzten sprachen.«*[446]

Die Normalisierung der internationalen wissenschaftlichen Beziehungen wurde von den bayerischen Ärzten nicht dankbar oder devot angenommen, statt dessen forderten sie diese Zusammenarbeit ein, so als seien es nicht die Deutschen, die für die »*Ressentiments einer vergangenen Epoche*« verantwortlich zeichneten.

Am 19. Januar 1948 begann die Tuberkuloseschutzimpfung in Frankfurt.[447] In Württemberg-Baden wurden als erste die Ulmer Kinder am 23. Juni 1948 geimpft.[448] In Stuttgart wurde 1949 mit den Impfungen begonnen, insgesamt wurden 17 756 Kinder mit BCG gegen Tuberkulose geschützt.[449]

**Verzerrungen: »Probably only in Germany could such resistance against a proved vaccination program be found«**

Bis die Besatzungsmacht die deutschen Behörden überzeugt hatte, dass es sinnvoll sei, das großzügige Angebot des Dänischen Roten Kreuzes anzunehmen, war es ein sehr langer Weg gewesen – dieser Ansicht waren zumindest die Historiker der Militärregierung in Hessen, die diesen Prozess 1949 folgendermaßen kommentierten: »*Probably only in Germany could such resistance against a proved vaccination program be found. The story is enlightening as an example of what Military Government Public Health officials had to contend with throughout the course of their work, and illustrates once again the powerful effect of tradition upon the German mentality.*«[450] Zumindest hinsichtlich der BCG-Impfung konnte die Macht der Tradition offenbar gebrochen werden.

Die zitierte Einschätzung des Historikers Karsteter war jedoch nicht ganz zutreffend, fand sich doch in den USA ein ebenso großer Widerstand gegen ein prophylaktisch effektives Impfprogramm. Wie oben dargelegt, sprachen sich ATA und NHS

---

446 Gastvorträge in: *Bayerisches Ärzteblatt* 1/2 (1948), S. 10.
447 Die hessischen Impfungen wurden ausführlich von Catel und Daelen auf der 1. Nachkriegstagung der Deutschen Tuberkulosegesellschaft vorgestellt und als *»so harmlos eingeschätzt, daß die BCG-Impfung als eine gefahrlose und unschädliche Maßnahme betrachtet werden«* müsse. Vgl. 1. Nachkriegstagung, S. 104-105.
448 RG 260, 12/76-1/6, Office of Military Government for Württemberg-Baden, Abbreviated Report of the Public Health Advisor for June 1948.
449 Amtsblatt für den Stadtkreis Stuttgart, 26. April 1950, Nr. 17, S. 1f.: Vorbildliche Gesundheitspflege in Stuttgart. Über den Aufbau des Gesundheitsdienstes seit 1947. Zum genauen Ablauf der Impfung vgl. Wunderwald, Alexander, Die BCG-Schutzimpfung in den Schulen, in: *Der Tuberkulosearzt* 3 (1949), S. 409-417.
450 RG 260, 8/189-2/6, Hessisches Hauptstaatsarchiv Wiesbaden, Abt. 649, OMG-Hesse, Historical Division, Historical report 1948 by William R. Karsteter, Historian, OMGH, Chap. III: »Public Health«, S. 486f.

noch bis in die 1960er-Jahre gegen eine BCG-Impfung aus.[451] Eben dieser Kontext verlieh der amerikanischen Unterstützung des dänischen Impfangebots in Deutschland eine hochinteressante Akzentuierung: Die Besatzungsmacht favorisierte in Deutschland genau die Maßnahmen, die AMA, USPHS und NTA für die USA ablehnten.

Die Referenz der amerikanischen Opposition gegen die BCG-Impfung war ein deutscher Vorfall: Der Lübecker Impfunfall[452], bei dem 1928 nach versehentlicher Verabreichung kontaminierter Impfstoffe 240 Kinder erkrankt[453] waren, von denen 73 an der Injektion des infektiösen Serums starben. Gerade dieses Argument qualifizierten amerikanische Besatzungsoffiziere jedoch 1947 ab. Als deutsche Amtsärzte nach 1945 der BCG-Impfung ebenfalls unter Bezugnahme auf den Lübecker Unfall große Skepsis entgegenbrachten, werteten die amerikanischen *medical officers* dies als Beleg einer irrationalen deutschen Traditionsgläubigkeit.[454]

Wieso konnte ein in den USA allgemein akzeptierter Diskussionsstand in der Besatzungszone als Beweis hoffnungsloser Rückständigkeit gelten? Versuchten die Besatzungsoffiziere in Deutschland ein Prophylaxeprogramm zu etablieren, das sie als sinnvoll erkannt hatten, das aber in den USA politisch nicht durchsetzbar war? Wohl kaum. Für eine solche Position hätte es keiner Ausführungen über deutschen Antimodernismus und die Irrationalität deutscher Traditionen bedurft. Auch delegierte die Besatzungsmacht, obwohl sie das Impfprogramm offensiv befürwortete, sich aktiv an Informationsveranstaltungen beteiligte und dem Dänischen Roten Kreuz jede Form praktischer Unterstützung vom Transportmittel bis zur Übernachtungsmöglichkeit zukommen ließ, die politische Verantwortlichkeit für die Impfungen sehr zielbewusst an deutsche Behörden.[455] Grund dafür war es, Vorsorge für eventuelle Impfunfälle zu treffen, so als vertrauten die *medical officers* dänischen Zusicherungen über die Sicherheit der Impfung doch nicht vollkommen. Im Falle von Zwischenfällen sollten die deutschen Behörden verantwortlich zeichnen, vor allem, da in Deutschland speziell in

---

451 Siehe zu den Ähnlichkeiten der amerikanischen und deutschen Positionen in Bezug auf die BCG-Impfung Smith, 1993, S. 409. Auch Linda Bryder betont die Ähnlichkeiten des Umgangs mit BCG in den USA und Deutschland. Siehe Bryders Rezension von Feldberg, 1995, in: *Social history of Medicine* 10 (1997), S. 195. Beide bestätigen jedoch die impffeindliche Position der USA, die in diesem Kontext zentral ist. Ob der Impfwiderstand in den USA ein qualitativ anderer und größerer war und die These eines *American exceptionalism* stützt, wie Feldberg behauptet, ist für die vorliegende Argumentation unwesentlich.
452 Zum stetigen Verweis auf den Lübecker Unfall in der amerikanischen Impfdiskussion siehe auch Daniel, 1997, S. 137; ebenso Feldberg, 1995, S. 145.
453 Ferlinz, 1995, S. 625.
454 Detaillierte Ausführungen dazu unten.
455 »*It is desirable that the German health autorities themselves take the [...] full responsibility [...] Military Government will assist [...] and will provide support to the Danish Red Cross [...] but ultimate responsibility [...] rest with the German civil authorities.*« RG 260, 390/42/33/4-5; Tuberculosis-correspondence, OMG-Hesse, Public Health and Welfare Branch, Brief Frank Keating, Major General, OMGUS to Kai Hammerich, Danish Red Cross, July 1947.

diesem Fall eine »*adverse opinion*« bestehe, wie Colonel Marshall vertraulich gegenüber dem Leiter des United States Public Health Service, Parran, ausführte.[456]

Was die Tuberkuloseprophylaxe betraf, hatten die visiting experts, wie in anderen gesundheitlichen Fragen auch, den Prozess der Überarbeitung und Neuakzentuierung deutscher Gesundheitspolitik vorangetrieben. Allerdings waren es nicht amerikanische, sondern dänische *visiting experts,* die diesen Prozess anstießen und begleiteten, und es waren auch skandinavische Ärzte, die als Gastreferenten zu der 1. Nachkriegstagung der *Deutschen Tuberkulose-Gesellschaft* im Oktober 1948 in Wiesbaden eingeladen waren.[457] Die deutschen Amtsärzte hatten die Informationen über BCG zwar nicht ohne Bedenken, aber doch interessiert aufgenommen und sich schließlich ausnahmslos für eine Tuberkuloseschutzimpfung ausgesprochen. Die Betonung des vermeintlichen deutschen Widerstands durch die OMGUS-Historiker vermischte eigene und deutsche Vorbehalte.[458]

Der dänische Arzt Johannes Holm wertete die Informationskampagne, die der BCG-Impfung vorausging, wie seine amerikanischen Kollegen als Modernisierung: »*What is most needed is leadership. It must be remembered that a great number of the leading tuberculosis specialists either died during the war or dropped out of action after the war [...]. Furthermore, it must be remembered that [...] Germany [...] was cut off from the rest of the world for many years, and therefore had no possibility of obtaining information on what was happening in the medical world from 1938 to the end of the war. Even now it is almost impossible [...] to get medical literature from other countries.*«[459]

Die amerikanische Besatzungsmacht versuchte, sich diese Modernisierungskampagne der Dänen auf die eigenen Fahnen zu schreiben. Ziel ihrer Aktivitäten war ein Rollentausch mit den Deutschen auch hinsichtlich der Tuberkuloseforschung bzw. Tuberkulosekompetenz. Bereits im März 1947 hatte Colonel Marshall gegenüber General Parran betont: »*We have brought to the attention of the German health authorities for their consideration the possibilities of the use of BCG vaccination. Unfortunately, the*

---

456 RG 260, 390/42/33/4-5; Tuberculosis-correspondence, OMG-Hesse, Public Health and Welfare Branch, Brief Colonel Marshall an General Parran, 6 March 1947.
457 Dort referierten Dr. Svendson, Dänisches Rotes Kreuz, über die »*dänischen Erfahrungen mit der Tuberkulose-Schutzimpfung*« und Dr. Nathhorst vom Schwedischen Roten Kreuz über die »schwedischen Erfahrungen mit der Tuberkulose-Schutzimpfung«. RG 260, 390/49-50/35-1/6-1 Box 225, OMGUS-WB Public Health Advisor, 1. Nachkriegstagung der Deutschen Tuberkulose-Gesellschaft.
458 Im Unterschied dazu war die deutsche Perzeption sehr viel präziser, die sehr wohl um die abwartende Haltung der amerikanischen Tuberkulosewissenschaftler wussten, sich unter Bezugnahme auf dänische Experten jedoch für die Impfung entschieden hatten. Vgl. dazu die oben dokumentierte Debatte im Länderrat (Fußnote 435). Auffällig ist, dass die amerikanische Besatzungsmacht nicht mit den Positionen amerikanischer Fachwissenschaftler identifiziert oder konfrontiert wurde.
459 Holm, 1948 (Teil 2), S. 125.

*German health authorities are generally not well-informed on later developments in this field and so far we have been unable to develop much enthusiasm.«*[460]

Obgleich die Besatzungsmacht selbst fast ein Jahr brauchte, bis sie das skandinavische Impfprogramm unterstützte, und noch auf der Tuberkulosetagung im Juli 1947 in Frankfurt keinen großen Enthusiasmus für BCG entwickelt hatte, präsentierte sie sich jetzt als »Schirmherrin«[461] moderner gesundheitspolitischer Maßnahmen. In ihrem historischen Rückblick firmierte die BCG-Schutzimpfung als *Military Government health measure,* und die Diskussion über die Schutzimpfung diente als Beispiel dafür, »*what Military Government Public Health officials had to contend«*.[462] Die inhaltlichen Positionen schienen bei dieser Diskussion nebensächlich, zentral war die Rollenbesetzung. Die amerikanische Besatzungsmacht inszenierte und konstruierte sich selbst als medizinische Führungsmacht, sie hob amerikanische Wissenschaft als Leitwissenschaft in den Sattel, unabhängig von den in den USA vertretenen fachwissenschaftlichen Positionen.

Diese Haltung hatte sich bereits während der Kriegsjahre angedeutet, als amerikanische Wissenschaftler die ersten Publikationen Domagks über Tuberkulostatika nicht wahrnahmen. Der amerikanische Arzt Dr. Walsh McDermott von der *Cornell University* beschrieb diese Haltung im Rückblick: »*But no one in our country was paying any attention at the time, because we had become unimpressed with the scientific contriburtions coming out of Hitler's Germany.«*[463] Dieser amerikanische Habitus beruhte nicht auf fachwissenschaftlichen Erkenntnissen, sondern war einzig durch das politische Selbstverständnis der amerikanischen Forscher geprägt.

Gesundheitspolitische Interaktion diente damit nicht nur der Reformierung und Demokratisierung der Deutschen, auch amerikanische Partner veränderten sich innerhalb dieser Handlungsketten. Die amerikanische Besatzungszeit war für die USA ein Übungs- und Konstitutionsfeld für ihre neue Rolle als international engagierte Supermacht.

Wie reagierten die Deutschen auf den »tuberkulosepolitischen Führungsanspruch« der USA? Deutsche Behörden beobachteten, auch nachdem die Tuberkuloseschutzimpfung erfolgreich durchgeführt worden war, weiterhin interessiert die Regelungen und Erfahrungen mit der BCG-Impfung in anderen Ländern, besonders in Skandinavien und Frankreich. Auch wenn die amerikanische Rolle hinsichtlich der BCG-Imp-

---

460 RG 260, 390/42/33/4-5; Tuberculosis-correspondence, OMG-Hesse, Public Health and Welfare Branch, Brief Colonel Marshall an General Parran, 6 March 1947. [Hervorhebung D. E.]
461 Die Militärregierung erachtete die Tuberkuloseschutzimpfung in Deutschland im November 1947 als »*highly desirable*«. RG 260, 390/42/33/4-5; Tuberculosis-correspondence, OMGUS-ICD, offer by Danish Red Cross to aid Germans in Tuberculosis control.
462 RG 260, 8/189-2/6, OMG-Hesse, Historical Division, Historical report 1948 by William R. Karsteter, Historian, OMGH, Chap. III: »Public Health«, S. 486.
463 McDermott, 1969, hier S. 682.

fung nicht explizit diskutiert wurde, dokumentierten deutsche Institutionen, indem sie ihren Blick nach Frankreich und Skandinavien richteten, indirekt, welche Länder sie auf diesem Gebiet als führend einschätzten.[464]

Noch im Januar 1951 referierten deutsche Amtsärzte bei einer Besprechung, dass die *American Trudeau Society* BCG zwar eigentlich als gefahrlos ansehe, den Impfschutz aber keineswegs als vollständig einschätze und weitere Grundlagenforschung für notwendig erachte. Daher halte die amerikanische Fachgesellschaft »*die weitere Verbesserung der allgemeinen Volksgesundheit, die Verminderung der Ansteckungsgelegenheiten, eine schnelle ausreichende ärztliche Behandlung der Tuberkulosekranken, sowie die Absonderung der Kranken*« für die beste Methode der Tuberkulosebekämpfung.[465] Auf der gleichen Tagung wurde das neue französische Gesetz über die Tuberkuloseschutzimpfung vom Januar 1950 ausführlich vorgestellt, d.h. deutsche Amtsärzte und Politiker wussten trotz aller amerikanischen Selbstinszenierungen sehr wohl um die Forschungskontexte und Traditionslinien der BCG-Impfung.

Neben dieser internationalen Kontextualisierung gab es eine zweite deutsche Verarbeitungsform der BCG-Debatte: Bereits 1945 hatte Kayser-Petersen in seinem Jahresbericht des Reichstuberkuloseausschusses für 1944-1945 festgestellt, dass die Frage der BCG-Impfung im Januar 1945 durch Dekret des Arbeitsministeriums dahingehend entschieden worden sei, dass die Tuberkuloseschutzimpfung für alle Kinder, die der Krankheit ausgesetzt seien, erlaubt sei.[466] Auch nach Kriegsende fanden sich immer wieder Referenzen auf diesen Erlass, der allerdings während des Nationalsozialismus nicht mehr umgesetzt worden war.[467] So wurde noch 1948 auf einer badischen Amtsarztbesprechung darauf hingewiesen, dass die Calmette-Impfung in Deutschland nach

---

464 Siehe z.B. Generallandesarchiv Karlsruhe, Gesundheitsämter, Abt. 446, Nr. 10, Innenministerium Württemberg-Baden an die staatl. Gesundheitsämter im Landesbezirk Württemberg, betr. BCG-Schutzimpfung gegen Tuberkulose, dort ein ausführlicher Bericht über die Runderlasse des französischen Reichsministeriums. Auch hinsichtlich der Tuberkulosesterblichkeit wurden die USA, die die niedrigsten Werte vorweisen konnten, durch andere Länder, z.B. Dänemark, kontextualisiert. Vgl. *Tuberkulose-Jahrbuch* (1950/51), S. 87. In einem Informationsblatt, das 1948 in deutschen Schulen verteilt wurde, war zu lesen: »*Die Schutzimpfung gegen Tuberkulose wurde von dem früheren Leiter des Pasteurinstitutes in Paris Prof. Calmette in die Medizin eingeführt und durch Arbeiten dänischer und schwedischer Forscher weiter ausgebaut. Seit Anfang der 1920er-Jahre ist diese Impfung mit gutem Erfolg in vielen europäischen und überseeischen Ländern an inzwischen 10 Millionen Kindern praktisch durchgeführt worden. Es hat sich dabei erwiesen, daß diese Impfung völlig unschädlich ist.*« Generallandesarchiv Karlsruhe, Gesundheitsämter, Abt. 446, Nr. 3, Niederschrift über die Amtsarztbesprechung am 17. Oktober 1949 in Heidelberg.
465 Generallandesarchiv Karlsruhe, Gesundheitsämter, Abt. 446, Nr. 3, Niederschrift über die Amtsarztbesprechung am 29. Januar 1951.
466 RG 260, 5/333-1/7, Headquarters U.S. Forces, European Theater, Office of Military Government (U.S. Zone), A Report concerning the Activities of the Reichstuberkuloseausschuss for the Year 1944-1945, by Dr. Kayser-Petersen, Vizepräsident and 1st Generalsekretär, S. 14.
467 Ferlinz, 1995, S. 625.

dem Lübecker Unglück zwar kaum noch zur Anwendung gekommen und in anderen Ländern weiterentwickelt worden sei, aber »*noch im Januar 1945 wurden diese Erkenntnisse durch das Reichsministerium des Inneren aufgegriffen und die Impfung als bedeutungsvoll wieder zur freiwilligen Anwendung empfohlen. An diesen Erlass wurde im November 1947 erneut erinnert*«[468] – ganz so, als sollte hinsichtlich der Impfung eine Kontinuität hergestellt werden, die belegen würde, dass die Deutschen bereits vor der dänischen und amerikanischen Intervention den Wert der BCG-Schutzimpfung erkannt hätten.[469] Die Deutschen bezogen sich auf nationalsozialistische Erlasse, um neue Positionen zur Impfung in eigene Traditionslinien integrieren zu können. In dieser Form führte das vermeintliche Modernisierungkonzept der Amerikaner zu seltsamen ideologischen und referenziellen Verwerfungen, denn trotz des angeblich seit 1945 bestehenden deutschen Interesses für die BCG-Impfung existierte in Deutschland bis 1948 ein Verbot für die Tuberkuloseschutzimpfung, das erst im Zusammenhang mit den dänischen Aktivitäten aufgehoben wurde.[470]

## 2.2 Tuberkuloseaufklärung

Bereits 1901 hatten deutsche Tuberkuloseärzte bewundernd auf die amerikanische Tbc-Aufklärung geblickt.[471] Auch nach dem Zweiten Weltkrieg war Information ein wesentlicher Bestandteil amerikanischer Tuberkulosebekämpfung in der Besatzungszone.[472]

---

468 Generallandesarchiv Karlsruhe, Gesundheitsämter, Abt. 446, Nr. 3, Niederschrift über die Amtsarztbesprechung am 20. März 1948 in Heidelberg.
469 Eigenständige deutsche Traditionslinien wurden auch in anderen Bereichen der Tuberkulosebekämpfung zitiert. So wurden deutsche Forschungen in der Chemotherapie breit dargestellt, ohne die Wirksamkeit von Streptomycin angemessen zu werten. *Die Entwicklung der Tuberkulosebehandlung seit 100 Jahren: akademischer Festakt anläßlich der Einweihung der »Robert Koch«-Tuberkuloseklinik der Medizinischen und Chirurgischen Universitätsklinik Freiburg i. Br. am 10. Februar 1958*, Stuttgart 1958, S. 29-40. Ähnlich stark werden die deutschen Forschungen auch bei Bochalli betont – allerdings unter Verweis auf amerikanische Entwicklungen. Bochalli, Richard, *Die Entwicklung der Tuberkuloseforschung in der Zeit von 1878 bis 1958. Rückblick eines deutschen Tuberkulosearztes*, Stuttgart 1958, S. 97ff.
470 Stadtarchiv Frankfurt, Magistratsakten, Aktenzeichen 7105, Bd. 2, Schreiben des Magistrats an die Stadtverwaltung, Versammlung betr. Tuberkuloseschutzimpfung. Der zitierte Erlass des Reichsinnenministeriums blieb – ergänzt durch einige Durchführungsbestimmungen – dann auch Rechtsgrundlage der dänischen Impfaktion, vgl. RG 260, 390/49-50/35-1/6-1 Box 225, OMGUS-WB Public Health Advisor, Brief des württemberg-badischen Innenministeriums an die Gesundheitsämter betr. BCG-Schutzimpfung vom 19. November 1947.
471 Stadtarchiv Frankfurt, Magistratsakten, Aktenzeichen 1496 I, Heilstätten für Lungenkranke, 1901, S. 62.
472 Zur zentralen Rolle der Aufklärung innerhalb der Tuberkulosebekämpfung in den USA vgl. z.B. Publicity Campaign Against Tuberculosis, in: *J.A.M.A.* 134 (July 1947), S. 1111.

Noch im März 1949 bemühten sich amerikanische Offiziere, die deutsche Tuberkuloseaufklärung mediengerechter zu gestalten.[473] Wäre es lediglich um die Tuberkuloseprophylaxe im engeren Sinne gegangen, hätte eine so späte Aktion wenig Sinn gemacht. Das nachdrückliche Engagement der *medical officers* noch im März 1949, also zu einem Zeitpunkt, als das Ende der Besatzung unmittelbar absehbar und Tuberkulosebekämpfung längst in den deutschen Verantwortlichkeitsbereich übergegangen war, ist nicht mit dem reduktiven Modell einer funktionalen Gesundheitspolitik zu erklären. »*Bringing [the Public Health] department[s] up to standards in line with those of the most modern Western ideas*«[474] war das Ziel amerikanischer Besatzungspolitik.

Gesundheitspolitik war inzwischen ein Politikfeld geworden, in dem Modernisierung und Selbstdarstellung politische mit gesundheitlichen Ambitionen verknüpften.[475] Das Verschwinden der Gesundheitsgefahr Tuberkulose ermöglichte die Indienstnahme dieser für deutsche Gesundheitspolitiker so zentralen Krankheit für die Demokratisierung und die Anpassung der Deutschen an westliche Krankheitsdeutungen, Behandlungsformen und Verhaltensmuster im weitesten Sinne.

Bemerkenswert ist, dass die amerikanischen Besatzungsoffiziere diese Adaption an westliche Standards im Falle der Tuberkulosebekämpfung in einem Bereich betrieben, in dem die konkreten Behandlungsformen große Ähnlichkeiten aufwiesen und amerikanische Maßnahmen einst von deutschen Vorbildern inspiriert worden waren. Wie aber konnte für einen Sektor der Gesundheitsfürsorge, in dem es kaum praktische Unterschiede gab, das politische Ziel »Amerikanisierung« anvisiert werden?

---

473 »*In an effort to develop an informed public and medical profession, news releases and a radio script concerning Tuberculosis in Land Hesse was prepared to factually present this subject. Military Government prepared these items because German officials, even though they concur in the contents of the story, are hesitant to make initial releases of this type.*« RG 260, 8/62-2/3, OMG-Hesse, Public Health and Welfare Branch, Summary of Public Health Activities in Land Hesse for February 1949, S. 1.

474 RG 260, 8/62-2/3, OMG-Hesse, Public Health Division, Summary of Public Health Activites in Land Hesse for the Second Half of 1949.

475 Modernisierung meint dabei nicht nur eine Veränderung der konkret ergriffenen Maßnahmen der Tuberkulosefürsorge, sondern auch umgekehrt das Bemühen der Tuberkuloseärzte, an allen technischen Neuerungen, wie z.B. der Atomenergie, teilzuhaben und diese der Tuberkulosebekämpfung nutzbar zu machen. Zu Überlegungen, die Tuberkulosebekämpfung in Zukunft durch »atomare Techniken« effektiver machen zu können, siehe z.B. Roloff, W., Die Behandlung der Lungentuberkulose, in: *Ärztliche Wochenschrift* 1 (1946), S. 305-310, hier S. 310; *Die Welt*, Nr. 166, 19. Juli 1950, Wohltätige Atomkraft, neue Hilfsmittel für Ärzte, Forscher und Ingenieure; *Giessener Freie Presse* vom 3. Juli 1948, Atomenergie gegen Tuberkulose. Vor allem der Bezug zur Atomenergie betont die Vorbild- und Vorreiterrolle, die die USA inzwischen einnahmen.

## »Most modern western ideas«

Das Projekt der Amerikanisierung gewinnt an Plausibilität, wenn es auf die symbolische Bedeutung der Tuberkulose bezogen wird. Durch Auseinandersetzung mit amerikanischen Ärzten und Offizieren verblasste die Weimarer Republik als Maßstab und Anknüpfungspunkt mehr und mehr. Neue Orientierungspunkte waren the »*most modern western ideas*«, die in den USA realisiert wurden. Im Bereich der Wissenschaft wurde zunehmend auf amerikanische Kapazitäten und amerikanische Fachzeitschriften verwiesen. Verändert wurde dadurch weniger die Praxis der Tuberkulosebekämpfung als ihre Herleitung und Legitimation.[476]

Der Bruch mit einstigen Legitimationstraditionen zeigt sich besonders drastisch vor dem Gesamtkontext der Tuberkulosegeschichte. Die Nation, deren Ärzte 1882 in provinzieller Manier die Entdeckungen Kochs nicht zur Kenntnis nahmen und sich weigerten, ausländischen Aufsätzen Glauben zu schenken, schickte sich nun an, die deutsche Tuberkulosebekämpfung zu modernisieren. Noch grotesker war die Maßnahme, mit Hilfe derer diese Modernisierung exemplarisch vollzogen werden sollte. Die Tuberkuloseimpfung, in den USA erstmalig 1924 und nochmals 1948 durch den *National Public Health Service* und die *American Trudeau Society* abgelehnt, sollte nun in Deutschland dazu dienen, alte Behandlungskonzepte zu verwerfen und durch modernere Maßnahmen zu ersetzen.

In diesem Sinne war die in der Besatzungszone initiierte Form der Modernisierung auch und vor allem eine Inszenierung der Modernität der US-Tuberkulosebekämpfung. Hatten amerikanische Mediziner während des ausgehenden 19. und beginnenden 20. Jahrhunderts hinsichtlich der Tuberkuloserezeption, die sich deutlich von europäischen und kanadischen Tuberkulosedeutungen unterschied[477], eine weitere Variante der *American distinctiveness*[478] gepflegt und sich bereits bei der Rezeption Kochs und erneut mit ihrer Ablehnung der Tuberkuloseimpfung abseits der internationalen Entwicklung gestellt, kehrten sie mit der in der US-Zone vertretenen Haltung in den internationalen mainstream der Tuberkuloseforschung und -bekämpfung zurück. Dass diese Position sich in den USA erst zwanzig Jahre später durchsetzte, war für die deutsch-amerikanische Interaktion nicht relevant. Für sie zählte einzig die Haltung der Besatzungsoffiziere.

Dabei waren die Besatzungsoffiziere tief davon überzeugt, dass ihr Land nun führend in medizinischer Forschung und Therapie war. Dies zeigte sich u.a. daran, dass sie die Studien Gerhard Domagks zur Sulfonamidtherapie 1946 nicht wahrgenommen

---

476 Mit Blick auf neue Formen der Tuberkuloseaufklärung ergaben sich insofern Veränderungen, als dass nun die USA beispielsweise mit ihren Kurzfilmen zum klaren Orientierungspunkt wurden. Ickert, Franz, Anti-Tuberkulosepropaganda bzw. Aufklärungsmaßnahmen über die Tuberkulose, in: *Tuberkulose-Jahrbuch* (1951/52), S. 194-196.
477 Zur These »*tuberculosis as a different disease*« siehe Feldberg, 1995, S. 1f.
478 In diesem Sinne auch ibid., S. 8.

hatten, die im August 1947 von amerikanischen Forschern hochinteressiert rezipiert wurden. Das *Time Magazin* gewichtete die Fortschritte Domagks in der Entwicklung einer Chemotherapie gegen Tuberkulose als so groß, dass es die amerikanische Rezeption als *War Booty* charakterisierte.[479] Ganz dem Selbstbild der neuen Führungsnation war nach dem Zweiten Weltkrieg auch die Rezeption deutscher Forschungsergebnisse verpflichtet: Obwohl Gerhard Domagk unmittelbar nach dem Krieg mehrmals in die USA reiste, um über deutsche Ergebnisse zu berichten, wird sein Beitrag zur Entwicklung wirksamer Tuberkulostatika in der anglo-amerikanischen Wissenschaftsgeschichte nicht erinnert.[480]

Dass die Neudefinition der amerikanischen Rolle gerade auf dem Feld der Tuberkulose und ausgerechnet gegenüber den Deutschen stattfand, die Dank Kochs Entdeckung und aufgrund des ausgebauten Fürsorgesystems der Weimarer Republik lange Zeit international eine unausgesprochene Führungsrolle in der Tuberkulosebekämpfung innegehabt hatten und selbst während des Nationalsozialismus nicht so abgeschlagen waren, wie dies amerikanische Rückblicke unisono behaupteten, verlieh dieser Interaktion besondere Brisanz.

## Paradigma Tuberkulose: Die Bedeutung der deutschen Signalkrankheit im Kontext amerikanischer Besatzungspolitik

Die vielfältige Funktionalisierung gesundheitlicher Themen durch deutsche Amtsärzte und Gesundheitspolitiker illustriert ihre mannigfachen Bezugspunkte. In der »Tuberkulose« blitzten ganz unterschiedliche Verweise auf: Sie war Protestform und drückte Wünsche nach politischer Reintegration aus. Sie beinhaltete erfolgreiche deutsche Traditionen und schien gleichzeitig ein Weg der Veränderung zu sein. Sie bot Distanz zu nationalsozialistischen Entwürfen und ermöglichte zaghaften Kontakt mit neuen Ordnungen. Sie verkörperte verschiedenste Splitter von Identität. In der spezifischen Form, in der sich die unterschiedlichen, zum Teil widersprüchlichen Elemente mischten, wurden in der Tuberkulosedeutung die Koordinaten deutsch-amerikanischer Beziehungen seit den 50er-Jahren vorweggenommen, insofern als unter Verdrängung nationalsozialistischer Schuld amerikanische Vorgaben von Demokratisierung, Föderalismus und gesellschaftlicher Umgestaltung zusammengefügt und mit deutschen Traditionen verknüpft wurden.

---

479 Die Studienreise, die Corwin Hinshaw und Walsh McDermott im August 1947 nach Deutschland unternahmen, um sich über die Tuberkuloseforschungen von Domagk mit Conteben zu informieren, ist dokumentiert in: McDermott, Walsh, The story of INH, in: *Journal of Infecitous Diseases* 119 (1969), S. 678-683. Siehe für einen Überblick über die Sulfonamidentwicklung Behnisch, Robert, Die Geschichte der Sulfonamidforschung (Berichte aus der Pharma-Forschung, Band 5), Mainz 1986.
480 Zur Rezeptionsgeschichte siehe Grundmann, 2001, S. 177.

In diesem Sinne repräsentierte die Tuberkulose drei zentrale Entwicklungen der Nachkriegsjahre: erfolgreiche deutsch-amerikanische Kooperationen, die internationale Reintegration der Deutschen und ein neues deutsches Demokratieverständnis.

## 1. Tuberkulose und Amerikanisierung

Krankheitsdeutungen definieren immer die Grenzen einer akzeptierten Soziabilität.[481] In diesem Sinne waren Krankheitsvorstellungen zwischen 1945 und 1949 in besonders enger Form mit Verhaltenskontrolle verknüpft, da die amerikanischen Besatzungsoffiziere ihre gesundheitspolitischen Maßnahmen immer im Kontext von Umerziehung und Demokratisierung sahen. Verhaltenskontrolle wurde zum zentralen Faktor der Krankheitswahrnehmung und -behandlung. Tuberkulose wurde von amerikanischer Seite erst ab Ende 1946 als bedeutsam eingestuft, Verhaltenskontrolle im Sinne der Reeducation wurde jedoch ab Frühjahr 1947 zunehmend unwichtiger. Ziel amerikanischer Besatzung waren nun nicht mehr Entnazifizierung und Umerziehung, sondern Demokratisierung und Annäherung. Das bedeutet, dass die Phase, in der sich die Besatzungsmacht aktiv in der Tuberkulosebekämpfung engagierte, unter dem Vorzeichen der Reintegration der Deutschen stand. In diesem Sinne wurden deutsche Aussagen zur Tbc von der Besatzungsmacht aufgenommen, geprüft, zurückgewiesen oder auch modifiziert. Wie einen Ball fingen die amerikanischen Offiziere deutsche Wahrnehmungen auf, spielten sie dann aber mit neuem, eigenem Tempo und in anderem Winkel zurück.

Die Dynamik dieses Austausches wirkte in beide Richtungen. Einerseits mussten die Deutschen ihre Ansichten überprüfen und Standpunkte neubestimmen, gleichzeitig veränderte, der ständige Kontakt und die Rolle der Besatzungsmacht, wie oben gezeigt, auch die amerikanische Haltung.

In der konkreten Situation der Besatzung traten neue Konfliktlinien auf, die zu Modifizierungen führte, da die *medical officers* zumindest für die Besatzungszone die BCG-Impfung befürworteten und damit eine Position vertraten, die in den USA nicht konsensfähig war. Somit verloren durch den Verweis auf dysfunktionale deutsche Traditionen auch eigene Traditionslinien zumindest partiell an Bedeutung. Dass die vor diesem Hintergrund neu formulierte Position Rückwirkungen auf die jeweils interne Diskussion in den USA hatte, ist nahe liegend, kann jedoch innerhalb dieser Studie nicht verfolgt werden.

In diesem bilateralen Sinne ist eine Neuakzentuierung des Begriffs der »Amerikanisierung« sinnvoll. Vor dem Hintergrund, dass die deutsch-amerikanische Interaktion während der Besatzungszeit zu einer Veränderung politischer Entwürfe führte, die ihrerseits wiederum den Entscheidungsprozess der folgenden Jahre dynamisch

---
481 Göckenjan, 1991, S. 116.

beeinflussten, kann nicht von einer statischen Implementierung amerikanischer Konzepte in Deutschland ausgegangen werden. Im Fall Tuberkulose hatte die USA keine differierenden Konzepte anzubieten, aus diesem Grund war die Profilierung der Besatzungsmacht gegenüber den Deutschen schwieriger, blieb aber trotzdem Ziel amerikanischer Besatzungspolitik. Kernpunkt der angestrebten »Amerikanisierung« war eine neue Legitimation deutscher Politik. Amerikanische Gesundheitspolitik folgte damit nur bedingt einer medizinischen Logik; sie war primär von politischen Gesetzmäßigkeiten geprägt.

Zu Beginn des 20. Jahrhunderts, so führte der amerikanische Tuberkulosearzt James Miller 1943 vor der *New York Society of Medical History* über die Anfänge der amerikanischen Anti-Tuberkulosebewegung aus, *»American medicine was, as never before or since, under the spell of European influence and so it was in the field of tuberculosis. Particularly in Germany [...]. the lead had already been taken and it is to be noted that many of the American leaders were those who were in contact with and impressed by this influence from abroad.«*[482]

Dieser europäische – speziell der deutsche – Einfluss sollte gebrochen werden.[483] *»The great achievements of recent years [...] have brought America from near the bottom to the very top in world medicine«*, erläuterte der amerikanische Mediziner in seinem Vortrag. Zentral dafür seien *»the spirit and value of opitimism in Medicine«*[484] gewesen, die Miller exemplarisch in der Person Trudeaus verkörpert und als paradigmatisch für die amerikanische Medizin auf ihrem Weg an die Spitze der Welt sah.[485] Millers

---

[482] Miller, 1948, S. 361. Prototypisch für diesen europäischer Einfluss ist z.B. der Ausbildungsweg von William A Doppler, Funktionär der NTA und der New Jersey Tuberculosis League mit Ausbildung in der Schweiz, in Paris und Deutschland. Ausführlicher: William A. Doppler Appointed Executive Secretary, N. J. Tuberculosis League, in: *Public Health News* 28 (April 1947), S. 236.

[483] Hatten deutsche Wissenschaftler und Tuberkuloseärzte die militärische Konkurrenz nach dem Ersten Weltkrieg auf dem Feld der Gesundheit weitergeführt, so sollte dieser »Nebenkriegsschauplatz« nach dem Zweiten Weltkrieg nicht mehr zur Verfügung stehen. Der Zweite Weltkrieg endete für das Deutsche Reich mit einer totalen Niederlage. Die Formel der *»unconditional surrender«*, die Präsident Roosevelt als unbedingtes Kriegsziel formuliert hatte, implizierte, dass nach 1945 auch die wissenschaftliche Hegemonie und alle diesbezüglichen Ambitionen der Deutschen gebrochen werden sollten. Gleichzeitig war die bedingungslose Kapitulation Deutschlands in Roosevelts Verständnis die Voraussetzung für eine neue Weltordnung, in der auch die USA eine neue Rolle spielen sollten.

[484] Miller, 1948, S. 381.

[485] Dass dies lediglich eine euphorische Selbsteinschätzung war, die in vieler Hinsicht nicht zu rechtfertigen war, belegen z.B. die bei Weber und Anderson dokumentierten Defizite amerikanischer Tuberkulosebekämpfung. Siehe dazu ausführlicher: Weber, Francis J./Anderson, Robert J., Summary of Tuberculosis Control Activities, in: *American Journal of Public Health* 38 (April 1948), S. 512-516. Über hohe Tuberkulosezahlen und nur schleppend anlaufende Bekämpfungsmaßnahmen in einzelnen amerikanischen Staaten berichten eine Vielzahl von Fachartikeln. Siehe beispielhaft Hughes, Joseph A., The Picture of Health, in: *Public Health*

Vortrag von 1943 wurde 1948 im American *Review of Tuberculosis* abgedruckt, ganz so, als habe sich das Konzept der neuen amerikanischen Führungsrolle, das 1943 nur vage entworfen worden war, bis 1948 materialisiert.

Wenn auch die Rolle der amerikanischen Medizin in ihren Anfängen von »*ideas inspired by Germany*«[486] geprägt gewesen war, so stand sie inzwischen eindeutig nicht mehr »under the spell of European influence«.[487] Diese neue Hegemonialstellung bewies sich nicht zuletzt in der Ratgeberposition, die die Besatzungsmacht gegenüber den Deutschen ganz selbstverständlich sogar in Tuberkulosefragen einnahm: »*General Clay does not whish to dictate to the German government what they should do in the matter of health including, of course tuberculosis. He is willing to advise, and if indicated, to attempt to persuade the German authorities as to what should be done in this matter.*«[488]

## 2. Kooperation und Integration

Tuberkulosebekämpfung war seit 1948 nicht nur ein Bereich, in dem die Annäherung von Deutschen und Amerikanern erfolgreich praktiziert wurde, sondern fungierte in der Folgezeit auch symbolisch als Kennzeichen einer effektiven deutsch-amerikanischen Kooperation. Dass Tuberkulose auch nach 1948/49, als die Krankheitszahlen bereits deutlich gesunken waren, eine derartige metaphorische Bedeutung bewahren konnte, ist nur durch eine fortgesetzte Mythologisierung dieser seit jeher bedeutungsträchtigen Krankheit zu erklären.[489] Voraussetzung für die andauernde Mystifizierung war, dass das Bedrohungspotenzial der Tuberkulose zu keinem Zeitpunkt wirklich evaluiert worden war. Während die pessimistischen deutschen Erwartungen, die einen enormen Anstieg der Tuberkuloserate befürchtet hatten, deutlich übertrieben gewesen waren, hatten sich amerikanische Prognosen als zu optimistisch erwiesen. Keine der beiden Parteien stellte sich jedoch der Frage, welchem Infektionsrisiko amerikanische

---

*News* 29 (October 1947), S. 132-134. Auch Louis Dublin, Second Vice President der Metropolitan Life Insurance Company, forderte 1946 eine »*breit angelegte*« Tuberkulosebekämpfung, um die Situation »*kontinuierlich zu verbessern*«. Dublin, Louis I., The Trend of Tuberculosis Association Programs, in: *American Journal of Public Health* 36 (October 1946), S. 1105-1111, hier S. 111.
486 Ibid., S. 363.
487 Ibid., S. 361. Dies ist kein Phänomen, das auf die Tuberkulose beschränkt war. Verweise auf europäische Kontexte wurden auch in anderen medizinischen Bereichen zugunsten amerikanischer Referenzpunkte aufgegeben. Vgl. dazu z.B. die Umbenennung der American Neisserian medical Society in American Venereal Disease Association, dokumentiert in Heller, J.R., Venereal Disease Control During the Postwar Period, in: *Journal of Venereal Disease Information* 28 (1947), S. 245-249, hier S. 245.
488 RG 260, OMGUS, 5/333-1/7, Report on Tuberculosis in Germany (U.S. Zone) by A Mission appointed by the Secretary of the Army, S. 7.
489 Zur langen Geschichte der symbolischen Aufladung der Tuberkulose vgl. Sontag, 1978.

GIs in den Kasernen, deutsche Frauen und Männer an ihrem Arbeitsplatz und Kinder in den Schulen nun wirklich während der Besatzungsjahre ausgesetzt waren.

Statt dessen woben sie »Tuberkulose« in ein Bedeutungsgeflecht, das ihre jeweilige Wahrnehmung der Krankheit prägte. Im Fall der Tuberkulose wurde die Annäherung der beiden Krankheitsperzeptionen auch dadurch erleichtert, dass Tuberkulose als bedrohliche Krankheit seit 1948 keine Rolle mehr spielte und bei sinkenden Statistiken quasi alle Behandlungsmaßnahmen und -traditionen als erfolgreich deklariert werden konnten. Dies bedeutete jedoch auch, dass der mühevolle Prozess, die jeweiligen tuberkuloserelevanten Deutungsmuster zu evaluieren, sie bewusst auf soziale, politische und gesellschaftliche Prozesse zu beziehen, nicht geleistet wurde. Statt dessen entwarfen Deutsche und Amerikaner seit 1948 vor dem Hintergrund rasant sinkender Krankheitsziffern gemeinsam einen neuen Tuberkulosemythos.

Ab 1948 beschrieben sie die deutsch-amerikanische Kooperation in der Tuberkulosebekämpfung als vorbildlich; etwaige Konflikte fanden in diesen Darstellungen ebenso wenig Erwähnung wie die lange Zeit differierende Einschätzung des Gefahrenpotenzials der Tuberkulose. Statt dessen wurden gemeinsam ergriffene Maßnahmen detailliert aufgelistet. Versäumnisse waren nun nicht mehr Anlass zu Kritik, sondern Gegenstand gegenseitigen Verständnisses für die Schwierigkeit der Aufgabe.[490]

Esmond Long, inzwischen Tuberkuloseberater von HICOG, fasste im September 1950 zusammen: *»The Western Zone of Germany has experienced a remarkable and in the case of Berlin, an extraodinary decline in tuberculosis mortality in the last two years. [...] Great credit is due to the German Public Health authorities for this remarkable achievement. The Public Health officials of the occupying powers, also, are entitled to credit, for they have stimulated the antituberculosis campaign constantly for five years.«*[491]

Somit gestaltet sich am Ende der Besatzungszeit die gemeinsame Tuberkulosebekämpfung zu beider Zufriedenheit. Wesentlich dafür war die Abkopplung der Tuberkulosedeutung von nationalen Identitätsgefühlen. Tuberkulose fungierte im neuen Bezugsrahmen zunehmend als Zeichen der internationalen Reintegration der Deutschen.

Amerikanische Besatzungsoffiziere gestalteten die Interaktion in Form eines Kompromisses, bei dem es keine eindeutigen Gewinner oder Verlierer gab, indem sie die

---

490 »*Successful control of tuberculosis is dependent upon the development of a public consciousness of its hazards and enlightenment of the benefits to be derived from modern preventive and treatment methods, as well as the provision of a standard of living that allows for proper nutrition and housing. In postwar Germany, advancement along these lines must necessarily be slow and develop along with social and economic recovery.*« RG 260, 5/333-1/6, 390/42/33/4-5; Tuberculosis-correspondence, OMG-Hesse, Public Health and Welfare Branch, Department of the Army, Tuberculosis Mission, S. 1.

491 RG 260, OMGUS, 5/333-1/5, Office of the United States High Commissioner for Germany, Office of Public Affairs, Education and Cultural Relation Division, Report of Consultant on Tuberculosis Problems, S. 1.

deutsche Sicht – Tuberkulose als Gesundheitsproblem – seit 1948 explizit akzeptierten, »moderne« Behandlungskonzepte offerierten und gleichzeitig nicht-abweichenden deutschen Konzepten und Maßnahmen ausdrückliche Wertschätzung entgegenbrachten. Die Tuberkulosebekämpfung zwischen 1945 und 1949 stand im Spannungsfeld zwischen deutsch-amerikanischer Konfrontation und Kooperation und bezog ihre Dynamik im Wesentlichen aus der direkten Interaktion beider Parteien und kaum aus übergeordneten gesundheitspolitischen Vorgaben. Ebenso wie Planungsvorgaben in der konkreten Tuberkulosebekämpfung zunehmend verblassten, spielte auch die Systemkonkurrenz des Ost-West-Konfliktes keine Rolle für die Neuformulierung der Tuberkulosedeutung auf beiden Seiten.

## 3. Umwertung

Tuberkulose symbolisierte nicht nur die Veränderungen innerhalb der deutsch-amerikanischen Interaktion, sondern war selbst einer grundlegenden Umwertung unterworfen. Zwar war der Maßnahmenkatalog, der nach dem Zweiten Weltkrieg zur Bekämpfung der Tuberkulose angewandt wurde, wie oben dargestellt, nicht neu. Neu war jedoch die Bewertung der Tuberkulose seit 1950. Eine kulturgeschichtliche Untersuchung kann die Inhalte der Deutungen, denen sie nachgeht, nicht verifizieren. Statt dessen ist es ihre Aufgabe, die jeweilige Kontextualisierung und damit die ideologische und politische Funktion offen zu legen. Eben diese neue Verknüpfung von Deutungsinhalten, die in Bezug auf Tuberkulose existierten, war in Deutschland zwischen dem Ende des Zweiten Weltkrieges und den Anfangsjahren der BRD zu beobachten.

Die Pluralität diskursiver Perzeptionsmuster[492] ermöglichte die Einpassung der Tuberkulosedeutung in ein neues politisches und ökonomisches Koordinatensystem. Die symbolischen Konnotationen der Tuberkulose waren so vielfältig, dass sie auch eine neue demokratische Identität zu verkörpern vermochten. Mit der allmählich auch ins allgemeine Bewusstsein vorgedrungenen Angleichung der deutschen Tuberkulosesterblichkeitsraten an europäische Normwerte war Deutschland auch politisch in den europäischen Kontext zurückgekehrt. Beispielhaft äußerte sich dies in der Rezeption der Demokratie als eines kraftvollen Staatssystems, in dessen Macht es stand, selbst solche furchtbaren Volkskrankheiten wie die Tuberkulose erfolgreich zu bekämpfen.[493]

Diese Entwicklung wurde durch den tatsächlichen Verlauf der Tuberkulose nach dem Zweiten Weltkrieg erleichtert. »*Im säkularen Lauf ihrer Kurve tritt die Tuberkulose*

---

492 Vgl. dazu die theoretische Konzeption von Deutungsmustern nach Jaworski, 1987, S. 63-76.
493 Aus der Perspektive der 1950er-Jahre wurde die Weimarer Republik neu konstruiert. Sie war nicht mehr die »tuberkulöse Republik«, sondern eine die Tuberkulose wirksam bekämpfende Demokratie. Vgl. dafür z.B. neben vielen anderen Belegen Stadtarchiv Stuttgart, Pressesammlung, S, Abschrift aus der handschriftlichen Stuttgarter Chronik 1919-32 des Stadtarchivs. Abschrift angefertigt am 14. Juni 1957.

*geradezu demonstrativ hinter die anderen vornehmlichen Todesursachen zurück. [...] sie überließ ihre Opfer den Alters- und Abnützungskrankheiten«*[494], schrieb Konrad Krieger Anfang der 1950er-Jahre, eine Beobachtung, die bis in die 1990er-Jahre Gültigkeit behielt. In einer Festschrift zum 100-jährigen Bestehen des DZK resümierte Rudolf Ferlinz 1995, dass die Tuberkulose der Bundesrepublik eine Alterskrankheit geworden sei. Tuberkuloseinfektionen seien nur noch Zeichen dafür, dass diese Menschen die Nachkriegsjahre miterlebt hatten, aber nicht mehr, wie früher, Indikator düsterer Prognosen. Tuberkulose sei als Katastrophenindikator seit den 1950er-Jahren überwunden.[495] Tuberkulose war paradigmatisch für die deutsch-amerikanische Kooperation am Ende der Besatzungszeit und damit gleichzeitig Symbol für eine umfassende deutsche Neuorientierung. *»Die Tuberkuloseärzte haben einen wissenschaftlichen Eifer an den Tag gelegt, der für uns alle vorbildlich sein kann.«*[496]

Die deutschen Tuberkuloseärzte hatten sich mit Wucht in die Auseinandersetzungen mit der Besatzungsmacht geworfen, sie hatten um die Anerkennung der gesundheitlichen Probleme der deutschen Kriegsverlierer gekämpft, und schließlich hatten sie innerhalb dieser Interaktion maßgeblich zu einer Neudefinition der deutschen Identität beigetragen. *»German Public Health authorities, in spite of great difficulties, have developed a satisfactory, modern tuberculosis control program, which compares favorably with that of other countries«*[497], war das abschließende Urteil, das Esmond Long dem amerikanischen *War Department* übermittelte.

Damit war die Tuberkulosedeutung am Ende der Besatzungsjahre positiver, aber auch ärmer geworden, ärmer an Bildern, an Zuschreibungen, an Facetten. Daher war auch die Aufmerksamkeit geringer geworden, die sie an sich zu binden vermochte.[498]

So bleibt als Frage, was *nach* dieser Umdeutung passierte. Vermochten die positiven neuen Konnotationen das Schwinden der Schwindsucht zu kompensieren? Welche Deutungen und Bilder füllten die Lücke, die eine so gewichtige Perzeption hinterlassen hatte? Gab es Ersatzmythen, alternative Symbole, die eine ähnliche Integrationskraft besaßen und vergleichbare emotionale Bindungskräfte entwickeln konnten?

*»Nicht nur die D-Mark, sondern auch der allgemeine Gesundheitszustand ist stabiler geworden. Die Gewichtsstatistik hat gezeigt, daß nach der Währungsreform allenthalben mit den Pfunden gewuchert wurde. Die Auswirkungen der verbesserten Ernährungslage sind auf die Volksgesundheit ganz enorm. [...] Die in den ersten Nachkriegsjahren bedrohlich angewachsene Tuberkulose zeigt allgmein eine rückläufige Tendenz [...] – ebenso*

---

494 Krieger, 1950/51, S. 164.
495 In diesem Sinne ist beispielsweise auch Hagen zu interpretieren. Hagen, 1951/52, S. 110.
496 Schröder, 1. Teil, 1949/50, S. 225.
497 RG 260, 5/333-1/7, Report on Tuberculosis in Germany (U.S. Zone) by A Mission appointed by the Secretary of the Army, S. 23.
498 *Tuberkulose-Jahrbuch* (1952/53), S. 121.

*die Kindertuberkulose.«*[499] Fast scheint es, als ob »Wirtschaftswunder« und »D-Mark«, vermittelt über den Faktor »Ernährung«, die positive Seite der alten »Ernährungskrankheit Tuberkulose« bildeten. In welcher Relation dieses neue Deutungsarsenal und die »alte« Tuberkulose standen, kann an dieser Stelle nicht geklärt werden, doch ist zu bedenken, dass D-Mark und Wirtschaftswunder zwar symbolisch aufgeladene politische Phänomene waren, die auch häufig mit dem Tuberkuloserückgang in Verbindung gebracht wurden, aber als prinzipiell anders geartete Ersatzmythen nicht die spezifischen, körpergebundenen Grundierungen, die Krankheitsdeutungen zu Eigen sind, aufwiesen. So scheint ein anderer Pfad plausibler:

1948 berichtete die *»Pforzheimer Neue Zeitung«*, dass doppelt so viele Krebsfälle wie Tuberkuloseerkrankungen zu verzeichnen seien.[500] Als Tuberkulose am Ende der Besatzungszeit ihre Schrecken verloren hatte, war offensichtlich bereits eine neue *»skandalisierte Krankheit«* am Horizont aufgetaucht.[501] Hier schloss sich der Kreis. Das alliierte Handbuch hatte im April 1944 Tuberkulose als Friedenskrankheit an zweiter Stelle hinter Krebs behandelt.[502] Auch Jutta Dornheim beschreibt die Übertragung tuberkulöser Infektionsbilder auf Krebserkrankungen, die medizinisch keinen Sinn ergeben, jedoch die Tradierung zentraler Deutungen in neuen Kontexten belegen.[503] Krebs – so scheint es – löste die Tuberkulose vollständig und umfassend ab: statistisch, epidemiologisch, forschungsstrategisch und symbolisch.[504] In diesem Sinne schien das

---

499 »Gesundheitszustand allgemein gebessert, Erfreuliche Gewichtszunahmen – Tuberkulose-Erkrankungen nehmen ab.« in: *Badische Neueste Nachrichten* vom 29.1.49,
500 *Pforzheimer Neue Zeitung*, 19. November 1948; ebenso *Tuberkulose-Jahrbuch* (1950/51), S. 31. Dort auch diagnostische Bezüge zwischen beiden Krankheiten.
501 Die Faktoren, die für den Rückgang der Tuberkulose verantwortlich waren, sind noch immer umstritten. Die wissenschaftliche Diskussion um das Konzept des epidemiologischen Übergangs, das sich verändernde Todesursachen in Relation zu medizinischen, gesellschaftlichen und politischen Faktoren setzt, kann hier nicht aufgegriffen werden, zumal sie für die vorliegende Fragestellung nicht relevant ist. Vgl. auch Fußnote 30 auf S. 329 dieser Darstellung.
502 RG 260, 390/50/22/5, *Germany Basic Handbook*, April 1944, Chapter X: »Public Health«, S. 242. Auch andere Quellen stellten interessante Verknüpfungen zwischen diesen beiden Krankheiten her. So berichtete eine medizinische Fachzeitschrift 1950 *»über das Vorkommen von Tumorzellen im Auswurf«*, eine interessante Kombination, die das prototypische Symptom der Tuberkuloseerkrankung zur Diagnose einer ganz anderen Krankheit nutzte. Wiitekind, D., Über das Vorkommen von Tumorzellen im Auswurf, in: *Medizinische Klinik* 45 (1950), S. 58.
503 Dornheim, 1990, S. 197-205. Ebenso dies., *Kranksein im dörflichen Alltag. Soziokulturelle Aspekte des Umgangs mit Krebs*, Tübingen 1983. Auch Sontag betont, dass Tuberkulose und Krebs sich stets metaphorisch überlagert hätten. Sontag, 1978, besonders S. 11ff.
504 Weitergehende Untersuchungen, z.B. zur symbolischen Dimension und Deutungsgeschichte der Krebserkrankung, die diese These stützen könnten, liegen bisher leider nicht vor. Vgl. für die symbolische Bezüglichkeit zwischen Tuberkulose und Krebs z.B. die Erläuterungen über den Zusammenhang beider Krankheiten über die Sterblichkeit, die *»schicksalsmäßig«* und *»zwangsläufig«* sei. *Tuberkulose-Jahrbuch* (1950/51), S. 90. Krebs und Tuberkulose waren auch in der medizinischen Forschung eng verknüpft. So widmete sich z.B. Domagk, nachdem wirksame Medikamente gegen die Tuberkulose gefunden worden waren, der Krebsforschung. Dass

Ziel amerikanischer Tuberkulosepolitik, nämlich die Tuberkulose in Deutschland zu rationalisieren und ihrer enormen emotionalen Bedeutung zu entkleiden[505], erreicht. Diese Entkleidung war jedoch eine neue Verkleidung. Emotional war die Macht der Tuberkulose, wie Dornheims Studie eindrücklich belegt, zu groß, um sich einfach in positive Zukunftserwartungen aufzulösen. In welchem Umfang die Deutungsmacht der Volkskrankheit Tuberkulose in modernen Krankheitsdiskursen[506] überlebte und welche politischen Bezüglichkeiten sich daraus für das fortschreitende 20. Jahrhundert ergaben, müssen zukünftige Studien zur Krankheits- und Kulturgeschichte der Bundesrepublik klären.

---

dabei Deutungsmuster und Forschungsstrategien von einer Krankheit auf die andere übertragen wurden, ist selbstevident. Von der historischen Forschung aber bisher noch nicht verfolgt. Zum Interesse Domagks an der Krebsforschung siehe Grundmann, 2001, S. 133ff.

505 RG 260, OMGUS, 5/333-1/7, Report on Tuberculosis in Germany (U.S. Zone) by A Mission appointed by the Secretary of the Army, S. 13.
506 Dieser Zusammenhang kann hier nur angedeutet werden, da weitergehende Studien, die das gesamte 20. Jahrhundert umfassen, bisher fehlen.

# Ergebnisse und Ausblick:
# Amerikanisierung als Legitimitätsverschiebung

Gesundheitssicherung gehört heute zum Kernbestand politischen Handelns. Keine Regierung, die sich nicht vor die Aufgabe gestellt sähe, längst überfällige Reformen im Gesundheitswesen durchzuführen.

Die große Relevanz, die Gesundheitssicherung genießt, schlägt sich nicht zuletzt finanziell nieder: Das Budget des Gesundheitswesens entsprach im Jahr 2000 fast dem gesamten Bundeshaushalt. 436 Mrd. Mark gaben die Deutschen im Jahr 2000 für Gesundheitsleistungen aus, während sie in Bildung 90 Mrd. Mark und für Innere und Äußere Sicherheit 104 Mrd. DM investierten. Damit floss in Deutschland im Jahr 2000 jede 10. Mark des Bruttoinlandproduktes ins Gesundheitswesen. Mehr Geld gaben nur noch die Schweizer und die Amerikaner für ihre Gesundheit aus.[1]

Gesundheit, das wird aus diesen Zahlen ersichtlich, ist ein kostbares Gut. Gesundheit wird mit Lebensqualität assoziiert und gilt als Voraussetzung für persönliches Glück. Nur wer gesund ist, kann am sozialen und politischen Leben teilnehmen.

Gesundheitspolitik wurde auch von der amerikanischen Besatzungsmacht als wichtiges Politikfeld betrachtet und ging als solches – verglichen mit anderen Zuständigkeiten – erst spät in deutsche Kompetenz über.

Nach Auffassung der amerikanischen Besatzungsoffiziere gab es »*no function of government that is not related to the physical and mental well being of the population*«[2], deshalb kam gesundheitspolitischen Belangen in ihren Augen eine zentrale besatzungspolitische Funktion zu. Der Bezug zwischen Gesundheit und Politik war nicht nur facettenreich, sondern zentraler politischer Handlungsmaßstab. Dabei spiegelte die amerikanische Überzeugung, dass die Welt am Demokratiemodell made in USA

---

1 Nach den Angaben des Statistischen Bundesamtes Wiesbaden betrugen die Gesamtausgaben im Gesundheitswesen 2000: 218 435 Mill €. Der Bundeshaushalt umfasste 2000 knapp 478 Mrd €. Angaben unter:
http://www.destatis.de/basis/d/gesu/gesugra2.htm, 15.12.2002;
http://www.destatis.de/presse/deutsch/pm2001/p1160061.htm; 15.12.2002;
http://www.destatis.de/presse/deutsch/pm2001/p1160061.htm, 15.12.2002;
http://www.sggp.ch/news/index.cfm?id_news=156&jump=1, 15.12.2002;
http://www.destatis.de/presse/deutsch/pm2001/p1160061.htm, 15.12.2002.
2 RG 260, 5/359-2/3-15, Public Health, S. 1.

genesen sollte, das missionarische Selbstbild der Besatzer wider und reflektierte außerdem die tiefe amerikanische Überzeugung, dass eine gesunde Demokratie Voraussetzung für Wohlstand und Wohlergehen der Menschen sei. Nach dem Verständnis der Besatzungsmacht versprachen amerikanische Demokratiekonzepte die Heilung der Deutschen von Militarismus und Nazismus, wie sie auch die konstitutionelle Schwäche deutscher Demokratiemodelle Weimarer Provenienz kurieren sollten. Dass es sich dabei nicht um bloße Wortspiele handelt, belegte die hohe Priorität, die amerikanische Besatzungsoffiziere dem Gesundheitszustand der Deutschen als Voraussetzung aller Demokratisierungsziele zumaßen. Dieser Zusammenhang wurde durch die Analyse einzelner Krankheiten bestätigt, die nachzeichnete, wie spezifisch Krankheitsbilder mit dem jeweiligen politischen System verwoben wurden und und wie unmittelbar politische Argumentation, medizinische Einschätzung und gesundheitliche Befindlichkeit ineinander griffen. Demokratie wurde in diesem Kontext zum Mittel und zum Ergebnis des Wohlbefindens der Nachkriegsdeutschen.

In diesem Sinne war Gesundheitspolitik von Anfang an mit der Transformation von Wertvorstellungen beschäftigt. Auch in diesem Politikfeld strebte die amerikanische Besatzungsmacht eine umfassende Beeinflussung und *reeducation* der Deutschen. Gesundheitspolitische Maßnahmen besaßen somit eine legitimatorische Funktion für die neu zu begründende Gesellschaftsordnung Deutschlands.[3]

Die gesundheitspolitische Interaktion zwischen Deutschen und Amerikanern wurde von Traditionen beider Akteursgruppen bestimmt. Gleichzeitig brachen sich eingeführte Argumentationslinien an den Hierarchien und Zwängen des Besatzungsalltags. So provozierte die fragile deutsch-amerikanische Interaktionskonstellation neue Verhaltensmuster, während sie gleichzeitig auch eingeführte Haltungen perpetuierte. Die innere Dynamik amerikanischer Besatzungspolitik vollzog sich somit auf eine viel komplexere Weise als in Übereinstimmung oder Abweichung zu normativen Besatzungsdirektiven.[4]

Vielmehr zeigte sich, dass Gesundheitspolitik im Wesentlichen von der Dynamik der direkten amerikanisch-deutschen Interaktion geleitet war. Dabei offenbarte sich die Relevanz lokaler Politiksektoren. Der gewählte Untersuchungsansatz ermöglichte es, sowohl die Interaktion zwischen amerikanischer Besatzungsmacht und deutschen Verhandlungspartnern differenziert nachzuvollziehen als auch generellere Aussagen zu treffen. Durch die dichte Beschreibung kommunaler Verhandlungsprozesse konnten bisherige Untersuchungen zu amerikanischen Gesundheitspolitik, die durch eine pri-

---

3  Zur Definition von Amerikanisierung als »*Bewusstseinsbildungsprozesse*«, die durch ein Am-Modell-Lernen initiiert werden, siehe: Bude, Heinz, Vorwort, in: Ders./Greiner, Bernd (Hg.), *Westbindungen: Amerika in der Bundesrepublik*, Hamburg 1999, S. 7-15, hier S. 9.
4  Zur besonderen Problematik normativer Dokumente im Kontext amerikanischer Besatzungspolitik siehe oben.

mär normative Perspektive geprägt waren, korrigiert[5] und hinsichtlich des zugrunde liegenden Politikplanungsprozesses präzisiert werden.

In Krankheitsängsten verdichtete sich das Angstpotenzial der Nachkriegsjahre, das angesichts erfolgreicher Seuchenprophylaxe schrittweise reduziert werden konnte. Die seit 1948 immer häufiger als erfolgreich herausgestellte deutsch-amerikanische Zusammenarbeit zur Verbesserung des Gesundheitsstandes vermochte die emotionalen Spannungen und Unsicherheiten schließlich in ein Gefühl von Zuversicht in eine gesunde, demokratische Zukunft zu überführen. Angesichts dieser weitreichenden Ausdrucksfähigkeit repräsentieren Gesundheit und Krankheit mit großer Eingängigkeit die Befindlichkeit der Besatzungszeit. In der Umbruchszeit nach 1945 erlangten Krankheitserfahrungen eine besondere Bedeutung. Einerseits stellten diese körperfundierten Erfahrungen angesichts allgegenwärtiger Veränderung ein Kontinuum dar und boten sich damit als Identifikationsanker an, gleichzeitig waren jedoch gerade die Körper der Menschen von Krieg und Niederlage, von Not und Mangel gekränkt, so dass sie ganz elementar in ihrer physischen und psychischen Existenz bedroht schienen.

Körpererfahrungen stellen nicht nur ein zentrales Deutungsschema für die Selbst- und Fremdwahrnehmung von Gesellschaften dar, sondern umfassen Vorstellungen von kollektiven Gefährdungen und Hoffnungen. Damit stellen sie ein grundlegendes Wahrnehmungsraster für die Deutung politischer Situationen dar.[6] Anhand der Tuberkulosebekämpfung, Säuglingsfürsorge, Typhus- und Geschlechtskrankheitenbekämpfung konnten die Emotions- und Erfahrungsgebundenheit von Politik demonstriert und der Wandel politischer Entwürfe und Einschätzungen vor dem Hintergrund der deutsch-amerikanischen Interaktion und der sich verändernden politischen, sozialen und ökonomischen Situation der Besatzungszeit nachgezeichnet werden. Die große symbolische Relevanz von Gesundheit und Krankheit und ihre Bezüglichkeit zu vorrationalen Bereichen machten Gesundheitspolitik zu einem idealen Sektor, in welchem sich Politikentwürfe inszenieren und in den Körpern der Menschen verankern ließen.

Ebenso wie der Krieg als Krisenzeit betrachtet wurde, galten steigende Krankheitsraten als Krisensymptom, gleichzeitig wurde damit Gesundheit zu einem machtvollen Symbol der Krisenbewältigung. Da gesundheitspolitische Praktiken auch unpolitische Bevölkerungsschichten erreichten und die an bestimmte Krankheiten geknüpften Deutungen aufgrund ihrer metaphorischen Kodierung eine direkte Kommunizierbarkeit aufwiesen, konnte Gesundheitspolitik dafür eingesetzt werden, amerikanische Demokratisierungsbemühungen zu flankieren. Dies war wichtig, weil auch die

---

5   So Leiby, 1985; Kirchberger, Stefan, Public Health Policy in Germany, 1945-49: Continuity and a New Beginning, in: Light, Donald W./Schuller, Alexander (Ed.), *Political Values and Health Care: The German Experience*, Cambridge 1986, S. 185-238.
6   Vgl. zu dieser Vorannahme Stein, H. (Ed.), *Maps from the Mind. Readings in Psychogeography*, Oklahoma 1989, S. 189.

machtpolitisch solide abgesicherte amerikanische Besatzungspolitik eine große Symbolbedürftigkeit aufwies. Wie die lange fortgeführten DDT-Einstäubungen belegen, wurden Maßnahmen, für die keine gesundheitliche Notwendigkeit mehr bestand, aufgrund ihres symbolischen Effektes vorgenommen. Gesundheitssymbole waren wichtige Signifikanten der Politik.

Dass amerikanische Besatzungsoffiziere die weitreichende symbolische Wirkungsmächtigkeit von Krankheitsbekämpfung von Beginn an in den Dienst ihrer Besatzungsmaßnahmen zu stellen versuchten, zeigt, dass selbst die militärisch und machtpolitisch erfolgreiche amerikanische Politik ein großes Legitimationsbedürfnis besaß, das kontinuierlich befriedigt werden musste. Gesundheitspolitischen Maßnahmen kam eine wichtige Funktion bei der kontinuierlich notwendigen Herstellung der Akzeptanz und Kompetenz der amerikanischen Besatzungsmacht zu, da die Legitimationsfrage in allen gesellschaftlichen und politischen Kontexten eine zentrale Bedeutung besaß.

Legitimität war dabei, wie das Beispiel der BCG-Impfung zeigt, teilweise auch kontrafaktisch produzierbar. Überzeugung und Zustimmung waren zentrale Kategorien für Legitimität. Da argumentative Plausibilität auch machtabhängig war, bestand eine Korrespondenz zwischen Legitimität und Macht, gleichzeitig war die erfolgreiche Herstellung von Legitimität wesentlich für die Konsolidierung von Macht. In diesem Sinne etablierte sich der Einfluss der amerikanischen Besatzungsmacht immer mehr als Definitionsmacht und davon abgeleiteter Gestaltungsmacht.

Gesundheitspolitik sollte in diesem Rahmen die politische Position der amerikanischen Leadership abstützen. Das übergeordnete besatzungspolitische Ziel der Re-orientierung gliederte sie in einen Rahmen ein, der am amerikanischen Demokratiemodell orientiert war. Gesundheitspolitische Maßnahmen bezogen ihre symbolische Bedeutung, die sie für die Herstellung von Legitimationsüberzeugungen so interessant machte, in hohem Grad aus traditionellen Kodierungen. In diesem Sinne orientierte sich die Gesundheitspolitik deutscher und auch amerikanischer Akteure gleichermaßen an den Traditionslinien ihrer jeweiligen Länder, gleichzeitig gab es aber auch Verwerfungen gegenüber bestehenden Tradierungen und neue Vermischungen zwischen deutschen und amerikanischen Konzeptionen.

Durch die Untersuchung der Interaktion in diesem Politikfeld konnten weitergehende Aussagen über Charakteristika amerikanischer Besatzungspolitik gewonnen und deutsche Adaptionsprozesse rekonstruiert werden. Dabei ermöglichte es der analytische Ansatz einer Interaktionsgeschichte, Handlungsmuster auf zugrunde liegende Perzeptionsmuster und Werte zu befragen und damit Sozialgeschichte, Institutionengeschichte und Diskurs- bzw. Symbolgeschichte einzelner Krankheiten zusammenzubinden. So konnten bisherige Vorstellungen von einer starren Rollenverteilung zwischen Besatzern und Besetzten modifiziert werden. Außerdem führte die Untersuchung des Gesundheitssektors auch hinsichtlich der bisherigen Periodisierung zu neuen Ergebnissen. Bereits die Besatzungsdirektive JCS 1067 hatte die Besonderheit von Gesundheitspolitik hervorgehoben, indem sie ausdrücklich korrektive Maßnahmen zur Verhinderung von Seuchen forderte. Aufgrund der Gefahr, dass sich die Besatzungstruppen mit Krankheiten infizieren könnten, war eine strafende, demontierende Politik im Gesundheitssektor nicht möglich. Während die unmittelbare internationale Verflechtung in anderen Politikfeldern erst ab 1946 zu einer normativen Modifizierung amerikanischer Besatzungspolitik führte, hatte das besetzte Deutschland gesundheitlich stets in der Mitte Europas gelegen. Berührungspunkte zwischen Deutschen, Alliierten und Europäern waren zu jedem Zeitpunkt selbstverständlicher Teil der gesundheitspolitischen Wahrnehmung und Planung. Der schnelle Wiederaufbau des deutschen Gesundheitssystems war bereits im August 1945 ausdrückliches Ziel der Militärregierung. Somit wurde gesundheitspolitisch bereits unmittelbar nach Besatzungsbeginn eine Konzeption umgesetzt, die sich z.B. in der Wirtschaftspolitik erst später durchsetzte. Wie eine elitäre Stoßtruppe praktizierten die mit Gesundheit und Krankheit befassten Akteure bereits zu einem frühen Zeitpunkt Konzepte, die mit Verzögerung zur Leitlinie in anderen Politikfeldern wurden.

Gleichzeitig konnte nachgewiesen werden, dass der Kalte Krieg nur einen mittelbaren Einfluss auf gesundheitspolitische Entscheidungen hatte. Die gesundheitspolitische Dynamik speiste sich aus den Konflikten und Kompromissen zwischen deutschen und amerikanischen Medizinern, sie war primär vom Blick auf die Krankenstatistik vor Ort geprägt.

Ebenso wenig wie an tagespolitischen Zäsuren orientierten sich gesundheitliche Maßnahmen an aktuellen Freund- und Feindbildern. Wie am Beispiel der Tuberkulosebekämpfung und der Versorgung der DPs erläutert wurde, spiegelten Krankheitsperzeptionen bereits im Frühjahr 1945 eine Fremdheit zwischen den alliierten Waffenbrüdern wider, die erst viel später in die Terminologie des Kalten Krieges gefasst wurde. Umgekehrt erzeugten die leidenden Körper der Deutschen mitleidsvolle Nähe zu politisch Geächteten. So offenbarte sich in Krankheitserfahrungen eine inneralliierte Distanz und gleichzeitig eine deutsch-amerikanische Nähe, die später auch auf politischem Parkett vollzogen wurde.

Im politischen Umgang mit Gesundheit und Krankheit erwiesen sich politische Freund- und Feindbilder nur als eine dünne Lackschicht, die grundlegende Orientierungen nicht dauerhaft zu überdecken vermochte. Angesichts dieses Zusammenhanges muss die Kausalität politischer Handlungsfelder neu überdacht werden. So wäre in weitergehenden Forschungen zu klären, ob der Kalte Krieg amerikanische Besatzungspolitik bestimmte oder ob sich nicht vielmehr umgekehrt in amerikanischer Besatzungspolitik politische Präferenzen ausdrückten, die im Kalten Krieg mündeten.

Auch die These, dass die Deutschen vom Feind zum Verbündeten avancierten, d.h., dass aus der Distanz des Kriegsendes während der Besatzungszeit Nähe wurde, muss mit Blick auf den Gesundheitssektor modifiziert werden:

Amerikanische Gesundheitspolitik lässt sich im Bereich des öffentlichen Gesundheitswesens, ihrem zentralen Aktionsfeld, in drei Phasen unterteilen. Während des ersten Besatzungsjahres wurde die deutsche Gesundheitsversorgung wieder aufgebaut und entnazifiziert. Auf den unteren Verwaltungsstufen fand bereits eine Übertragung der gesundheitspolitischen Kompetenzen auf deutsche Behörden statt, während die Militärregierung auf Länderebene noch die Verwaltungsverantwortung behielt. In einer Interimsphase bis zum Dezember 1946 führte die Militärregierung teilweise noch selbst gesundheitspolitische Maßnahmen durch, teilweise nahm sie auch bereits eine beobachtende und unterweisende Rolle ein. Parallel dazu wurden 1946 die Länderverfassungen und ersten Landtagswahlen vorbereitet. Als auch die deutschen Länderparlamente eine demokratische Legitimation besaßen, übertrugen ihnen die Militärregierungen bis Anfang 1947 sämtliche Verwaltungskompetenzen in Eigenverantwortlichkeit. Die amerikanischen Militärregierungen fungierten nun als Beobachter, Berater und Garanten des jungen demokratischen Systems im Hintergrund. Ausgehend von dieser Position, begann im Juli 1947 die letzte Phase amerikanischer Gesundheitspolitik, die von gesundheitspolitischem Reformbemühen geprägt war.

Dabei zeigte sich, dass sich aus einer kritikarmen Kooperation der ersten Besatzungszeit eine konflikthafte Beziehung entwickelte. Hatte am Anfang aus funktionalen Überlegungen heraus die schnelle Restauration der institutionellen Struktur des öffentlichen Gesundheitswesens gestanden, so entwickelte die amerikanische Besatzungsmacht nach 1947 in allen gesundheitlichen Fragen mehr und mehr Reformambitionen, wodurch die Politisierung des Gesundheitssektors während der Besatzungsjahre zu- und nicht abnahm. Maßstab der wachsenden Politisierung waren »*normal American public health practices*«.[7]

Dieser Zusammenhang widerspricht der These, dass die durch den Kalten Krieg bedingte politische Annäherung auch gesundheitspolitisch relevant war. Dieser gegenteilige Befund ist dadurch zu erklären, dass deutsche Gesundheitspolitik immer offensichtlicher vom amerikanischen Modell abwich. Die wachsenden gesundheitspolitischen Konflikte zwischen Deutschen und Amerikanern sperren sich nicht nur gegen gängige Periodisierungen, sondern auch auch gegen rein funktionale Erklärungsmodelle von Gesundheitspolitik. Dass angesichts stagnierender oder sinkender Krankheitswerte die Zufriedenheit der *medical officers* sank, lässt sich nur mit den politischen Ambitionen der Militärregierung, die am Modell USA orientiert waren, plausibel erläutern.

---

7   Dies war eine feststehende, häufig wiederkehrende Formulierung. Siehe z.B. RG 260, 5/321-1/15, OMGUS, Civil Affairs Division, History of MG unter the U.S. Army in Germany, Public Health, S. 19; ebenso in RG 260, 390/42/32/1, Box 481, OMGUS: Records of the Civil Affairs Division, Public Health Advisor, History of Militärregierung under the U.S. Army in Germany Public Health from V-E Day 3 May 1945 to 30 June 1946, S. 23.

## Zum Modell der persuativen Handlungsorientierung

Das Ziel amerikanischer Reformaktivität lag in allen gesundheitspolitischen Sektoren darin, eine »*persuative Handlungsorientierung*«[8] zu vermitteln. Dies wurde beispielhaft für ein Feld skizziert, das sich auf den ersten Blick als resistent gegenüber amerikanischer Einflussnahme zu zeigen schien:

Die Militärregierung beabsichtigte, deutsche Ärztevertreter von ihren Ideen und Wertvorstellungen zu überzeugen.[9] Die Auseinandersetzung um die Verfasstheit der Ärzteverbände kann dahingehend als das Aufeinandertreffen zweier unterschiedlicher »Sinnwelten« gelesen werden, als Konfrontation verschiedener Wahrnehmungs-, Interpretations- und Legitimationsmuster.[10] Vor allem um diese Aushandlungsprozesse und die aus ihnen folgenden Steuerungen ging es amerikanischen Besatzungsoffizieren seit 1947. Laut Berger/Luckmann stellt die akzeptierte Sinnwelt Legitimitätsmuster bereit, die wiederum im demokratischen Prozess konstitutiv für politische Entscheidungsprozesse sind. Differenzen und Diskussionen um Zwangsmitgliedschaften, Standesgerichtsbarkeit und Niederlassungsbeschränkungen waren nach diesem Modell ein Übungsfeld für die Aneignung demokratierelevanter Verhaltensweisen. In diesem Sinne bedeutete *reeducation* zu lernen, wie demokratische Strukturen zu erkennen und sinnvoll auszufüllen waren.[11] Institutionen als Faktoren der bestehenden symbolischen Ordnung mussten in eine neue politische Odnung überführt werden. Gleichzeitig mussten sie auch zukünftig in der Lage sein, innerhalb des neuen demokratischen Kontextes zu orientieren und Sinn zu vermitteln. Im institutionellen Sinne bezeichnete die in den Besatzungsjahren vollführte *reorientation* eben diesen Adaptions- und Assimilationsprozess.

Mit Blick auf die institutionelle Verfasstheit des deutschen Gesundheitssytems hatte Col. Moseley dem hessischen Ärztevertreter Oelemann gegenüber erklärt: »*Die deutsche Form, obwohl als klassisch bezeichnet, sollte nach Möglichkeit der Welt kein Beispiel geben, ihre Vorschriften sind viel zu strikt.*«[12] In den Besatzungsjahren ging es darum, dass nun umgekehrt die Deutschen von der demokratischen Welt lernten. Lernen mussten sie, nicht nur eine demokratische Staatsform aufzubauen, sondern vor allem jeden Bereich ihrer Gesellschaft – die bestehenden Institutionen des Gesundheitssy-

---

8 Siehe zur theoretischen Explikation des Modells der persuativen Handlungsorientierung S. 31.
9 Nullmeier, 1993, S. 191.
10 Dies offenbarte sich eindrücklich in der Amerikafeindlichkeit bzw. zumindest dem Amerikaskeptizismus deutscher Intellektueller. Siehe dazu z.B. Greiner 1999, S. 17-23; Ermarth, Michael, »Amerikanisierung« und deutsche Kulturkritik 1945-1965. Metastasen der Moderne und hermeneutische Hybris, in: Jarausch, Konrad/Konrad, Hannes (Hg.), *Amerikanisierung und Sowjetisierung in Deutschland 1945-1970*, Frankfurt a.M./New York 1997, S. 315-335.
11 Siehe zu einer Definition des *Reeducations-Begriffs* in diesem Sinne Bungenstab, 1970, S. 18.
12 So Col. Moseley über die institutionelle Verfasstheit des deutschen Gesundheitssystems. Archiv der Bundesärztekammer, Nachlass Dr. Carl Oelemann, Nr. 31, Besprechungen mit der Militärregierung, Besprechung Carl Oelemanns mit Public Health Officer, Lt. Colonel Moseley.

stems ebenso wie die Formen ihrer politischen Auseinandersetzung – in die neue demokratische Zeit zu überführen.

In diesem Sinne äußerte sich auch Dr. R. Sensenich im *Journal of the American Medical Association* als Vertreter einer Ärztegruppe, die 1949 eine Informationsreise durch Deutschland unternommen hatte: *»What can be done for these people? We informed them. We were not there to encourage or to press for any changes [...] We were there to encourage them to come to higher levels and to bring medicine above the political structure and above the economic distress in which it presently is found, and to try to get them to think of the best possible medical service.«*[13] Diese amerikanische Besatzungsdevise – Überzeugen statt Zwingen – hatte sich bereits seit 1946 darin manifestiert, dass den Deutschen amerikanische medizinische Fachzeitschriften zur Verfügung gestellt wurden und der deutschen Zeitschrift *Medizinische Klinik* ein *»ausgedehnter Referatenteil für amerikanisches und englisches medizinisches Schrifttum«*[14] angefügt wurde.

Dass auch die Exchange-Programme diesem Politikentwurf folgten, ist offensichtlich. Bemerkenswert ist jedoch, dass der Kontakt mit dem amerikanischen System auch deutsche Mediziner davon zu überzeugen vermochte, im amerikanischen Modell einen neuen Orientierungspunkt zu sehen. Nach einem Studienaufenthalt in den USA schrieb der Hamburger Medizinprofessor Arthur Jores: *»Amerika, einst eine Kolonie Europas, ist heute zum mächtigsten Staate dieser Welt herangewachsen. Es hat eine eigene Kultur und einen eigenen Lebensstil entwickelt und es hat [...] auch in der Wissenschaft die Führung übernommen. Im medizinischen Bereich sind eine ganze Zahl von großen und wesentlichen Entdeckungen in den letzten Jahrzehnten durch die amerikanische Wissenschaft gemacht worden.«*[15]

Jores lobte nicht nur das wissenschaftliche Potenzial der USA, sondern sah sie auch hinsichtlich ihrer Umgangsformen als Vorbild: *»Daß ein Arzt nicht alles weiß, und nicht alles wissen kann, daß ein Arzt, auch wenn er Ordinarius ist, Irrtümer begehen kann, wird in Amerika als selbstverständlich anerkannt und niemandem verübelt. Die Kritik spielt in Amerika eine große Rolle. Nicht nur die Professoren kritisieren ihre Studenten, sondern die Studenten auch ihre Professoren. Kritik wird nicht übel genommen, sondern*

---

13  Sensenich, R. L., Observation of medical Conditions in Europe, in: *J.A.M.A.* 140 (May 1949), S. 351-352, hier S. 352.

14  Eine Auflistung der zur Einsichtnahme ausliegenden amerikanischen Fachzeitschriften ist abgedruckt in *Bayerisches Ärzteblatt* (1947), S. 5; zur Erweiterung der *Medizinischen Klinik* siehe Archiv der Bundesärztekammer, Nachlass Dr. Carl Oelemann, Nr. 31, Besprechungen mit der Militärregierung, Besprechung Carl Oelemanns mit Public Health Officer, Lt. Colonel Moseley am 11. Oktober 1946.

15  Jores, Arthur, Bericht über einen Studienaufenthalt in Amerika, in: *Deutsche Medizinische Wochenschrift* 77 (1952), S. 1416-1419, hier S. 1416. Anders sah dies der Nobelpreisträger Gerhard Domagk, der 1952/1953 nach mehreren Reisen in die USA eine Distanz gegenüber dem amerikanischen Lebensstil formulierte und froh war, wieder nach Europa zurückzukehren. Grundmann, 2001, S. 150.

*Kritik ist in diesem Lande eine Selbstverständlichkeit. Auch das ist etwas, was wir wirklich von Amerika lernen können.*«[16]

Damit fasste der Hamburger Professor die Essenz amerikanischer Besatzungspolitik zusammen. Zutiefst überzeugt von der Attraktivität und Überlegenheit des »amerikanischen Modells« setzten die *medical officers* selbstbewusst auf die Ausstrahlung ihrer Politik. Diesem Demokratisierungsmodell hätte die Verfügung verbindlicher ordnungspolitischer Änderungen widersprochen. Im Sektor Gesundheitspolitik praktizierte die amerikanische Besatzungsmacht daher eine Politik des Vorbildes und des Vormachens.[17]

## Die neue Referenz: Amerikanisierung als Neukontextualisierung

Obwohl kaum institutionelle Veränderungen oder wesentliche Ergänzungen der bestehenden Praxis vorgenommen wurden, fand doch eine Form der »Amerikanisierung« im Sinne einer Legitimitätsverschiebung statt. Dieser Zusammenhang ist mit herkömmlichen Erklärungsmodellen, die die Besatzungsjahre entweder als Restauration oder als »Amerikanisierungsphase« beschreiben, nicht zu fassen.[18] Versteht man aber unter Amerikanisierung, dass die USA zum neuen Referenzpunkt wurden, so wird deutlich, worin die tief gehende Veränderung bestand, die sich in den Jahren 1945-1949 vollzog und deren Ausstrahlung die BRD prägte. Die Neukontextualisierung, die durch die amerikanischen Besatzungsoffiziere angestoßen wurde, meint, dass zum Teil andere Begründungsstrukturen, Beispiele und Argumente angeführt wurden, um traditionelle Maßnahmen zu rechtfertigen. Teilweise wurde auch auf klassische Legitimierungskonzepte zurückgegriffen, die dann allerdings in einen neuen Kontext der Abgrenzung und Re-legitimierung gegenüber der neuen Führungsmacht USA gestellt

---

16  Jores, 1952, S. 1419. Auch die württemberg-badische Landtagsabgeordnete Anna Haag zeigte sich nach einer USA-Reise besonders von der amerikanischen Fähigkeit zur Selbstkritik beeindruckt: »*It is just this self-criticism which I so much admire. You frankly admit your shortcomings and even are eager to bring it to the foreigners' notice.*« RG 260, OMGUS, AG 12/229-1/7, 390/50/1/1 box 236, OMGUS-WB General Records Public Health Advisor, Mrs. Anna Haag, Member of the Wuerttemberg-Baden Landtag, on her visit to the United States, broadcasted from Radio Stuttgart on 1 August 1949, S. 2. Auch Uta Gerhardt beschreit die »*Bedeutung des amerikanischen Lebensstils als ein integratives Element demokratischer Kulturstruktur.*« Gerhardt, 1999, S. 357.
17  Auch Greiner bestätigt diese Form der sanften, indirekten Demokratisierung. Greiner, 1999, S. 25. Ebenso fasst Herbert die Liberalisierung Westdeutschlands als Ergebnis politischer Interaktionsprozesse auf. Herbert, 2002. In diesem Sinne auch Gienow-Hecht, 1999.
18  Siehe zu neueren Forschungen zur Amerikanisierung S. 13 dieser Darstellung. Ausführlich zu den unterschiedlichen methodologischen Zugriffen und unter Referenz auf ein innovatives und von der Forschung bisher kaum ausgeleuchtetes Generationenmodell: Bude, 1999, S. 7-15.

wurden. Neu war, dass die USA nun in allen Bereichen als Vorgabe, als Modell, als Muster dienten und Aneignung und Ablehnung jeweils an diesem Maßstab gemessen und gegenüber dem Partner begründet werden mussten.[19]

Die Neukontextualisierung erfolgte jedoch nicht nur bezüglich der deutschen Gesellschaft, ebenso war die Konstruktion der USA als westlicher Führungsmacht Ergebnis dieses Neulegitimierungsprozesses. Wie das Beispiel der Tuberkulosebekämpfung zeigt, konnten die USA eben gerade nicht auf Maßnahmen und Medikamente zurückgreifen, die einer modernen Tuberkulosebekämpfung entsprochen hätten. Trotzdem gelang es der Militärregierung in ihrer Besatzungszone, ihre Führungsrolle zu inszenieren. Amerikanische Besatzungsoffiziere saßen mit am Konferenztisch, wenn über BCG oder Krankenversicherung debattierte wurde, amerikanische Ärzte sprachen die Eröffnungsworte der Tagungen, sondierten die Referenten und unterstützten oder verwarfen Konzepte. In diesem Sinne betraf der Prozess der Legitimitätsverschiebung, der die USA als neue Leitmacht etablierte, amerikanische Besatzungsoffiziere und deutsche Amtsärzte gleichermaßen. Wesentlich für die Etablierung des neuen Referenzpunktes USA waren nicht institutionelle oder medizinische Veränderungen, sondern modifizierte Begründungsstrukturen und neue Austauschprozesse. Die neu etablierte Argumentationsstruktur führte stets eine Auseinandersetzung mit vermeintlich amerikanischen Vorbildern an, und selbst in der Kritik oder Verneinung amerikanischer Vorgaben bestätigte sich das neue Bezugssystem. Da amerikanische Besatzungsoffiziere in dem neuen Verweissystem alle fachlichen und medizinischen Argumente stets in Bezug zur Demokratisierung stellten, wurde aus dem neuen Referenzpunkt ein Legitimitätshinweis.

In diesem Sinne ist die hier beschriebene »Amerikanisierung« nicht als Synonym für übergreifende Modernisierungsbewegungen bzw. für die Etablierung einer Massenkonsumgesellschaft[20] oder der Ausformung einer spezifischen Form der Populärkultur[21] zu verstehen. Ebenso wenig kann sie ausschließlich als umdeutende Aneignung interpretiert werden, da die Referenzverschiebung, wie oben dargelegt, nicht nur in der Aneignung, sondern auch in der Ablehnung wirksam werden konnte und sich vor allem auf den Prozess und weniger auf das Ergebnis der Interaktion bezieht. Auch neuere Ansätze, die unter »Amerikanisierung« die Schaffung einer informalisierten Konsumgesellschaft verstehen, setzen voraus, dass etwas grundsätzlich »Neues« ange-

---

19 Der Erklärungsansatz von Heinz Bude, der von einem »*Strukturmuster von manifester Kritik und latenter Affirmation*« spricht, kommt diesem Modell nahe. Bude, 1999, S. 13.
20 Willett, Ralph, *The Americanization of Germany*, 1945-1949, London 1989.
21 Maase, Kaspar, Establishing Cultural Democracy: Youth, »Americanization«, and the Irresistible Rise of Popular Culture, in: Schissler, Hanna (Ed.), *The Miracle Years. A Cultural History of West Germany*, 1949-1968, Princeton/Oxford 2001, S. 428-450. Siehe zur Amerikanisierung als Import von Populärkultur im deutsch-deutschen Systemvergleich Poiger, 2000; Fehrenbach, 1995.

eignet, erworben, implementiert oder institutionalisiert wurde. Alle diese Konzeptionen implizieren letztlich ein Transfermodell.[22]

»Amerikanisierung« und Demokratisierung in dem hier vorgestellten Sinne meinen dagegen erstens, dass als politischer und legitimatorischer Bezugspunkt von »Demokratie« das Modell USA verbindlich wurde. Amerikanische Demokratisierungskonzepte orientierten sich nicht an der Weimarer Republik, sondern einzig an amerikanischen Vorbildern. Zweitens beinhaltete die hier entwickelte These, die »Amerikanisierung« als Legitimitätsverschiebung versteht, dass die Herleitung und Kontextualisierung von Politik zentral war und auf diese Weise eine Verschmelzung deutscher Traditionen mit neuen demokratischen Legitimationsmustern möglich wurde. Damit war für das hier untersuchte amerikanische Demokratisierungsmodell die Frage der Kontexte zentral, wohingegen die Frage nach der Kontinuität von Konzepten zweitrangig und auch personelle Kontinuitäten zunehmend unwichtiger wurden. Dies bedeutet, dass der Prozesscharakter der Interaktion wesentlicher wird als das Ergebnis der Interaktion.

Drittens integriert das hier entwickelte Amerikanisierungskonzept auch die neue Rolle und das neue Selbstverständnis der USA. Der Prozess der Amerikanisierung war keine unilaterale Veränderung, sondern umfasste eine Entwicklung, die in beide Richtungen verlief. Beide an der Interaktion beteiligten Akteure wurden durch die Erfahrung der Besatzung verändert und erlernten eine grundsätzlich neue politische Rolle. Die Deutschen richteten sich in einem demokratischen System ein, das fest an westliche Normen und den primären Referenzpunkt USA gebunden war, die USA adaptierten definitiv die Rolle der westlichen Führungsmacht und schlugen die Tür zu isolationistischen Positionen endgültig hinter sich zu.

Mit diesem modifizierten Amerikanisierungsmodell wird der eingangs genannte Widerspruch zwischen der hohen Strukturstabilität des institutionalisierten Gesundheitswesens einerseits und dem vermeintlichen Kontinuitätsbruch der »Stunde Null« andererseits auflösbar. Auch die Schlüsselinstitutionen des Gesundheitswesens – die Krankenversicherung und die Ärzteverbände – bedurften der legitimatorischen Herleitung, die durch eine neue (demokratische) Kontextualisierung erreicht wurde.

Deutungen, Wahrnehmungen und vor allem ihre Verortung in einem Wert- und Hierarchiegefüge waren für die Produktion dieses neuen demokratischen Kontextes wichtig. Die Erfindung des eigenen Traditionsbestandes bzw. die Auswahl unter verschieden konnotierten Elementen innerhalb des historischen Deutungsarsenals ermöglichten die Neuinterpretation alter Krankheitsperzeptionen und Institutionen, wie am Beispiel der Tuberkulose und der gesetzlichen Krankenversicherung deutlich wird. Demokratisierung lenkte in diesem Sinne vor allem die Auswahl der Bezugs- und Referenzpunkte.

---

22 So z.B. Ludes, Peter, *Kulturtransfer und transkulturelle Prozesse*, Heidelberg 1991; Dies bestätigt auch Gassert, 1999, S. 532ff.

Maßgeblich für den Erfolg der angestrebten Neukontextualisierung war das »Synthesemodell«, an dem sich amerikanische Gesundheitspolitik ausrichtete. Nicht die autoritäre Oktroyierung des amerikanischen Systems war gesundheitspolitische Leitlinie, sondern die Vermittlung von Werten, Normen und Zielen, die flexibel in deutsche Traditionslinien eingepasst werden sollten. Die Implementierung neuer Referenzpunkte vollzog sich innerhalb einer prozessorientierten Besatzungspolitik, die vor allem Verfahrensweisen, demokratische Diskussionspraktiken und das Procedere der Kompromissfindung vermitteln wollte.

## Ausblick

Amerikanisch-deutscher Gesundheitspolitik gelang nach 1945 nicht nur eine effektive Seuchenprophylaxe, sondern eine erfolgreiche Einpassung gesundheitlicher Symbole und gesundheitspolitischer Maßnahmen in ein verändertes politisches Koordinatensystem. Inwieweit die heutige BRD in der Lage sein wird, den drängenden Reformbedarf im Gesundheitswesen zu bedienen, ist weiterhin offen. Die Reichweite moderner Gesundheitssicherungssysteme ist so groß geworden, dass eine prinzipielle Reform nur mit Zustimmung aller involvierten Träger- und Betroffenengruppen umzusetzen ist, ein Zustand, den bundesdeutsche Politik in unterschiedlichsten Regierungskoalitionen bisher nicht herzustellen vermochte. Die nächste große demokratische Bewährungsprobe steht ins Haus, gelöst werden kann sie sicherlich nicht mit der Debatte institutioneller Details zwischen betroffenen Lobbyistenverbänden, sondern nur durch eine Grundsatzdiskussion, die klären und erklären muss, welchen politischen Aufgaben Gesundheitssicherung in Zukunft verpflichtet sein und welchen Leitvorstellungen Gesundheitspolitik zukünftig folgen soll.

Konsens und Erfolg, auf dem das *Public Health miracle* der Nachkriegsjahre errichtet worden war, sind jedoch nicht nur aufgrund neuer – im bisherigen Gesundheitssystem nicht angemessen berücksichtigter – »Angstkrankheiten« und einer offenbar kaum zu bremsenden Kostenexplosion im Gesundheitswesen ins Wanken geraten, sie müssen auch aufgrund gewandelter Anforderungen – Überalterung der Gesellschaft, medizintechnologischem Fortschritt – neu bestimmt werden.

Gesundheitspolitik besaß seit dem Kaiserreich die Qualität eines politischen Stabilisierungsmittels.[23] Die gesetzliche Krankenversicherung sollte der sozialen Befriedung dienen, die Sozialhygiene wurde von ihren Repräsentanten gleichzeitig als Herrschaftsinstrument wie auch als sozial- und gesellschaftspolitisches Ordnungsmodell angepriesen[24] und amerikanische Besatzungsoffiziere versuchten, in Deutschland *Public Health*-Schulen zur Verbreitung amerikanischer Standards zu gründen. Offenbar ha-

---

23  Weindling, 1993, S. 220; Frevert, 1984, S. 241.
24  Stöckel, 1996, S. 272f.

ben aber auch umgekehrt Veränderungen innerhalb des politischen Ordnungssystems Rückwirkungen auf gesundheitspolitische Konzepte. Fünf Jahre nach der deutschen Wiedervereinigung schrieb Ellis Huber: »*Mehr Staat erweist sich gleichermaßen als untauglich, die Gesundheitsprobleme zu lösen, wie mehr Markt. Für Deutschland ist das Modell der USA ebenso fragwürdig wie das aus Großbritannien. Der künftige Entwicklungsweg für das deutsche System ist heute offen. Public Health-Forschung [...] ist zum Hoffnungsträger für die Überwindung der Schwierigkeiten geworden.*«[25]

Dabei scheint die Rezeption amerikanischer *Public Health*-Modelle in Verbindung mit eigenen gesundheitspolitischen Traditionen eine neue Phase bundesdeutscher (Gesundheits-)Politik einzuleiten. Die *Public Health*- Studiengänge besitzen nach Bernhard Badura ein besonderes Potenzial zur gesellschaftlichen Problemlösung, damit falle ihnen eine innovative Aufgabe in einem »*zunehmend europäisierten Europa*«[26] zu. Deutsche Gesundheitspolitik und Gesundheitswissenschaften definieren sich neu. Dabei scheint der amerikanische Referenzpunkt zunehmend durch eine feste europäische Einbindung ergänzt zu werden. Gleichzeitig werden unter englischen Begrifflichkeiten eigene Traditionen wieder stärker reaktiviert und auf der Suche nach neuen Modellen mit internationalen Konzepten kombiniert.[27]

»*Military Government will [...] reestablish the German political and spiritual independence within the framework of democratic principles*«[28], hatten amerikanische Besatzungsoffiziere 1948 geschrieben. Wie es scheint, werden fünzig Jahre nach Kriegsende die Koordinaten neu gewichtet. Die Deutschen beginnen, ihre »*political and spiritual independence*« innerhalb des europäischen Rahmens westlicher Werte neu zu entdecken.

Damit bestätigt sich, dass amerikanische Demokratisierungspolitik im abstrakten Sinne weiter fortwirkt, da sie eine interessante Eigendynamik entwickelte: Das missionarische Sendungsbedürfnis der USA und die unbedingte Ausrichtung der Besatzungsoffiziere am US-Modell hatte zu einer Idealisierung amerikanischer Konzepte geführt. Die idealtypische Überhöhung geriet in ein Spannungsverhältnis zur (demokratischen) politischen Wirklichkeit in den USA, das jedoch während der Besatzungsjahre nicht thematisiert werden konnte. Das Demokratisierungsbedürfnis bzw. das Demokratiedefizit der Demokratisierer geriet während der Besatzung nicht in den Blick.

---

25 Huber, Ellis, Das Gesundheitssystem neu denken, in: *Public Health Forum* 3 Nr. 10, (1995), S. 8-10, hier S. 10.
26 Badura, Bernhard, Editorial in: *Zeitschrift für Gesundheitswissenschaft – Journal of Public-Health* 2 (1994), S. 99f.
27 Ellerbrock, 2001, Tradition und Innovation, S. 59-66; Labisch, Alfons/Woelk, Wolfgang, Geschichte der Gesundheitswissenschaften, in: Klaus Hurrelmann/Ulrich Laaser (Hg.), *Handbuch Gesundheitswissenschaften*, Neuausgabe, Weinheim/München 1998, S. 49-89.
28 RG 260, 390/44/45/5, Box 74, OMGUS, Records of the Manpower Division, Visiting Experts Drafts, The Cultural Exchange Program of the Civil Administration Division, S. 3.

Dadurch wurde die Abkopplung des Konzeptes »Demokratie« von der politischen Praxis jenseits des Atlantiks befördert. »Demokratie« entwickelte sich bereits während der Besatzungsjahre mehr und mehr zu einem abstrakten Konzept, das unabhängig von der konkreten amerikanischen Ausformung gedacht und diskutiert wurde und für dessen erfolgreiche Umsetzung in Deutschland eigene, spezifische Regelungen gesucht wurden.

Die institutionelle Ausgestaltung der bundesdeutschen Demokratie fand z.B. mit der Fünf-Prozent-Klausel des bundesdeutschen Wahlrechts, der Grundrechtsverfassung, der Ausgestaltung des Bundesverfassungsgerichts, einer spezifischen Tarifverfassung u.Ä. einen eigenen, originären Ausdruck. Die USA standen bei diesem Prozess Pate und trieben die Demokratisierung immer wieder an, indem sie Auseinandersetzung, Begründung und Kritik einforderten.[29] Obgleich die USA ein dominanter Referenzpunkt der deutschen Demokratisierung waren, wurden auch andere europäische Staaten – insbesondere Großbritannien, Frankreich und Skandinavien – immer wieder auf übernehmenswerte Regelungen hin geprüft.

Damit entwickelte sich bereits während der Besatzungsjahre eine politische Kultur, die zum einen stark auf die USA bezogen, zum anderen aber auch von der Gleichzeitigkeit von Adaption und Abgrenzung zum amerikanischen Vorbild geprägt war. Aus diesem Grund war es wenige Jahrzehnte nach Kriegsende möglich, grundsätzliche Kritik an den USA, ihrem Gesellschaftssystem, politischen Intentionen und ökonomischen Vorgaben zu üben, ohne damit gleichzeitig das von den Besatzungsmächten implementierte Demokratiemodell in Frage zu stellen.

Nach Gründung der BRD und verstärkt seit den 1960er-Jahren hatte das deutsche Demokratiekonzept so viel an spezifischem Profil gewonnen, dass es möglich war, unter Rückgriff auf ein idealtypisches Demokratiekonzept Entwicklungen in den USA kritisch zu hinterfragen. Die Probleme des US-Systems, dessen institutionelle und zivilgesellschaftliche Mängel sich z.B. unmittelbar nach Ende der Besatzung in der McCarthy Ära offenbarten, wurden in der BRD ebenso offen kritisiert wie die bis in die 1960er-Jahre fortbestehenden enormen bürgerrechtlichen Defizite für Schwarze, die problematische Repräsentation ethnischer, religiöser u.a. Minderheiten im Zwei-Parteien-System der USA, der seit dem Zweiten Weltkrieg große Einfluss der nur mangelhaft demokratisch kontrollierten Geheimdienste und auch die unter demokratietheoretischen Vorgaben fragwürdigen Aktivitäten der USA in der sog. Dritten Welt.

---

29 Zum amerikanischen Einfluss auf die Ausgestaltung des Grundgesetzes im Vergleich zu anderen europäischen Einflüssen siehe Spevack, Edmund, Amerikanische Einflüsse auf das Grundgesetz. Die Mitglieder des Parlamentarischen Rates und ihre Beziehungen zu den USA, in: Bude, Heinz/Greiner, Bernd (Hg.), *Westbindungen: Amerika in der Bundesrepublik*, Hamburg 1999, S. 7-15; Ders., *Allied Control and German Freedom. American Political and Ideological Influences on the Framing of the West German Basic Law*, Münster 2001; Wilms, Heinrich, *Ausländische Einwirkungen auf die Entstehung des Grundgesetzes*, Stuttgart 1999.

So waren auch die amerikakritischen Stimmen ein Ergebnis amerikanischer Demokratisierungpolitik, die Kritikfähigkeit und Kritikmöglichkeit als elementare Voraussetzung demokratischer Umgangsformen und demokratischer Entscheidungsfindung propagiert hatte.[30] In diesem Sinne erfuhr das Konzept der heilsamen und zu heilenden Demokratie eine vielfältige Umsetzung und historische Nachhaltigkeit in Deutschland.

---

30 In diesem Sinne beschreibt Bude die amerikakritische Haltung der von ihm identifizierten sog. »atlantischen Generation« als nicht antiamerikanisch. Bude, 1999, S. 12. Auch Kraushaar beschreibt die Adaption der amerikanischen Protestkultur für antiamerikanischen Inhalte der Studentenbewegung, ohne dieses Ergebnis indes konzeptionell auf die Amerikanisierung zu beziehen. Kraushaar, Wolfgang, Die transatlantische Protestkultur. Der zivile Ungehorsam als amerikanisches Exempel und als bundesdeutsche Adaption, in: Bude, Heinz/Greiner, Bernd (Hg.), *Westbindungen: Amerika in der Bundesrepublik*, Hamburg 1999, S. 257-284.

# Danksagung

Diese Studie ist die gekürzte und überarbeitete Fassung meiner Dissertation, die 1999 von der Fakultät für Geschichtswissenschaft der Universität Bielefeld angenommen wurde.

Mein Dank gilt zu allererst Ute Frevert, die dieses Thema mit großem Interesse aufgenommen, durch ihre Gutachten und Kritik gefördert und sich schließlich in langer Geduld geübt hat. Florian Tennstedt und Heinz-Gerhard Haupt haben durch ihre Gutachten maßgebliche Anregungen zur Konzeption gegeben.

Dörte Fuchs war letzte Rettung kurz vor Abgabe. Silke Fehlemann, Stefan Gorißen, Carolyn Grone, Bettina Hitzer und Monika Wienfort haben wesentliche Teile des Manuskripts gelesen und die Überarbeitung mit Rat und Ermutigung begleitet.

Der Friedrich-Ebert-Stiftung danke ich für die Förderung durch ein Promotionsstipendium und einen Reisekostenzuschuss, der die Recherche in den Washingtoner Archiven ermöglichte. Dieter Dowe hat das Manuskript in die Reihe der Veröffentlichungen des Instituts für Sozialgeschichte e.V. Braunschweig-Bonn aufgenommen und ihm durch seine sorgfältige Lektüre den letzten Schliff gegeben.

Kework Apochian hat viele der praktischen und vor allem logistischen Probleme zwischen Konstanz, Pforzheim und Bielefeld überaus kreativ für mich gelöst und mich ermutigt, niemals die Ziellinie aus dem Auge zu verlieren. Dafür, dass er die stetige Konkurrenz zu den *medical officers* mit Gelassenheit und Humor getragen hat, sei ihm ausdrücklich gedankt.

Meine Eltern haben den Beginn dieses Projektes finanziert und vor allem die Endphase durch die Betreuung der kleinen Antonia wesentlich erleichtert.

Gewidmet sei dieses Buch meinem Großvater, Hermann Franke, und meiner Tochter Antonia – ihm, der mit Worten zaubern konnte, und ihr, die während dieses Buch entstand, von einem flüchtigen Wunsch zu einem selbstbewussten kleinen Mädchen heranwuchs, das sich unermüdlich immer wieder vor meiner Arbeitszimmertür einfand.

Pforzheim, im August 2003 *Dagmar Ellerbrock*

# Anhang

## Abkürzungsverzeichnis

| | |
|---|---|
| AMA | American Medical Association |
| AOK | Allgemeine Ortskrankenkasse |
| | |
| BDM | Bund deutscher Mädchen |
| BRD | Bundesrepublik Deutschland |
| | |
| CAD | Civil Affairs Division, in der ersten Besatzungsphase mit den G5-Stäben identisch |
| CCS | Combined Chiefs of Staff |
| CIC | Counter Intelligence Corps, Geheimdiensteinheiten der amerikanischen Streitkräfte |
| COSSAC | Chief of Staff to the Supreme Allied Commander |
| | |
| DAF | Deutsche Arbeitsfront |
| DDR | Deutsche Demokratische Republik |
| DP | Displaced Person |
| DZK | Deutsches Zentralkomitee zur Bekämpfung der Tuberkulose |
| | |
| EAC | European Advisory Committee |
| ETOUSA | European Theater of Operations, U.S. Army |
| ETUSA | European Theater of Operation U.S.A. |
| | |
| G.I. | wörtl. Government issue, von der Regierung ausgegeben, Staatseigentum, fig. der amerikanische Soldat |
| GVG | Gesetz zur Vereinheitlichung des Gesundheitswesens, 1934 |
| | |
| HICOG | High Commissions of Germany, Nachfolgeorganisation von OMGUS |
| HJ | Hitlerjugend |
| | |
| IACD | Internal Affairs and Communication Division |
| IUATLD | International Union against Tuberculosis and Lung Disease |
| | |
| JCS | Joint Chiefs of Staff |
| | |
| LVA | Landesversicherungsanstalten |

MG             Military Government

NSDÄB          Nationalsozialistischer Deutscher Ärztebund
NSV            Nationalsozialistische Volkswohlfahrt
NTA            National Tuberculosis Association

OMGUS          Office of Military Government United States
OMGUSUZ        Nachfolgeorganisation der G5-Stäbe der U.S. Army
OSS            Office of Strategic Service, amerikanischer Geheimdienst, Vorläuferorganisation des CIA

POW            Prisoner of War
PWD            Psychological Warfare Division

RAV            Reichsausschuss für Volksgesundheitsdienst
RMdI           Reichsministerium des Innern
RTA            Reichstuberkuloseausschuss
RVO            Reichsversicherungsordnung

SBZ            Sowjetisch besetzte Zone
SHAEF          Supreme Headquarter of Allied European Forces, gemeinsames Hauptquartier der britischen und amerikanischen Streitkräfte
SMAD           Sowjetische Militäradministration
SPD            Sozialdemokratische Partei Deutschlands

USFET          United States Forces of European Theater
USGCC          United States Group, Control Council
USPHS          United States Public Health Service

# Quellenverzeichnis

## National Archives and Record Administration (NARA) Washington, D.C.

### RG 260, OMGUS

AG 5/10-1/2390/41-14/5-6, Box 680; AG 5/10-1/12390/41/14/5-6, Box 682; AG 12/74-3/12390/49-50/35-1/6-1, Box 298; AG 12/229-1/2390/50/1/1, Box 236; AG 12/229-1/4390/50/1/1, Box 236; AG 12/229-1/5390/50/1/1, Box 236; AG 12/229-1/7390/50/1/1, Box 236; 5/333-1/6390/42/33/4-5; 5/231-2/15390/42/32/1 Box 481; 5/333-2/2390/42/33/4-5 Box 555; 5/324-2/51390/42/32/4-5, Box 500; 5/324-2/51390/42/32/4-5 Box 481; 5/324-2/51390/42/32/4-5 Box 481; 5/324-2/51390/42/32/4-5 Box 481; 8-1/5 – 5390/41/14/4 Box 668; 12/73-3/12390/49-50/35-1/6-1, Box 234; 12/75-2/8390/49-50/35-1/6-1 Box 232; 12/75-2/5390/49-50/35-1/6-1 Box 231; 12/741-1/10390/49/31/5-6, Box 223; 12/74-2/20390/49-50/35-1/6-1, Box 226; 12/74-2/21390/49-50/35-1/6-1, Box 226; 12/74-2/8390/49-50/35-1/6-1, Box 225; 12/74-2/9390/49-50/35-1/6-1, Box 225; 12/74-2/13390/49-50/35-1/6-1, Box 225; 12/74-2/14390/49-50/35-1/6-1, Box 225; 12/74-2/15390/49-50/35-1/6-1, Box 225; 12/26-1/15390/49/35/6, Box 219; 250/72/19/01 Box 1; 390/42/32/5-6, Box 504; 390/49/25/1-8; 390/49/25/1-8 Box 989; 390/41/14/5-6, Box 682;

390/41-14/5-6, Box 680; 390/42/33/4-5, Box 555; 390/42/33/4-5, Box 548; 390/42/32/5-6, Box 507; 390/42/32/5-6, Box 504; 390/42/32/4-5, Box 500; 390/42/32/4-5, Box 500; 390/42/32/4-5, Box 481; 390/49/25/1-8, Box 989; 390/49/31/5-6, Box 222; 390/49/31/5-6, Box 223; 390/49/31/5-6, Box 235; 390/49-50/35-1/6-1, Box 298; 390/49-50/35-1/6-1, Box 234; 390/49-50/35-1/6-1, Box 232; 390/49-50/35-1/6-1, Box 231; 390/49-50/35-1/6-1, Box 230; 390/49-50/35-1/6-1, Box 226; 390/49-50/35-1/6-1, Box 225; 390/49-50/35-1/6-1, Box 222; 390/49/31/5-6, Box 30; 390/49/31/5-6, Box 29; 390/49/31/5-6, Box 28; 390/49/25/1-8; 390/49/25/1-8; 390/49/25/3, Box 1003; 390/42/32/1, Box 481; 390/41/14/4, Box 668; 390/44/45/5, Box 74; 390/41/6/5, Box 292; 390/50/1/1, Box 236; 390/50/22/5; 390/50/12/1; 390/50/12/1; GCS 1067, Box 282; 5/333-1/6; 5/333-2/2; 12/74-2/9; 12/75-3/13; AG 12/229-1/4; AG 12/229-1/5; AG 5/10-1/12; AG 5/10-1/2; 12/1-1/33; 12/1-1/34; 12/1-1/35; 12/74-2/20; 12/741-1/10; 12/75-1/11; 12/75-2/5; 12/75-2/8; 5/231-2/15; 5/231-2/16; 5/324-2/51; 5/324-2/51; 8-1/5-5

**RG 331, SHAEF**
Historical Sect. entry 54, Box 169, Box 166, Box 170

**RG 407, War Department**
Entry 726.1, Box 4159

**Fotos:**
**RG III, SC World War II**
Box 63, 66, 85

## Institut für Zeitgeschichte München

**RG 260, OMGUS**
AG 45-46/111/5; AG 45-46/111/7; AGTS/88/1-9; AGTS/171/1-6; 3/153-3/15; 5/9-1/1; 5/35-2/1; 5/321-1/2; 5/321-1/8; 5/321-1/14; 5/321-1/15; 5/321-2/16; 5/331-1/7; 5/331-1/9; 5/331-2/8; 5/332-1/2; 5/350-1/12; 5/332-1/13; 5/332-1/14; 5/349-2/4; 5/349-2/7; 5/350-1/12; 5/350-1/13

## Hessisches Hauptstaatsarchiv Wiesbaden

**Abt. 649, RG 260, OMG-Hesse**
8/62-2/3; 8/62-3/1; 8/62-3/2; 8/189-2/6; 8/190-2/9; 8/190-3/4; 8/191-2/19; 8/196-3/1; 8/198-1/1; 8/200-3/1; 8/214-1/9; 8/188-3/2; 8/189-2/6; 8/190-2/9; 8/190-3/4; 8/191-2/19; 8/196-3/1; 8/214-1/9; 8/3-1/1; 8/57-1/9; 8/58-3/2; 8/59-1/1; 8/59-1/11; 8/59-1/3; 8/59-1/5; 8/59-1/7; 8/59-1/8; 8/59-1/9; 8/59-2/2; 8/59-3/1; 8/59-3/3; 8/62-3/1; 8/62-3/2

**Abt. 360/258**
Nr. 1839

**Abt. 458 a, Generalstaatsanwaltschaft**
Nr. 554; 592

**Abt. 502, Staatskanzlei**
Nr. 1232; 3463

**Abt. 508, Sozialministerium**
Nr. 3140; 5124

Abt. 509, Hess. Ministerium des Innern Abt. V, Medizinalabteilung
Nr. 11

Abt. 520, Spruchkammerakten
Nr. W 2743

Abt. 653, Landratsamt Gelnhausen
Nr. 899 a; 899 b

Abt. 663, Landratsamt Landkreis Wetzlar
Nr. 141-142

## Generallandesarchiv Karlsruhe

RG 260, OMGUS
3/403-3/24; 3/407-2/13; 3/407-3/5; 3/407-3/17; 3/408-2/1; 3/408-2/30; 3/410-3/3; 3/411-2/6; 12/1-2/8; 12/1-2/13; 12/27-3/1; 12/23-1/18; 12/75-2/1; 12/75-2/1; 12/75-2/1; 12/75-2/2; 12/75-2/5; 12/75-2/6; 12/75-3/4; 12/76-1/5; 12/76-1/6; 12/140-2/1; 12/169-3/4; 12/229-1/7; 12/229-1/7

Abt. 446, Gesundheitsämter
Nr.1; 3; 5; 6; 10; 11; 18; 67; 86; 106; 111; 186

Abt. 466, Regierungspräs. Nordbaden
Nr. 2817; 2818

Abt. 481, Präsident Landesbezirk/Baden
Nr. 537, 587; 588; 599; 613

## Hauptstaatsarchiv Stuttgart

EA 1/014, Staatsministerium: Vertretung Baden-Württembergs beim Länderrat
Bü. 466, 468; 469; 470; 475; 476; 477; 478; 479; 504; 505-510

EA 2/009 Innenministerium: Abt. Gesundheitswesen 1945-1973
Bü. 1140; 2310; 2410; 5053; 8222; X1371; X 2240; X 4420; X 4445; X 4451; X 4490; X 5000; X 5050; X 5053; X 8102; X 8221; X 8222; X 8223

EA 151/53, Innenministerium: Gesundheitswesen 1812-1955
Bü. 218; 219

## Landesarchiv Berlin

Gesundheitsausschuss des deutschen Städtetages
Nr. 5/00-00; 5/01-11; 5/01-13; 5/01-17; 5/10-00; 5/20-03; 5/20-04; 5/21-03; 5/21-03; 5/30-05; 5/30-26

## Archiv der Bundesärztekammer Köln

**Nachlass Dr. Carl Oelemann**
Nr. 31, Besprechungen mit der Militärregierung

## Stadtarchiv Frankfurt

**Magistratsakten**
Aktenzeichen 1496 I; 2100 Bd.1; 2220 Bd.1; 2224; 7047/5 Bd.1; 7081/12; 7104 Bd.1; 7104/2 Bd.2; 7105 Bd.2; 7105/1 Bd.2; 7105/1, Bd.2; 7110, Bd.2; 7119, Bd.1; 7200/1 Bd.1; 7200/Bd.3; Nr.7118/Bd.1

**Gesundheitsamt**
Aktenzeichen II/21-1992 Nr.10; II/21-1992 Nr.102; II/21-1992 Nr.11; II/21-1992 Nr.160; II/21-1992 Nr.171; II/21-1992 Nr.173; II/21-1992 Nr.174; II/21-1992 Nr.20; II/5-1990 Nr.1; II/5-1990 Nr.26; II/5-1990 Nr.26; II/5-1990 Nr.27; II/5-1990 Nr.28; II/5-1990 Nr.28; II/5-1990 Nr.30; II/5-1990 Nr.34; II/5-1990 Nr.34; II/5-1990 Nr.36; II/5-1990 Nr.37; II 75-1990 Nr.31

**Stadtkanzlei**
Aktenzeichen 7200 Bd.3

## Stadtarchiv Karlsruhe

**Haupt-Registratur**
Nr. A 852; A 2050; A 2064; A 2097; A 2097; A 2961; A 2961; A 2968; A 3004; A 3006; A 852; A 852; Nr. 2046; Nr. 2061; Nr. 2062; Nr. 2162

**Personalakten**
1/POA 1 Nr. 877

**1/Bezirksverwaltungsamt**
Nr.17; A 36; A 43a

**Polizei**
Nr. 1399

## Stadtarchiv Stuttgart

**Hauptaktei Gruppe 0**
AZ 0314-0; AZ 0314 Nr. 6 – 8

**Hauptaktei Gruppe 0, Bestand 14**
Nr. 4; 6; 8; 19; 20; 24; 25; 26; 27; 27; 32; 32; 49; 49; 68; 69; 70; 88; 104; 105

**Hauptaktei Gruppe 5**
Reg. Nr. 5000-0, laufende Nr. 1; Reg. Nr. 5000-1, laufende Nr. 2; Reg. Nr. 5016-0, laufende Nr. 37; Reg. Nr. 5020-2, laufende Nr. 49; Reg. Nr. 5041-0, laufende Nr. 96; Reg. Nr. 5042-5, laufende Nr. 156; Reg. Nr. 5042-5, laufende Nr. 157; Reg. Nr. 5042-5, laufende Nr.155; Reg. Nr. 5045-2, laufende Nr. 110; Reg. Nr. 5050-2 laufende Nr. 122; Reg. Nr. 5051-2, laufende Nr. 128; Reg. Nr.

5051-4, laufende Nr. 135; Reg. Nr. 5052-0, laufende Nr. 149; Reg. Nr. 5052-0, laufende Nr. 150; Reg. Nr. 5052-0, laufende Nr. 48; Reg. Nr. 5052-4, laufende Nr. 148; Reg. Nr. 5053-0, laufende Nr. 154; Reg. Nr. 5053-5, laufende Nr. 159; Reg. Nr. 5053-6, laufende Nr. 160; Reg. Nr. 5056-0, laufende Nr. 176; Reg.-Nr. 0314-6, laufende Nr. 8; Reg.-Nr. 5050-1, laufende Nr. 121

**Hauptaktei Gruppe 14**
Nr. 2; Nr. 3; Nr. 4; Nr. 8; Nr. 9; Nr. 10; Nr. 22; Nr. 24; Nr. 88

**Nachlass Robert Gaupp**
Nr. 1; 30; 56; 61; 62; 67; 77; 79; 80; 125; 128

**Jahresberichte**
1938; 1939

**Pressesammlung**

### Stadtarchiv Pforzheim

**Stadtratsprotokolle**
1946-1948

**Bestand 10**
Nr. 1069; 1069; 1082; 1084; 1084; 1086

**Bestand Polizei**
Nr. 15; 51; 55; 79

# Literaturverzeichnis

## A. Verwendete Zeitschriften

1999. Zeitschrift für Sozialgeschichte des 20. und 21. Jahrhunderts
American Journal of Public Health
American Quarterly
American Review of Tuberculosis
American Sociological Review
Annals
Archiv für Sozialgeschichte
Ärztliche Wochenschrift
Aus Politik und Zeitgeschichte

Badische Heimat
Badische Neueste Nachrichten
Bayerisches Ärzteblatt
Beiträge zur Klinik der Tuberkulose
Beiträge zur Klinik der Tuberkulose und spezifischen Tuberkulose-Forschung

British Journal for the History of Science
Bulletin of the History of Medicine
Bulletin of the New York Academy of Medicine. A Journal of Urban Health
Bundesgesundheitsblatt

Charities

Das deutsche Gesundheitswesen
Der öffentliche Gesundheitsdienst
Der Tuberkulosearzt
Deutsche Medizinische Wochenschrift
Deutsches Tuberkulose Blatt
Diplomatic History

Ergebnisse der Gesamten Tuberkuloseforschung

Feministische Studien
Forum Public Health

Geschichte in Wissenschaft und Unterricht
Geschichte und Gesellschaft
Giessener Freie Presse
Gesundheitswesen

Historia Hospitalium
Historische Anthropologie
Hypatia. Journal of feminist philosophy

International Clinic

Jahrbuch der Historischen Forschung
Jahrbuch für Amerikastudien
Jahresbibliographie der Bibliothek für Zeitgeschichte
Journal of American History
Journal of American Medical Association
Journal of Infecitous Diseases
Journal of Venereal Disease Information

Leviathan
L'Homme Z.F.G.

Medical Journal of Australia
Medical News
Medizin, Mensch, Gesellschaft
Medizinhistorisches Journal
Medizin in Gesellschaft und Geschichte
Medizinische Klinik
Medizinische Monatsschrift

Militärgeschichtliche Mitteilungen
Military Medicine
Mitteilungsblatt der Deutschen Gesellschaft für Amerikastudien
Monatsschrift Kinderheilkunde
Münchner Medizinische Wochenschrift

Neue Zeitung

Perspectives in American History
Pforzheimer Kurier
Pforzheimer Neue Zeitung
Pharmacy in History
Pneumologie
Policy Science
Political Studies
Politische Vierteljahresschrift
Public Health News
Public Health Reports
Public Opinion Quarterly

Science
Social History of Medicine
Stuttgarter Neues Tagblatt
Stuttgarter Zeitung
Südwestdeutsches Ärzteblatt

The History of Antibiotics
The History of the Family
The Philadelphia Medical Journal
Therapie der Gegenwart
Tuberkulose-Jahrbuch

Vierteljahreshefte für Zeitgeschichte
Vierteljahrschrift für Sozial- und Wirtschaftsgeschichte

World Politics
Württemberg-Badische Gewerkschaftszeitung
Württembergisches Ärzteblatt
Würzburger Abhandlungen aus dem Gesamtgebiet der praktischen Medizin

Zeitschrift für Bevölkerungspolitik und Säuglingsfürsorge
Zeitschrift für Gesundheitswissenschaft – Journal of Public-Health
Zeitschrift für Hygiene
Zeitschrift für Hygiene und Infektionskrankheiten, medizinische Mikrobiologie, Immunologie und Virologie
Zeitschrift für internationale Beziehungen
Zeitschrift für Psychotherapie und medizinische Psychologie
Zeitschrift für Sozialreform
Zeitschrift für Volkskunde
Zentralblatt für Bakt. Org.

# B. Zeitgenössisches Schrifttum (bis 1958)

Amtliche Mitteilungen, Bayern: Zwangsabsonderung asozialer Offentuberkulöser, in: *Der Tuberkulosearzt* 5 (1951), S. 111-113.

Amtliche Mitteilungen, Die Tuberkulose-Anstalten und -Ärzte in den deutschen Ländern, in: *Der Tuberkulosearzt* 2 (1948), S. 548-550, 718-721.

Anders, Reinhard, *Die Proklamationen, Gesetze und Verordnungen der Militärregierung in Deutschland (amerikanische Zone), einschließlich der Proklamationen und Gesetze der Alliierten Kontrollbehörde Kontrollrat*, o.O., o.J.

Anders, W., Die Typhussonderaktion in Groß-Berlin im Winter 1946/47, in: *Ärztliche Wochenschrift* (1947), S. 1073-1076.

Ash, J. E., Wartime Army Mediacl Laboratory Activities, in: *American Journal of Public Health* 37 (July 1947), S. 815-818.

Auersbach, Karl, Die Wirkung des Streptomycins auf die Tuberkulose des Menschen. Ausführliches Referat der bisherigen amerikanischen Ergebnisse, in: *Ärztliche Wochenschrift* 3 (1948), S. 428-433.

Ders., Zur Einführung der Calmette-Impfung in Deutschland, in: *Ärztliche Wochenschrift* 1 (1946), S. 314-317.

Bamberger, Ph., Über das Medizinstudium, in: *Deutsche Medizinische Wochenschrift* 71 (1946), S. 108-110.

Barglowski, D., Die Bedeutung psychischer Faktoren für Ausbruch und Heilungsverlauf der Lungentuberkulose, in: *Zeitschrift für Tuberkulose* 75 (1936), S. 162-167.

Barnwell, John B., Veterans Administration Tuberculosis Division, 1945-1947, in: *American Review of Tuberculosis* LVIII (1948), S. 64-76.

Bartels, H./Laue D., Zwei Nomogramme zur Bestimmung von Körpergewichtsabweichungen bei Männer und Frauen, in: *Deutsche Medizinische Wochenschrift* 74 (1949), S. 619-621.

BCG-Schutzimpfung gegen Tuberkulose. I. Vortrag von Dr. Jensen, Dänemark, vor der Stuttgarter Ärzteschaft am 9. Februar 1949 im Robert-Bosch-Krankenhaus, abgedrukt in: *Südwestdeutsches Ärzteblatt* 3 (1949), S. 43-44.

BCG Vaccination in Denmark, in: *Journal of the American Medical Association*, Vol. 131, Nr. 6, (June 1946), S. 550.

Beil, Hanswilhelm/Wagner, Helmut, Die Sterblichkeit im zweiten Weltkrieg und in den Nachkriegsjahren bis 1947 in Hessen und Stuttgart, in: *Zeitschrift für Hygiene und Infektionskrankheiten, medizinische Mikrobiologie, Immunologie und Virologie* 131 (1951), S. 368-383.

Bengestrate, Helmut, Die Wohnungsverhältnisse des Offentuberkulösen in einer Großstadt des Ruhrkohlenreviers, in: *Der öffentliche Gesundheitsdienst*, 12. Jg. (1950/51), S. 152-154.

Benninghof, F., Unfruchtbarmachung – ein Mittel im Kampf gegen die Tuberkulose, in: *Deutsches Tuberkulose Blatt* 8 (1934), S. 120-123.

Bericht über den Tuberkulose-Fortbildungslehrgang für Ärzte der Gesundheitsämter in Göttingen vom 13. bis 18. Februar 1950, in: *Der öffentliche Gesundheitsdienst*, 12. Jg. (1950/51), S. 117-119.

Biggs, Hermann M., The Registration of Tuberculosis, in: *The Philadelphia Medical Journal* (Dec. 1, 1900), S. 1023-1029.

Binde, H./Kramer, S./Preuss, G., Über einen Fall von Fleckfieber (Brillsche Krankheit) in Norddeutschland, in: *Deutsche Medizinische Wochenschrift* 77 (1952), S. 5-7.

Blake, John B., The Origion of Public Health in the United States, in: *American Journal of Public Health* 38 (Nov. 1948), S. 1539-1550.

Blittersdorf, Friedrich, Über die statistische Erfassung der Verlaufsarten der Lungentuberkulose nach dem Kriege, in: *Der Tuberkulosearzt* 3 (1949), S. 12-33.

Ders., Reaktivierung und akute Verschlechterung der Lungentuberkulose in und nach dem Kriege, in: *Ärztliche Wochenschrift* 3 (1948), S. 77-80.

Bock, H. E., Franz Volhard zur Vollendung seines 75. Lebensjahres, in: *Deutsche Medizinische Wochenschrift* 72 (1947), S. 233.

Bogen, Emil, Ten Beds per Death or Eradication, not Reduction, of Tuberculosis, in: *American Review of Tuberculosis* 59, 707, (1949), S. 707-709.

Breuer, Miles J., The Psychic Element in the Aetiology of Tuberculosis, in: *American Review of Tuberculosis* 31 (1935), S. 233-239.

Brock, Joachim, Erhöhte Hungerresistenz der Jugendlichen?, in: *Ärztliche Wochenschrift* 1 (1946), S. 200-202.

Brown, Lawrence, The mental aspect in the etiology and treatment of pulmonary tuverculosis, in: *International Clinic* 43 (1933), S. 149-174.

Bürgers, Th. J., Wohnung und Tuberkulose, in: *Der öffentliche Gesundheitsdienst* 11. Jg. (1949/50), S. 158-161.

Bunse, Wilhelm, Ergebnis einer Studentenuntersuchung in Würzburg, in: *Ärztliche Wochenschrift* 3 (1948), S. 26-28.

Chapin, Charles V., *The Present State of The Germ-Theory*. Fiske Fund Prize Dissertation No. 33, Providence/Rhode Island 1885.

Cressy, L. Willbur, Tuberculosis in the United States, in: U.S. Department of Commerce and Labor for the International Congress on Tuberculosis (Ed.), Washington D.C. 1908.

Curschmann, Hans, Über Seuchen in Kriegs- und Notzeiten, in: *Ärztliche Wochenschrift* 1/2 (1946/1947), S. 1008-1011.

Davison, Wilburt C., The German University Medical Schools during the Occupations, in: *J. A. M. A.* 129 (1945), S. 1225.

Determann, A., Über die Ergebnisse der Röntgenschirmbilduntersuchungen im Vergleich zur Tuberkulosehäufigkeit, in: *Der Tuberkulosearzt* 2 (1948), S. 574-580.

Deutsche Tuberkulosegesellschaft, Bericht über die 1. Nachkriegstagung vom 5. bis 8. Oktober 1948 in Wiesbaden, in: *Der Tuberkulosearzt* 3 (1949), S. 102-103.

Deutsches Zentralkomitee zur Bekämpfung der Tuberkulose (Hg.), *Tuberkulose-Jahrbuch 1950/51*, Berlin u.a. 1952.

Dobler, Thomas, Gemeinschaftsaufgaben der deutschen Ärzteschaft auf dem Gebiete des Gesundheitswesens, in: *Südwestdeutsches Ärzteblatt* (1948), S. 77-81.

Ders., Bericht über eine Tuberkulose-Tagung in Wangen im Allgäu, in: *Württembergisches Ärzteblatt* Nr. 9/12 (1946), S. 91-92.

Doppler, William A., Appointed Executive Secretary, N. J. Tuberculosis League, in: *Public Health News* 28 (April 1947), S. 236.

Dost, F. H., Zur Frühdiagnose des Hungerödems, in: *Ärztliche Wochenschrift* 1/2 (1947), S. 486-489.

Douglas, Bruce H., Post-war Public Health Problems in a Large American City, in: *American Journal of Public Health* 38 (Feb. 1948), S. 214-218.

Doull, James A., Tuberculosis Mortality in England and Certain Other Countries During the Present War, in: *American Journal of Public Health* 35, 8 (1945), S. 783-787.

Drolet, Godias R., World War I and Tuberculosis, in: *American Journal of Public Health* 35, 7 (1945), S. 689-697.

Dublin, Louis I., The Trend of Tuberculosis Association Programs, in: *American Journal of Public Health* 36 (October 1946), S. 1105-1111.

Dürrenberger, Die Tuberkulose in Württemberg-Baden im Jahre 1949, in: *Statistische Monatshefte Württemberg-Baden* (1950), S. 391-396.

Easton, Christopher, The Anti-Toxin of Self-Respect. The Educational and Social Work which can be carried on at a Public Institution, in: *Charities* No. 12 (1904), S. 330-333.

Ebers, Norbert, Über die Primärtuberkulose bei Kindern in den Kriegs- und Nachkriegszeiten, in: *Der Tuberkulosearzt* 5 (1949), S. 247-253.

Edwards, Herbert R., The National Tuberculosis Association and its Interest in the Tuberculous Veteran, in: *American Review of Tuberculosis*, Vol. LV (1947), S. 8-16.

Egen, Karl/Hosemann, Hubert, Die Bedeutung der Gewichtsprozentbestimmung in der Praxis und ihre Anwendung zur Feststellung des Untergewichts aller Alterklassen beiderlei Geschlechtes, in: *Deutsche Medizinische Wochenschrift* 74 (1949), S. 434-437.

Eicke, Werner-J., Zur Frage des Hungerödems, in: *Ärztliche Wochenschrift* 3 (1948), S. 241-242.

Engler, R., The Individual and the Occupation, in: *Annals* 267 (1950), 77-86.

Entschließungen des 51. Deutschen Ärztetages, in: *Südwestdeutsches Ärzteblatt* (1948), S. 64-65.

Erläuterungen zur Führung der Tuberkulosestatistik, in: *Der öffentliche Gesundheitsdienst* 13 (1951/52), S. 292-293.

Erste Arbeitstagung über Organisation, Durchführung und Ergebnisse der Röntgenschirmbilduntersuchung in Bad Nauheim, 24.4.1948, in: *Der Tuberkulosearzt* 2 (1948), S. 592-594.

Eschscholtzia, L. Lucia, Teaching of Public Health Statistics, in: *American Journal of Public Health* 36 (July 1946), S. 734-738.

Eyer, H., Zur Epidemiologie des Fleckfiebers, in: *Der deutsche Militärarzt* 7 (1942), S. 333-337.

Ders., Die durch Läuse übertragbaren Infektionskrankheiten und ihre Bekämpfung, in: *Medizinische Welt* (1940), S. 261-264.

Fisk, Samuel A., The Cottage Plan of Treating Consumption in Colorado, in: *Medical News* 54 (May 1889), S. 480-483.

Flexner, Abraham, *Die Universitäten in Amerika, England, Deutschland*, Berlin 1932.

Ders., *Die Ausbildung des Mediziners. Eine vergleichende Untersuchung*, Berlin 1927.

Ders., Medical Education in the United States and Canada: A Report to the Carnegie Foundation for the Advancement of Teaching, New York 1910.

Fosdick, Raymond B., Public Health and the Future, in: *American Journal of Public Health* 38 (1948), S. 185-189.

Fränkel, B. (Hg.), *Der Stand der Tuberkulose-Bekämpfung in Deutschland*, Berlin 1905.

Fragen aus der Praxis, Interview mit K. Hofmeier über den Gehalt von Tbc-Bazillen in der Kuhmilch, in: *Deutsche Medizinische Wochenschrift* 75 (1950), S. 1412.

Franck, Elisabeth/Heubner, Wolfgang/von Uexküll, Thure, Der Arzt an Deutschlands Schicksalswende, in: *Ärztliche Wochenschrift* 1 (1946), S. 30-32.

Freudenberg, Karl Oskar Ludwig, Kritische Statistik der Tuberkulose, in: *Ärztliche Wochenschrift* 5 (1950), S. 119-122.

Ders., Erfahrungen der Tuberkulosestatistik in Hessen, in: *Der Tuberkulosearzt* 3 (1949), S. 81-87.

Friedrich, Carl J., *American Experiences in Military Government in World War II*, New York 1948.

Fromme, Albert/Zimmermann, Blandine, Über in der Kriegs- und Nachkriegszeit eingetretene Änderungen im chirurgischen Krankengut und ihre Ursachen, in: *Ärztliche Wochenschrift* 1 (1946), S. 233-243.

Gastvorträge, in: *Bayerisches Ärzteblatt*, Nr. 1 u. 2 (1948), S. 10.

Gebhard, Bruno, Die Ausbildung der Ärzte des öffentlichen Gesundheitsdienstes in den Vereinigten Staaten, in: *Der öffentliche Gesundheitsdienst* 12 (1950/51), S. 47-50.

Ders., Gesundheitsbelehrung in USA, in: *Der öffentliche Gesundheitsdienst* 11 (1949/1950), S. 323-325.

Geissler, Oswald, Die erneute Zunahme der Tuberkulose in Deutschland, in: *Beiträge zur Klinik der Tuberkulose*, Bd. 59 (1924), S. 32.

Gillmann, Helmut, Kritische Betrachtung über die Auswirkung der Nachkriegsverhältnisse auf die Tuberkulose an Hand des Düsseldorfer Zahlenmaterials, in: *Der Tuberkulosearzt* 3 (1949), S. 288-294.

Ders., Über die Schwierigkeit der vollständigen Erfassung der Unterernährungsschäden, in: *Deutsche Medizinische Wochenschrift* 74 (1949), S. 259-264.

Goldmann, Franz, *Voluntary medical care insurance in the United States*, New York 1948.

Ders., *Tod und Todesursachen unter den Berliner Juden*, Berlin 1937.

Ders., *Benefits of the German sickness insurance system for the point of view of social hygiene*, Genf 1928.

Ders., *Die Leistungen der deutschen Krankenversicherung im Lichte der sozialen Hygiene. Mit einer Einführung des Internationalen Arbeitsamtes*, Berlin 1928.

Ders./Leavell, Hugh R. (Ed.), *Medical Care For Americans* (Annals of the American Academy of Political and Social Sciences, Vol. 273), Philadelphia 1951.

Gordon, J. E., Louse-Borne Typhus Fever in the European Theater of Operations, U.S. Army, 1945, in: Rickettsial, *Diseases of Man*. Washington D. C. American Association for the Advancement of Science, 1948 S. 20-21.

Gottstein, Adolf/Tugendreich, G. (Hg.), *Sozialärztliches Praktikum. Ein Leitfaden für Verwaltungsmediziner, Kreiskommunalärzte, Schulärzte, Säuglingsärzte, Armen- und Kassenärzte*, Berlin ²1920 (1918).

Graeve, Klaus/Herrnring, Günther/Jores, Arthur, Statistische Betrachtungen über die Häufigkeit der an der medizinischen Universitätspoliklinik Hamburg-Eppendorf diagnostizierten Erkrankungen vor, während und nach dem Krieg, in: *Ärztliche Wochenschrift* 3 (1948), S. 646-651.

Grafe, E., Unterernährung und Krankheit, in: *Deutsche Medizinische Wochenschrift* 75 (1950), S. 440-445.

Gramm, Hermann, Säuglingssterblichkeit seit Kriegsende in Leipzig, in: *Ärztliche Wochenschrift* 3 (1948), S. 535-538.

Griesbach, Rolf, Tuberkulosebekämpfung und Volksaufartung, in: *Münchner medizinische Wochenschrift* 80 (1933), S. 1459-1460.

Ders./Holm, Johannes, Der Anteil boviner Infektion an der Lungentuberkulose Erwachsener, in: *Der Tuberkulosearzt* 2 (1948), S. 449-453.

Ders./Wunderwald, Alexander, Ergebnisse von 140.000 Röntgenreihendurchleuchtungen bei Flüchtlingen, in: *Der Tuberkulosearzt* 2 (1948), S. 633-636.

Grigg, E. R. N., The Arcana of Tuberculosis, Part I-IV, in: *American Review of Tuberculosis* 78 (1958), S. 151-172, 426-453, 583-603.

Grotjahn, Alfred, *Die Hygiene der menschlichen Fortpflanzung*, Berlin/Wien 1926.

Ders., *Leitsätze zur sozialen und generativen Hygiene*, Karlsruhe ³1925.

Ders., *Soziale Pathologie*, Berlin 1912.

Ders., *Krankenhauswesen und Heilstättenbewegung im Lichte der sozialen Hygiene*, Leipzig 1908.

Ders., *Soziale Hygiene und Entartungsproblem*, Jena 1904.

Grotjahn, Alfred/Kaup, Ignatz (Hg.), *Handwörterbuch der sozialen Hygiene*, 2 Bd., Leipzig 1912.

Gürich, Walter, Gegenwartsfragen zur Epidemiologie der Tuberkulose, in: *Deutsche Medizinische Wochenschrift* 72 (1947), S. 545-547.

Gütt, A., Der öffentliche Gesundheitsdienst, in: *Handbücherei für den öffentlichen Gesundheitsdienst*, Bd. 1, Berlin 1935.

Haase, Ernst, Die Seelenverfassung des Tuberkulösen, in: *Therapie der Gegenwart* 27 (1925), S. 278-284.

Hagen, Wilhelm, *Vorbeugende Gesundheitsfürsorge*, Stuttgart 1953.

Ders., Zur Epidemiologie der Tuberkulose, in: *Der öffentliche Gesundheitsdienst* 13 (1951/52), S. 102-110.
Hanisch, R., Die Ausbildung der Ärzte des öffentlichen Gesundheitsdienstes in Frankreich, in: *Der öffentliche Gesundheitsdienst* 14 (1952/53), S. 111-114.
Harding, Wilfried G., Die Fachausbildung des Amtsarztes in England, in: *Der öffentliche Gesundheitsdienst* 12 (1950/51), S. 51-53.
Hauff, Wolfram von, Das öffentliche Gesundheitswesen und die Sozialversicherung in den USA, in: *Der öffentliche Gesundheitsdienst* 11 (1949/50), S. 382-385.
Heinrich, A., Wilhelm von Drigalski 75 Jahre, in: *Deutsche Medizinische Wochenschrift* 71 (1946), S. 112.
Heller, J.R., Venereal Disease Control During the Postwar Period, in: *Journal of Venereal Disease Information* 28 (1947), S. 245-249.
Helm, F., Geschichtliche Betrachtungen, in: *Tuberkulose-Jahrbuch* (1950/51), S. 4-16.
Hermes, F. A., The Danger of Stereotype in Viewing Germany, in: *Public Opinion Quarterly* (Winter 1945/46).
Herold, Karlheinz, Die Tuberkulose der Fünfzigjährigen nach dem Kriege, in: *Der Tuberkulosearzt* 3 (1949), S. 155-159.
Hessisches Statistisches Landesamt (Hg.), *Die Tuberkulose in Hessen 1948-1950* (Beiträge zur Statistik Hessens Nr. 43), Wiesbaden 1951.
Hinshaw, H. C./McDermott, Walsh, Thiosemicarbazone Therapy of Tuberculosis in Humans, in: *American Review of Tuberculosis* 61 (1950), S. 145-157.
Hirschfeld, Felix, Die Ernährung in ihrem Einfluss auf Krankheit und Sterblichkeit, in: Mosse, Max/Tugendreich, Gustav (Hg.), *Krankheit und soziale Lage*, München 1913, S. 121-153.
Hoffman, Frederick L., *Race traits and tendencies of the American Negro*, New York 1896.
Hofmeier, K., Vermeidung der Fütterungstuberkulose durch Ernährung der Säuglinge mit Trockenmilch, in: *Deutsche Medizinische Wochenschrift* 73 (1948), S. 522-524.
Holborn, Hajo, *American Military Government. Its Organisation and Policies*, Washington D.C. 1947.
Holm, Johannes, Tuberculosis in Europe after the Second World War, in: *American Review of Tuberculosis* LVII (1948), S. 115-128.
Ders., Tuberkulosebekämpfung in Dänemark und Tuberkuloseschutzimpfung, Vortrag im Verein Praktischer Ärzte Bayerns vom 6.10.1947, abgedruckt in: *Bayerisches Ärzteblatt*, Nr. 1 u. 2 (1948), S. 11-12.
Holten, Kurt von, Heilstättenerfolge und ihre Kritik, in: *Zeitschrift für Tuberkulose* 13 (1909), S. 57-67.
Holzknecht, G., *Die röntgenologische Diagnostik der Erkrankungen der Brusteingeweide*, Hamburg 1901.
Hornung, Heinrich, USA und die Sozialversicherung. Amerikanische Argumente im Widerstreit, in: *Der öffentliche Gesundheitsdienst* 11 (1949/50), S. 219-222.
Horton, Ralph, American Trudeau Society, Minimal Medical and Administrative Standards for Tuberculosis Hospitals and Sanatoria. A Report of the Committee on Sanatorium Standards, in: *American Review of Tuberculosis* VI (1945), S. 481-487.
Hoschek, Rudolf, Die Tuberkulose als Berufskrankheit – Vermeidbare Sünden – in: *Südwestdeutsches Ärzteblatt*, Nr. 3 (1949), S. 36-38.
Hubrich, Rosemarie, *Quarantäne, ihre Folgen und Entwicklung und ihre Erfolge*, Frankfurt u.a. 1949.
Huebschmann, H., Psyche und Tuberkulose, in: *Deutsche Medizinische Wochenschrift* 76 (1951), S. 605-608.

Ders., Psychische Faktoren bei der Pathogenese der Tuberkulose, in: *Zeitschrift für Tuberkulose* 95 (1950), S. 156-166.

Hueppe, Ferdinand (Hg.), *Handbuch der Hygiene*, Berlin 1899.

Hughes, Joseph A., The Picture of Health, in: *Public Health News* 29 (October 1947), S. 132-134.

Hull, Cordell, *The Memoirs of Cordell Hull*, 2 Bände, New York, 1948.

Die Hungertuberkulose, in: *Ergebnisse der Gesamten Tuberkuloseforschung* XI (1953), S. 229-265.

Husemann, Gisbert, Krankheitssymptome des sozialen Lebens. Von der Bedrohung des Gesundheitswesens durch die Sozialversicherung, in: *Südwestdeutsches Ärzteblatt* (1949), S. 216-218.

Ickert, Franz, Die bovine Tuberkulose beim Menschen, in: *Tuberkulose-Jahrbuch* (1950/51), S. 113-115

Ders., Die Umwelt und die Tuberkulose in: *Tuberkulose-Jahrbuch* (1950/51), S. 115-117.

Ders., Anti-Tuberkulosepropaganda bzw. Aufklärungsmaßnahmen über die Tuberkulose in: *Tuberkulose-Jahrbuch* (1951/52), S. 194-196.

Ders., Über Ernährung und Tuberkulose, in: *Der Tuberkulosearzt* 1 (1947), S. 121-144.

Ders., Die Bedeutung der Tuberkulose im Rahmen der übrigen Krankheiten, in: *Medizinische Klinik* (1949), S. 1525.

Interview mit Prof. H. Kleinschmidt zur Tuberkulose-Schutzimpfung, in: *Deutsche Medizinische Wochenschrift* 76 (1951), S. 187.

Jackson, Robert H., *Robert H. Jackson – Hauptanklagevertreter der USA beim Internationalen Militärgerichtshof zu Nürnberg, Grundlegende Rede – vorgetragen im Namen der Vereinigten Staaten von Amerika*, Frankfurt/M. 1946.

Jores, Arthur, Bericht über einen Studienaufenthalt in Amerika, in: *Deutsche Medizinische Wochenschrift* 77 (1952), S. 1416-1419.

Kemper, Heinrich, Schädlingsbekämpfung, in: *Zentralblatt für Bakteriologie* 153 (1948/49), S. 217-225.

Kikuth, Walter, Neue Forschungsergebnisse und praktische Erfolge in der Seuchenbekämpfung, in: *Deutsche Medizinische Wochenschrift* 71 (1946), S. 161-164.

Kirchberg, E., Das DDT – ein zuverlässiger Helfer des Arztes im Kampf gegen Seuchenüberträger, in: *Berliner medizinische Zeitschrift* 1 (1950), S. 181-182.

Kirchmair, Heinrich, Zur Tuberkulose im Kindesalter, in: *Ärztliche Wochenschrift* 3 (1948), S. 570-572.

Kleinschmidt, H., Die Tuberkuloseschutzimpfung nach Calmette (insbesondere auf Grund der Erfahrungen in Schweden), in: *Deutsche Medizinische Wochenschrift* 73 (1948), S. 105-109.

Klett, Arnulf, *Bürger, Gemeinde, Staat. Aus dem Wirken einer Stadtverwaltung in den Jahren nach dem Zusammenbruch*, Stuttgart 1948.

Klingemann, Horst, Die DDT-Vergiftung, in: *Ärztliche Wochenschrift* 4 (1949), S. 465-469.

Koch, Friedrich, »Soziale Medizin«. Begriff und Aufgabe, in: *Der öffentliche Gesundheitsdienst*, 13. Jg. (1951/52), S. 90-93.

Koch, O., Über Kriegs- und Nachkriegseinflüsse auf den Tuberkuloseverlauf, in: *Deutsche Medizinische Wochenschrift* 72 (1947), S. 158-163.

Koebner, Die englische Sozialversicherungsreform im württembergischen Rundfunk, in: *Württembergisches Ärzteblatt* (1946), S. 46.

Krieger, Konrad, Geburt, Krankheit und Tod der Nachkriegszeit, im Ablauf des Säkulums gesehen, in: *Der öffentliche Gesundheitsdienst*, 12. Jg. (1950/51), S. 161-168.

Ders., Krankheit und Tod nach dem Zusammenbruch (Teil 1), in: *Bayerisches Ärzteblatt*, 3. Jg., Nr. 17/18 (Sep. 1948), S. 99-102.

Ders., Krankheit und Tod nach dem Zusammenbruch (Teil 2), in: *Bayerisches Ärzteblatt*, 3. Jg., Nr. 19/20 (Okt. 1948), S. 117-140.

Kröger, E./Möhlenkamp, H., Untersuchungen zu den gegenwärtigen Möglichkeiten der menschlichen tuberkulösen Infektion durch Milch und Milchprodukte, in: *Ärztliche Wochenschrift* 5 (1950), S. 785-794.

Kröger, E./Reuter, H., Entwicklung und gegenwärtiger Stand der Tuberkulose in deutschen und anderen Ländern, in: *Deutsche Medizinische Wochenschrift* 1949, S. 721.

Küpper, A., Der Stand der Tuberkulose in einer Großstadt des Ruhrkohlenreviers und Beobachtung über Wandlungen der Tuberkuloseepidemiologie, in: *Deutsche Medizinische Wochenschrift* 72 (1947), S. 223-225.

Küster, Fritz/Kamp, Annemarie, Die Tuberkulosedurchseuchung der Jugend in der Nachkriegszeit, in: *Ärztliche Wochenschrift* 4 (1949), S. 691-693.

Küstner, Heinz, Kritische Bemerkungen zum Thema: Über die Behandlung mit grossen Penicillingaben in der Geburtshilfe und Gynäkologie, in: *Ärztliche Wochenschrift* 3 (1948), S. 590-591.

Lauber, H. J., Trauma und Tuberkulose, in: *Medizinische Klinik* (1949), S. 162.

Lehmann, E., Tuberkulose und Wehrdienstbeschädigung, in: *Deutsche Medizinische Wochenschrift* 79 (1951), 56-59.

Levine, Milton I., An Evaluation of the Use of BCG in the Prevention of Tuberculosis in Infants and Children, in: *American Journal of Public Health* 37 (September 1947), S. 1089-1096.

Ders./Sackett, Margaret F., Results of BCG Immunization in New York City, in: *American Review of Tuberculosis* LIII (1946), S. 517-532.

Liebknecht, Wilhelm, Zur Frage der Zwangsabsonderung Offentuberkulöser, in: *Der Tuberkulosearzt*, 2. Jg. (1948), S. 271- 278.

Liese, W., Wohnungswesen und das Gesundheitsamt, in: *Der öffentliche Gesundheitsdienst*, 13. Jg. (1951/52), S. 413-424.

Logan, W. P. D./Benjamin, B., *Tuberculosis Statistics for England and Wales 1938-1955* – General Register Office. Studies on Medical and Population Subjects No. 10, London 1957.

Long, Esmond R., The Tuberculosis Situation in Germany, in: *Journal of the American Medical Association*, Vol. 136, No. 3 (17.1.1948), S. 200-201.

Ders., The Tuberculosis Experience of the United States Army in World War II, in: *American Review of Tuberculosis*, Vol. LV (1947), S. 28-37.

Ders., Tuberculosis as a military problem, in: *American Review of Tuberculosis*, Vol. LI (1945), S. 489-504.

Long, Esmond R./Hamilton, Eugene E., A Review of Induction and Discharge Examinations for Tuberculosis in the Army, in: *American Journal of Public Health* 37 (April 1947), S. 412-420.

Long, Esmond/Jablon, Seymour, *Tuberculosis in The Army of the United States in World War II. An Epidemiological Study With an Evaluation of X-ray Screening*, Washington D.C. 1955.

Long, Esmond/Lew, Edward, Tuberculosis in the Armed Forces, in: *American Journal of Public Health* 35 (1945), S. 469-479.

Lossen, Heinz, Sozialhygiene und ihre Grenzgebiete im Hochschulunterricht Deutschlands, in: *Der öffentliche Gesundheitsdienst,* 12. Jg. (1950/51), S. 256-260.

Lütgerath, Fr., Zur Diagnose der Kindertuberkulose, in: *Südwestdeutsches Ärzteblatt* (1947), S. 7-8.

Lydtin, Kurt, Übersicht über das Tuberkulose-Geschehen in Deutschland während des 2. Weltkriegs und in der Nachkriegszeit, in: *Beiträge zur Klinik der Tuberkulose,* Bd. 102 (1950), S. 487-502.

Mamlok, E., Probleme der Seuchenbekämpfung in der Nachkriegszeit, in: *Ärztliche Wochenschrift* 1/2 (1946/1947), S. 410-413.

Ders., Die Penicillinverteilung in Berlin, in: *Ärztliche Wochenschrift* 1/2 (1947), S. 864.

Medical Education in Germany/Medical Literature and the Study of Medicine in Germany Today, in: *J.A.M.A.* 135 (1947), S. 448.

Historical Division European Command (Ed.), *Medical Policies and Operations*, Occupation Forces in Europe Series, 1945-46, Frankfurt/M. 1947.
Mehringer, Helmut, *Die Armee ohne Banner*, Dresden 1943.
Melzer, Ernst, *Der Einfluß der Tuberkulose auf das Seelenleben des Kranken*, Stuttgart 1933.
Meyer, Curt, Die Entwicklung der Tuberkulose in Berlin, in: *Beiträge zur Klinik der Tuberkulose und spezifischen Tuberkulose-Forschung 105* (1951), S. 408-428.
Mielke, Fred, Bericht über den 51. Deutschen Ärztetag, in: *Südwestdeutsches Ärzteblatt* (1948), S. 61-64.
Mikol, Edward X./Plunkett, Robert E., Recent Trends in the Early Diagnosis of Tuberculosis, in: *American Journal of Public Health* 35 (1945), S. 1260-1270.
Miller, James Alexander, The Beginnings of the American Antituberculosis Movement, in: *American Review of Tuberculosis* XLVIII (1948), S. 361-381.
Mosse, Max, Der Einfluß der sozialen Lage auf die Tuberkulose, in: Ders./Tugendreich, Gustav (Hg.), *Krankheit und soziale Lage*, München 1913, S. 551-607.
Ders./Tugendreich, Gustav (Hg.), *Krankheit und soziale Lage*, München 1913.
Müller-Voigt, F., 75 Jahre Säuglingssterblichkeit in der Stadt Duisburg, in: *Der öffentliche Gesundheitsdienst*, 13. Jg. (1951/52), S. 111-124.
Nelson, Arne, Die Schirmbilduntersuchung in Schweden, in: *Der öffentliche Gesundheitsdienst*, 12. Jg. (1950/51), S. 1-6.
Neumann, Franz, *Behemoth*, New York 1942, dt. Ausgabe Frankfurt/M. 1977.
Office of the Chief, Tuberculosis Control Division, Bureau of State Services, U.S. Public Health Service, Report of a conference on BCG vaccination, in: *Public Health Reports* (1947), S. 346-350.
Overzier, Claus, Zur Klinik und Pathologie des Hungerödems, in: *Ärztliche Wochenschrift* 3 (1948), S. 392-398.
Palmer, George T., Post-war Training Problems in Public Health, in: *American Journal of Public Health* 36 (May 1946), S. 471-474.
Pilgert, Hary P., *The Exchange of Personens Program in Western Germany*, Office of the U.S. High Comissioner of Germany (Ed.), Frankfurt/M. 1951.
Pottenger, Francis M., Adequate Diet in Tuberculosis, in: *American Review of Tuberculosis* LIV (1946), S. 213-217.
Publicity Campaign Against Tuberculosis, in: *J.A.M.A.* 134 (July 1947), S. 1111.
Rainer, Alfred, Zum Tuberkuloseproblem, in: *Ärztliche Wochenschrift* (1947), S. 822-823.
Ranke, Karl Ernst, Richtlinien der Tuberkulosebekämpfung nach dem Krieg. Für beamtete Ärzte und Verwaltungsbeamte, in: *Würzburger Abhandlungen aus dem Gesamtgebiet der praktischen Medizin*, XIX. Band, Würzburg 1919.
Rausch, F., Der Einfluss der Kriegs- und Nachkriegszeit auf den Diabetes Mellitus, in: *Ärztliche Wochenschrift* 1/2 (1946/1947), S. 681-687.
Redeker, Franz, Entwicklung der allgemeinen Sterblichkeit in Berlin nach dem Krieg, in: *Ärztliche Wochenschrift* 1 (1946), S. 26-30.
Ders., Wie steht es um die Tuberkulose, in: *Ärztliche Wochenschrift* 1 (1946), S. 181-186.
Resolution der Nauheimer Ärztetagung, in: *Bayerisches Ärzteblatt* 14 (1947), S. 2.
Riggins, H./McLeod, H./Hinshaw, C., The Streptomycin – Tuberculosis Research Project, in: *American Review of Tuberculosis* 56 (1947), S. 168-173.
Roloff, Wilhelm, Tuberkulose und Persönlichkeit, in: *Beiträge zur Klinik der Tuberkulose*, Bd. 102 (1949), S. 567-572.
Ders., *Tuberkuloselexikon für Ärzte und Behörden*, Stuttgart 1949.
Ders., Die Behandlung der Lungentuberkulose, in: *Ärztliche Wochenschrift* 1 (1946), S. 305-310.

Roosevelt, Franklin D., *Roosevelt spricht. Die Kriegsreden des Präsidenten*, Stockholm 1945.
Ders., *Public Papers and Addresses of Franklin Delano Roosevelt*, ed. by Rosenman, Samuel I., New York 1938-1959.
Schäfer, W., Über die Diphtherie-Morbidität in der Nachkriegszeit 1946-1950, in: *Zeitschrift für Hygiene und Infektionskrankheiten, medizinische Mikrobiologie, Immunologie und Virologie* 135 (1952), S. 43-60.
Schlossmann, Arthur, Die Umwertung des Bevölkerungsproblems – ein tragender Gedanke im neuen Deutschland, in: *Zeitschrift für Bevölkerungspolitik und Säuglingsfürsorge* 9 (1916), S. 1-11.
Schmidt, Bernhard, Der Einbruch der Tularämie in Europa, in: *Zeitschrift für Hygiene und Infektionskrankheiten, medizinische Mikrobiologie, Immunologie und Virologie* 127 (1947), S. 139-150.
Schmidt-Ramsin, Dietrich, Über die Erkennung der kindlichen Tuberkulose und ihre Prognose, in: *Ärztliche Wochenschrift* 1/2 (1947), S. 563-570.
Schmith, Otto, Sozialhygienische Kriterien zur Zwangsbehandlung Geschlechtskranker, in: *Der öffentliche Gesundheitsdienst*, 13. Jg. (1951/52), S. 434-437.
Ders., Zur Körpergewichtsbeurteilung bei Männern von 16-69 Jahren, in: *Medizinische Klinik* 44 (1949), S. 214.
Ders., Körperliche und seelische Folgen der Wohnungsnot, in: *Zeitschrift für Hygiene* 130 (1949), S. 42-66.
Schönfeld, Walter, *Kurze Geschichte der Dermatologie und ihre kulturgeschichtliche Spiegelung*, Hannover-Kirchrode 1954.
Scholz, Harry, Ergebnisse der Tuberkuloseforschung der letzten Jahre, in: *Südwestdeutsches Ärzteblatt*, Nr. 9 (1949), S. 163-167.
Schrag, Eugen, Die Tuberkulose-Häufigkeit und -Bekämpfung in Württemberg-Baden im Jahre 1946, in: *Der Tuberkulosearzt* 1 (1947/48), S. 96-101.
Ders., Organisation, Durchführung und erste Ergebnisse der 2. Volksröntgen-Untersuchung in Nord-Württemberg, in: *Der Tuberkulosearzt* 3 (1949), S. 396-404.
Schröder, Erich, Über die Epidemiologie der Tuberkulose in den Kriegs- und Nachkriegsjahren, in: *Berliner medizinische Zeitschrift* 1 (1950), S. 188-191.
Ders., Entwicklung und Bekämpfung der Tuberkulose in sozialhygienischer Schau (1. Teil), in: *Der öffentliche Gesundheitsdienst*, 11. Jg. (1949/50), S. 225-233.
Ders., Entwicklung und Bekämpfung der Tuberkulose in sozialhygienischer Schau (Forts. und Schluß), in: *Der öffentliche Gesundheitsdienst*, 11. Jg. (1949/50), S. 268-275.
Ders., Ist die Tuberkulosebekämpfung gegenwärtig eine vorwiegend ärztliche oder soziale Aufgabe, in: *Ärztliche Wochenschrift* 1 (1946), S. 215-217.
Schultz, J. H., Der seelische Faktor im Krankheitsgeschehen, in: *Zeitschrift für Psychotherapie und medizinische Psychologie* 1 (1951), S. 2-13.
Sedwick, Jane, Dietaries in Tuberculosis Sanatoria, in: *American Review of Tuberculosis* LIV (1946), S. 128-132.
Shepard, William P., Some Unmet Needs in Tuberculosis Control – A Challenge for the Future, in: *American Journal of Public Health* 38, (Oct. 1948), S. 1371-1380.
Ders., The Professionalization of Public Health, in: *American Journal of Public Health* 38 (Jan. 1948), S. 145-153.
Shepard, Charles E./Peter, William W., Training Public Health Personnel from Other Countries in the United States, in: *American Journal of Public Health* 36 (Nov. 1946), S. 1260-1266.
Siebert, Werner W., Beobachtungen über den jetzigen Verlauf der Tuberkulose, in: *Ärztliche Wochenschrift* 1 (1946), S. 134-137.
Siegmund, H., Zeitgemäße Betrachtungen zur Frage der Reform des Medizinstudiums, in: *Deutsche Medizinische Wochenschrift* 73 (1948), S. 541-545.

Speidel, Otto, *Württembergs ärztliche Organisationen im Wandel der Zeit*, Stuttgart 1949.
Staemmler, M., Kriegs- und Nachkriegsbeobachtungen über Tuberkulose, in: *Deutsche Medizinische Wochenschrift* 74 (1949), S. 34.
Stern, Erich, *Die Psyche des Lungenkranken*, Berlin 1954.
Stickler, Gunnar, Als »Intern« in einem allgemeinen Krankenhaus in den Vereinigten Staaten, in: *Deutsche Medizinische Wochenschrift* 77 (2. Halbjahr 1952), S. 1233-1234.
Strandgaard, N. J., Die Bedeutung der psychischen Momente für den Verlauf der Lungentuberkulose, in: *Zeitschrift für Tuberkulose* 25 (1916), S. 401-408.
Ströder, Ulrich, Hungerschäden und Mangelödeme, in: *Ärztliche Wochenschrift* 1/2 (1947), S. 724-736.
Swisher, William Porter, Tuberculosis in Discharged Soldiers, in: *American Review of Tuberculosis* LV (1947), S. 481-487.
49. Tagung der Deutschen Gesellschaft für Kinderheilkunde in Düsseldorf vom 26. bis 29. September 1949, in: *Deutsche Medizinische Wochenschrift* 75 (1950), S. 90-91.
Tagung der Deutschen Tuberkulosegesellschaft 17.-19. September 1951 in Kissingen. Tagungsbericht, in: *Der öffentliche Gesundheitsdienst*, 13. Jg. (1951/52), S. 331-334.
Tagung der Tuberkulose-Vereinigung Nordrhein-Westfalen am 16. Oktober 1946 in Düsseldorf, in: *Ärztliche Wochenschrift* 1/2 (1947), S. 632-636.
Teleky, Ludwig, *Die Entwicklung der Gesundheitsfürsorge. Deutschland – England – USA*, Berlin u.a. 1950.
Thienhaus, Gerhart, Über die Hungerfettsucht junger Mädchen, in: *Ärztliche Wochenschrift* 3 (1948), S. 48-51.
Tietze, Albrecht, Klinische Erfahrungen und grundsätzliche Seuchenbetrachtung bei den Epidemien des Jahres 1945, in: *Ärztliche Wochenschrift* 1 (1946), S. 344-347.
Trudeau, Edward Livingston, *An Autobiography*, Philadelphia 1915.
Tuberculosis Increase in Germany, in: *Journal of the American Medical Association* 134 (August 1947), S. 1188-1189.
Tuberkulosesterblichkeit in der Welt 1937-1949, in: *Der öffentliche Gesundheitsdienst*, 13. Jg. (1951/52), S. 249.
Twenty Years of BCG Vaccination in Scandinavia, in: *Journal of the American Medical Association*, Vol. 132, Nr. 13, (May 1947), S. 19-20.
Ulrici, H., Die Tuberkulosegefahr, in: *Ärztliche Wochenschrift* 1 (1946), S. 246-248.
United Staates Public Health Service on BCG, in: *American Review of Tuberculosis* (1947), S. 105-106.
Vansittart, Robert G., *Lessons of My Life*, New York 1943.
Ders., *Black Record*, London 1941.
Volhard, Franz, Verhandlungsberichte der Frankfurter Medizinischen Gesellschaft. 1. Sitzung vom 5. Juni 1946, Eröffnungsansprache, in: *Deutsche Medizinische Wochenschrift* 71 (1946), S. 191.
Volksgesundheit in Gefahr. Tagungsbericht der »Landesarbeitsgescheinschaft gegen die Geschlechtskrankheiten in NRW« vom 15. März 1950, in: *Der öffentliche Gesundheitsdienst*, 12. Jg. (1950/51), S. 77-78.
Wagner, K., Das Problem der Rindertuberkulose, in: *Zentralblatt für Bakt. Org.* 3 (1949), S. 143.
Weber, Francis J./Anderson, Robert J., Summary of Tuberculosis Control Activities, in: *American Journal of Public Health* 38 (April 1948), S. 512-516.
Weizsäcker, Viktor, Zur Studienreform, in: *Deutsche Medizinische Wochenschrift* 74 (1949), S. 353-354.
Wernike, E., Die Wohnung in ihrem Einfluss auf Krankheit und Sterblichkeit, in: Max Mosse/Tugendreich, Gustav (Hg.), *Krankheit und soziale Lage*, München 1913, S. 45-120.

Weyl, A., *Neue Wege zur Bekämpfung der Tuberkulose des Rindes*, Hannover 1951.

Whiteman, Ellen B., Uses of Statistical Data in State Health Departments, in: *American Journal of Public Health* 37 (Oct. 1947), S. 1267-1272.

Wiitekind, D., Über das Vorkommen von Tumorzellen im Auswurf, in: *Medizinische Klinik* 45 (1950), S. 858.

Wolf, Felix, *Lungenschwindsucht*, Wiesbaden 1894.

Wolter, Friedrich, *Zur Frage der Ursachen des Rückgangs der Tuberkulosesterblichkeit in den Kulturländern* (Würzburger Abhandlungen aus dem Gesamtgebiet der Medizin, 27, H. 9), Leipzig 1932.

Wright, Irving S., Medical Education in Germany and Austria, in: *Journal of the American Medical Association* 137 (May 1948), S. 5-8.

Wunderwald, Alexander, Die BCG-Schutzimpfung in den Schulen, in: *Der Tuberkulosearzt* 3 (1949), S. 409-417.

Zink, Harold, *American Military Government in Germany*, New York 1947.

Ders., *The United States in Germany, 1944-1955*, Princeton 1957.

Zutt, Jürg, Über den seelischen Gesundheitszustand der Berliner Bevölkerung in den vergangenen Jahren und heute, in: *Ärztliche Wochenschrift* 1 (1946), S. 248-250.

## C. Literatur (ab 1958)

Abelshauser, Werner, Erhard oder Bismarck? Die Richtungsentscheidung der deutschen Sozialpolitik am Beispiel der Reform der Sozialversicherung in den Fünfziger Jahren, in: *Geschichte und Gesellschaft* 22 (1996), S. 376-392.

Adams, David P., *The Greatest Good to the Greatest Number: Penicillin Rationing on the American Home Front, 1940-1945*, New York 1991.

Ders., The Penicillin Mystique and the Popular Press, 1935-1950, in: *Pharmacy in History* 26 (1984), S. 134-142.

Alber, Jens, *Das Gesundheitswesen der Bundesrepublik Deutschland. Entwicklung, Struktur, Funktionsweise*, Frankfurt/M. 1992.

Ders., *Vom Armenhaus zum Wohlfahrtsstaat. Analysen zur Entwicklung der Sozialversicherung in Westeuropa*, Frankfurt/M. 1982.

Altrichter, Helmut, Die verhinderte Neuordnung?, in: *Geschichte in Wissenschaft und Unterricht* 35 (1984), S. 351-364.

Angerer, Marie-Luise, Zwischen Ekstase und Melancholie: Der Körper in der neueren feministischen Diskussion, in: *L'Homme Z.F.G.* 5 (1994), S. 28-44.

Antoni, Christine, *Sozialhygiene und Public Health. Franz Goldmann*, Husum 1997.

Aumüller, Gerhard/Lauer, Hans/Remschidt, Helmut (Hg.), *Kontinuität und Neuanfang in der Hochschulmedizin nach 1945*, Marburg 1997.

Badura, Bernhard, Editorial in: *Zeitschrift für Gesundheitswissenschaft – Journal of Public-Health* 2 (1994), S. 99-100.

Baker, Herbert W., Beginn der deutschen Sozial- und Arbeitspolitik unter der Militärregierung, in: Bartholomäi, Reinhard/Bodenbender, Wolfgang/Henkel, Hardo/Hüttel, Renate (Hg.), *Sozialpolitik nach 1945. Geschichte und Analyse. Festschrift für Ernst Schellenberg*, Bonn/Bad Godesberg 1977, S. 23-32.

Barthes, Roland, Semiologie und Medizin, in: Ders., *Das semiologische Abenteuer*, Frankfurt/M. 1988, S. 210-220.

Bartholomäi, Reinhard u.a. (Hg.), *Sozialpolitik nach 1945. Geschichte und Analyse. Festschrift für Ernst Schellenberg*, Bonn/Bad Godesberg 1977.

Bates, Barbara, *Bargaining for Life: A Social History of Tuberculosis, 1876-1938*, Philadelphia 1992.
Bauch, J., *Gesundheit als sozialer Code. Von der Vergesellschaftung des Gesundheitswesens zur Medikalisierung der Gesellschaft*, Weinheim/München 1996.
Bauer, Thomas u.a. (Hg.), *Vom »stede arzt« zum Stadtgesundheitsamt. Die Geschichte des öffentlichen Gesundheitswesens in Frankfurt am Main*, Frankfurt/M. 1992.
Bausch, Ulrich M., *Die Kulturpolitik der US-amerikanischen Information Control Division in Württemberg-Baden von 1945-1949. Zwischen militärischem Funktionalismus und schwäbischen Obrigkeitsdenken*, Stuttgart 1992.
Behnisch, Robert, *Die Geschichte der Sulfonamidforschung* (Berichte aus der Pharma-Forschung, Band 5), Mainz 1986.
Behnken, Imbke (Hg.), *Stadtgesellschaft und Kindheit im Prozeß der Zivilisation*, Opladen 1990.
Benz, Wolfgang (Hg.), *Deutschland unter alliierter Besatzung 1945-1949/55. Ein Handbuch*, Berlin 1999.
Ders., *Potsdam 1945. Besatzungsherrschaft und Neuaufbau im Vier-Zonen-Deutschland*, München 1986.
Benzenhöfer, Udo, *Verzeichnis der medizinhistorischen Dissertationen aus den westlichen Besatzungszonen bzw. der Bundesrepublik 1945-1959*, Aachen 1993.
Berg, Manfred/Cocks, Geoffrey (Ed.), *Medicine and Modernity. Public Health and Medical Care in 19th and 20th Century Germany*, New York 1997.
Berger, Michael, Sozialversicherungsreform und Kassenarztrecht. Zur Verhinderung der Reform des Kassenarztrechtes in den Westzonen nach 1945, in: *Das Argument Sonderband* 4 (1974), S. 73-93.
Berger, Peter/Luckmann, Thomas, *Die gesellschaftliche Konstruktion der Wirklichkeit. Eine Theorie der Wissenssoziologie*, Frankfurt/M. 1980 (1969).
Berridge, Virginia, Health and Medicine in the Twentieth Century: Contemporary History and Health Policy, in: *Social History of Medicine* 5 (1992), S. 307-316.
Bieback, Karl-Jürgen, *Die öffentliche Körperschaft. Ihre Entstehung, die Entstehung ihres Begriffs und die Lehre vom Staat und den innerstaatlichen Verbänden in der Epoche des Konstitutionalismus in Deutschland*, Berlin 1976.
Blasius, Dirk, Die Tuberkulose im Dritten Reich, in: Konietzko, N. (Hg.), *100 Jahre Deutsches Zentralkomitee zur Bekämpfung der Tuberkulose (DZK). Der Kampf gegen Tuberkulose*, Frankfurt/M. 1996.
Bleker, Johanna, Die Frau als Weib: Sex und Gender in der Medizingeschichte, in: Meinel, Christoph/Renneberg, Monika (Hg.), *Geschlechterverhältnisse in Medizin, Naturwissenschaft und Technik*, Stutgart 1996, S. 15-29.
Dies., Die Stadt als Krankheitsfaktor. Eine Analyse ärztlicher Auffassungen im 19. Jahrhundert, in: *Medizinhistorisches Journal* 18 (1983), S. 118-136.
Blohmke, Maria u.a. (Hg.), *Handbuch der Sozialmedizin*, Stuttgart 1976.
Bochalli, Richard, *Die Entwicklung der Tuberkuloseforschung in der Zeit von 1878 bis 1958. Rückblick eines deutschen Tuberkulosearztes*, Stuttgart 1958.
Bock, Gisela, *Zwangssterilisation im Nationalsozialismus. Studien zur Rassenpolitik und Frauenpolitik*, Opladen 1986.
Boehling, Rebecca, *A question of priorities. Democratic reform and economic recovery in postwar Germany*, Providence 1996.
Dies., Geschlechterpolitik in der US-Besatzungszone unter besonderer Berücksichtigung der Kommunalpolitik, in: Clemens, Gabriele (Hg.), *Kulturpolitik im besetzten Deutschland 1945-1949*, Stuttgart 1994, S. 69-83.

Dies., »Mütter« in die Politik: Amerikanische Demokratisierungsbemühungen nach 1945. Eine Antwort an Hermann-Joseph Rupieper, in: *Geschichte und Gesellschaft* 19 (1993), S. 522-529.

Bollenbeck, Georg, *Bildung und Kultur. Glanz und Elend eines deutschen Deutungsmusters*, Frankfurt/M. 1996.

Borsdorf, Ulrich/Niethammer, Lutz (Hg.), *Zwischen Befreiung und Besatzung. Analysen des US-Geheimdienstes über Positionen und Strukturen deutscher Politik 1945*. Wuppertal 1976.

Bourdieu, Pierre, *La distinciton. Critique sociale du jugement*, Paris 1979.

Brandt, Allan M., *No Magic Bullet. A Social History of Venereal Disease in the United States since 1880*, New York 1987.

Braunthal, Gerard D., The Anglo-Saxon Modell of Democracy in the West-German Political Consciousness after World War II, in: *Archiv für Sozialgeschichte* 18 (1978), S. 245-277.

Breiding, Birgit, *Die Braunen Schwestern*, Stuttgart 1998.

Briese, Olaf, Defensive, Offensive, Straßenkampf. Die Rolle von Medizin und Militär am Beispiel der Cholera in Preußen, in: *Medizin, Gesellschaft und Geschichte* 16 (1997), S. 9-32.

Broberg, Gunnar/Roll-Hansen, Nils (Hg.), *Eugenics and the Welfare State. Sterilization Policy in Denmark, Sweden, Norway, and Finland*, Michigan 1996.

Bronfen, Elisabeth, *Das verknotete Subjekt: Hysterie in der Moderne*, Berlin 1998.

Broszat, Martin, *Nationalsozialistische Polenpolitik 1939-1945*, Stuttgart 1961.

Broszat, Martin/Henke, Klaus-Dietmar/Woller, Hans (Hg.), *Von Stalingrad zur Währungsreform. Zur Sozialgeschichte des Umbruchs in Deutschland*, München ²1989.

Browning, Christopher R., Genocide and Public Health: German Doctor and Polish Jews, 1939-1941, in: Ders., *The Path to Genocide. Essays on Launching the Final Solution*, Cambridge 1992, S. 145-169.

Bryder, Linda, *Below the Magic Mountain: A Social History of Tuberculosis in Twentieth-Century Britain*, Oxford 1988.

Bude, Heinz, Vorwort, in: Ders./Greiner, Bernd (Hg.), *Westbindungen: Amerika in der Bundesrepublik*, Hamburg 1999, S. 7-15.

Ders./Greiner, Bernd (Hg.), *Westbindungen: Amerika in der Bundesrepublik*, Hamburg 1999.

Bungenstab, Karl-Ernst, Die Ausbildung der amerikanischen Offiziere für die Military Government nach 1945, in: *Jahrbuch für Amerikastudien* 18 (1973), S. 195-212.

Ders., *Umerziehung zur Demokratie. Re-educationpolitik im Bildungswesen der US-Zone 1945-1949*, Düsseldorf 1970.

Burnham, John C., American Medicine's Golden Age: What Happened to It?, in: *Science* 215 (19 March 1982), S. 1474-1475.

Burrow, James G., *Organized Medicine in the Progressive Era: The Move toward Monopoly*, Baltimore 1977.

Ders., *AMA. Voice of American Medicine*, Baltimore 1963.

Bussmann, Hadumod/Hof, Renate (Hgs.), *Genus. Zur Geschlechterdifferenz in den Kulturwissenschaften*, Stuttgart 1999.

Butler, Judith, *Das Unbehagen der Geschlechter*, Frankfurt/M. 1991.

Bynum, Caroline, Warum das ganze Theater mit dem Körper? Die Sicht einer Mediävistin, in: *Historische Anthropologie* 4 (1996), S. 1-33.

Caplan, Arthur L., The Concepts of Health, Illness, and Disease, in: Bynum, W. F./Porter, R. (Ed.), *Companion Encyclopedia of the History of Medicine*, Bd. 1, London/New York 1993, S. 233-248.

Cassedy, James H., *Medicine in America*, Baltimore/London 1991.

Ders., *Charles V. Chapin and the Public Health Movement*, Cambridge 1963.

Cassel, Jay, *The Secret Plague. Venereal Disease in Canada 1838-1939*, Toronto 1987.

Castell Rüdenhausen, Adelheid Gräfin zu, Kommunale Gesundheitspolitik in der Zwischenkriegszeit. Sozialhygiene und Rassenhygiene am Beispiel Gelsenkirchens, in: Frei, Norbert (Hg.), *Medizin und Gesundheitspolitik in der NS-Zeit*, München 1991, S. 67-80.

Dies., Lebensverlängerung und Soziale Hygiene, in: *Funkkolleg Jahrhundertwende 1880-1930*, Weinheim/Basel 1988, Kollegstunde 6, S.11-48.

Caumanns, Ute/Esch, Michael G., Fleckfieber und Fleckfieberbekämpfung im Warschauer Ghetto und die Tätigkeit der deutschen Gesundheitsverwaltung 1941/42, in: Vögele, Jörg/Woelk, Wolfgang (Hg.), *Geschichte der Gesundheitspolitik in Deutschland von der Weimarer Republik bis in die Frühgeschichte der »doppelten Staatsgründung«*, Berlin 2002, S. 225-264.

Condrau, Flurin, *Lungenheilanstalt und Patientenschicksal. Sozialgeschichte der Tuberkulose in Deutschland und England im späten 19. und frühen 20. Jahrhundert*, Göttingen 2000.

Ders., Tuberkulose und Geschlecht: Heilbehandlungen für Lungenkranke zwischen 1890 und 1914, in: Meinel, Christoph/Renneberg, Monika (Hg.), *Geschlechterverhältnisse in Medizin, Naturwissenschaft und Technik*, Stuttgart 1996, S. 159-169.

Ders., Lungenheilstätten im internationalen Vergleich. Zur Sozialgeschichte der Tuberkulose im 19. und frühen 20. Jahrhundert, in: *Historia Hospitalium* (1993/1994), S. 220-234.

Conrad, Christoph, Wohlfahrtsstaaten im Vergleich, in: Haupt, Heinz-Gerhard/Kocka, Jürgen (Hg.), *Geschichte und Vergleich. Ansätze und Ergebnisse international vergleichender Geschichtsschreibung*, Frankfurt/M. 1996.

Daniel, Thomas M., *Captain of Death. The Story of Tuberculosis*, Rochester 1997.

Deppe, Hans-Ulrich (Hg.), *Öffentliche Gesundheit*, Frankfurt/M. 1991.

Ders., *Krankheit ist ohne Politik nicht heilbar. Zur Kritik der Gesundheitspolitik*, Frankfurt/M. 1987.

Ders. u.a. (Hg.), *Öffentliche Gesundheit – Public Health, Konzepte und Diskussionen in der deutschen Geschichte*, Frankfurt/M. 1991.

Dean, Larry M./Willis, Frank N./Obourn, Robert, Health Records of American Prisoners of the Japanese during World War II, in: *Military Medicine* 145 (1980), S. 838-841.

Derickson, Alan, Health Security for All? Social Unionism and Universal Health Insurance, 1935-1958, in: *The Journal of American History* 80 (1994), S. 1333-1381.

Deuderlein, Ernst (Hg.), *Potsdam 1945. Quellen zur Konferenz der »Großen Drei*, München 1963.

*Die Entwicklung der Tuberkulosebehandlung seit 100 Jahren: akademischer Festakt anläßlich der Einweihung der »Robert Koch«-Tuberkuloseklinik der Medizinischen und Chirurgischen Universitätsklinik Freiburg i. Br. am 10. Februar 1958*, Stuttgart 1958.

Dinges, Martin, Neue Wege in der Seuchengeschichte?, in: Dinges, Martin/Schlich, Thomas (Hg.), *Neue Wege in der Seuchengeschichte*, MedGG-Beihefte 6, Stuttgart, 1995, S. 7-24.

Dinter, Andreas, *Seuchenalarm in Berlin. Seuchengeschehen und Seuchenbekämpfung in Berlin nach dem II. Weltkrieg*, Berlin 1999.

Ders., *Berlin in Trümmern. Ernährungslage und medizinische Versorgung der Bevölkerung Berlins nach dem II. Weltkrieg*, Berlin 1999.

Doberschütz, Klaus, *Die soziale Sicherung des amerikanischen Bürgers*, Berlin 1966.

Doering-Manteuffel, Anselm, *Wie westlich sind die Deutschen? – Amerikanisierung und Westernisierung im 20. Jahrhundert*, Göttingen 1999.

Ders., Dimensionen von Amerikanisierung in der deutschen Gesellschaft, in: *Archiv für Sozialgeschichte* 35 (1995), S. 1-34.

Ders., Deutsche Zeitgeschichte nach 1945. Entwicklungen und Problemlagen der historischen Forschung zur Nachkriegszeit, in: *Vierteljahrshefte für Zeitgeschichte* 41 (1993), S. 1-30.

Döring, Dieter/Hauser, Richard (Hg.), *Politische Kultur und Sozialpolitik. Ein Vergleich der Vereinigten Staaten und der BRD unter besonderer Berücksichtigung des Armutsproblems*, Frankfurt/M. 1989.

Dorn, Walter L., *Inspektionsreisen in der US-Zone. Notizen, Denkschriften und Erinnerungen aus dem Nachlaß*. Übersetzt u. hg. von Lutz Niethammer, Stuttgart 1973.

Dornheim, Jutta, Verweisungszusammenhänge als kulturelle und soziahistorische Prämissen von Krankheitsdiskursen, in: Rosenbrock, Rolf/Salmen, Andreas (Hg.), *AIDS-Prävention*, Berlin 1990, S. S. 197-205.

Dies., *Kranksein im dörflichen Alltag. Soziokulturelle Aspekte des Umgangs mit Krebs*, Tübingen 1983.

Douglas, Mary, *Ritual, Tabu und Körpersymbolik. Sozialanthropologische Studien in Industriegesellschaft und Stammeskultur*, Frankfurt/M. 1986.

Drummer, Heike, Dienst am Volk« – Nationalsozialistische Gesundheitspolitik in Frankfurt am Main, in: Bauer, Thomas u.a. (Hg.), *Vom »stede arzt« zum Stadtgesundheitsamt – Die Geschichte des öffentlichen Gesundheitswesens in Frankfurt am Main*, Frankfurt/M. 1992, S. 86-112.

Duden, Barbara, Geschlecht, Biologie, Körpergeschichte, in: *Feministische Studien* 2 (1991), S. 105-122.

Dies., *Geschichte unter der Haut*, Stuttgart 1987.

Dubos, René and Jean, *The White Plague. Tuberculosis, Man and Society*, New Brunswick 1987 (1952).

Duffy, John, *From Humors to Medical Science. A History of American Medicine*, Urbana/Chicago 1993.

Ders., *The Sanitarians. A History of American Public Health*, Urbana 1992 (1990).

Ders., *The Healers. A History of American Medicine*, Urbana u.a. 1979.

Ders., *A History of Public Health in New York City, 1866-1966*, Bd 1. u. 2, New York 1974.

Dunn, William, *Public Policy Analysis. An Introduction*, New York 1981.

Dye, Thomas R., *Policy Analysis. What Governments Do, Why They Do It, and What Difference It Makes*, Alabama 1978.

Ebbinghaus, Angelika/Roth, Karl Heinz, Von der Rockefeller Foundation zur Kaiser Wilhelm/Max-Planck-Gesellschaft: Adolf Butenandt als Biochemiker und Wissenschaftspolitiker des 20. Jahrhunderts. Heidrun Kaupen-Haas zum 65. Geburtstag, in: *Zeitschrift für Geschichtswissenschaft* 50 (2002), S. 389-418.

Eckart, Wolfgang, Öffentliche Gesundheitspflege in der Weimarer Republik und in der Frühgeschichte der BRD, in: *Das öffentliche Gesundheitswesen* 51 (1989), S. 213-221.

Ders./Cordes, Meike, »People too wild«? – Pocken, Schlafkrankheit und koloniale Gesundheitskontrolle im Kaiserlichen Schutzgebiet Togo, in: Dinges, Martin/Schlich, Thomas (Hg.), *Neue Wege in der Seuchengeschichte*, MedGG-Beihefte 6, Stuttgart 1995, S. 175-206.

Ders./Gradmann, Christoph (Hg.), *Die Medizin und der Erste Weltkrieg*, Pfaffenweiler 1996.

Ders./Jütte, Robert (Hg.), *Das europäische Gesundheitssystem. Gemeinsamkeiten und Unterschiede in historischer Perspektive*, Stuttgart 1992.

Edelman, Murray, *Politik als Ritual. Die symbolische Funktion staatlicher Institutionen und politischen Handelns*, Frankfurt/M. 1976.

Ellenbogen, Charles, The Infectious Diseases of War, in: *Military Medicine* 147 (1982), S. 185-188.

Ellerbrock, Dagmar, Die kulturelle Konstruktion der neuen Ordnung. Zum Zusammenhang von Demokratisierung und Gesundheitspolitik in der amerikanischen Besatzungszone, in: Groth, Christian (Hg.), *Öffentliche Ordnung in der Nachkriegszeit*, Ubstadt-Weiher 2002, S. 109-125.

Dies., Die restaurativen Modernisierer. Frauen als gesundheitspolitische Zielgruppe in der amerikanischen Besatzungszone zwischen 1945 und 1949, in: Niehuss, Merith/Lindner, Ulrike (Hg.), *Ärztinnen – Patientinnen. Frauen im deutschen und britischen Gesundheitswesen des 20. Jahrhunderts*, Frankfurt/M. 2002, S. 243-266.

Dies., Gesundheit, Krankheit und Geschlecht in historischer Perspektive, in: Hurrelmann, Klaus/ Kolip, Petra (Hg.), *Geschlecht, Gesundheit und Krankheit. Männer und Frauen im Vergleich*, (Handbuch Gesundheitswissenschaften) Bern u.a. 2002, S. 118-141.

Dies., Prävention in der US-Zone, 1945-1949. Zielsetzung, Konzeption und Reichweite von Präventionsmaßnahmen nach dem Zweiten Weltkrieg, in: Stöckel, Sigrid/Walter, Ulla (Hg.), *Prävention im 20. Jahrhundert. Historische Grundlagen und aktuelle Entwicklungen in Deutschland*, Weinheim u.a. 2002, S. 152-164.

Dies., Zwischen Tradition und Innovation – Öffentliche Gesundheit, Sozialhygiene und Public Health, in: Schagen, Udo/Schleiermacher, Sabine (Hg.), *Sozialmedizin, Sozialhygiene und Public Health. Konzepte und Visionen zum Verhältnis von Medizin und Gesellschaft in historischer Perspektive*, Berlin 2001, S. 59-66.

Dies., »Gesundheit« und »Krankheit« im Spannungsfeld zwischen Tradition, Politik und Kultur, in: Vögele, Jörg/Woelk, Wolfgang (Hg.), *Geschichte der Gesundheitspolitik in Deutschland von der Weimarer Republik bis in die Frühgeschichte der »doppelten Staatsgründung*, Berlin 2001, S. 313-345.

Dies., Between fear, national pride and democracy: Images of Tuberculosis in the American Zone of Occupation, 1945-1949, in: Löwy, Ilana/Krige, John (Ed.), *Images of disease. Science, Public Policy and Health in Post-war Europe*, Luxemburg 2001, S. 109-140.

Eley, Geoff, Wie denken wir über Politik? Alltagsgeschichte und die Kategorie des Politischen, in: Berliner Geschichtswerkstatt (Hg.), *Alltagkultur, Subjektivität und Geschichte. Zur Theorie und Praxis von Alltagsgeschichte*, Münster 1994.

Emig, Dieter/Frei, Alfred G., Office of Military Government for Hesse, in: Weisz, Christoph (Hg.), *OMGUS-Handbuch. Die amerikanische Militärregierung in Deutschland 1945-1949*, Oldenburg 1995, S. 317-454.

Endrös, Alfred, *Entstehung und Entwicklung des Begriffs »Körperschaft des öffentlichen Rechts«*, Köln 1985.

Erker, Paul, *Ernährungskrise und Nachkriegsgesellschaft. Bauern und Arbeiterschaft in Bayern 1943-1953*, (Industrielle Welt 50), Stuttgart 1990.

Ermarth, Michael, Amerikanisierung« und deutsche Kulturkritik 1945-1965. Metastasen der Moderne und hermeneutische Hybris, in: Jarausch, Konrad/Siegrist, Hannes, (Hg.), *Amerikanisierung und Sowjetisierung in Deutschland 1945-1970*, Frankfurt a.M./New York 1997, S. 315-335.

Ders. (Ed.), *America and the shaping of German society, 1945-1955*, Providence 1993.

Ernst, Anna-Sabine, *Die beste Prophylaxe ist der Sozialismus – Ärzte und medizinische Hochschullehrer in der SBZ/DDR 1945-1961*, Münster 1997.

Evans, Richard J., *Tod in Hamburg. Stadt, Gesellschaft und Politik in den Cholera-Jahren 1830-1910*, Reinbek bei Hamburg 1990.

Fee, Elisabeth, *Disease and Discovery*, Baltimore 1987.

Fehlemann, Silke, Die Entwicklung der öffentlichen Gesundheitsfürsorge in der Weimarer Republik: Das Beispiel der Kinder und Jugendlichen, in: Vögele, Jörg/Woelk, Wolfgang (Hg.), *Geschichte der Gesundheitspolitik in Deutschland von der Weimarer Republik bis in die Frühgeschichte der »doppelten Staatsgründung«*, Berlin 2002, S. 67-82.

Dies., Die Standespolitik der Ärzteschaft in Westdeutschland – Ein Neubeginn? Das Beispiel des Kassenarztrechts, in: Ruzicka u.a. (Hg.), *Mensch und Medizin in totalitären und demokratischen Gesellschaften*, Essen 2001, S. 137-145.

Fehrenbach, Heide, *Cinema in Democratizing Germany. Reconstructing National Identity after Hitler*, Chapel Hill u.a. 1995.

Feldberg, Georgina, *Disease and Class. Tuberculosis and the Shaping of Modern North American Society*, New Brunswick 1995.
Ferlinz, Rudolf, Die Tuberkulose in Deutschland und das Deutsche Zentralkomitee zur Bekämpfung der Tuberkulose, in: Ders., 100 Jahre Deutsches Zentralkomitee zur Bekämpfung der Tuberkulose, *Pneumologie* 49, Sonderheft 3, Stuttgart 1995, S. 617-632.
Flessner, Reinhard, Der wohltätige Leviathan. Wohlfahrtspolitik und Sozialstaat in den USA in der neueren Historiographie, in: *Archiv für Sozialgeschichte* 32 (1992), S. 352-382.
Flora, Peter/Alber, Jens/Kohl, Jürgen, Zur Entwicklung der westeuropäischen Wohlfahrtsstaaten, in: *Politische Vierteljahresschrift* 18 (1977), S. 709ff.
Forth, Wolfgang/Gericke, Dietmar/Schenk, Ernst, *Von Menschen und Pilzen*, München 1997.
Foster, Gaines M., Typhus disaster in the Wake of War: The American Polish Relief Expedition, 1919-1920, in: *Bulletin of the History of Medicine* 55 (1981), S. 221-232.
Fox, Daniel M., Peace, Health, and the National Purpose: Health Policy and the Cold War, in: *Bulletin of the New York Academy of Medicine, A Journal of Urban Health* 71 (Winter 1994), S. 281-293.
Ders., *Health policies, Health politics: The Experience of Britain and America, 1911-1965*, Princeton 1986.
Ders., Abraham Flexner's Unpublished Report: Foundations and Medical Education, 1909-1928, in: *Bulletin of the History of Medicine* 54 (1980), S. 475-496.
Ders., Social Policy and City Politics: Tuberculosis Reporting in New York, 1889-1900, in: *Bulletin of the History of Medicine* 49 (1975), S. 169-195.
Frei, Norbert (Hg.), *Medizin und Gesundheitspolitik in der NS-Zeit*, München 1991.
Frevert, Ute, *Mann und Weib, und Weib und Mann. Geschlechter-Differenzen in der Moderne*, München 1995.
Dies., Frauen auf dem Weg zur Gleichberechtigung – Hindernisse, Umleitungen, Einbahnstraßen, in: Broszat, Martin (Hg.), *Zäsuren nach 1945. Essays zur Periodisierung der deutschen Nachkriegsgeschichte*, München 1990, S. 113-130.
Dies., *Krankheit als politisches Problem 1770-1880. Soziale Unterschichten in Preußen zwischen medizinischer Polizei und staatlicher Sozialversicherung*, Göttingen 1984.
Frey, Manuel, *Der reinliche Bürger. Entstehung und Verbreitung bürgerlicher Tugenden in Deutschland 1760-1860*. Göttingen 1997.
Friedrich, Wolfgang-Uwe (Hg.), *Die USA und die deutsche Frage 1945-1990*, Frankfurt/M./New York 1991.
Gaspar, M., Ärzte als Kritiker der NS-Bewegung, in: Kudlien, Fridolf (Hg.), *Ärzte im Nationalsozialismus*, Köln 1985, S. 35-54.
Gassert, Philipp, Amerikanismus, Antiamerikanismus, Amerikanisierung. Neue Literatur zur Sozial-, Wirtschafts- und Kulturgeschichte des amerikanischen Einflusses in Deutschland und Europa, in: *Archiv für Sozialgeschichte* Band (1999), S. 531-561.
Ders., *Amerika im Dritten Reich. Propaganda und Volksmeinung 1933-1945*, Stuttgart 1997.
Gebhard, Bruno, Alfred Grotjahns Soziale Pathologie und sein Einfluß auf die englische und amerikanische Sozialmedizin, in: *Bundesgesundheitsblatt* 10 (1967), S. 197-201.
Geertz, Clifford, *Dichte Beschreibung. Beiträge zum Verstehen kultureller Systeme*, Frankfurt/M. 1987.
Gerhardt, Uta, Re-Education als Demokratisierung der Gesellschaft Deutschlands durch das amerikanische Besatzungsregime, in: *Leviathan* 27 (1999) 3, S. 355-385.
Gerst, Thomas, *Ärztliche Standesorganisationen und Standespolitik in Deutschland 1945-1955*, Stuttgart 1998.

Ders., Neuaufbau und Konsolidierung: Ärztliche Selbstverwaltung und Interessenvertretung in den drei Westzonen und der Bundesrepublik Deutschland 1945-1995, in: Jütte, Robert (Hg.), *Geschichte der deutschen Ärzteschaft. Organisierte Berufs- und Gesundheitspolitik im 19. und 20. Jahrhundert*, S. 195-242, Köln 1997.

Geyer-Kordesch, Johanna/Kuhn, Annette (Hg.), *Frauenkörper, Medizin, Sexualität*, Düsseldorf 1986.

Gienow-Hecht, Jessica C. E., *Transmission Impossible* (Eisenhower Center Studies on War and Peace), Baton Rouge 1999.

Gimbel, John, *The American Occupation of Germany. Politics and the Military, 1945-1949*, Stanford 1968.

Ders., *A German Community under American Occupation: Marburg 1945-1952*, Stanford 1961.

Glazer, Nathan, The American Welfare State: Incomplete or Different?, in: Ders, *The Limits of Social Policy*, Cambridge 1988.

Göckenjan, Gerd, Stichwort: Gesundheit, in: Deppe, Hans-Ulrich/Müller, Hannes Friedrich/Müller, Rainer (Hg.), *Öffentliche Gesundheit – Public Health. Konzepte und Diskussionen in der deutschen Geschichte*, Frankfurt/M. 1991, S. 15-24.

Ders., Über den Schmutz. Überlegungen zur Konzeption von Gesundheitsgefahren, in: Reulecke, Jürgen/Castell Rüdenhausen, Adelheid Gräfin zu (Hg.), *Stadt und Gesundheit. Zum Wandel von »Volksgesundheit« und kommunaler Gesundheitspolitik im 19. und frühen 20. Jahrhundert*, Stuttgart 1991, S. 115-128.

Ders., *Tuberkulose-Prävention und Spuckverhalten. Bedingungen, Ziele und Maßnahmen einer historischen Kampagne zur Einstellungs- und Verhaltensänderung*, Berlin 1989.

Ders., Syphilisangst und Politik mit Krankheit. Diskurs zur Geschichte der Geschlechtskrankheiten, in: Gindorf, R./Haeberle, E. J. (Hg.), *Sexualitäten in unserer Gesellschaft*, Berlin/New York 1989.

Ders., *Kurieren und Staat machen. Gesundheit und Medizin in der bürgerlichen Welt*, Frankfurt/M. 1985.

Göhler, Gerhard (Hg.), *Institutionenwandel* (Leviathan Sonderheft 16/1996), Opladen 1997.

Ders., Wie verändern sich Institutionen? Revolutionärer und schleichender Institutionenwandel, in: Ders. (Hg.), *Institutionenwandel* (Leviathan Sonderheft 16/1996), Opladen 1997, S. 21-56.

Ders., (Hg.), *Die Eigenart der Institutionen. Zum Profil politischer Institutionentheorie*, Baden-Baden 1994.

Ders., Politische Institutionen und ihr Kontext. Begriffliche und konzeptionelle Überlegungen zur Theorie politischer Institutionen, in: Ders. (Hg.), *Die Eigenart der Institutionen. Zum Profil politischer Institutionentheorie*, Baden-Baden 1994, S. 19-46.

Ders., Soziale Institution – politische Institution, in: Luthardt, Wolfgang/Waschkuhn, Arno (Hg.), *Politik und Repräsentation: Beiträge zur Theorie und zum Wandel politischer und sozialer Institutionen*, Marburg 1988, S. 12-28.

Goldmann, Eric F., *The Crucial Decade and After: 1945-1960*, New York 1960.

Gostomzyk, J.G., Der Beitrag der Sozialmedizin zu Public Health, in: *Gesundheitswesen* 62 (März 2000), S. 117-118.

Gradmann, Christoph/Schlich, Thomas (Hgs.), *Strategien der Kausalität. Konzepte der Krankheitsversursachung im 19. und 20. Jahrhundert*, Pfaffenweiler 2000.

Greiner, Bernd, Test the West. Über die Amerikanisierung der Bundesrepublik Deutschland, in: Bude, Heinz/Greiner, Bernd (Hg.), *Westbindungen: Amerika in der Bundesrepublik*, Hamburg 1999, S. 16-54.

Gries, Rainer, *Die Rationen-Gesellschaft. Versorgungskampf und Vergleichsmentalität – Leipzig, München und Köln nach dem Kriege*, Münster 1991.

Grosser, Christiane u.a., *Flüchtlingsfragen, das Zeitproblem. Amerikanische Besatzungspoltik, deutsche Verwaltung und die Flüchtlingsfrage in Württemberg-Baden 1945-1949,* Mannheim 1993.

Grosz, Elisabeth, A note on essentialism and difference, in: Gunew, Sneja (Ed.), *Feminist knowledge as critique and construct,* London 1990.

Grundmann, Ekkehard, *Gerhard Domagk – der erste Sieger über die Infektionskrankheiten* (Worte – Werke – Utopien. Thesen und Texte Münsterscher Gelehrter, Bd. 13), Münster u.a. 2001.

Hähner-Rombach, Sylvelyn, Ernst Ziegler, Tagebuch Hans Richard von Fels. Ärzte-Mission nach Süd-Deutschland, 25. September bis 5. Oktober 1946, in: *Medizin, Gesellschaft und Geschichte* 20 (2001), S. 137-177.

Dies., *Die Betriebskrankenkassen in Baden und Württemberg von der Industrialisierung bis in die Zeit des Nationalsozialismus. Eine Chronik* (Hg. vom Landesverband der Betriebskrankenkassen Baden-Württemberg), Kornwestheim 2001.

Dies., Sozialgeschichte der Tuberkulose vom Kaiserreich bis zum Ende des Zweiten Weltkriegs: unter besonderer Berücksichtigung Württembergs (Medizin, Gesellschaft und Geschichte: Beiheft 14), Stuttgart 2000.

Dies., Die Betriebskrankenkassen in Baden-Württemberg nach 1945. Eine Chronik (Hg. vom Landesverband der Betriebskrankenkassen Baden-Württemberg), Kornwestheim 1999.

Hall, Peter A./Taylor, Rosemary C. R., Political Science and the The New Institutionalism, in: *Political Studies* 44 (1996), S. 952-973.

Hammons, Evelynn Maxine, *The search for Perfect Control: A Social History of Diphtheria 1880-1930,* PhD Harvard Univ. 1993.

Hansen, Eckhard, *Wohlfahrtspolitik im NS-Staat. Motivationen, Konflikte und Machtstrukturen im Sozialismus der Tat des Dritten Reiches,* Bremen 1991.

Ders./Tennstedt, Florian, »*Seit über einem Jahrhundert ...«. Verschüttete Alternativen in der Sozialpolitik,* Köln 1981.

Haraway, Donna, Situiertes Wissen. Die Wissenschaftsfrage im Feminismus und das Privileg einer partialen Perspektive, in: Dies, *Die Neuerfindung der Natur,* Frankfurt/M. 1995.

Haupt, Heinz-Gerhard, Bemerkungen zum Vergleich staatlicher Sozialpolitik in Deutschland und Frankreich (1880-1920), in: Geschichte und Gesellschaft 22 (1996), S. 299-310.

Hauschildt, Elke, Ein neuer Zweig der Gesundheitsfürsorge in den 1920er-Jahren: die Trinkerfürsorge, in: Vögele, Jörg/Woelk, Wolfgang (Hg.), *Geschichte der Gesundheitspolitik in Deutschland von der Weimarer Republik bis in die Frühgeschichte der »doppelten Staatsgründung«,* Berlin 2002, S. 125-142.

Heiden, Detlev, *Sozialisierungspolitik in Hessen 1946-1967. Vom doppelten Scheitern deutscher Traditionssozialisten und amerikanischer Industriereformer.* 2 Teilbände, Münster u.a. 1997.

Heinelt, Hubert, Policy und Politics. Überlegungen zum Verhältnis von Politikinhalten und Politikprozesse, in: Héritier, Adrienne (Hg.), *Policy-Analyse. Kritik und Neuorientierung,* PVS Sonderheft 24, Opladen 1993, S. 307-327.

Henke, Josef/Oldenhage, Klaus, Office of Military Government for Germany (US), in: Weisz, Christoph (Hg.), *OMGUS-Handbuch. Die amerikanische Militärregierung in Deutschland 1945-1949,* Oldenburg 1995, S. 1-42.

Henke, Klaus-Dietmar, *Die amerikanische Besetzung Deutschlands,* Oldenburg 1996.

Ders., Die Grenzen der politischen Säuberung in Deutschland nach 1945, in: Herbst, Ludolf (Hg.), *Westdeutschland 1945-1955. Unterwerfung, Kontolle, Integration,* München 1986, S. 127-133.

Hentschel, Volker, *Geschichte der deutschen Sozialpolitik 1880-1980,* Frankfurt/M. 1983.

Herbert, Ulrich, Liberalisierung als Lernprozeß. Die Bundesrepublik in der deutschen Geschichte – eine Skizze, in: Ders. (Hg.), *Wandlungsprozesse in Westdeutschland. Belastung, Integration, Liberalisierung 1945-1980,* Göttingen 2002, S. 7-52.

Ders., *Best. Biographische Studien über Radikalismus, Weltanschauung und Vernunft 1903-1989*, Bonn 1996.
Ders., Rückkehr in die Bürgerlichkeit? NS-Eliten in der Bundesrepublik, in: Weisbrod, Bernd (Hg.), *Rechtsradikalismus und politische Kultur. Die verzögerte Normalisierung in Niedersachsen in der Nachkriegszeit*, Hannover 1995, S. 157-173.
Ders., *Fremdarbeiter. Politik und Praxis des »Ausländer-Einsatzes« in der Kriegswirtschaft des Dritten Reichs*, Bonn 1985.
Héritier, Adrienne (Hg.), *Policy-Analyse. Kritik und Neuorientierung*, PVS-Sonderheft 24, Opladen 1993.
Dies., Policy-Analyse. Elemente der Kritik und Perspektiven der Neuorientierung, in: Dies. (Hg.), *Policy-Analyse. Kritik und Neuorientierung*, PVS Sonderheft 24, Opladen 1993, S. 9-38.
Herold-Schmidt, Hedwig, Ärztliche Interessenvertretung im Kaiserreich 1871-1914, in: Jütte, Robert (Hg.), *Geschichte der deutschen Ärzteschaft. Organisierte Berufs- und Gesundheitspolitik im 19. und 20. Jahrhundert*, Köln 1997, S. 43-96.
Hess, Volker, Gegenständliche Geschichte? Objekte medizinischer Praxis – die Praxis medizinischer Objekte, in: Paul, Norbert/Schlich, Thomas (Hg.), *Medizingeschichte: Aufgaben, Probleme, Perspektiven*, Frankfurt/M. 1998, S. 130-152.
Henze, Carlo, Recollections of a Medical Intelligence Officer in World War II, in: *Buelletin of the New York Academy of Medicine* 49 (1973), S. 960-973.
Hildebrandt, Horst, *Die deutschen Verfassungen des 19. und 20. Jahrhunderts*, Paderborn u.a. 1983 (1971).
Hirshfield, Daniel S., *The Lost Reform. The Campaign for Compulsory Health Insurance in the United States from 1932-1943*, Cambridge 1970.
Hockerts, Hans Günter (Hg.), *Drei Wege deutscher Sozialstaatlichkeit, NS-Diktatur Bundesrepublik und DDR im Vergleich* (Schriftenreihe der Vierteljahreshefte für Zeitgeschichte, Bd. 76), München 1998.
Ders., Die historische Perspektive – Entwicklung und Gestalt des modernen Sozialstaates in Europa, in: Ders. (Hg.), *Sozialstaat – Idee und Entwicklung. Reformzwänge und Reformziele. 33. Kolloquium der Walter-Raymond-Stiftung*, Köln 1996, S. 27-62.
Ders., Vorsorge und Fürsorge: Kontinuität und Wandel der sozialen Sicherung, in: Schildt, Axel/Sywottek, Arnold (Hg.), *Modernisierung im Wiederaufbau. Die westdeutsche Gesellschaft der 50er Jahre*, Bonn 1993, S. 223-241.
Ders., *Sozialpolitische Entscheidungen im Nachkriegsdeutschland*, Stuttgart 1980.
Hödl, Klaus, Die Tuberkulose bei Juden und Schwarzen in den USA. Zur medizinisch-anthropologischen Debatte über rassendifferente Krankheitsneigungen, ca. 1850-1920, in: *Medizin, Gesellschaft und Geschichte* 20 (2001), S. 73-98.
Hörnemann, Gerd, *Die Selbstverwaltung der Ärztekammern. Spannungen und Wechselwirkungen von Fremd- und Selbstkontrolle des Arztberufs*, Konstanz 1989.
Hofmann, Werner/Schwartz, Friedrich Wilhelm, Public Health: Gesundheitspolitik und akademische Disziplin. Entwicklung in den alten Bundesländern, in: Abholz, Heinz-Harald u.a. (Hg.), *Wer oder was ist Public Health*, Argument Sonderband 198, Hamburg 1992, S. 6-24.
Hoffmann, Dierk, *Sozialpolitische Neuordnung in der SBZ/DDR. Der Umbau der Sozialversicherung 1945-1956*, München 1996.
Holtmann Everhard, *Politik und Nichtpolitik. Lokale Erscheinungsformen politischer Kultur im frühen Nachkriegsdeutschland. Das Beispiel Unna und Kamen*, Opladen 1989.
Huber, Ellis, Das Gesundheitssystem neu denken, in: *Public Health Forum* 3 (1995), S. 8-10.
Hudson, Robert L., Abraham Flexner in Perspektive: American Medical Education, 1865-1910, in: *Bulletin of the History of Medicine* 46 (1972), S. 545-555.

Huerkamp, Claudia, *Der Aufstieg der Ärzte im 19. Jahrhundert*, Göttingen 1985.

Hunt, Lynn, *Symbole der Macht, Macht der Symbole: Die Französische Revolution und der Entwurf einer politischen Kultur*, Frankfurt/M. 1989.

Huster, Ernst-Ulrich u.a. (Hg.), *Determinanten der westdeutschen Restauration 1945-1949*, Frankfurt/M. 1972.

Institut für Zeitgeschichte, München/Research Foundation for Jewish Immigration (Hg.), *Biographisches Handbuch der deutschsprachigen Emigration nach 1933*, New York 1980. Band II.

Iriye, Akira, Culture and Power: International Relations as Intercultural Relation, in: *Diplomatic History* 3 (1979), S. 115-128.

Jacobs, Lawrence R., Institutions and Culture: Health Policy and Public Opinion in the U.S. and Britain, in: *World Politics* 44 (1992), S. 179-209.

Jäckel, Ernst/Kuhn, Anette (Hg.), *Hitler. Sämtliche Aufzeichnungen 1905-1924*, Stuttgart 1980.

Jäckle, Renate, *Die Ärzte und die Politik 1930 bis heute*, München 1988.

Jantzen, Wolfgang, Gesundheit als humanwissenschaftliche Kategorie, in: Deppe, Hans-Ulrich u.a. (Hg.), *Öffentliche Gesundheit – Public Health. Konzepte und Diskussionen in der deutschen Geschichte*, Frankfurt/M. 1991, S. 25-37.

Jarausch, Konrad/Siegrist, Hannes (Hg.), *Amerikanisierung und Sowjetisierung in Deutschland 1945-1970*, Frankfurt u.a. 1997.

Jaworski, Rudolf, Osteuropa als Gegenstand historischer Stereotypenforschung, in: *Geschichte und Gesellschaft* 13 (1987), S. 63-76.

Jeggle, Utz, Im Schatten des Körpers: Vorüberlegungen zu einer Volkskunde der Körperlichkeit, in: *Zeitschrift für Volkskunde* 76 (1980), S. 169-188.

Jenk, Gabriele, *Steine gegen Brot. Trümmerfrauen schildern den Wiederaufbau in der Nachkriegszeit*, Bergisch Gladbach 1988.

Jordanova, Ludmilla, The Social Construction of Medical Knowledge, in: *Social History of Medicine* (1995), S. 361-381.

Jütte, Robert (Hg.), *Geschichte der deutschen Ärzteschaft. Organisierte Berufs- und Gesundheitspolitik im 19. und 20. Jahrhundert*, Köln 1997.

Ders., Entwicklung des ärztlichen Vereinswesens bis 1871, in: Ders. (Hg.), *Geschichte der deutschen Ärzteschaft. Organisierte Berufs- und Gesundheitspolitik im 19. und 20. Jahrhundert*, Köln 1997, S. 15-42.

Ders., Gesundheitswesen, in: Lersch, Edgar u.a. (Hg.), *Stuttgart in den ersten Nachkriegsjahren*, Stuttgart 1995, S. 398-421.

Ders., Sozialgeschichte der Medizin: Inhalte – Methoden – Ziele, in: *Medizin, Gesellschaft und Geschichte* 9 (1991), S. 149-164.

Jung, Martina/Scheitenberger, Martina, ... den Kopf noch fest auf dem Hals«. *Frauen in Hannover 1945-1948*, Hannover 1991.

Junker, Detlef, The Continuity of Ambivalence. German Views of America, 1933-1945, in: David E. Barclay/Elisabeth Glaser-Schmidt (Ed.), *Transatlantic Images and Perceptions. Germany and America since 1776*, New York 1997, S. 243-263.

Ders., F.D. Roosevelt und die nationalsozialistische Bedrohung der USA, in: Trommler, Frank (Hg.), *Amerika und die Deutschen – Bestandsaufnahme einer 300jährigen Geschichte*, Opladen 1986, S. 393-405.

Kähler, Gert (Hg.), *Geschichte des Wohnens 1918-1945. Reform, Reaktion, Zerstörung*, Stuttgart 1996.

Kamper, Dietmar/Wulf, Christoph, Die Parabel der Wiederkehr. Zur Einführung, in: Diess. (Hg.), *Die Wiederkehr des Körpers*, Frankfurt/M. 1982, S. 9-21.

Kater, Hermann, *Politiker und Ärzte. 600 Kurzbiographien und Porträts*, Hameln 1968.

Kelting, Kristin, *Das Tuberkuloseproblem im Nationalsozialismus*, Diss. Univ. Kiel 1974.
Kessel, Martina/Signori, Gabriela, Geschichtswissenschaft, in: Braun, Christina von/Stephan, Inge (Hg.), *Gender Studien. Eine Einführung*, Stuttgart 2000, S. 119-129.
Kevles, Daniel J., *The Physicists: The History of a Scientific Community in Modern America*, New York 1978.
Kirby, Vicki, Corporeal Habits: Adressing Essentialism Differently, in: *Hypatia*, Special Issue »Feminism and the Body« 6 (1991), S. 4-24.
Kirchberger, Stefan, Public Health Policy in Germany, 1945-49: Continuity and a New Beginning, in: Light, Donald W./Schuller, Alexander (Ed.), *Political Values and Health Care: The German Experience*, Cambridge 1986, S. 185-238.
Kirchgässner, Bernhard (Hg.), *Stadt und Gesundheitspflege*, Sigmaringen 1982.
Klatt, Gunnar, *Entwicklungen und Probleme des öffentlichen Gesundheitswesens in Niedersachsen während der Besatzungszeit 1945-49 am Beispiel der Stadt Hannover*, Hannover 1991.
Klee, Ernst, *Deutsche Medizin im Dritten Reich. Karrieren vor und nach 1945*, Frankfurt 2001.
Ders., Wie Eugenik die Köpfe eroberte. Ein Schweizer dachte vor. Die Skandinavier erließen als erste Sterilisierungsgesetze. Die Deutschen trieben den Rassenwahn bis zum Massenmord, in: *Die Zeit* 37 (September 1997), S. 14.
Kleinschmidt, Johannes, Die amerikanische Besatzungspolitik in Deutschland 1945-1949, in: Bibliothek für Zeitgeschichte (Hg.), *Jahresbibliographie Nr. 65* (1993), Essen 1995, S. 534-557.
Kocka, Jürgen, Die Geschichte der DDR als Forschungsproblem, in: Ders. (Hg.), *Historische DDR-Forschung. Aufsätze und Studien*, Berlin 1993, S. 9-26.
Ders., Ursachen des Nationalsozialismus, in: *Aus Politik und Zeitgeschichte* 25 (21.6.1980), S. 5-11.
Kontos, Silvia, Körperpolitik – eine feministische Perspektive, in: Teresa Kulawik/Sauer, Birgit (Hg.), *Der halbierte Staat. Grundlagen feministischer Politikwissenschaft*, Frankfurt/M. 1996, S. 137-157.
Krabbe, Wolfgang R., Die Modernisierung der kommunalen Sozial- und Gesundheitsfürsorge im Zeitalter der Industrialisierung, in: *Zeitschrift für Sozialreform* 30 (1984), S. 424-433.
Krämer, Leonie, Vom Mangel zum Wohlstand, in: Bauer, Thomas u.a. (Hg.), *Vom »stede arzt« zum Stadtgesundheitsamt – Die Geschichte des öffentlichen Gesundheitswesens in Frankfurt am Main*, Frankfurt/M. 1992, S. 113-184.
Krauss, Marita, »Vee GAYT ess ee-nen?« Lebenssplitter aus dem Umgang mit Besatzer, in: Prinz, Friedrich (Hg.), *Trümmerzeit in München. Kultur und Gesellschaft einer deutschen Großstadt im Aufbruch 1945-1949*, München 1984, S. 333-338.
Dies., Kaleidoskop des Trümmeralltags. »… es geschahen Dinge, die Wunder ersetzten.« Die Frau im Münchner Trümmeralltag, in: Prinz, Friedrich (Hg.), *Trümmerzeit in München. Kultur und Gesellschaft einer deutschen Großstadt im Aufbruch 1945-1949*, München 1984, S. 283-302.
Kraushaar, Wolfgang, die transatlantische Protestkultur. Der zivile Ungehorsam als amerikanisches Exempel und als bundesdeutsche Adaption, in: Bude, Heinz/Greiner, Bernd (Hg.), *Westbindungen: Amerika in der Bundesrepublik*, Hamburg 1999, S. 257-284.
Kreikamp, Hans-Dieter, Die amerikanische Deutschlandpolitik im Herbst 1946 und die Byrnes-Rede in Stuttgart, in: *Vierteljahrshefte für Zeitgeschichte* 29 (1981), S. 269-285.
Kroes, Rob, *If You've Seen one You've Seen the Mall. Europeans and American Mass Culture*, Urbana 1996.
Krohn, Claus-Dieter (Hg.), *Kulturtransfer im Exil*, München 1995.
Kudlien, Fridolf, Fürsorge und Rigorismus. Überlegungen zur ärztlichen Normaltätigkeit im Dritten Reich, in: Frei, Norbert (Hg.), *Medizin und Gesundheitspolitik in der NS-Zeit*, München 1991, S. 99-112.
Ders. (Hg.), *Ärzte im Nationalsozialismus*, Köln 1985.

Kümmel, W. R., Die Ausschaltung rassisch und politisch mißliebiger Ärzte, in: Kudlien, Fridolf (Hg.), *Ärzte im Nationalsozialismus*, S. 56-81, Köln 1985.

Kulawik, Teresa/Sauer, Birgit, Staatstätigkeit und Geschlechterverhältnisse. Eine Einführung, in: Dies. (Hg.), *Der halbierte Staat. Grundlagen feministischer Politikwissenschaft*, Frankfurt/M. 1996, S. 9-46.

Labisch, Alfons, »Gesundheit« im Wandel der Zeiten. Zur Geschichte und Theorie des Problems »Medizin in der Gesellschaft«, in: Bundesvereinigung für Gesundheit e.V. (Hg.), *Gesundheit: Strukturen und Handlungsfelder*, Neuwied 2000, S. 1-49.

Ders., Gesundheit: Die Überwindung von Krankheit, Alter und Tod in der Neuzeit, in: Dülmen, Richard van (Hg.), *Erfindung des Menschen. Schöpfungsträume und Körperbilder 1500-2000*, Wien u.a. 1998, S. 507-537.

Ders., *Homo Hygienicus. Gesundheit und Medizin in der Neuzeit*, Frankfurt u.a. 1992.

Ders., The Social Construction of Health. From Early Modern Times to the Beginning of the Industrialization, in: Lachmund, Jens/Stollberg, Gunnar (Ed.), *The Social Construction of Illness. Illness and Medical Knowledge in Past and Present*, Stuttgart 1992, S. 85-101.

Ders., Infektion oder Seuche? Zur Problematik monokausalen Denkens in der Medizin, in: *Gesundheitswesen* 59 (1997). S. 181-209.

Ders., Der öffentliche Gesundheitsdienst (öGD) angesichts neuer öffentlicher Gesundheitsleistungen (»new Public Health«), in: Deppe, Hans-Ulrich/Müller, Hannes Friedrich/Müller, Rainer (Hg.), *Öffentliche Gesundheit – Public Health. Konzepte und Diskussionen in der deutschen Geschichte*, Frankfurt/M. 1991, S. 84-102.

Ders., Experimentelle Hygiene, Bakteriologie, Soziale Hygiene: Konzeptionen, Interventionen, Soziale Träger. Eine Idealtypische Übersicht, in: Reulecke, Jürgen/Castell Rüdenhausen, Adelheid Gräfin zu (Hg.), *Stadt und Gesundheit. Zum Wandel von Volksgesundheit und kommunaler Gesundheitspolitik im 19. und frühen 20. Jahrhundert*, Stuttgart 1991, S. 37-47.

Ders., Problemsicht, Problemdefinition und Problemlösungsmuster der Gesundheitssicherung durch Staat, Kommunen und primäre Gescheinschaften, in: Kaufmann, Franz-Xaver (Hg.), *Staat, intermediäre Instanzen und Selbsthilfe. Bedingungsanalyse sozialpolitischer Intervention*. (Soziologie und Sozialpolitik, Bd. 7), München 1987, S. 91-118.

Ders., Gemeinde und Gesundheit. Zur historischen Soziologie des kommunalen Gesundheitswesens, in: Blanke, Bernhard/Evers, Adalbert/Wollmann, Hellmut (Hg.), *Die zweite Stadt*, Opladen 1986, S. 275-305.

Ders./Spree, Reinhard, Neuere Entwicklungen und aktuelle Trends in der Sozialgeschichte der Medizin in Deutschland – Rückschau und Ausblick, in: *Vierteljahresschrift für Sozial- und Wirtschaftsgeschichte* 37 (1997), S. 181-209.

Ders., Gesundheitspolitik im 19. und frühen 20. Jahrhundert. Deutschland und England als Beispiele, in: *Berichte zur Wissenschaftsgeschichte* 11 (1988), S. 45-52.

Ders./Tennstedt, Florian, Gesundheitsamt oder Amt für Volksgesundheit? Zur Entwicklung des öffentlichen Gesundheitsdienstes seit 1933, in: Frei, Norbert (Hg.), *Medizin und Gesundheitspolitik in der NS-Zeit*, München 1991, S. 35-66.

Ders., *Der Weg zum Gesetz über die Vereinheitlichung des Gesundheitswesens vom 3. Juli 1934. Entwicklungslinien und -momente des staatlichen und kommunalen Gesundheitswesens in Deutschland*, Düsseldorf 1985.

Ders./Vögele, Jörg, Stadt und Gesundheit. Anmerkungen zur neueren sozial- und medizinhistorischen Diskussion in Deutschland, in: *Archiv für Sozialgeschichte* 37 (1997), S. 396-424.

Ders./Woelk, Wolfgang, Geschichte der Gesundheitswissenschaften, in: Klaus Hurrelmann/Laaser, Ulrich (Hg.), *Handbuch Gesundheitswissenschaften*, Neuausgabe, Weinheim/München 1998, S. 49-89.

Ders., Öffentliche Gesundheit in der Nachkriegsgeschichte der BRD. Ein Bund-Länder-Vergleich von 1945-1965, in: *Forum Public Health* 12 (April 1996), S. 3-4.

Lachmund, Jens/Stollberg, Gunnar (Hg.), *The Social Construction of Illness*, MedGG-Beihefte 1, Stuttgart 1992.

Landeszentrale für politische Bildung Baden-Württemberg, Haus der Geschichte Baden-Württemberg (Hg.), *Besatzer – Helfer – Vorbilder. Amerikanische Politik und deutscher Alltag in Württemberg-Baden 1945 bis 1949. Dokumentation des Symposiums vom 11.10.1996 im Stuttgarter Rathaus*, Stuttgart 1997.

Lange-Quassowski, Jutta, *Neuordnung oder Restauration?* Opladen 1979.

Langner, Albrecht (Hg.), *Katholizismus, Wirtschaftsordnung und Sozialpolitik 1945-1963*, Paderborn u.a. 1980.

Latour, Conrad F./Vogelsang, Thilo, *Okkupation und Wiederaufbau. Die Tätigkeit der Militärregierung in der amerikanischen Besatzungszone Deutschland 1944-1947*, München 1973.

Leavitt, Judith/Numbers, Ronald, *Sickness and Health in America. Reading in the History of Medicine and Public Health*, Wisconsin 1978.

Lehmkuhl, Ursula, Diplomatiegeschichte als internationale Kulturgeschichte: Theoretische Ansätze und empirische Forschung zwischen Historischer Kulturwissenschaft und soziologischem Institutionalismus, in: *Geschichte und Gesellschaft* 27 (2001) 3, S. 394-423.

Dies., *Pax Anglo-Americana. Machtstrukturelle Grundlagen anglo-amerikanischer Asien- und Fernostpolitik in den 1950er Jahren*, München 1999.

Leiby, Richard A., *Public Health in occupied Germany 1945-49*, PhD. Univ. Delaware, Dover 1985.

Leins, Claudia, *Robert Eugen Gaupp. Leben und Werk*, Diss. Tübingen 1991.

Lepsius, Rainer, M., Institutionalisierung und Deinstitutionalisierung von Rationalitätskriterien, in: Göhler, Gerhard (Hg.), *Institutionenwandel*, Opladen 1997, S. 57-69.

Lerner, Paul, Wille und Gemeinschaft in der deutschen Kriegspsychiatrie, in: Eckart, Wolfgang U./Gradmann, Christoph (Hg.), *Die Medizin und der Erste Weltkrieg*, Pfaffenweiler 1996, S. 85-107.

Lersch, Edgar u.a. (Hg.), *Stuttgart in den ersten Nachkriegsjahren*, Stuttgart 1995.

Lesky, Erna (Hg.), *Sozialmedizin. Entwicklung und Selbstverständnis*, Darmstadt 1977.

Leven, Karl-Heinz, Fleckfieber beim deutschen Heer während des Krieges gegen die Sowjetunion (1941-1945), in: Guth, E.; Militärgeschichtliches Forschungsamt, Freiburg (Hg.), *Sanitätswesen im Zweiten Weltkrieg*. Vorträge zur Militärgeschichte, 11, Herford/Bonn 1990, S. 127-165.

Ley, Astrid/Ruisinger, Marion M., *gewissenlos – gewissenhaft. Menschenversuche im Konzentrationslager*, Katalog zur Ausstellung des Instituts für Geschichte der Medizin, Universität Erlangen-Nürnberg, Erlangen 2001.

Liebermann, Manfred, *Die Entwicklung des National Health Plan und der National Health Insurance in den USA seit 1945*, Hamburg 1954.

Lilienthal, G., Der Nationalsozialistische Deutsche Ärztebund (1929-1943 u. 1945): Wege zur Gleichschaltung und Führung der deutschen Ärzteschaft, in: Kudlien, Fridolf (Hg.), *Ärzte im Nationalsozialismus*, Köln 1985, S. 105-121.

Lindner, Ulrike, Gesundheitsvorsorge für Schwangere und Säuglinge 1949-1965: Pläne, Maßnahmen, Defizite, in: Vögele, Jörg/Woelk, Wolfgang (Hg.), *Geschichte der Gesundheitspolitik in Deutschland von der Weimarer Republik bis in die Frühgeschichte der »doppelten Staatsgründung«*, Berlin 2002, S. 347-378.

Dies., »Wir unterhalten uns ständig über den Milchpfennig, aber auf die Gesundheit wird sehr wenig geachtet.« Gesundheitpolitik und medizinische Versorgung 1945-1972, in: Schlemmer, Thomas/Woller, Hans (Hg.), *Bayern im Bund, Bd. 1. Die Erschließung des Landes 1949-1973*, München 2001, S. 205-271.

Link, Jürgen, *Elementare Literatur und generative Diskursanalyse*, München 1983.
Lipset, Seymour Martin, *American Exceptionalism: A Double Edged Sword*, New York 1996.
Loetz, Francisca, *Vom Kranken zum Patienten. Medikalisierung und medizinische Vergesellschaftung am Beispiel Badens 1750-1850*, Stuttgart 1993.
Long, Esmond/Cameron, Virginia (Ed.), *National Tuberculosis Association 1904-1955*, New York 1959.
Lubove, Roy, *The Struggle for Social Security, 1900-1935*, Cambridge, Mass. 1968.
Ludes, Peter, *Kulturtransfer und transkulturelle Prozesse*, Heidelberg 1991.
Ludmerer, Kenneth M., *Learning to Heal: the Development of American Medical Education*, New York 1985
Lüdtke, Alf u.a. (Hg.), *Amerikanisierung. Traum und Alptraum im Deutschland des 20. Jahrhunderts*, Stuttgart 1996.
Maase, Kaspar, Establishing Cultural Democracy: Youth, Americanization, and the Irresistible Rise of Popular Culture, in: Schissler, Hanna (Hg.), *The Miracle Years. A Cultural History of West Germany, 1949-1968*, Princeton/Oxford 2001, S. 428-450.
Ders., *BRAVO Amerika: Erkundungen zur Jugendkultur der BRD in den fünfziger Jahren*, Hamburg 1992.
MacFarlane, Gwyn, *Alexander Fleming. The Man and the Myth*, Cambridge, Mass. 1984.
McDermott, Walsh, The story of INH, in: *Journal of Infecitous Diseases* 119 (1969), S. 678-683.
Mann, Thomas, *Der Zauberberg*, Frankfurt/M. 1979.
Marantz Henig, Robin, *The People's Health. A Memoir of Public Health and Its Evolution at Harvard*, Washington 1996.
March, James G./Olsen, Johan P. (Ed.), *Rediscovering Institutions. The Organizational Basis of Politics*, New York 1989.
Markowitz, Gerald E./Rosner, David K., Doctors in Crisis: A Study of the Use of Medical Education Reform to Establish Modern Professional Elitism in Medicine, in: *American Quarterly* 25 (1973), S. 83-107.
Marquardt-Bigman, Petra, *Amerikanische Geheimdienstanalysen über Deutschland 1942-1949*, München 1995.
Martin, Bernd, Amerikas Durchbruch zur politischen Weltmacht – Die interventionistische Globalstrategie der Regierung Roosevelt 1933-1941, in: *Militärgeschichtliche Mitteilungen* 30 (1981), S. 57-98.
Matl, Wolfgang, Ein Alptraum vom reinen Schweden. Damit der Wohlfahrtsstaat nicht zu teuer würde, ließen seine Verfechter die Schwächsten der Gesellschaft sterilisieren, in: *Die Zeit*, Nr. 37 (September 1997), S. 13ff.
Matzerath, Horst, *Urbanisierung in Preußen 1815-1914*, Stuttgart u.a. 1985.
McDermott, Walsh, The story of INH, in: *Journal of Infecitous Diseases* 119 (1969), S. 678-683.
Medical Department, United States Army, *Preventive Medicine in World War II*, Vol. VIII – Civil Affairs u. Military Government Public Health Activities. Washington 1976.
Medick, Hans, *Geschlechtergeschichte und Allgemeine Geschichte. Herausforderungen und Perspektiven*, Göttingen 1998.
Meyers, Reinhard, Das Dritte Reich in britischer Sicht. Grundzüge und Determinanten britischer Deutschlandbilder in den dreißiger Jahren, in: Wendt, Bernd Jürgen (Hg.), *Das britische Deutschlandbild im Wandel des 19. und 20. Jahrhunderts*, Bochum 1984, S. 127-144.
Michaelis, Herbert/Schraepler, Ernst (Hg.), *Ursachen und Folgen. Vom deutschen Zusammenbruch 1918 und 1945 bis zur staatlichen Neuordnung Deutschlands in der Gegenwart*, Bd. XXV, Berlin 1974ff.

Milles, Dietrich/Müller, Rainer, Public-Health-Forschung und Gesundheitswissenschaften, in: Deppe, Hans-Ulrich/Müller, Hannes Friedrich/Müller, Rainer (Hg.), *Öffentliche Gesundheit – Public Health. Konzepte und Diskussionen in der deutschen Geschichte*, Frankfurt/M. 1991, S. 7-14.

Mittag, Detlef R./Schade, Detlef, *Die amerikanische Kalt-Welle. Geschichten vom Überleben in der Nachkriegszeit*, Berlin 1983.

Mixa, Elisabeth u.a. (Hg.), *Körper – Geschlecht – Geschichte. Historische und aktuelle Debatten in der Medizin*, Innsbruck/Wien 1996.

Mocek, Reinhard, *Biologie und soziale Befreiung. Zur Geschichte des Biologismus und der Rassenhygiene in der Arbeiterbewegung* (Philosophie und Geschichte der Wissenschaften, Studien und Quellen, Band 51), Frankfurt/Main 2002.

Moltmann, Günter, Amerikaklischees in der deutschen Kriegspropaganda 1941-1945, in: *Amerikastudien* 31 (1986) 31, S. 303-314.

Ders., *Amerikas Deutschlandpolitik im Zweiten Weltkrieg: Kriegs- und Friedensziele 1941-45*, Heidelberg 1958.

Moser, Gabriele, »Kommunalisierung« des Gesundheitswesens. Der Neuaufbau der Gesundheitsverwaltung in der SBZ/DDR zwischen Weimarer Reformvorstellungen und »Sowjetisierung«, in: Vögele, Jörg/Woelk, Wolfgang (Hg.), *Geschichte der Gesundheitspolitik in Deutschland von der Weimarer Republik bis in die Frühgeschichte der »doppelten Staatsgründung«*, Berlin 2002, S. 403-418.

Müller, Harald, Internationale Beziehungen als kommunikatives Handeln, in: *Zeitschrift für internationale Beziehungen* 1 (1994), S. 15-44.

Müller, Jürgen, Die Spanische Influenza 1918/1919, in: Eckart, Wolfgang U./Gradmann, Christoph (Hg.), *Die Medizin und der Erste Weltkrieg*, Pfaffenweiler 1996, S. 321-342.

Murswiek, Axel, Gesundheitspolitik, in: Nohlen, Dieter (Hg.), *Wörterbuch Staat und Politik*, Bonn 1996, S. 213-215.

Ders., *Sozialpolitik in den USA*, Opladen 1988.

Myrdal, Alva, *Nation and Family*, Cambridge u. Mass. ²1968.

Nadav, Daniel S., *Julius Moses und die Politik der Sozialhygiene in Deutschland*, Gerlingen 1985.

Naser, Gerhard, *Die Ärzte in eigener Praxis in der Sowjetischen Besatzungszone und in der DDR bis 1961. Ein Beitrag zu ihrem Rechtsstatus*, Berlin 1998.

Naumann, Klaus, Nachkrieg, Vernichtungskrieg, Wehrmacht und Militär in der deutschen Wahrnehmung nach 1945, in: *Mittelweg 36* (1997) 3, S. 11-25.

Neidiger, Bernhard, Entnazifizierung und Bevölkerungsstimmung aus der Sicht der Stuttgarter Stadtverwaltung, in: Lersch, Edgar u.a. (Hg.), *Stuttgart in den ersten Nachkriegsjahren*, Stuttgart 1995, S. 131-174.

Niehuss, Merith, *Familie, Frau und Gesellschaft. Studien zur Strukturgeschichte der Familie in Westdeutschland 1945-1960* (Schriftenreihe der Historischen Kommission bei der Bayerischen Akademie der Wissenschaft, Bd. 65), Göttingen 2001.

Niethammer, Lutz (Hg.), *Hinterher merkt man, daß es richtig war, daß es schiefgegangen ist. Nachkriegserfahrungen im Ruhrgebiet*, Berlin/Bonn 1983.

Ders., *Entnazifizierung in Bayern. Säuberung und Rehabilitierung unter amerikanischer Besatzung*, Frankfurt/M. 1972.

Ders., *Die Mitläuferfabrik. Die Entnazifizierung am Beispiel Bayerns*, Frankfurt/M. 1982.

Nitschke, Asmus, *Die »Erbpolizei« im Nationalsozialismus: Zur Alltagsgeschichte der Gesundheitsämter im Dritten Reich. Das Beispiel Bremen*, Opladen 1999.

Nohlen, Dieter (Hg.), *Wörterbuch Staat und Politik*, Bonn 1996.

Nullmeier, Frank, Wissen und Policy-Forschung. Wissenspolitologie und rhetorisch-dialektisches Handlungsmodell, in: Héritier, Adrienne (Hg.), *Policy-Analyse. Kritik und Neuorientierung, PVS Sonderheft 24, Opladen* 1993, S. 175-198.

Numbers, Ronald, *Almost Persuaded: American Physicians and Compulsory Health Insurance, 1912-1920*, Baltimore 1978.

Öhring, Andrea, *Die Schwindsucht als Sinnbild. Studie zur symbolischen Ordnung einer Krankheit des 19. Jahrhunderts*, Diss. med. Univ. Freiburg i. Br. 1981.

Orloff, Ann Shola/Skocpol, Theda, Why not equal protection. Explaining the Politics of Public Social Spending in Britain, 1900-1911, and the United States, 1880s-1920s, in: *American Sociological Review* 49 (1984), S. 726-750.

Ott, Kathleen, *Fevered Lives. Tuberculosis in American Culture since 1870*, Cambridge 1996.

Otto, R./Spree, R./Vögele, J., Seuchen und Seuchenbekämpfung in deutschen Städten während des 19. und frühen 20. Jahrhunderts. Stand und Desiderate der Forschung, in: *Medizinhistorisches Journal* 25 (1990), S. 286-304.

Paletschek, Sylvia, *Die permanente Erfindung einer Tradition. Die Universität Tübingen im Kaiserreich und in der Weimarer Republik* (Contubernium. Tübinger Beiträge zur Universitäts- und Wissenschaftsgeschichte), Stuttgart 2001.

Parascandola, John (Ed.), *The History of Antibiotics*, Madison 1980.

Paul, Norbert, Das Programm einer »Sozialgeschichte der Medizin« in der jüngeren Medizinhistoriographie, in: Bröer, Ralf (Hg.), *Eine Wissenschaft emanzipiert sich. Die Medizinhistoriographie von der Aufklärung bis zur Postmoderne*, Pfaffenweiler 1999, S. 61-71.

Paulmann, Johannes, Internationaler Vergleich interkultureller Transfer. Zwei Forschungsansätze zur europäischen Geschichte des 18. bis 20. Jahrhunderts, in: *Historische Zeitschrift* 267 (1998), S. 649-685.

Ders., Interkultureller Transfer zwischen Deutschland und Großbritannien: Einführung in ein Forschungskonzept, in: Muhs, Rudolf/Paulmann, Johannes/Steinmetz, Willibald (Hg.), *Aneignung und Abwehr. Interkultureller Transfer zwischen Deutschand und Großbritanniern im 19. Jahrhundert*, Bodenheim 1998, S. 21-43.

Pearle, K.M., Ärzteemigration nach 1933 in die USA. Der Fall New York, in: *Medizinhistorisches Journal* 19 (1984), S. 112-137.

Pells, Richard, *Not Like Us. How Europeans Have Loved, Hated, and Transformed American Culture Since World War II*, New York 1997.

Pieroth, Ingrid, *Penicillinherstellung. Von den Anfängen bis zur Großproduktion*, Stuttgart 1992.

Pöpken, Jörg, *Die Entwicklung der gesetzlichen Krankenversicherung in der Bundesrepublik Deutschland von 1949 bis 1961 anhand der Stellungnahmen in den »Ärztlichen Mitteilungen«*, Diss. med. Hannover 1995.

Poiger, Uta G., *Jazz, Rock, and rebels: Cold War politics and American culture in a divided Germany* (Studies on the history of society and culture, 35), Berkeley u.a. 2000.

Prinz, Friedrich (Hg.), *Trümmerzeit in München. Kultur und Gesellschaft einer deutschen Großstadt im Aufbruch 1945-1949*, München 1984.

Probyn, Elspeth, This Body Which is Not One: Technologizing an Embodied Self, in: *Hypatia*, Special Issue »Feminism and the Body«, Vol. 6 (1991), S. 111-125.

Pulver, Marco, *Tribut der Seuche oder: Seuchenmythen als Quelle sozialer Kalibrierung – Eine Rekonstruktion des Aids-Diskurses vor dem Hintergrund von Studien zur Historizität des Seuchendispositivs*, Frankfurt/M. 1999.

Puteanns, Udo, *Die Apothekerkammern in Westdeutschland (1945-1956) im Spannungsfeld der Kontroverse um die Heilberufskammern*, Stuttgart 1992.

Radkau, Joachim, *Das Zeitalter der Nervosität. Deutschland zwischen Bismarck und Hitler*, München u.a. 1998.
Rauh-Kühne, Cornelia, Die Entnazifizierung und die deutsche Gesellschaft, in: Archiv für Sozialgeschichte 35 (1995), S. 35-70.
Reulecke, Jürgen, *Geschichte der Urbanisierung in Deutschland*, Frankfurt/M. 1985.
Ders./Castell Rüdenhausen, Adelheid Gräfin zu (Hg.), *Stadt und Gesundheit. Zum Wandel von Volksgesundheit und kommunaler Gesundheitspolitik im 19. und frühen 20. Jahrhundert*, Stuttgart 1991.
Rehberg, Karl-Siegbert, Institutionenwandel und die Funktionsveränderung des Symbolischen, in: Göhler, Gerhard (Hg.), *Institutionenwandel*, Opladen 1997, S. 94-120.
Ders., Institutionen als symbolische Ordnungen. Leitfragen und Grundkategorien zur Theorie und Analyse institutioneller Mechanismen, in: Gerhard Göhler (Hg.), *Die Eigenart der Institutionen. Zum Profil politischer Institutionentheorie*, Baden-Baden 1994, S. 47-84.
Reily, Philip R., *The Surgical Solution. A History of Involuntary Sterilisation in the United States*, Baltimore 1991.
Reverby, Susan/Rosner, David, *Health Care in America: Essays in Social History*, Philadelphia 1979.
Ricoeur, Paul, *Geschichte und Wahrheit*, München 1974.
Rieger, E., *Die Institutionalisierung des Wohlfahrtsstaates*, Opladen 1992.
Rippley, La Vern J., Erleichterte Amerikanisierung. Die Wirkungen des Ersten Weltkrieges auf die Deutschamerikaner in den zwanziger Jahren, in: Trommler, Frank (Hg.), *Amerika und die Deutschen. Bestandsaufnahme einer 300jährigen Geschichte*, Opladen 1986, S. 558-571.
Ritter, Gerhard A., Probleme und Tendenzen des Sozialstaates in den 1990er-Jahren, in: *Geschichte und Gesellschaft* 22 (1996), S. 393-408.
Ders., *Der Sozialstaat. Entstehung und Entwicklung im internationalen Vergleich*, München 1991.
Ders., Die Anfänge des Wohlfahrtstaates, in: *Funkkolleg Jahrhundertwende 1880-1930*, Weinheim/Basel 1988, Kollegstunde 5, S. 55ff.
Ders., Der Sozialstaat und seine Grenzen, in: *Funkkolleg Jahrhundertwende 1880-1930*, Weinheim/Basel 1988, Kollegstunde 28, S. 11ff.
Rodriguez-Lores, Juan, Stadthygiene und Städtebau. Am Beispiel der Debatten im Deutschen Verein für öffentliche Gesundheitspflege 1869-1911, in: Reulecke, Jürgen/Castell Rüdenhausen, Adelheid Gräfin zu (Hg.), *Stadt und Gesundheit. Zum Wandel von »Volksgesundheit« und kommunaler Gesundheitspolitik im 19. und frühen 20. Jahrhundert*, Stuttgart 1991, S. 63-76.
Rohe, Karl, *Politik. Begriffe und Wirklichkeiten*, Stuttgart ²1994.
Rosenberg, Charles E., The Bitter Fruit: Heredity, Disease, and Social Thought in Nineteenth-Century America, in: *Perspectives in American History* 8 (1994), S. 189-235.
Ders., Disease and Social Order in America: Perception and Expectations, in: Fee, Elizabeth/Fox, Daniel (Ed.), *Aids – The burdens of history*, Berkeley/Los Angeles 1988, S. 12-32.
Rosenberg, Emily S., *Spreading the American Dream: American Economic and Cultural Expansion, 1890-1945*, New York 1982.
Rosenkrantz, Barbara Gutmann (Ed.), *From Consumption to Tuberculosis. A Documentary History*, Garland 1994.
Dies., The Trouble with Bovine Tuberculosis, in: *Bulletin of the History of Medicine* 59 (1985), S. 155-175.
Rosewitz, Bernd/Webber, Douglas, *Reformversuche und Reformblockaden im deutschen Gesundheitswesen*, Frankfurt/M. 1990.
Roth, Karl-Heinz, Public Health – Nazi Style: Gesundheitspolitische Kontroversen in der NS-Diktatur (1935-1944), in: *1999* 2 (1995), S. 13-56.

Ders., Schein-Alternativen im Gesundheitswesen: Alfred Grotjahn (1869-1931) – Integrationsfigur etablierter Sozialmedizin und nationalsozialistischer Rassenhygiene, in: Ders. (Hg.), *Erfassung zur Vernichtung. Von der Sozialhygiene zum Gesetz über Sterbehilfe*, Berlin 1984, S. 31-56.

Rothman, Sheila M., *Living in the Shadow of Death. Tuberculosis and the Social Experience of Illness in American History*, Baltimore/London 1994.

Rothschuh, R.: *Konzepte der Medizin in Vergangenheit und Gegenwart*, Stuttgart 1978.

Ruhbach, Jens, *Die Anfänge der Radiologie in der Inneren Medizin von 1896 bis 1900*, Diss. med. Univ. Würzburg 1995.

Rupieper, Hermann-Josef, *Die Wurzeln der westdeutschen Nachkriegsdemokratie. Der amerikanische Beitrag 1945-1952*, Opladen 1993.

Ders., *Der besetzte Verbündete. Die amerikanische Deutschlandpolitik von 1945-1955*, Opladen 1991.

Ders., Bringing Democracy to the Frauleins. Frauen als Zielgruppe der amerikanischen Demokratisierungspolitik in Deutschland 1945-1952, in: *Geschichte und Gesellschaft* 17 (1991), S. 61-91.

Rüther, Martin, Ärztliches Standeswesen im Nationalsozialismus 1933-1945, in: Jütte, Robert (Hg.), *Geschichte der deutschen Ärzteschaft. Organisierte Berufs- und Gesundheitspolitik im 19. und 20. Jahrhundert*, Köln 1997, S. 143-194.

Sabatier, Paul A., Advocacy-Koalitionen, Policy-Wandel und Policy-Lernen: Eine Alternative zur Phasenheuristik, in: Héritier, Adrienne (Hg.), *Policy-Analyse. Kritik und Neuorientierung, PVS Sonderheft 24, Opladen* 1993, S. 116-148.

Ders., An Advocacy Coalition Framework of Policy Change and the Role of Policy-orientated Learning therein, in: *Policy Science* 21 (1988), S. 129-168.

Sachße, Christoph, *Mütterlichkeit als Beruf. Sozialarbeit, Sozialreform und Frauenbewegung 1871-1929*, Frankfurt/M. 1986.

Sachße, Christoph/Tennstedt, Florian, *Geschichte der Armenfürsorge in Deutschland,* Bd. 2: Fürsorge und Wohlfahrtspflege 1871 bis 1929, Stuttgart u.a. 1988; Bd. 3: Der Wohlfahrtsstaat im Nationalsozialismus, Stuttgart 1992.

Saldern, Adelheid von, Überfremdungsängste. Gegen die Amerikanisierung der deutschen Kultur in den zwanziger Jahren, in: Lüdtke, Alf u.a. (Hg.), *Amerikanisierung. Traum und Alptraum im Deutschland des 20. Jahrhunderts*, Stuttgart 1996, S. 213-244.

Sauer, Paul, *Die Entstehung des Landes Baden-Württemberg*, Stuttgart 1977.

Sauerteig, Lutz, *Krankheit, Sexualität, Gesellschaft. Geschlechtskrankheiten und Gesundheitspolitik in Deutschland im 19. und frühen 20. Jahrhundert*, Stuttgart 1999.

Scarry, Elaine, *Der Körper im Schmerz. Die Chiffren der Verletzlichkeit und die Erfindung der Kultur.* Frankfurt/M. 1992.

Schabel, Elmer, *Soziale Hygiene zwischen sozialer Reform und sozialer Biologie. Fritz Rott (1878-1959) und die Säuglingsfürsorge in Deutschland*, Husum 1995.

Schagen, Udo, Kongruenz der Gesundheitspolitik in der Sowjetischen Besatzungszone?, in: Vögele, Jörg/Woelk, Wolfgang (Hg.), *Geschichte der Gesundheitspolitik in Deutschland von der Weimarer Republik bis in die Frühgeschichte der »doppelten Staatsgründung«*, Berlin 2002, S. 379-404.

Ders., Der Begriff »Demokratisierung« in den deutschen Nachkriegsstaaten als Voraussetzung für die Erforschung der Geschichte des Gesundheitswesens, in: Rausch, Anita/Rohland, Lothar/Spaar, Horst (Hg.), *Das Gesundheitswesen der DDR: Eine historische Bilanz für zukünftige Gesundheitspolitik*, Berlin 1999, S. 126-127.

Ders., Gesundheitspolitik im Nachkriegsdeutschland, in: Rausch, Anita/Rohland, Lothar/Spaar, Horst (Hg.), *Das Gesundheitswesen der DDR: Eine historische Bilanz für zukünftige Gesundheitspolitik*, Berlin 1999, S. 163-169.

Ders., Sozialmedizin – verdrängter Lehrinhalt im Medizinstudium, in: *Jahrbuch für Kritische Medizin* 27 (1997), S. 113-136.

Schild, Georg, Der amerikanische »Wohlfahrtsstaat« von Roosevelt bis Clinton, in: *Vierteljahrshefte für Zeitgeschichte* 46 (1998) 4, S. 579-616.

Schildt, Axel, *Moderne Zeiten – Freizeit, Massenmedien und »Zeitgeist« in der Bundesrepublik der 50er Jahre*, Hamburg 1995.

Ders./Sywottek, Arnold (Hg.), *Modernisierung im Wiederaufbau. Die westdeutsche Gesellschaft der 50er Jahre*, Bonn 1993.

Schissler, Hanna, *Geschlechterverhältnisse im historischen Wandel*, Frankfurt/M. 1993.

Schlehe, Judith, Die Leibhaftigkeit in der ethnologischen Feldforschung, in: *Historische Anthropologie* 4 (1996), S. 451-460.

Schleiermacher, Sabine, Gesundheitspolitische Traditionslinien und demokratische Herausforderung: Gesundheitspolitik in Niedersachsen nach 1945, in: Vögele, Jörg/Woelk, Wolfgang (Hg.), *Geschichte der Gesundheitspolitik in Deutschland von der Weimarer Republik bis in die Frühgeschichte der »doppelten Staatsgründung«*, Berlin 2002, S. 265-283.

Dies., *Sozialethik im Spannungsfeld von Sozial- und Rassenhygiene. Der Mediziner Hans Harmsen im Centralausschuß für die Innere Medizin*, Husum 1998.

Schmidt, Alexander, *Reisen in die Moderne. Der Amerika Diskurs des deutschen Bürgertums vor dem Ersten Weltkrieg im europäischen Vergleich*, Berlin 1997.

Schmidt, Manfred G., Theorien in der international vergleichenden Staatstätigkeitsforschung, in: Héritier, Adrienne (Hg.), *Policy-Analyse. Kritik und Neuorientierung*, PVS Sonderheft 24, Opladen 1993, S. 371-393.

Ders., *Sozialpolitik. Historische Entwicklung und internationaler Vergleich*, Opladen 1988.

Ders., *Staatstätigkeit. International und historisch vergleichende Analysen*, Opladen 1988.

Schmuhl, Hans Walter, Sterilisation, Euthanasie, Endlösung. Erbgesundheitspolitik unter den Bedingungen charismatischer Herrschaft, in: Frei, Norbert (Hg.), *Medizin und Gesundheitspolitik in der NS-Zeit*, München 1991, S. 295-308.

Ders., *Rassenhygiene, Nationalsozialismus, Euthanasie. Von der Verhütung zur Vernichtung lebensunwerten Lebens 1890-1945*, Göttingen 1987.

Schneble, Hansjörg, Was bedeutet uns heute Sozialmedizin? Versuch einer Standortbestimmung, in: *Medizin, Mensch Gesellschaft* 9 (1984), S. 186-194.

Schöntag Wilfried, Office of Military Government for Württemberg-Baden, in: Weisz, Christoph (Hg.), *OMGUS-Handbuch. Die amerikanische Militärregierung in Deutschland 1945-1949*, Oldenburg 1995, S. 455-596.

Schöttler, Peter, Mentalitäten, Ideologien, Diskurse. Zur sozialgeschichtlichen Thematisierung der 3. Ebene, in: Lüdtke, Alf (Hg.), *Alltagsgeschichte. Zur Rekonstruktion historischer Erfahrungen und Lebensweisen*, Frankfurt/M. 1989, S. 85-136.

Schraut, Sylvia, *Flüchtlingsaufnahme in Württemberg-Baden 1945-1949. Amerikanische Besatzungsziele und demokratischer Wiederaufbau im Konflikt*, München 1995.

Schröder, Iris, Wohlfahrt, Frauenfrage und Geschlechterpolitik. Konzeptionen der Frauenbewegung zur kommunalen Sozialpolitik im Deutschen Kaiserreich, in: *Geschichte und Gesellschaft* 3 (1995), S. 368-390.

Dies., Soziale Frauenarbeit als bürgerliches Projekt. Differenz, Gleichheit und weiblicher Bürgersinn, in: Tenfelde, Klaus/Wehler, Hans-Ulrich (Hg.), *Wege zur Geschichte des Bürgertums*, Göttingen 1994, S. 209-230.

Schuster, Armin, *Die Entnazifizierung in Hessen 1945-1954. Vergangenheitspolitik in der Nachkriegszeit* (Veröffentlichungen der Historischen Kommission für Nassau, 66), (Vorgeschichte und Geschichte des Parlamentarismus in Hessen, 29), Wiesbaden 1999.

Schwartz, Michael, *Sozialistische Eugenik. Eugenische Sozialtechnologien in Debatten und Politik der deutschen Sozialdemokratie 1890-1933*, Bonn 1995.
Schwarz, Hans-Peter, *Vom Reich zur Bundesrepublik. Deutschland im Widerstreit der außenpolitischen Konzeptionen in den Jahren der Besatzungsherrschaft 1945-1949*, Stuttgart 1980 (Berlin 1966).
Schwarzmaier, Hansmartin, *Der deutsche Südwesten zur Stunde Null. Zusammenbruch und Neuanfang im Jahr 1945 in Dokumenten und Bildern*, Karlsruhe 1975.
Schwoch, Rebecca, *Ärztliche Standespolitik im Nationalsozialismus*, Husum 2001.
Scott, Joan W., Gender: A Useful Kategory of Historical Analysis, in: Dies., *Gender and the Politics of History*, New York 1988, S. 28-50.
Seeliger, Wolfgang, *Die Volksheilstättenbewegung in Deutschland um 1900. Zur Ideengeschichte der Sanatoriumstherapie für Tuberkulöse*, Diss. med. Univ. Münster 1987.
Seidler, Eduard, Die Schicksale jüdischer Kinderärzte im Nationalsozialismus, in: *Monatsschrift Kinderheilkunde* 146 (1988), S. 744-753.
Shorter, Edwart, *Der weibliche Körper als Schicksal*, München 1984.
Shryock, Richard H., *Medical Licensing in America, 1650-1965*, Baltimore 1967.
Ders. *National Tuberculosis Association 1904-1954: A Study of the Voluntary Health Movement in the United States*, New York 1957.
Smith, F. B., Tuberculosis and bureaucracy. Bacille Calmette et Guérin: Its troubled path to acceptance in Britain and Australia, in: *Medical Journal of Australia* 159 (1993), S. 408-411.
Ders., *The retreat of Tuberculosis 1850-1950*, London 1988.
Söllner, Alfons (Hg.), *Zur Archäologie der Demokratie in Deutschland – Analysen politischer Emigranten im amerikanischen Geheimdienst*, Bd. I: 1943-1945, Frankfurt/M. 1982.
Sons, Hans-Ulrich, *Gesundheitspolitik während der Besatzungszeit. Das öffentliche Gesundheitswesen in NRW 1945-49*, Wuppertal 1983.
Sontag, Susan, *Aids und seine Metaphern*, München u.a. 1988.
Dies., *Krankheit als Metapher*, Frankfurt/M. 1978.
Spaar, Horst (Redaktion unter Mitarbeit von Dietmar Funke und Rudolf Wernicke), *Dokumentation zur Geschichte des Gesundheitswesens der DDR. Teil I: Die Entwicklung des Gesundheitswesens in der sowjetischen Besatzungszone (1945-1949)*, Berlin 1996.
Spevack, Edmund, *Allied Control and German Freedom. American Political and Ideological Influences on the Framing of the West German Basic Law*, Münster 2001.
Ders., Amerikanische Einflüsse auf das Grundgesetz. Die Mitglieder des Parlamentarischen Rates und ihre Beziehungen zu den USA, in: Bude, Heinz/Greiner, Bernd (Hg.), *Westbindungen: Amerika in der Bundesrepublik*, Hamburg 1999, S. 7-15.
Spree, Reinhard, *Soziale Ungleichheit vor Krankheit und Tod*, Göttingen, 1981.
Steele, Richard W., American Popular Opinion and the War Against Germany: The Issue of the Negotiated Peace 1942, in: *Journal of American History* 65 (Dec. 1978), S. 704-723.
Stein, H. (Hg.), *Maps from the Mind. Readings in Psychogeography*, Oklahoma 1989.
Steinbach, Peter, Vom Kaiserreich zur Bundesrepublik: Kontinuität und Wandel der politischen Institution in Deutschland, in: Göhler, Gerhard (Hg.), *Instiutionenwandel*, Opladen 1997, S. 227-252.
Steininger, Rolf, *Deutsche Geschichte 1945-1961. Darstellung und Dokumente in zwei Bänden*, Frankfurt/M. 1983.
Sternberger, Dolf, *Drei Wurzeln der Politik*, Frankfurt/M. 1978.
Steurer, Walter, *Sozialhygiene, öffentliches Gesundheitswesen, sozialmedizinische Grundlagen, Gesundheitsfürsorge und -vorsorge*, Stuttgart 1982.
Stevens, Rosemary, *American Medicine and the Public Interest*, New Haven/London 1971.
Stöckel, Sigrid, *Säuglingsfürsorge zwischen Sozialer Hygiene und Eugenik*, Berlin u.a. 1996.

Stoffregen, Matthias, *Kämpfen für ein demokratisches Deutschland. Emigranten zwischen Politik und Politikwissenschaft* (Forschung Politikwissenschaft 154), Opladen 2002.

Stone, Deborah A., *Policy Paradox and Political Reason*, Glenview 1988.

Strackerjahn, Henrich, »Uns blieb nichts erspart.« Frauen im Kampf gegen Krankheiten, in: VHS Bielefeld (Hg.), *»Wir haben uns so durchgeschlagen ...«. Frauen im Bielefelder Nachkriegsalltag 1945-1950*, Bielefeld 1992.

Swann, John Patrick, The Search for Penicillin Synthesis during World War II, in: *British Journal for the History of Science* 16 (1983), S. 154-190.

Taylor, Lloyd C., *The medical profession and social reform, 1885-1945*, New York 1974.

Tennstedt, Florian, *Sozialgeschichte der Sozialpolitik vom 18. Jahrhundert bis zum Ersten Weltkrieg*, Göttingen 1981.

Ders., *Soziale Selbstverwaltung. Geschichte der Selbstverwaltung in der Krankenversicherung*, Bd. 2, Bonn 1977.

Ders., Sozialgeschichte der Sozialversicherung, in: Blohmke, Maria/v. Ferber, Christian/Kisker, Karl Peter/Schaefer, Hans (Hg.), *Handbuch der Sozialmedizin*, Stuttgart 1976, Bd. 3., S. 385-492.

Thomsen, Peter, *Ärzte auf dem Weg ins Dritte Reich. Studien zur Arbeitsmarktsituation, zum Selbstverständnis und zur Standespolitik der Ärzteschaft gegenüber der staatlichen Sozialversicherung während der Weimarer Republik*, Husum 1996.

Tomes, Nancy J., Essay Review, in: *Bull. Hist. Med.* 63 (1989), S. 467-480.

Trittel, Günter J., *Hunger und Politik. Die Ernährungskrise der Bizone (1945-1949)*, (Historische Studien 3), Frankfurt/M. 1990.

Truman, Harry S., *Memoirs. 1945-1952*, Bd. 1, New York 1965.

Tutzke, Dietrich., Alfred Grotjahns gesundheitspolitische Forderungen, in: *Medizinische Monatsschrift* 14 (1960), S. 42-47.

U.S. House of Representatives, Select Committee on Population, 1978, Report of »Ten leading causes of death in the United States, 1900, 1940, and 1976« in: Domestic Consequences of United States Population Changes, abgedruckt in: Rosenkrantz, Barbara Gutmann (Ed.), *From Consumption to Tuberculosis. A Documentary History*, Garland 1994, S. 3.

Usborn, Cornelie, *Frauenkörper Volkskörper. Geburtenkontrolle und Bevölkerungspoltik in der Weimarer Republik*, Münster 1994.

Valverde, Mariana, *The age of light, soap, and water. Moral Reform in English Canada 1855-1925*, Toronto 1991.

Vasold, Manfred, Die Grippepandemie in Nürnberg 1918 – eine Apokalypse, in: *1999* 4 (1995), S. 12-37.

Ders., *Pest, Not und schwere Plagen*, München 1991.

Vater-Dargel, Doris, *Die Tätigkeit des Amtsarztes im Nationalsozialismus am Beispiel des Staatlichen Gesundheitsamtes Kassel*, Diss. med. Göttingen 1991.

Voelkel, Ulrich, Robert Eugen Gaupp – Psychiatrie zwischen Einfühlung und Ausmerze, in: Jantzen, Wolfgang (Hg.), *Euthanasie – Krieg – Gemeinsinn*, Münster 1995, S. 311-315.

Ders., Robert Eugen Gaupp, in: Bauer, Rudolph (Hg.), *Lexikon des Sozial- und Gesundheitswesens*, München u.a. 1992, S. 730.

Vögele, Jörg, Typhus und Typhusbekämpfung in Deutschland aus sozialhistorischer Sicht, in: *Medizin Historisches Journal* 33 (1998) 1, S. 57-79.

Ders., Urban infant mortality in imperial Germany, in: *Social history of medicine* 7 (1994), S. 401-426.

Ders., Sanitäre Reformen und der Sterblichkeitsrückgang in deutschen Städten, 1877-1913, in: *Vierteljahrschrift für Sozial- und Wirtschaftsgeschichte* 80 (1993), S. 345-365.

Ders., Die Entwicklung der (groß-)städtischen Gesundheitsverhältnisse in der Epoche des demographischen und epidemiologischen Übergangs, in: Reulecke, Jürgen/Castell Rüdenhausen, Adelheid Gräfin zu (Hg.), *Stadt und Gesundheit. Zum Wandel von »Volksgesundheit« und kommunaler Gesundheitspolitik im 19. und frühen 20. Jahrhundert*, Stuttgart 1991, S. 21-36.

Ders./Woelk Wolfgang, Public Health and the Development of Infant Mortality in Germany, 1875-1930, in: *The History of the Family* 7 (2002), S. 585-599.

Voigt, Jürgen, Zur Sozialgeschichte der Tuberkulose, in: Konietzko, N. (Hg.), *100 Jahre Deutsches Zentralkomitee zur Bekämpfung der Tuberkulose (DZK). Der Kampf gegen Tuberkulose*, Frankfurt/M. 1996.

Vollnhals, Clemens, Die Evangelische Kirche zwischen Traditionswahrung und Neuorientierung, in: Broszat, Martin/Henke, Klaus-Dietmar/Woller, Hans, *Von Stalingrad zur Währungsreform. Zur Sozialgeschichte des Umbruchs in Deutschland*, München 1988, S. 113-169.

Ders. (Hg.), *Entnazifizierung, politische Säuberung und Rehabilitierung in den vier Besatzungszonen 1945-1949*, München 1991.

Vossen, Johannes, *Gesundheitsämter im Nationalsozialismus: Rassenhygiene und offene Gesundheitsfürsorge in Westfalen* (Düsseldorfer Schriften zur Neueren Landesgeschichte und zur Geschichte, Band 56), Essen 2001.

Warburg, Otto, Gerhard Domagk, in: *Deutsche Medizinische Wochenschrift* 90 (1965), S. 1484-1486.

Wasem, Jürgen (u.a.), Gesundheitswesen und Sicherung bei Krankheit und im Pflegefall, in: Wengst, Udo (Hg.), *Geschichte der Sozialpolitik in Deutschland seit 1945*, Bd. 2/1, *1945-1949. Die Zeit der Besatzungszonen. Sozialpolitik zwischen Kriegsende und der Gründung zweier deutscher Staaten*, Baden-Baden 2001, S. 461-528.

Webber, Douglas, Krankheit, Geld und Politik. Zur Geschichte der Gesundheitsreformen in Deutschland, in: *Leviathan* 16 (1988), S. 156-203.

Weindling, Paul (Ed.), *International health organisations and movements: 1918-1939*, Cambridge 1995.

Ders., Die weltanschaulichen Hintergründe der Fleckfieberbekämpfung im Zweiten Weltkrieg, in: Meinel, Christoph/Voswinckel, Peter (Hg.), *Medizin, Naturwissenschaft, Technik und Nationalsozialismus. Kontinuitäten und Diskontinuitäten*, Stuttgart 1994, S. 130-135.

Ders., Das goldene Zeitalter des städtischen Gesundheitswesens? Gesundheitspolitik im Berlin und London der zwanziger Jahre, in: Alter, Peter (Hg.), *Im Banne der Metropolen. Berlin und London in den zwanziger Jahren*, Göttingen 1993, S. 219-233.

Ders., Degeneration und öffentliches Gesundheitswesen 1900-1930: Wohnverhältnisse, in: Reulecke, Jürgen/Castell Rüdenhausen, Adelheid Gräfin zu (Hg.), *Stadt und Gesundheit. Zum Wandel von »Volksgesundheit« und kommunaler Gesundheitspolitik im 19. und frühen 20. Jahrhundert*, Stuttgart 1991, S. 105-113.

Ders., *Health, Race and German politics between national Unification and Nazism, 1870-1945*, Cambridge 1989.

Ders., Soziale Hygiene: Eugenik und medizinische Praxis – Der Fall Alfred Grotjahn, in: *Jahrbuch für Kritische Medizin* 10 (1984), S. 6-20.

Weingart, Peter, *Blut und Gene – Geschichte der Eugenik und Rassenhygiene in Deutschland*, Frankfurt/M. 1988.

Weisz, Christoph (Hg.), *OMGUS-Handbuch. Die amerikanische Militärregierung in Deutschland 1945-1949*, Oldenburg 1995.

Werner, Josef, *Karlsruhe 1945. Unter Hakenkreuz, Trikolore und Sternenbanner*, Karlsruhe 1985.

Werther, Thomas, Menschenversuche in der Fleckfieberforschung, in: Ebbinghaus, Angelika/Dörner, Klaus (Hg.), *Vernichten und Heilen. Der Nürnberger Ärzteprozeß und seine Folgen*, Berlin 2001, S. 152-173.

Wherrett, George, Jasper, *The Miracle of the Empty Beds: A History of Tuberculosis in Canada*, Toronto 1977.
Wilderotter, Hans, Michael Dorrmann, *Das große Sterben. Seuchen machen Geschichte*, Berlin 1995.
Willett, Ralph, *The Americanization of Germany, 1945-1949,* London 1989.
Wilms, Heinrich, *Ausländische Einwirkungen auf die Entstehung des Grundgesetzes*, Stuttgart 1999.
Wilson, Leonard G., The Rise and Fall of Tuberculosis in Minnesota: The Role of Infection, in: *Bulletin of the History of Medicine* 66 (1992), S. 16-52.
Wiltse, Charles M., *The Medical Department: Medical Service in the Mediterranean and Minor Theaters* (United States Army in World War II, vol. 10, The Technical Services), Washington D.C. 1965.
Winau, Rolf, Biologie, Medizin und Psychoanalyse, in: *Funkkolleg Jahrhundertwende 1880-1930*, Weinheim/Basel 1988, Kollegstunde 11, S. 11-42.
Ders., *Medizin in Berlin*, Berlin/New York 1987.
Winkle, Stefan, *Kulturgeschichte der Seuchen*, Düsseldorf/Zürich 1997.
Winkler, Dörte, Die amerikanische Sozialisierungspolitik in Deutschland 1945-1948, in: Winkler, Heinrich August (Hg.), *Politische Weichenstellung im Nachkriegsdeutschland 1945-1953*, Göttingen 1979, S. 88-110.
Winkler, Heinrich August (Hg.), *Politische Weichenstellung im Nachkriegsdeutschland 1945-1953*, Göttingen 1979.
Winter, Kurt, Alfred Grotjahn. Seine Bedeutung für unsere Zeit, in: *Das deutsche Gesundheitswesen* 25 (1979), S. 517-521.
Witzler, Beate, *Großstadt und Hygiene. Kommunale Gesundheitspolitik in der Epoche der Urbanisierung*, MedGG-Beihefte 5, Stuttgart 1995.
Woelk, Wolfgang, Zur Geschichte der Gesundheitspolitik in Nordrhein-Westfalen und in der Bundesrepublik Deutschland, in: Vögele, Jörg/Ders. (Hg.), *Geschichte der Gesundheitspolitik in Deutschland von der Weimarer Republik bis in die Frühgeschichte der »doppelten Staatsgründung«*, Berlin 2002, S. 285-312.
Ders., Der Weg der Medizin vom Ende des Nationalsozialismus in die Medizin der Deutschen Demokratischen Republik und der Bundesrepublik Deutschland, in: Ruzicka u.a. (Hg.), *Mensch und Medizin in totalitären und demokratischen Gesellschaften*, Essen 2001, S. 125-136.
Ders., Die Westdeutsche Sozialhygienische Akademie in Düsseldorf 1920-1933. Aspekte ihrer Geschichte, in: Schmacke, Norbert u.a. (Hg.), *Lydwig Teleky und die Westdeutsche Sozialhygienische Akademie. Arbeiten für eine soziale Medizin (1903-1939),* Düsseldorf 1999, S. 55-69.
Woitke, Gudrun, *Tuberkulosebekämpfung im »Dritten Reich«. Die Tätigkeit neu geschaffener staatlicher Organe zur Erfassung, Behandlung und Versorgung Tuberkulosekranker in den Jahren von 1933 bis 1945*, Diss. med. Univ. Leipzig 1992.
Wolff, Eberhard, Mehr als nur materielle Interessen: Die organisierte Ärzteschaft im Ersten Weltkrieg und in der Weimarer Republik 1914-1933, in: Jütte, Robert (Hg.), *Geschichte der deutschen Ärzteschaft. Organisierte Berufs- und Gesundheitspolitik im 19. und 20. Jahrhundert*, Köln 1997, S. 97-142.
Woller, Hans, *Gesellschaft und Politik in der amerikanischen Besatzungszone. Die Region Ansbach und Fürth*, München 1986.
Wumber, Heiner, *Umerziehung im Lager*, Essen 1991.
Wurster, Willy, *Von Bismarcks Unterstüzungskasse zur modernen Gesundheitsversicherung. 100 Jahre AOK Stuttgart*, Stuttgart 1984.
Ziemke, Earl F., *The U.S. Army in the Occupation of Germany,* 1944-1946, Washington 1975.

## Bildnachweis

Seite 260: NARA, RG III, SC World War II, Box 66, No. 11120, Fifth Army, 196th Sig Photo Corps, Potographer: Phillips. A German Prisoner at the PBS Stockade Being Sprayed with Delousing Powder, 10 March 1945

Seite 288: NARA, RG III, SC World War II, Box 63, US Army Signal Corps, Photographer: Chock. Anneliese A., Refugee From Czechoslovakia, is shown standing on Her Bed At the Childrens' Hospital Heidelberg, Germany, A Victim of Malnutrition. 23 October 1947.

Seite 312: NARA, RG III, SC World War II, Box 63, US Army Signal Corps, Photographer: Jimmie Taylor. Young German Girls from all over the Frankfurt Area, Who Underwent Physical Examination, Frankfurt, Germany, 22 October 1947.

Seite 317: NARA, RG III, SC World War II, Box 66, No. 708724, 7th Army, VI Corps, Photographer: Donald E. Mace. A member of A Dusting team, applies DDT powder to a newly arrived DP at the DP Camp, Heidelberg, Germany, 5 July 1945.